# ヨーロッパ都市文化の創造

# ヨーロッパ都市文化の創造

エーディト・エネン著
佐々木　克巳訳

知泉書館

私を育て賜いし人々、教え賜いし人々に捧げる

私の父の思い出に

私の母に

高等学校一級教諭シュナイダー博士（ディリンゲン／ザール）に

教授フランツ・シュタインバハ博士（ボン）に

# 序　文

人の一生の内の、十年の歳月と歩みを共にしてきた一つの仕事が、さまざまな感謝の気持の対象として、今ここにある。誰に私が学問的な刺激を負うているかは、脚注に引用しておいた文献と、参考文献一覧とがこれを示している。しかし私は、文献の入手に数多くの外的な困難が伴った時代に、多数の同僚研究者諸氏が定期的に抜刷を送って下さったことが、どんなに私にとって有難いことであったかを、特に書いておきたい。同じ理由で、教授ホルツマン博士の個人蔵書の利用を許されたことが大いに私を助けてくれた。さらに私は、ここで、何よりもまず、原稿を出版する上で、また校正に際して、援助を賜った左記の方々にお礼を申し述べたい――出版助成金の認可を与えられたドイツ学術振興会会長教授ライザー博士、ボン大学ライン地方歴史地域学研究所の刊行物の一冊に加えて下さった教授シュタインバハ博士、第一部を丹念に検討して批判を賜ったR・v・ウスラル博士、地図の素描を手伝って下さったM・ツェンダー博士、さまざまな指摘をして下さったウルズラ・レーヴァルト博士、校正刷の読みあわせをして下さったレーヴァルト博士と私の妹、ゲルトルート・ブロックハウス夫人。

ボンにて、一九五三年五月

E・エネン

# 目次

# 第二部　中世都市文化の初期段階

# ヨーロッパ都市文化の創造

# 序論

「何故ならば、主よ、大きな町々というものは、
失われたもの、崩れ落ちてしまったもの、だからです。
一番大きな町と言っても、焔に追われて、逃げていくようなものです——
一番大きな町を慰めるための慰めは
ありません。
そしてその町の貧しい時間は、徒らに
流れていくのです。

人々はそこで暮しているのです、惨めに、重く、暮しているのです、
陽のささぬ部屋々々で、しぐさにも戦き、動物の初子の群よりもなおびくびくと。
そうして家の外では、あなたの大地が、
めざめています、息をしています、
それなのに、もう人々はそこにはいないのです、もうそのことを知らないのです。

そこでは子供達は、いつも光のささない窓辺の階段で育っていくのです、
彼等は知らないのです、家の外では、
広々とした世界、幸福、そして風が、
いくらでもある真昼へと、花々が
彼等をさし招いているのを――
そして子供達は、子供でなければならず、
そして悲しい子供なのです……

R・M・リルケ『時禱詩集』――
ライプツィヒ　一九三六年、八四ページ以下、詩作　一九〇一年

「……今日ではもう、都市の魔力の支配の外にいる者など、一人としていない。その魔力は、今では、一切の魔法的な力を吸い込んでしまっていて、自然の精霊すらそれとの接触を求めている。確かに、国際都市では、人がこの上なく堕落的な自己喪失におちいることがあるのは事実である。しかしまた国際都市ほど美しい自己再発見の諸形態が存在するところもない。強い魂と、謙遜で開かれた感覚さえもっている人ならば、国際都市では、たとえ貧しく、友人がいなくても、この地上の最高の実在と親密な交わりを結ぶことができるであろう。劇場や音楽ホールでは、お互いに知りあいでもない数千の人々が、同じ感動に結ばれて火のような一体感を味わうのだ。――このような奇蹟を生み出す自然の風景があるであろうか。彫刻美術館に展示されている彫像、静かなホールに並べられている巨匠達の絵画、ガラスの戸棚に納められているかぶり手を失ったままの死んだ

国王達の冠、これらのものには、こころよく客を迎える時間がどれにもあるのだ。そしてそれらのものが、来訪者に、ただ一つのことだけを、すなわち手を触れてはならないということだけを、求めているとするならば、そのことが既に、それらのものは、来訪者の天性の高貴な側面に訴えかけようとしているのだということを示しているのである。かつて一人の天才が大理石の中に吹き込んだ永遠の思想が来訪者の心をとらえるかどうか、世界的に重要な絵画が来訪者を抱き取り、彼の人間を一変させた上で解放するかどうか、星の祝福を受けた宝石がその輝く光線を来訪者の精神に浸透させるかどうか、それらのことは、来訪者次第で決まることであろう。もう既にこれほど久しい間、私達の心を感動させてきた詩人の言葉、あの、暗く美しい言葉も、都市に生まれた夢想家達の生み出したものではないだろうか。私がたった今読んで、学んでいたあの書物にさえ、大学の実験室でなければ手に入れることのできない知識だけが、書かれていたではないか。」

H・カロッサ『美しき惑いの年』ライプツィヒ　一九四二年、三〇二ページ以下

都市化の問題を学問的に解明しようと企てた人ではなくして、都市化の問題を体験し、そしてその体験に詩人としての表現を与えた人である、今世紀の人――その存在の核心において二人とも都市に結びついている人――の、都市についての言葉を、私達は充分に考えた上で、冒頭に引用しておく。極めてこまやかな神経の人間であり、精神の関連を感じ取る才能に恵まれているこの二人の人間は、私が右に引用しておいた言葉で、通常の人間には無縁の、ただただ自分だけがわかっている感情に形を与えたのではなくして、現代に一般的に見られる経験を表現したのであった。リルケの、都市に対する激しい弾劾は、多くの都市人にとって、その気持を代弁するものであるが、しかしその同じ多くの人間が、ほとんど例外なく、心の中ではカロッサの、全く別の評価に賛成することであろう。

だから私達は、あの二つの言葉を、並列させるのである、何故ならば、あの二つの言葉は、二つ揃って初めて、近代人の都市の見方についての、その本質において分裂を含んでいる見方についての、完全な像を与えてくれるように思われるからである。人は、都市の徹底的な理論的拒否すら、その支持者をば都市から解放して、農村の農民的生活に戻すことができないのを理解することができる。都市から離れたいと心に願いながら、生涯都市に住んで、その存在のすべてを賭けて都市に密着するというのが、大多数の都市住民の特性なのである。それは、文化人の、原始の状態への、願い叶わぬ古くからのあこがれ、「昔の人々のように、繁忙を遠ざかり、父祖伝来の土地を、自分の牛でせっせと耕している」"procul negotiis ut prisca gens mortalium paterna rura bobus exercet suis" 人々の原始の状態を賛美することの中に繰り返し鳴り響いているあこがれ、絶対に満たされることのない、ただ、今日にあっては、このホラーティウスの気分が極めて意識的な、然り、学問的に基礎づけられた、一般的な体験にまで高められているあこがれ、である。——カロッサの言葉にはこの体験の矛盾が、同様の明瞭な表現を見出しているのであるが、そのカロッサは、個人の観点から都市を観察している。カロッサがこの観点から個々人の数多くの力を解放する、都市生活の賛美に到達しているのは偶然ではない。リルケの言葉の中には、人間の共同生活を脅やかす諸々の、都市の危険を意識する心が共鳴している。——この危険は、今日、既に知られている、そして多くのことが議論されている、生物学的、社会学的性質の欠点に加えて、大都会の人間集合を最大限に破壊し尽くす航空機が登場してからというもの、私達すべての者にとって、かつてよりも感じとることが容易なものになっている。「草繁れば繁るほどその刈り取りはたやすくなる」というアラリヒの言葉は、私達の大陸にとっては、今では想像を絶するまでの現実化を見出したのであった。他方では次のことが明白になった。生活形態としての都市は都市の建築体よりも抵抗力があるということ、広汎な外的破壊は内的機能の停止という結果を伴うとは限らず、比較的簡単に克服できるものだということ、言葉を換えて言うならば、私達は根を深々と都市的生活形態に下しているが故に、外的破壊は都市を振り捨て、都市を放棄するきっかけにはならないものだということ、である。

　感情と体験とのこの矛盾には、都市化の問題に対して、理論的、学問的に表明されている賛否の意見が対応している。このテーマについて、社会諸科学及び医学の分野で既に久しく続いている議論は、今日では一定の結論に到達している。人は、世界の文明化された諸民族にとっての、都市化の宿命的な結果をば明瞭に知るようになっている。何はともあれ、今日、人は、全体としての都市化に対する、余りにも一面的な否定的評価から再び幾分かは身を離している。このような問題の場合には大抵はそうであるように、事柄が単純ではなく、複雑であることが判明してきたのである。諸民族の「都市化による衰滅」を不可避の破局であると見做してはならないことを、人は確認することができた。「都市化は魂が病気になることである。この病気を死に至る病であると考えることには、その経過の、歴史も、理解も、賛成していない。都市化を乗り越えた後には、病気になる以前よりも行動能力があり、外部への影響能力のある、個人だけではなくして、家族及び民族もまた存在するのである。[1]」都市の占める比重が大きかったにもかかわらず数千年の間存在し続け、今日でも都市の人口の点では地球上最もその数の大きい民族の一つである中国[2]、あるいは都市の数が多く、出生数の比較的に多いオランダ、を挙げることができる。個々の民族の、都市化の毒に対する、反応の強弱に差のあること、ロマン系諸民族は都市化の毒に対して比較的に免疫力があるらしいこと、その反対にゲルマン系諸民族は毒の作用が短くて済むこと、が知られている。私達の国民の歴史の、最も誇らしい思い出の一つである花咲ける中世ドイツの都市文化を、証拠として挙げることができる。近代の大都市の盛り場が、ぞっとするほど冷く、面白味のない印象を与えるかもしれないとするならば、私達は中世の都市像を、それだけくつろぎを与えるもの、信頼を与えるもの、これこそがドイツのもの、だと感じとる[3]。以上の観察から明らかになることは、都市そのものが民族の破滅を意味するものではないということ、私達は文化民族が都市化のために蒙る脅威を確認することによって私達の認識の終末に位置しているのではなくしてその発端に位置しているのだということ、である。それ故に、さまざまな側面からする、都市生成の過程と都市化の過程との全体的理解が必要とされるのである。[4] ヘルパハは、研究対象である大都市が要請する「総合大学」Universitas literarum について語り、[5]「都市化の魂的側面」に関するザイラーの聡明な論文は、その中で、歴史研究にもその活動分野を明確に割り当てている。[6] 大都市論文集成、[7] E・プファイルの諸業績、[7a] そして現在はその第二版が出ているヘルパハの名著、は極めて持続的に変革的な力をば全民族体に及ぼす過程——それが私のこの書のテーマである——の本当の内面的な理解に、正確な記述と、洞察力の深い研究とを通って、到達するための、注目すべき手がかりを既に与えている。

この問題の検討に歴史学の協力がいかに必要であるかということは、以上に挙げた諸文献の中でも既に明瞭であろう。例えばザイラーが「商業の支配」[8] を危険だと評価して、中世ドイツ都市の健全さは、中世ドイツ都市がツンフトに代表される生産共同組織である[9] ことにその根拠があると見ているとするならば、中世都市史家は直ちに異議を申し立てるであろう。この場合ザイラーは、原理的には正しいものを、はっきりと見てとっていたのである。しかし、商業もまたあの共同組織精神によって営むことができるものであることを、商人は都市化のもたらす諸危険に対して極めて効き目のある解毒剤、ゲノッセンシャフト〔仲間組織〕的エートスをもつことができるものであることを、そしてこのことは正にドイツ都市の起源にあてはまるものであることを、ドイツ都市はツンフトに組織化された手工業者よりはむしろ商人によって、遠隔地商人、遍歴商人、によって、その特徴がつくられたものであることを、見落としたのである。後に詳細に論ずるところによって、私達の異論の根拠が明らかにされるであろう。

この場合には、問題は唯単に、この社会学者が歴史学の最新の認識を考慮していないのだ――この事態を正すことは容易である――としても、次のようにヘルパハが言う時、彼は、歴史的認識一般の、一つの基本問題を投げかけているのである――「都市は、絶えず大きくなっていく都市の成立と成長は、どこにおいても、地上の諸民族の、一定の歴史的発展の時代と結びついていたことを、それ（歴史的認識）は私達に教えて、認識させる。民族の個々の部分の気まぐれがそれを成し遂げたこともなければ、民族の全体の気まぐれがそれを成し遂げたこともない。[10]」あるいはヘルパハが目次で用いている表現を借りるならば――「大都市は、いつでも、特定の民族文化発展段階に成立する。」そして疑問の余地をほとんど残さない形で論文「都市民族」[11]の中では次のように表現している――「一つのことは確実である、ということができる――任意の、どの時代にも、都市が『生まれる』というわけではない。長い、長い間、都市は存在しない、そして突如として『都市は誕生する。』――恐らくその時期が、認識の一つのヒントを与えているであろう。都市生成は初期事象ではない。都市生成は、一定の文化発展段階を前提としてい、その文化発展段階とともに、抵抗できない力で、阻止することのできない力で、始まる――恐らく私達は、『自然の出来事』について語るように『文化の出来事』についても根源的な不可抗力という同一の意味あいで語ることに慣れるべきなのであろう……」これに対しては根本的な異論を提出することができる。その異論の背景には、世紀の変り目に、歴史家ゲオルク・フォン・ベーロウと国民経済学者達との間で展開された激しい論争のテーマである、諸民族の発展は、一定の段階的順序に従って進行するものなのだろうか、という問題が存在している。[12]その都度その都度文化生活の一面だけしか考えに入れていない硬直した諸段階を拒否し、ゾムバートの経済体制を通り過ぎてシュピートホフの経済様式にまで到達し、必然的な「自然法則的」経過という見方が捨て去られた後には、純粋理論と具体理論、無時代理論と歴史理論とを区別することができるようになった後には、[13] 意志の疎通が可能になった。国民経済学は、歴史の進行の本質を再び正しく見るようになった。同じ意味で、先史時代については、論争は諸文化及び文化諸要素の合流か、移動か、ということをめぐって展開された。この場合には、諸文化の合流、諸文化の独立の併行存在、という想定は、段階的順序に従った発展の見方にほぼ相当するものである。この古くからある問題も、ケルンが既に一九三二年に書いたように、[14]「今日では移動に軍配が上げられている。もちろん、諸文化の歴史には諸有機的統一体の歴史におけると同じように、合流も存在する。……しかし、合流を無批判に過大評価することは許されない。とりわけ、原則を、史料が存在しないところでは補足をしながら因果原則として発見手段的に使用され得る原則を、合流からつくることは、許されない。むしろ今日では、移動の事実が圧倒的に多くの場合に力強く立証され、合流は、極めて僅かの場合にしか立証されないので、発見手段としては、いつでもまず移動を考えなければならない。どこでは、共通の歴史的根源と移動とが、種々の場合及び種々の時期における同じ物の発生を説明しなければならないのか、どこでは、同じ環境刺激の結果として別々の併行発展がいわゆる古生物学の門の束として存在するのかは、それ自体としては、無論、純然たる事実の問題である。しかし、以前は立証責任は移動を考える研究者の側にあったのに対して、今日では、事態は全体として、立証責任はむしろ合流の主張者の側に移っている、という風になっている。」

先に引用したヘルパハの言葉は、[15] この問題は、それ自体が、繰り返して現われることを私達に示している——ある民族は、その発展の経過において、一定の必然性を以て、一定の文化形態に、私達の場合であれば都市文化に、到達するのであろうか。ヘルパハはそうだと考える。それに対して、別の可能性もある——一定の文化形態は——従って都市住民層は——繰り返して新たに形成されるのではなくして、一定の時代に、地球の一つの地点に、或いは若干の地点に、成立して、そこからいつも更に広がっていくものなのか。この問題は、歴史の経過の理解にとって、最大限に重要である。それは、都市文化という、私達の現に直面している問題の場合では、特に本質的であり、重要である。ヘルパハが正しいのであれば、都市生成は一つの自然成長現象ということになる。それにさからうことは、子供に、幼児の無垢を守るために大人に成熟していくことを禁止しようとするのと同じ程に、意味のないことであろう。都市生成を断念することは、完全に展開された諸々の可能性を備える、大きな、繁栄する共同社会を断念することを意味していた。然り、そのような断念は、都市文化に対する冷淡な態度は、ヘルパハの見解によるならば、あり得ないことである――ヘルパハによるならば、選択はないのであって、必然的な発展があるのである。要するにヘルパハの定式化の背後には、自然科学的な思索が依然としてあるのである。文化の発展が、ヘルパハには、自然成長現象に、生物学的過程に、見えるのである。彼の見るところでは、諸々の文化は、例外なく自分のために、植物的存在を生きるのであり、その場合、将来の果実が既に芽の中に予め決められて、眠っているのだという。けれども、文化の発展というものは、人間が担うものであり、その人間は、知力と自由意志との点で残余の被造物をば遥かに引き離している。文化を創造する人間の創造力は、新しい存在形態をつくることができるのである。そして新しいものがどこかある一つの地点で創造されると、その新しいものと接するようになる人間の共同社会には、例外なく、それまで自分にとって固有であったものを放棄して、その新しいものを所有するようになる可能性が生まれる。私達は、語の厳密な意味における「歴史」は、人間だけがもっていることを、歴史の経過は自然成長諸現象とは本質的に違うものであることを、いつでも意識していなければならない。それ故に歴史家は、都市生成に、予め予定された発展の、「自然な」果実を、すなわち、樹木に、あるいは母親の胎内に、次第に生長するような果実を、見る思考の筋道には、初めから、不信の気持で接することになる。歴史家はそうした思考の筋道には、反対して問う——都市も、人間の創造物なのではないだろうか、特別の状態の恩恵の下で、一度限りの状況の中で、成功することのできた、人間の創造物なのではないだろうか。都市と共に、より高度の生活形態が手に入る——絶対的進歩の意味においてこれを言うのではない。そのようなものなど、存在することはない。人間はいつも、新しい価値を獲得するためには古い価値を捨てなければならないのだ——絶対的進歩の意味においてではなく、人間に可能な進歩という意味においてである。進歩と言う言葉を使うのは、都市文化は、争う余地なく農民文化を凌駕しているからである。

従って私達は、大きな利点と重大な欠陥とを兼ね備えた都市文化に対して、人間は、選択の自由をもっていると想定している——受容か拒否か。しかしながらこの自由というのも、絶対の自由ではない。それは、一つ一つの個性化が引く限界線の中での自由である。「私達の眼は太陽の光には耐えることができないにしても、そのことを太陽は見つけることができないであろう。」外来の文化財を受容するためには、内的用意が絶対に必要なのである。そのため、私達の出発点であったあの対立が、相互に再び接近してくるのである——私達は推定せざるを得ない、自己発展と文化借用とが、調和のとれた共同作業をすることで文化の進歩を生み出すのだ、と。[16] この推定に従うならば、ある民族が都市的生活形態と接触するかどうか、接触するとすればいつ、どのようにしてか、時期尚早で効果がないのか、それとも受容のための前提条件が存在する瞬間であったのか、ということは、歴史の宿命の問題として姿を現わすのである。そのために、——ヘルパハが全く正しく観察したように——「長い、長い間、都市は存在しない、そして突如として都市は誕生する」、今や到達した文化成熟の所産としてではなくして、今や点火の火花が飛び移ることができるようになったが故に誕生する、ということの理由が説明されるのである。私達はこの問題によって歴史の最も深い秘密に触れる。[16a] ——時代の連続性をめぐる激しい論争は、この視角から見る時、理解可能なもの、意味のあるもの、になるのである。[17] この問題は——およそそれが解明できるものである限りにおいて——歴史論議を通してのみ、解明される。すべては事実の経過の正確な確定で決まる。この確定だけが、都市生成へと通ずる創造的活動が一回限りのものであってその活動がその後の諸都市文化を生み出すように作用を続けるのであるか、それともそうした活動はどこかでもう一度繰り返されるものであるのか、を立証することができるのである。

その場合、中世都市の成立の研究にまさる、解決のよい手がかりはないのではあるまいか。中世都市の成立原因の認識をめぐって一世紀来孜々として研究努力が続けられていること、[18] 歴史における、他ならぬこの接続個所の連続性をめぐる論争が極めて激烈であること、は偶然ではない。中世の都市文化は、ゲルマン系諸民族にとっての最初の、現実の都市文化である。圧倒的に農村的な存在から都市住民への決定的な移行は、ゲルマン系諸民族にとっては中世初期に位置する。ゲルマン人に都市があったかなかったかという問題は、しばらく後まわしにしよう。確実に言えることは、ゲルマン時代の文化は、その核心において農業文化であって都市文化ではなかったということである。ゲルマン系諸民族の都市文化への運命的な歩みは、従って、歴史の明るい光の中で進められたものであり、十分にこれを把握することができる。先程一般的な形で表現しておいた問題は、従って、次のような内容になる——アルプスのこちら側における中世都市の成立の場合に問題になるのは、既に存在していた萌芽の、自主的な、有機的な発展であるのか、それとも、地中海都市文化との接触が初めて中世都市の成立へと道を開いたものなのか。私達が歴史家として問題に取り組むということは、方法的には、いつでも、具体的な史実に依拠することを意味している。私達にとって問題なのは、中世都市の成立を追究することであって、都市一般の成立を追究することではない。それ故に私達は、都市に一般的定義を与えることを意識的に放棄する。完全に発達した中世都市が、私達にとっては中世都市の、一切の歴史的先行諸形態を測定するための基準なのである。そのため、私達は、これらの先行諸形態には、いつでも、それらは花開く中世都市の直接の先行者にどの程度までなったのか、と問いかける。何故ならば、中世都市文化は、それの、正常でない、価値のない、見本に基づいて研究すべきではないのであって、本当に重要で、独特な組織体に基づいて研究すべきものだからである。かつてオバンが次のように強調した――「発展の先頭に立ち、発展の口火を切り、発展の負担と犠牲とを引き受け、発展の諸々の可能性を調べあげ、発展の型を決める、そういう諸個体が存在するのを、都市史の領域におけるほど人が認める気になる領域は、他にはないであろう。[19]」――連続性の問題はこれを余りに狭く考えてはならない。問いかけは、ガリア、ゲルマーニアの諸属州のローマ都市文化から中世初期の都市文化へと糸がつながっているのかどうか、またそれはどういう糸なのか、ということだけに向けられてはならない。地中海都市文化のいくつかの要素が中世都市の成立に、育てつつ、刺激しつつ、働きかけていったと思われるすべての道筋、そしてすべての回り道が解明されなければならない。実際多くの文化は、然り、全体として en bloc 引き継がれなければならないものではない。私達は現代の方言地理学から、文化生活においては、自己閉鎖的現象像の固定した並存を見るべきではなく、私達が型をその個々の要素に解体して、その要素の移動を観察するならば探り出すことのできる諸力の、活発な動きを見るべきであることを学んだ。[20]私達は都市史においても、この態度で臨まなければならないであろう。

そこで、ゲルマンの民族大地における都市文化の素性の確認が問題になる。この事情の解明によって私達は、都市化とゲルマン諸民族へのその作用という白熱した問題に一つの貢献ができるものと期待している。私達はそのことによって、冒頭に少しだけ述べておいた都市に対する現代人の、中でも現代ドイツ人の、態度に見られる奇妙な矛盾を解く鍵が得られることを期待している。この問題の解決が、ザイラーが不十分な手段によって解明しようとしたもの――中世ドイツ都市文化の、健全さ、積極的な、国民的な、諸々の貢献、を理解できるようにするに違いない。

従って私達は、中世都市文化を正しく位置づけようとしなければならない。深い濠が世界史の先行する諸都市文化から中世都市文化を切り離しているにせよ、両者を、あるいは強い、あるいは弱い、連続性が結びつけているにせよ、中世都市文化を世界史の先行する諸都市文化との関連の中で見ようとしなければならない。その場合、直ちに、又もや一つの問題が浮かび出て来る。――そもそも私達は、単一の中世都市文化なるものを語り得るのであろうか。少なくともゲルマン系諸民族の中世都市文化と、ラテン系諸民族のそれとを区別しなければならないということは、初めから、言えそうなことではないだろうか。何故ならば、ゲルマン系諸民族は中世に入って彼等の歴史上初めて、都市なるものをつくり出したのであり、ラテン系諸民族の方は彼等がかつて既に一度所有していたものを改めて手に入れなおしただけなのだから。この場合、私達の最初の問題に対する、連続性に対する、答えが大きな意味をもってくる。

何故ならば――全く抽象的に表現するならば――連続性が乏しければ乏しいほど、アルプスのこちら側と、あちら側とで、中世都市文化の相違が大きくなるからである。――しかし、そのような区別をしなければならないのだとしても、私達が見ているものは一つの都市文化のさまざまな表現、さまざまな型、さまざまでありながらも本質的には共通の特徴を示しているが故に、中世都市文化としては他の、例えば古代の、都市文化からは区別してもよい一つの都市文化の、さまざまな表現、さまざまな型にすぎない、という可能性が、なおかつあるのではないであろうか。私達が古代の都市、近代の都市とは本質的に区別される、中世の都市について語ることが許されているという意識は、明瞭さ、紛れのなさに程度の違いはあるにしても、これまでの研究史に固有のものである。けれども、この中世都市の、よく知られた、研究によって明瞭になった、共通性の故に、中世都市が強烈な対照を秘めていることについて、思い違いをしてはならない。原理的にヨーロッパ全体を包括するような類型設定をする観察方式を適用する時、初めて、私達はこの問題の認識において前進するであろう。そしてその場合にもまた私達は、諸都市文化の世界史的比較の場合と同様に、硬直した型を求めることはしないであろう。追いかけなければならないのは、個々の形成諸要素の辿る道筋、それらの諸要素の種々な混合と構成、である。類型設定的観察が絶対に必要であることは前に指摘しておいた[21]。中世都市の成立原因について激しい争いが生じた理由の一半は、研究者によってその都度異なる型の都市が視野に入れられていたことである。中世都市の地域的多様性を明瞭に意識しない限り、論争の渦から抜け出すことは絶対にできない。過去数十年の指導的研究者達が、ピレンヌ、ガンスホフ、レーリヒ、プラーニッツが、対象を西北ヨーロッパの遠隔地商業都市の型に精力的に絞ったことが、ようやく事態を打開して、研究を確固たる基盤の上におくことになった。多種多様な都市から引き出されてきた史料に基礎を置いて中世都市の像を描くことは、ようやく断念された。フランドル諸都市がその実例を提供している統一性のある都市グループから、そうでなければリューベックのような群を抜く都市から、出発して、そうした都市に、本質的に類似する諸都市が付け加えられた。手本と模倣者。専ら西北ヨーロッパの遠隔地商業都市が取り上げられたのは、先にその名前を挙げておいた研究者達の、ヘント、リューベック、ケルン、という現住地及び出発点に、まず第一にその理由を求めるべきである。また手工業都市に、手工業的近隣市場の開催地とそのツンフト的狭隘さ及びつましさに、その本当に「閉鎖的な都市経済」に、中世都市の典型を発見したと信じこんだ、彼等に直接に先行する見解への反論としてもそれは理解される。しかし今では、私達には、遠隔地商業都市という、この一つの型の記述と研究とにとどまっていることは許されていない。そうした型にとどまっていることの危険が現に生じているように私には思われる。フランスの研究者達は既にそのことを知っている。[22] この危険が生じた理由は、非常にわかりやすい。それは、私達の、ドイツで最も古い諸都市が、すべて、事実上この型〔遠隔地商業都市〕に属している都市だからである。中世都市には地域的多様化と時代的多様化とがある。そしてこの二つの多様化はしばしば重なりあうのである。そのことが、事柄全体を一層複雑なものにする。私達は眼をヨーロッパ全体に向けなければならない。その時初めて、私達は個々の都市類型を正しく位置づけることができるようになるのであり、その位置づけの中で理解することができるようになるのである。都市は、何らかの点で一般化的な観察には、例外なく、特有の困難な問題をぶつけてくる。何故ならば、重要な都市というものは、例外なくそれ自体で一つの有機体であり、一つの個性だからである。都市文化が個性主義を培養するように、都市はそれ自体が個性的であり、農村的集落及び農民的文化形態よりも強力に、全体観察に抵抗する。それにもかかわらず、私達は、最初の試みにおいてはたとえ不完全にしかできないにしても、この多彩な文化形態の内在的秩序を認識しようとしなければならない。

固有の領域を越えてさまよい出る観察に例外なく立ち向かって来る困難な問題が何であるかは、十分過ぎる程によく知られている。ヨーロッパ都市史に関する文献全部を使いこなすことは、ほとんど不可能なことである。また史料に基づいて判断を下すことの方が重要だとも、私には思われた。その場合、コイトゲンの都市統治制度史証書集成[23]がドイツの都市史家にもたらしたのと同じだけの便宜をもたらすことのできるハンドブックのないことを、私は残念に思った。私達の用意した付録は、ヨーロッパについての『コイトゲン』の、最初の、そして未完成の、試みである。それは、本来は「付録」などではない。それは、この研究の第一の構成要素として構想されたものである。それは、当時、ボン大学付属ライン地方歴史地域学研究所でF・シュタインバハが主宰していた、都市史のゼミナールで使用するために史料を探し集めていた私の仕事から生まれたものである。従ってそれは、私達の知識の基礎となっている。私達は原則として印刷された資料の通覧に仕事を限定した。

私達の試みが未完成の刻印を帯びていること、私達の類型記述が時に素描の域にとどまらざるを得ないでいること、私達はそのことを知っている(23a)。しかしながら、私達は、この試みがそれ自体としては今この瞬間にどうしても企てられなければならないものであったと思っている。さもないと、遠隔地商業都市への一面的な関心の集中と、中世都市文化の新たな描きそこないと不十分な理解との、危険が存続する。実際、全体的な観察なくしては、社会諸科学が私達に期待することを許されている歴史的情報を、社会諸科学に与えることができないのである。――私達は、現代のための実際的教訓を私達の都市史研究から引き出すことを目論んではいない。私達は「都市化」という問題の診断に、一つの貢献ができればと思っているのである。

本書の執筆は一九四三年秋に始まった。執筆は、再三再四、中断されなければならなかった。戦中戦後の難儀のためであったり、著者の職務上の仕事が苛酷であったりしたためである。過去何年かの間ドイツの学問の運命であった孤立の痕跡が、この書物にはどうしようもなく付着している。すべての不完全な点を埋めてしまうまで公刊を待つことは、公刊を無期延期の形で ad calendas graecas 引き延ばすことを意味した。私達の考え方の幾つかは、とにかく相当程度までは正しいことが保証されていると思ったので、公刊に踏み切った。この点で私達の判断が正しかったかどうかは、批評家達の決めることである。

# 第一部　中世都市文化の諸前提

# 第一章　中世以前の諸都市文化の簡潔な特徴づけ

序論で提出しておいた問題に、すなわち、アルプスのこちら側の中世都市文化はどの程度までそれを支えているゲルマン的民族性の、新しい独自の創造物であるのか、地中海都市文化圏からの刺戟はどの程度まで決定的にその成立に関与しているのかという問題に、答えを与えようとするためには、中世以前の諸都市文化を簡潔に特徴づけておくことが必要になってくる。

最古の都市文化は、文字の無い時代のあの暗黒に――メンギーン[1]が原始考古学及び民族学の諸成果を独創的に総合して、初めて、諸文化の意味深い歴史的順番が、彼が本当に完全に具象的な姿として私達の眼の前に並べて見せることのできた諸文化の歴史的順番が、見えてくるまでに解明されたあの暗黒に、今なお包まれている。メンギーンのこの著作に対するケルンの批判的な解説[2]の中で、この諸文化の順序は、意識的に歴史的な観点からする、固有の価値のある、凝縮された、そして正確な、叙述を見出した。この二つの著作が出現してから過ぎ去った二〇年の間に、ケルンの――文化圏は別にして――文化層についての図式に表現されている底の叙述の骨組みは崩れていないから、これを学問の永続的財産と見做すことが許される[2a]。メンギーンとケルンは、決定的に――G・v・ベーロウよりも全般的に――進化論的観念を、どの民族も低い文化から高い文化へと向かって段階的に前進するという進化論的観念を、排除した。メンギーンとケルンは、新しい文化形態、新しい生活形態、というものは、繰り返して新たに創造され、発見される必要のあるものではなく、一回で成立し、その成立地から広まっていくものである、という主張を支える証拠を提出した。彼等はそのことを、オリエントにおける農民層の成立、という画期的な事件について証明してみせた。そのことから直ちに、人類の最古史についての彼等の叙述が、私達の問題に、すなわち――彼等によるならば、オリエントの第一次農民文化だけが存在してその他の農民文化はすべて二次的であるように――そのように、アジアの第一次都市文化だけが存在して、他の都市文化は、中世の都市文化もまた、そのアジアの第一次都市文化から派生するものなのか、という問題に対してもっている意義が、明らかになってくる。メンギーン[3]は、この問題に対して、そうだ、と主張したのである。「従って、いきなりシュメール人の都市、セム人の都市、エラム人の都市、エジプト人の都市、に出会っても、それほど驚くことはないのである。どの民族の都市が一番古いかということについては議論の余地がある――恐らくそれは、西トルキスタンの第二アナウ風の、無名の都市である。恐らくその地に、原シュメール人によって創出され、後に……メソポタミアに移されたのである。そうであれば私達は、その他の、すべての西アジア及びエジプトの古い都市文化を二次的なものと呼ぶことができるのである。それはともあれ――都市文化へ向かっての世界の変形は、単一化は、近東から出発したのである。極めて高度の影響力をもった事件である。何故ならば、この事件には、完全文化の成立の芽が含まれているからである。既に前二〇〇〇年にはエーゲ海が……この発展に引き入れられた。地中海地方では、紀元前の最後の千年の経過する間に、都市文化は、一部はシリア、フェニキアのセム人によって、しかしそれ以上にギリシア人とエトルリア人によって、エーゲ海‐東地中海世界から伝えられて、広まった。途切れることのない一本の線が、古地中海都市文化から近代ヨーロッパ‐アメリカ都市文化に至るまで、引かれているのである。」ケルン[4]が、この主張に修正を加えた――「言うまでもないことであるが、この線は、完全に途切れることがないというわけのものではない。少なくとも西洋の中世初期における都市文化の衰えは、一時的な凍結を意味するものであった。そして、後期の中世に新たに登場する西洋の都市文化は、近代の発展の基礎は、その中で育てられた近代の啓蒙文化によって、古地中海及び東方の都市文化の残存物とは明瞭に異なるものである。」メンギーンは、言うまでもないことであるが、自分の主張を裏づけるための証拠を詳細に提出することはこれをしていない。それは、彼の記述の対象となる時代の枠組みの、全く外側にあることであった。私達当面の最大の関心は、中世の始まりの接続個所乃至は破損個所に向けられている。この個所を念頭に置いて、私達はこの時点に至るまでの都市文化の移動を手短かに跡づける。そしてその際に私達は、中世の都市文化が地球上の古い諸都市文化と共通にもっているものが何であり、中世の都市文化だけに固有のものが何であるかを、後に私達が示すことを可能にする比較の材料を集める。この比較もまた、連続性の、その程度と意義との、確定のために重要なものとなるであろう。

以下のことは、研究の現状から見て確実である――紀元前五千年紀に発生したと見てよい最古の都市生成は(5)、集落的過程及び社会学的過程として展開される。

家屋建築技術における、集落の全体施設における、最後に、塁壁と防備施設における、進歩が、最古の都市を、村落から区別する(5a)。最古の都市風の施設をメンギーンは、中央アジアで、トランスカスピアのメルヴの近くの、アナウの最初の文化に、発見した(6)。アナウ地方に地上最古の都市文化を求めなければならない、という想定は、形をはっきりさせつつある。その場合に特別の重要性を帯びているのは、古シュメールの天文学及び古インドの天文学が、最も長い一日の長さを、それぞれ自分の緯度であるもっと南の緯度に基づいて計算することをせず、ほぼ三五度の緯度をその基礎に置いている事実である。これが、アナウの空間にぴったりなのである。この計算は、従って、アナウ空間で思いつかれたものと見るべきなのであろう(7)。恐らくはそこに、これまたメンギーンの想定なのであるが、シュメールの原住地があったのであろう。――アナウは、第一に、集落の全体のレイアウトですぐれ、第二に、家屋が天日焼きの煉瓦でつくられている点ですぐれていた。東方の、初期の混合新石器時代の諸農民文化は、粘土を塗りつけた編み籠の小屋で満足していたのである(8)。

この集落的進歩に、社会学的進歩が加わる――この社会学的進歩の内容は、都市生成と支配者層の形成との関連である。今日都市がそのために非難を浴びている――とりわけ生物学的観点における――寄生的性格は、都市の生成の第一段階に、まことにくっきりと現われ出ている。(9) 最も古い都市的な支配者高度文化は、服属した農民の計画的搾取を基盤とするものである。この搾取が、農民労働の苦労なしに支配者として生存することを戦士的支配者層に保証するのである。しかしこの階層分化を否定的に搾取とだけ評価してはならない。(10) それは、同時に、定住する農民層の、企画し組織する牧人戦士の、半遊牧の牛飼い層の、これら相異なる基本的な力の、有益な結合を意味している。「他のどの文化的形成体にもまして、都市は、混合と交配の原因となる。農民層との共生による労働の容易化、日々の生活の洗練、楽しみの増加、社会的上昇の可能性、力を表現する機会、都市住民に結びついているこれらのことどもが、当時既に、支配者だけではなくして下層の者にも、抵抗することのできない刺激を提供していたのである。(11)」強い牽引力と、支えとなる力の多様性とは、あらゆる都市文化の基本特徴である。言うまでもないことであるが、こうした社会学的経過は、遠く離れた時代にとっては、集落形態の確認と比較してはるかに把捉が難しく、従ってまた議論の対象にされることが多い。以上の観察にとって大いに重要なことは、アナウの空間では、都市形成が階層分化によって起こったのかどうか、ということである。メンギーンは、多分そうだと想定している。そしてシュメールの都市文化との関係は、この想定をありそうなことだと思わせる。将来、この中央アジアの都市文化が発掘によってさらに一層明らかにされ、その際同時にその首位性とその階層分化性格とを主張することができるならば、その時は、階層分化学説がそのことによって確認されたのだ、としてよいであろう。――アジアのどの空間に最初の都市文化を想定すべきであるのか、アジアの、一つの起源地を考えに入れるべきなのか複数の起源地を考えに入れるべきなのか、ということは、私達にとってはそれほど重要なことではない。起源地としてのアジアは確定されている。

私達にとって重要なことは、最も古い都市生成の経過を階層分化学説が果して正しく且つ全面的に解き明しているのだろうか、ということである。一切の光は、農民文化の防衛的、内在的な自己発展にその存在乃至は一層の発展を負うている諸都市文化ではなくして、荒々しい階層分化にその存在乃至は一層の発展を負うている諸都市文化に、注がれていること、このことは確実である。都市形成の――集落形態としての、並びに生活形態としての――都市形成の、基本的な前提条件は、相対的に密度の高い定住である。西南アジアの都市地帯は、メソポタミアとエジプトは、この条件を大いに充足していた。

都市は、従って、新しい政治的秩序の表現として、私達の前に姿を現わす。そして都市と共に始まり、少なくない点で既に古代オリエントの都市文化に非常に近代的な特色を与えている、文化生活のすべての面における非常に大きな進歩は、この新しい、政治的、身分的な組織がもたらした結果なのである。文字、貨幣、利子[12]、そして都市文化の一切の成果は、都市の後続現象であって、その原因ではない。新しい政治的存在形態と、経済的後続現象のこの序列は、古い諸都市文化の画像全面に現われている。

古代オリエントでは、この政治的秩序は、特に強烈な形で、宗教によって、周りを囲まれている[13]。古代オリエントの輝かしい諸都市は、既にその外観において目に見えるようにその本質を示している――神々とその祭司のいる場所、そして支配者とその役人のいる場所、というその本質を。バビロンは、「神の門」は、既にその名前に[14]、神にささげられた門が都市施設に対してもっている意味を表現している。都市の構造は遠心的構造で、通りはひたすら中央をめざすということはなく、複数の門へと押し進んでいる[15]。それらの門の位置を定めるのは礼拝上の根拠であって、何らかの種類の合目的的配慮ではない。周壁の内側では支配者の宮殿と都市の神殿とが特色を構成している。外観には内的本質が対応している。シュメール人の都市国家[16]では都市の支配者兼所有者の役割を演じたのは都市神であった。この神政政治的都市国家の人間統治者は現世における都市神の代理人であった、彼は人間と神との境界に、祭司君主として立った、彼は法を立てた、全知全能なる者がこの人間統治者という姿をとって現われた。後のシュメール人の大王国でも変化は生じなかった。一つの社会的特徴が紛れもなくこの大王国には付着している。そのことは、国王が、すべての権力の源泉であり、力の化身であることを、厳重に中央集権化された支配者法的組織が発生したことを、妨げるものではない。「バビロンの農夫」、「人間の牧夫」、「畑の灌漑者」――バビロニアの国王は、その国家碑文の中でこのように自称した。国王と並んで、民間の人物達が発展する余地はもはやなかった。――エジプトでは、国王と並んで封建諸侯と役人層とが存在する。そのため、エジプトにはエル・アマルナのような都市が存在する。それらの諸都市は、幅の広い、巨大な神殿の聳える、複数の神聖な地区の間を走っている行列通り――日陰の多い、狭い通りを必要としている風土の要求を見事に無視しているものである[17]――と、支配者の宮殿の横に一つ一つ軒を連ね、巡礼者通りに沿って長い列をなして並んでいる、帝国の有力者達の、技巧をこらした、広大な諸邸宅とで、できている。ここでは役人の邸宅が、支配者の宮殿、そして神殿に加えて、本質的な都市形成要素として登場しているのである。アマルナの墓地のそばの、またそこ以外は人の住んでいない地方にあるカフン[18]の、エジプトの労働者都市乃至は労働者集落は、一つの特殊現象である。これらの労働者都市も支配者の意志によって設立されたものである。支配者の記念碑的な建造物――墳墓施設――のために労働者が集団で移住させられたのである。――この都市がいかに支配者の恣意に依存していたか、都市がいかにまだ「安定」していなかったか、ということは、君主居住地が絶えず移動し、新造されていることに明瞭に表現されている。――経済の分野でも、商業資本と商人とは国王の家政と神殿の家政とに大幅に依存し、同様に国家と神殿が手工業の主要顧客であり、発注者である。たしかに、小アジアにはアッシリア人商人の集落があった。例えばカニスである。この商人集落はその土地の支配者が統治の拠点にしている市区の外側にあり、行政と裁判とを自主的に行っていた。コンスタンティノープルにあったジェノヴァ人の商業集落になぞらえる人もいる。[19] けれどもこの商人集落に古代オリエントの都市の特徴的代表を見ようとする人はいないであろう。それは、周辺現象に過ぎないのである。

以上で最も古く最も輝かしい諸都市文化の、キーワードによる特徴づけを済ませた後に、私達は、私達の大陸の都市的生活形態が特にそこを通じて伝えられたあの都市文化に立ち向かうことにする——クレタの都市文化とミュケーナイの都市文化である。クレタとエジプトの密接な関係は、クレタの都市文化と西南アジアの都市文化の継続的関連を保証している。

クレタでも外観は内容にふさわしい——支配者の、祭司の、貴族門閥の、ための建築物によって、独占的に支配されるということは、もはやない。借家 insulae が、都市的に居住する住民の家屋群が、都市の地図形成的要素である。道路が都市と都市とを結びつける役割を果す。ミノス時代のクレタの諸都市の特徴は明瞭な求心主義である。それは、規模の小さい集落にも現われている。トリッチュが小さなプセイラを指摘している。[20] それは、本来は都市では全くないが、この密集性は示している。クノッソスのモザイクが私達に示している家々は、狭いファッサードと複数の階とをもっている。[21] クレタでは防備施設のない集落が密集した建物をもち、大陸では防衛施設のある集落が面積を広くとった建て方をしていることに、フィメン[22]も気がついていた。クレタの住民の間では密集した集合居住への衝動が強かったらしいのであるが、この衝動は、外からの脅威によって呼びさまされたものではない。

重要な都市形成的要素をそのことによって把握することができるので、それなりに力をこめて、私達は指摘する——隣人同志相接して、つまり都市的に、居住したいという衝動を、である。[23] これは、今日に至るまで地中海文化の基本特徴である——例えばシチリアは、都市だけを知っていて村落を知らない。スペインの一地方である南アンダルシーアについてニーマイヤーが[24]、比較的大きな、密集した集落への住民の集中を、数世紀を通じての定住様式の永続的特徴として確認した。ニーマイヤーは、都市の広まりと大きな密集した集落への住民の統合とに、今日まで持続しているローマ化の影響を見ている。そして、シチリアでは数世紀の間続いた不安が、南アンダルシーアではレコンキスタの苦難の時代が、それぞれに防備施設のある密集した集落を必要にしたのだとしても、そうしたきっかけはただ、平和な時にも密集した集落様式が保持される理由である一つの自然の性向を強めただけなのである。ニーマイヤーは、南アンダルシーアで、八つの都市、一七の農村都市、二四の村落都市、一二〇の都市村落、二四の村落、を区別している。すなわち比較的大きな集落――大農場は視野の外に置かれている――全部の三分の二が、明瞭な都市的性格を帯びているのである。それに加えて、現存する村落は、その一部分が、発展を妨げられた都市、あるいは収縮した都市なのである。その際に注目すべきことは、「少数の例外を別にするならば、すべての自治体において、第一次産業に従事している者が、相対的にも、絶対的にも、最大の職業グループである[25]」ということである。つまり、農民的に生活している住民が都市的に定住しているのである。このことは正に、北ヨーロッパ人の目には異様に見えることである。地中海諸国にあっては、今日においても、都市が農村から区別される特別の経済構造で特徴づけられることが、私達のところよりもはるかに少ないのである。都市は、農村の、顕著に農業的な性格と、完全に両立することのできる通例の集落の型なのである。これらの集落の都市的性格の基盤は、商業、手工業、工業の、集中ではなくして、道路の終点が集中している状態、石造建築の優勢、「身体的構成の高低の差」――集落の中心の設置――、要するに集落としての基準なのである。もし私達が、これに加えて、スイス連邦共和国のフランス語地域でも、従って高地アルプスにも含まれている地域でも、村落がしばしば都市的なまとまり方をしている事実に思いを致すならば、地理的な、あるいはその他の、環境因子が、この集落様式の原因であると考えることを断念するであろう。この集落様式は、地域の自然からするならば分散集落が適しているところでさえ、見られるのである。そこでは、本当は、特別の、人間的な、従って人種的或いは民族的な、素質が、長期にわたって妨げられることなく永続した環境の諸影響によって形成され、根づいてしまった体質が、決定的に影響しているのであろう。そのことは、既にヘルパハが、極めて明瞭に表明したところである。彼はそれを、「特定の諸民族の、場合によっては諸人種の、体質的狭窄症（密集居住様式）」と呼んでいる。(26)彼は更に言う。「この居住様式には、アゴラで、フォールムで、暮すことを好む、この地中海人の気質、仲間の前に姿を現わし、自分の姿をさらし、仲間と一緒に、仲間の前で熱弁をふるい、身ぶりを交えて訴えたいという地中海人の欲求、が似合っている。」――そのような、特定の――人種的或いは民族的な――素質に根ざしている居住「モード」が、それをつくり出した人間集団の居住領域をはるかに越えて、作用を及ぼすということは、もちろん有り得ることである。地中海文化の放射領域は、地中海人が居住する地域をはるかに越えてひろがる。だからシュタインバハは、活気のある街道があり、のびのびした村落生活の開放性のみられる、ロートリンゲンの、規模の大きい、家が密集して建っている村々を、しばしば、ロートリンゲンまで進んで来た南方の、地中海の、文化の流れから説明している。(27)「その痕跡は、……ジュネーヴ湖近くのジュラ山脈の諸峠を越えて、サヴォアに、そしてそこから北イタリアへと、延びている。私達はサヴォアで、家が密集して立ち並んでいる街道村落を見出す。(28)」それでいて、ロートリンゲンは、都市の多い地方では決してない。この地方は、地中海集落様式の個別要素の内の幾つかを――密集性、石造建築――を取り入れたに過ぎないのである。私達は既にそのような個々の文化要素の、移動の可能性について語っておいた。――密集居住の慣習は、その上、完成した古い都市や文化に固有の要素であって、著しく都市化された諸地域にあっては、農村集落にも影響を与え、西南ドイツの多くの地方に見られるような「都市に似た村落」をつくり出す。(29)そうした村落は、密集した建築様式の他にも幾つか都市的な特徴を示している――市庁舎をもっている、防備施設をもっている、等々。石造建築の役割が小さいのが特徴である。そこでは、むしろ、その地方の諸都市を通じて伝えられた地中海文化の間接的影響が認められるのである。

閉鎖的な都市的集落様式を好む地中海地方のこの傾向は、したがって、既にクレタでこれを明瞭にとらえることができる、と私達は考える。古代オリエントの都市文化では、住民の意志は極めて僅かしか現われなかったからして、集落様式からそのような結論を引き出すことはできなかったであろう。トリッチュによって都市的に居住する家屋群が都市図構成的要素であることが立証されたここクレタでは、事情が異なる。

クノッソスの壁画は、いけにえの行列と雄牛の競技とを描いている。都市的生活様式及び居住様式の提供する刺激は、何よりも、都市では、小さな村落的集落におけるよりもはるかに豪華に、又華麗に、祭祀その他の共同社会の祝祭を盛り上げることができる、という点にある。だからクレタの住民の生活は、非常に発達した手工業によって、航海――海賊と海賊商業――によって、満たされていただけではなくして、礼拝、舞踊、競技によっても、気持よく満たされていたと思われる。

バビロン、エジプトの場合と同じように、クレタでも、記念碑的な建造物は、市民的、ゲノッセンシャフト〔仲間組織〕的分野のものではなく、支配者側の分野のものである。いつでも祭祀君主の宮殿が都市の建築物の代表である。クレタの諸都市も第一には君主都市、支配者居住地である。クノッソスはクレタの大王の居住地だったのであろう。クレタ大王の宮殿は、その最終の形では紛れもなく豪華建築物である。しかしその最初の施設には大切な防備‐居住兼用の塔が一つ、付属している。シュッフハルト[30]はそれを、エジプトからの影響によるものだとしている。アビュドス建築物の、エジプトのアビュドスの近くにある小さな、四角い周壁の中にある複数の城の、影響によるものだとしているのである。このアビュドス建築物と共に居住塔、支配者ブルク、支配者居住地の歴史が始まる。このブルク〔城砦〕にシュッフハルトは世界のすべてのブルクの父を見て、その起源と移動とを詳細に研究し記述したのである[31]。このブルク類型の出現はいつでも支配者法的組織を告知する。それ故、このブルク類型が最古の王宮の本質的構成部分であることを指摘しておくことは、私達にとって重要なことだと思われる。

クレタの王権は、サボが解いたように[32]、宇宙の星の位置関係に基づいて秩序づけられた、神聖な制度であった。国王の法令と命令とは最高神から直接与えられたものと見做され、国王は民衆に対して不可視の神の代理人であり、それ故に、神聖視される国王の権力と相並ぶ民衆の固有法などは問題外である。このクレタの王権の神聖な性格に古代オリエントとクレタの政治構造の顕著な本質類縁関係が現われている。このことを考えに入れるならば、「同権的市民の自由な都市国家」をクレタに発見したとトリッチュが思った時、恐らく彼は、いささかの行き過ぎをやっているのである[33]。

「クレタの文化はまだ純粋に地中海的な文化である。ところが、ミュケーナイの文化は、基礎に北方からの新しい来住をもっている」と、状況を簡潔的確に特徴づけるために、シュッフハルトが言っている[34]。彼はさらに、来住者が地中海文化の魔術的魅力に大いに呑み込まれてしまったことを確認する――一。彼等は自分達の民衆ブルクを――シュッフハルトは、周知のように、居住塔様式の支配者ブルクに円形塁壁型の民衆‐避難ブルクを対置する――支配者ブルクに発展させる。テッサリアのディミニで二つの型の融合が初めて成功した[35]。ディミニはトロイエ――ミュケーナイ・ブルクの前段階である。二。来住者は都市的に定住する。ハーゼブレックがホメーロスの叙事詩を材料にしてそれらの諸都市の像を描いて見せた[36]。

「古代の生活形態の明瞭な独自性を、その歴史的一回性において[37]」認識したいという欲求から、ハーゼブレックは、たしかに、あまりにも近代化して見る古典古代学の見方に反対するという、学問的に見るならば極めて正当なその反作用のために、時として行き過ぎをやっている。ハーゼブレックはたしかに、文字資料を重視して、考古学的資料はあまりにもこれを大切にしなかった。(38) ハーゼブレックを批判する人達が、ハーゼブレックの古代商業の過小評価は厳し過ぎるとしてこれを拒否する時、彼等は全く正しい。(39) しかし同じようにたしかに、彼は多くのことを正しく見ていたのである。さらに言うならば、彼は特に都市を正しく見ている。ホメーロスにあっては、すべてのものが都市に住んでいるとハーゼブレックが言う。(40) ホメーロスは村落を知らない。貴族も民衆も、大農も小農も、農村に住所をもっていない、都市にもっている。トロイエーから貴族が、妻子を伴い、牧草を食べている家畜の群を見にシモエイス谷に出かける。「政治生活は都市だけに集中している。ラーエールテス老人のようにもう都市には来なくなって、農村にずっと暮している者は、政治生活にはもう参加しない。都市だけで、市場だけで、裁判も行われる。しかし商業の中心地としての都市については叙事詩の中には何も出て来ない。経済的意味での市場についてはどこにおいても語られていない。(41)」——パイエーケス人の都市、その記述に二重市門時代の特徴が織り込まれているパイエーケス人の都市——柱でつくられているパイエーケス人ブルクの周壁(42)——は、防備・施設のある集落、政治の中心地、礼拝のセンター、土地所有住民の住所、だと特徴づけられている——「そして周壁で都市を囲み、家々を建て神々の神殿を建立し、民衆に耕地を分けた。(43)」それに加えて「国王の華麗なブルク」が登場する。(44)

地中海文化の都市的基本特徴は、ホメーロスの叙事詩の時代には、すなわちミュケーナイ時代、しかし場合によっては前九世紀乃至七世紀の時代かもしれないが、その時代には存在し続けている。ホメーロスの都市は、初めから都市に付着しているのが見られる二つの本質的な標識によって、とにかく特徴づけられていた——特別の定住様式、そして支配者、国王、神々等の居住地乃至は神々の礼拝地としての意義。ここで形成の始まる新しいものは、都市の経済的機能の強化などではなくして、民衆の強化である。「国王の華麗なブルク」と並んで、パイエーケス都市には「民衆の集会所」があるのである。(45)

ここではただ鳴り始めているだけの発展が古代のポリスでは段階を追って完成していくのを私達は見る。ギリシアのポリスの成立史を展開することはここではできない。できることはただ、ポリスに固有の功績が何であるかを明らかにすることだけである。固有の功績と言うのは、ギリシアのポリスが西南アジアの都市のただあちらこちらに少しばかりの手を加えて修正した、その続き物であることをはるかに越えているからである。ギリシア人によって都市文化の連続性が切断されることはなかった——ギリシア人はクレタ、小アジア経由で東方の諸都市文化のグループから刺激をうけた——としても、絶対的に新しい開始はないにしても、それでも、古代の、ギリシアの、都市文化を、古代オリエントのそれから区別するのは正しいことなのである。

私達はここでもトリッチュに従って(46)外形的な像から始める。ポリスの中心点はアゴラ、国家広場、である。ミレトスでさえ、アゴラには、その巨大な広さにもかかわらず商店は全くなく、純然たる国家広場と考えられていた。都市構造は大きな場所施設を、アゴラ、ポリス評議会会所、評議会執行機関府並びに神殿を、中心にしている。宮殿施設は存在しない。都市の代表的な建造物は、第一に、私達の意味における公共建造物である。それはすべての完全市民が使うものである。

この市民こそが支配者なのである。——ポリス史の発端には門閥支配が位置している。——私達はギリシアの都市王制を未発達なものと見ている。貴族の集住が都市形成的に作用する。従ってこの場合にも都市は支配者層の作品である。しかしこの支配者層はもはや、シュメール諸都市の神殿政治的統治者やミノスの祭祀君主に固有の、神聖な光背に囲まれていない。そして貴族が支配している農民戦士には、永続的に支配され、搾取され、遂には隷属農民になってしまう気配などなかった。それ故に貴族ポリスから重装歩兵ポリスへの、更には民主政ポリスへの、拡大が可能なのである。けれども、ポリスのこの前進していく民主化に、一九世紀的意味での市民化を見ようとするのは、全く誤っているであろう。貴族が市民的生活様式を身につけ、そしてこの市民的生活様式が支配的になっていくのではなく、民衆が貴族的な生活形態へと参加するようになるのである。「上昇していく民主的階層が財産を失った貴族を民主化するのではなくして、むしろその反対に、自分が封建化していくのが、すなわち政治的に上昇していくに伴って次第に財産を失った貴族の全心情と全生活形態とになじんでいくのが、西洋の民主主義と対比した場合の、ギリシアの民主主義の特色である。それが最も徹底しているのがスパルタである。新しい社会は、その統治制度形態の、すなわちその支配の、一切の民主化にもかかわらず、近代国家の意味での民主社会ではなくして、資格のある個人の範囲の拡大を見た貴族社会にすぎない。新しい社会は『市民』社会ではなく、貴族-市民社会であり、古代社会の政治的及び非政治的生活形態をば受け継いでいた。政治的生活形態については、とりわけ——ポリス法の支配の原則、最も可視的な（かつての貴族社会のそれのような）団結の表現としての役職の一年任期の原則（この原則は市参事会へと引き継がれる）、役職の無給の原則、以上に劣らず、すべての無資格者に対する、すなわち、すべての非完全市民層に対する排除の原則。非政治的生活形態については——倫理、宗教、詩、美術、生活の全体、さらには貴族は経済的自立なしには想像することすらできないから、貧困は恥、労働は軽蔑される、という考え方。[47] さらに、民主主義では『ライトゥルギア』（納付）と呼ばれている、そして莫大な国家経費の納入をば最も豊かな人々だけに義務づけている、独自の形態の課税。最も豊かな人々だけが義務を負ったのは、かつて国家の神々のために祭りを行い、身分義務意識に基づくその他の納付を自発的に引き受けていたのが貴族だったからである。ギリシア的本質の貴族主義的基本性格を、ギリシア文化の、わかる限りで最も早い諸世紀に私達の前に姿を現わす貴族主義的基本性格を、『市民』ポリスは、後の諸世紀の『市民』ポリスすら、何も変えることがなかったのである。それは、古代一般の基本性格である。その証拠に、貴族-平民的ローマ国家でも、統治そのものの明瞭に貴族主義的な基本性格はそのまま変わっていない。ギリシアのポリスは、ただにスパルタだけではなく、自分がそれにとって代って登場した古代の貴族国家への適合としてのみ、紀元前六世紀とそれに続く諸世紀のギリシア社会は紀元前八世紀のギリシア社会への適合としてのみ、これを理解することができる。この社会は、古代の貴族尊敬とその諸理想とを市民尊敬に、その完全市民層を支配者層に、それ故に全完全市民住民を支配者身分に、即ち軍事団体に、してしまう。(48)」

ポリスのこの発展が、一つ一つどのように進行したのかを、私達はここで、跡づけることができない。ギリシア都市の経済的諸機能について一言だけ。ギリシアの諸都市は土地所有者の居住場所として始まる。その成立については経済的動機は問題にならない。成立に続く時代にも都市はまず第一には礼拝及び政治の中心地である。然り、一切の国家的生活が本来そこにある場所である。時間をかけて初めて、商業的契機がアゴラに、そしてアゴラの外側でよりはっきりと、登場する。紀元前八―七世紀のギリシア人のポリス植民は出超貿易をめざすものではまずなかった。この植民がめざしたものは、本質的にはただ、農事集落、漁業根拠地、政治支配の拠点、海賊の城砦、の建設だけであった。地峡諸都市は通商路の確保という考え方の影響を受けていた。(49)「市民」の生存基盤としての地代に代わって、アテーナイの民主的ポリスには国家年金生活者層が登場する。市民の概念は政治的概念であって、経済活動によってそれがつくり出されたことは絶えてない。スパルタ人には手工業活動が禁止されていた。それにならって、ドーリス人の建設ポリス・エピダムノスは市内の手工業を一切奴隷にまかせた。(50)プラトンはその理想国では商業活動を非市民にまかせようとした[51]。そのため、言うまでもないことであるが、自由なポリスの明るい像は非自由労働の、奴隷制の、暗黒を背景として現われる。アテーナイでは、その最盛期に、一三万乃至一五万の自由民に対して、奴隷は一〇万を数えている[52]。

古代のポリスは集落自治体の諸制度に関して、都市文化を豊かにした[53]。人的‐氏族的秩序は、領域的な住民分割原則に取って代られる。この原則は、集落区分をポリスにおける一切の権利と義務との基礎にしたのである。これから後、都市生成と自治体形成とは一つのものになる。ポリスは、戦士的‐征服的原始時代の、昔の、軍事制度を、北方からポリスに伝えられた遺品を、東方から採り入れた「都市」の中に組み入れた。「戦士の連帯に依拠する密集方陣におけると同じように、ポリスにおいても、人間は個人ではない。団体のメンバーであって、その団体が、そのメンバーの生活に内容を与え、行動、活動の一つ一つに、意味と価値とを付与するのである。ギリシアの完全市民はヘレニズム時代の初めまで、戦士であり続けた。この戦士は、永続的な〔戦争〕状態にある自分のポリスに軍事的政治的に余りにも強く吸収されてしまうために、西洋的意味における合理的営利活動が、市民的不平等の主要な源泉が、本来の生活内容としては、この戦士にとっては不可能になってしまうのである。そのために、古代世界と西洋世界とでは民主主義の理念の根源が、根底からして違ってくるのである。もっとも、古代の民主主義の理念はそれ自体が近代のそれに比べるならば全く問題にならないものではあるが――古代の民主主義は、排他的な完全市民層の境界の内側だけの民主主義を意味している。その境界の彼方にあるものは、自由民に生まれていようと、ギリシア人であろうと、資産家であろうと、格の低いものであり、国家に参与することができない。この点で、根底的に古代的な民主主義は、実際には最も顕著な寡頭政治なのである。スパルタとクレタで最も明瞭にそのことを見ることができる。そこでは、完全市民の平等の徹底的実現とポリスの戦士ツンフト性格の最高の完成とが見られるのである。[54]」

ギリシアのポリスは都市国家の最も純粋な具体物である。

ローマの都市文化は、イタリアの大地でローマの都市文化に先行するエトルリア人の都市の影響を通じて、アジアの都市文化に大いに依存している。エトルリア人の都市には、古代のポリスの自治体原則が欠如している。それは、国王の側近に強力な貴族がいる氏族国家の表情を浮かべている。エトルリア人の都市に特有なものは神聖な地区としての周縁の重視、都市建設事業の儀式的完成である聖域 pomerium、である。ギリシアの都市が――後期のヒッポダミアの諸都市を別にするならば――その道路の配置が不規則であるのに対して、エトルリア人の、或いはエトルリア風に etrusco ritu 建設された、諸都市は、厳格な網の目を示している――その特別に強調された中心点は行政の中心地であり、それには、座標軸の方向にそこから出て行く四つのメインストリート――カルドーとデクマーヌス――がついていた。この四つのメインストリートは、交通の役に立つというよりは、むしろ高級役人を市門に、聖域 pomerium に、案内するために、そして同時に市門のそばで起こったすべてのことを直接に中心地に結びつけるために、そこにあるものである。そのために、都市全図の中で、祭司的軍事的高級役人――彼等の居住地が施設全体の中心であるプレトリウムとフォールムである――の圧倒的権威が、印象的に眼につくのである。トリッチュは、古代のポムペイ、古代のローマで、他ならぬこの都市建設原理が貫かれているのを説明している。[55]――エトルリアの都市には、支配者層の道具であるという、都市の本源的性格が、極めて明瞭に、ヨーロッパの大地の上で、現われている。エトルリア人のマルツァボット（ボローニャの近く）は、頑丈な家屋群でつくられ、平行して走る大きな道路が貫通してい、周壁とアクロポリスとをもった都市、という姿を私達の前に現わす。[56]家屋群、一様な、大きな、建物群は、明らかに豪族或いは有力者の住宅である。古代エジプトの支配者の家を想起することができる。エトルリア人の諸都市は氏族国家の本質に沿ってつくられた産物である。

ローマの貴族国家はここでも進行した地域自治体の形成によって柔軟にはなる。しかし、その高級役人はその際立って明瞭な権威的地位を喪失することがなかった。

ローマにおいても都市は地域の政治的中心地である。政治生活に参加しようと欲する者は、都市に移住しなければならない。農村は独自の政治的意義をもっていない。権力と名声を享受しようとする者は、土地所有的で戦士的な都市住民層に属さなければならない。クリア部隊とケントゥリア部隊、それに対応する諸政治集会、後には元老院、これらのものはローマの支配者市民層の制度である[57]。この階層の身分に適合する活動領域は政治、戦争、所有地の管理、である。「すべての職人は軽蔑すべき業に従事している。軽蔑すべきと言うわけは、製造所というものは高潔なものを何ももつことができないからである。」"Opifices omnes in sordida arte versantur, nec enim quidquam ingenium habere potest officina"（キケロー『義務について』第一巻四二、一五〇）。

アジアの都市文化の枠内にある小アジアの、アッシリア人の商業集落に類似する周辺現象を、古代の都市文化の枠内では、フェニキア人の諸在外商館が、最も西に位置するタルテッソスが[58]、そして数多くの古代の沿海都市の場合に特別の組織体であったことが確認されている商品集散地が、これを示している[59]。古代の都市もまたその成立を、時には市場と大市開催地とに負うているのである。しかし古代のポリスの本質が、遠隔地商業地或いは市場だけであることは決してない。

ローマの都市は、その後期の形態において、アルプスを越えて入り込み、ガリア、ゲルマーニアの諸属州に、そしてブリタニアへと移された。ガリアはその際に、ローマの諸属州の中で都市の数が最も多い属州の一つになった

――アウグストゥスの時代に六四の自立したコムーネ〔都市〕があり、五世紀には一人の司教を擁するキーウィタースが一一五―一二五あった[60]。

それは偶然ではなかった。ここではローマの都市文化は、ケルトの基礎の上に更に伸びていくことができたのである。何故ならば、ケルト人のオッピドゥムは、都市であったから、アルプスのこちら側では最も古い都市であったから、である[61]。ケルト人のオッピドゥムは、古代の都市文化の中の特別な変種である。私達はこのケルト人のオッピドゥムについて、古代との疑う余地のない関連のために、考えていることをこの場所で述べておかなければならない。この関連を保証しているのは、いろいろある中でも特に、マルセイユの近くの諸部族がその都市に防備施設をつくることをばギリシア人から学んだという、ポムペイウス・トゥログスの証言である。ケルト人は南フランス以外ではバルカン半島でギリシア文化圏と接触するようになり、この接触が、独自の、防備施設のある都市の建設をもたらした。南フランスから北方へとケルト人の都市は広まった。オッピドゥムは、行政、そして礼拝の中心地であったが、同時にそれは商業、貨幣製造、そして手工業生産、の中心地でもあった。フランスの最も重要なケルト人の諸オッピドゥムは、中部フランスの山地にあった――カエサルが――アウァリクムの近くで自分で行った観察に基づいて――極めて正確に記述しているガリア人の城壁 murus gallicus によって周りを固めるようにして、相当の広さのある台地であった。その交通便利な位置のおかげで中部ガリアの最も重要な商業地の一つである、四つの高い丘の上にあるビブラクテが、その正確な姿を私達に伝えている。ビブラクテは、建築物によって、また僅かの出土品に基づいて、基本的に区分することのできる、三つの市区からできていた。一。ラ・コーム・ショードゥロン市区の手工業者地区[62]。二。貴族層の居住地区。三。礼拝施設と小売店との付属したローマ時代からある市場。

手工業者地区は一筋道施設である。手工業者の小屋――小さな、例外なく一部屋の四角い家々――が、五〇〇メートルの長さのメインストリートの両側に隙間なく並んでいた。建物は大抵、仕事場と手工業者の住居とを兼ねていた。金属加工業の著しい分化が際立っている。集落上のこの三区分に私達はケルト人のオッピドゥムの特徴を認める。古代のポリスと同じように、それは、礼拝の中心地であり、政治の中心地であり、土地所有者である貴族の居住地である。特徴の一つは、手工業生産の、独自の一市区への統合である。ガリアの手工業の伝統は絶えることなくローマ時代までこれを跡づけることができる。手工業者層――経済的に見た場合、消費者としての貴族だけに依存していたわけではない――は、オッピドゥムの内部で独立の要素を構成している。政治的指導権は専ら貴族層にあった。ケルトの都市とローマの都市との、紛れもない一致は、ガリアの急速なローマ化を促した。ローマ時代に入って、ガリア人の生活状況の中で変えなければならないものは何一つなかったからである。

　ローマ時代のガリアの諸都市では、アルル、リヨン、さらにはメッス、トリーアのような諸都市では、高揚した都市文明の華麗さが全面的に花開くことができた。皇帝居住地トリーアの輝きは、今日新しい発掘のおかげでますますよくこれを評価することができるようになった[62a]。神殿と行政用建造物、劇場、公衆浴場、凱旋門と記念門がこれらの諸都市の建築物的装飾である。それを建造するのにしばしば都市の貴族層が競いあったものである。最高の行政役所の所在地であるそれらの諸都市は、同時に活発な経済生活の賑わうところ、商業と繁栄する手工業との場でもあった。主役を演じている社会層はここでもまた土地所有者であった。土地所有者が参事会員の階層 ordo curiae を形成していた――この階層 ordo にケルト人の貴族が入っていったのである。イーゲルの記念柱の浮き彫りは、トリーアの豊かな織物商人が同時に大土地所有者であったことを証明している。たしかに、他でもないトリーアの諸記念物を眺めていると、ここでは、古代の国家市民層の貴族的理想が完全に理解されていた、貴族的理想が生活の規範になっていた、とは言うことができない。ローマ世界帝国はその自治都市内に、自立した支配者層の存在することを許さなかったのである。都市官職の管理、富、そして教養、がこの自治都市の上層階級の特徴である。[63]さらに北へ、境界へ、ローマ領ゲルマーニアへ、進むならば、都市の像はますますやせてくる。軍事上の拠点としての都市の機能が一層前面に出て来る。たしかにケルンは戦時中に発掘されたディオニソス・モザイクが今日眼に見える形で証明しているように、なお都市の華やかさを大きく展開している。[64]北ガリアでは四世紀以降、ますます脅威的になっていくゲルマン人の危険のために、都市の軍事的性格が、次第にそれだけが、強調されるようになる。都市は第一義的には駐屯地都市になった。[65]――随伴現象として、未発達な流通集落が、つまり大きな軍用道路沿いの一筋道の形をしたウィークス vici が、定期市の開催権をもった商人集落であるウィークスが、ここにもないわけではなかった。それを見ることを私達に教えた[66]エールマンは、その先駆的存在を正しくも考慮に入れて、それを「ガロ・ローマ的」と呼んでいる。しかしこの市場集落の場合、キーウィタースへの一層の発展は――この発展が運命づけられている場合にも――経済的基礎の拡大などによってではなくして、周辺の土地所有者の追加的集住によって発生するのが特徴的なことである。そのことはエールマンがイギリスの二つの農村都市、カレウァ-シルチェスターとウェンタ・シルルム-ケルヴェントの例に即して、説得力を以て説明した通りである。[67]

ガリア、ゲルマーニアの、ローマ属州都市の像は著しく多面的である。都市文化は、数千年続いたその移動の間に次第に蓄積されていったものである。そのこともまた都市文化の本質の一部分である。都市文化は農民層のように自分に閉じこもる文化ではない。農民層はベストの仕事というものをやって、それを理由に自分の状態に固執することができる。都市は絶えず複雑になっていく形成体に発展する。その諸機能はますます多様になり、遂には人間生活のあらゆる分野にひろがる。技術的洗練は都市文化にあっては急速に達成される――全般的な落着きのない、永続的に革命する要素、が都市文化と共に人類史に入り込んでくる。それにもかかわらず、ふりかえってみると、二、三の特徴が支配しているのが際立って見えてくる――

一。いつでも都市は定住集中であり、――全く一般的に言うのであるが――何らかの特色をもった集落である――都市は特別に保護された集落、城砦である、或いは特別に装備のよい、装飾の多い、集落である。いずれにせよ都市では人は密集して居住している。――地中海文化圏では、そのことが欠点であると感じられることは全くなく、むしろ努力の対象とされるのを私達は見た。――都市に居住するのは特別によく保護されることであったり、特別に気持のよいことであったりすることである。最初のアナウ文化の天日干しの煉瓦の家から、ローマの闘技場、劇場、浴場、水道、壁画の描かれた家、モザイク床等へ、一本の、一貫した、発展の筋道が通っている。

二。都市は支配者層の創造物である。支配者層と都市の成立とは本来的に極めて密接な関連があるのである。古代のすべての支配者層は都市的である。この支配者層は洗練される。服属した農民を荒々しく搾取することは責任感の強い政治組織の背後に退く。支配者層は世俗化を経験する。古ギリシア、古ローマの王権にはなお遺物として残っていた、東方の国王及び司祭者の神聖な光背は、西洋の支配者層には失われる。しかし都市は、いつでも、都市を取巻いている農村の、礼拝の、宗教の、中心地、政治の、行政の、中心地、である。都市の、礼拝的、政治的諸機能は、その経済的諸機能よりも古く、また重要である。都市は、シュメール人の場合、ギリシア人の場合、ローマ人の場合、国家の性細胞である。支配者層の都市的性格が、都市と国家との広範な一致を生み出す原因なのである。

三。都市はまず第一に土地を所有する支配者の居住地である。そして農業で暮している住民の居住地であることもしばしばである。古代の完全市民はさしあたっては土地所有者である。彼等の生活の内容は第一に政治と戦争である。商工業活動はいつでも二義的である。スパルタ人とローマの元老院議員とには商工業活動は許されなかった。都市は商工業のための特に有利な所在地、ことによると唯一の所在地、ではない。ただし、少数の場合、そして後には、商工業が無視することのできない役割を都市で演じている。――古代はその他にアッシリア人商人の、フェニキア人商人の、商業集落、数多くの古代の沿海都市の近くにある自立した商品集散地、ガロ・ローマ人の一筋道市場集落、を知っている。そうしたものは、前中世都市文化に例外なく随伴する――忘れてはならない――現象である。

都市文化はアジア起源のものである。さまざまな場合の源が東方の都市文化から古代の都市文化へと延びている。連続性はきれずに残っていた。

古代都市文化の本質的な新創造物は、自治体である。集落自治体原則の現実化は、支配者層の厳格な排他性を打破し、政治生活、文化生活を幅広い、民衆的な基盤の上におく。

以上に申し述べた前中世都市文化の基本諸特徴は私達が中世都市文化の歴史的叙述に取りかかる時に思い浮かべていなければならないものである。

私達が中世以前の都市文化の特徴づけのために書いたことは歴史的叙述ではなくして、具象的な諸本質特徴の明確化である。従って単純化、一般化、であることは止むを得ないところである。「第一には」、とか、「ただし」、とか、等々の、ふさわしい追加表現を用いることによって、必然的に発生する「不明確な周辺」を残しておこうと努力はした。(68) 何故ならば――「道徳、社会、心理の分野では、定義と判断との並外れた厳格さは、現実の解明よりは、むしろ誤りへと導く。たしかに、私達の理性が構成する一つの枠の中に諸事実を整序する可能性は、存在する。しかし可能性が存在するだけであって、その枠があまりに正確に限定されてしまうと、諸事実はいつでもその枠をとび出してしまう。」からである。[69] このことをある物理学者が言っているのだとするならば、歴史家はその何倍も、この要請を受け入れなければならない。歴史家の仕事は、過去の時代の、矛盾に満ちた生活を呼び起こすことなのだから。

# 第二章　ゲルマン世界と都市的生活形態との関係

中世都市の成立の問題に取組むことができるようになる前に解明しておかなければならない、第二の予備問題がある――ゲルマン世界と都市的生活形態との関係である。私達は二重のやり方でこの関係を解明しようと思う――まず第一に、私達は、都市を構成する個々の要素――私達は中世以前の諸都市文化を観察する際にそれを確認することができた――の内の、どの要素がゲルマン人の間で見出されるのかということを一般的に問うことにする。第二に、私達は、特にローマの都市との空間的な接触とは無関係にゲルマン諸民族の間に見られる都市形成への一切の具体的萌芽を研究する。

## 一　ゲルマン人の定住様式、社会構造、法律観

都市生成は何よりもまず集落についての過程であることが判明したから、そして私達は重要な都市形成要素がぎっしりと密集した定住様式を特別に好む気持ちの中にあることを認識したから、この観点からゲルマン人の定住様式を観察することから私達は始める。その際に私達は、ゲルマン人が都市的集落様式を、密集居住を、嫌っていたことが明白であることを直ぐさま確認しておかなければならない。そのことを私達に証言しているのが、しばしば引用される古代の文筆家の観察である、――「ゲルマーニア諸族によって住まわれる都市は一つもないこと、また彼らはその住居がたがいに密接していることには、耐えることさえできないのは、人のよく知るところである。彼等は、家が、野が、林が、その心に適うままに、散り散りに分かれて住居を営む。」“Nullas Germanorum populis urbes habitari satis notum est, ne pati inter quidem se iunctas sedes ; colunt discreti ac diversi, ut fons, ut campus, ut nemus placuit”[70]と言うタキトゥスの観察。――「何故ならば彼等は、都市そのものを、かな網で囲まれた墓場のように避けるからである。」“nam ipsa oppida ut circumdata retiis busta declinant”[71]と言うアミアヌス・マルケリヌスの観察。このことは、現実のゲルマン人の行動がこれを証明している。ぎっしりと密集した定住様式に対するゲルマン人の嫌悪は、都市だけにあてはまるものではない。都市の前段階であるブルク〔城砦〕にもあてはまる。たしかにこの場合には、後に私達が見ることになるように、この嫌悪は、早くから克服された。その上ブルクは、

都市に比べるならば濃密な定住集中であることがはるかに少ない。ブルクの場合に嫌悪を呼び起こすのは密集居住よりは多勢の人間が一緒に居住することである。いずれにせよ、西北ヨーロッパ文化圏がブルク建設に乗り出すのが遅かったということは、否定することのできない事実である[72]。そしてゲルマン人が、民衆ブルク及び避難ブルクの堂々たる施設の建設に移った時にも、彼等はまだそれを常住の居住地に選ぶことはしなかった――ゲルマン人貴族はブルクの隣に防備施設のない支配者居住地を建造したのである。「マルボートの王宮 regia が城に隣接して位置していた castellum iuxta situm ように、フランク人クロギオは、トゥールのグレゴリウス（第二巻第十章）に拠るならば、ディスパルグムの砦のそばに apud Dispargum castrum 住んでいた」[73]。カーロリンガ家の王宮は、ずっと以前からゲルマン人の貴族が知っていた、彼等に固有の、防備施設のない、支配者館施設であった[74]。ブルク建設に対するゲルマン人のこの嫌悪は、民間伝説からも明らかである。ブルクの築造はしばしば悪魔、つまり異質の要素、のなせる業にされている。エッダでは神々は巨人――つまり異民族の代表者――の手でブルクをつくらせている。このことは、自分でブルクの建築に取り組むことはなく、外部の建築専門家に依頼しなければならないことを、或いはそのようなブルク建築の実現は魔神の力によってのみ説明することができることを、意味している。それ故に、ゲルマン人は、集落的には、彼等がゲルマーニアの、そしてガリアの、諸属州で見出したローマ都市を手がかりに始めることはほとんどできないのであった。そのため私達は、トリーアの都市域に、他のフランクの村々と全く区別されることのない、フランクの村落集落――ムジル、カスティル、ベルゲントハイム、ベーハイム[75]――を見出すのである。そして最後に、集落史が、まとまりのゆるやかな村落と散村とがゲルマン時代の集落形態であったことを立証している[76]。ゲルマン人の農村集落においても、孤立への意志が、自分の自立を外的にも表明しようとする努力が、表われているのである。そのことによって、ゲルマン人の農村集落は地中海地方の、建物の密集した村々とは本質的に区別される、――ゲルマン人の定住した諸地方自体が、その一部分は、密集した定住――都市的定住集中の必要条件――に、あまり適していなかったことをも考慮に入れなければならない。このことは特にスカンディナヴィア的北方にあてはまることである。今日のドイツの民族大地でも中世の大開墾時代以前の定住は特別に密集したものではなかった。これを要するに、集落の分野では、完成した都市の成立のための条件が、ゲルマン時代には存在していなかったのである。

古代の都市生成は支配者層の業績であった。最も古い都市生成と、最初の支配者層の形成とは因果関係で結びついていた。古代のポリスの完全市民は支配者であった。都市の成立に際しては支配者層が推進力であったことがはっきりしている。ゲルマン系諸民族の場合にはこの関係はどうであったのか。

私達はこの疑問を抱いて、多くの研究が積まれ多くの議論がたたかわされてきた分野に踏み入る――ゲルマン系諸民族の身分構成の問題である。既にかなり以前から研究は、古い法史及び国制史の文献に見られた――一九世紀の政治的市民的理想の影響をうけた――一般自由民のあまりにも一面的な強調に対する、激しい、或いはあまり激しくない、反動の季節の中にある。既に一九一八年にコイトゲンはその『中世のドイツ国家』[77]の中で古い見解の修正を目論んだ。彼は――ヴァイツに反対して――ゲルマン時代の状態の「貴族制的特徴」を強調した。コイトゲンは、タキトゥスの語っているプリンキペース〔首長〕に「単純に、選出された役人を見よう」[78]とする見解に強く反対した。ダネンバウアーは、従って、ヴァイツに対して再度の論争を試みることによって、少し開いていたドアを全部開けたのである。[79]

コイトゲン、ダネンバウアー、そしてヴァースは[80]、何よりもまず、文字史料――中でもタキトゥス――から出発する。ダネンバウアーは考古学的証拠も援用している。全く別の普遍史的思考の筋道から、ケルンが、ゲルマン諸民族に存続していたインドゲルマン的支配者層の本質と意義とを解明した――「時代の主たる型に従うならば支配者盗賊、故郷に残留した貧しい兄弟とは違って小中の大農、そして貴族的大農、ではもはやなくして、政治的事業家。その中で繁栄の度合いの低い部分は、繰り返し農民手工業に立ち返ることができたし、また立ち返らざるを得なかった。[81]」民族移動期の征服旅行は、政治的軍事的に指導する支配者身分なくしては絶対に考えることができない。[82]他方では、征服、異民族の成層混入、は繰り返し繰り返し新しい貴族を成立させる。このことをシュタインバハは身分問題の観察に際して強調した。[83]私達には、この身分移動は流動的であること、征服者貴族は故郷の農民諸層から補充されること、が極めて本質的なことだと思われる。ゲルマン人の身分的成層の特色の一つは、その他に、経済的に見るならばその大半が独立の農民である不完全自由民の人口の規模と意義とである。それはそれとして、身分問題の数多い未解決の問題に深入りする気持を私達は持っていない。

いずれにせよ、さまざまな角度からする研究は、ゲルマン文化は静的な、自足的な、純粋に農民的な文化ではなくして、動的な要素として戦士的な支配者層を含んでいる、という結論に到達した、と言うことができる。私達の特別の問題設定にとって正に刺激的なことは、この支配者層が都市的ではないこと、都市建設的乃至は都市定住的ではないこと、むしろ際立った頑強さで農村的居住様式及び生活様式に固執していることである。ゲルマン人貴族が避難ブルク或いは民衆ブルクのそばの防備施設のない支配者居住地に居住していることは、既に語っておいた。ゲルマン時代の貴族的居住様式と、支配者ブルクを備えた中世の貴族的居住様式とは根本的に異なる。そこには、発展に断絶がある。ダネンバウアーはこの断絶を見ようとしないが、しかしこの断絶は実際には紛れもないことである。この根本的な変化の原因と深い意義とをここで論ずるつもりはない。ただ次のことだけは、先取り的にここで言っておきたい。ゲルマン人の貴族は、中世初期と中世中期に防備施設のない支配者居住地を放棄して、自分の支配者ブルクを——ノルマンディー、北フランス、ライン川沿岸で——地中海地方的形態の居住塔の形で、建設した、しかしながら都市を建設してそこに居住することに移行するには、はるかに多くのためらいがあったのである。このことについては、後になお詳細に語ることにする。ここではただ、以下の根本的なことだけをとりあえず確認しておきたい——都市的居住様式に対する他ならぬゲルマン人支配者身分の反感。

ゲルマン人支配者身分は、土地支配者《グルントヘル》として生活している。土地支配者制《グルントヘルシャフト》の起源は、確実にゲルマン時代にさかのぼる。ただし、私は、土地支配者制《グルントヘルシャフト》がフランク時代に入って大いに活気づいたことも同じく確実であると思っている。開墾が土地支配者制に拡大と強化との可能性を提供したのである。開墾は、軍事的征服よりも強度の組織能力の傾注を土地支配者に強要した(84)。私は中世初期の土地支配者《グルントヘルシャフト》層の開墾事業を古代の土地支配者《グルントヘルシャフト》層の都市建設事業に対比したいほどの気持である。たしかにフランクの土地支配者制《グルントヘルシャフト》は、ローマ末期の状況との接触をも利用するところがあった。ゲルマン時代の土地支配者制《グルントヘルシャフト》は、フランク時代のそれに比べるならばはるかに未発達なものとしてこれを思い浮かべなければならない、と私達は思う。この場合にも、私には、ダネンバウアーは、切れ目を、ゲルマン古代をドイツ、フランス、イギリスの中世から切りはなしている切れ目を、見誤っている、と思われる。

ゲルマン人の支配者身分は、農村的性格を失うことがない。そのためゲルマン文化は極めて強度の農民的特徴を帯びている。その文化に、支配者層が、貴族が、存在しなかったからではない、そうではなくて、この支配者層が都市的ではなかった、都市が存在しなかった、からである。ペートリは——一つだけ特徴的な個別特色を挙げるならば——以下のことを指摘している(85)。北フランス語、ワロン語には、農民的概念世界から生まれたフランク語からの借用語が極めて多い、土地占取の際に軍制の用語の中にフランク語が広範に定着したのである——このことは征服者を農民戦士、農民的支配者と特徴づけることを支持する——、しかし都市文化の世界——手工業、商業、交通の世界——には、同様の言語的影響を与えることがなかった。

農村的支配者身分をつくり出すゲルマン的発展の叙上の特性に、北方世界第二の、重要な、特有の、本質特徴が付け加わる——法を、神々と人間の上に位置する、壊すことのできない、永遠の、受け継がれた、秩序と見なす、特有のゲルマン的法律観。[86]法は「正しいもの、正当なものについての全員の確信、各員の——その心中から抑えることのできない力で現われ出る各員の、確信[87]」なのである。民衆の指導者が、国王が、法創造者、立法者、ではない。神でさえそうではない。ゲルマンの神々の世界、もっと広くとらえてインドゲルマンの神々の世界と言ってもよい、その世界は、法の神を知らない。それに反して東方では規則を定める法の神の観念、法を——神の啓示をうけて——創り、定める支配者の観念が、支配している。古地中海文化圏では、この東方的観念が、一つの、東方の意味での神聖な王権に対する信仰、その法律と命令とが直接最高神に由来している一人の国王、不可視の神性を民衆に示している一人の国王、それの神聖な権力の他には自己の権利として民衆がいかなる権威をも所有していない一人の国王、そうした国王に対する、信仰が、最初、勝利を収めた。[88]しかしながら、前に見ておいたように、既に地中海文化圏において、支配者層の神聖な光背は輝きを失い、下の階層の者が、支配者層に対して、共同統治への、支配者法的性質の要求を主張して、成功した。ゲルマン的法観念は、さらに進んで、国王に対してさえ、法と合致することがなくなった場合には、抵抗権を行使できることを強調する。ゲルマン的法観念は、国王に由来することのない高権を知っている。国王は法の唯一の源泉では決してない。支配者と民衆の関係は、しかしながら民衆の諸身分間相互の関係も、従士の支配者と従士の関係、土地支配者とその隷属的従属農民の関係、もゲルマン古代においては、さらには中世を通じて、この観念で規定され、形づくられるのである。

この法律観が、衝撃力の強い、緊密に運営され編成された、政治秩序の形成を困難にすることを見逃してはならない。極めて個人主義的な要素がこの法律観にはあるのである。それは、分立主義を促進する。それは、この概念の担い手一人々々に、強い自己意識を生み出す。それは、指導者と服従者、支配者と被支配者の関係において、一方的な従属ではなくして相互的誠実義務が現われる条件となる。この法律観の、司法に現われた実際的影響は、マンニティオ mannitio、血の復讐、のような自力救済制度、つまり執行権への個々人の参加、ブルンナーと共に語るならば「合法的権力行使の国家独占」の欠如、である。このような状態が無政府状態に陥らないために、万人の万人に対する戦争にならないために、いつでも力が法に先行しないために、その必要があるならば、ゲノッセンシャフト的団結が、配慮する。ゲルマン的民衆法は、直接的強制の適用はこれを控えるが、強情な裁判拒否者はこれを民衆の平和団体から追放する可能性を予想している。エヴァ ewa の思想は、良き古き法の思想は、法団体及び平和団体としての全民衆という観念によって、補充される。

法保守主義と、ゲノッセンシャフト法の強力な完成とは、農民的な思考と感情とに合致する。ゲルマン文化の強度に農民的な特徴は、ゲルマン法の中に紛れもなく現われている。私達はここから、初めて、ゲルマン人支配者層の独自の性格を完全に理解するのである。私達はまた、法が制定されたものであり、ゲルマン人の場合のように智慧の発掘品ではない、そして法が記録されて、口頭による慣習法のままではない、そのような都市文化との、この〔ゲルマン人の〕世界の内面的対照をも理解するのである。一般にゲルマン文化の無記録性は、その田園的性質に特徴的なことなのである。

以上のようにゲルマン世界はその内面構造の全面にわたって都市とは無縁であり、無関係なのである。

## 二　ゲルマン人のオッピドゥム〔城砦〕

「ゲルマン人は、都市をもっていたのか」という問いかけは、言うまでもないことであるが、再三再四、議論の対象になってきた。もっていた、と答える人々は、第一には、オッピドゥム〔城砦〕、避難-民衆ブルク、の存在を指摘し、第二には、ヴァイキングの商業集落とフリース人の商業集落の存在を指摘した。

初めに第一のグループを取り上げる。――民衆ブルクをシュッフハルトは、北方世界に固有の防備施設であると特徴づけた。このように大規模な施設は指導者層――ガウ〔地方〕君主、貴族――の指揮がもしなかったとするならば確実に成立することができないものであるとしても、それでもなおその施設は、個々の支配者の役に立つものではなくして、全員の役に立っているのである。それは、周辺地域を支配する上での拠点となる牙城ではなくして、外敵から身を守るための、防備の、保護の、場所である。居住塔様式の支配者ブルクは、ブルクに居住する支配者と、無防備の土地の、隷属的な賦役提供住民との間の、隔たりを強調するものである。大きな避難ブルク――そのそばにはしばしば防備施設のない支配者居住地がある――は、既にその居住様式の点で支配者と農民とを相互に区別することがない。――中部ヨーロッパ及び西ヨーロッパで私達は石器時代以来、この種の施設に遭遇する(89)。次いでハルシュタット文化時代に、そして特に後期ラテーヌ時代に、さかんなブルク建設が流行した。ただし北ドイツはローマ時代に至るまで、スカンディナヴィアはそれから更に数世紀の間、ブルク建設の風に染まらなかった。

ブルク建設は大抵、強力な民衆運動の表現であるか、さもなければ、少なくとも軍事的な混乱の表現である。ラテーヌ期には、ケルト人の、常住オッピドゥムが、実際の都市として、地中海文化圏の一部分を構成していた。しかしながら都市的なオッピドゥムと並んで、非常の場合にだけ利用される避難用ブルクも存在する。

何よりもまず民衆ブルク、城砦施設、である、そのようなオッピドゥムに私達は後のドイツ人の民族大地においても、またゲルマン諸部族の間でも、遭遇する。今日、ドイツ人の民族大地にあるオッピドゥムの恰好の例は、今ではぽつんとさびしく、昼なお暗い、フンスリュックヴァルトの森にあるオッツェンハウゼンの、巨大な環状塁壁である。一九三六年と三七年に同地で行われた発掘調査は、とりわけ定住の問題を調べた。紛れもない定住の痕跡――ごみ捨て用の穴、柱の穴、更には確実な家屋の平面図――、一層古い伝統を継承しているに相違ないローマ時代の土着の聖殿、の存在を立証することに成功した(90)。環状塁壁内の住民はトレウェリー族であった。トレウェリー族は、その主要部分はケルト人であると思われるが、ゲルマン人との混血も見るべきであろう(91)。トレウェリー族の時代に、紀元前の最後の世紀に、この集落は繁栄した。自分の編んだクロイツナハ郡古代遺物集成の目録の中で、デーン(92)は、紀元前の最後の世紀が、この地域で、必ずしも戦時の必要から生まれたものではなくして単純にオッピドゥムである多数の防備施設を知っていたことを強調している。ただし、彼はこの地域の塁壁への定住を証明する詳細な証拠はこれを報告していない。恐らくここでは、発掘者のスコップが一層多くの情報をこれからもまだもたらすことであろう。バタウィア‐パッサウ及びロポドゥヌム‐ラーデンブルクでは、中世の集落にケルト人のオッピドゥムの位置と名称が生き続ける。――

さて、いよいよゲルマン人のオッピドゥム。カエサルとタキトゥスは、ウビエル族、バタウィ族、スエービー族、マルコマンニー族、クワーディー族に、オッピドゥムのあったことを述べている(93)。個々の該当個所は、それらのオッピドゥムが常住の場所であったことを示している――例えばスエービー族に「オッピドゥムから脱出し、子どもや妻やいっさいの財産を森の中に移しお」くことが“ut de oppidis demigrarent liberos, uxores, suaque omnia in silvis deponerent”[94]命令された場合である。一般にケルト人の影響が作用していたことは、まず確実なところであろう。ナイメーヘン近傍のオッピドゥム・バタウォールム〔バタウィ族の〕は、周壁で囲まれた、とうてい人間が全面的に住んでいたとは思われない土地の内部に、屋敷地のない小さな家々がぎっしりと並んだ一筋道集落が存在したことを示している。エールマン[95]はそこにも、市場道路の存在したことを推定している。彼の推定を支えている根拠は、ガロ-ローマ的街道市場との集落類型上の親縁性の他に、その場所の交通の便が良かったことである。ギーセン近傍のデュンスベルク、そしてエーダータールの穀物畑を稜堡のように見下しているニーデンシュタイン対岸のアルテンブルクの二重塁壁、有名な「部族の中心地マッティウム」“caput gentis Mattium”[96]、これらは純然たるゲルマン人の施設である。アルテンブルクは発掘によって充分に解明されている。それは、紀元前二世紀にゲルマン人によって建設され、遅くとも紀元後八三年には破壊された[97]。それはいつでも同一部族の掌中にあった。そこには常時、人間が住んでいたらしい。――カッティー族のガウブルクとして政治的中心地、集合場所、でもあった。マッティウムには都市類似の性格が全くなかったわけではない。そのことはホーフマイスターが特に強調するところである。それはそれとして、この施設及び類似の施設の軍事的性格は明瞭であり、圧倒的である。ケルンの先の、ベンスベルク近くのゲルマン人の城砦エルデンブルクは、純然たる軍事的-戦略的目的をもっていた[98]。これらの城砦の一部分に、人間が常時居住していたとしても、それは、そうした城砦を建設した者とローマとが置かれていた、永続的な戦争状態の一つの結果であった。

そのような次第で、何よりもまず第一に保護-防衛施設、城砦であり、しかし同時にまた政治的及び宗教的な中心地、集会場所及び礼拝場所、更には市場[98a]でもあるこれらの都市類似の施設は、私達の目には、ゲルマン人独自の創造物とは見えないのであるが、同時にまた地中海文化からの直接の借用物とも見えないのである。そうしたものではなくして、ケルト人を媒介として、北ヨーロッパの民衆ブルクが発達したものだと見えるのである。

ゲルマン人のオッピドゥムはドイツ中世都市の成立に対してどのような意味をもっているのか。――ゲルマン人のオッピドゥムは、私達が都市的生活形態とゲルマン世界との関係を観察する際に出発点においた、密集した都市的な居住様式に対するあの恐怖心を緩和するのに貢献したかもしれないのである。ローマ人との大規模な軍事的対決は、密集した居住に対する明白な反感を場合によっては放棄することを、ゲルマン人に迫った。ゲルマン人のオッピドゥムはそれ自体、密集定住の開始を告げる証拠である。「カッティー族の中心地、マッティウムの周辺には、今日に至るまで極く少数のものがこの時代の文化遺物によって証明されただけではあるが、山の中にも、実り多い平地にも、さらにはエーデル川に沿っても、当然のこととして、カッティー族の多数の小さい村々の存在が前提されなければならない。[99]」しかし、中世都市の根源は、明らかにこのオッピドゥムにはない。部族の中心地 caput gentis マッティウムは破壊され、荒廃地のまま残り、そこが中世の都市集落の出発点となることはなかった。ドネルスベルクの環状塁壁は近代に至るまで城砦地として生き延びたのであって[100]、都市としてではなかった。昔の裁判開催地が必ずこれらのオッピドゥムにあったということもない。ゲルマン人のオッピドゥムは、極めて珍しい現象であって、中世の都市にしっかりとした基礎を提供できるものでは到底なかった。オッピドゥムは危機から生まれたものであって、都市的な体質はこの危機という起動力には合致しなかったから、危機が去った後にもオッピドゥムが残ることはなかった。ゲルマン人は、言って見れば、都市的生活形態を採り入れるために、繰り返し攻撃をしかけられたのである。オッピドゥムというこの最初の都市類似の施設は没落した。オッピドゥムが都市的居住様式及び生活様式に反対する抵抗力を抑止するということはあったであろう。しかし最終的にその抵抗力を破壊することはなかった。

その当時ドプシュはヨーロッパ文化発展の基礎の中でこれとは別の意見を主張した。[101] ドプシュはオッピドゥムに、永続的な影響力があったとしたのである。しかし彼の挙げる論拠は完全ではない。例えば、ドプシュは、臣民がそれにふさわしい場所で——都市、「村落」（ウィークス）、ブルクで、全体的な誠実宣誓（leudesamio）をすることに関する七世紀のフランクの法律文例を証拠として提出する。しかしここでは集落構成の一般的な諸類型が挙げられていると見るべきであって、その中には間違いなく都市も含まれている。[102] その場合に、ドプシュはフランク王国全域に関連している一節が古ゲルマンの施設の存続を証明するものでは全くないことを、考慮に入れていない。ガリアでは、オッピドゥムがゲルマーニアにおけるよりも強い影響を後世に残したことを、私達は既に示唆しておいた。もしフランスが中世において、都市化の点で——個々の都市の発生というよりは農村に諸都市が均等に点在するという点で——明瞭な先進性を示しているとするならば、それは——既に私達が指摘しておいたように——ローマの都市文化が、しばしばケルトの基礎の上に、全く異なる成果を挙げることができたこととも関連しているのである。一つのヒントを、伯の制度が与えている。西フランクの伯領はすべて、その中心である都市の名で呼ばれている。[103] ドイツでは、トリーア・ガウ、ケルン・ガウ、ボン・ガウの他に、かつてのローマ領域において、中心となる都市のないアイフェル・ガウ、マイエンフェルト・ガウ、トレヒル・ガウ、ナーエ・ガウが存在する。——ドプシュによるならばウィークスというのは村落である筈がない、それは、ガウ内部の村落より大きい集落のことである、何故ならば、タキトゥスによるならばプリンケープス〔首長〕達は、パーグスとウィークスとを巡回して裁判を行っている principes per pagos vicosque ius reddunt から、[104] と言っている。そのことにも私は、この理由づけでは、納得することができない。裁判は、村落でも、それどころか人のほとんど住んでいないところでさえ、開かれる。オホテンドゥングというのはマイエンフェルト・ガウの古い裁判場所であるらしい——裁判民集会のために of demo dinge という、その名前によって既に、裁判場所として特色づけられる[105]——のであるが、いつでも唯の村落である。ケルン・ガウの裁判所の一つであるグリースベルクはそもそも集落ではなかった[106]。こうした例はいくらでもふやしていくことができた。——プラーニッツが、このウィークスという語を、ヴィークとして、商業地として、解釈されるものだと理解しようとする時には、やや事情が異なる[107]。それは、——後に見るであろうように——時代の状況に合致する一つの解釈である。しかしフランク時代のヴィークは——先程取りあげたオッピドゥムとは全く異なる形成体であるフランク時代のヴィークは、当然のことながら、これをタキトゥスのウィークスと同一視することはできない。またドプシュの主張するように、ネメトゥム〔シュパイヤ〕、ヴァンギオヌム〔ヴォルムス〕といったキーウィタース、オッピドゥム・ウビオールム〔ウビイー族の〕等を、小部族の中心地が都市へ発展するという主張の、論拠として利用するわけにもいかない。何故ならば、そこでは、ローマ都市の連続性の問題その他のことが関与しているからである。立証力が問題になるのはオッピドゥム以外の何ものでもない、マッティウムのような場合だけである。そしてそこでは、中世への歴史発展の継続作用の問題には一義的に否定的な答えが出されている。——ドプシュが引用しているボニファティウスの書簡の一節の場合には、都市化された地中海地方の前提から出発する教皇に、司教座建設のために選び出された場所がふさわしいものだと思わせようとする、すなわちそれらの場所にとにもかくにも都市的な性格を与えようとする、書簡の執筆者の関心があったことを考慮に入れなければならない。同じことがリボリウスの奉遷録 Translatio にもあてはまる。——このように、内ゲルマーニアの民衆ブルク及びガウブルクの、中世都市への存続を立証するためにドプシュが払った努力の内の、多くのものが無効なのである。

オッピドゥムに類似しているのが、議論されることの多かったハインリヒ一世のブルクである。しばしば論議されたこの現象に、エルトマンが新しい、そして私達には決定的だと思われる、諸特徴を与えることができたのであるが、それは、何と言っても新しい史料箇所の発見のおかげであった[108]。ハインリヒ一世が集落ではなくして、集落の外あるいは隣に位置する集合場所を周壁で囲い込んだことを、つまりゲルマン的な民衆ブルクをつくり出したことを、自分のブルク政策の中に古ゲルマンの防衛思想をよみがえらせていたことを、エルトマンは指摘した。さらにエルトマンは、これらのブルクが都市に類似した性格をどの程度帯びていたか、という問題を提起している。エルトマンはコルファイ、エーレスブルク（オーバーマルスベルク及びニーダーマルスベルク）及びヴェルラに都市に類似した大ブルクを見ている。コルファイの防備施設が取り囲んでいるのは五五ヘクタールであった。その内部には、修道院が東に、参事会員教会施設ノイアーキルヘン、すなわちコルファイの聖堂区聖堂ザンクト・パウルが西に、あった。いずれも隣接する集落があり、八三三年の、コルファイの市場特許状も――ヘームベルクが立証したように[108a]――コルファイ自体に関係のあるものであった。たしかにこれは都市類似の施設である。しかしここでも、この大ブルクは相当の持続的な都市的発展の出発点にはならなかったことを言っておかなければならない。コルファイは中世に一時都市であったことがあるが、一〇世紀の防壁以外の防壁はもつことがなかった。その都市的性格にはいつでも疑問の余地があったし、完全なる形成には――他ならぬ大修道院との密接な結びつきのために――結局到達することがなかった[109]。全く同じように、オーバー＝ニーダーマルスベルクも、いつでも、まことにささやかな存在であった。そのため、エルトマンも、「ここで問題になっているのは典型的意味をもたない人工的な経過である。ハインリヒのブルク条令は都市的発展の推進諸力の中では、極めて僅かな役割しか果すことができなかった。」[110] という結論に到達する。ハインリヒのブルク条令はその計画の壮大さで抜群であり、際立っていた。しかし決して単独で存在しているわけのものではない。既に早くからドイツ人の支配者達は、危険にさらされている地域では避難用ブルクの建設を命令していた。アルヌルフ・フォン・ケルンテンについてはそのような行動が証書で伝えられている。[111] オットー諸帝時代のブルク罰令管区の中にはハインリヒの措置が生き続けている。それが余計なものになるのはレヒフェルトの勝利によってである。[112]

## 三　ゲルマン人の商品集散地

軍事的施設としてのオッピドゥムとは本質的に異なる、都市の、末期ゲルマン的前段階は、ヴァイキングとフリース人との、商品集散地である。ゲルマン人は、商業に不慣れな民族では決してなかった。若干のゲルマン部族――ノルマン人、ザクセン人、アンゲルザクセン人、そしてフリース人――は、商業に適する、持って生まれた特別の天分に恵まれていた[113]。ノルマン人はその数多い国家建設を通じて[114]彼等に固有の計算高い商人的精神を立証して見せた。彼等の財政運営は、イギリスの財務府のモデルになったノルマンディーの財務行政 scaccarium からシチリアの諸制度に至るまで、至るところで他の模範となるものであった。航海に巧みなヴァイキングとフリース人とは、海賊行為と海外貿易とを結びつけながら、海を航行した。墓に葬られて後も死者の片側には剣が、他の片側にははかりがおかれていた[115]。ノールウェーの造船術は、ハーラル美髪王の時代に遡り、航海に適し、積載能力の大きいゴクスタ船の出現によって、著しく高いレヴェルに到達した[116]。フリース人は、中世に最も普及した貨物船であるコッゲ船の発明者[117]であると見てよいであろう。近代の帆船はこのコッゲ船から生まれたものである。ヴァイキングの航海事業には驚嘆すべきものがあった[118]。居住地が海に近いこと、ゲルマン的北方の自然の貧しいこと、が北方の人々とフリース人とを海に向かわせた。戦士としての、又商人としての事業は、ある社会層に[119]生活水準の向上を可能にする上での、最も重要な、最もしばしば用いられる手段であった。その結果は以下の通り。シェールは、全体として、客観的な人口圧がゲルマン的北方の外への進出を強制したのではなかったことを、説得力を以て明らかにした。[120] 土地不足よりは、支配者としての生活を手に入れようとする努力、名声、発見、冒険への努力、戦利品、商業利潤、貢ぎ物、を手に入れようとする努力、現に所有するよりも良い土地を手に入れようとする努力、がヴァイキングを広い世界へと追い立てたのである。また故国の政治状況の変化――ハーラルの中央集権的王権の下における土地改革と税法制定――が、ノールウェー人の移動の原因の一つであった。[121] 商業利潤は、場合によっては、土地の購入に振りむけられた。[122] 大陸の、中世の貴族にとって土地支配者制《グルントヘルシャフト》の完成、土地支配者制によって組織された開墾、が意味していたものは、ここでは、「大航海」であった。――私達に立証されている輸出品は、毛皮、こはく、蜂蜜、臘であり、輸入品は貴金属、装身具、硬貨、織物、ワイン、南国の果物、生薬、塩、穀物、多種多様な日用品、であった。馬取引、及び奴隷取引も、重要な役割を演じている。フリース人は特にその「フリースラントの毛織物」を売り捌いた。この毛織物の産地が学問上の有名な論争の対象になった。とりわけ高級品についてはフランドルが、それから場合によってはイングランドも、産地として問題になるようである。[123] 奢侈品が、社交的な需要の対象が、商品の中で最上位を占めている。それは、相対的に希少で高価値の商品の取引であって、大衆の生活必需品の取引ではない。[124]

ゲルマン人の商業は遍歴商業及び遠隔地商業であった。それに従事したのは、冒険心のある、冒険好きの、刀剣の術に長けた、本当の先駆者として有利な取引の機会を探り出し、絶えず遠い所に旅をしては、有能な人間には無論のこと大きな成功の機会を、儲けの機会を、提供する落ち着きのない生活を送っていた連中であった。ピレンヌ、レーリヒ、フォーゲル等々が彼等を、この船員を、この遠隔地商人を、ゲルマン人の遍歴商業のこの冒険者を、記述してくれている。[125] 彼等は遠く旅し、世の中のことに通じている人々であった――「そして彼は、世界の種々の部分を往復する商人がそうであるように、陸上及び海上の道、公道の枝分かれした道、小道、外国の法、風俗及び言語によく通じていた。」"et sicut negociatori diversas orbis partes discurrenti, erant ei terre marisque nota itinera ac vie publicae diverticula, semite, leges moresque gentium et lingue."[126] これが同時代人の商人観である。若干の肖像が伝えられている。それらの肖像は、その鮮やかな色彩で、あらゆる抽象化的説明よりもずっと活き活きとした姿を伝えている——それは、とりわけ、イングランドのゴドリク、ノールウェーのオウッタルとトロルヴ・クヴェドゥルフソンである。この三人について私達の知っていることは、三人についての記録がゲルマン人遍歴商人層の後期及び末期のものであっても、この商人類型の本質的諸特徴を再現している。

フィンクルのゴドリク[127]（一〇七〇—一〇八〇年頃生、一一七〇年没）は、小農民の環境の出身であるらしい。彼の出自に関する報告は明らかに様式化されたものである——キリストの生誕に関するルカ福音書の記述と文章が類似している——が、彼の両親の家の状態の、ある程度の狭苦しさとみすぼらしさとを疑わなければならない理由はない。漂着物が彼のわずかばかりの商売の元手になったものらしい（第三章）。その元手を以て、彼は最も規模の小さい遍歴小売商人としての、行商人としての、経歴を始める。その後彼は都市の商人達の仲間に加わり、彼等のゲノッセンシャフトのメンバーになった。今や彼は、同年齢の仲間と一緒にブルクや都市的新集落を旅して回り、とりわけ市の立つ時にはそこを訪れる市場遍歴商人になったのである。次に彼は、思いきって海へ出た。そして航海商人として北海の海岸全域、知らないところはないまでになった。商業旅行で彼は、スコットランド、デンマーク、フランドルに赴いた。商売の目的地と、その時々の取扱商品とを見つけることは、依然として彼の企業精神と洞察力とに委ねられていた。彼の商業は、彼が旅をして回った、そして彼がその間を仲介した、複数の経済空間の、自然的差異に基礎をおくものであった。その場合の利ざやは著しく大きなものであった。自分の持ち舟を持たない船員から、船長へと彼は出世した。やがて他の仲間達と共有の一隻の船の半分が彼の所有になった。その他に第三者の所有する船の、儲けの四分の一が彼のものになった。彼の航海の経験は評判になる。恐らく彼には、風向の変化と、そこから引き出すことのできる、暴風の中心のコースとについての、見当が、経験的にわかったのである。彼は特定の都市との密接な個人的結びつきは未だもっていなかった。彼の伝記の記述は、既に進んだ状態を示唆する表現――都市の商人達 urbani mercatores ――を含んでいるが、彼はなお本当の型の遍歴商人であると見てよいであろう。

小農民の息子ゴドリクと対照的なのは、オウッタルである。[128]〔イングランドの〕アルフレッド大王（八七一―九〇一年）の同時代人で友人であり、裕福で有力な家柄の出身者である。この人物は、純粋に農民的な特徴は全くこれを示していなかったホローガラン地方の出身である。[129]オウッタルの豊かさの基盤は、比較的小さな家屋敷と、二〇頭の牛、二〇頭の羊、そして二〇頭の豚、オウッタルが馬を使って自分で耕作するわずかばかりの耕地ではなくして、となかいの大群――彼は自分で飼育する飼いならされた六〇〇頭の家畜をもっていたがその中には六頭の高価なおとり用の家畜が含まれていた――と、フィンランド人がもたらす貢ぎ物とであった。この貢ぎ物の内容は、獣皮、羽毛、鯨骨、鯨の皮或いはあざらしの皮でできている船舶用の大綱、であった。オウッタルは、前に私達が語ったことのある、あの粗野な、ゲルマン人支配者層の代表の一人である。[130]彼はなお自分で耕作をしている。しかし彼は純然たる農民ではなくして、大がかりな狩猟家であり、[131]貢ぎ物を受け取る支配者である。オウッタルはヴァイキングである。[132]彼がフィンランド人の貢ぎ物を自分だけで全部消費してしまうことは確実になかった。一部分は市場へ持っていった。彼はノールウェーの西岸をスキーリングスサルまで帆走する。そしてそこからさらにハイタブーまで。彼の第二の主要市場はイングランドである。彼は同地で国王と交際する。国王の手がけていた、オロシウスの翻訳のためにゲルマン的北方についての正確な記述を提供している。それができたのは、彼が、人間は北に向かってどこまで住んでいるかを確定するために北方への本格的な探索旅行を企てたことがあったからである。彼はノールカップ岬に到達し、白海に入った(133)。私達はこの国王との交際に、偉大な「航海者達」の地位というものがいかに尊敬されていたかを見る。彼等はしばしば外交上の仕事も託された(134)。この時代の商業地はオウッタルにとっては休息地および積換地にすぎなかった。彼の居住地は商品集散地にはなくて、ホローガランの農村の家屋敷にあったのである。――同じ型の人物を――一層支配者らしい姿において――体現しているのがトロルヴ・クヴェドゥルフソンである(135)。ハーラル美髪王の時代に生きていた人である。一二〇〇年以後に書き記された、エギル・スカッラグリームソンの、アイスランドの一族サガが彼のことを物語っている。彼はホローガランの頭目の一人で、広大な土地をもち、国王から大きな封を受領していた。この封の中にはフィンランド人の納める租税が含まれていた。彼は、多勢の選ばれた人々に取り囲まれ、非常に気前がよく、大きな浪費をした。彼は配下の者を鱈漁、鰊漁、あざらし狩りに派遣し、鳥の群生地で卵を集めさせた。ある年の夏、彼は自分の持ち船である一隻の豪華な船に鱈、樹皮、毛皮製品等々を積み込み、使用人に命じてイングランドに輸送させた。積み荷を売って、貨幣、毛織物、ワイン、穀物、蜜、等々を買い入れるためである。

以上三人の商人に共通しているのは彼等が農村の出身で、農村に居住し続けていることである。彼等は三人共、都市に定住していない。農村を拠点とする商人と言った方がよい。最も時代の降ったゴドリクは、商業に専念する職業商人として現われる。オウッタルは大農民、漁業者、遠隔地商人、を兼ねている。トロルヴ・クヴェドゥルフソンは、従士の頭目、漁業者、商人を兼ねている。農民、漁業者からヴァイキング商業、戦争旅行へのこの流動的移行は、典型的である(136)。春に出発して秋に帰って来る「春季航海者」が、ヴァイキングが、多勢いたからである(137)。

厳密に職業身分的な階層分化は未だ存在していない。私達の挙げた例が推測させているように、ホローガランの漁業者兼支配者だけではなく、ノールウェーの紛れもない農民地方、トレンデラーグ地方の、大農民もまた、毛皮と樹皮との取引に参加したのである。[138]一三世紀に至るまで、ノールウェーではこのヴァイキング時代の状態が続いた——国王、農民、貴族、聖職者、市民、が商業をやっている。一二六〇年になって初めて、夏の間に、すなわち復活祭から聖ミカエル大天使のミサまでの間に、商業旅行をしようとする者は、最低限で三マルクを自由にできる者でなければならないことが、王国会議で決められた。農民商業は依然として存在している。一二三九年、ヴァルベルグ族が略奪のためにホローガラン地方にやって来た時、彼等は、ほとんどどの郡においても、船を所有して商業を営む大農民と国王の使用人とに遭遇した。一一〇〇年頃の時代の状態を再現する規約をもっているトロンハイムのギルドは、都市に限定されていない。それは、トレンデラーグ全体を、従って馬と船を所有し、商業を営む富裕な農民をも、含んでいた。[139]

ゴドリクとオウッタルは、居住地としての都市を拒否した。このことが例外現象でなかったことは、西フリースラントで——フリース人の商業はゲルマン諸部族全体の中でも最も重要なものであっただろう——貨幣出土品が農村居住地にも一様に分布していたという事実が、とりわけて、極めて明瞭にこれを教えている。[140]けれども、彼等商人は、その時代の商業地であるハイタブー、ドレスタット、等々を訪れた。それだけではない、彼等はこれらの商品集散地の建設者であった。これらの商品集散地は遍歴商業の必然的な構成部分である。商品集散地は直接遍歴商業から発生したものである。商品集散地は、ゲルマン人の遍歴商業がその末期に、中世への移行期に、既に相当の規模と一定の組織とに到達していたことを立証する、一つのしるしなのである。どのようにこの商品集散地を考えたらよいのであろうか[141]。

外観的形態から二つの主要な型を区別することができる——一筋道施設と半円形塁壁都市である。

一筋道施設に属するのはノールウェーの商業地[142]テンスベルク（恐らくは九世紀の前半に、同じくオスロフィヨルドに位置する、そしてその施設が私達には知られていない、スキーリングスサルの後継者として成立した）、トロンハイム（スノッリによれば九九七年に設けられた）、そしてベルゲン（一〇七〇年頃）であった。以上の三つは、すべて、全く類似の施設を示していた——メインストリートが一本、両側に住宅、直角に分かれて海岸へ通じている横丁が数本、それに商品倉庫、桟橋、荷役桟橋、が付属していた。オスロの施設も類似している。ただここでは、マリア聖堂を付属させた王宮と、ハルヴァルト聖堂を付属させた司教邸館とが、集落の核として付け加わっている。以上すべての場所には人工的な防備施設がなかった。そしてその状態が続いた。もっとも、フィヨルドと山及びそれに類するものとの間、という良好な自然の防禦環境はこれを利用していた。

河岸沿いの一筋道の施設を、フリース人の最も重要な商業地、ドレスタットが示している。この商業地のことはホルヴェルダによって極めて正確に明らかにされた[143]。ドレスタット——その南端は今日のヴェイク・バイ・ドゥウルステーデに達している——は、旧（湾曲）ライン川とレク川との分流点に位置していた。そのためドレスタットは航行可能な四つのライン川河口の内の三つを支配していた。史料初出は六七〇年である。七五〇年以降、伝記や編年誌への登場が増加する。今や、ドレスタットは、貨幣製造地、帝国商品流通税徴収地、そして広く知られた商業地、である。その最盛期は八五〇年まで続く。八三四年にノルマン人による破壊と略奪が始まる。ドレスタットは私達に知られている限りで七回、免焼金をゆすられている。最後が八六三年である。その後永い間私達はドレスタットの名前を聞かない。そして一〇世紀になって、再びその名前に出会う時、ドレスタットは famous vicus、有名な商品集散地では、もはやなくして、フリースラントの他の多くの村と同じく、小さな村になっていた。ノルマン人は、本来は、商業政策に充分の関心を抱いていたのであるが、ここフリースラントでは、軍隊を動かし、収奪をするだけであった。建設はしなかった。フリース人の商業は、ヴァイキングの嵐の中で没落してしまった。そして、ドレスタットも、それと共に、しかも最終的に。(144) この土地の地図を具体的に思い浮かべて見よう――南北の長さは一キロメートルを越えている。横の長さは九〇メートルから一五〇メートル。真中を貫いて道路が一筋走っていた。集落の西半分は建物が密集していたようである。規則正しい複数の交差道路が部分的に存在しなかったところでは住宅が少なくともメインストリートに平行して建てられていた。それらの住宅は材木と粘土でつくられていた。集落全体は木柵で囲まれていた。隣接するカーロリンガ時代の城砦は集落の西側の縁に、僅かだけ接していた。それは集落の中核ではなかった。集落の東半分全体には建物が建っていなかった。それは市場地区であった。

一筋道状の市場は初期にはいたるところで見られる――パリの軍道沿いのサン・ドゥニの修道院市場がそれである。それは、低地ドイツにも、ブルグントにも全く同じ様に見られる。(145) それは「遍歴商業の象徴」である。商人が交通路又は海岸に一時的に若しくは長期的に滞在したことから、この一筋道市場は初めて成立した。ケルトの、及び帝政時代ローマの、一筋道商人集落については、たびたび引用したエルマンの研究が私達に教えている。フランク空間の商品集散地にガロ-ローマ時代の街道市場が影響を与えたということは、全くあり得ないことではない。ドレスタットについてもこの影響は問題になるのかもしれない。オッピドゥム・バタウォールムも市場道路であったらしいからである。この問題には後に又触れる。――他方では、一筋道施設は――とりわけ海岸の場合には――自然によってそうなることが規定された形態なのであって、必ずしも模倣だと考えなければならないわけではない。それ故に私達は、ノールウェーの商品集散地――そのすべてが海岸にあった――の独自性に固執してもよいであろう。――むろんこの施設は、本源的な成立の基礎がもはや存在しなくなっているところでも、そこにこれをコピーすることができる。ツェーリンガ家の都市建設に見られる市場の道路状形態[146]は、恐らくブルグント族時代の一筋道市場にさかのぼるものであろう。しかしツェーリンガ家の建設した都市では、市場は、初めから広い面積を占めていた都市施設の、非常に重要な部分ではあるが、一つの部分であるにすぎない。ノールウェーの商品集散地及びドレスタットでは一筋道施設が集落の全体であった。

ドレスタットの占める地位に肩を並べることのできるフリース人の商品集散地、商人集落、は他にはなかった。ドレスタットの主要な相続人にはティールがなった。フリース人地域の境界に位置するヴィトラとデーフェンターは、カーロリンガ時代の商業交易においては控え目な役割を演じているようであった。フリース人は外地にある、彼等の通商地域の休息地及び目的地に閉鎖的な集落をつくって定住していた。そうした集落の存在が立証されているのは、ヨーク、ビルカ、ハイタブー＝シュレスヴィヒ、クサンテン近傍のビルテン、ドゥイスブルク、マインツ、ヴォルムス、そして不確実であるがケルンの近傍。ローヴァーは私達が外地におけるフリース人の集落について知っているすべてのことを集成した。その外観は、以上に列挙した土地のその後の都市の発展がそれらの集落を呑みこんでしまったという一事だけからしても、確定することが難しい。

一筋道施設はその他にイングランドとアイルランドでも見られる。非常に明瞭に、この施設は、ダブリンでこれを見ることができる。ダブリンはウォーターフォード及びリメリックと共に、ノルマン人航海者のアイルランドにおける最も重要な都市建設の一つである。ノールウェー本国の商品集散地から外地にあるこれらの商品集散地を区別するものは、その防備施設である。外地のそれは、防砦と商業地とを兼ねている[147]。同じことがガルダリーキーの「諸都市」にもあてはまる[148]。

最も重要な半円形塁壁都市[149]はメーラレン湖のビルカ[150]、ハイタブー‐シュレスヴィヒ、そしてユムネ‐フィネタである。[151]ハイタブーのことは数次にわたる最近の発掘とヤンクーンの綜括的な記述[152]とによって本当によくこれを知ることができるようになった。ハイタブーの辿った運命は、この地で決まった幾度かの政治的決戦の帰趨がもたらしたものである。その決戦では、北方と西方とが、北方のヴァイキング諸王国とフランク大帝国とが、遭遇した。ハイタブーは、商業地としての、その成立ではないにしてもその発展を、デンマークの支配者ゴッドフレッドの政策に負うている。恐らくは商業集落の付属した集落として――スリエ川沿いの村落スリエストルプとして――、ハイタブーは、八〇八年、ゴッドフレッドが自分の破壊したレリクから商人を同地へと誘致した時には既に成立していた。従って、村落 torp からヴィークが、ハイタブー‐シュレスヴィヒが、生まれたのである。その場合、アングロサクソン人年代記作者エセルウェルト（九五〇年頃）の記述によるならば、シュレスヴィヒの名前はザクセン人の表現様式に、ハイタブーの名前はヴァイキング‐デンマーク人の表現様式に、対応しているのだという[153]。名前一つとってみても、境界としてのこの土地の運命がそこに反映されている。いずれにせよ、相当の収入をレリクの商業から挙げていたゴッドフレッドをしてそのレリクを破壊してハイタブーにレリク商業を移そうとする気持にしたのは、政治的な諸理由であった[154]。その諸理由を立ち入って確定するのは私達のなすべき仕事ではない。私達が記憶に留めておきたいこと、それは、支配者個人の政治的なイニシアティーヴと既存の商人層――レリクの商人がいなかったならばゴッドフレッドは何も達成することができなかったであろう――との共同作業が、この商品集散地の発展に際して見られたという意味深い事情である。――ゴッドフレッドは同時に塁壁を築造させた[155]。バルト海と北海の間の地峡の塁壁の一つである。この、幅の狭い地峡という位置に、ハイタブーを本当に支配的な商品集散地にする諸条件が含まれていた。この場所を選択することによってゴッドフレッドは、経済的現実に対して確かな見通しを持っていることを立証して見せた。ヴァイキング諸国にとって商業がもっていた意義は、彼等の勢力の拠点及び中心点が商業政策的配慮に基づいて選択されたことに、明瞭に表現されている。九〇〇年頃、ハイタブーではデンマークの支配がスウェーデンの支配によって取って代られた。そのスウェーデンの支配下で、この都市は、その全盛期を体験するのである。スウェーデンの支配の下で、この土地の事情に通じない家柄の支配の下で、当初は防備施設を持っていなかった集落に、防備施設をつくる必要が生じた。この時に半円形塁壁の中心部分が成立したものらしい(156)。九三四年、〔ハイタブーを支配するスウェーデン人の〕王グヌーパに対する、ハインリヒ一世の、勝利に終った遠征が、ハイタブーを北ゲルマン文化圏から引き離した。ハイタブーを所有するスウェーデン人は、そして後には再度ハイタブーを所有したデンマーク人は、今や政治的には、ドイツの勢力に従属するようになり、精神的にはキリスト教徒として西欧のメンバーになった。シュライ川の南岸に位置する商業地ハイタブーはヴァイキング時代の終焉と共に没落した(157)。シュライ川北岸の新しい都市、今日のシュレスヴィヒは、別の時代のものである。

一筋道施設が、その性格からして無理なく遠隔地商業地であると説明できるのに対して、半円形塁壁都市の場合には集落の外的形態について、そのように極く自然な根拠づけは考えることができない。W・フォーゲルは、半円形塁壁都市に異国出身の航海者の手になる施設を見ている。何故ならば、半円形塁壁都市は、たとえその防備施設は軍事的な意義よりも象徴的な意義をもっていることがあったにしても、防備施設をもっている型だからである、と言うのである(158)。この想定は、これを支持することができない。外地における防備施設をもった一筋道施設であるダブリンが明瞭な反証である。ビルカの場合にはフリース人の強い影響を問題にすることができるかもしれないが、しかしフリース人の建設を語ることはまずできない(159)。その上、ビルカとハイタブーでは、半円形塁壁都市はそれぞれの土地の歴史の末期になって初めてできた施設である。半円形塁壁都市の場合、もしかすると北方の円形塁壁状の防備施設との関連があるのではあるまいか。円形塁壁が半円型になったことは、商品集散地が河岸に依存しているることによって容易に説明される。[160] シュックとエーベルト[161]は、半円形塁壁は城砦的意義をもっていただけではなく、同時にある区域——大きな祝祭の時にその中で古異教的ないけにえが捧げられる場所、またとりわけそのような商業地で効力をもっていた売買の平和（kaupfridr）が支配していた区域、をも示していたことを指摘している。[162] エーベルトは、そのような塁壁が欠如している場合には木柵が「境界線」として同じ目的に役立ったのかもしれない、と推測している。前に触れておいたドレスタットの柵施設は、従って、この意味にも解釈することができるのかもしれない。特にこの柵が頑丈な防備施設ではなく、洪水や包囲に対抗する保護ではなくして大したことのない高潮や盗賊の襲撃に対抗する保護を提供するものであったからである。いずれにしても、このドレスタットの柵は、土着の一筋道施設はすべての場合に、他方においてハイタブーが当初は防備施設をもっていなかったのとは反対に、全く防備施設をもたないわけではなかったと見做すことを私達に強制している。[163] 以上のすべての場所は、防備施設というものに振り向けられる配慮が相対的にわずかであったことを示している。商人ヴィークがなお長期にわたって周壁をもたなかったことは確実であり、ヴィークは本格的な攻撃を撃退することができなかった。そのためウィークス・ティールは簡単に海賊のえじきになるのである。[164] 私達の考えによるならば、ここには二つのことが明らかにされている——これらの取引地では経済的機能が優越していること、ノルマン人が防備施設を嫌っていること、この二つである。——一〇世紀のハイタブーの半円形塁壁は、この時代の武器の性能を考えるならば、強力な接近阻止力を意味していたであろう。[165] それぞれの場所の運命、それぞれの場所の政治史へのかかわりは、発展の過程でその場所のものとなったさまざまな度合いの軍事的保護に対応している。ゲルマン人のこれらの商品集散地はその経済的機能が圧倒的であるにしても、商品集散地が完全に非政治的な形成体であったわけではない。都市にはその起源から付着していた政治的機能、支配者居住地、統治機関の所在地、であるという使命は、商品集散地にも完全には欠如していない。ハイタブーの場合、この場所が果していた政治的機能は明瞭にこれを見てとることができる。そしてテンスベルクにしても、インリング家の新しい支配者居住地の近くに、それと関連して、成立したものである。[166]ビルカの繁栄は二つの王宮、アーデルゼとムンドゼ、に近いという事情によって促進されている。[167]トロンハイムとベルゲンの施設はノールウェーの国王がつくったものである。商人の集合地トゥルソはブルクに依存している。[168]ドレスタットはカーロリンガの城砦を頼りにしている。政治権力の一つが、帝国の商品流通税徴収所の一つが、ここドレスタットにはある。ロシアのガルダリーキー地方、及びアイルランドでは、取引地はヴァイキング勢力の主要拠点である。フォーゲルは都市国家を云々する程である。むろん、古代世界の都市国家とは、そこでは最初に貴族的土地所有者の集住が見られ、都市がその都市を包み込み且つその都市によって支配される領域の中心地である古代世界の都市国家とは、何という違いであることか。ヴァイキング諸国では、最も明瞭にはガルダリーキー、アイルランドでは、領域支配が、領域が、全く存在しないのである。「領域国家の概念ではなくして航海者国家の概念が、『財政』に依存するこの支配権を表現している。この支配権の根源は、城砦と『商品集散地』とを兼ねる商業地にあったのである。[169]」これらのヴァイキング諸国家[170]に対して貨幣経済がもっている重要性の中に、これらの諸国家の一面的に商業政策的な基礎づけ――そこにこれら諸国家の弱点があった――が明らかに示されている。ゲルマン人の商品集散地には本来の集落体が欠如していたように、ゲルマン人の商品集散地――とりわけ一筋道施設――が、あまりにも華奢に、しばしば極くまばらに、人間が居住している地域[171]の上にのっていて、人口が密集した地域の自然な有核化の表現では決してなかったように、ゲルマン人の商品集散地によって、広汎な遠隔地商業及び遍歴商業の拠点によって、支えられていた都市国家には、この拠点と有機的に結びついた後背地が欠如しているのである。私達は決して、対照を不自然に誇張しようとは思っていない。しかし、次のことは確実である。ヴァイキングの商品集散地の、国家形成的機能は、領域の中心地としての意義は、商品集散地の、すべてに優越する経済的機能の、一つの側面に過ぎないのである。その経済的機能が、支配者に対しては商品集散地を恰好の搾取の対象にし、武器の操作に習熟した商人に対しても彼等の商業路が通じている領域における政治的な支配権を与えた、のである。フリース人の商品集散地の場合には商業地としての性格は一層純粋に維持されている。テンスベルク、ベルゲン、トロンハイム、ドレスタットの場合には、ブルクが、支配者居住地が、集落の中心点及び出発点でないことは全く確実である。水が王宮からビルカを隔てている。支配者居住地、城砦、そして商品集散地が、別々の施設であり、またあり続ける。ハイタブーの場合には、国王居住地がどこにあったかということは、完全には確認されていない。そのため、国王居住地がこの集落を支配し、この集落に形態を与える中核であったとは思えないのである。発掘された城砦は、古い時代のものであり、農民の避難ブルクとして民族移動期頃に設けられたものであるか、そうでなければ八〇〇年頃の時代の、防備施設のない最古の商人集落のための避難ブルクであり、最古の定住者によって築造されたものである[172]。そのようにドレスタットの、カーロリンガ時代の城砦も、ドレスタットのフリース人商人にとっての避難ブルクの役割を果していたのかもしれない。避難ブルクが近くにあるということは、それだけで既に、その商品集散地のゲルマン的由来を物語っているのである。他方、支配者ブルクの存在は、ゲルマン的画像の中へ外来の特徴を持ち込むものであろう。地中海風に築造されたハイタブー近傍の塔状丘ブルクであるティーラブルクには、事実、後代の、一一〇〇年以後の時代の、出土品があり、このブルクがその時代になって成立したものであることを推定させる[173]。

ヴァイキングの商品集散地及びフリース人の商品集散地は、ある領域を支配するためのものではない、それは、ある領域国家の結晶化の中心点ではない、それは、自己を包み込む土地と、その住民との自然な中心点ではない。そうではなくして、それは、主として遠隔地商人の必要にあわせてつくられたものである。遠隔地商人は、長い目で見るならば、そのストックを隠し、旅行と旅行の間の時期には居住することのできる、一定した休息地と、他の商人達と相会し、取引をすることが確実にできる積換地とを、欠くことができなかった。周りの地域の定住習慣が、支配者並びに広汎な住民大衆の定住習慣が、この商品集散地によって影響されたり、変更されたりすることはなかった。然り、私達の見たように、商人自身の農村風の定住習慣でさえ、影響をうけたり、変更されたりすることは絶対になかった。これらの商品集散地の集落体は極めて華奢で未発達である。何故ならば、それをつくった人々が集落としての都市に対して、拒否的な、敵対的な、態度をとっていたからである。彼等は都市的に定住し、居住し、生活しようとは、全く考えていなかった。彼等はそこに、常設の市場と宿泊所とをつくろうとしただけなのである。宿泊所と言うわけは、市場集落にある彼等の住宅は彼等にとっては宿泊所の域を出なかったからである。然り、彼等は商品集散地に定住していなかったのである。一年の内の半分は「旅空の下」にいたのである。商品集散地に腰をすえて商人としての事業を営んだのではない。旅をしながら、遍歴をしながら、商売をしたのである。そのために、これらの商品集散地では生き生きとした都市生活はおずおずと発達するにとどまった。最も発達したのはハイタブーであった。――むろん私達がそのように判定するに当っては発掘の状況に大いに依存している。――ハイタブーには製陶業と鍛冶業とがあった。櫛製造職人がいて、専用の手工業者地区さえもっていた(174)。ドレスタットでもいわゆる三列櫛が職業的に製造されていたに違いない(175)。取引地への食糧供給がどのように組織されていたかということは、よくわかっていない。ハイタブーでは農機具が、犂先二つ、鎌一つが、発見された(176)。けれども都市住民の自給経済によって食糧調達が行われたとは考えられない。この問題には、長い目で見るならば都市をその後背地に結びつける上で、都市からこれらの商人居住地区が当初もっていた異物という性格を奪いとるのに最も適している一つの要因があった。当然のことながらここでも多様性がある。事によると今私達が見ているよりも大きな多様性が。これらの商業地に関する私達の知識は、なお相対的に新しい。完全に発達した現代の考古学にして初めてこの問題についての正確な情報を伝えることができたし、今後ともなお多くのことを私達に教えてくれるであろう。ここで、既に違いがあり得る。例えば、ヤンクーン(177)は、ビルカとハイタブーの遠隔地商業的機能に相違があることに気がついていた。ビルカは――ライン河口からシュレスヴィヒ地峡を経てバルト海に入る遠隔地商業ルートと、近東からドニエプル川とヴォルガ川を越えてバルト海海域に至る遠隔地商業ルート、この二つのルートの終点であるビルカ――は、ヤンクーンの根拠のある推定によるならば、同時に、周辺の住民が小さなルートを使ってその高価な毛皮を東方あるいは西ヨーロッパからやって来る商人に売るために集まって来る中心地でもあった。北ヨーロッパの毛皮商業の大きな収益にビルカの富の、基礎の大部分があった。東南及び西方へ売却される商品の一部分がビルカの後背地産のものであったというところから、ヤンクーンは市場取引について語っている。彼は、自分の命題を根拠づけるのに、とりわけ、スウェーデンにおけるカーロリンガからの輸入品の配分を以てする――ビルカ自体が輸入品の膨大な集積を示しているのであるが、ビルカの後背地にも、外国産の豊かで高価な出土品があったのである。従って、ここでは、その限りでは、後背地との結びつきがあったのである。しかしながら――このことは類型構成の意味で大文字で記しておかなければならないのであるが――この結びつきは、遠隔地商業の役に立ち、ビルカの遠隔地商業関係から意味と意義を取得した結びつきであった。ビルカはしかし、中世の近隣地市場集落のように、外に対して閉ざされた一つの経済単位をその後背地と共に構成していたわけでは決してない。ハイタブーには――少なくとも当初は――ビルカの意味での後背地さえない。この都市のすぐ西側には、幅広い不毛の砂地、いわゆる中央背部が南北にひろがっていた。あらゆる時代に人間が住むのにふさわしくない地域である。この都市の南はアイダー川まで、同じように人間のほとんど住まない地帯であり、東南には境界となる森があって、スラヴ人の居住地域には容易には到達することができない。九、一〇世紀に人間の定住が相当に見られた地方、アンゲルンだけが、容易に到達することのできる所であった。しかしこの地方は、ビルカから物資を供給することができた空間に比べるならば相対的に小さく、また交換品として特別に評価される商品をほとんどもっていなかった。そのためハイタブーはその初期においては、遠方からやって来る商人達の集合地、ヤンクーンの命名では「大市開催地」、『アンスカール伝』における表現では「商人達が集まり会するシュレスヴィヒ」“Sliaswicc, ubi conventus fiebat negotiatorum”であった。それに応じて、フランク地域及びアンゲルザクセン地域からの輸入品の出土も、これまでのところ、ハイタブー自体に限定されている。ハイタブーで生産された装身具も、その周辺にわずかの販路を見つけただけのようである。ヤンクーンによって正確に観察されたこの相違にもかかわらず、私達は共通点を忘れようとは思わない――この二つのヴィークは極めて適切にも「受動的商業地」と呼ばれるものを体現している。「……それ自身の経済的有機体は、この二つのヴィークを舞台とし、拠点としている商業とは、何の関係もない。この二つのヴィークの経済的有機体は、その商業にはわずかに参加しているだけである。この二つのヴィークは、そこで取引される商品の、主要な消費者では決してない。いわんやその生産者ではない。その市場は、主としては商人の集合地、通過貿易の滞在地、である。そこで活動する商人の中でそこに定住する者は極くわずかの部分である。(178)」このようにして、他ならぬ都市に敵意を抱くフリース人がドレスタットのような模範的取引地を複数つくったという、一寸見たところでは不思議な矛盾が、解消するのである。それらは未だ、語の完全な意味における都市には全くなっていなかったというわけである。――フリース人の都市嫌いは、中世後期、彼等の住んでいる地方が同時代のドイツの大規模な都市発展にはるかに遅れをとった時に示される。[179] そして更に近代に入っては、北フリースラントにフリース人の都市がない――現存する諸都市ではフリース人的なものは没落してしまった[180]――こと、東フリースラントでは住民の約五分の一だけが、例外なく小さな都市で生活していること、[181] 西フリースラントは人口過剰であるにもかかわらず農業州であること、[182] に現われている。

私が思うに、以上に述べて来たフリース人の商業ヴィークに対する評価から初めて、その没落についての、完全な理解が得られるのである。ドレスタットをあれ程完全に没落させたのはヴァイキングの襲撃ではなかった。ドレスタットの没落にはもっと深い理由が幾つもあったのであり、その没落は、影響するところ大きな、ある一つの事象の一部分なのである。何故ならば、ドレスタットだけではない、フリース人の商業全体が麻痺するのであるから。正当にもローヴァーは、フリース人遍歴商人型の商人は都市に定住する商人によって追い抜かれたのだと説明する。[183] しかし私が思うに、この発展にフリース人が参加することを妨げたものは、ノルマン人の襲撃だけではなかった。私は彼等の生まれついての都市嫌いに、本質的な原因を求めたいと思っている。商人宿泊地ドレスタットは、未だ集落としての、居住地としての、都市の継承はこれを示していないのである。

さてそうなると、私達は、一体これらの施設は中世の都市の成立にとってどのような意味をもっていたのか、という問題に到達する。そして私達はここでもまた、ヴァイキングの諸都市及びフリース人の諸都市から中世の諸都市へと、まっすぐな線が引かれているのではないことを確認しなければならない。永続的な中世の都市が始まるところは、ノールウェーではない、フリース人の地域ではない、バルト海沿岸ではない。その反対であって、フリースラントとノールウェーは中世になると、エルベ川とセーヌ川の間の地域の都市の発達に遅れをとる。北ゲルマン文化圏は、都市生成の分野でのその当初の卓越した地位を堅持することがなかった。そのことは、ハイタブーの運命がこれを明らかにしている。確かに中世のシュレスヴィヒは、多くの点でノルマン人の財産の相続人であり保管者である。しかしその財産には、西北ヨーロッパにとっての模範となり権威となることになった北フランク都市の、重大な影響が付け加わるのである。ゲルマン人の取引地は中世都市の前段階に過ぎない。私達はハイタブーとドレスタットの意義を小さく見ようというのではない。しかし中世のケルン或いはブルッヘと比べるならば、ハイタブーやドレスタットはなお言葉の完全な意味では都市ではない。全く望ましい明瞭さを以て最近オバンが言った――「ドイツに関して言うならば、都市というものがドイツで中世以降に自分のものにした発展と本質とを正しく評価できる心持においてのみ、都市について語るべきであろう。……都市とか文化とかいう重要な概念にはその尊厳とその完全な重みとを残しておこう。(184)」これは、新しい研究の「偏見」ではない。(185)そうではなくして、文化形態の発展において個々の現象にそれにふさわしい地位を振り当てる、歴史的な物の見方なのである。――それにもかかわらず、これらのヴィークは途方もなく豊かな将来性を、自分の中に含んでいる――ヴィークが孤立して存在していたノルマン空間とフリース空間ではなくして、それが中世都市の他の諸基礎と有機的に結びつくことのできたフランク空間では、ヴィークは、言葉の完全な意味での都市へと成長した。私達はその経過を後に正確に知ることになるだろう。ゲルマン人のオッピドゥムがせいぜいのところゲルマン人の都市嫌悪を弱める働きをしたエピソードにとどまって、中世都市の基本的な基礎にはならなかったのに対して、ヴィークは、なお不完全なものではあるけれども、直接の先行者であり先駆者である。ヴィークはその全本質と存在とを以て中世の都市の中に入っていった。それは、西北ヨーロッパの中世の都市に――後程なお説明する必要が残されているが――決定的な特徴を刻印した。中世都市文化をそれに先行する他の諸都市文化と区別する、その特殊性を、中世都市文化は、ヴィークに負うているのである。

ここで私達は問題を提起する——そもそもこの商品集散地なるものは、本当に、純粋にゲルマン的なものなのであろうか。それが発生したのは、ゲルマン時代の末期繁栄期なのであって、その頃になると、北方世界と地中海文化圏との接触がないわけではなかったのである[186]。ヴァイキングとビザンツの関係を想起するにとどめる[187]。この関係が、幾つかの特徴となって、取引地の形成にも作用を及ぼしたといわれるのである——例えばヤンクーンは、彼が確認せざるを得なかったハイタブーの城砦建築に見られる根本的変化は、ハイタブーの七番目の塁壁の建造とコンスタンティノープルの大規模な山手周壁との結びつきに遡るものだと想定している[188]。けれども、取引地の施設そのものがコンスタンティノープルから移されたものであるとか、コンスタンティノープルにその先例があったとか、ということはあり得ない。同時代の地中海地方の都市は全く別の性格のものである。——初期のギリシアの状態と比較して見ることは極めて有益である。私達は初期ギリシアの商業の性格と組織とにゲルマン人の状態に類似する多くのものを見出す。海上略奪と海上商業の結びつき[189]、既にホメーロスが報告している貴族の海賊航海、それからのゆっくりとした商業の成長、略奪者からのナウクレロスの、職業商人にして船舶所有者の、成立、貴族及び農民の臨時商業。しかしここで決定的なことがある——同時代のポリスが商業とは全く関係がないということである、ポリスには経済的性格がほとんど全く欠けている、ポリスは政治と宗教の中心地であり、その住民は農業に従事してい、農業によって生活している。〔前〕八—七世紀のギリシアのポリス植民も積極的な商業を目ざすものではない、と言うことができる。この植民活動の目標は商業拠点、商業休息地ではなくして、農業集落、漁業基地、政治上の支配者の居住地、である。フリース人の集落との、何という対照！　アクセントは全く逆の方向につけられている。フリース人の商品集散地及び集落、そしてヴァイキングの商品集散地は、精々のところ、レーマン-ハルトレーベンによって古代の多数の海岸都市に存在したことが立証された商品集散地と[190]、或いはフェニキア人の在外商業拠点と、肩を並べることができるものなのである。——シェールがタルテッソスについて行った指摘[191]は極めて限定された妥当性しかもっていない。地中海文化圏に由来するそのような商品集散地の直接的な影響は、しかし、問題にならない。ライン川沿岸の、ローマ時代の、多かれ少なかれ残骸状の遺物が、場合によっては提供することができたかもしれない実物教育も、商品集散地の施設によって選びとられた方向とは別の方向を指し示すものであった。——従って私達はそれだけの理由で、このヴィークに、ゲルマン人固有の創造物を見てよいのである。私達が次に検討しなければならないヴィークの内部構造も、そのことを立証している。

## 四　ゲルマン人の商品集散地の内部構造

ヴィークの内部構造を検討するためには、時代を遡って詳しくこれを論ずる必要がある。ゲルマン人は単独で生活することがない。ゲルマン人はジッペ〔血族集団〕とブント〔同志結合〕という、緊密な結合体の中にいる。ゲルマン人の行為の諸結果は、個々の人間に及ぶだけではなく、その人間がその中へと生まれてきた、或いはその人間が自分のものとして選択した、共同体《ゲマインシャフト》にも及ぶ。共同体が、血の復讐の義務を通じて彼の生命及び名誉の、宣誓補助と死者供養とを通じて彼の権利要求の、法的保証を保障する。ジッペ的結合体が農民的生活形態に適合するように、戦士的メンバーのブント的結合体は、ゲルマン的生活形態に適合する。この二つの結合体にあっては、同一の価値秩序が支配している――共同体のメンバーが自分の行為の正当性の有無にかかわりなく請求することのできる、無条件の相互援助の義務、共同体の中での平和と名誉の維持、が支配しているのである[193]。

血盟兄弟分団体は、ジッペ関係を直接に模倣してつくられたものである。それ自体としては、血盟兄弟分団体は広く普及した制度である[194]。発達程度の低い国家における、個人の強い自立性と、法による安全保障の欠如とが、血盟兄弟分団体の前提条件である[195]。――もちろん、ひとたび研究が正確に事態を把握するならば、極めて興味深い相違が幾つも現われる。例えば、兄弟団関係を基礎づける法行為についての、古代西南アジアの楔形文字文書をコシャカー[196]が解読したところによるならば、その文書は、北方の血盟兄弟分団体の制度とは明白且つ本質的な対照を示す型を見せていると言う。このオリエントの史料の場合には、問題になっているのは、大抵の場合、封土であるがために簡単には売却することのできない土地を売却するための、兄弟団関係の設定である。[197] 同じ目的を達成するためには――恐らくはこちらの方が頻度が高かった――当然のことながら権力関係を設定する、売却のための養子縁組が役に立った。それと全く同じことで、兄弟団関係を設定する場合には義兄弟の契りが中心になるのではなくして、長兄が末弟に対して法に基づいて持っているような、受け入れられる者が受け入れる者の家族権力の下に入るというやり方での、不平等な関係での兄弟の地位への受け入れが中心になっているのである。この関係は、同格のものではなくして、兄弟的なものであった。[198] このことは大いに重要なことである。何故ならば、北方に見られる関係の「兄弟的平等」の中にこそ、血盟兄弟分団体に関連する政治組織を際立たせている要因があったからである。そしてまた、北方の血盟兄弟分団体は、あの東方の文書の場合には明らかにそうであるのとは異なって、営業生活と仕事とに役立つことを唯一の目的とするものではないのである。

北方[199]では血の復讐と援助との義務が、いつでも最高の位置を占めている。たしかに血盟兄弟分団体にはしばしば財産共同体が結びついているが、しかしいつでもそうであるわけではないし、パッペンハイム[200]が確認したように、血盟兄弟分団体と財産共同体はそれぞれ独立の法制度へと発展していく。他方では、とりわけこの二つのものの結びつきの発生――それは起こり得ることなのである――が、血盟兄弟分団体というこの人工的な親族関係が政治的経済的組織にとって意味を取得することがあり得るということを説明している。

血盟兄弟分団体はジッペに所属していない男にとっては特に重要になったに違いない。そういう者にとっては、血盟兄弟分団体はいくつもの点で、ジッペの代りをすることができたのである。旅に出た男、異土に滞在した男、ジッペに縛られた農民の生活圏を捨て去った男、はジッペに所属しない男に似ていた。商業団体《ハンデルスゲゼルシャフト》と血盟兄弟分団体との本質的な近さと結びつきとは、このようにして説明される。この二つの制度が長期にわたって独立並存して発達することがあったとしても、それでもなお、商業団体の本質は、血盟兄弟分団体によって形を与えられた。商業のこの法的経営形態もまた、独自の、北ゲルマン産のものである。九〇〇年頃、アイスランドに商業団体が複数存在したことが、史料によって証明されている。(201)

血盟兄弟分団体は、言わば、ジッペとブントの中間物である。血盟兄弟分団体という関係の、数の上で見た範囲の狭さ、血盟兄弟分団体によってつくり出される男二人だけの、親密な生活に表現される人格的親密さ、は血盟兄弟分団体を家族に近いものにする。

ブントは、血盟兄弟分団体よりは多くのメンバーを含み、緊密な人格的友情よりも個人的なものを多分に抑えた戦友関係乃至は従士制の戦友関係を基礎としている。ブントは、ゲルマン的戦士の組織形態である。男性ブントには、ゲルマン民族性の非農民的動的存在形態が再現している――農民的定住性とは対極的な、緊張関係にある戦士生活。ヘーフラーは、後代の層に属する伝承の民族的諸要素の利用――絶対に危険を伴わないとは言えないが、方法的には極めて効果的なやり方――のおかげで、ゲルマン民族精神のこのブント的生活領域への、深い洞察を自分のものとし、この男性ブントを戦士的宗教儀式的ブントであると記述した。(202)むろんヘーフラーはその際に、死者崇拝に明瞭に見られる宗教儀式的要素を強調し過ぎた。(203)私達にとって何よりも重要だと思われることは、ゲルマン的男性ブントを戦士の組織形態であると把握することである。戦士は他の諸民族の場合にも、特別の生活形態として――支配者身分の前段階あるいは特殊形態として――私達の前に現われ、そしてその際類似の集団諸形態を発展させるものである。(204)ゲルマン的男性ブントをこの戦士の組織形態であると把握し、母権制的に組織された栽培者の文化層に見られる現象諸形態とは明瞭に区別することが重要だと思われるのである。(205)

戦士の男性ブントに分類されるものに従士制がある。ヨームのヴァイキングは、極めて厳しい従士の主君の指導の下にあるそのような戦士ブントである。血盟兄弟分団体との紛れもないつながりを示しているヨームのヴァイキング相互の兄弟分的関係は、指導者としてのパルナトーキの地位によって補完されている。

今や私達は、私達との関係では最も重要な、あのゲルマン人の組織、ギルドについての整理を、ここで試みておかなければならない。ギルドは、従士制とは明瞭にこれを区別しなければならない。ギルドは純粋に兄弟団的に組織されている。ヨームのヴァイキングの規約[206]を任意のギルド規約と比較して見るならば[207]、この対照には疑問の余地がなくなる。ヨームスボルグではパルナトーキが、「思慮分別のある男達の忠告の付けられた法規」を与える、彼の許可がなければ何人も三晩以上ブルク〔ボルグ〕を離れたままでいることができない。次の規定すらある。「パルナトーキが自分の意志に従ってすべてを決定し処理してはならないことは、何事であれ、ブルクの中で、彼等の間で、起こってはならない[208]。」法の判告と規律の管理とは、従って、団体の指導者がこれを担当しているのである。ヨームのヴァイキングがその加入の際に例外なく誓約する法義務の中には確かに血盟兄弟分団体との関連が明瞭に現われてい、戦利品の分配に関する規定は、フェラークの、財産共同体の、手続きに相当するものである。しかし、「宣誓兄弟分団体の理念は従士制理念に奉仕する関係におかれている[209]。」

これに反してギルドはその純粋に兄弟団的組織において、指導者を知らない。ギルドにあるのは職員だけであり、その職員組織は発達の程度が低いものである。パッペンハイムが古デンマークの保護ギルドの場合と同じように解明してくれた[210]古ノールウェーのギルド規約は、特徴的なことであるが、「ゲルデマン」を知っているだけである。ギルド宴会の世話とその監視がゲルデマンの任務である。これは、確かに無意義な機能ではないけれども、その機能には、上位者と指導者という性格が全く欠けている。古デンマークの保護ギルド[211]の——職員組織の完成の程度では先を進んでいる、そしてそこに新しい状態を具体化している、古デンマークの保護ギルドの、長老の地位は、はるかに重要である。それでも長老の場合にも、同等者中の第一人者の性格は常に保持されている。その本質においてギルド集会を司会することと外に向かってギルドを代表することが長老の任務である。場合によると長老は宴会の準備をすべきギルド兄弟を指名する。しかし法の判告にはすべての市民が平等の権利をもっている。すべての重要な決定——新しい規約の発布等々——はゲノッセンシャフトが下す。ギルドの最も重要な機関はしたがってギルド集会である。

ギルドはその組織がはっきりと兄弟団的であったばかりではなくして、このゲノッセンシャフトが行使する強制もまた限定されたものであった。そのことは、ギルドの刑罰手段及び強制手段がこれを示している。古ノールウェーの規約は、ギルドのメンバーとの紛争の際に他のギルド兄弟達の判決に服そうとしないギルド兄弟に対する唯一つの強制手段として、単純な除名を予定している。[212] 古デンマークの保護ギルドも同じことをやっている。[213] フレンスブルクの規約はもう少し先へ進んでいる。それは、同じ場合に、「罷免」、反抗的なギルドのメンバーへの「尊敬」の引き下げを含む「罷免」、を要求している。[214] 他の幾つかの古デンマークの規約は、ギルド法規への不服従を威嚇するのに、後日の再採用を容認する条件の付いた除名のみを以てする。[215] 特別除名の内容は一層厳しいものであった。悪人としての除名は、誓約した援助義務の不履行によるにせよ、損害を与えることによるにせよ、自分の仲間に負っている兄弟義務を著しく怠った者が受けなければならない処分である。この特別除名は、当然のことながら、再加入を認めないものであった。例えば次のように記されている——「しかしながらギルド兄弟の一人が彼のギルド兄弟を殺害した場合には、殺害者は立ち去らなければならない、そしてすべてのギルド兄弟にとっての悪人でなければならない。そして二度と再び、帰って来てはならない。[216]」フレンスブルクの規約は、追放と結びついた財産及び生命の権利喪失をも予想している。[217]しかし、ギルドの主要な刑罰‐強制手段は追放であった。この点でもギルドはジッペを模倣してつくられたものであった。ギルドは財産贖罪金をも科する。しかし一般には、ギルドの刑罰制度は、国家の組織よりもジッペの制度を思い出させる。単純な除名も該当者にとっては極めて重大なものであることがあったのを見落としてはならない。何故ならば、除名は、ギルドの提供する極めて実際的な特典の喪失を含んでいたからである。しかし追放という強制手段はいつでも両刃の剣であり、相対的である——それは弱い者には強い打撃を、時には抹殺的な打撃を与えるけれども、強い者にとってはさしたる打撃ではない。そして反抗的な仲間が強い男であった場合には、その仲間の追放は団体に損害を与えることがある。それどころか団体を破壊することがある。——ギルド内部で個人が強い立場を占めていたことは一人の仲間の異議によって採用申請が却下されることがあった、ということにも表現されている。[218]各人がギルド集会を召集する権利をもっている。[219]

ギルド団体固有の強さは、それにもかかわらず団体の——私達の見るように極めてゆるやかな——組織に基づくものではない、ギルド団体が行使できる強制手段に基づくものではない、そうではなくして「誓約した兄弟、fratres coniurati」としてのギルド仲間の強い結びつきに基づくものである。ここに表現されている、血盟兄弟分団体に由来するギルドの起源を特に力説強調したのがパッペンハイムであった。この二つの制度の間に見られる内的関連は、実際、紛れもないものである。どちらの場合にも宣誓によって人工的につくり出された兄弟団関係があり、その兄弟団関係から血の復讐への絶対的な義務が、[220]極めて広汎な援助行為と死者供養とが、[221]生まれる。援助行為はあらゆる非常事態に及んでいる。[222]難船した兄弟は自分の船に収容しなければならない。[223]そしてその上に一（船舶）ポンドの積み荷を投棄しなければならない。捕虜になっている兄弟は解放してやらなければならない、[224]財産喪失の場合、(225)あらゆる訴訟の場合、(226)すべての兄弟の援助が要求される。ギルド兄弟の住宅と家畜小屋のために、仲間は保証する。(227)ギルド兄弟の穀物小屋が全焼してしまったら仲間は穀物を提供してこの兄弟を援助する、干草小屋であれば次の干草収穫期までその兄弟の家畜を飼育する。(228)援助の要求は無条件である――殺人者をさえ援助して、難事から救出する――「聖クヌートのギルドの兄弟でない男をある兄弟が殺害するということが起こり、そこに複数のギルド兄弟がいあわせたとするならば、その兄弟達はできる限りの手段を尽くして、その兄弟を生命の危険から守るようにしなければならない。その兄弟が水の近くにいるのであれば、ボートとオール、そして汲み桶と火打石、そして斧で援助すべきである。その後は、その兄弟が全力を尽くして自分で自分を助けよ。しかしその兄弟が馬を必要とするのであれば、兄弟達は馬を一頭用意してやるべきである。あるいはその兄弟は〔他の〕兄弟の馬を自分自身の馬と同じように扱い、一日と一晩使用するがよい。それ以上必要とする場合には、兄弟達の意見に従って支払え。ただし六マルク以上を支払ってはならない。もし使用中に馬が死ぬようなことがあればそのための財産がある場合には自分一人でその支払いをせよ。もし財産をもっていなければすべての兄弟達が支払ってやらなければならない。ただし六マルク以上を支払ってはならない。(229)」留保がつけられたのは過度の援助要求に対してだけである――「地滑り地」に住んでいる兄弟はその家畜の喪失について自分で責任をとらなければならない。(230)全く同じように、敵地に旅する商人は財産の喪失について補償を要求することができない(231)――留保は、ギルド兄弟の行為の合法性とは関係がない。

血盟兄弟分団体とギルドとはしかしながら決して同一物ではない。このことはパッペンハイムもこれを強調している。ギルドは拡大された血盟兄弟分団体などではない。ギルドは、血盟兄弟分団体のような関係からは説明のつかない、本質的諸構成要素、すなわちすべてのギルド規約の中で詳細な規定がそのために与えられているギルド宴会の全体、を含んでいる。私達はここに、ギルドと戦士的‐祭祀的男性ブントとの関連を見てとるのであって、その際にギルドが示す独自性は、純粋に兄弟団的な組織である。この兄弟団的組織が、ヨームのヴァイキングの男性ブント、クヌート大王の男性ブント、等からギルドを明瞭に区別しているのである。ギルドと男性ブントの関連を最も明瞭に私達に示したのは、ヘーフラーである。酒宴がギルドの根源の一つであるとする定式化に、正しくもヘーフラーは反対する。[232] この定式化の見方は、あまりにも表面的である。酒宴は、ブント生活の祭祀的諸形態の一つの表現にすぎない。これらの諸団体がいかに緊密な結合をしているかということは、それが、食事共同体と祭祀共同体をもっていることに現われている。[233] 男性ブントの祭祀習慣は言うまでもなく異教にその根源があった。そしてこの習慣はキリスト教の信仰を採用する際にキリスト教化されるか、世俗化された。また規模と意義とを失ってしまった。それというのもその祭祀習慣の背後には宗教として通用する宗教のもっている全重量がもはや存在しなかったからである。それにもかかわらず、ギルド宴会がその昔もっていた宗教的な意義の余映は、キリスト教時代の諸文書の中にも繰り返し現われる。本来それがもっていた宗教的な意義に照して初めて、平和で厳かなパーティーの進行を保障するための、事細かな秩序規定が完全に理解できるようになるのである。宴会はいつでも祈りとミサの儀式とに結びついている。[234] 一般的な死者追悼がそれに続いて行われる。[235] そこには、ヘーフラーがなお異教的な男性ブントの本質的には宗教儀式的な内容であると解明したものが、キリスト教化された、キリスト教化されることによって、精神化され魔術的法悦的諸要素を脱ぎ捨てた、形で、現われているのである――前二元論的死者神話、悪霊に変化した生者との死者の戦闘共同体としてのブント。[236] ――死者追悼それ自体はジッペとブントに共通している。しかし死者の国とその分類との観念は、その都度、ジッペとブントとが体現している相互に対抗する生活圏を反映している――世襲農地を中心とする農民的定住世界。ジッペの占拠地から切り離されて自立している男性達のブントが戦利品と征服とを目ざして出かけていく戦闘と冒険とに満ち満ちた遠方。ギルド規約の中で予想されている死者追悼は、一方では血盟兄弟分団体的関係に起源のある義務——とりわけ埋葬随行がこの中に含まれる——に根ざし、他方ではブント的礼拝慣習——この中にはギルド宴会に付随する死者のためのミサが数え入れられるであろう——に根ざしている。ただしこの二つの分野を完全にはっきりと区分することはできない。バルトリンの保護ギルド規約で司祭が、ギルド会館で開かれるキリストとマリアの宴会の際に壺の杯を祝福していることは、[237]〔北欧神〕アーゼの愛の杯が飲まれた[238]異教的ないけにえ宴会を直接に思い出させるものである。ここでは異教的風習が表面的にキリスト教化されているのだとするならば、別のところでは、ギルド祝祭の宗教的必要のために基本的にはキリスト教の礼拝諸形式が利用されている。ランスの大司教ヒンクマールのギルドに関する規定がそのことを示している[239]——この規定は、ギルド制の制限を目ざしているものである。何よりもそれは、宴会の盛り上りを禁じている。ギルドの集会は、仲間内の紛争をそこで調停することができるギルド裁判権の行使のためだけに充てられるとされている。その後で、「エウロギア」、すなわち司祭によって聖別され〔このエネンの記述は誤りのようである〕分配される食べ物[240]の賞味が続くことが許された。詳しく言うならば、各人はパンをちぎり、飲み物を飲むだけに止めるべきであるとされている。つまり、キリスト教の愛餐の性格が完全に維持されていなければならないのである。しかしこのキリスト教的要素はヒンクマールが進んで自分から持ち込んだわけのものではなかった。細部にわたる彼の規定は、既にギルドの祝祭で発達していたキリスト教的風習に強固な枠を与え、聖餐式とミサ聖祭の乱用を防止しようとするものであった。それ故にヒンクマールは以下のように規定しているのである——「彼等は、信仰のあらゆる勤めにおいて結びあわされていなければならない。すなわち、聖餐式の奉献物の奉献において、灯明奉仕において、相互の贈与において、死者の葬儀において、魂の救済のための慈善行為その他の信仰の仕事において、以下のように結びあわされていなければならない。ろうそくを奉献しようとする者がいるならば、その者達は、あるいは単独で、あるいは全員打揃って、ミサの前に、又はミサの後で、はた又福音書の朗読される前に、祭壇のところに持参すべきである。これに反して、ただ一度のミサのためだけに奉献される聖餐式のパンとワイン、すなわちオフェルトリウムは、自分と自分に親しいすべての者及び親族の者のために奉献すべきである。壺又は罐に入れたより多くのワイン、又はより多くの聖餐式のパンを奉献することを望む者がいるならば、その者は、ミサの前か、又はミサの後で、その者の司祭又は助祭に奉献すべきである。その上で、信者は、その者のエウロギア〔奉献された後に聖別されずに司祭によって慈善用に配られるパン——Niermeyer, Mediae Latinitatis Lexicon Minus, Leiden 2002, p. 502を参照せよ〕を魂の救済のための慈善行為と祝福との形で受領すべきであり、そして司祭は、何がしかの生活の資を得るべきである。」"in omni obsequio religionis conjungantur; videlicet in oblatione, in luminaribus, in oblationibus mutuis, in exequiis defunctorum, in elemosynis et ceteris pietatis officiis, ita ut qui candelam offerre voluerint, sive specialiter sive generaliter, aut ante missam, aut inter missam, antequam evangelium legatur, ad altare deferant. Oblationem autem unam tantummodo oblatam, et offertorium pro se suisque omnibus coniunctis et familiaribus offerat. Si plus de vino voluerit in butticula vel canna, aut plures oblatas, aut ante missam aut post missam, presbytero vel ministro illius tribuat, unde populus in elemosyna et benedictione illius eulogias accipiat, vel presbyter supplementum aliquod habeat."

このように、ギルドは、兄弟団的に組織された人間集団としてその姿を現わす。最古のギルドはなお、職業仲間の組織ではない。この点でそれは、後代の都市の商人ギルドとは区別される。最古のギルドは、職業による厳密な分化を殆んど知らない時代と環境とにさかのぼる。そのメンバーは何よりも航海者であったと言ってよい。そのことはしばしば難船者のことが記録されていることからも明らかである。仲間は難船者を救援する義務を負うていた。(241)既に私達に知られているこの航海者は、ギルド規約によって見ても、商人であると同時に戦士でもある姿を現わしている。ヴォーダンが船荷の神でもあったように、またローマ人の翻訳 interpretatio romana がヴォーダンをマーキュリーと表現していたように。(242)ある古スウェーデンの碑文に(243)「勇敢な若い人々が自分達のギルド仲間、グレップを記念してこの石碑を建てた」とあるのを見ると、これは戦士ギルドのことだと考えられる。しかしそのことは、この戦士が、商業をも営んでいたことを全く排除するものではない。そして他方では或るシグトゥナのルーン文字の碑文に――「フリース人のギルド兄弟はこのルーン文字の碑文をスロートの共同出資者であるアルボートへ（＝を記念して）刻ませた」と記されているのを読むと、(244)商人のギルドの観念が呼びさまされるのである。しかしこのフリース人が有能な戦士でもあったことは確実である。――農民もギルドに加入していた。家畜の疫病、穀物小屋と干草小屋の火事の際の援助行為を予想している古ノールウェーの規約がそのことを立証している。援助行為の形態も、農民として暮している者がギルド仲間を前提している。ノールウェーでこそ、農民的要素がギルドでまことに顕著だったらしいのである。(245)――ヴェストファーレンでも中世全期はおろか近代に入ってまでも、明瞭な農民ギルドがあった。(246)昔の農民は航海にも出かけた。農民的存在がしばしば、いかに急速にヴァイキングにふさわしい存在に早変りしたかということについては、既に私達は語っておいた。農民と航海者の生活圏は、その対極性にもかかわらず決して峻別されてはいないのである。非常に古くからの農民の国であるノールウェーの、トレーンデラーグ地方は、毛皮と獣皮の商業にも参加していた。(247)農民の季節航海者などがいたのである。当時の人間は二つの可能性を一身に備えていて、その二つの可能性を前後して、ほとんど併行して、果すことができたのである。

司祭と女性がギルドのメンバーに加わっていたことは、規約から疑問の余地なく明らかなように、後代の周辺現象である。

この古ギルドの空間的及び時間的分布を簡潔に概観しておこう――それは、ゲルマン民族に共通の現象である。その最も早い記録はフランク時代の史料にこれを見ることができる――七七九年のエルスタルの勅令、八〇五年のディーデンホーフェンの勅令、イタリアに与えた八二二年のロータルの勅令、八八四年のカールマンの禁令[248]、八五二年の大司教ヒンクマールの規定、その他。フランクのギルドと北方のギルドとの共通点は広汎にわたる。名称、兄弟誓約、宣誓、相互扶助、宴会、等である。血の復讐だけがフランクのギルドには見られない。それは、キリスト教化がずっと早かったことの一つの結果である。特徴的なことであるが、フランクのギルドに関する私達の知識の源泉は、国家の禁令と教会の禁令、それに制限規定だけである。ギルドのような制度は、ヘルシャフト〔支配者制〕的組織諸形態が支配している[249]、そしてその最盛期には国家によって保証された法的安定性と交通の安全とがそのような私的なものと公的なものとの中間に位置する団体を余計なものにし始めた、フランクの官憲国家、役人国家、には似つかわしくなかったのである。フランク帝国の商人法に関する証拠を集めて解釈して見せたその入念な研究の中で、プラーニッツ[250]は次のことを説くことができた。カール大帝は、最初のフランクの支配者として、法規の中で商人のために配慮した。強固な法秩序が商業を保護した、そして商人は国王のムント〔保護〕に入ることによって特許状を通じて優遇される地位を取得することができた。このことが商人に対して、ギルドの与える保護に代るものを与えたのである。フランク時代のギルドの実際の意義については、以上を以てしては最終的なことはお何も言われたことにはならない。ギルドはフランク帝国では好ましいものではなかった。このことは確実である。禁令が出されたにもかかわらずギルドが存続したことは、エルスタルの勅令が浴びせた弾劾の約七〇年の後に発布されたヒンクマールの布告が、これを立証している、このことは、ギルドがフランク空間の諸都市において後にもつようになる意義を証明するものである。このギルドの意義については後に論ずる必要がある。

北方の証拠で最も古いのはブッゲが検討したことのあるルーン文字碑文である。この碑文を手がかりにして、ブッゲは、シグトゥナのフリース人商人のギルドの存在を証明することができた。このギルドは確実に一〇世紀まで、場合によっては、九世紀にまで、さかのぼる。一一世紀のものとしてはエステルイェートランドの、ビャルボの戦士ギルドに関する碑文がある。この碑文のこともブッゲが報告している。シグトゥナの記録は私達との関連で特に重要である。何故ならば、北方の古い商業地と結びついたギルドの存在をこの記録が私達に示しているからである。――シグトゥナはビルカの地位を承け継いだのである。――私達は、このシグトゥナの場合と同じように、ヴァイキング及びフリース人の、他の商品集散地にも航海者のギルドが存在したことを想定しなければならない。そしてギルドは恐らく相当の程度、これらの土地で、公的生活を支配していたと思われる。

古ノールウェーの規約は現行のテクストの形では一三世紀に記録されたものである。同じように、古デンマークの保護ギルド規約は、一三世紀の、後代の、編纂物である。けれども、その古風な特徴は、保護義務及び復讐義務の文言に明らかである。そしてその規約は、フランク空間で商人の独占ギルドへの道がずっと前から始まっていた時代にもなお、同職仲間的に専門化していないいわゆる保護ギルドの性格を失わないでいる。私達は、それ故に、その規約を、昔の状態の描写として利用することができたし、又利用しなければならなかった。――目につくことは――ブッゲが指摘しているように[251]――エッダの歌、スカルドの詩、アイスランドの豪族のサガ、古ノールウェーの法律、古アイスランドの法律、がギルドに言及していないことである。アイスランド最古のギルドとしてその存在が証明されているのは一一二〇年のものである。それは、レイキャホラールのオーラフのギルド、一種の農民ギルド、である。ここからブッゲの引き出して来る結論には[252]――北方のギルド制は土着のものではない、それは西ヨーロッパから伝えられたものであって、それが既存の神殿宴会に結びつき、宣誓兄弟分団体とそれに随伴する復讐義務とを特徴とするようになったものである——という結論には、しかしながら私は賛成することができない。私達は私達のもっている文字による伝承の不充分さを考慮に入れなければならない。そして、フランクのギルド、フリースラントのギルド、の方がノールウェーのギルド、デンマークのギルド、よりも早くから史料に登場しているにしても、ノールウェー、デンマークのギルドはその代りに、古風な特徴を帯びていて、この特徴を後代の変容と解釈するのは難しいのである。私が思うに、私達はギルドに「ゲルマン人の豊かに発達した団結衝動[253]」の表現を見ることができる、ギルドは、とりわけ、ヘーフラーが強調したようなゲルマン人の国家生活のブント的性格を表現するものなのである。以下のブッゲの見解は断固としてこれを斥けなければならない。「ゲルマン人は、ローマ人の結社理念を取り入れ、これを彼等独自の状態に適合させたのである。しかしながら、幾世紀かが経過する間に宣誓兄弟分団体や神殿宴会のようなゲルマンの諸制度がギルド制に特徴を与え、ギルドを改造したのである。そのことによってローマの同業組合との大きな相違が生じたのである。[254]」この点では今日誰もブッゲに賛成することは許されないであろう。ブッゲ自身が認めているようにギルドとゲルマン人の諸制度との関連は明白なのであるから、古代の、全く別の性質の、諸現象との関連を探り出そうとするのは不必要なことである。今なお最も比較の対象にしたい気持になる古代の航海者の組織もまた、仔細にこれを見るならば、ゲルマン人のギルドとは根本的に異なるものである。古代の航海者の組織は何よりもまず初めから職業団体である。アッティカでは早くからその存在が証明されている。[255]末期プトレマイオス朝時代の行政文書には小規模な船舶所有者及び船長のゲノッセンシャフトの痕跡が見られる。このゲノッセンシャフトの目的は、輸送に伴うリスクの分散であった。この団体は、アレクサンドリアの徴税官との協定によってヘラクレオポリス地方から穀物を輸送する義務を負うものであった。この団体は

「使者」と呼ばれる書類の中で、地方長官のディオニシオスに、輸送のための穀物船を準備したことを報告している。この団体が、統治者の側からの圧力なしでつくられたものでないことは、確実である。[256] 以上の記述は、この組織と、昔のゲルマン人のギルドとの本質的な相違を十分に証明している。

　ゲルマン人の商品集散地にはギルドの他に役人や機関が存在したのであろうか。ビルカについては、アンスカールの時代のこととして、この町の住民が独自の会議を開いていたことが立証されている。その会議の議長は国王の代官 prefectus であった。[257] 言葉を換えて言うならば――これらの取引地の統治制度組織は、いつでも純粋にゲノッセンシャフト的であったわけではない。場合によっては国王の代理人が参加することができたのである。このことは、これらの取引地も時には王宮の近くに位置することがあった、簡単に言えば政治的機能を完全に欠いていたわけではなかった、という、既に論ずるところのあった事情に照応するものである。ここで生じて来る問題は、このプレフェクトゥスをヴィーク役人と見るべきであるのか、という問題である。ヴィーク役人の存在と任務についてはプラーニッツが詳細に私達に教えてくれている。[258] プラーニッツはこのヴィーク役人が、既に七世紀のアンゲルザクセン人のある法律に「ヴィクグラーフ」"wikgraf" の名前で登場するのを立証することができた。そうなるとプラキトゥム placitum というのはギルド裁判ということになるであろう。後代の状態に基づく、充分に擁護することのできる類推であるこの想定を採用するとなると、一つの難問が生ずる――ビルカでは、当時、異教徒であるスウェーデン人で構成される残余の住民の内部に、小さなフリース人の集落が成立していた。そのフリース人がそこでギルドを結成していたことは、先に紹介しておいたシグトゥナのルーン文字金石文を根拠にこれを推定することができる。シグトゥナでは、フリース人商業が既に死滅してしまっている時代に、スウェーデン人もフリース人ギルドのメンバーであったことが証明されている。そのことはルーン文字記念碑に記されている名前から明らかにされる。古い時代について、商品集散地ビルカの支配的制度として、フリース人ギルドを考えてもよいのであろうか。それとも、このギルドの他に、土着の住民の、別の組織があったのであろうか――ラント法〔一般法〕起源のプレフェクトゥスと、裁判集会とが〔併存して〕あったのであろうか。それはともあれ、私達は確実に推定することができる、すべての商品集散地にはギルドが存在し、決定的な影響力をもっていた、と。しばしば、ギルドの裁判がその地の唯一の裁判であった(259)。ギルドの裁判と並んで――ハイタブーでも(260)――国王権力の代理人が存在し、場合によってはその代理人が直接ギルドに配属されていた。それ以上の確実なことは何もわかっていない。

# 第二部　中世都市文化の初期段階

# 第一章　フランク空間

ゲルマン文化の農民的基本特質について冒頭で表明しておいた主張を今や私達は立証し了えたものと思っている。今では私達は、ゲルマン文化を、一層明確に把握することができる――末期ゲルマン時代の文化でさえが、都市のない文化だったのである。たしかにその文化には、戦士的支配者層が或る特別の色あいを与えていた。この生存形態を支える者として、遍歴商人、航海者、商品集散地の建設者、もいたことを私達は知った。それは、小村や散村に居住する住民の、農民的定住生活とは正反対のものであった。けれどもそれは、周辺現象にとどまった。

可能な限り外来文化の影響を受けていない、最も固有の領域におけるゲルマン人の遍歴商業と、その制度との性格を、現地において知ろうとして、北方を探索していくならば、中世西北ヨーロッパ都市の成立という、今や遂に私達の眼前に存在する問題に、早期に発達した永続的な都市的共同社会がその展開を示したところで、すなわち、中世において北イタリアのそれと並ぶヨーロッパ最大の都市圏であったフランク空間で、取り組むことになるであろう。スキーリングスサル、ビルカ、ドレスタット、ハイタブー、トゥルソ、は没落し、それらの集落を私達の眼に再び見えるようにするためには発掘者のスコップが必要であったのに反して、パリ、アミアン、ルアン、は、ヘント、ブルッヘ、イーペル、アントウェルペン、は、ヴェルダン、ナミュール、リエージュ、マーストリヒト、は、トゥール、メッス、そしてトリーア、は、ケルン、アーヘン、マインツ、は、私達の時代に至るまで、一切の戦争、一切の革命、を乗り越えて、続いている。これらの集落は、フランク人の国の空間に、ゲルマンの民族性と地中海世界との、宿命に満ち溢れた遭遇がそこで生じた、ドイツ、フランス両国民共通の故郷に、位置している(1)。

## 一　連続性の問題について。カーロリンガ時代のキーウィータースとブルク

連続性の問題が今や私達に迫ってくる。近代の都市史研究のそもそもの初期段階において、サヴィニーとアイヒホルンとが、不充分な試みの一つとしてすでにこの問題を提起し(2)、ドプシュとその学派が完全なひろがりにおいてそれを展開させ(3)、そしてこの展開とともに、今日まで中断することのない論議が始まったのであった(3a)。ドプシュの『カエサルからカール大帝に至るまでのヨーロッパ文化発展の経済的及び社会的諸基礎』が出現した直後に、住民が「自分達の文明の古代的基礎に関する意識を失うことの絶対にできなかった」ラインの大地から、オバンが発言した(4)。オバンは、自分とあまりに僅かしか違わないドプシュの観察方法を前にして、証拠を地方毎に正確に区分すること、外的類似の確定だけで満足することなく観察された関連の程度と意義とをその都度熟考すること、がいかに重要であるかを示した。オバンの到達した結論は次の通りである。「ラインラントに見られるローマ-ゲルマンの関連は、完全に次元の低いものである。土地に根を下したもの、例えば、ぶどうの木、境界線、市壁、頑丈な石造建築物、日常の少なからぬ技術、これらのものは、民族大移動を越えて生き延びた、そして征服者ゲルマン人に影響を与えた。しかし、ここ、ラインラントでは、ローマ生活の上部構造は、その全体が絶滅した。……むろん一つだけ、例外を強調しておかなければならない、教会である。」都市の持続の問題に、オバンは、個別研究を一つ、充てている(5)。ボン(6)、クロイツナハ(7)、クサンテン(8)、ザールブリュッケン(9)、の四つの例に基づいて、オバンは、他の所

でもそれ以後に観察された、同一集落空間内の集落の重心の移動を立証して見せた。集落の中心部が、あるいは大きい、あるいは小さい、空間の内部を、言わば振子のように、あちらこちらと動くのである。この、揺れ動く集落持続に対応するものが、地名持続の欠如、又は動揺、であった。クサンテン、ストラスブール、バーゼル、ザルツブルク、マウテルン、には地名持続が欠如している。ボンとアラスでは動揺した[10]。周辺部で、ライン川下流域（クサンテン、ナイメーヘン）で[11]、東南部で、最も手ひどい損失が観察される。ウィルヌムとティブルニア、アグントゥム（プスタータールのリーンツの近く）とフラウィア・ソルウァ（ムーアタールのライプニッツの近く）、は、発掘者のスコップのおかげでようやくヨーロッパ人の記憶によみがえることができた[12]。昔のヘルウェティアでは後退が紛れもない[12a]。ラウリアクムからアキンクムに至る、ドーナウ川の川筋では昔のローマ都市への定住が立証される。関連が特に感知できるのは、フランク領のライン川中流域である[13]。事が最もスムーズに進行した例の一つは、コーブレンツである。ここでは、中世初期の都市とカストルム・コンフルエンテスとが、ほとんど重なりあっている。マインツでも、いくつかの部分で、地上に二メートル近くそびえたっていたローマ時代の周壁が、中世の周壁の土台になった[14]。パッサウの旧市区の丘の発掘からは、中世中期に都市パッサウの西境になっていた〔司教〕ピルグリムの時代の周壁がローマ末期の城砦バタウィスの周壁の上にあること、そしてバタウィスの周壁の下にはケルト時代のオッピドゥム・ボイオドルムの周壁が非常に深い層の大地の上に発見されること、がわかった[15]。これに反して、オバンは最近、トンゲルンの場合を指摘することができた。ここでは、中世の市壁は、ローマのそれが完全に崩れ落ちた後に、全く新しく、そして極めて遅くに、つくられたものである[16]。ある場合には、中世の都市は、ローマ時代の周壁環と全く合致しない。トリーアの場合がそうである[17]。ある場合には、中世都市は、アンダーナハにおけるように[18]、ビトブルクの場合のように[19]、ローマ時代の先駆者の範囲を越えて成長する。ビトブルクではローマ時代の防備施設のほぼ三分の二が中世の周壁環の土台を形成している。この中世の周壁環は南方へ、ローマ時代の狭い面積をほぼ三倍に拡大した。このように、名前と集落とに保持された持続は、場合々によって異なっている。集落の重心移動を、古代と中世の二つの時代では種類の異なる力が都市生活を支えていたからだ、とオバンが正しく解釈した。恐らくオバンの考えたであろうように、かなりの数の場合、集落の重心の移動は完全な新定住に等しく、そのため、本当の集落の連続はもはや全くないのであって、あったのはただ、地理的な位置の良好なことが新しい定住者を引き寄せたために生じた、見せかけの集落の連続にすぎなかったのではないか、このことは、最近再び問題になっている。古代の集落の住民のある部分が留まって、言わば集落空間の中だけで移動したこと、集落の内部では、住民に焦点をおいて見るならば上層民が変わったらしいこと、その上層民が当然のことながら集落の重心を決めたこと、しかし下層民は後に残ったこと、が根拠に基づいて賛成を集めている。[20]この問題には先へ行ってから立ち戻る。

　オバンにとっては、その頃彼がとりあげた、希に見る明瞭な場合が殊の他重要だったのであるが、その理由は、そのような場合にあっては、「集落層の地形図的隔離」が、ローマ時代の集落と中世の集落との混在が見られる場所におけるよりも明瞭に、場所的な重心移動の原因になった時代毎の「生活条件の変動」を示すことを可能にしている、ということであった。けれども、そうした混在が広汎に見られる場合でさえも、時には集落像の中に生活条件の変化が明瞭に読みとられることがある。例えばケルンである。[21]ローマ時代のケルンと中世のケルンとは、地形図的に見て、一つの全く本質的な点で異なっている――中世のケルンの最も活気のある市区、宏壮な市場施設のあるライン壁外市区、はローマ周壁帯の中にはなかったのである。たしかに、周壁で囲まれた都市の周囲にはローマ時代ケルンの著しく実業的なスブウルビア suburbia[22]が存在していたが、しかしそれは、スブウルビアにすぎなかったのである。他方で、中世にあっては、ライン壁外市区から――ライン壁外市区については先に行ってから詳細に述べる――全市の自治体生活の形成が始まったのである。ライン壁外市区はまた、周壁環の中に組み入れられた。オバンが私達に明らかにしようとしたこと、経済的行政的文化的領域における都市の高度な機能の持続については集落持続には全く証言能力がないということ、そのことは、その後の研究が、しばしば新しい事例に基づいて立証して見せた。例えば経済の分野では、ガラス工業がそのことを極めてよくわかるように示している。[23] ガラス――中世初期のガラス製造への圧倒的貢献はフランク人によってなされたのであるが、その――フランク人のガラスの形態は、前段階であるローマ時代にさかのぼる。けれども、ガラス製造の経営形態には完全な変化が生ずる。古代のガラス製造所は例外なく都市で操業した。エジプト、シリア、イタリア、のローマ時代のガラス製造所も、ケルンのそれも、ウォリントン近傍のウィルダースプール（ランカシャ）のイギリスのガラス製造所も、都市の製造所であった。イタリアの大地では、ヴェネツィアームラノの有名なガラス製造所で、中世を通じて近代に至るまで、都市製造所の経営形態が維持された。それ以外のヨーロッパでは、都市製造所に代って森林製造所が登場する。ドイツでは、私達の知識の現状では、一〇〇一年以降の一〇世紀間の前半に、都市のガラス製造所は一つも存在しない。わずかに、ヴィーンで、一四八六年、イタリアの諸製造所に対抗する競争企業が一つ、設立される。それ以外は、私達の知っているガラス製造所地区は森の中にある。森の製造所は、既に八〇〇年頃にはその存在が立証されている。トリーア郡のコルデルに近いホッホマルクで、カーロリンガ時代にまでさかのぼるガラス製造所地区の痕跡を、シュタインハウゼン[24]が確認した。ローマ人の都市製造所が四〇〇年頃までは持続したのであるから、経営形態の変化の原因は、この地方がフランク族の手に渡ったこと、そしてそのことと関連して都市生活が崩壊したこと、にこれを求めなければならない、とラーデマッハーが推定しているのは正しい。森林製造所はまた、しばしば修道院製造所である。つまり労働者は聖界土地支配者制《グルントヘルシャフト》の隷属民なのである。シュタインハウゼンの明敏な論述が、コルデルのガラス製造所地区の形成にはサン・タマン修道院の影響が働いていた、ということの論拠をもたらした。――このことほどよく、その間の事情を物語るものはないであろう。――手工業の技能は保持される。手工業に形を与えることには、ローマの伝統がはっきりと見られる、しかしながら都市的経営形態はアルプスのこちら側では徹底的に失われてしまう。土地支配者制《グルントヘルシャフト》が、組織者として、ある程度まで都市にとって代るようになる。事情は製陶業でも類似している。この場合にも手工業の技能はそれ自体としては疑いもなく維持される。トリーアとマイエンでは複数のメーロヴィンガ時代の窯が、ストラスブールではカーロリンガ時代の窯が一つ、発見されている。[25]しかしそれと並んで、この場合にも、ある土地支配者制《グルントヘルシャフト》経営組織の、農村にある本拠地の隣に、ヴァルベルベルクの、新しい窯の出土品が存在するのである。上述したローマ時代以来の諸集落の製陶業も、司教、修道院等の、土地支配者《グルントヘル》的経営であったかもしれない。それらの製陶業は、手工業的都市的経済の存続を保証するものではない。中世都市のツンフト生活では陶工が特別な役割を演じていないことからも、そのように言うことができる。製陶業は、いつでも農村に極めて広汎にさえ分布する手工業であった。ガラス工業の場合と同じように、製陶業の存続が都市的生活形態の連続の証拠であるとは私には思えない。たしかにフランク時代の製陶業は若干の人々を昔のローマ集落に引きとめたかもしれない。しかしこの「細民」が中世初期の、復活する都市生活の振興者になることはなかった。

　ドプシュ、オバンを別にするならば、ピレンヌが、連続性の問題に重要な考え方を提供した。[26]オバンが地域的区分を考慮に入れながら進んでいったのだとするならば、ピレンヌは、文化関連の広がりにおいて時間的段階づけを把握していた。彼の、地中海-アラブ人テーゼに、私達はここで立ち入ることができない。私達の関連で最も重要なことは、交易経済と都市とが最低のレヴェルまで落ち込んだのがカーロリンガ時代に入ってからだということを、ピレンヌが明らかにしたことである。『ムハンマドとシャルルマーニュ』の中で彼は、第二部の第三章「中世の開幕、経済と社会制度」で、土地支配者制《グルントヘルシャフト》の支配している、都市の存在しないカーロリンガ時代の経済について、材料の豊富な、正確な像を描いている。ピレンヌの弟子の一人、ヴェルコートランは、ベルギカ・セクンダの、かつてのローマ都市一二を、連続性の観点から正確に分析した[27]――ランス、ソワソン、シャロン・s・M、ノワヨン、アラス、カンブレ、トゥルネ、サンリス、ボヴェ、アミアン、テルアンヌ、ラン。都市の完全な崩壊はカーロリンガ時代が初めてもたらしたものであり、メーロヴィンガ時代にはなお古代の都市の力強い余響を観察することができる、とするピレンヌのテーゼを、ヴェルコートランは充分な個別証拠に基づいて補強することができたのである。ヴェルコートランの研究が出た後には、法史的に見て、また経済史的に見て、カーロリンガ時代の断絶は、ベルギー、北フランスでも、ラインラントにおけると同じように、際立ったものであったことに、もはや、疑問の余地はあり得なかった。集落史的に見た場合、クサンテンの例は繰り返されることがない。アラスでは、地形図的中心移動と、正しくもシュタインバハがボンの場合と同列に並べる気になった、地名存続の一時的動揺とが、現われる。ランスにおいてさえ、一〇世紀に一時的な集落の重心移動が認められる。その他の場合には、少なくとも地名と集落位置とは不変である。

カーロリンガ時代にローマ都市が、そもそもどのような意味をなおもっていたのか、概観して見ることにしよう。――第一に、集落の残りがある――周壁、門、公共建造物、である。これらの残存物は、その最初の目的をなお少しでも達成していたのであろうか。確実にそうではないことがしばしばである。トリーアのローマ時代の市壁の内側にはフランク人の村落が複数、成立した。[28] そのような村々のための場所としては農業的性格の入植を許容するようなところが選ばれた。都市のへりの部分が好まれ、中心部は避けられたのである。このことは、トリーアの古い諸聖堂の位置が都市の周辺部であることにもあらわれている。[29] ランスではガロ‐ローマ時代の周壁の塔に礼拝堂が建立された。[30] 多くの都市で周壁は崩れ落ちるがままに放置された。[31] 周壁に注意が払われるようなことはなかったのである、意図的に破壊することさえあった。「トルナクス〔トゥルネ〕はそのかみ、町であった。今では基礎から破壊された数多い廃墟によって、今なお残墟が、そのことを物語っている。そうしてトルナクスは、華麗なる高き建物どもを破壊したことを嘆き悲しんでいる。」“Urbs fuerat quondam, quod adhuc vestigia monstrant/Tornacus, nunc multiplici prostrata ruina/Funditus ac turres deflet cecidisse superbas.” 八四五／五五年にサン・タマン修道院のミロがこのような詩を書いている。[32] 八一七―二五年に、ランスのエボが、その司教職を彼が勤めていた聖堂の再建のために市の周壁と門とを採石場にしてもよいという認可を皇帝から貰ったことは、市壁の目的についてのすべての関係者の認識の乏しさを物語っている。[33] 同じように、サンスの大司教は国王に要請して、ムランの市壁の石の使用権限を貰っている。[34] 私達は以上の指摘をヴェルコートランに負うているのであるが、そのヴェルコートランは、カーロリンガ時代の権力者のこの態度にメーロヴィンガ朝の諸王がはっきりと都市防備施設の維持のために示した配慮を対置している。[35] カーロリンガ時代に見られる市壁の放置はノルマン人の嵐の際に厳しい復讐を招かずには済まなかった――ベルギカ・セクンダの都市の中で、カンブレ、ノワヨン、トゥルネ、アラス、アミアン、テルアンヌ、ボヴェ、はノルマン人の急襲をうけ、その周壁を破壊された。[36] ラン、ソワソン、シャロン・s・M、ランス、サンリス、は周壁の状態が良好であったために、持ち耐えることができた。[37] ソワソンは一〇世紀の戦争にも一定の役割を演じていたし、とりわけランスとサンリスとは重要な、抵抗力のある、城砦であることを実際に示した。

一般に、ノルマン人の侵攻はフランク人住民の間に都市の持っている防砦としての性格への理解をめざめさせた。いたるところで周壁の修復が始まった。マインツ(38)、ケルン(39)で、カンブレ、ランス、ボヴェ、ノワヨン、トゥルネ(40)、等々で修復作業が行われた。ラングルのジェロは、ノルマン人に対抗する目的で新たにつくられた彼の都市の周壁を完成するために、市内とシャンボーにある伯職の財産、並びに市壁そのもの、をシャルル三世から手に入れた(41)。こうした古いローマ都市でノルマン人の急襲の永続的犠牲となったものは、一つもなかった。とりわけ、商人の商品集散地であるドレスタット及びカントヴィクの辿った運命とこれらの都市の場合とを比較するならば、深く考え込まないわけにはいかないのである。ローマ都市の、建造物としての残り物がいかに死んだもの、いかに無用なもの、に見えたにしても、いかにローマ都市の建造物としての残り物に都市を恐れるゲルマン人が暫くの間は理解なく敵対していたにしても、それでもなお彼等は、それらの集落の存続に、基本的には賛成したのである。ある安定した集落体の完全な死滅ということは極めて難しいのである、他方では、商人の商品集散地の場合には、商業戦略上の意義の大きさも集落体としての発達の弱体を埋めあわせることができなかったのである。ローマ人と戦う間にゲルマン人の環状塁壁が成立したように、ノルマン人のもたらす危機に直面して、ローマ周壁への親しみが生じたのであった。ローマ都市は東南部でも防砦として生き延びた(42)。バーゼル、アウクスブルク、等々では、ハンガリー人の襲撃がローマ周壁の再建乃至は修理のきっかけになった(43)。ローマ都市は、周辺に居住する住民のための避難ブルクになった。むろんこれは、何ら新しいことではなかった。既に述べておいたように(44)、ガリア、ゲルマーニアにおけるローマ支配の最後の数世紀には、諸都市の防砦としての性格が他の諸性格を凌駕していた。帝国の境界線が動揺し始めるのを見て、ローマ末期、いたるところで、ライン川沿岸で、モーゼル川沿岸で、ムーズ川沿岸で、諸都市が周壁で囲い込まれた(45)。そして一つの象徴として、この周壁にはしばしば——ノイマーゲン、ユンケラート、ビトブルク、アレルについて私達はそのことを知っている――ありしよかりし平和な時代の証人である昔の彫刻品の切り石、墓石、建築物の部分、が埋め込まれた(46)。文化的利益は軍事的利益のかげにかくれなければならなかったのである。そして当時既に、都市の周壁環は、周辺に住む農民に避難所として役立っていたのである(47)。

『サヴィーニー雑誌』に掲載された三篇の根本的に重要な論文(48)によってドイツの大地における都市統治制度についての最新の全体叙述をあたえたプラーニッツは、連続性の問題を――この問題について彼は一九四六年にも独立の論文で再び意見を述べている――論じている、極めて概括的に、また否定的に(49)。彼は古代世界の一滴を見るだけなのである。「ローマ都市に代って『ブルク』という類型が登場する。……将来の都市の核としてのブルクはゲルマン種であることを示している……ゲルマン人のブルクは、昔から、戦時に民衆を保護するための避難ブルクである。そしてこの思想が、民族移動の後には、ローマ人のキーウィタースにも移されるのである……ゲルマン人にとっては、キーウィタースの目的は、他ならぬブルクであることに尽きたのである……この、新しい、ゲルマン人のブルクでは、教会生活を別にするならば、完全に新しい精神が支配していた(50)。」

以上の言葉を書いていた時にプラーニッツは、ゲルマーニアの、そしてガリアの、諸属州の、平和で安全な状態が豊かな経済的文化的生活を可能にしていた、黄金時代のローマ都市を余りに強く思い描いていたような印象を、私達は受けるかもしれない。しかし、相前後して続く時代、古代末期と中世初期とを比較するならば、両者を隔てる距離は次第にせばまる、どちらの場合にも、都市の軍事的機能が支配しているのである。しかしながら、それにもかかわらず、カーロリンガ時代及びザクセン時代のローマ都市がただの避難ブルクであり、対するに古代のローマ都市はいつでも――政治権力の所在地として――支配者ブルクであった限りにおいて、プラーニッツは正しくないのではないだろうか。支配者ブルクは、然り――シュッフハルトに従って先に詳説したように(51)――避難ブルク、民衆ブルク、の対極である。それ故に、キーウィタースがその本来の性格を、経済的文化的にだけではなく、政治的にも、完全に失ってしまった間に、避難場所としても役に立つという古代末期にあっては一つの副次的な機能に過ぎなかったものが、ゲルマン的中世初期になるとキーウィタースの唯一の都市的機能になった、と言うことなのであろう。

フランク時代にキーウィタースが法的統治制度的に農村集落とほとんど同列におかれていたことは確実である。行政の、都市への原則的な集中は、問題になり得ないことであった。都市は、その地方の組織中心地ではもはやなくなっていた。カーロリンガ時代にも、都市の、支配者ブルクとしての、政治権力の所在地としての、性格が、完全には失われていなかったことを指し示す、若干の個別特徴を明らかにする仕事が残っている。

まず最初に問われなければならないのは、フランク時代には、古代のキーウィタースの支配者居住地としての性格はどのようになっているか、ということである。私達はこの場合にも、メーロヴィンガ時代とカーロリンガ時代の間に性格的相違のあることを確認することができる。メーロヴィンガ一族出身の国王達は次々に変化する分国の場合にも常に固定した支配者居住地を求めたこと、そしてその支配者居住地としてはガリアの大地にある旧ローマ都市を他のどこよりもまず選んだこと、をシュプレームベルクが力をこめて指摘している。(52)「ところが、画像はカーロリンガ家の登場とともに一変する。ローマ都市は支配者居住地としては放棄され、支配者は王宮に滞在するようになる。王宮は、広大な国王所有地の中心としての、防備施設のない田舎城、通例は王邸、であった。ピレンヌはこの経過を、才気ほとばしらんばかりのやり方で、メーロヴィンガ時代終末以降の中部ヨーロッパにおける都市の全般的没落に結びつけた。支配者居住地に関しては決定的な意義をピレンヌの一般的学説に認めないとしても、そのことは別に、ピレンヌの一般的学説を根本的に拒否することにはならない。カーロリンガ家が居住地として都市を拒否することはそもそもの初めからあったことのようであり、そのことは全般的な経済後退が王宮を都市に維持することを不可能にしたわけでは決してない時代にも、既に始まっているのである。従ってやがて著しく広大になった帝国を一つの固定した居住地から統治することが恐らくは経済的な理由からして大きな困難をもたらすようになったにしても、そのことは、カーロリンガ朝が支配者居住地として田舎城を選択するのを原則とした理由を説明するものでは全くない。そうではなくして、それは、居住地として一連の昔のローマ都市を替る替る利用するという従来のやり方に、疑いもなく一層接近したのだと思われる。従って、カーロリンガ朝治下の居住地政策の変更には情緒的な理由が絶大な役割を演じていたものと想定してよいであろう。明らかに、原ゲルマン人の都市嫌悪が自然に対する強い愛と結びついて、早くにローマ化されたメーロヴィンガ家とは全く対照的な、カーロリンガ家の態度を決定したものと思われる。[53]」ヴェーフェルシャイトは、シュプレームベルクの行った以上の指摘を、一層力強く強調している。[54]ヴェーフェルシャイトは、狭い空間にひしめくように存在するカーロリンガの諸王宮の数の多いことが、既にしてそれだけで支配者居住地の形成に抵抗していることを指摘し、正しくもシュプレームベルクがカーロリンガ家の人々の態度にその原因があるとした、フランク様式への固執が、メーロヴィンガ王宮と対比した場合の、カーロリンガ王宮の特性をつくり出していることを詳細に論じている。「……昔のローマの城砦を備えているところから何よりもまず防備施設であったメーロヴィンガ王宮とは対照的に、カーロリンガ王宮には防備施設がない、他でもない、アーヘン、エルスタル、或いはデューレン、に防備施設の存在が立証できないように。カーロリンガ王宮は、その本質、その本性からするならば、王宮、帝宮にふさわしい諸必要のための設備を整えた、農場兼支配者館と言った施設であるにすぎない。以前からゲルマン人貴族に特有なものであり、よく彼等の知っていたものである。ゲルマン人貴族の支配者館にはしかし防備施設がなかった。そして、ゲルマン人貴族の支配者館が防備施設との関連で現われるようなことがあるとするならば、その防備施設というのは、いつでも、本来の支配者館施設、居住施設の隣にある、単なる土塁ブルクであった。[55]」それ故にカーロリンガ家の人々は、ゲルマン人の慣習に従って、ローマのキーウィタース並びに城砦の中には居住しなかったのである。せいぜいのところ、それらに隣接して居住したのであった。例えばナイメーヘンでは、徹底的な研究と発掘とによるならば、王宮の場所には、鷹御殿には、第十軍団の城砦も、ローマの都市集落ノウィオマグスも、存在しなかったのである。[56]例えばソワソンでは、都市の中に居住したメーロヴィンガ家とは対照的に、カーロリンガ家は、その居住地を市壁の外側に、聖メダルドゥス大修道院の中、或いはそば、に定めたのである。[57]カーロリンガの支配者――実態にふさわしい言い方をしておきたい――カーロリンガの支配者は、それ故に、ローマ時代のキーウィタースをば、事実上彼等の支配者館のそばの塁壁城砦と見なしていたのである。そのことは、プラーニッツの見解が確認している。

以上に描いて来た画像に、カール大帝治世末期のアーヘンの地位がうまく収まってくれない。シュプレームベルクはアーヘンの特別な地位も正しく考慮した上で特徴づけている。[58]私達は次の点で――ヴェーフェルシャイトには反対して――無条件でシュプレームベルクに賛成したい。「カール大帝のように、世界を視野に収めた考えで頭が一杯の人間は、その居住地を選択するに当っても、風土的な長所だけで決めることはなかった。……カール大帝は自分の居住地を全く意図的に、フランクの心臓部に移した。そしてそのことによって、自分のつくった帝国のフランク的性格を完全に表現したのであった。」シュプレームベルクは、新たに獲得したザクセンに対するアーヘンの位置に、この場所選択の第二の動機を見ているのであるが、この見方には説得力がある。カーロリンガの軍用道路に対するアーヘンの位置と、ザクセン戦役の作戦拠点としてのアーヘン-デューレン-ケルンの空間の意義とを根拠とする見方である。[59]シュプレームベルクは次に、以下の点を指摘する、「少なくとも最初の内は王宮礼拝堂だけしかもっていなかったその他の王宮とは違って、アーヘンでは既にカールの時代に参事会教会施設《シュティフト》ザンクト・マリーエンの出現が見られる。この教会施設には聖堂参事会員が配置され、それによってこの教会施設は独自の教会的中心を形成してい、次には固有の、領域的な発展すら見せている。これは、初期の領域支配者居住地の場合にも見られる特徴であり、アーヘンの司教座聖堂参事会主席司祭と、皇帝の官房とについて少なくとも一時的に確認することのできる、ある関係でもある。」アーヘンについては、私達は本物の支配者居住地形成の開始を語ることができるのである。

カーロリンガ世界帝国の崩壊は、胎児的支配者居住地としてのアーヘンの地位にも打撃を与えた。知られているように、中世にあっては、ドイツ人支配者の居住地というものは、現実に形成されることがなかったのである。支配者居住地については、「王冠の住居」“sedes regni”としてのアーヘン、アルル、ミラーノ、ローマ、が語られた。まことに見事にハイムペル(60)がこの表現を解釈している――「何故ならば、正にこの表現こそが、ゲルマン人の、農村的に規定された理解に基づく、中世の首都を特徴づけているからである――そこに住んで行政するのではない、常設の宮廷或いは役所による経営がそこを支配しているのではない、国王が、たとえ一生に一度でも、そこにいたことがある、ということなのである。」都市的生活形態に対するゲルマン人の関係は、完全に発達したドイツ都市が存在する時代に至るまで、それほどまでに根強く続くのである。

それにもかかわらず――同じ論文の中でハイムペルは、一連の先行諸論文の、とりわけアロイス・シュルテの論文の、内容を要約しながら、レーゲンスブルクを「本物の首都」と性格づけている。行政的意味でも首都と見なしてよい中世ドイツでは恐らく唯一の都市だとしている。「……レーゲンスブルクではローマの都市文化と、ゲルマンの大公制との結びつきが成功を収めたのである。レーゲンスブルクには、ローマのドゥックスがいたように、その権利継承者である大公、そしてその大公の後継者である東フランク歴代の国王、がいた。歴代の東フランク王の中ではルートヴィヒ・ドイツ人王（八四三―八七六年）がレーゲンスブルクにその最高の輝きを与えた。[61]」

アーヘンがカール大帝に対して意味していたものを、レーゲンスブルクが東フランクのカーロリンガ家に対して意味していたものを、西フランクのカーロリンガ家に対して意味していたのはランであった。「いつぞやアノトー氏が、フランスがなくなった時にもランはあった、と書いた。事実、一〇世紀にランが王国の首都のように、少なくとも王領地の中心地のように、見えるのは紛れもないことである。末期のカーロリンガ家の人々は同地にしばしば滞在した。彼等は同地にあって、自分達の全権威と全栄光とを保持していた。同地にいることは自分の住居にいることであった。一二世紀に、ロランの歌の作者は、ランがカーロリンガ家の首都であったことを完全に覚えていた。」ヴェルコートランが以上のように書いている。[62]そして、末期西フランク・カーロリンガ家の、事の多い統治時代における、城砦と支配者居住地としてのランの意義を明らかにするデータを集めている。

実際カーロリンガ時代末期にはレーゲンスブルクとランは、もはや単なる避難ブルク及び民衆ブルクではなかった。この二つの地では統治機関の所在地であるという都市の古代的機能がよみがえったのである。言うまでもないことであるが、古代都市の政治的機能は広く生き続けたのではなくして少数の支配者居住地にだけ生き続けたことによって、この機能自体が、その意味を減ずる。古代の都市国家の都市は、支配者居住地よりもはるかに排他的な意味で、政治の中心地であった。支配者居住地の形成と、農村の独自の政治的意義――都市国家にあってはこれはあり得ないものであった[63]――とは、次第に折合いをつけていくのである。支配者居住地の形成という問題におけるカーロリンガ家の態度は、そのため、一貫していない。彼等の都市恐怖はまことに以て徹底していて、彼等は先祖代々の風習に従って居住する。しかしフランク帝国の建設の他の分野でも感じ取られるローマの国政術の継承が、時折は姿を見せて、私達は本物の支配者居住地の発端を確認することができる。この首尾一貫しない態度と、とりわけ王宮のさまざまな運命とが、関連している。そうした王宮の中の多くのものが、その中には特別に愛好されしばしば訪れられたもの――インゲルハイムとボートマンだけを思い出しておく――も含まれているのであるが、都市になることがなかった。それらの王宮は、純然たる支配者館施設及び農場施設として、都市形成要素を含んでいなかったのである。

第二に問われなければならないのは、カーロリンガ時代にキーウィタースはどの程度まで役人居住地であったのか、ということである。(64) 言葉を換えて言うならば、どの程度まで私達は都市伯領を語り得るのか、と言うことである。プラーニッツ自身は、(65) 昔のローマ都市は初期には国王のブルクであった、と言っている。ブルクにいる国王の代理人は伯である。存在したのはフランクの都市伯 comites civitatum だけではなかった。既にローマ時代にも都市伯が存在していた。都市伯は、すべての完全権力を一人の役人の、更に言うならば一人の軍事的役人の、掌中に統合するのがよいと思われた五世紀という不安な時代に登場する。その存在を証明する史料は、マルセイユ、オータン、トリーア、について存在する。(66) ゲルマーニア、北ガリア、のローマ・キーウィタースの防砦性格が、ローマ支配の最終段階に至っていかに強く際立っていたかということが、そこにも表われている。この点で変化は、プラーニッツが考えている程に根本的なものでは決してない。むしろ都市の防砦性格に、ローマ人の見方とゲルマン人の見方とを結びつける要素があるのである。――このように、フランクの伯には二重の起源がある――グラフィオ grafio とコメス comes である。既にローマ末期に、四世紀以降に、北ガリアでは都市と領域との関係が目につかぬようにして変わっていた、という卓見をヴェルコートランが提出している。(67) それまでは領域はキーウィタースの農村的付属物（dependance rurale）にすぎなかったのであるが、今やそれがキーウィタースとテリトリウムは同等の立場で併存するようになる。中央権力の代理人が、つまりとりわけ伯が、純粋の都市役人であるわけのない伯が、都市に居住するという事実は、それだけでは、キーウィタースとテリトリウムとの古い関係を回復するには充分ではない。従ってこの点でも二つの時代は歩み寄っているのである。——カーロリンガ時代の国王の居住地の問題の場合と同じように、この場合にも、キーウィタースは、根本的に且つ徹底的に、言葉の完全な意味における伯の居住地ではなかった。即ち、統治と行政とがそこから行われる恒久的居住地ではなかった、ということが重要なのである。フランクの伯は、その管区の幾つかの裁判開催地を訪れては、巡回しながら裁判権を行使していた。伯の統治は、この時代の統治が例外なくそうであったように、極めて人格的な性格を帯びていた。伯には、彼がそこにいない時にも中心地に残っている筈の、役所的装置というものがなかった。伯自身が、確実に、いつでも伯領の中心地に住んでいるわけではなかった。農村にある所領に住んでいたのである。伯はただの役人ではなかった、独自の権利をもった土地支配者でもあったのである。[68] フランク帝国の西部の伯領が例外なく集落の名前で、キーウィタース或いは昔のローマ城砦の名前で、呼ばれているのに対して、東部では純然たる地域的名称、例えばナーエガウ、アイフェルガウ、ラーンガウ、等が見られるのは、顕著な現象である。ともあれ、ラインラントでも、昔のローマ集落がしばしば伯領の中心地になった。八四九年にその存在が証明されるケルンの伯 comes Coloniae ヴェリナリウスは、なおケルンからガウの行政に当っていた。後になると、これらの伯領は大司教に服するようになる。[69] ボンガウの最も古い伯の居住地はボンブルクに、つまり昔のローマ宿営地に、あった。[70] 昔の城砦が、ツュルピヒ、ユーリヒ、ビトブルクが、ガウ伯の居住地であった。[71] だからと言って、城砦が周辺地域の組織中心地として唯一のものでなかったことは、ケンテニヒの指摘が示している[72]——ビトブルク近傍の王宮メッチュはフランク時代にビトブルクを凌駕する役割を演じていた——この場合ビトブルクも当然国王の所有地であった——。一二二二年になっても、ベトハルトという名前の、ニムスの西に位置する大きな森が、城砦ビトブルクではなくメッチュに所属していたという事実が、この間の事情を物語っている。(73) 再三再四私達は、この時代の秩序付与原則としての土地支配者制《グルントヘルシャフト》にぶつかる。トリーア・パーグス pagus Treverensis とビトガウの複雑極まりない関係と、既にケンテニヒが盛んに取り上げたトリーアの都市伯領の問題とに、(74) エーヴィヒが解決をもたらした。エーヴィヒは、教会の発展との類比において、幾つかの発展段階を区分する――最初トリーアは、教会の立場で見て、地域の支配中心地である。ほぼ六五〇―七〇〇年以降、トリーアと並んでフランク貴族指導の下に複数の農村の開発中心地が出現する。同じ時代にトリーア・パーグスが、初めビトガウとして現われる。「ほぼ六三〇年から七五〇年までの歴代司教が都市の支配者であったこと、世俗的支配分野では都市トリーアは一時ガウから除外され、伯は自分の主要居住地をビトブルクに移したこと」を納得させることにエーヴィヒは成功する。「カーロリンガ王朝はこの発展を、時には後退をしながらも前に進めた。一〇世紀の初めになってこの発展はようやく完成した。(75)」しかしながら、ガウの中心地になったローマ都市と、農村の集落とは、一つの点で異なっていた。ガウの中心地になったローマ都市は、繰り返して強調しておかなければならないのであるが、ブルクである。このブルクであるという性格から、国王の役人に、伯に、特殊な、これらの都市だけに固有な、任務が生ずる。さらに、伯の最も古い職務内容は裁判の権限ではなくして軍事の権限であるということが付け加わる。ケンテニヒがこの点を指摘したのは正しい。都市の軍事指揮官としての伯の活動の詳細は、フランク時代に関しては伝わっていない。しかし、後の時代の状態にとっては、五世紀以降、都市の指揮官としての伯がゲルマーニアとガリアに存在することをいつでも念頭におくことが重要である。ここには連続的要素がある。――ヴェルコートランが、ソワソン、シャロン、ノワヨン、カンブレ、サンリス、ボヴェ、アミアン、の伯に関する最も重要なデータをまとめている。(76) 私達との関連で特に重要なのは、若干の伯について、彼等が固定した居住地をキーウィタースにもっていたことが証明されるという状況である。例えば、九六六年以降記録に現われるソワソンの伯は、都市に塔を一つ、ガロ-ローマ時代の周壁の隅の塔を一つ、所有していた。塔を取り囲む市区は伯の所有であった。この塔は、一〇五七年、国王によって破壊された。この塔が居住塔であったことは確実である。ヴェルマンドワとアミアンとの伯であるエルベール二世は、アミアンに城砦 castrum を一つ、築いたらしい。九一六年以降史料にその姿を現わすカンブレの伯イサークは、キーウィタース・カンブレの土地と傾斜地との半分――すなわち都市の内で周壁によって取り囲まれた部分、を所有していた。さらには、この伯は、語の狭い意味での都市伯であったらしい、この伯の時代に都市カンブレはパーグス・カンブレ pagus Cameracensis から除外されたらしいのである。貴族の都市ブルクは、今では私達の知っているように、全く非ゲルマン的なもので、完全に地中海都市文化の特徴である。ゲルマン人の支配者層は都市的ではなかった、ゲルマン人の民衆ブルクにも同じように有力者の塔やカストルムのための余地がなかったのである。

このように、ローマ都市の建築物の残りが維持されていただけでない。その軍事的機能が相当程度、政治的機能は極めてわずか、維持されるか、若しくは再生したのである。カーロリンガ時代のキーウィタースを、ゲルマン人の避難ブルク、民衆ブルク、と特徴づけるのは充分な理解ではない。キーウィタースはゲノッセンシャフトのブルクでは決してなかった。それは、国王のブルクとして、伯のブルクとして、公のブルクとして、司教のブルクとして、いつでも、支配者法的に組織されていた。フランク時代の他の分野の場合と同じように、ゲノッセンシャフトは、国家生活の高度の分野からは身を引いて、低い領域に限定される。ゲルマン人のブルクの純粋の末裔を、私達は中世の農民ブルクに見る。本来の中世の防砦は、都市である、そして西北ヨーロッパでは都市の外に築かれた貴族のブルクである。

集落史的軍事的行政的分野における都市の連続性が、条件付きの、危険にさらされた、連続性であり、種々の変動を免れなかったのに対して、教会生活におけるキーウィタースの地位は、ほとんど無傷で維持された[77]。教会の分野における連続性は一般に疑われることがない。ローマ時代のガリア、そしてラインラント、のキリスト教化の程度は、確かに議論の対象になった。ノイスはハウクの懐疑的判断に反対して、ボンの聖堂の下や、トリーアの聖堂地区における、大規模な発掘の成果の印象から、以下の確信に到達した。「ボン、そしてトリーアにおいて、しかし次にはその他の諸大都市においても同様に確実に、キリスト教の勝利は、それまで予想されていたよりも大きかった。ライン、モーゼル、の沿岸におけるローマ支配が没落した時には、諸都市のローマ化された住民は、キリスト教の信仰を告白していたのである[78]。」とりわけトリーアにおける、新しい発掘は、この認識をますます強めてきた。

このキリスト教生活にどの程度の都市形成力があったのか、という問題が私達に提起される。その場合二つの要因が考慮される――礼拝場所の連続性と教会組織の連続性である。連続性が最も明瞭にわかるのは宗教儀式の分野であろう[78a]。ボン、ケルン、クサンテン、の発掘を考えさえすればよい。あるいは、例えば、マインツの南のアルバンスベルクの埋葬場所を考えさえすればよい。「この埋葬場所は、もともとは異教的-ローマ的墓地であったのであるが、マインツのキリスト教徒によっても、四世紀から中世に入ってずっと後まで確実に、持続して利用された。この墓地と関連したキリスト教の儀式の礼拝場所の連続性が後のアルバンス修道院の場所の発掘から明らかになった[79]。」繰り返し現われる発展系列――殉教者墳墓、記念礼拝堂 cella memoriae、古代の殉教者聖堂、中世の参事会教会《シュティフト》施設の発展系列を、最近バーダーが、マインツのザンクト・アルバン、ボンのザンクト・カッシウス及びフロレンティウス[80]、クサンテンのザンクト・ヴィクトール、ケルンのザンクト・ウルズラ、ザンクト・ゲレオン、ザンクト・ゼフェリン、について、個別の正確な日付けのついた通史の中で提示した[81]。ここで作用していた刺激、聖者崇拝、聖遺物崇拝、殉教者崇拝、は中世初期に深められた。教会の領域に見られる連続性に大きな重みを与えているのは、その特殊性である——この連続性は、どこにあっても、最後の余響、単なる残り物、ではない。そうではなくして、新しい生命を証明する能力をもった、獲得された相続分である。これらの礼拝場所の都市形成力がいかに強大なものであったかを、例えばボンが示している。参事会教会施設、ザンクト・カッシウス及びフロレンティウスの母胎となった殉教者聖堂が、ウィラ・バシリカの、キーウィタース・ウェローナの、原細胞なのである。この殉教者聖堂と中世のボンとの関係は、キーウィタース・コローニアエ、キーウィタース・トレウェロールムと中世のケルン、中世のトリーア、との関係と同じである。換言するならば、ローマ時代にさかのぼるキリスト教の礼拝場所から、昔のキーウィタースに類似する形成物が、中世の初期に成長することができたのである。キーウィタース・ウェローナの例は、ローマの宿営地ボンと後の中世都市との空間的関係が既にそれだけで示している都市の本質の全分野における断絶を、いかにキリスト教の信仰が橋渡しすることができるかということを、示している。プラーニッツ[82]は、キーウィタース・ウェローナに何よりもブルクを見ている。しかし彼が、「ボンブルク」（オッピドゥム・カストルム・ボンナ）をウィラ・バシリカのことだとする時に、彼は誤っている。ボンブルクは、むしろ昔のローマの宿営地であった[83]。二つの時代の間に橋を架けているのは、ボンでは疑問の余地なく礼拝場所である。これとは逆の場合もある——中世の都市は中世初期に支配者居住地になったローマ時代の城砦の土地に成長するが、最も古い聖堂区聖堂は周壁の外側 extra muros にあるという場合である。アーロン、ビトブルク、イヴォワ、では事態はすべてそのようになっている[84]。城砦ビトブルクの内部に位置していた聖母マリア聖堂は、さしあたっては王宮礼拝堂であっただろう[85]。上記三つの集落では、礼拝場所ではなくして防砦が、ローマ時代と中世とを結びつける契機なのである。古い聖堂区聖堂の位置が周壁の外側にある例をさらに数多く紹介したフリードリヒが、既に、この現象の発生理由を、ラインラントの最初のキリスト教徒の宗教生活がしばしば居住地区の外側で、殉教者の墳墓で、営まれたことに求めている。その場所が、ローマ時代以後もなお礼拝の中心地だったのである[86]。このことをバーダーが確認した。聖堂区聖堂が周壁の外側に位置したことについては、以上の説明と並んで、フランク人が諸都市の中心部よりは周辺部に定着したという事情に、その理由を求めなければならない。私達は、既にトリーアについてこのことを指摘することができた[87]。ボンの場合にも、ローマ宿営地の周辺部に、フランク人の村落ディートキルヘンと最古の聖堂区聖堂とがあった。しかし都市の中で聖堂区民と聖堂が連続していることが考古学的に立証されている事例にも事欠くことはない。その例を二つ、バーダーが挙げている――メッスと、トリーアにある、砦の上のザンクト・ペーターである[88]。トリーアの例は、ケムプフがその発掘成果を公表してからは、今や印象深く私達の前にある。ケムプフは、「大きさと広がりとにおいて最も重要な古代キリスト教の礼拝建築物と同列に並べられる[89]」二重聖堂施設を一つ、発見したのである。その建築は、司教アルギティウスの時代、三二六年に着手され、その門生にして後継者であるマキシミンによって完成された。この聖堂は、三八〇年頃に完成した後には、ほぼ八〇〇〇人の信徒を収容することができた。この、新しい、極めて重要な発掘の結果は、礼拝場所の連続の他に教会組織の連続をも理解しやすいものにする。今や、教会組織の連続に取り組む段取りになった。

教会の組織は、地中海文化の領域で、つまり明瞭に都市的な文化の領域で、成長し、その文化にあわせてつくられたものであった[90]。キーウィタースとその司教は、もともと、教会の、行政中心地であった。――ようやくフランク時代になって、農村固有の組織が自立した農村聖堂区の形でつくり出された。フランク時代はこの農村聖堂区によって、伝統的な教会行政の建物を補完したのである。しかし、この追加的な新組織は――私達はそこに、フランクのガウ制度及びそこでのキーウィタースの地位との対照を認めるのだが――教会との関連で独自の意義を農村にも用意はするものの、[91] 司教座所在地の優位はこれを存続させたままなのである。司教が居住してよいのはキーウィタースだけという命令は、完全に生きていた。[92] そこには世俗の支配者の場合のような動揺や躊躇はなかった。それどころか、都市居住地に対する支配者や世俗の有力者の分裂した態度が、教会上の役所の所在地における世俗の権力の座を司教が手に入れるのを助けたのである。[93] 司教座所在地であることが、昔のキーウィタースの最も本質的な機能になる。反対に司教座の所在地であるという事実が、ある集落をキーウィタースにし、その集落に、中世都市生成の際にキーウィタースの役割を演ずることを可能にする。最も適切な例はリエージュである。それは同時に、殉教者崇拝及び聖者崇拝の強さを証明する証拠でもある。この崇拝が、それまでは取るに足りないところであったこの地に、かつてのローマ人集落から司教座の所在地を移すのである。「聖ランベールの聖遺物の移転は、マーストリヒトからリエージュへの、司教座の移転を伴った。司教座の移転が、リエージュを司教座所在地にし、独立大諸侯領の未来の中心地にした。他方でそれは、それまでの数世代にわたって歴代トングル司教をその周壁の内部にいつまでも留めてきたことを誇りにしていた都市を、影の中に引き入れてしまうことであった。それは、言わば無意識の裡に生じたこと、だったようである。聖ランベールの移転に反対する者はマーストリヒトにいなかったらしい。聖ランベール崇拝がこの司教区最大の名声を遺した聖セルヴェ崇拝と肩を並べるようになったのは、ことによるとそれを凌ぐようになったのは、極く新しいことであった。他方で、この殉教者の聖遺物をリエージュにもたらした時、聖ユベールが既に司教座をも移す計画をもっていた、ということはありそうにない。リエージュは当時村にすぎなかった。司教区を村に設定することは教会法が禁じていたことである。ユベールは、前任聖者の墳墓の近くに居住することで、聖テオダールの聖灰の近くで暮すことを好んだ人々の例に倣うことだけを考えていたのかもしれない。この時点では、最大限予見できたことは、将来リエージュがトングルの司教にとって、ウイ又はスランが後にリエージュの司教にとってそうなったもの、あるいはブリュールがケルンの司教にとってそうなったもの、になるかもしれないということであった――司教都市の諸権利を全く侵害することのない、気に入りの保養地、ということである。実際の成り行きは全く別であった。そしてそれは、こう言ってよいのであれば、聖ランベール自身のせいなのである。聖ランベールの墳墓が大衆に及ぼした牽引力が司祭にも及んだのである。この聖なる物の近くにいるのを止めることはもはやトングルの歴代司教にはできないことであった――神秘的な力が自分達をこの殉教者の聖遺物箱のそばに縛りつけるように彼等には思われた。この時代の宗教感情の力を持ち出すことでその理由を説明することのできる現象が、この司教区の歴史上二度目のこととして、発生するのが見られた。七世紀に一つの墓が司教をマーストリヒトに引き留めたように、そのように、八世紀には、別の墓が、司教をリエージュに引き留めた。違いは、後者の場合、移転が最終的だったことである。マーストリヒトがその司教を再び見ることはなかった。いわんやトングルが見ることはなかった。司教達には、城壁のない、記念物のない、思い出のない、みすぼらしい村が、キリスト教の信仰がこの国で生まれるのを目撃した古いローマ時代の都市よりも、聖セルヴェの思い出が漂っているムーズ河畔の美しい町よりも、多くの魅力をもっていたのである。聖セルヴェはこの司教区の保護聖人の地位を聖ランベールに譲り、マーストリヒトはこの司教区の中心地である栄光をリエージュに譲った。それ故、語の完全な意味において、聖ランベールの墳墓がリエージュの町のゆりかごであったのだ、と言うことができるのである。」(94) リエージュの都市生成に見られるこの非合理的動因のもっている説得力を信じようとしないことは、中世を誤認することを意味する。それ以外にも挙げられている根拠の内のどれ一つとして、充分な説明になっていないのであるからして、なおさらに、(95) 以上の説明によってクルトは、事柄の核心を見抜いていたのだと私達は信ずる。ヴァルンケーニヒの考えたこと、つまり司教ユベールはエルスタルに滞在しているカーロリンガ家の、王宮の近くにいたいと思っていたのだという説、は全くあり得ないことである。同じ説の者は他にもいるのであるがその中でもルソーが[96]なお考えているように、この司教は、カーロリンガ朝の伯がマーストリヒトにいること、そしてその伯がいろいろな要求を出してくること、を不愉快に思っていたのであろうという説の方が、まだしも説得力をもっている。しかしその際には直ちに、他のすべての場合には伯に対して司教が勝った、伯に譲歩することなど司教が思いついたところなどどこにもなかった、という異論を提出しておかなければならない。戦略的諸理由[97]、ノルマン人に対抗する上での一層大きな安全、は関係があったかもしれないが、しかし、司教座所在地の移転を説明するには充分ではない。クルトの命題にとって有利なもう一つの論拠は、リエージュ都市史を通じていつでもランベール崇拝が完全に特別な役割を演じている、ということである。有名な「城砦ブーイヨンからの聖ランベールの凱旋」"Triumphus sancti Lamberti de castro Bullonico"だけを思い出しておく[98]。その時リエージュの司教アルベロ二世は、彼に離反した防砦ブーイヨンを前にしてまことに以て厄介な状況におかれていたのである。司教は防砦を包囲していたのであるが成果なく、おまけに救援部隊によって脅かされていた。司教は聖ランベールを持って来るように命じた。そしてそのことによって司教は、同時にウイ、リエージュの市民軍の援助を手に入れ、自分の城ブーイヨンを手に入れたのである。

ボンとリエージュの場合には古代都市文化の理念的連続について語ることができるであろう。一般にカーロリンガ時代のキーウィタースでなお都市的であるものはすべて、古代の都市文化を思い出させる――キーウィタースは防砦である、それは退化している支配者居住地、乃至は萌芽的な支配者居住地である、著しい程度において礼拝の中心地である。礼拝所の数の多いことがキーウィタースに特色を与えている――マインツはカーロリンガ時代にこその周壁の内側に九つの聖堂と礼拝堂とをもっている。(99) 聖レミギウスの遺言状の、九世紀に作成された稿では、ランスには一七の聖堂があるとして、その名前が挙げられている。五つは市内、一二は壁外市区である。その他に五つの聖堂のあったことが同時代の別の史料から知られている。それに加えて複数の修道院があり、施療院が一つあり、参事会教会施設が一つある。(100) クルトは、ノトジェール時代のリエージュを「聖堂、修道院、学校、救済院、大建築物、の素晴らしい集合体」と描写している。(101) 当時司教座聖堂と司教座聖堂参事会施設には全部で二二五人の参事会員が見られ、リエージュで暮していた聖職者の数をクルトは千人と概算している。(102) このように、キリスト教の聖堂を媒介とすることで、古代の都市文化が、フランク帝国の在俗聖職者の大部分が、閉鎖された、周壁で囲まれた集落に、つまり都市的に、居住することのきっかけを与えたのであった。在俗の聖職者だけではなかった。在俗の聖職者は、従属民の一揃えを、あれこれの自由な商人を、周壁の内側に招き寄せた。例えばランスのエボ（八一七―八四〇年）は手工業者を市内へ引き寄せ、これに住宅と恩給地とを与えた。(103) その他に巡礼、旅行者といった流動的人口(104)と、フランク時代以前の土地の住民の残りとが加わった。ベーナーはその墓地研究、とりわけアンダーナハの墓地研究(105)、によって先行きの成果の見込みが大きい第一歩を踏み出した。その研究方向は、フランクによる征服の後ほぼ一世紀が経っても残存する属州民が自立して生活していることを把握するのを可能にしている。そこに登場して来る人間は、都市的な生活形態と経済様式とを熟知し、自分の技術を後代へ伝えることができる人であった――アンダーナハのある墓は公証人アミカトゥス notarius Amicatus の名前を刻んでいる。これらの人々は、都市の住民の地下水脈である。最初は都市を形成する力をもってはいなかった。それには彼等の社会的地位が下降し過ぎていたのである――しかし彼等は、新しい上層民の都市への冷淡を和らげるのに、自分の持っているものを提供した。マトリクラリイ matricularii は、(106) つまり大司教クニベルト時代のケルンについて、(107) 七世紀のトリーアについて[108]、その存在が証明されているような、登録済の施し物受領者は、都市に在住する多数の俗人の存在を立証するものである。教会に多額の寄付をするだけの財力のある自由な土地所有者も、キーウィタースにはいたことが記録されている。例えば、所有地の他に自分の建立したマルティン聖堂を、銀器金器と共にカッシウス参事会教会施設に贈ったボンのあのルングス、あるいはフルダにいた聖ボニファティウスに寄付をしたマインツの住民達、である[108a]。司教都市と大修道院との外側に、八〇〇年頃、三つの聖堂区聖堂をもっていたアラスの住民数を、レストクワは四千から五千と見積っている[109]。

このことは、ゲルマン諸部族の、農村的でゆるやかな定住様式に生じた、急激な変化を意味している。その上で、ノルマン人の危機、ハンガリー人の危機、に際して、キーウィタースが避難ブルクの役割を果し、その時に都市的居住の利点が広い範囲の人々の理解するところとなった。恐らく避難所に居ついてしまった者もでたであろう。シュタインバハが、密住の習慣によって、古代の都市文化の一つの要素が連続することになった、と初めて指摘している[110]。何故ならば、都市への居住に対するゲルマン人の反感こそがまず以て克服されなければならないことだったからである。

キーウィタースに常設されている聖界の施設はことごとくこれ土地支配者制のものであった。このことからも、土地支配者の居住地であるという、私達によく知られている古代の都市文化の特徴を、思い出すことができるであろう。しかしここで直ぐに相違が目に入る——古代にあっては土地支配者は都市の中に居住し、その所有地は都市の外にあった。カーロリンガ時代にはそうではなかったのである。むしろ、しばしば市壁の内側に農業的に利用される土地があって[111]、その土地を、外部の聖俗両界の土地支配者が所有していたのである。このことを理解するには、ロルシュとフルダに伝えられてきた記録に基づいてシュティミングが描いて見せた、カーロリンガ時代のマインツの、色彩豊かな像を一度だけでよい、読めば足りる。フルダの寄進帳からはマインツで立証できる俗界支配者の支配者館は二つだけである。ロルシュの記録簿は、ルートヴィヒ帝の時代に一度、寄進の対象として、塔が一つ付属した一マンススの土地を記録している。(112)ここで記録されているのは、居住塔であろうか。そもそもマインツは居住塔の存在が立証されているドイツの都市の一つである。(113)しかし、その存在が証明されるのは後代についてである。(114)事態の最終的な判断は乏しい史料の証言からはこれを引き出すことができない。それはともあれ、俗界土地支配者の多くはカーロリンガ時代の都市には居住していなかった。支配者館の組織も、昔のキーウィタースを優先することは全くなかった。

このように、カーロリンガ時代のキーウィタースと古代の都市文化との比較は、疑問の余地のない、そして本質にかかわる、類似性が認められるにもかかわらず、繰り返し繰り返し、キーウィタースの衰退を示しているのである。全体としての、閉鎖的有機体としての、政治的経済的生活の規定要因としての、都市は、救い出されることがなかったのである。その地位は、教会組織の分野で、礼拝の中心としてのみ、動揺することなく続いた。この分野では、ゲルマン的生活形態への地中海世界の突入は紛れもないことである。キーウィタースの軍事的意義は千差万別である。けれどもそれは、いつでもあったというわけのものではない。たしかにキーウィタースの軍事的意義に対する自らなる理解は、短期間、キーウィタースの住民に欠けてはいるが、しかし、危機の時期が訪れるや再び急速に認められるようになる。本当の政治的機能をキーウィタースが果していることは希である。国家と土地支配者制とがキーウィタースを、根本的且つ徹底的に、それぞれの組織に組み入れることはなかった。何故ならば――私達はとうとう最後の決定的観点に到達した――都市の軍事的政治的諸機能がその中で発揮されなければならない環境の全体が、今や変化してしまったからである。[115] 古典時代の、ローマのキーウィタース、城砦、駐屯地は、一つの軍事組織の、最高度の防衛力に恵まれた、連鎖の一つ、一つ、であった。その軍事組織は、緊密に編成されて、国家によって俸給と装備とを与えられ、単一の指揮権の下に軍事科学の諸原則に基づいて動かされる、申し分なく機能する情報制度と完備した交通網とを利用することのできる、職業軍団を基礎とするものであった。ローマ帝国の政治組織は、服属するようになった諸地方で、都市化とローマ化とが合致する程にキーウィタースに基礎をおくものであった。ローマの役人は、ポリス文化の意味において教養のある俗人であり、書くことと、事務の合理的技術とに、精通していた。カーロリンガ時代のキーウィタースがその中へと突き出た世界――ローマ帝国の、叙上の文化が死滅した後の廃墟――を描こうとするならば、以上に挙げた概念の一つ一つに、反対物を代置しなければならない。軍事制度は、民衆軍によって、そして次第に支配的になっていく、個別に動員される大封臣の手の者によって、特徴づけられる。それは、統一がなく、技術的に見るならば宿駅制度を欠き道路網が崩れていくにもかかわらずますます急速に動くことのできる騎馬軍団である。国家の中では制定法の他に、慣習法が、智慧の発見物が、登場する。財政の制度、租税の制度、は広い範囲にわたって欠けている。俗人の教養は目に見えて姿を消す。役人は、自分の職務を自分の所有地を管理するようにつかさどり、経験的-家父長制的に統治した。役人自身が農村に居住する土地支配者であり、ローマ人にとっての都市の娯楽と社交とに相当するものがこの役人にとっては狩猟であった。役所は、支配者の官房を除くならば、姿を消す。そしてその官房でも聖職者が事務を執っている。有能な支配者によって、フランク民族の青春の跳躍のために大きな功績が克ちとられたにしても、すべてのものが甚しく単純になってしまったのである。私達はカーロリンガ時代のキーウィタースを以上の背景の中で見なければならない、その都市的本質の単純さ、危うさ、島のような孤立性、に気がつくためには。

一つの深い裂け目がカーロリンガ時代のキーウィタースを中世の都市から、二つの点で、区分している――中世の都市は、何よりもまず商業と工業の所在地である。それは、自由な都市自治体として、ゲノッセンシャフト的に組織されている。そしてこのゲノッセンシャフト的組織がすべての分野、他ならぬ経済の分野も、とらえている。キーウィタースではそうしたものは全く感じられない。流通経済はどん底まで落ち込んでいる。流通経済は二つの世界の間で大きく口を開けている。古代の流通経済的構造は粉々になった。ゲルマン人の遍歴商業、その商人ゲノッセンシャフト、その商品集散地、はキーウィタースとは区別された、独自の世界である。そのことについては後ほど、もっと詳細に。――

たしかに史料の上ではキーウィタースに若干の商人が存在することが証明される。しかし、そのような史料の証言力には、いつでもその商人とキーウィタースとの正確な関係が確認できるとは限らないという難点が、すなわち、その商人はむしろキーウィタースのそばにある、時には中にある、あの商人集落のメンバーではないのかという難点が、つきまとう。それはともあれ――カーロリンガ時代の経済生活の特徴は大幅な自給を立て前とする土地支配者制であって、都市の市場‐手工業経済ではない。――しかし何よりもまず――キーウィタースは、そのすべての生活表現において、支配者法的に組織されたものである。

その住民は多くは従属民で構成されている。ヴェルコートランは、アミアン、ラン、ボヴェ、トゥルネ、で司教に従属する不完全自由の住民の存在することを確認できた(116)。それと並んで、ソワソン、サン‐ヴァースト、アラス、について立証されるような、都市の参事会教会施設あるいは大修道院の半自由民がいる(117)。ヴェルコートランは、マインツの状態と自分の研究した諸都市の状態とを比較して、自由民の数はラインラントの方が多かったという結論を出した――「ロワール川とムーズ川の間の地域は、それ故に、シテの諸階層という観点から見るならば、固有の個性をもっている。」[118] ドイツ人の研究はつとにこの相違を指摘してきた。[119] ここに、ドイツの自由都市に関する、それ自体としてはずっと前から用済みになっているアーノルトの学説の積極的な根拠があるのであり、荘園法説に反対するベーロウの戦いの、積極的な根拠もまたここにあるのである。この――極めて本質的な――相違があるにもかかわらず、共通の特徴としてキーウィタースの支配者法的組織が残る。

端的に言うことが許されるであろう、中世都市文化において典型的に中世的である正にそのものが、キーウィタースには見られないのである。このカーロリンガ時代の状態を根拠にしてもなお、私達は、依然として連続性の問題に最終的な断定を下すことができない。今でも私達は、このキーウィタースが中世の都市生成に際してどのような役割を演じたのか、その中の何ものかが中世の中に生き延びて入っていないか、確認する必要があるのである。一つのことを最後に言っておきたい――ピレンヌとヴェルコートランが都市の最低点をカーロリンガ時代に見る時、その都市というのは、何よりもまず流通経済の観点から、流通経済に根拠をもつ都市の観点から、見られているものだということである。プラーニッツが連続性の問題を手軽に片づけているのも、自由な都市自治体、ゲノッセンシャフトとして組織された都市、という観点に彼が立っていたからである。プラーニッツの場合には、ゲルマン人の民衆ブルクとしてのキーウィタースという、私達の見るところでは誤っている解釈が、それに付け加わっている。連続性の問題に答えを出すに当っては、中世都市をその広さと深さの全体においてとらえておかなければならない。本質的な型一つだけとか、幾つかの基本特徴だけとか、では不充分なのである。中世の諸都市はどの程度まで、宗教儀式のセンター、支配者居住地、支配者ブルク、であったのか、留意する必要があるであろう。そのような特徴に私達はキーウィタースの遺産を求めなければならない。何よりも私達は問うであろう――都市の集落体はどこから来たのか、と。都市の、最も重要なゲルマン的前段階では、商品集散地では、集落体は不充分にしか発達していなかったことを、はっきりと私達は見ておいた。

連続性について私達が語った時、私達はいつでも、かつてフランク帝国の大地に花開いていたローマの都市の、何らかの性質の持続作用を考えていた。有力説とは違う考え方は、これまでの文献では、大いに貧乏くじを引いてきた。――私の見る限りでは、オバンとシュタインバハだけがそうした第二の考え方の輪郭だけを簡潔に示している[120]。フランク帝国における発展に対する決定的な影響ときっかけとが、古代の基礎が極めて広汎には動揺することのなかった諸地域から、例えば、イタリア、スペイン、南フランス、から来るということはあり得なかったのだろうか。そういうことを考えるから、私達は、まず第一に、フランク帝国の都市を孤立化して観察することのないよう、警戒しなければならない。第二に私達は、私達の注意を、最も早期の完全都市的存在形態の空間的分布に向けるであろう。このように見て行けば、何らかの証言をこの空間的分布から得ることができるのではないか、と考えて。

キリスト教会の組織中心点としてのキーウィタース――そこに群を成している礼拝所、ノルマン人及びハンガリー人の大群に対抗して恰好の防壁であることを証明して見せたローマ時代の周壁環、支配者又は伯の、散在する邸館、そうしたものを備えているキーウィタースが、フランク時代の集落に見られる唯一の影響力の大きな古代文化の証人というわけではない。

フランク人は居住塔、この「非常に古い地中海文化の断片」をも継承したのである。この点についてのすべての情報を私達はシュッフハルトに負うている[121]。居住塔は支配者ブルクに固有の外的形態である。フランク人による居住塔の継承は、ゲルマン貴族の伝統的居住様式の断絶を意味している。私達はゲルマン人の支配者層が都市的でなかったことを彼等の一つの特性として確定しておいた。私達はカーロリンガ王朝の支配者の場合にもなお伝統的な居住習俗の墨守が見られることを確認しておいた。今後私達は更に、北ヨーロッパの貴族が都市を避けていることを確定しなければならないであろう。しかしそのゲルマン貴族が、フランク時代以降は、支配者ブルクの中にある防備施設のない農場館に住む代りに、西方では塔ブルクに、東方では昔の民衆ブルクから発達した、しかしながら支配者ブルクの機能を継承した、ザクセンの支配者ブルクに、住み始めるのである。キーウィタースと並んでこのブルクが、ゲルマン諸民族の集落に見られる、全く新しい要素なのである[122]。

原理的にはすべてのブルクは国王のブルクであった。一一八四年になって初めて、有力者の築城権が帝国法の承認をうけた[123]。けれども、現実には、末期カーロリンガ時代以降、高級貴族はしばしば国王の認可をうけることなく、ブルクを築いた。中央権力の崩壊が東フランク王国よりもはるかに進行していた西フランク王国の有力者達が、この動きの先頭に立った。八六四年に、シャルル禿頭王がそのような施設に反対し、ピトルの勅令を発して極めて厳重な異議を表明したが[124]、永続的な効果はなかった。

ブルクと都市の関係が私達の興味をひく。三つの可能性があるように私は思う――その第一。ブルクがブルクのまま続く。そして場合によっては、ある日、つまり都市経済が完全に発達した時に、その諸機能を都市に譲り渡し、見捨てられ、崩壊する。第二。ブルクが拡張されて後に都市になる。さらに言うならば、既に完成している都市をモデルにして都市になる。一三世紀以降、多数の、大抵は小さな、都市や市場町が、ほぼこのようにして成長した。この都市グループは、しかしながら、中世都市文化の初期段階の認識にとっては問題にならない。このグループには言わば本源性が欠けているのである[125]。その三。私達の関連で本質的なのは第三のグループである――ブルクが――以上二つの場合のように――単独に、将来の都市への発展をしばしば全く意図することなく建設されるのではなくして、ブルクに、建設の時直ちに、十分に成熟した都市のモデルが欠如している時点で、支配者の居住地としての資格を特にブルクに与える一定の付加物が付与されるのである。ブルク以上のものが建設される、支配者居住地が建設される、のである。そのような中世初期の——初期であることが重要である——支配者居住地建設物——それはもはやローマ集落の大地の上に成長するものではなくしてその核心は支配者ブルクである——を、シュプレームベルクが、低地諸邦の空間、とりわけ南部低地諸邦の空間、で確認した。その際に支配者居住地形成と領邦の間に存在することがシュプレームベルクによって疑いの余地なく発見された関連は、ブルクから生成したすべての都市において何らかの形で私達が見出す現象である、そうした都市はすべて、領域国家の結晶点である。その場合、支配者居住地と、それに関連する領邦形成物との、低地諸邦空間における早期の出現は、極めて注目すべきことである。

しかしながら、ブルクから単なる防衛施設としての性格を初めから奪ってしまうあの付加物は、低地諸邦の支配者居住地に独特のものである。そのような付加物として、シュプレームブルクは、教会施設、特に参事会員教会施設及び貨幣製造所、の出現を指摘する。ブルッヘ、ブリュッセル、ルーヴァン、にはその都度、城砦と参事会員教会施設（ブルッヘのシント・ドナース、ブリュッセルのサン・ミシェルとギュドゥラ、ルーヴァンのサン・ピエール）がほぼ同時に出現する。これらの参事会教会施設は伯の城砦の中にではなく、隣に位置していた。「つまり本来のブルク施設の礼拝堂は聖堂として大きな意味を取得することが絶えてなかったのに対して、参事会員教会施設というこの新しい建築物は、聖堂の中で第一級の中心になったのである。明らかにそのようにするために建立されたものであった。」[126] ここではヘントとサン・トメールの場合を並べることができる。ヘントの伯の城の中核は居住塔であって、[127] フランドルの諸ブルクが地中海地方起源のものであることを眼に見えるように示しているのであるが、その伯の城は、ブランデン山のシント・ピーテル二重修道院と、シント・バーフとの近くに見られる。これらの修道院は、フランドルの使徒聖アマンドゥスの創設したものであり、この地方の精神的中心であった。ノルマン人の襲撃によって甚大な被害を蒙った後にフランドル伯によって再興され、刷新された。フランドル伯アルヌール一世はリエージュ地方出身の偉大な修道院改革家ブローニュのジェラールに改革を委託したが、この改革は、修道院に対する支配権が失われないようにするためにできるだけ外来の援助に依存しないように配慮した点でも、領邦支配者の改革であったことを示している。[128] サン・トメールは、ノルマン人の襲撃時代に、アラスのサン・ヴァーストが防備施設によって守られたように、城砦施設があったおかげで没落を免れた。そして一〇世紀の初めに、フランドルに編入された。[129] ここでは歴代フランドル伯が俗人大修道院長だったのである。ブローニュのジェラールの改革の影響もうけていた。そのようなわけで、フランドルの伯は、ヘント、サン・トメールでも、防備施設の建設だけではなく、重要な教会‐精神の中心点にも――この場合には建設者として姿を現わしているわけではないが――その十全の関心を傾けていたのである。彼等がつくり出した施設の本質的な豊富化の一つがこの分野にあったことは、ボンの例がこれを教えている。ここでは、ある参事会教会施設がキーウィタースに成長するのである。ブルッヘ、ブリュッセルでは貨幣製造所が付け加わったことは、軍事的宗教儀式的中心地に領邦支配者の高権行政の施設が一つ、加えられたことを意味した。参事会教会施設も「役所、伯の行政のセンター、であった。聖堂参事会員は何よりもまず書記、伯の役人」であったことを、先頃ドントが論じ立てた。中でも時代の新しいフランドルの諸都市――トゥルー、イーペル、メッシーヌ、リル、エール、カッセル、の場合、伯の主導権が都市形成の出発点をつくり出したことをドントは指摘した。[129a] 聖ヴァルトルディス修道院の所在地であり、エーノーの中心地である防砦ベルヘン（モンス）、そして聖堂参事会員教会施設サン・タルバンの所在地であり、ナミュール辺境伯領の中心地であるナミュール、もこの系列に入る。ルクセムブルクでも事業への領邦支配者の着手は時期が早く、力強い。九六三年に獲得され、後に完成を見た防備施設と並んで、九八七年には聖堂区聖堂ザンクト・ミカエルが既に現われている。リンブルフでは発展の開始は遅れる。ここでは一〇六四年頃になって初めて城砦施設がつくり出された。北部低地諸邦については南部の状態の放射らしきものを立証することにシュプレームベルクが成功した。しかしここでは、支配者居住地の形成は、もはや南部のように早く、南部のように明瞭に、施設を整えた形で出現することはなかった。――既にピレンヌは、フランドルの伯のブルクが複雑な性格を帯びていたこと、貴族の単純な居住塔とこれを同列に並べることができないこと、に気がついていた。[130] 彼はそうした伯のブルクの一つをブルッヘのガルベルトゥス（一二世紀）[131] の報告に基づいて記述している。[132] このブルクは、注目すべきことに、同時代人によってしばしば伯の都市 urbs comitis と呼ばれていた。[133] 複数の塔で側防された石造周壁が僅か三―五ヘクタールの施設を取り囲んでいた。その周囲には濠がめぐらされ、濠の上には複数の頑丈な橋が架かっていて、門に通じていた。周壁の内側には天守閣が聳えていた。伯の館又は役所 domus comitis, camera comitis であり、伯の居住塔である。そこには宝物と文書もしまいこまれていた。倉庫（spicaria）には多量のストックが貯蔵されていた。その他には参事会教会施設又は城の礼拝堂、城代の館、裁判所（domus scabinatus）、等々があった。カストルムには城代が常駐していた。城代は、一〇世紀以降は、本来の軍事的機能の他に、裁判、行政、の機能も果していた。書記が常駐して城主支配圏の収入を管理していた。そして守備隊が常駐していた。ピレンヌは書いている。「それは、その囲いの中に、大諸侯の滞在地、大所領の中心地、そして高級裁判所の所在地、を保護している城砦である。そこでは、この時代の経済生活及び政治生活に不可欠な諸機関が、強固な甲殻によって保護されるようにして外からの攻撃から保護されているのである。[134]」カストルムは避難ブルクであった。ノルマン人の襲撃という恐るべき危機が、その成立の直接のきっかけであった。しかし、それにもかかわらず、このカストルムが私達に示す姿は、中世初期のゲルマン人の避難ブルクとはひどく違うものである。「カストルムの出現によって、いかに力弱く、またいかに不完全にであろうとも、進んだ文明すべてに不可欠の、あの行政の定住性の原則が再現する。[135]」このピレンヌの確認を、フランドル伯の初期の証書の日付記入地のリストが、ヴェルコートラン[136]が作成するそのリストが、的確に、具体的に、示している。そのリストによるならば、一〇内外の、固定した行政中心地が判明している――エール、アラス、ベルギュ-サン-ヴィノク、ブルブール、ブルッヘ、フュルヌ、ヘント、リル、サン・トメール、イーペル。ただし、一〇七一年以前には、ブルッヘを日付記入地とするフランドル伯の証書は、一点も存在しない。この点をガンスホフが強調して指摘している。[137]――しかし私達との関連で最高度に注目すべきことは、フランドル伯領の中心部のような、ローマ都市をもっていない地域が、カーロリンガ時代のキーウィタースと同列におくことのできる施設――防衛、政治-教会の中心地を、このようにして、利用していたということである。

東フランク領域に全く性質の等しい併行事例を探し求めて見ても結果は空しい。ここでは、領域的発展は著しく遅れて始まる、王権が権力を掌握している期間が長いのである。そのため、ここでは、キーウィタースの建設者として国王が登場する。カーロリンガ時代の司教座建設、ブレーメン-ハムブルク、フェルデン、ミンデン、パーダーボルン、ミュンスター、オスナブリュック、ヒルデスハイム、ハルバーシュタット、の司教座建設の際には、言うまでもなく教会的中心地をつくり出すという意図が前景にある。フランクの支配者はその際に、国王邸館を司教座聖堂ブルクへ拡大しようと図る。この司教座聖堂ブルクは、ヴェーゼル川までは居住塔をモデルにしてつくられ、ヴェーゼル川の向こう側ではザクセンの円形集落の形態を示している。[138]司教座聖堂ブルクは大抵の場合にウルプスと呼ばれる。オットー一世が最も後まで残るかもしれない自分の記念物として設けたマクデブルクは、早くからキーウィタースと呼ばれる。[139] マクデブルクの歴史の発端にはザンクト・モーリッツ修道院の建設が位置しているが、ハウクに反対してブラックマンが強調するように、[140] この修道院には直ちに、「非常に重要な世俗的仕事」が割り当てられた。ブルゴーニュから受け継いだ保護聖人としてのモーリッツ、オットーがこの建設に結びつけた射程距離の長い諸構想の証拠であるモーリッツは、ここで動き出した諸理念の故郷を示唆しているとも見ることができるであろう。それは、政治的‐礼拝的中心地という、最終的には古代にまでさかのぼる理念である。地中海王権の宗教的性格について第一部で私達が述べておいたことを、今ここで、思い起こすべきである。[141] この宗教的光輝が既にフランク王権の周囲をいくらかは包んでいた。同じものがオットーの王権を一層はっきりと包んでいた。東方政策と布教との密接な結びつきにそのことは表現されている。司教座聖堂ブルクを建設する国王、それは、ホメーロスの、パイエーケス人支配者についての記述を私達に思い出させる――「そして周壁で都市を囲み、そして家々を建て神々の神殿を建立した……」

ローマ時代のキーウィタースが既に死に絶えたものでなかったことは、極めて多くの建設集落、ドイツ王権によってつくられた防備能力がある司教座所在地並びに教会施設を与えられた低地諸邦南部の支配者居住地、のモデルにそれがなることができたという事情によって、恐らくは最もはっきりと証明されている。これらの建設集落を、ゲルマン人のブルクだと理解してはならない。司教座聖堂ブルクのモデルはゲルマン人のオッピドゥムではなくして司教のキーウィタースとしてフランク時代まで生きながらえたローマ都市だったのである。

このようなわけで、次のことはこれを否定することができない。他でもない正に都市について明瞭になった古代と中世の間の鋭い断絶、古い地名の消滅にまで、その忘却にまで、至りかねない断絶、中世の集落の新しい位置選択に当っては新しい諸動機のあることを明るみに出した断絶、にもかかわらず、地中海文化圏に源のある諸力が、実際にローマ時代にまでさかのぼるキーウィタースだけではなくして、そうしたキーウィタースをモデルにして新しくつくられたキーウィタースにも働きかけていたということを。古代の贈り物であるキーウィタースと支配者ブルクとは、断るまでもなく、その生まれ故郷と対比するならばすっかり変化してしまった環境に向かいあっている。このことを、もう一度はっきりと、言っておかなければならない。中世初期のキーウィタースには、古代のキーウィタースでそうであったように、国家生活と文明とが、聳え立っているということはなかった。中世初期のキーウィタースは、島々のように、異質な環境の中に身を横たえていた。そしてこの島々の数は、西から東へ向かって少なくなっていく。マクデブルクは全く孤独であった。けれども、このキーウィタースこそが、都市化のパン種だったのではないだろうか。

## 二　商人集落及び商人集落とキーウィタースとの関係

キーウィタースとブルクとが中世都市生成の唯一の基礎ではないと見る点で、中世の西北ヨーロッパ都市の本質的な起動力はむしろキーウィタースとブルクとの周壁の外側に発生したと見る点で、私達は今日の熟達した都市史家達と考え方を同じくしている[141a]。リーチェルが、多くの都市は初めから単一の形成物であったわけではなく、二つの構成要素が——すなわち古くからある集落核とそれに隣接する計画的な新施設とが一つに融合したのだということを発見したが、この発見こそが、古い都市史家達の業績の中で最も大きな将来性を彼の業績に約束するものであった。この発見によってリーチェルは現代の地形図的研究方法を確立したのであるが[142]、この方法は、新しい展望を都市の統治制度史的視界に開くのにも適していた。リーチェルはその他にも、天才的な、しかしながらなおあまりにも漠然としていたニッチュの、先駆的提言を引き継いで、真剣になって類型構成的方法を考え始めた。この観察方法のみが、都市史研究を論争の混乱の中から救い出すことができたし、また現にできているのである。その地形図的二元構造を、リーチェルは、オストファーレンの建設都市について、マクデブルク、メルゼブルク、ナウムブルクについて、クヴェードリンブルク、ハルバーシュタットについて、確定した。リーチェルは自分がこれらの建設都市に対置したローマ都市については、同様の研究をするまでに至らなかった。リーチェルを踏まえて、その上に、レーリヒが、純然たる建設都市、彼のいわゆる建設企業家都市、の類型を取り出して見せた。この型の建設都市では二元構造は欠如しているか、もしくははっきりとは見えない。この型の建設都市については、後に立ち返って論ずる。F・バイヤレは、旧ブルグントの諸都市について、ブザンソン、リヨン、ジュネーヴ、ローザンヌ、クールについて、地形図的二元構造の存在を的確に立証した。(143) その結果、ローマの都市文化に接触したことのない土地の、後代における建設だけではなくして、ローマ時代に遡る過去をもった司教座所在地も、既に明瞭に空間的に区分された二つの形成物から発生したものであることが証明されたのであった。次いでピレンヌが、(144) 地形図的二元構造を中世遠隔地商業都市の一般現象であるととらえ、この二元構造をリーチェルよりも精密に解き明かした――古くからある集落の核、それは「シテ〔キーウィタース〕」とブール〔ブルク〕」であり、ピレンヌは、中世都市の歴史においてある本質的な役割をそれが演じたとしている。シテとブールを彼は「待歯石」と呼んでいる。彼は計画的な新施設を商人定住地、「商人集落」であると認識し、リーチェルよりも厳しくこれを市場と峻別している。ガンスホフがピレンヌに立脚してこれを更に一歩進め、都市の地形図的二元構造を特別な注目の対象とした――初期には数の極めて少ない史料の証言から、非常な慎重さを以てブルッへの発展を個別研究の中で再構成して見せたのである。(145) 一九四一年にはガンスホフの綜括的著作『中世におけるロワール・ライン間の都市の発展について』が出現したが、それに先立っては、ブルッへの場合と同様の――素描的な――論文と講演とが発表されている。(146) ガンスホフは、ライン川上流域とブルグントを含めた、ライン川とロワール川の間の地域の、すべての重要な都市について、外的成長に関する重要度の極めて高いデータを集める。彼は先ず、前都市的集落核――集落としての出発点という受動的な役割を果し、全体としての都市の中ではしばしば教会的封建的性格の、どちらかと言えば死んだ要素としてとどまる、前都市的集落核を取り上げる。次いで、中世都市の、第二の、積極的な、発展を推進する要素として、本来の都市生活の舞台として、商業集落を記述する。ガンスホフの場合には基本的には地形図的に把握されたこの二つの要素を、プラーニッツは統治制度史的に解明した——シテとブールに、前都市的核に、ゲルマン的なブルク思想の具体化をプラーニッツは見るのである。私達は既にこの解釈とは対決しておいた。私達の見るところでは、この解釈は、歴史的現実の一部分を把握しているだけである。何故ならば、この集落核には、支配者ブルク、祭祀-政治の中心地、と言った古代のデザインが生きていたからである。それだけではない——キーウィタースはカーロリンガ時代にそれが示していた状態にはとどまっていなかったのである。それは、その後発展をした。キーウィタースは、その正体についてはなお研究の余地を残している原動力に押されて、自分に適した手段を用いて、自発的に、経済生活及び政治生活を組織しようとした。私達は商人集落の生活と営みとにこれから直ぐさま取り組むとしても、眼をキーウィタースから離してはならないのである。かつてフォン・ベーロウが、荘園法説の初歩的な誤りを法学的厳密さを以て正し、自給自足的な手工業都市の像を描いたことがある。この手工業都市の像は、ビューヒャー流の一面性は免れていて、数多くの中世の中都市の正確な肖像を提供するものであったが、それにもかかわらずそれはリューベックやブルッへのような現象は全くこれを考慮に入れていなかった。レーリヒとピレンヌとは遠隔地商業都市の類型をそれとして認識し、解明した、という功績をもっている。プラーニッツの場合には、あまりにもこの一つの類型が視野全体を支配し過ぎているという危険、この明瞭で、排他的な像を攪乱するものは一切、これを排除してしまうという危険、がある。私達は、一方におけるフランドル諸都市、バルト海域の建設都市と、他方におけるムーズ川流域の、北フランスの、ラインの、司教都市及び大修道院都市を区別しなければならない。フランスの最近の研究(147)はこの区別を、力をこめて要求している。ストラスブールの最古の都市法とプラーニッツの叙述とを並べてみるだけで、そこには二つの世界の存在していることが認識できる。どのような場合にも類型構成的な成果を捨て去ってはならない、そしてピレンヌの、レーリヒの、この二人に追随する者達の、古い学説に対する正当な反作用を、正しい程度にまで引き戻すことがいつでも大切である。何よりもまず私達は、キーウィタースに死せる形成物を見ることのないようにしなければならない。この点ではガンスホフも行き過ぎている。都市の生活には二つの構成部分が不可欠であること、その二つの部分がそれぞれの最も固有な本質のいくらかを中世の都市に与えること、私達の以下の研究がそのことを納得のいくように説明できることを期待している。――しかし私達は先まわりをし過ぎた。ここではまず、ヴィークを、商業集落にプラーニッツが与えた名称を、取りあげる。

ヴィークが私達の前に最初にその姿を現わすのは、ヴァイキング及びフリース人の、商品集散地としてであった。私達はまたそれがフランク帝国の全域に広く分布しているのを見る。

まず第一に命名について暫く考えることにしよう。[148] しばしば出あう名称[149]は、スブウルビウム、ブルグス又はブルグム、ポルトゥス、ウィークス（その他、頻度は低いがコローニアとエムポリウム）、である。

スブウルビウムとブルグスとは、特有の名称では全くない。この二つは、無条件で商業集落を指しているとは限らない。商業集落を指す語としては、この二つは、とりわけフランスで使われている。[150] ブルグムはバイヤレが発見したように、例外なくブルグントで、商業集落を指すのに用いられている。まず最初にブルグスの辿った、曲りくねった道を跡づけることにしよう。古代ローマのブルグス＝監視塔、砦、がゲルマン語（古ゲルマン語のブルク）からの借用語であるのか、それともギリシア語（ピュルゴス）からの借用語であるのか[151]、ということは、スペイン語のブルゴ、イタリア語のボルゴ、フランス語のブール、の言語的派生事情同様[152]、私達にはあまり興味のあることではない。私達との関連で本質的なことは、ロマン語ではブルグス又はブルグムは密集した集落、建築物が密集した市場地乃至は市場地区を指す語であって、軍事施設を指す語では絶対にない、ということである。たしかに、アポリナリス・シドニウスは、ブルグス、ポンティイ・レオンティイ burgus Pontii Leontii をば、なお軍事施設として記述している。[153] しかし、既に古代末期には、今述べた意味の変化が始まりかけていた。ブルギ〔ブルグスの複数〕と呼ばれていたライン-ドーナウ・リーメス線上の国境城砦は、見張りの役を果していたのであるが、同時にそれは国境通商を仲介する役をも果していた。フォーゲル[154]は、三七一年頃の、皇帝ヴァレンスの或る碑文に注目するように促している。その碑文には、パンノニアのストリゴニウム近くの、あるブルグスについて次のように書かれているのである――「このような時に、彼は名前をコメルキウム〔商業〕という、そのためにつくられたブルグスを、基礎から建設した。」"nunc burgum, cui nomen Commercium, qua causa et factus est, a fundamentis construxit." 私達はここに変化の始まりを認める。この変化の完成した結末を恐らくは最も明瞭に表現しているのが、引用されることの多いリウトプランドの一節である――「ローマ人……は、そこで、周壁で囲まれていない家宅自体の集合体をブルグスと呼ぶ。」"Romani .....et quoniam ipsi domorum congregationem, quae muro non clauditur, burgum vocant."[155] この用語法は、イタリアとフランスについては、多数の事例によってこれを確認することができる。ブルグスはスブウルビウムの正に同義語として使用されているのである。[156] イタリアでは「ブルグスの付属したカステルム」"castellum cum burgo" と言われる。[157] シャンパーニュのシャトー-ポルシアンの「裕福なテオバルドゥスのブルグスにあるカストルム・ポルトゥエンスムの所領に」"in villa de Castro Portuensi in burgo beati Theobaldi".[158] シュトルムは中世フリアウルのブルクと都市とに関するその労作[159]の中で、カストルムにはいつでも、ブルグムが、ブルクに付属する小集落、経済施設、あるいはブルク付属自由集落が、付属していることを確認した。このブルク付属自由集落とオッピドゥムとは区別しなければならない。オッピドゥムはオッピドゥムで、独自の地区を形成し、時には周壁と濠とによって都市の他の部分とは隔てられている。そこには商人と手工業者とが居住してい、他方ブルグムにはブルク支配者の役人とブルクに付属する手工業者とが居を占めていたのである。ブルグスというのは、従って、防衛施設の前面に横たわる集落そのもの、あるいはその集落の中の街路状市場、なのである。ブルグスというのは、防備施設は欠いているけれども何よりもその定住の密度の高さによって農村の集落とは区別される集落であるということが、しばしば特別に強調される。[160] ヴェズレーのブルグスの特徴描写は非常に意味深い——「彼等は、家宅がぎっしり密集した山の上のブルグスであるヴェズレーをもまた、攻略することはできなくても、略奪と火災で破壊する。」"Vizeliacum quoque cum expugnare non possent, burgum suppositum domibus confertissimum direptione incendioque devastant" [161] 誇り高く堅固なミラーノはバルバロッサによって四つのブルグスに分割される。[162] これに反してドイツ語領域におけるブルグスの用法は多様である。ここでは、「防備施設のある集落」という最初の意味がそれほど急速には失われない。一〇世紀に書かれた『ガングルフス伝』に「ドイツ人がブルグスと呼ぶカステルム」"Castella, quae Theotonici burgos dicunt" と書かれている。[163] 然り、一二〇〇年頃に執筆されたアルドルのランベールの歴代ギーヌ伯の歴史 historia comitum ghisnensium は、フランドル諸都市の記述に際して、カストルムを指す語としてブルグスを用いている。[164] ヨハネス・ロングスの『聖ベルティヌス年代記』も——ずっと後代の、一四世紀になっても——同じやり方をしている。[165] 同じ音で意味の対応する語がロマン語に存在しなかったことがブルグスの意味変化を容易にしたように、音声的にドイツ語のブルクに似通っていることが、ドイツ語領域で、長い間ブルグスが最初の意味を失わなかったことに貢献したのは、間違いないところである。ドイツ語は初めブルクという語を防衛施設だけに使用した。古いキーウィタースがこの意味でのブルクという名前で呼ばれ、コルナブルク、等々が語られた。[166] しかしドイツでは、街路状市場、あるいは市場町がブルクと呼ばれることはない。普通名詞としても、また固有名詞としても。ブルグスという語は密集村落のことだというロマン語の用語法は、ブルゴーニュを経由してドイツ語領域に到達した。フライブルクの建設特許状（一一二〇年）が初めて、建設予定の市場に「フリブルク」の名前を与えた。バイヤレは、フリブルクに、ブルク＝密集した市場集落の、ドイツ語領域における最初の使用例を見ている。[167] フライブルク・イム・ユヒトラント（一一七〇年）、ノイエンブルク・アム・ライン（一一八一年）、ブルグム・ブライザハ（一一八五／八六年）、等々が後に続く。この用語法は北上してシュターデまでも到達する。[167a] 一一八一年のシュタウファー朝の婚姻契約は、司教座所在地、キーウィタース・ヘルビポレンシスと、防備施設、以下のいくつかのカストルム、ローテンブルク、フィエルンスベルク、ヴァラスハイム、フロホベルク、ヴァルトハウゼン、ジークマーリンゲン近傍のビンゲン、ヴィルトベルク、リート（?）、ネッカレルス・ユーバー・エゼルスベルクと、ブルグス、以下のいくつかの市場町、ヴァイセンブルク・イン・ノルトガウ、ボプフィンゲン、グミュント、ディンケルスビュール、アウフキルヘン、ギーンゲン、エピンゲン、とを、全く明瞭に区別している。[168] ロマン語の場合と全く同じように、今やドイツの文書が、「ブルグスの付属したカストルム」"castrum cum burgo" について語る。[169] このブルグスから派生して、ブ、ル、ゲ、ー、ン、シ、ス、市場定住者、の名称が生ずるのである。メルカートルというのは単純に商人であった。農村に拠点のある遍歴商人もメルカートルであった。フライブルクの建設許可状にはブルゲーンシスという語も登場する。ブルゲーンシスという名称も、ゴスラル地方まで急速に北上する。ゴスラルのブルゲーンシスの最初の記録（一一八八年）が勅令 Constitutio に見られるところから、[170] この場合、シュタウファー朝の官房の影響があったのだ、と推定しようとする考えは理解しやすい。シュタウファーの官房には——私達の見たように——ブルグスという名称は非常によく知られていたのである。ブルグムとブルゲーンシスとは、しかしながら、ブルグント-フライブルクだけに由来するものではない。もう一つの放射線発生源地域をバイヤレは北フランスに推定している。[171] 既にピレンヌは、[172] ブルクの住民は、キーウェース、カストレンセス、キーウィタテンセス、カステラニ、と呼ばれるが、一般には——私達はピレンヌ的なるものをそれほどまでに制限する必要は全くない[173]——ブルゲーンセースと呼ばれることはないこと、ブルグスというのはフランス語では防砦のことではなく柵で囲まれた集落を指す語であること、ブルゲーンセース〔ブルゲーンシスの複数〕というのはキーウィタース、あるいはカストルムの周壁の前の、遠隔地商人集落の住民であること、を完全に明瞭に、解き明していた。このブルゲーンシスは、アンジューでは一〇〇七年に、サン・トメールでは一〇五六年に[174]、ウイでは一〇六六年に[175]、ヘーラルツベルヘンでは一〇六七／七〇年に[176]、カンブレでは一〇八三年に、ノワヨンでは一一〇八／九年に[177]、ランでは一一一〇年に[178]、アトレヒトでは一一一一年に[179]、アミアンでは一一一二年に[180]、ヴァランシエンヌでは一一一四年に[181]、等々、見られる（略地図1を見よ）。ノワヨンに関する証拠は、教えるところが多い。そこには、ノワヨンの司教について、司教は、聖職者、騎士、さらにブルゲーンセース、の助言に基づいて、consilio clericorum ac militum necnon burgensium ノワヨンに誓約団体を設立した、と記されている。聖職者と騎士とはキーウィタースの住民であり、ブルゲーンセースは、キーウィタースとは区別されたスブウルビウムの住民である。このように一一〇〇年頃になると、ブルゲーンセースという名称はセーヌ川とムーズ川の間の地域を征服したのである。ブルゲーンシスに対応する集落の名称であるブルグスの方は、ムーズ川流域とフランドル地方とでは、史料に現われる頻度が高くない。ヴァランシエンヌとトゥルネでは商人集落はブルグスと呼ばれている[182]。一〇四〇年以降ニヴェル修道院のそばの市民的集落について[183]、一〇八五年にはカッセルについて[184]、一一七四年にはマーストリヒトとシント・トロイデンについて[185]、この意味でのブルグスが見られる。アトレヒトの〔複数の〕商人集落は、古いブルグス vetus burgus と新しいブルグス novus burgus と呼ばれる。そしてブルッヘの商人集落の道路の名称であるウートブルフにブルグスは生き続けている[186]。しかしブルグスは、フランドルではポルトゥスによって押しのけられていく、ポルトゥスが――カーロリンガ末期以降、フランドルでは次第にはっきりと定着していく。この地方では、後になってブルグスが城砦の意味で再登場することができたのも、このことと関係があるのかもしれない。ブルグスとブルゲーンシスはムーズ-エスコー空間からライン川の方へと進んで行く。ケルンではブルゲーンシスという名称は一一六〇年頃に既成の新語として登場する。ケルンでは、ブルゲーンシスは、専ら大市民を指している、とりわけ審判人及び審判人仲間を指している。それ故ここでは、ブルゲーンシスは、もはや商人壁外市区の住民に限定されることがないのである。(187) 同じ時期にブラウンシュヴァイク-ハーゲン、リューベック、ハムブルク、にブルゲーンシスという名称が登場する。フォーゲルはこの場合にイギリスからの影響が関与したことを推定している。(188) その場合、イギリスでの展開がまた、フランス-フランドルからの刺激によるものであったことに注目しなければならない。一一五二年に皇帝フリードリヒは帝国会議を「トレモニア〔ドルトムント〕のブルグス」"burgo Tremonia" で開いている。(189) 最後にもう一度強調しておきたい――ブルゲーンシスの語源は、防衛施設、司教座聖堂ブルク、支配者ブルクではなくして、壁外市区、市場集落、ブルグムあるいはブルグス、である。この集落名称には、防備施設と言う事実は、第一には表現されていない――ブルグスは大抵は無防備である――、そうではなくして、密集集落の性格、リウトプランドの表現を借りるならば住宅の群居状態 congregatio domorum、が表現されている。(190) このことは、極めて重要なことである。ブルゲーンシスと呼ばれる、ブルグスで生活している住民部分が、市民層の形成に重要な貢献をしたことが推定されるのである。この住民部分が市民という語の語源になったのであるから。(191)

　一一世紀には、ここかしこで、商人集落を呼ぶのにコローニア colonia という名称が見られる。この名称は、例えばドールニクで、コローニュ通り rue de Cologne の中に生き延びる。(192) エムポリウム emporium というのも時に使用される。ピレンヌはその例として、パリ、ブルッヘ、ドレスタット、を挙げている。[193] 私達はエムポリウムを――そうすることで全部を数えあげようとしているわけではないが――ムーズ川沿岸のディナン、[194] ライン川下流沿岸のレースで発見した。[195]

ポルトゥス portus というのは最も特有の名前であって、いつでも確実に商品集散地の存在を推定させる、とりわけ低地諸邦に見られ、そこでは現在でも「ポールター」として市民を指す名称に生きている。[196] ライン川下流域にもポルトゥスは現われる。ノイスの商人集落はポルトゥス・ヌッシアエ portus Nussiae として史料に現われている。[197] シュターデはブレーメンのアーダムではポルトゥスと呼ばれている。[197a]

最も論争の多いのがウィークス vicus という用語である。ウィークスというのは、大抵、ある集落の中の商業集落あるいは街路状市場を指している。中世後期になるとウィークスはある都市の中の大小の道路という意味をもつようになる。純然たる農村集落を呼ぶのに文書がウィークスを使用することは滅多にない。農村集落を指すのに使っている場合にも、大抵は、大きな全体の中の独立した一部分を指すのに用いられている。[198] ウィークスとヴィークの関係は論争の対象となっている。ヴィークは、ゲルマン起源のものなのか、それともウィークスから派生したものと見るべきであるのか。[199] ゲルマン語からの派生を最後に支持したのは、W・フォーゲル[200]とE・シュレーダー[201]である。フリングスの権威はウィークスからの派生を支持している。[202] 言葉の起源と事柄の起源とが正反対であることはあり得ないことであるからして、この問題のもっている意味は大きい。私達はエールマンの描写したガロ-ローマ人のウィークスをも思い起こす、それは、一筋道市場の形態をもった商業地であった。既にプラーニッツが妥協による一つの解決に到達している。彼は言う――「ゲルマン人がこの外来語（ウィークス）によって何を観念していたかが重要なのである。さてそうなると、ゲルマン人は、ヴィークを、今日の避難する weichen に相当する土着語のヴィーケンの派生語として、『避難所』の意味で理解していた、というのが大いにありそうなことなのである。[203]」更に一歩を進めて、最初期にはゲルマン語のヴィークとラテン語のウィークスとが併存していたことを想定することができるのかもしれない。フランクのヴィークにはこの二つの流れが合流しているのである。中世の末期に現われる「ヴィーク」という耕地名は、かつての商人集落を指している。ガンダースハイムの場合がそうであり[204]、アンダーナハの場合がそうである[205]。東部ノールウェーの、オスロフィヨルド周辺の諸地域、またボフスレーンの諸地域、に見られる「ヴィーク」という名称も、この関連に属している。それらの地方では、中世にロストクの商人が定住し、テンスベルクとオスロの、二つの在外商館を建設している。この地方では一五世紀に入ってからもヴィーク訪問者とヴィーク都市のことが語られる。ロストク商人の、それに対応する組織である団体、「ヴィークのドイツ商人」は、一四世紀にさかのぼる[206]。他方で、アッコのヴェネツィア人の集落は「ウィークス」と呼ばれる[207]。ブルグム乃至はブルグスにはブルゲーンシスが居住し、ポルトゥスにはポールターが居住するように、ヴィークにはヴィカリウス、あるいはヴィヒマンが居住する。

　フランク人のヴィークの呼び方にラテン語が採り入れられたように、実際にも、ガロ-ローマ人のウィークスの影響があったのかもしれない。けれども、全体として見るならば、フランク人のヴィークは北方の商品集散地の近親的存在であることが立証される。ガロ-ローマ人のウィークスは市場-手工業集落の色彩が濃厚であった。そこでは定着商業が営まれていた。北方の商品集散地は、既に詳細に説明したように[208]、遍歴商人の休息地、商品貯蔵地、商品積換地、であった。

　例えば、ラインデルタの、中世初期のヴィーク、ティールを観察して見よう[209]。それは、八八九年に、ロークス・テオーレ locus Theole として記録に現われる。防備施設のある修道院と、国王邸館とが、前都市的な集落核であった。九五〇年に、オットー一世がティールの修道院を、同じ場所にある、新しい、そして石造の、キーウィタースと共に cum nova atque lapidea in eodem loco civitate ユトレヒトの教会に寄進する。[210] 注目すべきことに、この文書は、防備施設のある礼拝所を指すのにキーウィタースの語を使用している。安定した集落核とは反対に、商人の新集落には防備施設がなかった。それは、攻撃することのやさしいえじきとして海賊の手に落ちる。襲撃をうけた時にその住民は抵抗しない。彼等は逃亡し、貨幣以外のすべてのものを異人の手に委ねる。私達の証人、メッスのアルペルトは、「彼等は商人であったから」と説明している。[211] つまり、ヴァイキングの商品集散地、フリース人の商品集散地の場合と同じ絵である――少なすぎる安定性、集落体の未発達。この遍歴商人達は襲撃者に対抗して、集落を守り抜けるとは思っていなかったらしい。彼等はヴィークに貯蔵してあった一切のストックを襲撃者の手に委ねる。海賊はヴィークで「莫大な生活の富」“copiam victus magnam”を手に入れた、と伝えられる。確かにそれはティールの商人にとっては大きな打撃であった。けれども、私達は、そのような襲撃に対してティールの商人が全く備えをしていなかったということに驚きを禁じ得ないのである――破壊されたドレスタットを彼等は見ているのであるし、彼等は幾つもの点でドレスタットの遺産相続人であったのだから。周知のように帝国商品流通税徴収所がドレスタットからティールへと移された。ティールの商人は、そのヴィークが海岸に近いのであるからして、同種の事件を考えに入れておかなければならなかったのである。ティールの商人のこの行動からは、遍歴商人はそのヴィークになお十分には結びついていなかったこと、遍歴商人はヴィークを故郷、自分の住んでいる都市、と感じとることがなかったこと、周壁、建造物、でヴィークを装備するために大きな犠牲を払うことがなかったこと、が明らかになる。彼等が生命と貨幣とを避難させたのは――恐らくは、防備施設のある隣接する修道院にである。それでいてティールは、その当時、商業地として取るに足りない存在では決してなかった――その証拠に、ティールは、ケルン、マインツ、バルドヴィーク、と並んで、最も重要な帝国商品流通税徴収所の一つとして登場している[212]。ティール商人の活発なイングランド貿易のことは何度か立証されている。ライン川中流域から、フランスから、ティールへとやって来る巡礼交通は[213]、恐らくは通商関係をも伴ったものと思われる。それにもかかわらず、一〇二〇年頃、ヴィーク・ティールは集落としては弱体であり、無防備であった。——石造周壁の欠如はヴィークにとっては通例のことであった。このことはプラーニッツも確認している[214]。

北方の商品集散地が相互に遠く離れて、比較的少数だけ存在していたのに対して、フランク空間ではヴィークの数の持続的な増加が観察される。この増加には遠隔地商業の漸次的増加が表現されている。ピレンヌは「商業のルネサンス」を生き生きと素描し、その主要な原因として若々しく多産なゲルマン諸民族の溢れ出る力（力強い生殖力）を指摘した[215]。しかし都市の成立についてはピレンヌと正反対の考えをもっていたデ・マレも、都市形成の本質的前提の一つをカーロリンガ時代の人口増加に見ている[216]。同じようにラトゥーシュも、中世中期の農業開墾とそれに伴う顕著な人口増加とに都市経済開花の原因の一つを見ている[216a]。この人口増加は、否定することのできない歴史的事実である。それは、カーロリンガ時代に印象深いスタートを切った開墾事業に、表現されている。私達はこの、初期の耕地の拡充をヴァイラー語尾の地名に見る[217]、聖堂区制度の拡充はもう一つのしるしである。過剰な労働力の一部分は土地支配者制《グルントヘルシャフト》の組織した開墾が吸収した。一部分は、商人の誘惑的コースへと突進した。

いつでもそうなのであるが、集落の数の——さしあたっては農村での——増加、そして人口の増加、と豊かさの増大とは、併行して進んだ。フランク時代が社会法的、身分的に見ても一つの上昇をもたらしたという基本的認識を私達はシュタインバハ[218]に負うている。その意味は、とりわけ、ゲルマン時代にくらべて、支配者身分が純粋に数の上で著しく増大したということである。支配者身分特有の社会的必要、並びに多数の教会施設の必要、が以前にくらべた場合商品への需要の著しい増大を生み出す[219]。デ・マレが「土地支配者制《ドマニアリテ》が都市経済の成立に決定的な役割を演じた、すなわち都市経済は土地支配者制の経済が先行したからこそ可能になったのである[220]」というテーゼを立てる時、このテーゼの正しい核心は、封建的‐教会的上層者の増加、土地支配者制経営組織の増加、それと関連する人口の増加——そこ以外では生きていくことのできなかった相当数の小農的存在が土地支配者制の枠組みの中で成長することができたのである——が、将来の都市にとっての必要不可欠な条件だったということである。デ・マレが発展の必然性を次のように言い立てる時に初めて、私達は彼に反論しなければならなくなると思っている——「必然のこととして都市が要求されるような生活の諸条件[221]」。土地支配者制は、自分自身の手工業者及び自分自身の商人をもっていたのである。必要不可欠な交換、購入、販売、のためには、土地支配者の市場と、商品集散地とがあったのである。私達は、土地支配者の時代が、遠隔地商業、遠隔地商人、そのヴィーク、さしあたってはこれらのものの増加以上のことを必要としたことを、理解することができない。

しかしながら、このヴィークは、北方の、その姉妹達には与えられることのなかった、その後の発展というものを実現する。その位置を観察して見よう——これらのヴィークは、その経済的機能に応じて、重要な河川の岸及び大きな遠隔地街道の宿駅に位置している[222]。さらに、これらのヴィークは、そのすべてが集落核、キーウィタースあるいはブルクと何らかの空間的結びつき——これは直ぐに研究しなければならない——を示してい、今日に至るまでその集落核の名前で都市として存在しているのである。

一般に集落核と商業集落とは隣接している。しかし明瞭に区分されている。河川による空間的区分を私達はリヨンに見出す、ここではソーヌ川がキーウィタースとブルグムとを分けている[223]。ヴェルダンでも見出す、ここではムーズ川をはさんで商業集落がキーウィタースの対岸に見られる[224]。パリでも見出す、ここでは商業集落はセーヌ川の右岸にあり、シテの島、周壁のあるキーウィタース、からはセーヌ川によって区分されている[225]。恐らくはメヘルンでも[226]、ユトレヒトでは少なくとも最も古いウィークスについて[227]、そしてマーストリヒトで[228]、見出す。バムベルクでもレグニッツ川をはさんで司教座聖堂ブルクの対岸に商人集落を見出す[229]。集落が高いところにある場合には商人集落はしばしばその麓にあった――例えばクレムス、フライジング[230]、バーゼル[231]、エアフルトで[232]、ナミュール[233]、ディナン、ウイ、で。ラーヴェンスブルクではヴィークは時間をかけて山を上っていった[234]。カストルムが集落核である場合には空間の不足ということだけからしても特別な商人新集落が必要になることがしばしばであった。そのため、ムーズ川沿岸、フランドル、ブラバント、では伯の城の直ぐ前に商人の市場集落が見られる――ナミュール、ウイ、ディナン、には既に触れておいた。同じことが、ブルッヘ、ヘント、ドゥエ、イーペル、ブリュッセル、ルーヴァン、アントウェルペン、についても言える[235]。ミデルブルヒでも類似の発展が見られ[236]、ユトレヒトでは――ライン川右岸にあった八世紀のオウトヴェイク〔古いヴィーク〕は別にして――キーウィタースと同じ岸に、しかしそのキーウィタースの周壁の外側に、ウィークス・スターテがつくられる[237]。モントルイユ・シュル・メールでは、西北に国王の城があり、東には大修道院サン・ソーヴの直ぐ前に商人集落があった[237a]。北フランスのエタンプでは商業集落は国王のカストルムのそばに成立する[238]。アミアンのブルグスはカストルムの西に発達した[239]。シャンパーニュのトロワ及びプロヴァンでも一一世紀に成立したスブウルビウムは、キーウィタース、周壁のある聖界及び俗界の支配者の居住地、とは明瞭に区別されている[240]。ル・マンでは外側ウィークスが、特別に商工業的な生活に場所を提供していたようである[241]。カンブレでは、一一世紀以降、商人と手工業者、とりわけ織布工が多数、キーウィタースのスブウルビウムに住んでいる[242]。ボヴェでは、ガロ-ローマ時代の周壁で囲まれているキーウィタースと、スブウルビウム、ヴィークス、あるいはブルグス、と呼ばれる壁外市区とが、一一世紀になっても峻別されている。一七世紀になっても司教座聖堂参事会員のG・エルマンは述べている――「ボヴェは、古い町であるシテと、かつてはブールであった町とで構成されている。」ブルグスには、ブルゲーンセースが、手工業者、とりわけ染色工と、商人とが、居住している。そのことは、今記したばかりの司教座聖堂参事会員もこれを知っている――「二つの大修道院サン・リュシアンとサン・カンタンの周壁を洗う川は、毛織物業に利用するために、人間の手でつくられたものである。毛織物業は、町の住民の仕事であって、シテの住民の仕事ではない。」(243) ブルゴーニュでは、先に挙げておいたリヨンの他に、ジュネーヴ、ローザンヌ、クール、ブザンソン、がキーウィタースとブルグムの、明瞭な空間的区分を示している。(244) ブリクセンでは一一世紀末になってもウィークスはウルプスの外側にあった。(245) コンスタンツのライン河岸の商人集落ザンクト・ヨーハンは、一〇世紀に独立の形成体であった。(246) 私達は既に、前に機会のあった時に、ケルンでは――格別に規模の大きい市場施設を特色とする――商人集落が、ライン河岸のローマ市区の周壁の外側で成長したことに触れておいた。ライン川沿岸の、比較的小さな集落もこの地形図的二元構造はこれを示している。一例はアンダーナハである。アンダーナハの、南側の中世の周壁の前に、遠隔地商人の集落があった、と見てよいようである。この商人集落は最近までヴィークという耕地名に生き残っていた。恐らくこの商人集落はノルマン人の嵐の中に没落したのであろう。その後で、一一―一二世紀にローマ市区の東と東南に、商人的-手工業者的新集落が形成された。それは、さしあたっては、周壁の保護をもっていなかった。新しい町並は市壁の南面と東面に平行して走っている。長方形の市場はその長軸がローマ周壁の方を向いている。この新集落の内部に通じている道路の名前を見ただけで、この壁外市区の性格がわかる――鉄小路、がらくた小路、魚小路、材木小路、胡椒小路、大羊毛小路、小羊毛小路。(247) ライン川右岸の地方では、ドゥイスブルク、ゴスラル、ブラウンシュヴァイク、ハノーファー、ミンデン、ガンダースハイム、シュターデ、が国王ブルク、貴族ブルク、あるいは司教座聖堂ブルク、参事会教会施設ブルク、に隣接して成立したウィークスをもっている。[248] ゾーストではヴィークは国王邸館の周壁の西北に、ゲーオルク聖堂まで、延びていた。[249]

二つの集落の外的区分はいつでも極めて明瞭というわけではない。かなりの数の場合、しばしば重要な古いローマ都市で、商人がキーウィタースの内側に分散しているのが見られる。しかし同じところでその他に商人の特別壁外市区が形成され、商人がそこにまとまって居住していることもある。例えばレーゲンスブルクがそうである。参事会教会施設用地と聖職者住宅の間にある、ローマ時代の城砦の周壁環で囲まれた旧市区に若干の商人（若干の混合した商人達 aliqui mercatores intermixti）が住んでいるが、しかし、旧市区の西側に、旧市区の国王の地区 pagus regius 及び聖職者の地区 pagus cleri とは区別された、商人の地区 pagus mercatorum と呼ばれる新しい都市 urbs nova、商人集落、が発達した。[250] パッサウでは、町の司教の部分及び伯の部分に商人が居住していた。しかしその他に、西壁の前に商人のスブウルビウムが成立した。[251] ケルンでは商人はローマ周壁の区域内に居住していたが、しかし本来の商人集落はローマ周壁環の外側に位置するライン壁外市区であった。[252] その市場——古市《ふるいち》——が、旧市区の市壁の前にあった。ポルトゥスあるいはウィークスの最も重要な要素としての市場が占めているこの位置は、時折見られるものである。[253] ケルンはこの型の、最も古い、最も明瞭な、例の一つである。ボンでは、ボンのウィークス vicus Bonnensis は、ウィラ・バシリカ villa Basilica という集落の内部、その後キーウィタース・ウェローナ civitas Verona と呼ばれるようになる参事会教会施設市区の内部、にあった。しかしその後、その他に、参事会教会施設市区の周壁の前に、市場集落が形成された。[254] レースの場合がこれに似ているようである——マリーエン参事会教会施設が、相当の間隔を保って聖堂と参事会教会施設とを取り巻いている濠付きの塁壁環に守られながら、キーウィタースを形成している、この防備施設の環の直ぐ近くに、今日でもそのカーブを湾曲した内側によってはっきりと見て取ることのできる、平坦にならした堤防環の平地に、著しく大きな市場、都市地区の中心地、が成立した。直角に並んだ小路や道路によって計画的な新施設であることが知られる。[255] 詳しく言うならば、この市場区は一三世紀初めの新施設だという印象を与える。一二三〇年以後に確定された街路図との類似をデュッフェルが教えている。[256] 一二二八年の、レースの住民に対する大司教の特許状付与に対して与えたレースの司教座聖堂参事会の同意は、市民が「どこかある聖堂で堀その他に損傷を与えるのが見られた」"in aliquo ecclesiam lesisse viderentur in fossato vel alias"[257] 場合の、参事会教会施設への損害賠償を予想している。このことを念頭においてデュッフェルの描くレースの都市図を見つめると、参事会教会施設の防備施設に対する市民による損傷が、市場の設立によって発生するおそれが最も大きかったことがわかる。このこともまた、市場区が一二二八年の直前に成立したことを裏書きしている。しかしそうであるとすると、商人はそれまではどこに居住していたのか。というのは、レースの商人集落は、一三世紀の都市法付与及び市場設立よりもはるかに古い存在だからである。既に一〇一六年に、レースは一一六〇年頃に書かれた『マインヴェルクス伝』vita Meinwerci の中で商品集散地としてその存在が証明されている。司教マインヴェルクの母、アデーラ伯夫人、が司教の死後、レースの商品集散地を「ここに彼が葬られるように、その付属建造物と共に」"cum sibi adiacentibus, ut ibi sepeliretur" ケルンの大聖堂に寄進した、とされているのである。[258] その寄進の記事は正しくない。しかし、埋葬が聖堂で行われたという記事は確実なのであるから、この個所の文面からするならば、レースの最も古い商人集落――それは一筋の市場小路で充分である――は参事会教会施設市区の中にあった、ボンのウィークス vicus Bonnensis がボンのキーウィタース civitas Verona の中にあったように、ということもあり得ないことではないのである。ボンのウィークスが没落し、九世紀以後は記録がないのに反して、レースの商人集落の持続と成長とは、ある史料がこれを証明している。この史料の真正性は長い間疑問視されてきた——オッパーマンは一三世紀の偽造だとしている[259]——が、最近になって、大司教アーノルトの官房の正真正銘の作成物であることが、G・フォルマーによって明らかにされた[260]。その史料というのは、一一四二年の大司教アーノルトの証書であって、その中で、ヴェーゼル、レース、クサンテン、エメリヒ、エルテン、デーティンヘン、シュミットハウゼン、の商人集落が、相互に経済的、商品流通税法的に関連をもっているとして列挙されているのである[261]。この強化された商人集落に、私達は参事会教会施設市区の周壁前面に位置する新しい市場集落を見なければならないのであろう。——以上でこの事例についての立ち入った説明を済ませたので、以下全体の叙述の中で既に触れておいた諸例の解説的列挙に立ち戻ることにしよう——シュパイヤでは商人はキーウィタースに住んでいた。キーウィタースの隣にウィラ・シュピラがあり、そこにはユダヤ人が受け入れられていた[262]。マインツ、ヴォルムス、ストラスブール、には商業集落があった——司教座聖堂ブルクの内部に——そしてマインツ、ヴォルムス、の場合にはユダヤ人ウィークスと結びついて[263]。同じことがランスの最も古い商業集落、そして恐らくはシャロン・シュル・マルヌにもあてはまる。ただし商人はシャロンのスブウルビウムにも居住していた[264]。ランでも市場がキーウィタース自体の内部に形成され、その周辺には商人が居住している。しかし多くの商人は、キーウィタースの周壁の西に広がっていたスブウルビウムに定着した[265]。サンリスでも、スブウルビウムは全体として商人 mercatores の居住地である。商人 mercatores はキーウィタースの中にも見られる[266]。リエージュでは、市場は、司教館と三つの修道院——以上の四つがこの町の集落核であった——に境を接していた。一種の混在耕地が支配しているのである[267]。メルゼブルクでも商人はウルプスの内部にも外部にも居住していた。オスナブリュックでは市場集落は司教座聖堂ブルクの内側にあった[268]。ドルトムントでは帝国ブルクの内側。

場合によっては二つの集落核が存在することによって発展の複雑化が生ずる。例えばランスである。ここでは、ローマの伝統を伝える司教のキーウィタースから、防備施設のある修道院聖レミギウスへの重心の移動が生じていた。[269] 先述したようにキーウィタース・ランスの内部に商人ウィークスが形成された他に、一一世紀に、ブルグスあるいはムニキピウムが、防備施設のある修道院のすぐ近くに成立した。ただしこのブルグス乃至はムニキピウムの住民はさしあたっては著しく農業的な特徴をもってい、後になっても恐らくは商人よりは手工業者で構成されていた。[270] ディジョンでは、九世紀以降、大修道院聖ベニグヌスのそばにあることが立証されているブルグスが発達した。第二のブルグスは、礼拝堂聖マリア・イン・フォロ――これは後の聖堂区聖堂である――を付属させているカストルムの北側に発達した。[271] 二つの発端は、プロヴァンもこれを示している――ここでは第二の商業集落は大修道院サン・タユールのそばに成立した。[272] このような二重の発端が、単一の都市核の前面にも発生することがある。例えばドールニクである――商人の居住地はキーウィタースの東南のスブウルビウムと西のスブウルビウムである。[273] オルレアンではシテの西に、一一世紀に発達する二つのブルグス、アヴィニョンとデュノワ、とがある。[274] アラスでは、連続性の解明の際に既に触れておいた重心の移動が、[275] キーウィタース及び司教座所在地ではなくして防備施設のある大修道院サン・ヴァーストが、商業集落を吸引する地点になったことに示されている。この大修道院の北と東に、一一世紀以降に、力強く繁栄する商人集落が発達したのである。[276] 独特のニュアンスをソワソンが示している。ここでは、キーウィタースの東、エーヌ川に沿うポルトゥスと、今日でも「大市場」のあるキーウィタースの北とで、商業生活が発達したが、そのいずれの場合にも石造周壁に直かに接していた。大修道院聖メダルドゥスのそばには、フランドル生まれのワインの荷車引き vini conductores de Flandrensi natione が住んでいるウィークスが発達した。これは、自由な商人ではなくして、輸送賦役の義務を負う大修道院の隷属民である。[277] 最近の研究によって多くの場合について発見された興味のある現象は、ヴィークの複数段階性である。[278] この現象は、マクデブルクについてレーリヒによって、[278a] ブラウンシュヴァイクについてティメによって、[279] 明らかにされた——ブラウンシュヴァイクのヴィークはライン川からエルベ川に通じる陸上交通がオーケル川を横切る地点に位置していたが、九世紀から一一世紀にかけてのものである。ティメがこのヴィークの存在を推定した論拠は、地名形成——古いヴィーク、ブルンスヴィーク——、保護聖人学——ニコライ聖堂——、そして早い時期に存在した船着場、である。このヴィークに、一一世紀に、ブルク近くの、キャベツ市場に発達した商人集落が、とって代る。一一〇〇年以後になって遠隔地商人によって旧市区が建設される。マクデブルクでは、はじめ、フランク時代の城砦の保護をうけて、商人ヴィークが、辺境商業商品積換地が、見られる。オットー一世の時代になって初めて、司教座聖堂の北の、洪水の心配のない丘の背に、商人の市場集落が成立するに至った。古いヴィークのある場所が、一層の発展をするには空間的に適していなかったのである。ハムブルクでは、[280] 最近の発掘のおかげで、九世紀のものと判定することのできる出土品によって、司教座聖堂ブルクに依存するウィークス・聖アンスガリウスの存在を確認することができるようになった。このウィークスは、九世紀のデーン人及びヴァイキングの侵入の間に没落し、一〇世紀の第二の施設もヴェンド族の襲撃によって同じ運命を辿った。一一世紀になってようやく、司教座聖堂ブルクに依存する形で、旧市区が、円形の形成体として、高所に中央市場をもち、その中央市場からは街路が放射線状に伸び、市場聖堂聖ペトルスと新しい板周壁を備えた、その姿を現わした。この旧市区に引き続いてできたのが遠隔地商人のための本来の商人集落で、少なくともオットー朝以降のものである。それは、堀割りで囲まれ、直接アルスター湖に依存し、エルベ川にはすぐ近い、片側道の、堤防のように高くなった道路が幾つも走っている、「富裕者通り集落」であった。ハムブルクと同じように、最初のヴィークがノルマン人の襲撃によって没落したところは他にも多い。例えば、ボン[281]、ヘント[282]、そしてサン・トメール[283]。ガンダースハイムでは、ブラウンシュヴァイクの場合と同じように、最も古いヴィークは外からの強力な働きかけなしに放棄され、市場集落が別の場所に成立した[284]。

西北ヨーロッパの初期の都市は大きな二重構造物の姿を呈していたが、それぞれの単体――商人集落と政治-軍事-礼拝の中心地――は、そのいずれもが、波乱の多い歴史をくぐり、さまざまの出発点を示す。その自己発展は、それが場所の移動をはっきりと示すところでは、特に明瞭となる。第二次のポルトゥスあるいはヴィークは例外なく発達した形態を示している。この形態については、直ぐに論じる予定である。しかしこの発達した形態は、この、場所の、移動が生じなかったところでも存在する。

多数の城谷集落《ブルクタールオルテ》――それは、ブルクの周壁の前に、あるいはブルクの麓に成立した、小さな町のことである――は、以上の観察とは関係がない。それは、大抵、著しく農業的な特徴を保持している。例えばアイフェル山中のシェーネケン[285]、ジーク川沿岸のブランケンブルク[286]。ここで私達の関心を惹くのは、はっきりした商人的-手工業的な前都市的形成物だけである。

その場合、どのように多くの変形を指摘することができるにしても、全体として見るならば、エルベ川とセーヌ川の間の広大な空間で、単一の画像、研究の確実な成果、が提示されている――キーウィタースは、完全に発達した中世都市に特徴的な、自由な、手工業的-商人的生活を、自分の内部から展開することがない。キーウィタースの区域の中に見出される市場の施設、手工業の実践、はすべて、支配者側の束縛の中に閉じ込められている。自由な都市経済は、キーウィタースから切り離されて成育する、大抵の場合、空間的に切り離されて、ヴィークで、ブルグムで、スブウルビウム、ポルトゥスで、成育する。空間的切り離しを実現しようとする努力は、ヴィーク住民の側だけにあったのではない。市場集落の建設に際して都市支配者の主導が明白に見られる場合にも、意識的に実施された空間的切り離しのあったことを、私達は観察する。例えばトリーアがそうである。ここでは、一〇〇〇年頃、大司教ルードルフが、少し前に大司教ハインリヒによって設立された市場集落から自分の司教座聖堂都市を切り離している塁壁防備施設を、石造周壁によって取り換える。『トリーア人事績録』Gesta Trevirorum が聖職者の区域を民衆の区域から意図的意識的に切り離すものだと解釈している経過である。(287) 二つの集落の、別種の生活内容は、別々の場所の選択をもたらす。キーウィタース、あるいは支配者ブルク、は軍事的に良好な位置を求める。そのため、ブザンソン、ヴェルダン、のキーウィタースは、切り立った岩の上の台地に、パリのシテは島に、あった。商人集落は良好な交通上の位置を必要とする。そのため、ブサンソンのブルグムはドゥー川に架けられた橋のそばにある。一筋の商業道路がその橋に通じているのである。切り立った崖の上の高地とか、島とかの、孤立した位置は、商人集落によってはいつでも避けられる。その上、空間的な切り離しが望まれる――自由な商人は土地支配者的封建的権力の直接の支配領域に定住することを、意識して避けたのである。恐らく自由な商人は、これらのキーウィタース並びに城砦の近くにいることは求めたのである、キーウィタースの、城砦の、周壁の保護を彼等は必要としたのである、自分の倉庫を、自分の商品積換地を、大量の購入者の近くにもつことは、彼等にとって都合のよいことだったのである。そうすれば、ゴドリクについてなお報告されているようにブルクからブルクへと巡回することを、彼等は必要としなくなる。しかし彼等はキーウィタースの支配者に従属するようなことにはなりたくない、彼等は大土地支配者制の非自由商人と混同されたくない。従属するのであれば王権に彼等は従属したい。(288) それ以外は自立性を守る。周壁で囲まれた都市の中の生活は、彼等には依然として無気味で、よそよそしいものに思える、ということもあった。彼等の商品の購入者グループの大きな部分は、依然として、隣接するキーウィタースあるいはブルクの外の世界に見出されたのである。

キーウィタースには地代の集積が、商品の購入者としての土地支配者が、存在するということでさえ、ただそれだけでは、ヴィークの形成を生み出すには決して充分ではない。大修道院や王宮は、あり過ぎるほどにある。その近くにはヴィークは一つとして発達しなかった。重要な河川沿いや、大きな遠隔地街道の宿駅やに位置しているという、私達の既に指摘しておいたヴィークの位置は、ヴィークが、隣接するブルクあるいはキーウィタースへの供給だけに役立っていたのではなくして、商人の溜り場として、仲継商業にも役立っていたことを立証している。いずれにしても、ヴィークが都市への土地支配者の集住を知らない素朴な存在形態から出発していることは特徴的なことである。ヴィークには独自の経済生活がある、ヴィークはキーウィタースのただの自然的補完物なのでは決してない。この極めて重要な点を――私達はここで、ゾムバート、荘園法説の提唱者、デ・マレ、リーナ[289]、の、その内部では相互に微妙な違いを見せている学説と、私達のものの見方とを、明瞭に区別しておく必要がある――具体的な事例に即して明確にしておこう。ヴェルダンは一〇世紀には重要なキーウィタースであり、東フランクの支配者と西フランクの支配者とがその領有について争い合うオーバーロートリンゲンの極めて重要な戦略的地点である。そのキーウィタースと向かいあって、ムーズ川の対岸に、私達の聞いたところでは、二つの橋でキーウィタースと連絡しながら、オーバーロートリンゲンで最重要の商業地であるヴィークがある。ムーズ川はヴェルダンの近くで船の航行が可能になり始める[290]。ヴィーク・ヴェルダンは大量の奴隷商業が行われる土地である。ヴェルダンの商人はスペインのカリフの宮廷に去勢奴隷を供給する[291]。サブとルソーが、ヴェルダンの対スペイン貿易の証拠を集成している[292]。このスペイン商業――それは奴隷に限定されていたわけではない――は、ヴェルダンのヴィークの居住者の重要な収入源であるが、言うまでもなく、キーウィタース・ヴェルダンに居住する消費者グループとは全く関係のないものである。商品の輸送先はスペインであり、商品は恐らくスラヴ人の住む東方からもたらされたものである。ヴィークのこの重要な経済的機能は、隣接するキーウィタースなしでも存立し得たものであろう。他方で、ヴェルダンの司教座聖堂、サン・ヴァンヌ大修道院、等々は、礼拝に使用する商品をヴィークで、対面で購入したのであろう。ヴェルダンの伯はヴィークで武器、装身具、等々を買ったであろうし、司教の料理人は香辛料を買ったであろう。ヴェルダンの商人がヴィークで手に入れた儲けは、対スペイン貿易のそれにくらべるならば、恐らくは少なくはあったろうが、確実で、危険の少ないものであったろう。一つのことが、しかし、確実である――ウィークス・ヴェルダンは、キーウィタース・ヴェルダンの消費者グループに、経済的に、決して依存してはいなかったということである。

もう一つ、別の例――オッパーマンは、個別研究に基づいて、[292a] 一般学説を立てようとする気持はもたずに、次のように考えた。ヘントのポルトゥスは、ブランディニシェ丘の上にあった大きな大修道院、シント・バーフとシント・ピーテルとに経済的に依存していた、ポルトゥスの住民は、自分達が遠方へ商業旅行をするのに、両大修道院に与えられた特許状を利用した、と。H・ファン・ウェルフェケとブロックマンスがこの想定の誤りを論証した。[293] ウェルフェケが最大の論拠とするのは、聖バフォヌスの奇蹟 Miracla S. Bavonis の中に出てくるあの商人、恐らくはヘントの出身で、船が難破して破産し、シント・バーフ大修道院の祭壇に残されていた聖杯を事業再建の資金として「借用」したあの商人、の物語である。――後日、この商人が利子をつけて返済したのはもちろんである。――この商人は、伝説の記述によるならば、全く独立である。彼の集めた財産は、彼だけのものである。彼は自分の船をもっている。長い旅をする、何年も経って後に元の所へ戻って来る。彼は自由な遠隔地商人であって、修道院商人ではない。大修道院周辺の地域での生活は、シント・ピーテルでは、シント・バーフよりもなお一層、農村的土地支配者的形態で流れている。シント・バーフのまわりでは、ある程度の活気を、歳市がもたらしていたのである。大修道院は、商業を営むためにではなく、自家消費に充てるワインを購入するために、商品流通税免除特許状を必要としていたのである。確かにヘントの商人は、一二世紀に、大修道院の商品流通税免除特許状の助けを借りて、ワインの輸出とリンネルの輸入のための、しっかりとした足場をラインラントに獲得したかったであろう。けれども、そのことをめぐって発生したケルンとの紛争のために、大修道院特許状のこの乱用は、その後は難しくなってしまったのである。この特許状は、限定された形においてではあるけれども、依然としてその効力をもっていたのであるが、しかしヘントの商人に対しては、門戸はその鼻先で閉じられてしまったのである。商人というものは、独立への努力よりは経済上の利益を優先させることがあった。アトレヒトの住民は聖ベダストゥスの従属民になることを希望する、高い商品流通税率を免れるためにである——大修道院長にとっては腹立たしい限りのことであったけれども。(294)

最後に第三の例として挙げたいのであるが、ケーブナーがケルンについて、ここでも都市に定住する消費者がケルンの流通経済の基礎になることがなかったことを立証している。(295)その論拠とするところは、そのような消費者のグループは非常に限られていたということである——伯は九世紀には恐らく大司教に属し、(296)その大司教はケルンに素晴らしい永続的宮廷的な生活を営むということはなく、ブルク伯の姿をそこに見ることもまた極めて希なことであった。ケーブナーは、ケルンの聖堂がもっている経済を刺激する力、ケルンの聖堂が聖堂の行政上の交通を通じて外来人の交通を引きつける地点として流通生活に及ぼす間接的な影響、を否定しない。この点でケーブナーは、ミュンスター、ミンデン、オスナブリュックの、ケルン大司教区への帰属の意味を強調する。けれどもケーブナーは発達していくケルンの都市経済の推進力を、市場敷地の方向づけと、区分けとから読み取る。市場敷地は、キーウィタースの方ではなくして、大川の方を向いていた。外来人は川からやって来たのである。早くからその存在が知られているケルンの武器製作所のためのヴェストファーレンの鉄、そして後にはケルンの銅細工の仕事場、金細工の仕事場のための、ハルツの貴金属鉱石は、対岸からやって来る。ケルンの手工業が遠隔地での販売を目標としていたように、ケルンの商人は、通過交易の支配を目標としていた。そのことは、市場地区の空間構成がこれを示している。市場地区の南の部分は、後の干草市場の区域の、大きい方の部分の、まわりにまとまっていたのであるが、以下の諸機能をもっている――この部分は、この都市の港地区である。第二にはケルン商人の、ギルドの、閉鎖的居住地域である、第三に外来商人の商品のための、主要な倉庫である。干草市場の周辺には、外来商人の居留地もある――ストラスブール通り、ザクセン館、ヴァール小路、バーゼルの家、ブリュッセルの家、フランドル人の住宅群。「ライン壁外市区南部の商人集落は、土地の商人の、外来商人との交易に結びついていた。この商人集落は通過商業から、すなわちケルン商人は外来者から商品を受け取り、外来者はケルン人から商品を受け取り、それぞれその商品を更に運搬することから、活力を受け取っていたのである。もしこの場所でケルン人がかかわっていた商品が、ケルンで小売りに出そうとしているものだけであったならば、その全域に商人が密集していたこの地区は、生活していくことができなかったであろうし、外来者がケルンの手工業製品だけを購入しようとしたのであれば、外来者はケルンの商人の仲介を必要としなかったであろう。この場所で確立された積換え交易だけが、集落像を説明する。[297]」従って、経済的に見て、消費者都市に依存することのない諸ヴィークというものが存在したのである。この確認は、そのような遠隔地商人ヴィークを中世都市が例外なくもっていたことを意味するものではない。この確認が該当するのは一つの型だけである。ただし、その型が方向を指示したのである。最近、大きな大修道院が都市形成に対してもっている経済的意義を再び主張しているフランスの研究者達も、遠隔地商業の都市形成力に関するピレンヌの命題を、全体として拒否しようとはしていない。地域的な妥当範囲を限定しようとしているだけなのである。例えば、G・ドリウーは次のように言う――「……ピレンヌの学説（周辺の農村的環境とは縁のない住民による、城の根方、市場のまわり、における都市の自然発生的形成）が正しいのは、全く新しい都市についてだけのようである。ピレンヌの学説は、とりわけフランドルの城砦集落に妥当し、ハンザ都市のような、新しい国々の諸都市に確証を見出した。しかし、地域と、前都市的核の性質とに応じて、あるいは大きな、あるいは小さな、留保が必要となる。とりわけ大きな留保が必要となるのは、カーロリンガ時代の大きな大修道院の周囲に生まれた中心地についてである。これらの大修道院が果した役割は、ピレンヌが考えたよりも積極的なものであった。[298]」

前都市的集落核の消極的性格を強調する傾向において、ガンスホフはピレンヌよりも更に徹底している。それはともあれいずれにしても、何よりも肝要なことは、中世の遠隔地商業都市の形成に際しては真正の二元構造が存在したということ、都市的生活は成立していく新しいものにそのいずれもがそれぞれの最も固有の本質を分け与える二つの形成体の融合から生まれたと言うこと、である。しかし同じ程度に肝要であるのは、批判に際しては慎重であること、ようやくのことで手に入れた認識を不必要に見捨てないこと、である。私達の提示したヴィークの経済的自立性に関する例証は、反対例証によって動揺させられるものではない。例証力が限定されるだけである。[298a] キーウィタースへのヴィークの接近はためらいがちに、時間をかけて、進行する。プラーニッツは、ブルクとヴィークの間の距離が、例えばバルドヴィークとエルテネブルクの間がそうであるように、大きい例がしばしば見られるのは、カーロリンガ時代だけである、と指摘している。[299] そこには、相互に全く本質の異なる二つの形成体が、初めの内は、相互に敵意をこめた間隔を保っているのが、表現されている。バルドヴィークではその上に併存の状態が持続するのである。

## 三　都市生成の過程

しかしながら、フランク空間においては、キーウィタース及び統治者居住地と商人集落との、関連の多い併存は、全体としてこれを見るならば、短い期間しか続かなかった。それどころか、融合過程及び浸透過程が生じたのである。この過程が、西北ヨーロッパ空間における、都市生成を意味するのである。そのような融合が、ヴァイキングの商品集散地及びフリース人の商品集散地の場合には――その近くに、時には支配者居住地、国王邸館、城砦、も存在していた商品集散地であるのに、生じなかったのである。そこでは、発展が、都市生成の前段階にとどまったままであった。そこでは、既に示唆しておいたように、空間的な関連が緊密ではなかった。しかしそれよりも何よりも先ず、ビルカ及びテンスベルク近くの北方の国王邸館、あるいはドレスタット近くのフランクの城砦は、ヴィークに対して充分な牽引力及び吸収力を及ぼすことができるだけの、充分な重みを、集落としても、経済的消費力の点でも、礼拝の中心地、政治の中心地としても、もっていなかったのである。北方の国王邸館は農村に位置する支配者居住地であった。カーロリンガのキーウィタースの方は、その本来の構成からして、都市的生活をその周壁の内部に取り込むようにつくられていた。キーウィタースは第一には、比較的良好で規模の大きい避難場所であった。第二には比較的多面的な設備のある施設であった。そのように言うことができるのは、キーウィタースが、それ自体既に分化していた聖俗両界の、上層部の代表と、その諸施設、とりわけ多数の礼拝所を取り込んでいたからである。都市的な地中海文化の遺産は、埋れ、覆われ、萎縮してはいたけれども、なお作用し続け、ヴィークに伝わったのである。キーウィタースの方でも、カーロリンガ時代にそれが示していた状態にとどまってはいなかった。意味深い発展を遂げていたのであった。この発展は、ノルマン人、ハンガリー人、サラセン人、のもたらす危機の重圧の下で、いたるところで司教都市支配者が、ライン川沿岸で、ドーナウ川沿岸で、そしてまた北イタリアで、崩壊したローマ周壁を修復した時に始まった。司教都市支配者制は、初期中世から盛期中世にかけて存続した全ヨーロッパ規模での現象であるが、その基礎は既に古代末期におかれていた。司教都市支配者制の確立は、キーウィタースを組織的にも、ますます強く、周辺農村から切り離すことになった。司教はその司教都市の周壁の内側に、特別の法的制度的秩序を整備しようとした。私達は、この司教都市支配者制を、家父長的-土地支配者制的なものであると誤解してはならない。司教都市支配者制は、司教の隷属民《ファミリア》と都市住民《キーウェス》、司教の館《クーリア》と都市《キーウィタース》、を区別することを知り尽くしていた。ストラスブール第一都市法[300]は、商品流通税取立人、貨幣製造人頭、が行使する、司教の都市支配権についての詳細な叙述を与えている。これらの役人は、確かに、そのすべてが司教のミニステリアーレ〔家人〕であり、すべてが司教によって任命されていた。「この都市のすべての役人は司教の権力に属する。」“Omnes magistratus huius civitatis ad episcopi spectant potestatem.” しかし、この役人達は、都市法に明文で規定されていて司教をも拘束する、明確な官職権をもっている。彼等は公的役人である。彼等の職務範囲は、防砦としての、また商工業の営まれる場所としての、都市の、特殊な性格を全面的に考えに入れて決められている。司教都市支配者制は、その初期段階にあっては、世俗貴族の野心と対決しなければならなかった。ケーブナーは、初期中世にケルンの大司教が役人にして競争相手である高級貴族との闘争を通じてケルンにおける自己の諸侯的権力を確立していった際に用いた行政法体系を、詳細に叙述している[301]。エーヴィヒは、トリーアの初期の時代における司教と伯の争闘を、古い諸見解を批判的に継承した新しい展望の中で叙述した(302)。

ディナン(303)とトゥール(304)については司教の都市支配者制に先行する伯の都市支配者制に関する詳細な証拠が残されている。司教都市支配者制の場合と同じように伯の都市支配者制にも古代末期のモデルがないわけではなかった。カーロリンガ時代のキーウィタースはどの程度まで役人の居住地だったのだろうかということについて検討した時に、西フランク国では東フランク国とは全く異なる程度でキーウィタースが伯管区の中心地であったことを私達は確認しておいた。論理必然的に私達は、西においては東におけるよりも明瞭に、ディナンでは最も明瞭に、都市伯の時代を把握することができる。ディナンの支配者は、一一世紀にはフランクのナミュール伯であった。この支配者の権能は元をただせば国王の授与したものであり、そのことがその文書の主題の一つなのである（彼が、王の尊厳に表敬するために——王の委任によって——王から与えられて保持しているその権力と裁判権とに従って secundum eam quam tenet a rege potestatem et iustitiam — auctoritate regia — pro reverentia regie dignitatis）。伯が相当規模の直轄領を所有し、六つの教会に対して私有教会権をもっていることは、その権力を強化するものではあるが、しかしその権力の法的な基礎をなすものではない。伯の権力は、その裁判高権に最も主要な表現を見出している。伯は、流血裁判権及び仲裁高級裁判権の所有者である（すべての人に加えられた悪事に対して伯によって体刑が科せられる。追い剥ぎを裁く裁判権は伯の裁判権である forisfacta omnium assultuum per comitem emendantur. Iustitia latronis sua est）。伯の役人である貨幣製造人は、ケンテナ・ディナンの、〔年〕三回の定期裁判集会で、審判人として職務を遂行した。伯は軍事高権を執行する。棒の権利を、すなわち路上にはみ出している建築物を撤去して道路上の交通を確保する権利を、伯が掌握しているのを見ると、ブルク伯職の新創造についてのリーチェルの命題が、ガウ伯とブルク伯との関連をリーチェルが否認したことが、奇妙に思えてくる。むろんリーチェルは、ディナンの都市伯法を知ってはいたが、しかしこの法が強い印象を彼に与えることがなかったのである。この法は、私達の心の中で、エッカルト[305]によって提出された、ブルク伯職は伯職の変質したものであり、萎縮したものであるという見解を確証した。後代のブルク伯はかつての伯の諸権能の中で軍事高権だけを維持し続けたのである。そして彼等がその裁判高権を司教のフォークト〔代官〕に譲り渡した時に、伯職はもはや自由貴族にとってその身分にふさわしい活動範囲ではなくなり、ミニステリアーレによっても担当できるものになったのである。知られている諸事実は、無理なく以上の考え方に吸いとられる。ある官職の最も特徴的な権能が以前は別の官職保持者によって担当されていたということが立証されたならば、その官職を新しく設置されたものであると想定する必要はない。この場合、関連が存在したと考えることは、官職の名称にその関連が現われているだけに、もはやこれを否認することはできない。名前がすべてNomen est omen。ナミュール伯に話を戻そうと思うのであるが、この伯はディナンで、貨幣製造高権を行使し、営業罰令権をもち、しかも一切の市場貢租を徴収し、そして度量衡に関して――非常に詳細に規定された――監督をしている。塩船はナミュール伯に、伯が河岸の船着場の整備に投入する労苦に対する手数料と解される通過税を納める。あらゆる取引から伯は税を徴収する。商品を陳列窓に陳列する権利が課税の対象になる。既に伯の収入は、商工業の営まれる場所としての都市の性格を基盤にしている、それは、公法的性格、租税的性格、のものである。ナミュール伯の都市統治がいかに独裁的であるかは、彼がアルメンデ〔共用地〕を単独で処分する権利をもっていることからしても明白である。ほぼ時を同じくして、トゥールの司教ウドがトゥール伯の諸権利を確定したが、この確定は、完全に解体して司教の掌中への移行過程に入っていた伯の都市支配者制を示している。この文書はディナンの記録の正に反対物である。「伯はキーウィタースの内部で、何らかの判決を下すための、何らかの権力をもっていることはないし、何らかの罰令権も、もっていない。」計量は……代官と審判人とが、伯を除外して行え。門の警護を除いてキーウィタースのすべての公務は、伯を排除して、司教とその代官とがこれを執行せよ。“Comes non habet ullam potestatem infra civitatem propter ullam iustitiam faciendam nec ullum bannum”Mensuras.....faciet villicus et scabini absque comite. Omnia officia civitatis mutabit episcopus et villicus eius sine comite, excepta custodia portae. 軍事高権は伯がなお何ほどか掌握している。それ故、門の守衛は彼が任命している。「公共の道路と標柱は伯が管理しなければならない。」“Stratam publicam et metas debet custodire comes.”とも書かれている。言うまでもなく、この文書の、伯に対して不利な諸規定は、それがディナンの文書と同じような伯都市支配者制の像を明らかにしている限りでは、この時点では伯に対して禁じられている諸権能がかつては伯職の諸権能であったことを物語っているのである。

このように、伯と司教とは、キーウィタースを、特にディナンの場合のような、既に商人ヴィークと密接な結合を始めていたキーウィタースを、支配者法的形式で支配していた。今や私達は、キーウィタースとヴィークの融合がどのような筋道を辿って進行したのか、またその過程で主導権はその時その時でどこにあったのかを、できるだけ正確に、つきとめようと試みなければならない。

### a　周壁によるヴィークの囲い込み

私達はまず、都市生成の過程が最初に進行したのはどこであったのか、という問題を提出する。

私達はいつでも次の確定に特別の力点をおいてきた——商品集散地の集落体としての発達程度はあまりにも低い

ものであったという確定、商品集散地は敵の襲来にあまりにも無防備な姿をさらしていたという確定、ドレスタットとカントヴィクがそのようにしてノルマン人の襲撃に屈したのに反してキーウィタースはノルマン人の襲撃の永続的な犠牲になることが一つとしてなかったという確定、である。他方、中世以前の都市文化についての私達の観察は、都市の最も古い判定基準が都市のもっている集落としての優越性に他ならないことを示していた。フランク空間においてキーウィタースの近くに位置することをヴィークが求めていたのは、ヴィークの感じていた保護の必要に由来することであった。人はヴィークが提供しなかった危急の際の安全保障を、近くの「避難ブルク」によって手に入れようとしたのである。キーウィタースの近くに位置することを求めた動機としては、キーウィタースの消費力に対する経済的配慮よりはヴィークの感じていた保護の必要の方が強かったと思いたい。周壁で囲まれた閉鎖的造営様式の価値を、キーウィタースがヴィークの住民に教え込んだのである。キーウィタースから、ヴィークの住民は、結局のところは周壁を受け継いだ。キーウィタースをモデルにしてヴィークの住民は彼等自身の集落を形づくったのである。このことが、中世の都市生成の過程における最初の本質的歩みであった。何故ならば、ヴィークは、周壁によるヴィークの囲い込みによって、自己にそれまで欠けていた集落体の安定性を獲得するからである。周壁は外敵に対する安全保障を提供するだけではない。周壁は、周壁環内の住民を周壁警備者として都市へと拘束する。周壁は周壁帯の建設と維持への、全員の、犠牲の多い参加を要求する。周壁建設は、遠隔地商人を、初めて本当に定住者にするのに、しかも都市定住者にするのに、適していた。遠隔地商人にとってヴィークは、集合地、休息地、商品積換地、に過ぎなかった。——法的随伴現象はさしあたってはなお度外視する。——ヴィークの周壁は、商取引の場所、交易集落、を囲い込む。そのことによって、都市的集落は、都市独自のものであると中世が感じ取っていた内容を獲得する。カーロリンガ時代のキーウィタースには全く欠けていたか、あるいは土地支配者的刻印を捺されて少しばかりの発達を示しているにすぎないことを特徴としていた経済的機能が、ヴィークの出現によって、完全且つ自由に与えられる。古いローマ周壁は、ノルマン人、そしてハンガリー人が与える直接の危険の圧力の下に、既に修復されていた。周壁によるヴィークの囲い込みと共に、都市的な居住及び生活様式へのゲルマン人商人の最終的傾斜が始まる。避難ブルクと商品積換地の併存に代って、自分の住んでいる都市が登場する。

ここで異論が出されるかもしれない。ヴァイキングのヴィーク、フリース人のヴィークは、しばしば防衛施設をもっていなかった、しかしそれには例外がないわけではなかった、ビルカとハイタブーは半円形の塁壁を、ドレスタットは木柵の囲いを、もっていた、他の商品集散地にも類似の保護設備が恐らくは設けられていたのではないか、ただそれが私達に知られていないだけなのではないか、という異論である。以上のような発言をプラーニッツがしているのである。(306)そこで次のことが問題になる――直ぐさま示すことのできるように一〇世紀には始まる、キーウィタースあるいはカストルム前面のヴィークの、周壁による囲い込みは、プラーニッツの発言にもかかわらず新しい何物かであるのか、またどの程度に新しい何物かであるのか、ということが問題になるのである。周壁によるヴィークの囲い込みは、第一に、それが二つの集落要素の融合をもたらすが故に、新しいことなのである。北方の商品集散地の場合には二つの集落要素の融合は発生せず、そこでは、併存にとどまった。併存にとどまったのは、商品集散地にはそのような合成のために必要な時間的余裕が欠けていたなどという理由によるものでは決してない。周壁によるヴィークの囲い込みが、多くの場合、同時にキーウィタースへのヴィークの空間的吸収を必然的に伴ったことは後に見る通りである。集落としての融合は、周壁によるヴィークの囲い込みの直接の結果である。周壁によるヴィークの囲い込みは、第二に、いつでも最初からと言うわけではないけれども、いつでも最後には、石造周壁をもたらしたが故に、新しいことなのである。この点に本質的な前進があるのである。

ヴァイキング及びフリース人の商品集散地の半円形塁壁及び囲いは、城砦的意義よりはしばしば象徴的意義をもつものであったこと、それらの塁壁や囲いは第一に、商業平和が行き渡っている領域を示す標識線であったこと、以上のことを私達は前に述べておいた(307)。ドレスタットの安全が保障されていたのは高潮、そして盗賊の襲撃、に対してだけであって、本格的な攻撃に対する安全の保障はなかった。私達によってしばしば引きあいに出されるドレスタットの運命は、ドレスタットの、そして類似する性質の、防備設備についての、以上の評価を正当化するものである。そのような防備施設は、都市生成に必要な集落の安定性を商人集落に与えるには充分ではなかった。石造周壁への移行は、本質的な性格を帯びた技術的進歩である。集落では技術的進歩こそがさまざまの時期を画する。都市生成の全過程がそのそもそもの発端においては、集落設備及び集落装備の技術的進歩として現われたのである。キーウィタースの古いローマ周壁の影響の下で周壁によるヴィークの囲い込みに移行したことは、塁壁と木柵による防備施設だけを知っていた、もしかするとそれだけを知ろうとしていた、古い北方の伝統との断絶である。知ろうとしていた、と言うわけは、ゲルマン的人間にとってもそうした防備施設ならば幾分かはなじみがあったからである。――ハイタブーの防備施設、前中世のヴィークの最も重要な保護設備、の場合には、その他に、地中海文化圏からの刺激が作用していたのかもしれない(308)。――他ならぬ北ドイツにおいて、旧式の防備施設への固執がなお長期にわたって見られたことは、偶然ではない。ゴスラルの商人集落は一〇七三年に塁壁と濠がその防備施設であり、リップシュタットは一一六八年、その建設の際に濠、塁壁、木造厚壁、によって囲いこまれた(309)。――原理的な検討の意義を強調し過ぎてはならないのは言うまでもないことである。石造周壁への移行は、石の自然的産出によって容易になり、その欠如によって困難なものになった。石造周壁への移行が、自然の条件にさからってまでも定着したことは、しかし、二重に意味の深いことである。石造周壁は、都市防備の、外来の、地中海的な、原則であり、この原則を受け継ぐことによってヴィークはそれまで慣れ親しんできた慣習を放棄し、地中海都市文化の一つの要素を受け継ぐのである。ヴィーク塁壁に周壁が取って代ったことに、私達は、聖堂建築、家屋建築、ブルク建築、への石造建築の進出と、完全に同等と認められる出来事を見るべきである。注目すべきことに、石造建築は最初に聖堂建築で定着する。次いでブルク、都市周壁、そして——数はずっと少ないけれども——都市家屋がその後を追う。クレトラーの任意抽出的報告によるならば、石造建築は、九〇〇年頃、西北ヨーロッパの全域にひろまっていた[310]。周壁に囲い込まれたヴィークにして初めて、集落体としてキーウィタースと同等になり、次いでキーウィタースと相共に都市を形成することができ、——集落という観点から見るならば——周壁外地区という、従属的な性格を捨てたのである。そのような次第で、キーウィタースが利用するのは古いローマ周壁だけではなかった。都市支配者は早くから新しい防備施設の築造を始めていた。一〇〇〇年頃、トリーア大司教ルードルフはイムニテート〔公権力不介入区〕の塁壁的防備施設を、石造周壁によって置き換える。ハムブルク-ブレーメン司教ベスケリヌス（一〇三五—四五年）は大の石造建築愛好家として登場する。彼がキーウィタース・ブレーメンに与えた防備施設は「イタリア式建築によって」"opere italico" 防備された塔をもっていた[311]。ブレーメンのアーダムもこの建築技術の由来を知っていた。従って、ガンスホフがロワール、ライン間の都市の発達に関する前述の著作の中で、周壁による商業集落の囲い込みのデータを集めている章に「周壁による都市の最初の囲い込み」"De erste stadsomwalling"（傍点エネン）という標題を付けたのは正しかったのである。

今や私達は、ガンスホフの説明に、そしてそれを補足するプラーニッツの説明に、基づいて、周壁によって囲い込まれた最も古いヴィークの空間的分布像を観察する。この場合にも、まず、一つの異論について検討しておかなければならない。周壁によるヴィークの囲い込みの出現の時系列から、私達は結論を引き出してもよいのであろうか、という異論である。私達のもっている伝承はあまりにも不完全なのではないだろうか。たしかに、本書略地図2は、将来、補足され、改良されていくであろう。しかし、全体像は、確実なものだと私は思っている。

本書の略地図が示しているように、中世の都市生成の過程は、一〇世紀に、ケルン、レーゲンスブルク、ムーズ川沿岸、で始まる。その他プラーニッツは、マインツで、根拠のある推定によるならばライン川に面していた、キーウィタース内部の、フリース人の地区が、八八六年にノルマン人によって破壊されたが、そのフリース人の地区が大司教ハットー（八九一―九一四年）によって、新しく、周壁によって囲い込まれたと考えている。[312] プラーニッツの記述の根拠は、長期間マインツに滞在していたザンクト・ガレンのエッケハルトの、大司教ハットーについての以下の記述である。「ハットーが、元の位置からライン川により近いところに移したマインツそのものを建設した。」"qui Magontiam ipsam a loco suo antiquo motam propius Rheno statuerat."[313] シューマッハーとシュティミング[314]の一致した解釈によるならば、一つの誤解を含むこの報告は、河岸に位置するフリース人地区の復旧に関するものであるという。何故ならば、大司教ハットーによるライン川までの市域の拡大――史料の文面はこのことを伝えようとしている――は、問題にならないからである。何故問題にならないかというならば、市壁は既に早くから――八世紀の文書の報告によるならば――ライン川で終っていたからである。したがってフリース人の地区は、元々古い市壁の内側に位置していたのである。マインツの場合は、それ故に、私達の問題の外におかれる。その上、この史料に出て来る"statuere"「建設する」という言葉は、囲い込みを推定することを許すものではない。それは極く一般的に、ライン川沿岸に位置する都市部分の復興を意味しているだけなのである。プラーニッツは、『ヴォルムス編年誌』の八七三年の記事に基づいて、ヴォルムスではフリース人地区が独自の防備施設をもっていたのだ、と考えている。[315]「フリース人自身が周壁の再建を管理した。」"ipsi Frisones restauranda muralia procurent." しかしフリース人のこの活動は、ヴォルムスの周壁建造規則と関係があるのである[316]。ヴォルムスは一つのブルクバン〔城砦罰令管区〕を構成している。私達はこのブルクバンに、ゲルマン人のブルクの最後の響きを聞く。レヒフェルトの戦いの後ではその意義は消滅した。右に引いた記事からは、周壁に囲まれたフリース人のヴィークを推論することは許されない、と私には思われる。それ故、ライン川の沿岸について言えば残りはケルンだけである。そのことは、他ならぬケルンが、都市の発達に対してもっていたモデルとしての卓越した意義に合致するものである。その意義の基礎は、商業地としてのその地位にある。周壁によるライン壁外市区の囲い込みは、旧市区の周壁環の拡張の形で行われる。商人集落はそれ故に周壁による囲い込みと同時にキーウィタースに組み入れられ、そのことによって既に、集落としての融合が完全に実現する。最初の都市拡張の法的実施は、疑問の余地なく、大司教の[317]、キーウィタースの支配者の、やったことである。しかしその際商人が、自発的に協力したことは確実である。レーゲンスブルクの場合はケルンよりも孤立している。パッサウの商人スブウルビウムが防備施設をもつのは一二〇九年になってからであり、アウクスブルクの市場集落は一一三二年になってもまだ、周壁で囲まれていない[318]。ドーナウ川沿岸の商人集落、エンス、ヴェルス、クレムス、トゥルン、は一一世紀にはまだ周壁で囲まれていない[319]。レーゲンスブルクのこの非常な先進性に、当時この空間でレーゲンスブルクが占めていた比類のない支配的地位が表現されている。ケルンの場合と同じように、周壁による囲い込みはキーウィタースへの編入の形で行われる。ケルンの場合と同じようにイニシアティーヴの大きな部分が都市支配者に、公アルヌルフに、ある、「有力者」“optimates”——その中に遠隔地商人の存在を見ることのできる「有力者」の協力が、ここでは、はっきりと確認される[320]。顕著なのはムーズ川の線が示す突出である。この線は、二つの地点を同等に示している、ナミュールとヴェルダンである。ガンスホフはその原因をこの二つの場所の経済的地位に求めている、ムーズ地方の金属工業におけるナミュールの地位と、スペイン向けのヴェルダンの奴隷遠隔地商業に求めているのである。[321] ただし、ナミュールの商業的意義はケルン、レーゲンスブルクに匹敵するものではない。その上、ナミュールの場合は疑問が全く無いわけではないことを私達は告白しなければならない。ガンスホフの手がかりは、ナミュールのポルトゥスの防備施設の意義を立証するためにルソーが利用した、『聖エウゲニウス奉遷録』Translatio sancti Eugenii にさかのぼる。[322] ブローニュの修道士が聖エウゲニウスの聖遺物をナミュールにもたらした時に、高価な荷物を伯の城にはおろさずに、商人地区の聖ヒラリウス聖堂におろしたというのである。ナミュールのポルトゥスはまことに要害堅固な場所にあった――サンブル川とムーズ川の合流点に位置し、陸地の側は頂きに伯のブルクがある丘によって守られていた。ルソーは、この自然の防衛上の要害を強化するのは容易であったこと、そしてその強化は九三七年に行われたこと、を主張し、その事実から、人はハンガリー人の略奪から守ろうとしたあの聖遺物をポルトゥスに位置する聖堂に保管したのだ、と結論している。これはまだ、周壁によるヴィークの囲い込みを無条件に結論してもよい程に説得力のある事実ではない。ウイも既に九〇〇年頃には防備施設のあるヴィークであったらしい、とルソーは考えている。[323] そのようにルソーが結論する根拠は、発行者不詳の二点の私的証書である。この証書には発行者同様不詳の、そして身分の低い、複数の証人の署名があり、ウイのカストルム castrum とある後に日付が入っている。[324] ルソーはこの平凡な人々がウイを眼下に見下す堅固な城に集まっていたとは考えられない、とするのである。この結論は大胆過ぎると私達には思われる。この時代にカストルムという語が防備施設のあるスブウルビウムに使われることはない、証書の作成者が、防備施設のあるポルトゥス・ウイを指すつもりであったとしても、そのためにはこれ程無条件にカストルム・ウイとの混同を招く恐れのない表現を選んでくれていればよかったのである。そうでなければ、然るべき補足をしておいてくれればよかったのである。ブルッへの場合にブルッへの城 castellum Brugense とは区別された外側の城 castellum forinsecus が語られたように。それ故に私達は無言でウイのケースを採用しなかったガンスホフに賛同する。しかしヴェルダンの場合は全く明瞭である。リシェールのおかげで具体的なその状況の描写を私達はもっている。[325] リシェールはまず、ムーズ川に向かって傾斜している岩壁状の高台の上にあって、難攻不落を誇るキーウィタースを記述する。次に、ムーズ川によってキーウィタースとは切り離されてはいるが、しかし二つの橋によってキーウィタースと連絡しているヴィークを、「オッピドゥムのような周壁でつくられた商人の防備施設」“negotiatorum claustrum, muro instar oppidi extructum”を、記述している。リシェールの言葉からは、周壁で囲い込まれたこの商人集落に対するある種の驚きがにじみ出ている。彼はこの商人集落を端的に都市と呼ぶことは避けている。しかしそれが「オッピドゥムのような周壁でつくられ」“muro instar oppidi extructum”ていることは認めている。どういう語意をリシェールはオッピドゥムに結びつけていたのか。

　彼自身の用語法を観察してみよう――最も頻繁に使用しているのは「ウルプス」“urbs”という語である。ランス、ソワソン、ラン、サンリス、トゥール、そしてヨーク（エボラクム）といったすべての古いローマ集落を、彼はウルプスと呼んでいる。キーウィタースを用いることは希である。ナントはキーウィタースの評価を得ている。ヴェルダン――司教座所在地――を彼はキーウィタースにしてウルプスと呼んでいる。彼がオッピドゥムと呼ぶのは、ウルプスより重要でない、防備施設のある集落である。防備施設がリシェールの言うオッピドゥムの、共通の、最も際立った、目印である。[326] 詳細に見るならば、彼は次の諸集落にオッピドゥムの別名を与えている――ゴイル近傍のハルデシュタイン、[327] オイ、[328] ブレーヌ・シュル・ヴェール、[329] モンティニ、[330] モントルイユ、[331] カウソステス（＝ラ・ショセー）、[332] オモン、[333] モンテーギュ、[334] モンスーエーノーの？――、[335] ディジョン。[336] オッピドゥムの防備施設については、柵や土塁による囲い込みと石造周壁による囲い込みとをリシェールは区別している。[337] 彼は、オッピドゥムを、カストルム castrum、ムニティオ munitio〔城砦〕、の同義語として使用しているのである[338]。

同じ地域の、同じ時代の、類似の例を、なお幾つか、参考にすることにしよう。ムゾンは一〇世紀にはカストルム、あるいはオッピドゥムと呼ばれる[339]。ナミュールは八世紀にオッピドゥムと称される[340]——これによって伯の居住地であることが意味されている——、ポルトゥス・ナミュールが登場するのは九世紀に入ってからである。オッピドゥムというのは、従って、古いローマ集落や司教座所在地よりは格の低い、防備施設のある集落で、単なる農村集落よりは格が上で、防備施設の点ではカストルムと同様のもの、である。防備施設は、純然たる石造周壁か、そうでなければ——オッピドゥムという語から想定してしまうのであるが——一種のガリア風周壁 murus gallicus であった。いずれにせよ、周壁 murus の、城砦としての意義は大きかった。その証拠に、リシェールは続けて、ヴィークの占領者達、ロートリンゲンの有力者達が、戦争機械を用いて展開される攻囲の場合に備えて、どのようにしてアルゴンナの森から、戦争機械製造材料にするための材木を調達するかを物語っている。ルソーもそのように解釈している[341]。他方ガンスホフは、私には納得がいかないのであるが、「原始的な方式で防備施設をつくった商人集落[342]」について語っている。ヴェルダンの戦闘についてのリシェールの叙述と、ティールに対する海賊の襲撃についての——後代の——報告とを、一度でもよい比較して見て頂きたい！　ヴェルダンの商人の囲い地 negotiatorum claustrum は、集落としてウィークス・ティールをはるかに凌駕している。ヴェルダンの場合には、全く自立した商人達の行動があったことによって、一層意義が増している。川の流れによってウィークスがキーウィタースから切り離されているために、ヴェルダンの司教なり伯なりがヴィークの防備施設の建設を推進したとは考え難いのである。賢明な洞察力によって商人が自発的に都市建設の歩みを進めたのである。都市生成の過程におけるムーズ都市ヴェルダンの卓越した地位を私達は記憶にとどめておきたい。

一一世紀には、ローマの伝統がなく、それまで全く周壁がなく、この時期になって周壁を自分のものにした、そしてその周壁環が直ぐさま商人集落を包み込んだ、一群の司教都市が初めて登場する――リエージュ、ヴュルツブルク、マクデブルク、である。「近隣の諸ローマ都市の直接の影響をうけて、リエージュの司教ノトジェール（九七二―一〇〇八年）は、一〇〇〇年頃、司教座聖堂ブルクとヴィークを周壁で囲い込み、一つの都市 urbs に統合した。」プラーニッツのこの解釈に私達はまずは同意することができる。(343) 司教ノトジェールが思い浮かべていたのは何よりもケルンのモデルであろう。他の二つの場合〔ヴュルツブルクとマクデブルク〕は、一つの精力的な支配者意志、野心、が教会の中心と商人集落とを統合する石造都市防備施設のような見事な成果を、この新しい慣習の発祥地からひどく離れた空間へと、移すことができるのだということを立証している。周壁によるマクデブルクの囲い込みは既にオットー一世が始めているが、完成することは彼にはできなかった。(344) このことから、そうした事業の当時容易でなかったことがわかる。これらの集落の周壁による早期の全面的囲い込みは、その経済的意義を理由とするものではない。そこには、キーウィタースの支配者の意志が一方的に表現されている。都市生成に対するキーウィタース支配者のイニシアティーヴがいかに重要であるかの、見落とすことのできない一つのしるしである。この三つの場合を別にするならば、一一世紀の周壁による囲い込みは、二つのグループに分けられる――ブルゴーニュを出発点としてライン川上流域を席捲する西南のグループと、西北の、フランドルのグループとである。ブルゴーニュの場合は説明を要する。バイヤレが説明しているように、(345) 南部の、閉鎖的な、加えて石を使用する建築様式が、既にしてブルゴーニュの、ブルグム burgum それ自体に保護された集落という性格を与えている。にもかかわらず私達は、ブルゴーニュのブルグムをば単純に防備を固めたヴィークと同一視することはしたくない。石造家屋の密集した家並みと、恐らくは――バイヤレはそう想定しているのであるが――それに付け加えて道路閉鎖のための柵とが与える保護は、北部のヴィークの、塁壁と木柵の、南部における併行現象以上のものである。相違点は、これらのブルグムを完全に破壊することが無論のこと一層難しかったこと、何よりも火災によって破壊することincendio vastareがここでは効力をもたなかったこと、そしてここでは石造周壁が伝統の断絶ではなくして極めて有機的な前進であったこと、にある。そのため、ブザンソンという一つの地点の重みが、ここでは石造建築への移行が——地中海文化との関連で——既に以前から行われていた限りで、強められる。ブザンソンのブルグムは司教ユゴー一世の建設であるらしいからして、ピエール聖堂がウルプスの中にあるという記事からバイヤレの推定している、全体集落へのブルグムの組み入れの際にも、(346)決定的な貢献がこの司教に帰せられるものと想定しなければならない。同様にバーゼルでは、司教ブルヒャルトが司教座聖堂の丘の麓に位置する商人の壁外市区suburbiumを周壁で囲い込ませ、シュパイヤでは、何よりもまずユダヤ人ヴィークスであったヴィラ・スピラを、司教リューディガーが都市urbsに昇格させた。ヴォルムスでも司教都市支配者が同じようなイニシアティーヴを発揮したようである。ブザンソンでの経過がバーゼル、この旧ブルゴーニュ都市、に影響を与えたらしいことは確実である。ヴォルムスとシュパイヤの場合にはケルンの事例が、ブルゴーニュ・グループの影響をさらに強めたようである。——西北ヨーロッパのグループのことになると、直ちにフランドルがその雄姿の全貌を現わす。フランドルのヴィーク防備施設は一般に商人の事業であったらしい。ただし、事業は、防備施設独占権を掌握していた伯の同意を取りつけた上でのことであった。(347)塁壁によるブルッヘの囲い込みの際には石造周壁は問題にならなかったであろう、とガンスホフは考えている。しかし私達は、ブルクもますます石造に移行しつつあった一一世紀には、ブルッヘの塁壁も石造であったと考えたい。ブルッヘではヴィークとブルクとが同じ用語で呼ばれている——ヴィークには、外のカステルムにはin castello forinseco、シント・サルヴァトール聖堂区があり、伯の居住地には、ブルッヘのカステルムには in castello Brugensi、ドナース参事会教会施設がある。[348] 私達はこの二つの城砦を同格のものと見たいのである。けれども私達は、フランドル地方の都市の輝きの光に眼を奪われて、ムーズ川沿岸の、乏しい基礎の上にスタートを切ったとは言え時代の早い始まりを忘れようとは思わない。ムーズ川の線は、一一世紀にもう一度、リエージュによって脚光を浴びる、そのことは、非常に早くから家屋の建築にも石が使用されていたことがこれを示している。[349] 同じく一〇八〇年、非常に早く、ムーズ川に石の橋が架けられる。全体が石でつくられた橋は、一般には一二世紀にならないと見ることができないのに、ムーズ川では早いのである。[350] そのムーズ川の線は、その後は重要性を失う。西北グループは個々の枝にわかれて、既にライン川を越えている――ドルトムントは、ドルトムントの伝承によるならば、皇帝ハインリヒ四世の時代に周壁、濠、門、によって、「それまでよりも堅固に」防備されるようになったという。[351] 恐らくブラウンシュヴァイクはこのグループに入るであろう。[352] ゴスラルでは市場集落は一一〇八年に、王宮と一緒に、一つの周壁環の中に統合される。[353] 一二世紀に入るとライン川路線は更に整備され、モーゼル諸都市は、周壁による囲い込みに移行する。ブラバント諸都市はフランドル諸都市に追随することを始め、北フランスでは、広範囲にわたって周壁による囲い込みが始まる。ブルゴーニュの大公都市ディジョンは、一一三七年、古い諸キーウィタースの示すモデルに追随する。[354] ムーズ川の線は完全に落伍する。マーストリヒトが最初の都市防備施設への歩みを進めるのは、ようやく一二二九年のことである。[355] 一二世紀の後半になると、ヴェストファーレン諸都市の、周壁による囲い込みが広い範囲で始まる――ミュンスターとゾーストでは一一六九年頃、オスナブリュックでは一一七〇―一一九〇年頃。恐らくはドルトムントもこの頃になってからであろう。エアフルトについて都市の防備施設の存在が確証されるのは、一一六三年頃になってからである。[355a]

初期の、周壁による囲い込みの動機としては、二つの要因が問題になる――ヴィーク自体の経済的実力――これはとりわけケルン、レーゲンスブルク、フランドルで感じとられる――、そしてキーウィタースの支配者のイニシアティーヴ――リエージュ、マクデブルク、ヴュルツブルクが早い時期に周壁をもったのは、このおかげであった。

空間的に見るならば、二つの中核地域が明瞭に浮かび上って来る――一つは、ブルゴーニュとライン川上流域にあるもので、相対的に弱体で、新しい。もう一つは西北部の古いもので、相対的に強力に発達している。後者は、三つの部分空間から構成されている――ケルン、ムーズ諸都市、フランドル。ブルゴーニュとライン川上流域ではキーウィタース支配者のイニシアティーヴが支配的である。西北部ではヴィークの自力である。ムーズ川沿岸では二つの要因が平衡している――リエージュ／ヴェルダン。周壁による囲い込みへのキーウィタース支配者の同意はいつでも必要であった。その上、キーウィタース支配者は、周壁による囲い込みを実施するために城砦罰令権を、[356]フランドルで「バルファルト」"balfart"と呼ばれた[357]城砦罰令権を、思うままに利用することができた。そのような公的-法的強制手段を、商人は思うように利用することができなかったのである。そもそも、周壁による囲い込みのような大がかりな事業を実施するのに、商人の経済的財政的な力は充分だったのだろうか、と人は問うであろう。最も古いヴィーク防備施設の時代の、商人の、資本力、財産形成力、について、私達は何を知っているであろうか。――遠隔地商業における利潤機会は――危険の度合いに応じて――極めて大きかった。既にゴドリクについて、彼が莫大な利潤の獲得を狙ったという物語を私達はもっているし、[358]小農の息子、行商人から船舶所有者へと上昇したその経歴はそのことを確証している。ヴェルダンの商人はそのスペイン旅行によって、リウトプランドの報ずるところによるならば、「莫大な収益」"immensum lucrum"を挙げたという。[359]ケルン人は、ヘルスフェルトのラムペルトの証言によるならば、非常に豊かであったという。[360]ヘントの人ラウススは一〇五九年頃のこと、ポルトゥスに位置するヨハネ都市聖堂を石で造らせている。[361]サン・トメールのランベールは一〇四二／四三年、自費で聖堂を建立した。[362] アラスについては、[363] 一一世紀に、ドールニクでは一二世紀に、大きな財産の存在が証明されている。一〇七三年に死んだヘントの人バルドウィンは聖地への巡礼を企画することができた。[364] このように、一人の商人が石造聖堂を建立することができたのであれば、ヘントのような土地の商人全員で、ポルトゥス防備施設の費用を負担することができたと想定することは許される。サン・トメールについては経費調達の方式、方法も立証されている――ギルド経由で行われたのである。[365] ギルド規約によるならば、ギルドは、その余剰金を、共同の利益のために、道路、市門の維持のために、都市防備施設のために、使用した。この、アー河畔都市の、残念ながらざっとしたものにすぎないギルドの規約の示唆に、都市防備の費用調達の最も古い段階を私達は理解するのである。後になると、周知のように、特別の租税――ドイツの諸都市のウンゲルト、フランドルの諸都市のアッシシア assisia 又はマラトウタ malatouta、リエージュ地方の諸都市のフィルミタース firmitas ――が、この目的に使われる。以上二つの経費調達の方法の間には、後に論じるように、自治体形成という決定的な事件が位置している。

ヴィークは、安定した防備施設帯で取り囲まれることによって、集落としてキーウィタース、カストルムと同格になり、同質になった。しばしば周壁によるヴィークの囲い込みはそれだけで二つの要素の、完全な、集落としての融合をもたらした。周壁によるヴィークの囲い込みは、少なくとも後の空間的一体化を準備した。[366] それは、集落として見るならば、都市生成の完了を意味するものであった。それは又、そのことの、用語上の表現を発見している。色彩豊かな用語上の二元構造が姿を消して、色彩に乏しい „stat"「シュタット」[367]、„villa"「ウィラ」という表現が、新しい単一体を呼ぶのに用いられる。「キーウィタースにしてブルグムであるローザンヌのウィラ全体」"Tota villa Lausanensis, tam civitas quam burgum"、一三世紀にはこのように書かれている。[368]

## b　ギルドとコンユーラーティオー〔誓約団体〕

集落的な融合過程及び浸透過程が、法的なそれをもたらした。法的な融合過程及び浸透過程は、幾つもの点で、以上に叙述した経過の反対像である――集落的には、キーウィタースにヴィークが同化する、統治制度生活では役割が逆になる。一方のキーウィタース及びカストルムの制度的法的組織、他方のヴィークのそれは、対立的な性格をもっている。キーウィタース、カストルム、では、私達の見たように、一人の支配者――司教、伯、の、そして彼等の役人の、意志がまかり通った。キーウィタース、カストルム、の住民には――時として取るに足りないとは言えない数の――不完全自由民的要素が含まれていた。何よりもまず、司教の邸館経営が、その隷属民と、ミニステリアーレによる役人装置ともども、土地支配者制的存在形態を、古いローマ周壁の内側で体現していた。キーウィタースは、しばしば、単一の支配者に帰属していない。国王の伯権、及び国王に帰着する伯権が、大土地支配者の――司教の、大修道院の、参事会教会施設の、権利と併存している。低地諸邦の支配者居住地及びカストルムでは事情はこれほど複雑ではないが、しかしそこでも支配しているのは支配者である。

これに反して、中世初期のヴィークでは、商人のギルドと商人の慣習法とが支配している。商人の慣習法は、一〇〇〇年頃に、明瞭につかむことのできるその姿を私達の前に現わす[369]。その起源はフランク時代にまでさかのぼる。メッスのアルペルトの[370]、この修道士には理解することのできない、そしてこの修道士の感情を害する、ティールの商人達の所行に関する、議論の対象となることの多い報告は、二つのことを記述している――商人の慣習法と、ギルドとである。前者は、一般法に、法 Lex に、対立し、債務関係の特殊な規制、特殊な立証方法――決闘の禁止――、特殊な婚姻法、をもった、皇帝の特許状 carta imperatoris によって確認された、自主制定法 voluntas であり、後者は、自分自身の金庫を管理下に置き、(371) ギルド宴会のお祭り騒ぎをする。スペインに出かけるヴェルダンの商人については、彼等が隊商をつくって旅行することを私達はきいている。一般に同一の目的地に出かける遠隔地商人の「ハンザ」に、定住した遠隔地商人の「ギルド」が対応したように、旅行中の団結には、「商人の防備施設」“negotiatorum claustrum”における団結が対応したのであろう。

九、一〇世紀の、ポルトゥス建設時代の商人は、依然として、ずっと前から北海を往来していた、大胆不敵な、企業家精神旺盛な、軍事に精通した英雄的商人、大冒険者、遠隔地商人 marchands au long cours、と同じ商人であった。彼等のことは、ピレンヌ、フォーゲル、レーリヒ、プラーニッツ、ハイムペル、の叙述から、私達は充分にこれを知っている。(372) たとえ非自由身分に生まれようと事実上自由であり、その故郷から、(373) そのジッペから、解放されてい、土地支配者がその従属農民に与える保護と庇護もなく、危険の多い、危い職業に従事しているために、彼等は保護と支持とを大いに必要としている。自主独立の誇り高い意識から、彼等はこの保護を最も強力な支配者に、国王に求め、カーロリンガ時代には個人個人で、国王被保護民になる。一〇世紀になると、一つのヴィークの商人全体が国王保護の特許状の恩恵に与る。(374) その上に彼等は、ギルドとハンザへのゲノッセンシャフト的団結を通じて、自分で自分を守る。(375)

プラーニッツは、とりわけ北フランク諸都市及びニーダーザクセン諸都市で私達が遭遇する商人ギルドに関して、望ましいすべての解明を与えてくれた。彼は、商人ギルドと、血盟兄弟分団体及び生けにえ団体というゲルマン人の制度との関連――この関連は、祝祭的宴会、死者供養、敵観念に影響を残している復讐義務、広範囲にわたる援助義務、に現われている――を決定的に立証し、商人ギルドを保護ギルドであると性格づけた。あちらこちらで、ギルドは、直接の史料の証言を通じて、一一世紀にまでさかのぼってこれを見出すことができる。例えば、ティール（一〇二〇年頃）、ヴァランシエンヌ（一〇五一―七〇年）、ケルン（一〇七〇年）、サン・トメール（一一〇〇年頃）、ブルッヘ（一一一三年）、の場合である。これらの直接的証言は、確かに、極めて不完全である。[376] プラーニッツは、正当にも、後の時期の情報でこの不完全な証言を補充しようとする。最近公表された推定によるならば、モントルイユ・シュル・メールには、恐らくは九八〇年以前に、既に商人ギルドが存在していたという。[376a] ――国王はヴィークに自分の代理人を派遣している――商人の長 praepositus negotiatorum、ヴィークグラーフ、ヴィークフォークト、ハンゼグラーフ、である。この国王代理人は、かなり厳密に見て最初にプラーニッツがこれを発見したのであり、彼はその出現に関するデータを集め、その諸機能を研究した。[376b] そのため、私達は、プラーニッツの研究のおかげで、ヴィークの制度内容については充分な知識をもっているのである――国王の監督の下に、ギルドという人的団体に結集した商人が、自分達の事務を処理する。ギルドは裁判権を行使する、仲裁裁判権の一つである。ギルド裁判権の強制手段は間接的なものであった――贖罪金支払いの要求、それが拒否された場合のギルドからの除名。ギルドには役人がおかれていた――ギルドの長として、一人の、プラエポシトゥス、マギステル、アルダーマン、等である。これはギルドによって選出されたゲノッセンシャフト的機関である。ギルドの長の他にも大抵は二、三の機関が、裁判の際の陪席者として、あるいは特別の任務を果すために、存在した。このギルドの組織も、デンマーク、ノールウェーの、北方保護ギルドの組織に、完全に一致している。[377] このギルドは、北方の保護ギルドに比べて、緊密さの度合いが些かも大きくはない。完成の度合いが大きくはない。このギルドにも直接の強制手段がない。その刑法もジッペの刑法を思い出させる。このギルドは、商人に対して、ジッペの保護と支援とをジッペに代って与えようとするものである。このギルドの、弛い組織は、自主独立の遠隔地商人を極めて僅かしか制約しない。何よりもこのギルドの組織は排他的である、それは、非仲間に対してはいかなる種類の強制権力ももっていない。それは、自己のメンバーという人的範囲だけを把握する。

今や私達は尋ねる――都市生成の過程でギルドにはどういう意味があるのか、と。その際私達は、他ならぬ西北ヨーロッパ諸都市のギルドと誓約団体との性格づけについて、その他のことではまさに信頼するに足るプラーニッツの導きに、従うことのできない一つの点にぶつかる。プラーニッツは言う、「ギルドの長は……同時にヴィークの自治体の長であった。このことについては、私達はケルンの有名な例をもっている――商人ギルドの長が同時にザンクト・マルティンの自治体の長であった。……従って商人ギルドはヴィークの政治的自治体であった。[378]」歴史的実状はどのようであったのか。レシュは一一三〇――一一四〇年のケルンのギルド員名簿から、[379]当時、ザンクト・マルティンの聖堂区団体の新メンバーの名簿とギルドの仲間の名簿とを併行して作成していたことを読みとった。ギルド員名簿の作成は、サン・トメールについても確認することができる、その〔サン・トメールの〕ギルド規約には、名簿 cartula への新しいメンバーの登録のためには、ノタリウス、つまりフランドル伯の書記に二デナリウス、デカーネ、つまり複数のギルドの長に二デナリウス、納めなければならないと規定されている。[380]この併行現象を根拠として、ケルンでは一二世紀にギルドの長と聖堂区団体の長とが同一人物であったとするレシュの解釈に、人は同意することができるであろう。この状態がどこまでさかのぼることができるのか、ということは決定できない。何と言っても、名簿の作成は、ギルド自体よりも著しく新しいことだと思われるからである。名簿の作成は、既に発達した段階を前提するものである。ギルドの長と自治体の長の、一二世紀における人物の一致は、私達の考えるところでは、ギルドの長がマルティン聖堂区団体の最も声望ある人物として自治体の長に選出されたことを意味しているだけなのであって、その他の点では、市区自治体ザンクト・マルティンと、ギルドとは、全く独立の存在だったのである。自治体のメンバーであることと、ギルドのメンバーであることとは、明瞭に区別された。市区自治体は、ギルドが没落してからも存続した。この二つの組織は、接近してはいたけれども、しかし一つのものでは決してなかった。何故ならば、ギルドは、語の厳密な意味での自治体、集落自治体では絶対にないからである。もしギルドが集落自治体であるならば、一一世紀の新しい移住者の流入の事実がどうしてプラーニッツの言う「大亀裂」を惹き起こしたのか、理解することができないであろう。地域に関連したゲノッセンシャフトであるならば、移住者の流入によってそれが破壊されてしまうことはなかった筈である、移住者の流入は、地域はこれをそのまま存続させたが、ヴィーク内部の人的編成はこれを変更したのである。ケルンの状態を一般化することは相当に危険なことだと、私達には思われる。ギルドの長と自治体の長の、そのような人物の一致は、自治体の形成がさし当たってはヴィークだけを、そうでなければ特別にヴィークを、対象としたところだけで起こり得ることであった。ケルンに見られる市区自治体の強力且つ早期の出現——そのために市区自治体と全市自治体の先行性についての論争が発生したのは当然であった——は、都市ケルンの統治制度の特殊性の一つであり、この特殊性がこの形態で見られるということは、滅多にあることではない。——

ケーブナーはケルンの状態を私達と同じように説明した。[381] 彼は言っている——「もしギルドが、マルティン聖堂区団体に、あるいは全市に、生き続けていく自治体的諸機能を発達させたのであるならば、これらの団体の組織の中には、ギルドの影響が多少は感じとられるはずである。聖堂区団体と都市との官職名で、その官職の所有者が同時にギルドの役員でもあることを示すものが一つもないということが、とりわけ特徴的である。」ギルドが、ケルンの互市強制権の設定によって、ケルンに定住する商人のために外来者を搾取する権利を取得したことを通じて、都市の経済政策を運営したことだけを、ケーブナーは承認する。「都市の全体生活を保護したであろう、一層規模の大きい団体活動は、ギルドの視野の外にあった。それ故に、後になっても、自治体の構築が、ギルドの組織に結びつくということはなかったのである。[382]」ケルンについてはこれでよいのかも知れない、少なくとも史料の現状からするならば、ケーブナーの言うことを私達は否定することができない。サン・トメールについてはケーブナーの見方では言い足りないであろう。後の時期の状態、ギルドが独占ギルドになってしまった後の時期の状態の観察から出発する傾向が、ケーブナーには強過ぎるのである。プラーニッツはそこに、もっと鋭い区別を設けることを教えてくれた——古いギルドは、保護ギルドとして、純粋に経済政策だけに関心を寄せるものではなかった、というのである。——サン・トメールでは、道路の維持、市門の維持、都市の防備施設まで、ギルドが世話をする。ギルドは剰余金をそのために提供する。[383]ギルドは都市平和の維持に配慮する——ギルド規約が都市内での武器携帯を制限している。[384]武装して市内に入る外来者は、退去するまで、又は自分が平和を維持する意図をもっていることを証明してくれる市民を一人、名指しで挙げることができるまで、武器を市門のところに預けなければならない。一二世紀に入ってもサン・トメールではギルドの立場が非常に強い。一一二七年の最初の都市法ではギョーム・クリトンは貨幣製造所からあがる収入をギルドに与えている。ギルド会館は、商人の観点、法の観点、からするならば都市の中心地であった。[385]都市全体のためにギルド金庫から支出がされているらしい証拠は、リルでも、トゥルネ、ブルッヘでも、見られる。[386]それにもかかわらず、これらの都市においても、都市の行政にギルドが残した痕跡は、散在的な、そして少数の、ものでしかなかった。サン・トメールではギルドの〔複数の〕長ではなくして審判人と誓約者とが一二世紀の都市の政庁である。[387]それで、ピレンヌは正当にも——そして後になってからの詳説におけるよりも明瞭に——言っている。「ギルドは都市の自治的諸制度の発達を大いに助長することはできた。自治的諸制度を創立したのはギルドではない。選挙によって決められる自主的団体の長であるギルドの長が都市自治体の役人に転化することはなかった。そして都市法は、ギルド会館の会合で決められる諸規定に胚胎するものではない。ギルドは単純に任意加入の団体である。公的な権限は何ももっていない。その存在の根拠は構成員の自由な合意だけである。[388]」都市の住民全体を強制力を以てつかまえることは、都市政庁の本質の一部分である。ところが、ギルドは仲間でない者に対する強制力を獲得しようとするところがない。このことの影響が現われてくるのは、ポルトゥスの住民とギルド仲間とが広汎に重複していたポルトゥスの初期ではなくして、一一世紀である。一一世紀には都市への大流入が始まる。ヴィークへの新しい来住者の全員がギルドに加入しているわけではもはやない。ヴィーク居住者とギルド仲間の不一致は、一一三〇／三四年〔正しくは一一三〇／一一四〇年〕のケルンのギルド員名簿の中に明瞭に示されている。サン・トメールでも同地に居住する商人が全員、ギルドに加入しているわけではない。加入していない場合にはギルドが提供する諸利益を享受することもない。そのことはギルド規約の第一条に規定されている。[389]ヴィーク内居住は、それ故に、それだけではギルド加入の根拠にはならない。ギルドは純然たる人的団体である、またそうあり続ける。ギルドはその都市の範囲をはるかに越えて手を伸ばすことさえ、全く可能なのである。大陸のギルドは確かに、その都市に居住する商人だけをメンバーに含めたかもしれない。そのことは、アー川に臨む都市〔サン・トメール〕の規約の一条項が示している。その条項は、ギルド宴会にやって来てこっそり一緒に酒を飲み、その際に捕えられた非加入者は、五シリングの罰金を納め、且つ直ぐさまギルドのメンバーの資格を取得するようにと要求している。その条項は、それに続けて、われわれはその中から、聖職者、城の人間、よそ者の商人、はこれを除外する、と記している。[390]しかしながらイングランドでは、ギルドが都市の境界を越えてその手を伸ばすことはほとんど通例のことである。[391]ギルドからは、商人法 jus mercatorum の属地化への歩みは、団体の、密接で法的な、地区への関係づけへの歩みは、起こらなかった。すなわち、ギルドを土台としては都市自治体は発生しなかったのである。都市統治制度に関する自分の研究の中心に自治体形成の問題をおいたG・v・ベーロウは、それ故に、あれほど鋭く、ギルド説に反対せざるを得なかったのである。

ここで私達に立ち向かっている問題は、既に数十年前に、ピレンヌが極めて明瞭に見ていたものである――「商人法は……ある人間集団の法である。それは、すべての商人に、彼らがどこにいようとどこに居住しようと、都市にいようと都市の外にいようと、適用することのできる、属人主義的慣習法である。それ故、この観点からするならば、この法は、都市のものでは全くない。それは都市の土地に固定されていない。しかしながら、商人法は、都市の土地に結びつき始める。しかも極めて早くからである。商人 mercator と市民 burgensis という二つの語の間に生まれる同義性は、この重要な事実の、明白な証拠である。この同義性の最も古い例は一一世紀の初めにさかのぼるからして、この時代以降に商人法が地域的性格を帯びたこと、商人の人格から居住する土地へと商人法が移される傾向を示すことを、そのことから結論することができる。[392]」プラーニッツも商人法の属地化について語っている。[393]中世都市を主題とする第三論文において、プラーニッツは自治体形成の問題を――問いかけだけには成功したが答えには成功することのなかった――ベーロウの労作以後はもはや現われることのなかった熱意を以て、設定した。彼は、次のような結論に到達する。私達はその結論をさしあたって簡潔に定式化しておこうと思う。私達が関連情報をもっている最も古い都市自治体は、ウイのそれ（一〇六六年）とトゥールのそれ（一〇六九年）である。この二つの都市自治体の成立については、私達は何も知らない。その直ぐ後で（一〇七六年、一一〇六年）、ケルンとカンブレで明瞭に都市自治体の成立を跡づけることができる。都市自治体は、誓約団体を通過して進む途上で発生する。プラーニッツは既に第一論文において北フランク地方におけるそれの出現を詳細に確認しておいた誓約団体の痕跡をドイツ帝国の全域について追跡し、その結果、誓約団体が都市自治体だという結論に到達する。――その際彼は、一つの点に、それこそが決定的な意味をもっていると私達には思われる一つの点に、触れることがない――すなわち、誓約団体、宣誓団体、コンユーラーティオー、コムーニオー、その他呼び方はさまざまであるがこの団体は、地区と関連のある、地区と結びついた、ゲノッセンシャフトだという事実に触れていないのである。この事実によって誓約団体は根本的にギルドと相違し、この事実によって誓約団体は自治体として構成されるのである。史料そのものをして語らせることにしよう。ギルドと誓約団体のこの対照は、サン・トメールの都市法の中に、説得力を以て述べられている。この都市法は、アー川に臨むこの町を味方に引き入れるために、豊かな伯領フランドルの伯の地位を請求していたノルマンディーのギヨームが、この町に与えた有名な特許状である。書記ブルッヘのガルベルトゥスの生彩ある記述[394]から、シャルル善良伯の後継をめぐって勃発した紛争に際してフランドル諸都市の取得した大きな分け前について、私達は教えられている。フランドル諸都市は、この時に、そのすべてが、類似の特許状を取得したようである。このことが、唯一現存するサン・トメールの証書の意義を一層大きくしている。宣誓団体は特許状付与の瞬間には存在していた。ギヨームはその宣誓団体を、追認したのである。[395]サン・トメールでは同じ時期に商人ギルドが大きな役割を演じていたことを、私達は既に述べておいた。次の、二つの条を比較してみよう。まず第五条である――「彼等のギルド〔のメンバー権〕を持っている、そしてそれに所属している、そして彼等の都市の周壁の内部に居住している、すべての者、予は彼等に対して、ディクスモイデとグラヴェリーヌのポルトゥスにおける商品流通税を免除する、そしてフランドルの全域を通じて彼等に対して海難税を免除する。"Omnes qui gildam eorum habent, et ad illam pertinent et infra cingulum ville sue manent, liberos omnes a teloneo facio ad portum Dichesmude et Graveningis, et per totam terrae Flandriae, eos liberos a sewerp facio.”ここでは、サン・トメールのギルド仲間に、そしてギルド仲間だけに、商品流通税の免除特権が与えられている。この特権は、ギルドという人的団体だけに限定されたもので、住民全体を包含するものではない。この特権はまた、それを与えられる者を、商人としての職業従事においてのみ把握しているのであって、法人格全体において把握しているのではない。それは、新しい身分の基礎となるものではない。次に第九条である――「サン・トメールの周壁の内側に現に居住している者並びに、今後居住する者全員に、予は、人頭税を、すなわち頭割り租税を、免除し、裁判援助を免除することを決定する。」“Omnes qui infra murum Sancti Audomari habitant et deinceps sunt habitaturi, liberos a covagio hoc est a capitali censu et de advocationibus constituo.”これによって、サン・トメールの全住民に、新来住者にも、区別なく、人格の自由が保障される。全住民が新しい身分資格を取得する。市民になる。彼等が市民になるのはサン・トメールの周壁の内側に infra murum Sancti Audomari 居住地をもっているからであって、一つのゲノッセンシャフトに所属しているからではない。既に一八九五年にピレンヌはこの条項を取り挙げて、次のようにこれを解釈した――「このようにして、平和――ピレンヌはこの平和というものでプラーニッツが誓約団体によって理解しているのとほぼ同じものを理解している――のおかげで、今や都市は、あらゆる観点からして一つの法域を形成する。……市民であることの必要不可欠の条件を構成するものはもはや定職ではなくして住所である。[396]」ピレンヌはこれに、メーデバハ[397]とゾースト[398]の都市法の条項を付け加える――「ドイツ語でヴォルトと呼ばれ、諸君の堀の内側に含まれているすべての土地は、法的に同一である。――周壁の内側のすべての賃貸地は法的に同一である。」“Omnes possessiones que teutonice Wuorth vocantur, que intra fossam vestram continentur, unius iuris sunt. ― Omnes aree censuales infra opidum unius sunt iuris.”ここには、紛れもなく明瞭に、都市地区というものがある。私達が更に一つ、北フランスの例を付け加えよう。アミアンの都市法は次のように規定している――「コミュンヌの境界の内側で窃盗を働いているところを捕えられた者、あるいは働いたと認定された者、は誰であれ、われわれの役人に引き渡される。そして、この者についてなさるべきことは何ごとも、コミュンヌの裁判によって裁判にかけられなければならない、そして、実際に裁判されなければならない……コミュンヌ自体の中に滞在している誰かを、あるいは商品を携えて都市にやって来た商人を、何人も都市の禁制圏の内部で追い散らしてはならない。もし誰かがそういうことをしてしまったならば、もしその者を逮捕することができるならば、あるいはその者の資産の何かを抑えることができるならば、その者に対して、コミュンヌを侵害した者に対するように、コミュンヌは裁判を行うことができなければならない。」“Quicumque furtum faciens intra metas communie comprehendetur, vel fecisse cognoscetur, preposito nostro tradetur et quicquid de eo agendum erit judicio communionis judicabitur et fiet. ......Nullus aliquem intra communiam ipsam commorantem, vel mercatores ad urbem cum mercibus venientes, infra bannileucam civitatis disturbare presumat. Quod si quis fecerit, sciat communiam de illo, ut de communie violatore, si eum comprehendere poterit vel aliquid de suo, justitiam facere.”[399] 第一七条も「コミュンヌの境界」“fines communie”について語る。コムーニアというのは、この証書の用語法では、地区としての、且つ団体としての、都市自治体である。私達はそこに根本的に新しいものを見る――この地区形成ということに、である。ここにこそ、ギルドと宣誓団体との間に見られる諸々の相違がその共通の分母を見出すのである。この二つの制度が何故あのように異なる機能をもっているのかということを理解しようとするならば、両者の間に存在する、この対照から出発しなければならない。ギルドは自由意志による仲間の加入に基礎をおいている――一人の仲間の異議が新規採用を無効にできるというノールウェーの保護ギルドの規約の規定を私達は思い出す――のであるが、都市の住民はそれとは反対に、例外なく宣誓義務を負うている。(400) ヴァランシエンヌのパークスが、完全に明確に、そのことを定式化している――「その後、子供が一五年目の年齢に達したならば、もし告知されたならば、その者は、都市の平和を忠実に守ることを誓約しなければならない。しかしもしこのことを誓約することを拒否するのであれば、猶予期間として、一日と一晩とがその者に与えられる。もし誓約することを望むのであれば、その者は、平和に、そこに留まる。しかし望まないのであれば、その者は、町を完全に立ち去らなければならない、そして土台から破壊される。しかしもし、間もなく都市に入り来るならば、平和を誓約しない限りは、平和を誓約することを解放条件として、逮捕される、もし拒否するならば、平和の違反者と同じように、有罪の判決を受ける。」“Ex quo infans quintum decimum annum attigerit, si moneatur, debet iurare quod pacem ville fideliter conservabit, si vero eandem iurare renuerit, pro induciis detur sibi una dies et una nox. Si iurare voluerit, pacifice remaneat. Sin autem, exeat omnino villam et funditus destruatur. Si vero postmodum villam ingressus fuerit, nisi pacem iuraverit, capiatur cum ammonitione de pace iuranda, si renuerit, tanquam pacis violator condempnabitur.”(401) ギルドの裁判権は仲間にしか及ばなかったが、宣誓団体はギルドの仲間でない者をも裁判する。宣誓団体の団体裁判権から都市裁判権が発達するのである。(402) ギルドの重要な強制手段は除名であった。共同体《ゲマインシャフト》からの追放――事実上は都市からの追放――と家屋破壊とが宣誓団体の重要な強制手段である。さしあたっては仲裁の拒否に対する刑罰にすぎないのであるが、次第に犯罪行為それ自体に対する刑罰になっていく。ギルドがジッペの刑法からそれほど離れていず、ギルドの刑罰制度の完成度が低いものであるのに対して、宣誓団体は本格的な刑事司法を発達させる。宣誓団体の刑法は復讐思想に基づくもので、峻厳苛酷である。(403)「……しかし不法行為を行った者が現行犯で逮捕されるならば、その者は、実行されたことの程度に応じて、罰せられる。すなわち、眼には眼を、歯には歯を、頭には頭を、以て報復する。」“……si vero qui injuriam intulit presentialiter tentus fuerit, secundum quantitatem facti punietur scilicet, oculum pro oculo, dentem pro dente, caput pro capite reddet.”[404] だからと言って私達はこの二つの制度の共通点を忘れようとは思わない。ギルドにも、宣誓団体にも、ゲルマン的血盟兄弟分団体が生き続けているのである。この点についてはプラーニッツの、明快な説明の参照を乞うだけで済ませることができる。[405] 無論、宣誓団体はもはや生けにえ団体ではない、礼拝団体ではない。[406] 宣誓団体は、はるかに新しい組織であり、異教的ゲルマン的慣習の直接の継続ではなく、ゲルマン的ゲノッセンシャフト的思想に基づく新しい創造物である。というわけで、宣誓団体こそは、ゲルマン的法財産がいかに生き生きと商人の許に、あの二つの団体の指導者である商人の許に、維持されていたかということの証拠なのである。しかし、宣誓団体のゲルマン的‐法的基礎には、血盟兄弟分団体には、一切の地区関連性が欠如していた。どのようにしてこの要素が、次のように明快にピレンヌが述べているようにこの制度の全体に浸潤しているこの要素が、入り込んで来たのであるか——私達は今、それを問題にしなければならない。ピレンヌはこう言っているのである。「都市平和は本質的に属地主義である。それが樹立された日から、住民は誰でも、市民も外来者も、自由民も農奴も、貴族も非貴族も、それを遵守する義務を負う。都市平和は土地に帰属する、と言ってまず差し支えがないであろう。スターフォレンの平和の名称は都市の平和 pax civitatis であって、市民の平和 pax civium ではない。[407]」この地区関連性は次第に強固に完成していった、そのことを団体裁判から都市裁判への変化が示している。ピレンヌといえども結果を確認しているだけであって、どうしてそうなったのであるかということはこれを説明していない。プラーニッツは、誓約団体の効力、誓約団体が引き受ける諸任務、市民のために誓約団体が戦いとる諸権利、を立入って検討した。これらのことは、すべて非常に重要である。しかしながらそれは、自治体形成の発端に位置する都市地区の受胎の経過には、触れることがない。

コンユーラーティオーは、然り、比較的後期の現象である。ただし、ある都市の歴史では、間違いなく発端にコンユーラーティオーが位置している――フライブルク・イム・ブライスガウである。フライブルクの建設には、同時代の、ただし史料批判上著しく難しい問題をいろいろと提供している記録が、光を投げかけてくれる[408]。フライブルクの場合にはそれだけではなく、フライブルクの特殊事情というものがある――ブルクが一つ城山に建っていたけれども、前都市的核というものがないのである。そのブルクには、古いローマ都市や参事会教会施設都市、あるいはフランドルのカストルムがもっている固有の重みがなかった。フライブルクには西北ヨーロッパの遠隔地商人のヴィークも建設されることがなかった。周辺の豊かな村々のための近隣地市場集落が支配者の圧倒的な参加の下に建設されたのである。バイヤレとレーリヒは、古いギルド説を経済的に解釈しながら、フライブルク建設状に姿を見せる二四人の市場誓約者 conjuratores fori に企業家仲間を見ることができると思った[409]。ハムは、フライブルクに関する入念な地形図的研究の中で二四人の市場宣誓者の屋敷地を発見しようと非常な骨を折ったが、徒労に終った。ツェーリンガー公の同一の設計に従って、ツェーリンガー家が同家の他の多数の建設の際にも採用した設計図式に従って、フライブルクの集落が建設されたものであることを、ハムは正確に立証した。地形図的調査結果は建設証書から窺われる支配者意志の非常な重みに合致している。この支配者意志が存在しなかったなどということは全くない。リューベックの建設の場合にはハインリヒ獅子公の貢献度と商人の貢献度とを正確に区分けすることが極めて難しいように思われ、そのため、その問題については激しい論争が生じた[410]。この後しばしば取り上げることになると思われるヘントのポルトゥス建設の場合には、フランドル伯が規制する立場で参加している。フライブルクがレーリヒにとって特別に重要であったのは、ツェーリンガー家が市場集落建設という共同事業に有力商人達 mercatores personati を結びつけるのに用いた誓約、コンユーラーティオー、がフライブルクでは明確に名指しされているからである。この誓約は、レーリヒには、彼の——いつでも慎重に表明された——仮説にとっての——企業家仲間はギルド類似の集団であるという仮説にとっての、重要な論拠だと思われたのである。その場合レーリヒは、ギルドとの関連と並んで、他の諸関連も問題になるのを容認していた[411]。これに対して、今日、私達は断固として言うことができる——フライブルクの例は企業家ギルドの存在を逆推することを許容するものではない、禁止している、と。フライブルクで問題になっているのはギルドではない、宣誓団体である。——ギルドと宣誓団体の相違は、レーリヒには未だ全く明らかでなかった。純粋に兄弟団に組織されたギルドの場合には考え難い支配者の協力が、宣誓団体の本質にはよく調和するのである。抽象的ではあるけれども、しかし根本を突いている点で注目すべき、レーリヒに対するベーロウの以下の異議は、ギルドだけにあてはまるものであって、自治体である宣誓団体にはあてはまるものでない——「市参事会の根源を企業家仲間、あるいは企業家ギルドに求めることは、国家的あるいは自治体的統治団体の根源を社会的結合体に求める、軽率で、方法的に間違ったやり方である[412]。」フライブルクのコンユーラーティオーは、都市建設に併行して行われた自治体形成に他ならない。この自治体形成は、都市を建設する支配者と協力する商人達 mercatores の共同作業として行われる。相続者のいない市民の財産は商人 mercatores の委員会、二四人の宣誓者参事会——この二四人のグループを私はL・v・ヴィンターフェルトと共にこのように解釈したい——に帰属する。つまり、この宣誓者参事会が自治体支配者の位置にあるのである。ただし、機関として、ゲノッセンシャフト的に基礎づけられた自治体長として、である。宣誓者参事会は、しかしながら、強制団体の長であって、ギルドの長ではない。フライブルクの場合の特殊性は、コンユーラーティオーが支配者によって許容され、承認されたばかりではなく——このことはフランドルでも生じたことである——、支配者がコンユーラーティオーに直接参加していることである。自治体形成も支配者のイニシアティーヴによっているのである。

リューベックの商人もコンユーラーティオーを結成したこと、恐らくリューベックではそれ程広汎な支配者の協力はなかったこと、私はそのことを大いにあり得ることだと思っている。宣誓団体として構成されたこの自治体が、次には、リューベックの住民全体を拘束する力のある組織になったのである。商人はこの組織の中で、宣誓者参事会の地位を占めていた。この宣誓者参事会がやがて――イタリアの宣誓団体をモデルにして――コーンスレース consules を名乗るようになる。そのためフライブルクのローデル〔公ベルトールトの与えた特許状。都市法の内容を含んでいる〕にも市場の宣誓者 coniuratores fori の代りにコーンスレースが登場するようになったのである。従って、企業家仲間の代りに宣誓団体を据えることは、ベーロウの異論を取り除くばかりではない――私達は、いずれ先へ行ってそのための論拠を示さなければならないイタリアでの併行現象のおかげで、市参事会制との諸関連についての疑問の余地のない示唆をも手に入れることになるのである。レーリヒとフォン・ヴィンターフェルトの間で交わされた論争における論点の一つ――企業家仲間からの市参事会の独自的成立か、それともイタリアの制度の継承か――を、第三の平面で調和させることの可能性を私達はここに見る。フライブルク、リューベックでは、イタリアの場合と同じように、市参事会へ向けての自治体制度の発展は、宣誓団体から出発する。しかし宣誓団体の組織は、一般に、西北ヨーロッパでは、イタリアの場合とは別ものである。イタリアの諸都市で、特に明瞭にその形成がフランスの諸都市で見られる宣誓者委員会に相当するものは、一年毎に交替するコーンスレース、例えばジェノヴァのコンパーニャ compagna〔誓約団体〕を管理するコーンスレースである。(413)宣誓団体という共通の基盤がコーンスレースというイタリアの制度の継承を、容易にしたのである。この継承が最も早く行われたのは、宣誓団体がその発展を始めてから未だ日が浅いために確固とした固有の伝統が形成されていなかったところ、審判人団体やそれに類似する古い団体の存在していなかったところ、であった。リューベックやフライブルクの場合が、そうであった。市参事会制の継承は、従って、イタリアのモデルに倣って西北ヨーロッパの宣誓団体制を変形しただけのことであり、相当に有機的な経過であった。そのことが、自主的発展という印象をレーリヒに与えたのである。しかし、名称が——名称は、レーリヒがそう信じこませようとしたようには無意味なものではない——この自主的発展とは矛盾しているし、コーンスレースの方が早く登場している[414]。この二つのことが、市参事会という制度の出発基礎としてのイタリアを指し示している。L・v・ヴィンターフェルトは、イタリアの宣誓団体とコーンスレースの関連を見落としたらしいが、しかしこの関連は彼女の命題を支えるのに正に適している。コーンスレースは国際的に広がる制度として、最初のものではない、既に宣誓団体が国際的意義を自負することができるものなのである。

このように、リューベックとフライブルクでは、事実として、都市統治制度の発展の発端に宣誓団体が位置を占めている。しかしこの二つの都市は、新しいものであり、古いキーウィタースの抱える複雑な法的関係や結びつきに煩わされることのない新開地に建設されたものである。ヴィークとキーウィタースの二元構造がここでは欠けている。ギルドの支配するヴィークが建設されるのではない、都市と都市自治体とが建設されるのである。一二世紀にはそれが可能だったのである。地形図的にも統治制度的にも、ここには、合理的、意識的な行為がある、その行為は、当時既に代父の役を勤めることのできる諸都市が存在したから可能だったのである。私達はそのように言うことによって出発点に投げ戻される——真正の二元構造を備えた集落では自治体形成はどのようにして行われたのか、最も早い自治体形成はどのようにして行われたのか。——地形図的にはそれがどのようにして行われたか、ということは、周壁によるヴィークの囲い込みの章で示しておいた。ヴィークとキーウィタースの法的同一化、都市自治体における両者の浸透、はヴィーク住民の重要な変化、商人 mercator における市民 burgensis の出現、を前提としている。

それだけではなく、自治体形成の経過は、プラーニッツの叙述に見られるよりも著しく複雑且つ多面的なものとして私達の眼前に現われるであろう。その研究に際して私達は一つの誤った先入観に災されないように警戒しなければならない――キーウィタースの支配者とヴィークの住民の関係は必ずしも敵対的である必要はないのである、自治体形成はキーウィタース支配者に対抗する形で行われる必要はないのである、自治体形成はキーウィタース支配者の合意を得て、それどころかキーウィタース支配者の奨励を受けて、進行することもあるのである。それどころではない、二、三の場合には、無論希な場合ではあるが、商人集落自体が支配者によってつくられる。例えばブザンソン。プラーニッツは、あまりにも自分の叙述を都市支配者との対立に合わせ過ぎたのであった。

## c　商人 mercator から市民 burgensis への変化

この場合にも名称から出発することにしよう。プラーニッツは確言する。「それ故に、一一世紀の後半以降、オットー諸帝時代のメルカートーレス mercatores〔複数〕に代って、ブルゲーンセース burgenses〔複数〕、ウルバーニ urbani〔複数〕、キーウェース cives〔複数〕、という新しいグループが登場するのである。[415]」この発言を裏付けるための例証材料をプラーニッツは豊富に提供している。私達はここで、今直ぐに、一つの限定をしなければならない――キーウィス civis、ウルバーヌス urbanus、の語の登場を以て新しい市民概念のしるしである、と評価することは許されないと思われることである。すでにヴァイツが言っている、「キーウィスというのは、極めて一般的な、しかし同時に極めて不明確な、名称である。[416]」と。ヴァイツが指摘しているのは、コンラート二世に関するヴィポの発言、第六章、「キーウェースに対しては寛大、未知の人に対しては無情。」“In cives benignus, in hostes acerbus.”である。「史料がキーウェースと呼んでいるのは法によって特殊な地位が認められている人間ではなくして、全く単純に、キーウィタースの世俗住民であること」[417]にピレンヌが注意を喚起している。ピレンヌのこの見解は文書によって裏付けることができる。[418]キーウィスというのは、場合によっては、住民を意味しているだけのことさえある。[419]それが、文書の慣用法なのである。古代のお手本がなお影響力をもっていた年代記作者の作品のなかにキーウィスが登場することから結論を引き出すことなど、ますます以て許すことのできないことである。リシェールは、九八四年、司教座所在地ヴェルダンの住民をキーウェースと呼んでいる。このことは、法史的に見るならば、全く無意味なことである。ウルバーヌスについてはヴァイツが言っている――「それは、古くからある、また極めて不明確でもある、名称である。[420]」と。それは既にティートマールにも出て来る。キーウィス及びウルバーヌスという言葉の内容は恐らくは都市の発展によって豊かになるのであろう。キーウィス、ウルバーヌスを都市の発展の証人として呼び出すことは、循環論法を意味している。無条件の証言価値は、ブルゲーンシスという語がもっている。ブルゲーンシス名称の由来と初出とについては、私達は既に論じておいた。[421]その際に眼を惹くことは、周壁によるヴィークの囲い込みの最古の分布地域と、ブルーゲンシスの名称のそれとの間に、完全な一致ではないにしても、一致が見られることである。ブルゲーンシス名称の場合にも、最も早期の分布地域として、比較的希薄な西南部と極めて顕著な完成度を示す西北部――その中心はセーヌ川とムーズ川の間に位置している――とを私達は確認することができるのである。周壁によるヴィークの囲い込みの、西北分布空間と、ブルゲーンシス名称の西北分布空間とが合致しないのは、ブルゲーンシス名称が最初――言うまでもなく全く散発的に――ロワール川の下流に登場し、直ぐさま強力に北フランス諸都市を席捲したのに対して、その北フランスの商業諸集落が、一二世紀初めの、ヴィーク防備施設建設の第三期の、グループに属しているためである。ムーズ-エスコー空間の占めている意義は、ブルゲーンシス名称、ヴィークの囲い込み、いずれの場合にも、同じように大きい、と思われる。ここでは、〔二つの〕現象像が最も顕著に合致している。ドイツ語地域が――フランドルを別にするならば――周壁によるヴィークの囲い込みの場合よりも遅れて〔ブルゲーンシス名称の普及に〕捲き込まれるのは、〔ブルゲーンシスという〕語のロマン語起源を考慮に入れるならば、理解しやすい。――ポールテルの通用が地域的に限定され、ポールテンシスとして登場することは一度も無く、フラマン語の形態だけで登場し、ヴィクマンとヴィカリウスが滅多に見られず、また主としては低地ドイツ語地方のものであるのに対して、ブルゲーンシスという表現が一般的な地位を確立するのは、注目すべきことである。(422) 私達の以下の考えは確固としている――職業ではなくして住所に結びつき、一般的な妥当性を獲得することになるポルトゥス住民に対するその名称は、ロマン語地方にその起源がある。

ブルゲーンシスという語がメルカートルという古い表現を排除していくのを、サン・トメールのギルド規約(423)が示している。第一条では、ギルドに加入しようとしない「私達の町、あるいは壁外市区、に居住する商人」"mercator manens in villa nostra vel in suburbio" のことが語られる。それ以外の条ではギルド仲間はメルカートルではなくして、ブルゲーンシスと呼ばれる――「ギルド宴会、又はギルド集会に出席するブルゲーンセース」"burgensibus ad potationem vel ad capitulum existentibus" と書かれているし、ギルド裁判権に関して規約の中に出て来る城代ヴルフリク・ラベルとの協定においても、ギルド仲間はブルゲーンセースと呼ばれている。(424) サン・トメールの都市法では、貨幣の贈与の場合のように特にギルド仲間が念頭におかれているところでさえ、ブルゲーンセースだけが語られている。(425) フライブルクの建設勧誘状ではメルカートルとブルゲーンシスとが併用されている。建設証書の規定、「すべての商人から商品流通税を免除する」“omnibus mercatoribus teloneum condono”の「すべての商人から」“omnibus mercatoribus”をローテル〔ローデルの誤植か?〕が「その市民から」“burgensibus suis”に置き換えているのは、むろんのこと名称の変更以上のことである。それは、実際に、貢租の免除を「外来者」を除いた「市民」に限定することを意味しているのである。しかしそこに表現されているのは、その間に発生した変化だけである。発生した変化が強められた形で表現されているのである——今や定住商人と外来商人との間に鋭い境界線が引かれる。ブルゲーンシスは、例外なく商人だったわけではない[426]。商人は、ブルゲーンセースの指導層であった。ブルゲーンシスは、もはや純然たる職業の名称ではなくして、身分の名称である。ブルゲーンシスという身分への帰属は、大抵の場合一つの人的団体への帰属と結合しながら、住所に結びついている。ブルゲーンシスという言葉それ自体は、以上二つの条件の内、第二のものにだけ関連している。そのため、ブルゲーンシス名称の出現と分布とにはヴィークの防備施設の設置に見られる経過と同じ経過が現われるのである——商人と都市的性格を帯びた商人の住所との、次第に密接になっていく結びつきである。商人のたまり場に、人間が常住する、安定した商-工業的性格の集落が、とって代ったのである。この発展は、ブルゲーンシス名称が最初に発見されるところで最も早く実現したに違いない。この発展は、都市地区の形成と極めて密接な関連のある、諸経過の中の一つである。

今や私達は尋ねる——「このブルゲーンセースとは、誰であるのか?」と。ブルゲーンシスにとっては、もはや商業を営むことは特徴的なことではない、ポルトゥスに住んでいることが、詳しく言うならば、防備施設のあるポルトゥスに、場合によるならば既にキーウィタース、カストルムと融合して、単一になっているポルトゥスに、住んでいることが、特徴的なことなのである。ポルトゥスへの防備施設の設置に強力な都市定住性が結びついていたことは既に詳細に論じておいた——防備施設帯は、防備者の常駐を必要としたのである。ところでこのことは、遠隔地商業の構造、遍歴商業の構造、とどのように調和していたのか、ブルゲーンシスの経済行動とどのように調和したのか。遍歴商業と都市定住性とは排除しあう。事実、私達は、一一世紀に、あの転換期に、職業の遂行と財産の取得とにおいても緩やかな変化が、遍歴商人から、一般的に言って一定の場所に居住する都市定住的大商人への変化が、生じるのを観察する。当時はまだ二つの型が併存していた。一一世紀に生きていたゴドリクはなお遍歴商人層の典型的な代表である。その同じ時代に、ケルンとフランドルには既に圧倒的に定住的になっていた大商人がいたのである。この変化の経済的前提条件は、そうした大商人が、定期的に商人旅行に出かけなくても、自分の財産を維持し、ふやすことができる、ということであった。そのことは、二つの方法で可能であった――一つは、経済生活のゲノッセンシャフト的構造である。ケーブナーはケルンについて、このことを詳述している――「ギルドという大きな共同体《ゲマインシャフト》関連の内部に、一時的で純粋に経済的な性格の、個別の小さな結合体が、一回毎の商人事業のための商業団体が、絶え間なく形成された。そうした個別の結合体は、一二世紀の半ば頃には、大司教支配下の小都市メーデバハでは、法的規制の下にあった[427]。ケルンでは、そうした結合体が、既にずっと前からひろまっていた。何よりもまず、相当の財産にとってはそれらの結合体を利用して財産を活用する多彩な可能性が開かれたのである。富裕な人間は、貨幣あるいは商品の委託、そして商船の提供を通じて、何人かの都市仲間の商用旅行に参与することができた。数多くの事業に少額の貨幣で参加したならば、個々の事業につきまとう危険はそれだけ小さく、感じられた。いずれにしても、富裕な人間は、そのようにして、ケルンでの定住生活を放棄することなく、継続的に、自分の貨幣財産の活用を確保したのである[428]。」

しかし商人にとって、富の源泉はポルトゥスそれ自体の中にも発生した――輸出手工業と地代である。ディナンの都市伯法に出てくる金属工業は、輸出工業であった。そのことはとりわけ、古い状態が反映されている一一〇三年のコーブレンツの商品流通税文書から明らかである。このコーブレンツの文書は、ムーズ地方の金属工業の中心地としてディナンの他にナミュールとウイとを挙げている。フランドルの毛織物工業は既に一一世紀の前半に輸出工業としてその姿を現わす。ヘントへの羊毛の輸入が既に一〇一三年に立証される[429]。アラスの毛織物工業が一〇二四年に、サン・トメールのそれが一〇四三年に、史料的に証明される[430]。それ故に、今や自分の住んでいる都市自体が商人に、商品の一部分と、成長していく販売市場とを提供したのである。このことがまた、商人 mercator の都市定住と、都市被拘束とを助長したのである。今や商人には、工業企業家になる可能性も与えられたのであった。フランドルの毛織物工業が、既に中世において、手工業的制約を破砕したことを私達は知っている。――財産増加のもう一つの可能性は、土地所有への投資であった。私の考えを正しく理解して頂きたい――ここで問題にしているのは、キーウィタースの自由な土地所有者 Possessoren の存在ではない。都市に定住する土地所有者そのものの問題ではない。その後に生じた現象としてずっと前から知られてい、証明もされてきた、不動産への商人資本の投下のことでもない。そうではなくして、全く特殊に、既に一一世紀に、都市生成の始まった時に、地代収益がポルトゥス居住者にとって重要な意味があった、ということなのである。商業収益が財産の内容を構成するポルトゥス居住者にとって最初にあるのは商業収益である。このことは、不動の、最終的に明瞭に認識された、出発点であって、これを抹消してはならない。ヴィークの初期にあっては、疑いもなく、流動財産、商品ストック substantia、が自由世襲地 hereditas を凌駕していた。ところが、一一世紀になると、この不動産の占める意味が増大して来るのである。私達はかなり良くフランドル諸都市の状態を見渡しているし、その上ここでは、ブロックマンスの丹念な研究が新しい解明をもたらしている。一二世紀の諸史料の中で、私達は、ウィリー・ヘーレーディターリイ〔自由世襲地所有者〕viri hereditarii に、レーギティミ・ホミネス〔特権者〕legitimi homines に、サン・トメールで[431]、ヘントで、ドゥエで、遭遇する。(432)ブロックマンスは、これらの人々をヘントについてさかのぼって追究した。次の結論に到達している――永続することになったヘントの第二次ポルトゥス――第一次ポルトゥスはよく知られているように九世紀にノルマン人来襲時代に没落した(433)――は、一〇世紀に、レイエ川の両岸に、二つの大修道院、シント・ピーテルとシント・バーフの敷地に、つくられた。この二つの修道院は当時なおノルマン人の襲撃のためにさびれていた。外来の商人達 extranei mercatores が、不法にフランドル伯が占拠していた大修道院の土地に、修道院の人々が不在の時に住みついたのである。フランドル伯は新しい来住者達に地代を納めさせようとした。アルヌール伯は、両大修道院を復興し、これを助けて、以前両大修道院がもっていた世俗財産の一部分を取り戻してやった――九四一年(434)と九六六年、アルヌールは両大修道院に、ポルトゥス・ヘントに位置する家屋から徴収される家賃 census quod accipitur de mansionibus que site sunt in portu Gandavo を寄進したのである。この真正の地代が、一一世紀の経過中に消失する。そのことは、他のフランドル諸都市でも発生した。一一二七年にギヨーム・クリトンはブルッヘの市民から家賃 census mansionum を徴収しないことにした。ドールニクでは聖堂参事会から残酷にも家賃が奪い取られた、等々。ヘントの地代は一〇三八―一一二〇年の時期に消失したに違いない。この時期と、フランドル伯によるエスコー川とダンドル川の間の地方の征服、及びロベール・ル・フリソンによる伯職の簒奪、が重なる。前者の事件は、境界地という危険な性格をヘントから奪い、ポルトゥスを繁栄させる。そのことが、ポルトゥスの土地の所有者に地代の一括払いを求める気持を起こさせる。ポルトゥスの土地所有者は、地代を信用手段として、制約されることなく使用したいのである。ロベール・ル・フリソンは、ブルッヘ、フランドル海岸部、ヘント、に支持派をつくり出す。その時ヘントに最初の特許状が与えられたのであろう。その時更に、ケテルフェストとフウトレイの二つの濠を引くことで、ポルトゥスの土地と大修道院の所有地との外形的分離も生ずる。――誰が九世紀から一一世紀にかけてヘントのポルトゥスの土地を一つ一つ所有していたかということは、未解決の問題である。ヘントで姓が最初に登場するのが一二世紀の後半であるからして、最初の自由世襲地所有者と一三世紀の自由世襲地所有者とを関連づけることは、理論的に不可能である。しかし自由世襲地所有者がポルトゥスの土地を取得した最初の都市居住者の子孫であることは、確信を以て言うことができる。人口は持続的に増加していったが、彼等は新来者に、本来の所有権は留保した上で、地代と引き換えにポルトゥスの土地を提供することができた。彼等は新来の都市住民に対して、地代の納付だけを条件に、自由をもたらすことになる土地の一筆を自分の手で与える土地支配者の役割を演じるのである。トゥルネでも同じようにポルトゥスの土地は若干の家柄に分けられた。このようにして、ヘントの「初期都市貴族」の財産は、豊かな現金資本と、ポルトゥスの土地の持ち分からあがる都市の地代とで、構成されていたのである。一三世紀の都市貴族とは対照的に、彼等は都市の外に、土地を、ほとんど、あるいは全く、もっていなかった。私達は自由世襲地所有者に、商用旅行からあがる儲けだけに依存しているのではない、新しいタイプの大商人を見る。この層は、ポルトゥスの防備施設設置と、地代の一括払いとを同じ時期に実行することができた——彼等の資金力の証拠であり、またポルトゥスの土地への彼等の結びつきの証拠である。ポルトゥス内部での有力者層の形成は、フランドル都市に限られたことではない。一〇七四年のケルンの暴動の際には、キーウィタースの有力者達 primores civitatis が暴動を指導している[435]。キーウィタースの実力者達 optimi civitatis のことが、マクデブルクでは一〇〇九―一一八年に、トゥールでは一〇六九年に、記録されている[436]。

そうして見ると、中世においても、都市と同時に都市の支配者層が形成されたのである。この支配者層は、彼等と併存する農村に定住する貴族とは違って、真正の出生身分的性質をもってはいない。この支配者層はこの農村定住貴族をモデルにしてつくられた支配者層であり、農村貴族の生活慣習を身につけようと努力し、農村貴族との婚姻関係 connubium を実現しようと努力する。西北ヨーロッパでは、農村の出生身分的貴族と都市貴族の間の柵が、本当に打ち抜かれるということは未だない。それ故、この中世の社会には、いわば一筋の亀裂が走っているのである――一方の側には古い、土地支配者的農村的支配者が存在し、そして――それとは独立に――ポルトゥスを建設した商人から成長する、都市の都市貴族が存在する。私達はここに、古代と中世の社会学的構造における、恐らくは最も本質的な対立を把握する。中世にあっては、農村と都市とがそれぞれに支配者層をもち、従っていずれもが固有の政治生活をもっている。都市の意義は、そのことによって制限される。身分制国家は、この併存によってのみ、これを理解することができる。都市の生成にとって、自由な自治体の形成にとって、この、都市の支配者層の成立は、極めて重要なことであった。何故ならば、それは、都市の商人層の中に政治的任務を担う勢力が自立したことを意味しているからである。ウィリー・ヘーレーディターリーイは、メリオーレースー〔有力者〕meliores は、語の法的意味での都市生成の、正にその際の、いくら高く評価してもし過ぎることのまずないと言ってもよい、推進力なのである。

私達はしかしもう一度後戻りすることにしよう――ヘントの自由世襲地所有者はポルトゥス建設者の子孫である。自由世襲地所有者はまた、ヘントの審判人の家柄である。ブロックマンス自身は、自分の研究成果はピレンヌとレーリヒの主張の確認、すなわち建設企業家都市学説の確認、だと理解している。次のように彼は締めくくっている――「ヘントは、Ｈ・ピレンヌ並びにＦ・レーリヒの考えを、見事に裏づけている。ということは、リューベックで人為的に、計画的組織的に、所定の一年間に実現したことが、ヘントでは、有機的に、自然的に、そして漸進的に、二、三世紀の間に発達した、ということに他ならない。」“Gent beaamt schitterend de vorstellingen van H. Pirenne en van F. Rörig. Alleen sprekt het van zelf dat, wat te Lübeck kunstmatig, beredeneerd systematisch, in een bepaald jaar it tot stand gekomen, te Gent organisch, naturlijk en geleidelijk, in een paar eeuwen is gegroeid.[437]"

ところが、レーリヒの主張については論議がないわけではないのである。けれども、L・v・ヴィンターフェルトが提起した異論[438]の内の若干は、ヘントの場合を根拠にして、大体のところこれを論破することができる。例えば、v・ヴィンターフェルトは、都市建設を担当する大商人が充分な資金を自由にできたとは信じられない、と言う。この考えは、一一世紀にフランドルのポルトゥス居住者が手にしていたことの立証されている財産を考えるならば、ヘントの住民がポルトゥスの防備施設設置と地代の一括払いとを同じ時期にやってのけたような事実を考えるならば、もはや賛成することのできるものではない。ヴィンターフェルトはさらに、レーリヒに反対して、都市の土地所有を彼は過大に評価している、と言いたてる。「一部分は見捨てられたリューベック出身の、一部分は建設都市として失敗に帰したレーヴェンシュタット出身の、商人達の内の、どれだけの者に、不確実な事業のために利潤を生み出す商人の職業を断念することが、非常に長い期間商業資本を寝かせておくことが、そしてそのためにいつでも例外なく商業の前提条件である移動の自由を全く奪われることが、計算ずくで考えて見て、できたであろうか、あるいは心の中で考えて見て、やる気の対象になったであろうか。それに、開拓的建設はむしろ、初期には、財産のない、青年の活躍する分野であったに違いない。この分野ではそうした青年でも、その活動力によって、故郷におけるよりも急速に頭角を現わすことができたからである。ところで、いたるところで、他ならぬ新興の、信用を必要とする商人が商業利潤を土地につぎ込み、その土地購入のおかげでまたたく間に、知らぬ他国においてさえ先祖伝来の土地に居住している大市民にして市参事会員資格のある家柄の者達の仲間入りをしたように、リューベックの最初の住民も、一挙にではなくして、財産の増加に応じて、次第に、土地財産を取得していったのかもしれない。この土地財産は、開墾用の土地である必要、あるいは建物の建てられていない土地である必要、はない。港湾都市では社会生活は烈しい変動にさらされてい、嵐のような建設の時代には、後の時代におけるよりもしばしば、投機は失敗したであろうから、成功した職業商人は、突如として苦境に陥った仲間の家屋敷を安く取得する機会に恵まれることが希ではなかった。[439]」この異論に対しても、フランドルの状態を根拠にして、別の考え方をすることができるであろう。リューベックが建設された時代には、西北ヨーロッパの商人グループの間では、市場集落の自由世襲地 hereditas の所有者にはどのような利潤可能性が約束されているか、正確に評価することができたのである。それどころではない、都市のどういう政治的地位が、自由世襲地と結びつくことができるかということが知られていたのである。ヘントで二つの段階——ポルトゥスの建設、地代の一括支払い——を経て成立したことを、リューベックではどうして合理的に一つの経過にまとめてはいけないのか。そして、発端において、自由世襲地所有者 viri hereditarii を審判人の家柄としてではなく、誓約者委員及び市参事会員の家柄としてつくり出してどうしていけないのか。

リューベックの場合の措置は、全体として、ヘントの場合より計画的であり、且つ合理的であった。その理由は、一つには、リューベックが既に経験済みのことを役立てることのできる、ずっと新しい建設であったということである。そして第二には、リューベックの場合には、商人の自立した措置があったものの、明白に現われている支配者の建設意志が整然とした経過を保障したことである——ヘントの場合には、ノルマン人の襲撃の悪い影響が充満している時代に、好都合な状況——本来の土地所有者の不在乃至は行動能力欠如——が利用し尽くされたのであった。ヘントのポルトゥスの地形図的再構成をブロックマンスは提出していない。リューベックの市場の——フライブルクを完全に排除した後に、レーリヒ的意味では全く孤立して存在する——リューベックの市場の、レーリヒ的再構成の細部にわたって態度を表明することは、L・v・ヴィンターフェルトが注目すべき成功を収めつつ実現したような、個別研究にのみ可能なことである。市場建造物及び市場売店に対する都市の所有権の前段階としての、ポルトゥス建設者の共同所有権がヘントでは発生しなかったことは、確実なことである。何故ならば、ヘントとブルッヘでは、市場監督権の所有者である伯以外の誰かが、市場の売店を賃貸しすることは、一二世紀になっても禁止されていたからである(440)。サン・トメールでは一一五一年に、都市が売店の所有者、そして市場監督権の所有者になった。その時にフランドル伯がサン・トメール市に、ギルド会館とその付属地、そして商業の営まれる場所も——専ら外来の商人のための商業が営まれる場所も、併せて委譲している(441)。このようなわけで、以上述べて来たことからは、リューベックの市場に関するレーリヒの記述に類似するものは、確実に出て来ないのである。

## d　都市への移住とそれがもたらす諸結果

メルカートルからブルゲーンシスへの根底的な変化は商人集落内部における強度の社会的分化に併行して進行する。自由世襲地所有者の、富裕になったポルトゥス建設者の有力者団体は、あまり富裕でない、あまり有力でない商人、手工業者、商人に従属する労働者及び補助者、と共存している。ヴィークとの空間的一体化が、キーウィタースの住民に、城の家臣、聖職者、旧市区の商人、手工業者に、こうした住民諸要素を近接させる。その上に、今や決定的に、都市への移動が始まる。この都市への移動は、既に一一世紀に、特別の法的規制が必要になるほどに、強力である。そのような規制を、ディナンの都市伯法が与えている。この法は、以下のように規定している——「隷属的地位を捨てて都市に移住することを欲し、且つ都市に留まることを欲する者は、以前誰に隷属していようとも、以後は、伯に所属するものとする。罰金については、すべて伯のミニステリアーレに納めるものとする。但し、サンクタ・マリア、あるいはサンクトゥス・ランベルトゥス、あるいはサンクトゥス・フグベルトゥス、の隷属民であった者は除く。」“Quicumque extraneus in ville voluerit transire coloniam et ibi morari voluerit, cujuscumque antea fuerit, ad comitem pertinebit, ministeriali suo de omni forisfacto respondebit, nisi forte fuerit sancte Marie, aut Sancti Lamberti, aut Sancti Hugberti.”(442) 近隣の諸グルントヘルシャフト〔土地支配者制経営組織〕が――聖マリア〔大修道院〕、ディナン、聖ランベール〔大修道院〕／リエージュ、及び聖ユベール大修道院が――移住者の一部分を出しているところから見て、ここで問題になっている移住が近隣周辺部からの移住であることは、疑う余地のないところである。この移住は、ヴィークをその後背地に密接に結びつけ、農業的な地域の中で異物であった商人の溜り場を、その地域での自然な中心点に転化する作用をした。(442a) この移住は、それに加えて、統治制度法上の、影響の大きい諸結果をもたらした。ポルトゥスの商人は自由民であった。但し彼等の自由は事実上の自由であった。彼等の身分的素性は、彼等が遠方からやって来た者であるために、これを調査することがもはやしばしばできなかったのである。近隣周辺部からの来住者は、彼等に付着している非自由民としての出自をそう簡単には消し去ることができなかった。さらに加えて、都市への顕著な移動によって土地支配者制は厳しい打撃を受け、防禦の姿勢をとる。「都市の空気は自由にする」という原則を樹立することにより解決しなければならない問題が、今や、もち上ってきたのである。

都市とその周辺部との、密接な、住民政策的結び付きは、統治制度の上でも影響をもたらす。私達はまず、全く一般的な問題を提出する――どのような統治制度法的結合及び観念の中で来住者は成長したのであったか。彼等は大抵の場合議論の余地なく或るグルントヘルシャフトの隷属民であった。彼等はしかしそのような者として、自己責任の慣習の全くない不自由民であったわけではない。もし彼等がそのような自己責任の慣習の全くない不自由民であったならば、都市的自由を達成する際にどうして有効な協力が出来たのであろうか！　土地支配者に対して義務を負う農村住民も、公的集会、裁判集会、において然るべく振舞う振舞い方は心得ていたのである。支配者権の限界を心得ていたのである。古い民衆法を基盤とする公的生活への個々人の参加――それは裁判集会に集中していた――は土地支配者制の時代になっても直ちに立ち消えることはなかったのである。土地支配者制が、その従属農民全員から、伯管区の公的生活を最初から奪い去るということはなかったのである。[443] 他方では、あるグルントヘルシャフトに帰属することが社会法的下降をいつでも意味するわけでは全くなかった。むしろ不自由民は土地支配者制《グルントヘルシャフト》の枠の中で上昇したのである――フィスカリニ〔国庫領従属民〕とエククレシアスティキ〔聖界領従属民〕は告訴に対抗して自分で責任を負う権利を取得する、不自由民は封臣となって、軍隊動員権の下に入り、家臣宣誓を行う。末期カーロリンガ時代のイムニテート諸権の発達は、完全自由民に向かいあう形で、一つの集団が登場する現象をもたらす――自由な従属農民と不自由な従属農民が混在し、一般法からの除外を新しい特徴とする集団、[444] ルートヴィヒ敬虔王のイムニテート法律文例集が「同じ土地に居住している、自由身分並びに隷属身分の、同一修道院の人間達」“homines ipsius monasterii tam ingenui quam et servi super terram ipsius commanentes”と特徴づけている集団、が登場するという事態を招来するのである。古い、厳格な、出生身分的秩序は、中世の初めに、事実上解体した。レッテルは、外形だけで判断すると、もはや内容に合致しないことがしばしばであった。リーベル〔自由民〕、インゲヌウス〔自由民〕はノビリス〔貴族〕〔と同義〕になった。しかしプレーベーイア・リーベルタース〔民衆の自由〕は消失した。農村に開墾自由民[445]という新しい層が成立するが、それには時間がかかった、それは都市における市民の自由の形成に対応する過程である。しかしながら、かつて存在した身分上の相違のイムニテートにおける平準化、中世の初めに進行した伯管区の公的生活からのイムニテート従属民の排除、といえども、土地隷属集団にとって、法生活及び経済生活の面で彼等に関係する諸問題を調整することへの参加からの除外を意味するものでは決してなかった。この参加は、以前と同じく、代々受け継がれてきた、途切れることなく自由な従属農民によって行使されてきた、民衆法的形態の法判告と、同じくそうした民衆法的形態の二つの組織へのゲノッセンシャフト的結合、として行われた——二つの組織とは、直接に土地支配者制自体の枠内での組織と、程度の違いはさまざまであるが土地支配者制からは独立している農村自治体の枠内での組織、である。

## e　都市自治体の土着のモデル

このようにして、ここで引き継がれなければならない当面は全般的な観察の検索語が登場した。都市自治体の成立の研究は、農村自治体と都市自治体の関係を、検討することなく放置しておくことを許されないのである。フォン・ベーロウが、フォン・マウラーによって集められた材料に基づいて、その労作『ドイツ都市自治体の成立』（一八八九年）と『ドイツ都市統治制度の起源』（一八九二年）の中で、農村自治体説を実際に樹立した時、その限りで彼は、正しい出発点を選んでいたのであった。しかし彼の立証の進め方は、農村自治体説を推進するよりは、むしろその信用を失わせてしまったように見える。次の時代には、都市の発展の自立性、先発性が、例えばピレンヌによって、鋭く強調された。ピレンヌは、フォン・ベーロウの学説[446]に対しても、また一八七四年に同じくフォン・マウラーとつながりを持って「中世のわが国におけるコミュンヌ役人の起源とマルクの組織とに関する略論」を書いたファンデルキンデレに対しても、[447]反対したのであった。ドイツ人による研究も、さしあたっては、例外なく、農村自治体説を拒否した。ところがその次の時代になると、ラッペの諸研究[448]が都市と村落の間に存在する——但しさしあたっては統治制度的観点よりは集落史的観点における——疑問の余地のない関連を、明らかにした。既に一九一九年に、フレーリヒがラッペの主張に対するある論評の中で、ベーロウの農村自治体説と、リーチェルの樹立した二元構造的都市成立説との対立を橋渡しする可能性が、ラッペによって開かれたことに注意を喚起した。その次の時代になると、広い視野をもった、従って古くて大きい一流の諸都市を念頭においた、都市史研究が——その限りで正当な理由を持ち、説明のつく——一面性を以て、リーチェルへの依存を続け、リーチェルの主張が確認されるのを見た——私が思い出して欲しいのはレーリヒ、バイヤレ、ピレンヌ、ガンスホフである。しかし、比較的新しい、重要性の乏しい諸都市を前面に押し出す、限られた研究領域を選択した研究者達は、以上に指摘した型の遠隔地商業説に、都市の成立についての十全の解明を見出すことがなかった[449]。そのため、意見の対立は、事柄の性質にその理由があるよりも強く現われるように、次第になっていった。ラッペの主張も、無論のこと、そのままの形では、維持されることはなかった。ラッペは、都市の生成をば農村集落の犠牲によって実現した、集落の集中だと記述した。都市の成立と廃村形成との間に発生的関連を彼は見たのである。ラッペは一群のヴェストファーレンの小さな集落——ゲゼッケ、リューネン、ザルツコッテン、リューテン、ヴェルネ等——を手がかりにして、集住説に到達した。すなわち彼は、都市の成立を都市支配者によって建設行為として計画的に実施された複数の農村自治体の集住だと説明したのである。この、最も極端な形態での集住は、希な場合であり、一般的な妥当性を要求できる都市の成立経過としては問題にならない。一つだけ孤立しているライン地方の事例、以上に挙げたヴェストファーレンにおける特殊発展の西での枝わかれ、がベルクノイシュタットである。ここでは一三〇一年のセルウァティウスの日に、それまで人間の住んでいなかった山の突出部に、「ザウアーラントの新しい都市」“nystat in Suderlande”がつくられた。その市域は、他の境界域から切り取られたものに違いなかった。発展能力のある集落核を維持するために、若干の農家が市内に編入されたに違いないらしいのである。[449a] ヘッセンの事例は、フリートベルクがこれを提供している。都市及びブルク・フリートベルクがその上に建設された土地は、近隣の二つの村、オックシュタットとファウエルバハ、の境界域から切り取られたものである。ブルクの近くの、都市へと発展していく集落は、その最古の来住者を、とりわけ隣接する二つの村落、ファウエルバハとシュトラースハイムから受け入れた。新しい故郷における彼等の定住は、最初はほとんど交流なしに別々の二つの地区で行われた。オックシュタット出身の来住者も、同じように、相当数存在した。[449b] しばしば遭遇する経過に、既存の諸都市への農村自治体のまるごとの移植があるが、これは都市支配者の指示なしでも起こり得ることであった。この植えつけは、建設段階に起こり得ることなのであるが、しかしその場合、新しい都市は非農村的性質の集落核を利用した。そのような例を、ラッペ自身がヴェルネで提示している――ここでは、聖堂が最初の定住者を誘い寄せた。「聖堂が結晶核の役割を演じ、数世紀が経過する間にそのまわりに一つの新しい自治体が成立した。この新しい自治体は、充分の力を持つに至った時、自己の周囲を取り囲む農村自治体から独立し、自立したヴァイヒビルト〔都市法集落〕に昇格した。その結果、その時期から、ヴァイヒビルト・ヴェルネは農民集落ヴェルネの内部で一つの飛び地を形成するようになった。ところが領邦支配者がこの新しい集落に防備施設をつくり、近隣の農民の植え付けという手段で、住民の数を増加させた。そのため、市の紋章にこの二つの推進力に基づく都市の成立が表現されることになった。市の紋章には参事会教会施設聖堂の梁の他にヴェルネの聖堂の保護聖人として聖クリストフォルスがとり入れられているのである。[450]」しかし集団移住と農村自治体の編入とはいつでも生じていることである。今日に至るまで、この方式で都市が成立している。廃村の形成と都市の成立に関連が存在するのは紛れもないことである[451]。ただその場合に、中世都市の設立の場合には、例外なく、真正の新集落が問題なのであって、単なる集落の再編成が問題なのではない、このことが確認されなければならない[452]。

ラッペが確定した事柄はとりわけ都市の市区自治体に関する学説にかかわりがあった。というのは、この市区自治体の中には、共同移住した、あるいは植え付けられた、村落が生き続けている場合があるからである。ただし、この場合にも、ラッペは、すべての市区自治体の起源をおしなべて古い村落ゲノッセンシャフトに求めることによって、行き過ぎをしてしまった。議論を先へと進める性質の批判を、私はヘームベルクに負うている[453]。ヘームベルクは、ある都市の市区自治体が、真正の、古い、村落ゲノッセンシャフトであるのか、それとも、人工的な、新しい市区形成体であるのか、違いを判別するための、一般的に妥当する、信頼のおける基準を発見した、とさえ思い込んだのであった。けれどもそれに対しては、私達はフレーリヒの懐疑を共有している。その都度、一つ一つの個別研究が不可欠だとフレーリヒは見ているのである。

以上に述べた、本質的には集落史的な諸確認から、どのような統治制度法的諸結論を引き出すことができるのか、また引き出さなければならないのか、ということは、これまた、農村自治体の存在が都市自治体の成立以前に証明できるかどうか、にかかっている。この点については、私達はシュタインバハに、決定的な解明を負うているとしなければならない。シュタインバハは、一九三二年にその『ドイツにおける地方自治の歴史的基礎[454]』の中で、農村自治体の起源がフランク時代にあったことを確定した後に、最近においても、雄大な意図の下に想を構えたある研究[455]の中で、再び農村自治体説を繰り返した。この新しい研究の中で、彼は、農村自治体の成立の時期について一九三二年に獲得された認識を、ライン川下流域からモーゼル地方にかけての農村自治体形成の起源を跡づける概観[456]

の中で、牢固たるものにした。そして同時に彼は、一九三七年に、シュタインバハの見解への大幅な賛同にもかかわらず自治体の古さについては相異なる確認に到達していたバーダーの、南ドイツの村落自治体に関する研究(457)との対決も行った。ゲノッセンシャフト的な領域支配権に基礎をおく農村自治体は、バーダーによるならば、西南ドイツでは、中世盛期以降になって初めて、存在するようになったのだという。ここには、シュタインバハに対する根本的な反対はない。農村自治体も都市自治体と同じように、すべての場所でおなじ時期に成立したものではない、そうではなくして、最初は、特定の、そうなることが宿命であった地方に、特別の状況に基づいて、成立したものであった。シュタインバハはこの優先的地位をモーゼル地方に与えた。プラーニッツも最も古い都市自治体を――その発生を解明することは彼にはできなかったのであるが――ウイとトゥールに見出した。注目すべき一致である。都市の生成の集落的過程でも――詳細に述べておいたように――ムーズ地方は顕著な先頭的地位を確保している。――このように農村自治体が実際に都市自治体よりも古いものであるならば、一一世紀以降に諸都市に流れ込んで来た多数の来住者は、それ以前に、農村自治体で生活していたわけである。この観点からしても、都市自治体と農村自治体の関連はありそうに思われる。

ファンデルキンデレが当時、フォン・ベーロウとほとんど同時に農村自治体説を樹立したように、今日では、シュタインバハとは全く独立に、しかし明確にフォン・ベーロウを引き合いに出しながら、シャルル・プティ－デュタイイが、北フランスの中世諸都市の像に農業的諸特徴が見られることを指摘している。(458)プティ－デュタイイは、中世都市の経済的性格を一面的に強調することに反対し、中世都市が保護施設としてなお農業を営んでいた住民に対してももっていた意義を強調している。都市の住民の一部分が農業をも営んでいたことを、この住民部分の特殊利益を考慮に入れた法の諸規定を利用しながら、彼は立証する。プティ－デュタイイは、ピカルディの都市法証書の中に、すべての市民に適用されるべき居住義務を播種期及び収穫期には免除する規定が、「農業上の免除」“congés agricoles”が、あるのを指摘している。サン・カンタンの市民、ブレ・シュル・ソンムの市民、等々は、「彼等のマールティウス〔三月〕のために」“pro suo martio”及び「彼等のアウグストゥス〔八月〕のために」“pro suo augusto”（二月二日から四月末まで、及び六月二四日から一一月一一日まで）市外に滞在することを許された。プティ-デュタイイは、北フランスの最も古いコミュンヌ特許状と、最も古い自由権付与状とを比較する。コミュンヌに固有なのは、誓約兄弟団、宣誓団体、だけであって、その他の点ではこの二つのグループは――最も古い見方が非常に鋭い境界線を引いて区別したこの二つのグループは、広汎に一致しているのである。以上の記述によって、プティ-デュタイイは問題の核心へと突き進んでいる――宣誓団体なき諸自由、の問題である。これについては先に行って検討するであろう。

農村自治体が都市自治体のモデルとして問題になる道が二つある――一。農村自治体に似せて、都市の市区自治体が形成された。二。農村自治体は、裁判民団体と競いあいながら、都市の地区形成のために枠組みを与えた。シュタインバハによるならば、その上、ゲノッセンシャフト的に行使される領域支配権という、農村自治体の中に生きて働いている法思想が、商人によって意識的に採用され、商人の集落においても都市支配者の諸要求に反抗する闘争の中で実現したのだ、という。「都市自治体は、既にフランク時代の農村自治体に実現していたゲノッセンシャフト的領域支配権なる法思想の再現である。[459]」

農村自治体と都市の市区自治体との関連は、特に教えるところが多い。全市よりは都市の市区自治体の方が、農村自治体と同格であるが故に、農村自治体と市区自治体との間では仕事の範囲が一定の一致を示すし、また密接な隣人団体的関係が村落仲間の関係の基礎と市区自治体の市民の関係の基礎とを同じように形成しているが故に、である。場合によっては、農村自治体を含むさまざまな集落群の合体によって一つの都市が成立する時には、直接の連続性が存在する。このことは、ラッペの扱ったヴェストファーレンの新しい諸都市だけではなく、フレーリヒが引き合いに出している、ザクセンのタウハ、[460]ディー・ヴェッテラウのフリートベルク、[461]ケーニヒスルター[462]の諸例にも妥当する。古いライン都市圏もそうした例を提供している。非常に明瞭な例はオイスキルヘンである。[463]フェダーレは、その没後に発表されたある研究[464]の中で、私達の注意を再びアールヴァイラーのフートに向けさせている。フートは古い防衛上の地区であるという在り来りの説明に反対して、フェダーレは、フートの固有の性質が市区自治体であることを証明し、その成立を集落史的経過の形で以下のように推測する――「一二五〇―六〇年の都市建設の直後に成立した周壁環の外側には、一群の古い集落や農家が存在した、このことには疑問の余地がない。後のアールヴァイラー周辺の空間への、この定住は、以下のように考えるべきである。フランク族は、五世紀の初めに、土地占取に当って、広大な谷間に複数の個別の集落をつくり、部分集落の立証しているように、さしあたっては別々に、相互に関連なく、定住した。八五六年にはギーゼンホーフェン、さらに八八六年にはゲロルツホーフェン、後のギーレンツハイム、さらに又八九三年には恐らく今日の市域の中に位置していたプリュムの支配者館、というように。さらに、後に成立する都市の周辺には若干の農家があった。その中には、シュタインフェルト大修道院の礼拝堂付き農家が含まれていた。この礼拝堂農家については、都市の設立の際に都市の中へ移されたと明記されている。ところで、これらの集落は、そのすべてが都市建設の直後、又は暫く後に消滅したわけではなかったにせよ、それでも、これらの農家が、そして後になると集落が、都市の中へ移された、あるいは集落史的表現を借りるならば、植えつけられた、というのは依然として確実である。」無論フェダーレは、フートそれ自体と、そのようにして植えつけられたかつての自立した村落とを、一つ一つ、対応させることに成功しているわけではない。市門に因んだフートの命名――アールフート、オーバーフート、ニーダーフート、アーデンバハスフート――、四つという数（市区 Stadtviertel）、この二つのことが、アールヴァイラーで問題になっているのは人工的につくられた市区自治体なのではないかという気にさせるのである。――フートは、それ自体の機関――選挙制によるフート長をもっている。その上に全市的機関として市参事会が存在する。長、すなわちマギストリ magistri には、ケルン地域やライン川下流域で市区自治体の長として今後もしばしば私達は出会うことであろう。

例えば、私達はレースで、ケルン大司教ハインリヒの与えた都市昇格証書の中に、一人の市民の長 magister civium と一人のケーンスアーレス〔臘貢納民〕の長 magister censualium とを見出す[465]。私達は既に、二元構造論的都市成立論の例としてレースを提出することができた[466]。都市昇格の時期にレースの住民は区分された法秩序の中で生活していた――そこには、マギステル・ケーンスアリウムの下にある自治体、すなわマリーエン参事会教会施設のグルントヘルシャフトの枠の中にある自治体と[467]、マギステル・キーウィウム、後の時期のブールマイスター、の下にある自由な自治体[468]とが、併存していたのである。マギステル・ケーンスアリウムにブールマイスターを見ること、マギステル・キーウィウムに――ずっと後になって初めて存在し得る――ビュルガーマイスターを見ること、それは、リーゼガングが正しく詳論しているように、できないことである。マギステル・キーウィウムの指導する自治体が、リーゼガングの主張しているように、三つの部分自治体、後の三つのツェーントシャフト、が一体となって成立したものであるかどうか[469]、私達は結論を出さずにおきたい。自由な自治体には当然のことながらレースの商人 mercatores が所属していた。商人の住宅は参事会教会施設の所有地にある。しかし彼等はその土地に、自由な世襲借地の原則に基づいて居住する[470]。商人は更にギルドに結集していたとリーゼガングは推定している。レースの場合には、ギルドの何らかの痕跡が残ることがなかったのだ、ということはあり得る。マギステル・キーウィウムというのが自治体の長であってギルドの長ではないことは、マギステル・キーウィウムが後にブールマイスターと呼ばれるようになったことからだけでも、明らかなところである。――マギステスル・ケーンスアリウムの指導する土地支配者的自治体は、都市への昇格後は、自由な自治体に吸収され、マギステルの役職は残らない。このようにレースでは、初めから紛れもなく顕著な非農業的特色を示している集落に対して、農村自治体のモデルが作用する力をもっていたのである。

ケルンの市区自治体の発達を観察することにしよう――この都市では、宣誓団体が自主的な自治体生活の出現を助けたものと思われる。しかしその宣誓団体は、発展の初めには存在していない。またギルドだけが宣誓団体に先行しているわけでもない。私達は既に、ケルンの市区自治体ザンクト・マルティンが、ギルドとは独立に存在していたことを指摘しておいた[471]。私達はケルンに、明瞭に分けられる二つの発展系列があるのを識別することができる――全市的発展系列と、市区自治体的発展系列である。ケルンの自治体生活は、市区自治体という形で、極めて力強い、一つの独自的存在を発展させたのである[472]。ケルンの市区自治体の地区的基礎は、第一には、聖堂区である。聖堂区と市区自治体との密接な関連は、ケルンだけに見られるものではない。コンラート・バイヤレは、フランドル、イングランド、フランス、イタリア、スペイン、に比較の材料があることを指摘している[473]。ドイツでは、他でもないライン川下流域で、聖堂区が世俗の地域裁判の基礎であることが確認される[474]。旧市区及びライン壁外市区の聖堂区、ザンクト・アルバン、ザンクト・ブリギデン、ザンクト・コルムバ、ザンクト・ラウレンツ、ザンクト・マルティン、ザンクト・ペーター――後に聖堂区権を与えられた参事会教会施設聖堂ザンクト・アポステルンがこれに加わった――が、それぞれ同じ名前の市区自治体の枠組みを提供した。その他のケルンの市区自治体は聖堂区の地区的基礎の上に成立したものではなかった。ゲレオン-クリストーフ、パンタレオン-ヴァイヤーシュトラーセ、ゼフェリーン、は参事会教会施設イムニテート乃至は修道院イムニテートを継承したものである。標準的で始源的なのは市区自治体と聖堂区との関連である。ヘーゲルの最近の研究[475]によるならば、ケルンの聖堂区形成は、当初、教会当局が担当する発展であったという。この発展は、最初、都市の前面に位置するローマ時代からの礼拝所に端を発し、ローマ市区の内部では司教聖堂からの分岐、あるいは世俗の私有教会支配者の新建設、の形で進行する。以上の第一期に、最も重要な第二期が、一〇／一一世紀に続く。この第二期の特徴は、急速に継起する聖堂区網の空間的拡大と、ゲノッセンシャフト思想と私有教会権との結合から成立した新しい型の聖堂区聖堂、ヘーゲルが「市民聖堂区」と呼んでいるもの、の導入とである。聖堂区聖堂小ザンクト・マルティンはヴィーク住民によって建立されたものであること、そのため私有教会権に基づいてヴィーク住民が聖堂区司祭を選任したこと、ヘーゲルはこのことを信憑性の高いことだと思わせるのに成功している。小ザンクト・マルティンの聖堂区司祭選任権は、他の複数の聖堂区でも模倣された。そのような次第で、商人市区が、最初の内は教会の仕事の範囲と世俗の仕事の範囲とが重なりあっていた市区自治体の形成においても優位に立っている。聖堂区の自治団体化は商人市区で始まる。ただし――このこともまた注目すべきことなのであるが――商人市区で聖堂区形成が始まるのではない。聖堂区と一致しているのは市区自治体の、地区だけではない。「パロキア」〝parochia〟という名称も一致しているのである。市区自治体が担当した、後には〔市区自治体の〕退任役員団が担当した、種々の教会関係の仕事にも、聖堂区と市区自治体のこの関連は、強い影響を残した。教会税の徴収を含む教会財産の管理、司祭の選任、教会の作業場管理人その他の教会使用人の任命、は市区自治体の仕事であった。市区自治体と聖堂区団体との関連は、また、ケルンでは、聖堂区の住民とその自治体的機関、退任役員団とが、宗教裁判に対して一定の影響力を獲得するのに成功したことをも、説明している——すなわちケルンでは、聖堂区住民と退任役員団とが宗教裁判審判人の任命に影響力を行使したのである。これは他の諸都市では、市参事会が自分のものにした権利である。(477)

　ケルンの市区自治体の組織には農村自治体の影響とギルドのそれとが交錯していた。農村自治体との本質的類似性は、市区自治体の市民権と市民概念との名称に表われている——ケルンでは、全市自治体の市民権と市区自治体のそれとを、私達は区別しなければならない(478)。全市自治体の市民はブルガー、ラテン語でキーウィス、ウィキニス、ウルバーヌス、ブルゲーンシス、と呼ばれ、市区自治体の市民はゲブール、ラテン語ではキーウィス、ウィキニス、パロキアヌス、である。Ｋ・バイヤレが、ブール、ゲブールは隣人を意味するものであって、農民を意味するものでは絶対にないこと、「ケルンの農民」という奇妙な語は、低地ドイツ語の用語法を高地ドイツ語によって誤解したことに基づくものであることを、詳細に明らかにした(479)。従って市区自治体は、隣人団体として性格づけられ、その市民権はブールシャフトとして、隣人権として、性格づけられる。このことは、市区自治体を農村自治体と同じレヴェルのものにする。農民長、ブールマイスターも、隣人の長、マギステル・キーウィウムだからである。都市ケルンの用語法では、全く当然のことながら、キーウィスというのは、ブルゲーンシスでもあり、ゲブールでもある。既に私達には馴染のあるマギステル・キーウィウムという語が、ケルンの市区自治体の指導者としてもその姿を現わすのである。けれども、ケルンの市区自治体のトップの地位にあるのは一人のブール長ではなくして、通例二人の、選挙による長である。自治体の長が定期的に選挙されることを、ケーブナー、バイヤレ、ｖ・レシュは、一致して、ギルドがモデルになったからだと見ている(480)。長の数が二人というのも、この地方の農村自治体の在り様とは違っていて、ギルドに見られることである(481)。退任した長、「功績のある役員」が、知られているように、一つの団体をつくる。この、ケルンの退任役員団の兄弟団的本質に見られるギルド法的特徴を、ケーブナー、バイヤレ、ブイケン-コンラート、が明らかにした[482]。注目すべきことに、ライン壁外市区の二つの自治体はそれぞれの地区の退任役員団の結成において他の自治体に先行している[483]。ケルンの市区自治体の生活に見られる明瞭にギルド法的な特徴は、バイヤレの推定を――ブイケン-コンラートが賛成し[484]、最近ではヘーゲルが確認した[485]、ケルンの聖堂区の自治団体的生活はローマ市区の最古の聖堂区ではなくして、ザンクト・マルティンの商業壁外市区に始まったとするバイヤレの推定を、支持している。ザンクト・マルティンには隣人自治体とギルドとが浸潤している。この二つのものの綜合から、ケルンのすべての市区自治体のモデル組織としての、ヴィーク統治制度が生まれた。ギルドだけでは、聖堂区を隣人自治体につくりかえることはできなかったのである。バイヤレが、ランスのヒンクマールが記述しているフランクの「ゲルドニア、あるいはコンフラトリ」に注目することを促し、ケルンの市区自治体との著しい類似をこの両者に発見したと思ったのであれば、その判断には、制限を付けておく必要がある――ゲルドニア、あるいはコンフラトリの場合には、本物の自治体形成が問題になっていると推定させるもの、すなわち地域支配高権を行使するゲノッセンシャフト団体、そのメンバーシップが自由意志による加入に依存するのではなくして居住地から強制的に発生する、そういうゲノッセンシャフト団体が問題になっていると推定させるもの、は何もないのである。ケルンの市区自治体は事実上、集落自治体である、ただしそれはかつてそれが農村自治体であったという意味ではない。そのように考えることが古いタイプの農村自治体説の大きな誤りなのであって、この誤謬が農村自治体説を、その正しい出発点もろとも不信の淵につき落としてしまったのである。ケルンの市区自治体は、初めから都市のものである。しかしそれは、フランク空間の農村的隣人団体をモデルとしてつくられたものである。――それだけではない、ギルド法的特徴は何も都市ケルンの市区自治体だけの特性ではない、ヴェストファーレンの農民ギルドは農民団体と密接な関係があるのであり、農村部の自治体的組織にギルド慣習とギルド法とを持ち込

んでいるのである。(486)

ところで、全市の空間的基礎は複数の市区自治体地区の總和ではなくして、全市裁判自治体であった。裁判民団体及び審判人として、ケルンの市民は大司教を裁判支配者とする裁判自治体を構成している。この都市裁判の管区は、フンデルトシャフト〔地域団体〕・ケルンの境界から発生したブルクバン、bannus urbis Coloniae（一一五九年にこのように記されている）(487)、都市自治体の支配領域、である。既にv・レシュが言っている。(488)「ここに、ケルンにとって、またその他の諸都市にとって、農村自治体説の正しい部分があるのである。」この認識に対してはプラーニッツの記述といえども、全く変更を加えることがなかった。裁判制度はケルンに、二つの永続的痕跡を残した——裁判制度は地区を形成したのである。そして、裁判制度から審判人の制度、都市の統治制度生活の中で極めて重要なものとして登場してきた審判人の制度、が発生したのである。審判人の団体は既に一〇世紀以降には存在したこと、審判人が裁判自治体同様、ケルンの市民であったこと、その判決が一般法に縛られるものではなくケルンの商人達の正しい慣習と法 iuste consuetudines〔und〕leges negotiatorum in Colonia に準拠するものであったこと、以上のことはプラーニッツもこれをすべて見ている。都市支配者の監視の下であるとはいえ、ここには一種の自治がある。宣誓団体がどのようにしてこの都市支配者の監視を排除するのか、裁判集会の司会者がもはや大司教の役人であるブルクグラーフ〔城砦伯〕あるいは都市代官ではなくして、市民出身の下級裁判官に替わるのはどのようにしてなのか、リッヘルツェヘ〔有力者団体〕と自治体集会とが宣誓団体によって発生するのはどのようにしてなのか、以上のことすべてが最も見事にプラーニッツによって説明されているのを人は読む。(489)一撃を浴びせることによって宣誓団体は、ゆっくりとした足取りで歩んで来た発展に、決着をつけた、審判人団の不動の地位によって先行する時代との連続性が示されている発展に、である。ケルンでは、コンユーラーティオー以後も審判人団と並んで誓約者委員会が登場するということはなかったのである。

　コンユーラーティオーの中では、全市的発展への市区自治体的発展の吸収が、この時点まで二つの発展が併行して進んで来た後で、生じる。どちらが先か、という論争は、従って、本質的なものではない。コンユーラーティオーは、全市的構築を、はっきりと強調した。ギルドと隣人団体とを通して早くから、そして二重に、市区自治体に入り込んでいたゲノッセンシャフト法的諸特徴が今や全市に浸透する、今やヴィークの統治制度と、一一一二年まで は都市支配者的統治体制であった全市の統治制度――裁判制度から生じた自治によって緩和されていたとはいえ大司教が裁判支配者の地位を占めていたために支配者法的特徴をそれは保持していた――との区別がなくなる。そのために、コンユーラーティオーの結成後は市区自治体は次第に全市生活に対する意義を喪失していく。市区自治体は、一一〇六年には、周壁の所定部分、とりわけ市門、を所有して、それを監視しているが、一一八〇年の新しい周壁の監視には都市が市区自治体の援助を受けることなく当っている。[490] 租税の徴収についても、都市は一三世紀以降、市区自治体の援助に頼ることが次第に少なくなっていく。[491] 市区自治体の所管であり続けるのは、言うまでもないことながら市区自治体がその開拓者の役割を果した、シュライン〔不動産登記〕制度である。市区自治体の中で動いていた諸力がコンユーラーティオーの形で全市的な規模において爆発したのだということを、研究史は全く正しくも見てきた。ただしケーブナーは、市区自治体に、コンユーラーティオーを契機として形成された地区を見ている点で誤っている。ジェノヴァの複数の地区コンパーニャが大コンパーニャに先行するように、ケルンの市区自治体は、コンユーラーティオーに先行する。

　このようにケルンの発展には都市自治体の生成にはたらいた諸力の多様性が見られる。そこにはギルドとコンユーラーティオーがある。この二つには、国家がゆっくりと形成されつつはあったがしかしなお未発達な時代に、同一の心情をもち同一の方向の意志をもった人間集団を兄弟の自然的な関係をモデルとして結びつける、自由なゲノッセンシャフト的結合の、素朴な形態が、生き続けている。そこには、フランク族が西北ヨーロッパ空間につくり出した堅牢な組織をもった国家の時代に至るまでも、極めて原初的な諸要素が生き続けていたのである。フランク族の国家では自由ゲノッセンシャフト的結合を求める力が、なお極めて生き生きと働いていた、その力が――発布されたギルド禁止令が立証しているようにいつでも友好的に、とは言えないのであるが――官僚国家と領域支配という新しい思想に接触したのである。その接触した二つの力の流れは、フランクの裁判組織とフランクの隣人自治体という形に、綜合の豊かな実を結んだ。以前は地域団体としての部族団体《フェルカーシャフト》が重要な諸高権のゲノッセンシャフト的担い手であった比較的広い生活領域においては官僚国家が根を下した後にも、前都市的地域に発生したフランクの集落自治体が隣人達のゲノッセンシャフト的に行使される領域支配権の理念、最も狭い集落団体の理念、を体現していた。その隣人自治体が、ケルンの市区自治体にモデルを提供したのである。フランクの裁判組織において国家は、裁判民の参加という形で古くからの民衆法を組織的に存置した。けれども国家は、司会は国王役人に委ねることによって、そして審判人という判決人団の形で妥協を図ることによって、その民衆法を、官僚国家の諸形式と接合したのであった。この妥協形成が、出席者による民衆法的判告の慣習を、役人ではなくして終身任期ではあるが裁判支配者に密着している、裁判支配者に従属することで存在することのできる、小さな団体による判決発見に、制限したのであった。ケルンの全市規模での自治は、この裁判組織の枠の中で、誓約団体の結成までは都市支配者の監視の下で、進行したのであった。

　自治体形成諸力の、ケルンの場合によく似た、しかし全くその通りというわけではない、協和音を、トリーアとコーブレンツの都市生成が示している。この二つの都市では、コンユーラーティオーは発展の最後を締めくくってはいるものの、発展の内容を内に含むものではないことが、ケルンの場合よりもなお一層はっきりとなっている。

　トリーア最古の都市法——そのテクストは一二世紀末のものである——によるならば、この都市 civitas は、周辺の村々 villae 同様、その裁判官 centurio、そのツェント裁判官 Zender、をもっている。[492] つまり旧ローマ都市の大地に村落に性格の類似した一つの市区自治体が存在しているのに私達は気づくのである。トリーアのこのツェント自治体は、周辺の農村の諸自治体と合して、一つの裁判自治体を形成している。一一五〇年頃、私達は都市自治体トリーアの活動している姿に接する。その様子は、一人のツェント裁判官、一つの農村的審判人団、の存在の可能性をはるかに越えて、ツェント裁判官、審判人団が都市支配者の後見を必要としないまでに成長していることを示している——一一四九年、都市自治体トリーア最古の証書、ケルンとの商品流通税協定が発布される。[493] この協定は、ケルン大司教の司会の下に、審判人判告という形で、ケルンを越えてライン川の下流へとワイン商業を展開していたトリーア商人の、ケルンにおける商品流通税上の諸権利を規定しているものである。大司教裁判の判決に両都市は追加協定を加えている——「以上の判決に述べられているように、われわれケルン人とトリーア人とは、一つの人間集団になるために、集まって、成果を挙げている……」"Sicut in supra dictis nos Colonienses et Treverenses convenimus efficientes, ut unus essemus populus……" つまり、これは、二つの都市の間の、団体間協定なのである。この協定は、更に、一つの法創造的補足を含んでいる——決闘の宣言が許されるのはケルン市民とトリーア市民の間の裁判拒否の場合だけだ、というのである。商人慣習法のこの基本規定が、この補足によって、二つの都市自治体の、完全に自立した合意の対象となる。この証書についての最近の一研究は、この証書には一一一三年に生まれたトリーアの都市印章が捺してあることを明らかにした。[494] 一一七二年のある証書は、[495] 証人の中にその姿を現わしているトリーアの審判人 scabini が、一一六八年に大司教ヒリンの発給したある証書の中では、市民

cives の代表として、ミニステリアーレ、すなわち騎士 miles に対置されている。この新しい飛躍は、コンユーラーティオーに基づく。このコンユーラーティオーは、一一六〇年頃のものと証明される。[496] コンユーラーティオーの推進的要素は、審判人のポストを占めていたワイン商人[497]と司教のミニステリアーレとであった。トリーアでは、司教のミニステリアーレの影響がいつでも非常に大きかったのである。一〇六六年には、皇帝の任命した、ミニステリアーレ達には好ましくない大司教の受け入れを彼等は拒否することができた。[498] 審判人は、そして騎士は、大きな館を住居とし、複数の塔を備えて館の防備施設としていた。そうした塔のことは、一〇〇〇年頃の大司教エクベルトのために書かれた記録簿 Codex に既に出ている。ディートリヒ通りにあるフランケントゥルムは、こういった防備施設の、今日まで残っている例である。[499] この二つの指導層の他に地位の低いグループとしてカメラリイ camerarii というのがいる。大司教の館の経済との関係が密接であったところからその地位が上昇した、手工業者である。そして同居人あるいは間借人がいる。こういった種々のグループを行為能力のある一つの団体にまとめあげていくことができたのは、コンユーラーティオーだけである。それが成立したのは、大司教アルベロの時代の、戦争の混乱の中でのことである。この時、トリーアの市民層は、この地方の高級俗界貴族と戦っていた聖界都市支配者の側についたのである。この紛争との関連で、市民自身の企画した周壁が築造される。この周壁築造には、根拠のあるケンテニヒの推定によるならば、フンデルトシャフト裁判自治体全体が参加したという。宣誓結合によって成立した自立した市民自治体は、それ故に、地域としては、裁判自治体に結びつくものなのである。このようなわけで、コンユーラーティオーは旧ローマ都市における自治体生活の最初の表現ではなかったことを、トリーアが私達に教えている。ずっと以前から、一つの自治体生活が農村自治体的形式で既に営まれていたのである。しかしこの自治体生活は、遠隔地商業とその保護、そして都市防備、という課題には対応することができなかった。古い自治体生活は、コンユーラーティオーを経過して築かれた、新しい自治体に取って代られる。その際に、裁判組織に由来する自治体の地区が空間的基礎を提供したのである。

同じような都市自治体形成諸力の組合せをコーブレンツが示している。[500] ただしコーブレンツでは、裁判組織が都市自治体の萌芽であったところが違っていた。たしかにコーブレンツは、隣接する複数の集落、リュッツェル－コーブレンツ、モーゼルヴァイス、ノイエンドルフともども農村的なマルク〔共用地〕団体を形成していて、これらの近隣自治体の住民の市外市民権は原初性と都市住民の市民権との完全な法的同等性という性格を帯びている。[501] 一二一〇年に、ザンクト・マクシミンのミニステリアーレで、コーブレンツの代官であるクーノーの息子達に租税上の特権が与えられるが、そこには以下のように書かれているのである。「信頼すべきわれわれのミニステリアーレ達並びにコーブレンツの市民達とコーブレンツの周辺に居住する者達の同意を得て」"cum consensu fidelium nostrum tam ministerialium quam civium in Confluentia et circa Confluentia manentium." けれども、本来の都市自治体の形成は、このマルク団体の外側で、公的裁判――その長として一人のイムニテート代官と一人のシュルトハイス〔下級役人〕とがいた――の都市裁判への改造を通じて、裁判自治体の都市自治体への発展を通じて、進行した。この改造は、既に一〇四二年に史料に登場しているコーブレンツの市場――通過するすべての船から、そしてコーブレンツの市場で、納められる商品流通税 theloneum, quod a pertranseuntibus navigio universis et in foro Confluentie solvitur ――、そのコーブレンツの市場が公的裁判の法判告に求める、必要諸条件から生ずる。一一〇四年には審判人は、コーブレンツで徴収される商品流通税率と市場貢租とを判告している。[502] 一一八二年にはトリーアのシメオン修道院とコーブレンツ人の間で、修道院に帰属する商品流通税をめぐって紛争が発生するが、その紛争の際に審判人が抗議の声を挙げている。「（商品流通税の内）どれだけの部分が都市の宗教施設のものであるかを判決すること」。“dicentes quandam portionem (thelonei) ad civitatis edificia pertinere.” 自らコーブレンツに来ていたトリーアの大司教アーノルトが仲介した。アーノルトはそのために、すべてのコーブレンツ市民が参集している世俗裁判所に、laicale pretorium に、赴いた。「それ故に、コーブレンツでは、コーブレンツの全市民 Confluentinorum cives universi が、審判人と裁判民団体の全体が、共同して、生成しつつある都市自治体の行政政庁を形成しているのである。[503]」審判人と並んで、トリーアその他のライン川沿岸の諸司教都市の場合と同じように、ミニステリアーレがいた。「ミニステリアーレ並びに市民」“tam ministeriales quam burgenses”、既に一一八二年にそう言われている。

　コーブレンツの都市自治体は、裁判組織から生まれて、都市支配者に対しては、控え目な、完全な自立性はこれを欠いた地位にとどまり続けた。一三世紀も末になって、独立達成への力強い出発が始まり、コーブレンツの市民層は、何度か試みては市参事会を設立しようと努力した。コーブレンツの市民層がこの目的達成のために宣誓団体に結集したことの重要な立証を、私達はコンラートに負うている。他の何よりも一三〇〇年の市参事会設立証書によって、そのことは、明らかにされる。「コーブレンツの都市の、騎士、ミニステリアーレ、審判人、市民、そして自治体」“Rittere, dinstlude, scheffene, burgere und die gemeynde der stede von Covelentz” が集まって、宣誓によって兄弟団を結成する――「それ故に、われわれは、明るい希望と、宣誓と、宣誓で守られた囲い地とを以て、一人々々、そして全員、聖なる者にかけて、誓約する。」“So geloben wir myt guden truwen und sweren und hain gesworen zu de heiligen sunderlich und sementlich.” 私達がフライブルクの場合に実際に見、リューベックの場合に推定した、宣誓団体と市参事会との関連が、この場合にもまた、紛れもなく存在するのである。コーブレンツの誓約団体は、西北ヨーロッパの宣誓団体の諸指標をもち、西北ヨーロッパのすべての宣誓団体と同じように、都市自由の獲得と都市平和のゲノッセンシャフト的確保とを達成しようとしている。けれども、宣誓団体は、トリーアの場合と同じように、既に自治体生活に到達してしまっていた発展の、最後を飾るものにすぎない。コーブレンツにはギルドの痕跡が一つもない。それでも宣誓団体は、コーブレンツの統治制度生活の一つの重要な制度だったのである。私達は見る――宣誓団体は、単に、より厳格な、より包括的な形の、ギルドではない、それは、新しい何ものかである。公的裁判組織からのゆるやかな自治体の発達が、農村自治体をモデルにして、宣誓団体を準備していた。公的裁判組織から、宣誓団体は地区を継承し、そのことによって自治体概念を現実化するためにはなお欠けていた要素を、継承することができたのである。

隣人団体を基礎とする極めて早期の自治体形成を、ハルバーシュタットが示している。一一〇五年、ハルバーシュタット司教フリードリヒが(504)「わが集落の住民に」"incole loci nostri"、市民 cives に、「すなわち商人に」"videlicet forenses" 彼等の「市民の法と規定」"iura et statuta civilia" を確認している。司教フリードリヒは、その権利を詳細に数えあげている――「この都市の全域にわたって、日々の食料品の売買のためのすべての検査と計量とは、従来通り、彼等の権力と裁量とに委ねられなければならない。そして彼等は、彼等が農村の、民衆の、言葉に従って、『ブールマール』と呼ぶものを、自分で忠実に守らなければならない。」"ut per omnem hanc villam in illorum potestate et arbitrio sicut antea consistat omnis censura et mensura stipendiorum carnalium vendendo et emendo. Et quod iuxta rusticitatem vel vulgaritatem lingue 'burmal' vocant, ipsi diligenter observent." これらの諸規定は、都市の住民全員をそれとして包含する集落自治体が強制団体として存在することを、疑問の余地なく立証している。この集落自治体は隣人法の基礎の上に形成されたものである。そのことは、「ブールマール」"burmal" の語が、隣人裁判権の語が、登場しているところから推定することができる。隣人法の特徴を身に帯びたこの集落自治体は、一一〇〇年頃、一つの広範囲な自由を享受している――この自治体は、度量衡を監督する他に、ブールマールにおいて自主的に判決を行っているらしいのである。この例のもっている重要性は、それがニーダーザクセンの地域のものであることによって高められる。都市的な隣人自治体は、こうして見ると、一一〇〇年頃、フランク空間に限られていたわけではないのである。

最後に次のことを言っておかなければならない――フランクの諸組織形態、古い民衆法に大幅に依拠する諸改造物、がギルドという純粋にゲノッセンシャフト的な諸形態と並んで、共同で、都市自治体の形成に作用していた。そのことは、ケルン、トリーア、コーブレンツ、ハルバーシュタット、が私達に示している通りである。――プラーニッツが誤って見落としたのはこの二つの契機の内の前の方の契機である。――この前の方の契機から、領域支配の原理が同質の人間達の集団である宣誓兄弟分団体的結合体の中に導入され、次いでコンユーラーティオーがギルドとは対照的にこの原理に形を与えたのである。コンユーラーティオーの登場以前に、都市の隣人自治体が発達していたのである。ケルンのザンクト・マルティンのヴィーク自治体は、そのような隣人自治体であった。それは、聖堂区自治体として成立した。聖堂区地区とその管轄事項の自治団体化とのモデルになったのは、農村の集落自治体であった。しかし諸組織形態を提供したのは農村の集落自治体だけではなかった。諸組織形態はギルド法の諸特徴によっても変化したのである。ケルンの、全市規模での統治制度の発展には、フランクの裁判組織が、地区と審判人団という、真実の結合点を与えた。

都市自治体の形成にはこれらの諸力のすべてが作用しているのを私達は見る。フランク空間の諸都市統治制度には、商人のギルド生活から流れ込んだのと確実に同様に、フランクの公的裁判の生活からも、実質が流れ込んだ。フランクの裁判は、ギルドよりも形態が強固であり、組織が緊密であった。ギルドが都市の統治制度に残した、見つけ易い痕跡ははるかに少なかった。ヘントの「コムーネギルド」“Commaneghulde”にしてからが、私達はこれについて何を知っているであろうか。[505] それに反して、ヘントの審判人は、いかに力強い、そして有名な、その姿を示していることか！ そして、ギルドとは違って、今や事実上自治体の機関であるコンユーラーティオーでさえ、自分の精神を審判人団に刻みつけ、一切の都市支配者的従属から審判人団を解放はしたものの、それでいて、フランドル[505a]とケルンでは、自分より古くから存在する、そして自分がつくり出したものではない、審判人団はこれを存続させ、新しい固有の組織でこれにおきかえるということはしなかったのである。

プラーニッツの、都市自治体の発端にコンユーラーティオーをおく主張の、魅惑的完結性を私達は放棄しなければならない。その代りとして私達は何をおいたのか。都市自治体の根源、そもそもの発端、に向けられる私達の視線を狂わせかねない、ほとんど攪乱的なまでの諸力の複合である。都市自治体の空間的基礎の獲得のためには、場所によって異なる、多様な結合点が私達の前に現われた。しかし、ケルンで、トリーアで、コーブレンツで、どういう地区が都市自治体の空間的基礎になったのかを私達が知ったとしても、それだけでは、都市の集落自治体がどのようにして成立したのか、人的団体が領域高権をもった団体にどのようにして転化したのか、言い尽くされたことにはならない。一つの、領域支配権が樹立されなければならなかった。キーウィタースとヴィークの相互関係の密接化は、両者の本質的相違と相俟って、農村からの住民の流入によるヴィークの成長と共に、ギルドという人的団体によってはどうしても解決することのできない課題、集落自治体だけが処理することのできる課題、を提出した。この集落自治体は、自治体支配者としてのキーウィタースの支配者によって、商人の指導の下に、あるいは商人、キーウィタースの支配者、この二つの勢力の共同指導の下に、これをつくり出すことができたのである。この集落自治体がその後で、一定の支配者法的拘束の下にとどまるか、それともゲノッセンシャフト的自立を克ちとるかということは、都市自治体の第一の局面のことではなくして、第二の局面のことなのである。そしてこの第二の段階になって初めて、コンユーラーティオーの作用が始まった。そのことを、ケルン、トリーア、コーブレンツ、の諸例が極めて明瞭に示している。第一局面は領域体としての集落自治体の成立である。私達はこの集落自治体のモデルを探し求めている。周辺の農村自治体との関連、裁判自治体との関連、がケルン、トリーア、コーブレンツ、で発見された。けれども、後になってようやく姿を現わす読み解きの難しい史料を前にして、そのそもそもの共通の根源が調べ尽くされていないいろいろな出発点の多様性を前にして、なお解明されていない点が一つ残っている。早期の都市的集落自治体で、もっと透明度の高い例はないのだろうか。シュタインバハが、プラーニッツが未解決のままに放置したウイの場合を、既に指摘している。シュタインバハはウイの自由付与状について次のように言う――「……一〇六六年にリエージュの司教がウイの市民に与えた『都市の自由』“libertas villae”は、私達が研究している地域で確実な情報を私達がもっているこの最初の市民的な自治体のモデルとして、自由な、あるいは解放された、村落自治体が存在していたという推定を生み出す[506]。」ただしシュタインバハは推定にとどめている。その上、彼は、すべての新しいものに関心を示す商人特有のやり方で、農村自治体というこの制度を商人が意識して模倣したと思っている。「次いで、都市の中で、商人の決然たる採用によって、農村自治体の歴史は……都市自治体の歴史に変わる[507]。」

けれども、そのような意識的採用を信じられるものにするためには、自由な集落自治体の先行存在を、無条件に立証する必要があるのではないだろうか。自分達の独立のために心を砕く商人にとって、支配者に従属する農村自治体が魅惑的なモデルになり得たのであろうか。何故ならば、領域支配権とか、それに類似する、今日の学者にふさわしい法的諸概念の抽象的考量など、商人がするわけがないからである。商人は――確実に進取の気性に満ちた偏見のないやり方で——抽象的な概念や理念ではなくして全体像に照らして、自分の方針を決めたのである。導きの星として初期の市民の革命の上に光り、ギルドを宣誓団体に転化させることができたモデル——シュタインバハは宣誓団体とギルドを私達のように区分することに賛成しない——は、自由な、乃至は解放された、自治体でなければならない。一体、解放された自治体は、どこにも存在しなかったのか。一〇六六年のウイの集落解放は孤立した事件なのか。商人にとってのお手本になったモデルを多少離れたところに探し求めるのは、正しくないことなのだろうか。私達がこのような問いかけを発するのは、私達が相手にしている人々というのが多くの旅をし、世間に通じている人々だからである。

ここに、立証の空白が一つある。最も早い都市の集落自治体の、最終的に決定的な、そして方向指示的な、モデルの探索は、農民的農村自治体から更に先の、他の諸モデルへと私達を連れていくであろう。最も古い都市の集落自治体は、ウイとディナンである。そこで私達は、再びムーズ川の河岸に立つ。ムーズ沿岸諸都市の時間的優位が今や三度、明白になる。ケルンとレーゲンスブルクと並んで、ムーズ川の沿岸には、周壁で囲まれた最も古い商業集落があった。用語の面で見ても、ブルゲーンシスという名称の最初の登場という点で、ムーズ諸集落が先頭を切った。自治体形成の過程においても見られるムーズ諸集落の優位は、偶然であろうはずがない。私達は、今や、ウイとディナンにおける初期の統治制度発展に眼を転ずる。

## f　都市生成の過程におけるムーズ諸都市の意義

コンユーラーティオーが都市自治体に対してもっている本質的意義に関するプラーニッツの学説に対しては、この二つの都市で、いくつかの難点が発生した。ウイの自由付与状[508]が成立した経過の全体――この付与状は、リエージュ司教から購入することによって、したがって、全く非革命的に、平和的な協定を通じて、成立した――が、それだけで、コンユーラーティオーの形成を推定することを許していない、と言ってよいだろう。コンユーラーティオーのようなものは、もしそれが存在していたのであれば、例えばサン・トメールの場合のように、その存在が自由付与状の中で明確に保証されているはずである。サン・トメールでも都市はその諸権利の承認を――カンブレ及びケルンで企てられたような――暴動によってではなく、折衝を通じて獲得したのである。他方では、ウイにおける協定は都市自治体の存在を前提としている。「都市の市民達」"burgenses ville"は、都市支配者に、城砦 castrum ウイの所有者に、まとまりのある団体として対峙している。ウイの市民は、ウイの聖堂を新築するための、莫大な金額の寄進を承諾するのと引き換えに――と言うことは、彼等が自由に動かすことのできる自分の収入をもっていたということである――、ロートリンゲン公をその中に含む、ロートリンゲンの有力者達のグループによって保障される自由 libertas を、都市支配者から獲得する[509]。司教は、司教座空位期間は、市民 burgenses に城砦守備を委ねるところまでいく。このことは、自治体諸機関の存在を前提とするものである。この自由付与状は、その他に、三つの問題群について規定を設けている。その第一。新来住者の法関係。つまりここでも、農村からの大量の移住が考慮に入れられているのである。ウイの経済状態は都市的なものである。「都市の空気は自由にする」の原則は未だ確立されていない。来住した非自由民は都市 villa ウイにおいても非自由民であり、賦役の負担をその支配者に対して負い続ける。その支配者は、自分のもっている請求権を立証できる場合には、非自由民の引き渡しを要求することができる。しかしこの支配者権には既にいくつかの突破口があけられていた。非自由民の引き渡しが義務づけられているのは権利のある支配者に対してだけである。自分の支配者によって法外な賦役へと駆り出された非自由民は、邪魔されることなく自宅にとどまることを許される。自分の支配者から引渡しの要求をされることなくウイで暮していた非自由民が同地で死亡した場合の死亡税は、最高で四デナリウスに、単なる認証手数料に、制限されている。このことは、半世紀の後、ライン川上流の諸司教都市で相続税の免除が大きな特典であると感じられ、幸運な政治状況のおかげで実現するものであったことを思うならば、非常に大きな厚遇である。それ故に、ウイでは「都市の空気は自由にする」の原則の下地が既に、相当でき上っていたわけである。第二。ウイは広範な避難者保護権を与えられる。都市の支配圏の外側で人を殺害した者が都市に到達することができたならば、裁判所で弁明することを拒否しない限りは、都市の中で平和にいることができる。他人に傷口の開いた傷を負わせ、捕らえられない内に自分の家に逃げ帰る者は、領邦《ラント》裁判所に召喚されるまでは、自分の家で平和でいることができるものとする。都市のもっている避難者保護権は広く普及した現象である。[510] それは、ストラスブールの最古の都市法、[511] ゾースト、[512] アンヴァイラーの都市法、[513] 一二二一年のヴィーンの都市法特許状、[514] 等に見られる。ヴィーンでは、ウイの場合には市民の家の特別の平和保護が家屋の所有者自身だけに確約されるのに対して、市民の家に滞在する者、そこに避難所を求めてやって来る者ならば誰に対しても確約される。ムーズ川流域では、一一五四年、ナミュール伯アンリによって自由を与えられたブローニュ（サン・ジェラール）に避難者保護権が見られる。「もし誰か外部の者が、生命にかかわる面倒事のために、あるいはその他の何かの理由で、町に避難して来たならば、その者は、町の地域の内部では平和をもつものとする。そして、裁判の実施のためには、町のすべての人の助力をもつものとする。そして、もしその者を引きとめておくことができないのであれば、助けることができる場所までは、その者に助けとなることを与え続けるものとする。」“Si quis extraneus vel pro mortali odio, vel pro alia causa ad villam confugerit, infra situm ville pacem habebit et ad executionem justitie totius ville auxilium habebit, quod si eum retinere non potuerit, usque ad locum ubi salvari possit salvum ei conductum prestabit(515)”. 余所者である犯罪者に与えられたこの保護と平和とは、一般の都市平和の、一つの特別の場合である。平和思想は、すべての都市法の、中心に位置している。平和の攪乱は、最も厳しい刑罰の対象になるし、コンユーラーティオーは平和の維持に寄与するものである。コンユーラーティオーはパークス〔平和〕とも呼ばれている。コンユーラーティオーによる平和維持に際しては、団体の思想が、ゲノッセンシャフトによって与えられる保証が、前面に現われる。避難者保護思想においては都市平和が地区という胎内に着床している。都市が、一つの自由 libertas、一つの自由付与、自由を付与された一つの地区、であると考えられているのである。この地区に足を踏み入れる者は、その地区の、特別の、その地区に適用される、法を享受する。それ故にウイの都市法は、自由を付与された地区という胎内に着床した、都市自治体の、西北ヨーロッパ最古の例を私達に提供しているのである。私達は先に行ってから、ウイ以外のどこで、都市の自由の発達に際して避難者保護権の思想と、自由を付与された地区の思想とが重要であったのか、そしてその、突きとめられなければならない分布地域とウイとの間には、関連がつけられるのかどうかということに注意を向けなければならない(516)。第三。ウイの自由付与状は、他の商業地の場合と同じようにウイで形成された債務関係についての、特別の法を保証する——決闘通告からの解放であり、これはウイの都市的性格を立証する動かぬ証拠である。事実、ウイは、古くから重要な商業地である。九世紀以降、ウイはポルトゥスとしてその名前が記録に出てくる[517]。

私達の言う地形図的-法的二元構造は、ここにもまた存在している、カストルム・ウイとポルトゥス・ウイとが併存しているのである。ギルドについて、コンユーラーティオーについて、知られていることは何もない。ポルトゥスで自治体形成が実現し、その自治体形成をカストルムの支配者が承認した。自治体形成の承認は、サン・トメール、そして北フランスの諸コミュンヌの場合とは違って、誓約団体とは無関係である、それはまた、自治体の諸機関、都市審判人等々の法判告、ともかかわりがない、自治体の形成は、むしろ、特別法をもった地区と避難所とをウィラ・ウイから創り出したのである。ここでは、都市地区というものが、異常な明瞭さで、また完全に独特の方式で、胎内に着床している。ウイの統治制度法の発展の発端には、ギルドという人的団体ではなくして、自由を付与された地区が立っている。このことによって、ポルトゥス・ウイの統治制度の状態は、例えばウィークス・ティールの状態——ここでは商人のギルドがヴィークを支配する制度として現われる——とも、ケルンのザンクト・マルティン地区の、ヴィーク自治体——これは、ギルドが成長したものではないが、ギルドの組織が滲み透り、その刻印が押されている——とも、異なっている。

暴動によらずして目的の達成された、宣誓団体によらずして闘いとられるか乃至は買いとられた、ウイにおける自治体形成は、明らかに、自発的に特権授与に同意した都市支配者と、自治へと成熟し、組織をもっていたポルトゥスの諸勢力との、共同作業として達成された。都市生成のこの方式は、決して孤立したものではない。プティ-デュタイイは、前に挙げておいた論文の中で、豊富な証拠に基づいて[518]、一二世紀前半以降のフランスで、王領地の、又はノルマンディーの、いくつかの集落が、コミュンヌのそれと肩を並べることのできる自由を、受領したことを明らかにしている。私達はそれに加えて、特に、ウイ以外のムーズ川流域集落への、早期の自由付与を指摘しておきたい――一一四六年、リエージュ司教によってシント・トロイデンの住民に与えられた、リエージュ法に準拠する自由、[519] 一一〇二年から一一三五年の間に与えられ、一一五二年に確認を受けた、フロレフに対する自由、[520] 一一五四年に与えられたブローニュに対する自由、[521] そして一一五四年に認められたフルーリュに対する自由。[522] フロレフ以下の三つの自由は、すべてナミュール伯によって与えられたもので、現存しないナミュール法に基づくものである。そうしてみると、一二世紀の半ば頃には、ムーズ川の流域で、それぞれの領域支配者――リエージュ司教とナミュール伯――の中心地によってまとめられる、二つの都市法圏を類別できることになる。これらの集落は都市的な刻印を帯びている。例えば、今日では農村の自治体であるフロレフは、かつては一六の街路、二つの市場、四つの都市風の門、をもっていた。[523] それはナミュール伯のお気に入りの居住地であった。自分の父が与えた自由を追認した伯のアンリは、この集落の防備施設についても、配慮した。[524] 自由付与状の記述によるならば、フロレフには都市工業が存在した――「毛織物製造人、毛皮製造人、靴製造人、のような手工業者」“manuum operarii ut panifices, pellifices et sutores”のことが記されている――し、ある程度の商業も存在した。その証拠に、住民に対して「ある市場にある自分の倉庫について何かを納める必要も、予の支配領域全体の中で商品流通税を納める必要も、ないこと」が“quod nec aliquid pro stationibus suis in foro aliquo nec teloneum in tota terra mea dabunt.”認められている。住民は、ナミュールの市民 burgenses Namucenses 同様に貢租免除特権を取得しているのである。

そうして見ると、ウイの自由付与状はその後に続く一連の証書の、最初のものだったと言うことになる。フランドルの、現存最古の諸特許状も一一〇〇年頃のものである。[525] 一一一六年の、決闘、灼熱した鉄、水、による神判、を四人の宣誓補助者と共に行う宣誓で代替する特権を認めた、イーペルに与えられたボードワンの分与特許状も[526]その一つである。ライン川流域の例証としては一一一一年乃至は一一一四年にシュパイヤ及びヴォルムスの市民に与えられた、死亡税の免除だけが、同列に数えられる。(527) シュパイヤでは都市地区の思想が明瞭に表現されている――特別法は、「キーウィタースの中でシュパイヤ人風に居住するか、あるいは居住することを欲しているすべての人に、その者がどこから来ようが、あるいはどのような地位であろうが」"omnes qui in civitate Spirensi modo habitant vel deinceps habitare voluerint, undecumque venerint vel cuiuscumque condicionis fuerint." 適用されるのである。ライン川流域の事例は何と言っても未だ散発的である。――ボモンの周辺に渦を巻く第二の波、ムーズ川地方、ラインラントへのこの動向の移動、そしてそれに続いて一三、一四世紀にライン川右岸のドイツに見られる移動、はここでは、考慮の外におくことができる。――北方の生活圏を原住地とする遠隔地商人と、ゲルマン的法思想の刻印を押されたその商人の組織とが与って大きな力のある都市生成に際して、それにもかかわらず、純粋にゲルマン的な地域がその先頭を切ったのではなく、ゲルマン-ローマ双方の、境界-混合地帯が、ムーズ川、北フランス、フランドル、が先頭を切ったのは、奇異な光景である。フランドルのドイツ語地域――当時はサン・トメールもまだドイツ語地域に属していた――ではゲノッセンシャフト〔仲間組織〕的イニシアティーヴが、ロマン語地域ではヘルシャフト〔支配者〕的イニシアティーヴが、それぞれ優越しているのが特徴的である。フランドルでは自治体を――宣誓団体という形の――団体と考える理解が支配的であり、ムーズ川流域では自治体は何よりもまず自由を与えられた地区として理解されている。それでもなお、この、地区という集落自治体の概念がどこから来るのかという私達の疑問は、未解決のままである。けれども、私達は既に、この概念が最も早く出現した場所を特定できることによって、ある程度のことはわかるようになった。西北ヨーロッパの早期の自治体形成に際しては、ゲルマン的-法的諸要素の他にもう一つの力が、もう一つのモデルが、作用していたことが確実なのである。

特別法を具えた地区として都市をとらえる把握は「都市の空気は自由にする」という原則の中にその簡潔な表現を見出した。[528] すでに挙げておいたブローニュ宛ての自由付与状は、何よりもまず、自由をもたらす都市の空気の特権を、完全に承認している。[529] ウイの都市法ではこの特権は芽を出したばかり、制限されたものであった。更に一歩を進めたものがディナンの都市伯法で、これは、一〇四七年と一〇六四年の間に書かれている。[530] 私達がこれから取りあげようと思うこの文書は、一一世紀後半の、最も活気のある、また最も親しみのある、フランク都市の、完全に具体的な像を与えてくれる。

この文書にはこれまでに相対立するさまざまの解釈が与えられてきた。[531] デ・マレの説――「私達が細部に至るまで描いたばかりの絵は、都市的なものは全くこれを示していない。その反対であって、それはむしろ所領的《ドマニアル》な光景を提供している。……それはまだ、言葉の真の意味での都市ではない。それは、都市生活を生み出すことのできる母胎、畑の小麦に雨と太陽とが恵みを与えるように状況が発芽に恵みを与えるならば、新しい穀粒が芽を出すことのできる良好な環境、であるに過ぎない。[532]」ピレンヌ説――「私達の見ている一一世紀の史料は、荘園法の、ホーフレトヒの、痕跡を含んでいない。……ただし、本質的諸特徴においては公的なものであるディナンの伯の権力も、一一世紀にあっては、領主的な形式の下で行使されていたのである。[533]」ルソー説――「ディナンの住民の大部分は、その生活様式によっても、また彼等の享受する法的保障によっても、近隣の村々の人とは区別される。彼等はほとんど『市民』である。……デ・マレは中世都市の発達に、二つの継起的段階を区別する。都市と農村とが別物でありながら法的には未だ別物になっていないカーロリンガ時代に始まる『前都市制度』段階と、一一世紀か一二世紀かに始まる『都市制度』段階である。――ディナンでは、一一世紀の半ばには、既に住民は『都市制度』段階に入っていた。[534]」真理は中庸にありとは、この場合言うことができない。決断こそ重要である。

ディナンは並外れて良好な位置を享受している。ディナンが占めている位置の軍事的意義は、古代末期から近代に至るまでずっと変らなかった[535]。すでに七四四年には、ムーズ川に突き出た、他でもない城砦のようなものをそこにつくりたい気持になる岩の上に、ブルク・ディナンのあることが史料に現われる。都市伯法の時代にはその城砦は確かに一時的に荒廃に帰し、史料もその城砦に言及することがない。中世の初めには、ディナンはキーウィタース・トゥングロールム〔トゥングリー族のキーウィタース、トンゲルン〕の司教の、副居住地としてその姿を現わす。トンゲルンの司教は、よく知られているように、その司教座を最初はマーストリヒトに、次にはリエージュに、移した。ディナンの原初聖堂区の広さは司教の所領と一致し、その聖堂区聖堂――サン・ヴァンサン聖堂――にはトンゲルン-マーストリヒトの司教ペンペトゥス（六二七年頃没）が葬られている[536]。このブルク、そして司教居住地に、九世紀以降史料に登場するポルトゥスが付け加わるのである。交通上の位置の良好であることがこのポルトゥスの繁栄の前提である。ディナンはムーズ川の重要な渡河点の一つを軛している。すなわちムーズ川は、バヴェ―トンゲルン―ケルンを結ぶ、古くからあるローマ街道とここで交っているのである。すでに八二四年にはディナンに公共の橋 pons publicus が、ムーズ川越しに架かっていたことが史料に出ている。この橋も伯法の記録された時には壊われてしまっていて、不十分ながら渡し船がその代りをしていた。そして一〇八〇年になって、リエージュの司教と、ナミュールの伯と、ウォルソールの大修道院長とが、ムーズ川に架かる石造の橋、中部ヨーロッパの河川系統では最古の石造の橋の一つ、を建設する目的で、一つの協定を結んだ[537]。ポルトゥス・ディナンのもっている重要性は、初めから、遠隔地商業上の有利な位置にその理由があったが、それだけではなく、西北ヨーロッパの最も古い輸出工業の一つ、ムーズ河谷にローマ時代から途切れることなく根をおろしていたらしい金属工業、の存在にもその原因があった[538]。――ローマ時代から中世への転換期に他のところ――ケルン、トリーア――で、その断絶と再編成とを非常に明瞭に観察することができるガラス工業もまた、ここでは、連続的存続を見せている。モーゼル川に臨むコーブレンツの商品流通税徴収所では、――一一〇三年に――ディナン、ウイ、ナミュール、の船舶が、それぞれの土地の金属工業の製品、後のいわゆる「ディナンの銅物」を積んでいるのが見られる。東と北へ延びるディナンの商業関係が及んでいく範囲を、ディナンで一一世紀に製造された硬貨の、ロシア及びスカンディナヴィアにおける発掘が証明している。[539] 後にディナンがハンザに加盟したのは、北ドイツの銅に対する強い関心をディナンがもっていたからである。[540]

この都市伯法には、この商品集散地の、商業と輸出工業という形での、この経済的基礎が全面的に記述されている。伯の収入の中には「種々の商品流通税」〝omne teloneum〟が重要な一項目として姿を見せている。伯には、ディナンを通過するすべての塩船から、「河岸の安全の代償として」、〝pro stabilitate littoris〟手数料が納められる。塩船の他には、近隣の森林地帯からディナンへとムーズ川が送る筏についての言及が見られる。明瞭に、金属の搬入が立証される――青銅の、銅の、錫の、鉛の、そして重量が量られる種々の金属の、種々の種類の塊が、彼等が売り出す商品である。omnia genera ponderum eris, cupri, stagni, plumbi et omnium metallorum, que ponderantur venalia sua sunt.「全般的な経済の停滞も麻痺させることができなかった、交換商業の存続」の証拠。この金属商業及び塩商業をデ・マレはそのように呼ばなければならなかった。しかし、デ・マレは、この金属の搬入は、集落ディナンの所領的性格という彼のテーゼに甚しく訂正を迫るものであるという洞察には眼を閉ざしてしまう。問題なのはここで立証されている商業だけではない、それによって間接に立証されている輸出工業もまた問題なのである。この輸出工業は、コーブレンツの商品流通税文書だけで既に立証されているように、遠隔の諸市場での販売のために生産する、自由な輸出工業だったのである。

外観的には、商品集散地ディナンは北方の最も古い商品集散地の形態を想い起こさせる。それは、川と平行して走る一本の道路を持っていた、岩を見上げる狭い河岸にはそれしか空間が残っていなかったのである。この道路は支配者道路 via regia の一つであったが、古いローマ道路であって、建物が隙き間なく建ち並び、伯の棒の権利が張り出し建築物の撤去に配慮しなければならなかった。伯の私有教会が六つ、リエージュ司教のそれが二つ、この集落の影絵の中で圧倒的な空間を占め、それらの聖堂の画像が集落に都市的な刻印を与えている。防備施設をこの商品集散地はもっていなかったらしい。私達が今見ている史料ではいつでもウィラと呼ばれている。デ・マレのようにこのことから所領的性格を推論するのは、誤っている。ウイもその自由付与状の中でウィラと呼ばれているし、サン・トメールも、然り、一一二七年にコミュンヌが承認された時にウィラと言われている。ウィラ・ディナンは農家が集まってできた集落ではない。ウィラ・ディナンの市場が売店の――夜通し開いている売店の、賑いを呈しているだけではない。パンが日常、窓越しに売られるのである――「そして彼等には窓越しにパンを売るという習慣があるので、彼等は彼に、商売用窓税ということで賦課租を納める。」"et quia super fenestras solent panem vendere de fenestragio solvunt ei suam iusticiam." 窓越しのパンの販売というこの現象をどのようにイメージしたらよいのかということは、前世紀にもなお行われていた風習を描いた、L・リヒターの情趣豊かな一枚のスケッチがこれを示している。――日常的な窓越しのパンの販売は、もはや自給者ではない住民、商業と工業とによって都市的に暮している住民、を前提している。農民と土地支配者とは、「窓越しに」"super fenestras" パンを買うことはないのである。――市場についての、これ以上詳細な規定――週市か歳市かといった規定――は存在しない。しかし市場に売店をもっている「商人は、どのような種類の商人であっても」"mercenarii cuiuscumque generis"、遠隔地商人だけでないことは確実である。その中には、一部分は遠隔地商業から、一部分は周辺の生産者から、仕入れをする小売商人が含まれている。都市の生産者自身も、手工業者も、その生産物を市場で販売したであろうし、恐らくは農民までもが市場に商品を搬入したであろう。相当に密接な接触が後背地との間に既に生じていたのであろう。そのような交換にも、近隣地市場機能にも、ディナンの位置は素晴らしく適していた――肥沃な平野と森林の多い山脈との中間というその位置は、その地方の産物がそこで交換される市場小都市の成立をどの場合にも助長するものであった。このことは、フライブルク・イム・ブライスガウに、ボンに、トリーアに、あてはまる。トリーアの最も古い都市法に含まれるその市場税率表は、森林と山脈の産物と、平野の産物とのこの種の交換を極めて具体的に描いている。私達は最も古い週市特許状――サン・トメールについては八七四年[541]、ディジョンについては九二五年[542]、トゥールについては九二七年[543]――に西方で遭遇するのであるから、ディナンに週市があったと想定してもあながち誤りではないであろう。それに反して、デ・マレがやっているように、「彼がどこで商取引をしようと、屋内でしようと屋外でしようと、商品流通税はすべて同一人に帰属する」“teloneum omne pertinet ad ipsum, ubicumque fiat forum, vel in domo vel extra domum”という記述から、大型小売店の存在を確定することはできない、と私は考える。デ・マレの推論は、所領的な構造を作りあげていこうとする彼の説明の枠組みには、あまり具合よく適合するものではない。家における販売は――手工業者の仕事場における、商人の商人宿における――販売は、当局から、統制可能な市場における販売のようには、よい眼で見られないが、しかしそれでも認められてはいる。トリーアの最も古い都市法は、商人宿における、また商人の船における、販売について、明瞭に語っている。

――ディナンの都市的性格を立証する最も確実な証拠は、既に私達が言及しておいた、農村からの新しい住民の流入である。都市は既にして農村に吸引力を及ぼし、土地隷属的従属農民は既にしてその農地を見捨て、全く新しい種類の生活を都市に求める。都市に移り住むよそ者 extranei は、それに関する記述から読み取れるように、しばしばしば周辺の土地隷属民である。これらの人々を、何が都市へと誘い寄せたのか。種類の異なる生活諸条件、経済生活の全く新しい諸可能性、の他に、特別の法的地位が彼等を引き寄せたのである。移住者は誰でも、「サンクタ・マリア〔大修道院〕、あるいはサンクトゥス・ランベルトゥス〔大修道院〕、あるいはサンクトゥス・フグベルトゥス〔大修道院〕の隷属民であった者は除いて、伯に所属すべきこと、罰金については伯のミニステリアーレに納めるべきこと」"ad comitem pertinebit, ministeriali suo de omni forisfacto respondebit, nisi forte fuerit Sancte Marie aut Sancti Lamberti aut Sancti Hugberti" と規定される。従って、記されている例外を除くすべての流入者は、伯とその役人の下におかれなければならないのである。これは、「都市の空気は自由にする」という原則の、支配者法的表現である。それは、農村における、さらには古いキーウィタースにおける、しばしば入り組んで重なりあっている隷属に、一人の支配者に対する、土地支配者ではなくして自治体支配者に対する、この場合であれば少なくとも新市民の、全一的隷属を代置するものである。[544] このような方式でディナンでは――ウイの場合と同じように避難所思想を基礎にして――単一の都市法地区の創出が始まる。スタートを切った法関係の、この単一化は、移住者を見渡しの利くこの法関係の中に誘い入れるのに適していた、それは、移住者と、古くからの定住者とを単一の市民層へと融合させる力をもっていた。全員を同等に包含する都市支配者への隷属から全員を同等に包含する自己統治の自由への一歩は、フランドルの諸都市でもそうであったように、容易に踏み出すことができるものであった。自由を与えられた都市自治体ウイとは対照的に、ディナンは、以上で私達が説明したように、同じ時期になお強く、伯である都市支配者に隷属していた。この点についてはすべての解釈が一致している。それでもなおディナンは、自治体であった。[545] 一〇八〇年に、ムーズ川に石造の橋を架ける工事が始まった際に、ディナンを代表する者は〔二人の〕都市支配者、司教と伯、だけではない、「町の管理人であるイサーク、ゴズヴィノ・デ・ルーペ、その他の者達」“oppidanis Isaac villico et Gozwino de Rupe et ceteris”もディナンの代表であった。[546]——彼等は全員が、その時、協議と決議のために、ディナンに集まった——その際、「ディナン人達の要求と助言」“rogatus et consilium Deonensium”が明瞭に記録される。ディナンのケンテナリウス〔伯代理〕の定期裁判集会 centenaria complacita は、[547]農村自治体の諸関係を越える判告はこれをしない。しかし恐らくは、すべての移住者を彼等の以前の法関係とはかかわりなく都市支配者の法の下におく規定は、これを判告する。

ブルンナーとミッタイスは、「都市の空気は自由にする」という原則の、都市支配者的に表現されたものの、時間的登場を追究した。[548]最も早い時期の例についての彼等の観察は、西北ヨーロッパを越えて、地中海の世界へと人を導く。私達はそこに、地区を受胎した自治体を、初めて発見するであろう。

# 第二章　地中海の魅力の及ぶ世界で

## 一　連続性の実証

どうして点火するための火花が、ムーズ川という、ヨーロッパの運命線へと飛び移ることができたのか、その理由を完全に理解しようとするならば、私達は、私達の視線を、完全に発達した一つの都市文化がそこからガリア及びライン左岸のゲルマーニアへと初めて入り込んでいく出発点となったあの地域、地中海の国々へと、戻さなければならない。イタリアから私達は考察を始める。民族大移動の激しい流れは、イタリアの上でも荒れ狂い、ここにも、都市をもたない、都市とは縁の無い、都市を恐れる、征服者が侵入した。誇り高き北イタリアの諸都市が、ゴート族のもの、ランゴバルド族のもの、フランク族のもの、になった。このことは北イタリアの諸都市にとって、ベルギカ及びゲルマーニア諸属州の——数も少なく、しばしば目立つこともない——その姉妹達に振り当てられた運命と同じ運命を意味したのであろうか。ここでも、残ったものは、形のある残り物だけ、かつての日の経済的、政治的、諸機能の痕跡だけ、礼拝の組織、教会の組織、の分野の伝統だけ、そして都市的に居住するという、差し当っては薄い層だけに限られていた慣習だけ、であったのか。北イタリアの諸都市もまた、全く性質の異なる周囲の環境の中で、見捨てられた島々になってしまったのか、北イタリアの諸都市もまた、未発達な行政の中に、古代のポリスと公的生活を支配するポリスの機能とを全く知らない、農民戦士民族の未発達な国法の中に、組み込まれてしまったのか。そのようなことは、絶対にない。既にメンゴッツィが(1)、説得力を以て、私達にそのことを立証して見せた。

彼の道案内を信用することにしよう。そして、ランゴバルド時代から、あの決定的な転換期から、始めることにしよう。ランゴバルド族は、ゴート族とは違って、自分の征服した世界の構造に、周知のように、自主的に入り込んで行ったから、決定的な転換期と言うのである。メンゴッツィは、自分の利用する史料に基づいて確定する(2)――ランゴバルド族は、国内に定着した時、都市と、防備施設のある攻略し難い場所であった城砦とに、彼等が征服した住民に対する支配と、外敵に対する防衛との、最良の道具を見つけ出し、何よりもまず周壁の警備と維持とに心を配った。都市の本質的特性が――保護された集落、攻撃力と防衛力とを与えられた集落であるという都市の本質的特性が、とりわけて持続性のあるものであることを、私達はここでもまた見る。ノルマン人の脅威に直面してライン川流域と北フランスとの司教達が各自のキーウィタースの周壁を修復した時の、彼等の態度が思い出されるような気がする。しかしながらランゴバルド族の態度は、――詳細に私達が説明したように――直接の、ぎりぎりの必要があって初めて生まれたケルン、マインツ等の司教都市支配者の行動よりも明瞭な都市の本質への洞察を立証している。国王ロータリは、都市は周壁で囲まれた特別法の地区であると認識し、都市を尊重している。そのことが、ある時、ある否定的な措置の中に現われている――ロータリに反抗した若干のリグーリアの都市、ジェノヴァを含む若干の都市の反抗を彼が処罰した時、ロータリはその諸都市の周壁を破壊して、無防備集落に格下げしているのである――「それらの都市の周壁を基礎に至るまで破壊し、これらの都市をウィークスと呼ぶことを命ずる。」“muros earum usque ad fundamentum destruens, vicos has civitates nominari praecepit.” 換言するならば――ロータリは彼の征服した地方で無防備のウィークスと周壁のあるキーウィタースとの間に、明瞭ではっきりした区別を設けているのである。キーウィタースというのはロータリが承認した称号である。しかし内容の伴わない称号ではない——その証拠にロータリは、彼の勅令の第三九条で(3)キーウィタースを特別の平和によって保護しているのである。そこには次のように記されている——「もし自由民がどこか別の（そこまでは『当時国王がそこにいることが知られているキーウィタース』“civitas, in qua rex tunc invenitur esse” が問題になっていた）キーウィタースで、争いごとを引き起こそうとし、殺傷をしないならば、王の宮殿で六ソリドゥスの刑に処すべし。しかし、殺傷したり、あるいは殴打したりするならば、一二ソリドゥスの殴打の贖罪金が受領された上で、さらに又殴打をするのであれば、この勅令に規定されるように、納めるべし。」“Si liber homo in alia civitatem scandalum incitare praesumpserit et non percusserit, sit culpabilis in palatio regis solidos sex. Si autem percusserit aut plagaverit, sit culpabilis in palatium regis solidos duodecim; excepto conpositionis plagarum aut feritas si fecerit, sicut in hoc edictum legitur, conponat.” 第四〇条は同じ意味のことを不自由民 servus について規定している。換言するならば——都市の中で平和攪乱行為が行われた場合には、通例の贖罪金 compositio の他に、特別の刑罰が科され、それが国庫の利益になる、というのである。この規定はキーウィタースだけに——カストルムについては言及がない——適用されて、キーウィタースを——メンゴッツィ(4)と共に私達はそう解釈する——特別の方式で保護された法地区とするものである。このことは、ランゴバルド時代の都市平和の考え方がどういうものかを教えている。それは、ブルク平和を経由して得られたものではない。ここイタリアでは、この回り道は不必要であった。この特別法の地区は、周壁の中に、永久不変の固定された境界をもっているのである。この時代に、語の法的意味における都市が、どのようにして存在しているのか、どのような形で、どのような程度に、公的性格の法的統治が都市だけに固有のものであるのか、確定しようとするのであれば、私達は、この点からスタートしなければならない。周壁の神聖性についての古ローマ的観念——それは、レムスの都市周壁越えの跳躍の伝説に表現されてい、ローマ法（これについてはメンゴッツィの引用している学説集成の個所を参照するとよい[5]）に明瞭な確定を見出している——は、ロータリの勅令第二四四条に生き続けている[6]——「もし、誰かが、カストルムあるいはキーウィタースの周壁を通って彼等の裁判官の承認無しに外へ出るかあるいは中に入るならば、その者が自由民であるならば王の法廷にて二〇ソリドゥスの刑に処すべし、しかしもしその者が半自由民又は不自由民であるならば王の法廷にて一〇ソリドゥスの刑に処すべし。」“Si quis per murum de castro aut civitate sine noticia iudecis sui exierit foras aut intraverit, si liber est, sit culpabiles in curtem reges solidos vigenti, si autem aldius aut servus fuerit, sit culpabiles sold. decim in curtem reges.”それ故、「野蛮な蛮族の中でも最も野蛮な」——というのがメンゴッツィの表現である——ランゴバルド族が、「分散して、小グループで、居住するのに慣れ」ていたランゴバルド族が、都市を特別法の地区として継承し、彼等の立法にこれを組み入れたのである。このことは、ここでは、都市的な生活がアルプスの北側におけるよりも広い範囲で維持されていたからこそ、可能だったのである。全体状況が根本からして異なっていたからである——フランク地方では僅かなローマ系住民の残りが残存していただけなのに、ここでは、都市化されたイタリア系の住民が温存されていたのである。征服されたイタリアでは、ゲルマン系の貴族は農村で生活し、都市はイタリア系の住民の避難所であり続けた。農村の状態の不安定が都市へと住民を追いたて、都市のラテン的要素を一層強めた[7]。都市的に生活する習慣はここでは広い層によく知られていたし、その状態が続いた。西北ヨーロッパではその反対に、広範な層に見られた都市恐怖がまず以て克服されなければならなかった。都市が古代イタリアの、そして中世イタリアの、特徴的な現象であったことは、最高度に重要である。ここでは、北方とは違って、都市は初めて成立する必要がない。都市は現に存在しているのであり、民族大移動期の一切のショックを乗り越えたのである[8]。最近ヴァルター・ゲッツがそのように指摘している。幾つかの波の形で進行したゲルマン人の征服はイタリアでもまた都市なる存在の、それとわかる後退を、確かにもたらしはした。けれども、イタリアでは、都市はその特殊な法的地位を失うことがなかった。そこでは、西北ヨーロッパでは都市の正に法的優位が抹消されてしまったのに対して、都市的本質の連続性は、公的性格を帯びているのである。――教会の状態の展開も農村からの都市の法的分離に有利に働いた。すなわち聖堂区聖堂司祭制度の整備の結果、都市の司教座聖堂は、教会の制度全体の中で中心になる支配的な地位を失い、司教の選出には都市の住民だけが参加する状態が続いたのである。(9)

イタリアでは都市の法的優位に関して、ローマ時代に比べてどこに退化が見られるのか、ということを、メンゴッツィが、パークス・ロマーナとパークス・ゲルマニカに関する解説(10)の中で、鋭い感覚で説明している。ランゴバルド王がそれによって都市を保護している制限つきの平和はローマの平和の限り無い威信 immensa Romanae pacis majestas に対立するものである。この特殊な都市平和は、帝国市民権の欠如を見せつけている。同じ基準で、同じ効力で、全員に、例外なく適用されることのない法は、国家の枠の中で、特権的なオアシスを構成する。そこでは、都市が第一順位を占めている。古代の伝統と慣習とに準拠する防備体系が存続した結果として、周壁で囲まれた中心地だけに限定され周壁の中で生活する人々だけに適用される都市法が発達する、その法は、壁外市区には及ばない、どの都市も、ある都市居住者団の中心地であり境界線であった、そしてどの都市でも市民 civis は都市居住者 urbanus だけであった。

それ故に、使徒パウロに「私はローマの市民です」“civis Romanus sum” と言うことを許したローマ帝国のあの状態が、征服されたイタリアで再び現われることはないけれども、都市と周辺農村の関係は、古代の状態の連続という意味で、アルプスのこちら側よりも、密接である。そのことは、八〇六年の王国分割令 divisio regnorum に明瞭に現われている。(11) この王国分割令を以て私達はカーロリンガ時代――西北ヨーロッパでは都市なる存在の不振をもたらしたカーロリンガ時代、に入る。分割令 divisio は、キーウィタースに対するカールの関心を数え上げ、そして言う――「その郊外市区、その領域、並びにそのものに付属している伯区を含めたそれらのキーウィタースを……」"Has civitates cum suburbanis et territoris suis atque comitatibus quae ad ipsas pertinent……" このようにキーウィタースはその周辺農村の行政上の中心地だとされているのである。アルプスの北側でキーウィタースがガウ伯制の内部で占めている位置との対照は明白である。[12] イタリアでは伯区 comitatus は都市に所属し、それに応じて、イタリアと南フランスとでは――このことは既にピレンヌが指摘している[13]――伯は通例都市に居住する。古代の盛時とイタリアの中世初期とを比較すると、パークス・ロマーナとパークス・ゲルマニカとの関係の場合と同じように、ここでも、低位の都市性が現われてくる。この低位の都市性は――既にローマ末期時代に始まっている動向であるが――都市を拠点にして農村の行政に当るのが都市役人ではなくして、中央の代行者であるところに見えている。けれども、西北方では、キーウィタースに伯の居住地の痕跡を求めていかに苦労したかを思い出すならば、そしてここでは都市が伯の通例の居住地として私達の前に現われるのであれば、連続性がここではどれ程濃密であったかを判断することができる。

伯区 comitatus、「キーウィタースに付属する」"ad civitatem pertinet" 伯区、よりも都市にもっと直接の関係があるのは、郊外市区 suburbanum とその領域 territorium suum である。メンゴッツィは、これらの用語を詳細に研究した。[14] その場合に、私達にとって特別の価値があるのは、大抵のイタリア都市に見られる、古代のローマ人の郊外市区 suburbium Romanum の連続性についての、根拠のある彼の結論である。[15] メンゴッツィはまた、移行期のスブウルビウムの広さを確定しようと努力し、その際に、フランス、並びに北イタリアでは、つまりかつてのガリアの大地では、スブウルビウムの領域 Territorium suburbanum の面積が他の地方の場合よりも大きいことを、従ってそこでは古い――ケルトの――領域原則が、時代、民族、の変化を貫いて、変らずに維持されていることを、観察している。(16) 私達は、私達の観察の中で初めて、そのようなケルト的共通性の光のもれて来るのに出会うのである。ここには、紛れもなく、注目と解決とを切に待っている課題がある。

私達自身に関することでは、その他に、今や以下のことが重要である――ヴェルコートランが、綿密に作成した史料一覧表の中で、彼の研究している地域では、メーロヴィンガ時代に都市に隣接する地帯を呼ぶのにスブウルビウムの語の代りにスブウルバヌスという形容詞が使われるようになることを証明して見せた。(17) ヴェルコートランはまた、スブウルバヌスの地域の広いことを確定している。(18) 同様の観察は、ヴェルコートラン以前に、レフィゾーンが、メーロヴィンガ時代の歴史記述者 Merowingerscriptores の編纂に際して行っている。(19) ヴェルコートランは更に次のことを確認している、スブウルバヌスという形容詞は九世紀の前半以降は完全に姿を消し、スブウルビウムに取って代られる、しかしこの語は、今や全く別の意味、すなわち壁外市区の意味をもつようになる、と。……「事実メーロヴィンガ時代にはシテとそれを取り囲む地域とは、二つながら、伯の権力の下にある、しかしながら、実際には、都市は、ローマ時代と同じように、農村に対して否定することのできない経済的影響力と行政的牽引力とを及ぼし続ける。そのため――農村に位置する何らかの場所について、その場所は都市に依存している、言葉を換えていうならばその場所はシュビュルバン〔郊外の〕だ、と言われる。スブウルバヌスの空間の中にあるという、不明確なこの表現は、この種の名称には完全に適している。九世紀に入ると、反対に、農業経済がフランキア全域に根をおろした。都市は経済的牽引のセンター、全体の行政のセンターであることを止める。大きな伯領が細分され、伯が巡回するようになり、イミニュテ〔公権力不介入区〕が増加するからである。もはや農村は都市に顔を向けてはいない、所領は、シテから数キロメートル以上離れているので、もはやシュビュルバンではない。都市の直接の周囲だけが、なお都市と直接の接触があり、塁壁に隣接する地帯だけがなおシュビュルバンと呼ばれるに値する。しかし今や問題なのは極めて局限された地域であり、かなりはっきりと空間の線引きができる地域であるから、それを呼ぶにはあいまいで一般的な意味の形容詞はもはや用いない。塁壁の外に位置してはいるが、シテ、その住民、その諸権威と恒常的な、少なくとも事実上の、関係をなお維持している、地域を呼ぶのに、非常に正確な範囲をもった名詞――スブウルビウム――が使用される。これに反して、都市からかなり離れた場所が、先行する諸世紀の場合のように、スブウルビウムに存在すると言うことができるということは、もはや見られなくなってしまう。一〇世紀に入ると、スブウルビウムという語はいつでも、今日私達が「壁外《フォブール》」という語に与える意味に極めて近い意味に解されるようになる。メーロヴィンガ時代のスブウルバーナという表現はむしろ「郊外《バンリュー》」と訳さなければならないのに[20]。」ヴェルコートランが辿っている術語の分野でのこの激変は、非常に遅くに発生している。スブウルバヌスの、この使用に感じとられる古代の残響は、他のすべての古代の思い出よりも長く続いている。新しい表現は新しいものが既に出来上ったその時になって初めて登場する。概念的把握はいつでも遅ればせの行為だということで、これは理解することができる。これに反して、イタリアの場合には、スブウルバヌスという術語は、北方にとっては決定的である九世紀という時点を越えてもなお意味が変わっていない[21]。それ故イタリアでは、周辺農村の行政の中心地としての都市の地位は、縮小を伴ってではあるが、とにかく続いている。しかもこの縮小は、ゲルマン人の侵入が初めてもたらしたものではなく、既に古代末期がもたらしたものなのである。

移行期の都市統治制度もまた、既に古代末期には感じとられる下降線を先に延ばした単純化を示している。都市の公的生活は、その内容が乏しくなった。しかし無内容にはならなかった。何が残っていたか、概観して見よう――都市の記録官職は残っていた。都市の記録官 exceptor civitatis が八世紀に何度も記録されているし、九世紀の初めにはマントヴァの書記 notarius が記録されている、等々。[22] こういった、都市の裁判官、書記、行政官、徴税官、記録官 iudices, notarii, procuratores, exactores, exceptores civitatis が、ゲノッセンシャフト的基礎をもった、自治行政の機関であることの立証されることはない。どう見てもそれらは、都市支配者によって任命された役人である。W・ゲッツはこのことを非常に強調している。[23] ゲッツは都市プラケンティアの記録官 exceptor civitatis Placentinae が副助祭 subdiaconus であること、つまり、恐らくは都市の司教役人であること、を指摘している。この場合、都市の政庁が国家の政庁に取って代られたとゲッツが言っているのは、私には言い過ぎだと思われる。公的生活の特別な組織形態としての都市の概念が生きているのであるならば、指揮官として都市に送り込まれた特命国家役人の下僚は――例えば、一九世紀の、国家の任命した市長によって指名された書記のように――自治体役人である。これらの書記 notarii の存在は、都市が一つの特別の法及び行政地区を形成するものである事実を、他とは区別された任務群をもつものである事実を、強調している。「キーウィタースの」"civitatis" という付加語が、ゲッツが指摘しているように、しばしば伯の部下 locopositus、伯 comes 及び所領管理官にさえも見られることは、行政上の特別地区としての都市の存続を立証しているだけであって、これを自立した自治行政の機関の名称だと誤解してはならない。書記の存在が特に重視されなければならないのは、それが、都市文化の本質的指標、公的生活の文書主義、公的信用をもつ私文書、が残っていることを示しているからである。書き物と文書とは、アルプスのこちら側程には、修道院の中に引き籠らなかったのである。ローマの都市の文書作成者たる名誉ある人々 viri honesti tabelliones urbis Romae は、六世紀以降、都市支配者としての教皇の部下である、教皇は最良の人々を教皇官房に引き取る、それでもその人々は、都市ローマの同職仲間なのである。古代に由来する文書作成者と中世の公証人とがイタリアで合流する。ここでは、古代の制度の断絶は起こらず、変形だけが起こったのである。

都市は、独自の任務群を抱えているからして、特別な役人を必要とする。事実、三分の一参加というローマ的形態（国家三分の一、都市聖堂三分の一、都市三分の一）での周壁事業への都市の参加が残っていた。[24] ローマ時代に遡る市区、ポルタ portae、の主要な義務は、周壁の修理と警備であった。南フランスの都市トゥールーズ――その周壁環はずっと維持されていた――についても、市区、partidas、のローマ起源を信じようと人はした。[25] しかし私の保証人であるラメが、詳細な証明をしていないので、私はこの指摘の正否を未決定のままにしておかなければならない。――周壁事業に関連しているのが都市の自治体所有物、すなわち、周壁、温泉、その他の公共建造物、道路及び本来の意味での共用地、の管理である。一〇世紀以降多くの場所で再び出現する都市共用地とローマ末期の諸都市の自治体所有地との直接の関連を、メンゴッツィは主張している。都市住民 urbani は、自分達の周壁奉仕を通じて武装権を再び獲得する、そしてそのことが彼等の社会的政治的な声望を高める。彼等は国王の所領管理官の指揮を受ける特別召集軍を構成する。七三〇年の一文書はシエナの都市軍 exercitus Senensius civitatis について語っている。[26]

都市自治体が、未発達な形態においてではあるが、残っていたのである。ランゴバルド-フランク時代に、都市の住民が全員で、共同の行動をしながら姿を現わすのを私達は見る、例えば七七四年に都市レアーテ〔リエーティ〕の住民 habitatores civitatis Reatine が公共の森の gualdo publico 境界を、公の巡察使一人、彼等の土地管理人、公の下僚二人、及び「舎人」“marphais”と共に確定する時がそうである。[27] 或いは八五〇年にクレモーナで、司教と対峙する形で現われる時がそうである。[28] 都市は掟さえ発布しているのである。そのことを私達は、公的な史料、七九〇年頃の、ピピンのイタリア勅令 Capitulare Italicum から知る――「プラケンティアの人々が、この人々の掟によって、朕の宮殿からあの半自由民達を受け入れたとしても、それは朕の決定ではない。」“Non est nostra voluntas ut homines Placentini per eorum praeceptum de curte palatii nostri illos aldiones recipiant.(29)" これに対するメンゴッツィの素晴らしい注釈を再現しておく。彼はその注釈の中で、同時に、それに先行する自分の研究の結果を綜括しているのである――「この掟をつくったのは、伯ではなかった。司教ではなかった――キーウィタース・プラケンティアであった――国家とも、教会とも、同じように区別された、そして又、自分の書記官――国王の書記官とも、教会の書記官とも異なる――キーウィタース・プラケンティアの記録官、をもっていた、あのキーウィタースであった。そしてこのキーウィタースは、キーウィタースに関係のある諸問題を大いに討議し、決定するために、集会を開いて、その結果、いくつかの場合には、ついにはあの王宮をも凌ごうとすることのできる裁判上の効果を生み出していた。……そしてピピンは、まことに正しくも、非常に重要な証書の中で、公人の意志の法律的表現を示すために使用される言葉を用いて、掟について語っている。この掟は、要するに、ピアチェンツァ人がそれによって国王の半自由民を自分達の間に受け入れる――recipiunt――市民権の、固有にして本当の許可であり、今までに報告された諸記録が専ら外部世界との関連において照らし出している市民のグループが、内部においてはどのような実質のものであったかを明るみに出しているものである。実際それは、そこに参加すべく受け入れられるためには、暗黙の引き受けだけでは充分ではなく、キーウェス全員によって行われ、キーウェスだけが文書で厳粛に承認し、そのようにしてこのグループの重要性を確証している、そういう厳粛な宣言が必要であることを、明らかに示している。そして、ピアチェンツァで起こったことは、至るところで起こったと、大きな蓋然性を以て、考えることができる。リエーティに、ヴェローナに、クレモーナに、その他の諸都市に、充分に限定された、市民の、都市住民の、グループが存在していたことを、前の諸頁で検討した諸文書が、例外なく、そして確実に、立証している。人格の諸点でも、所有地の諸点でも等しく、法的に公認された、本物の、固有の、全体を構成している都市住民のグループ、そしてその全体には、その上に、権利に関する種々の記録によって、土地と土地に完全に結びついているものが、正確な方式で公認されていた。それは、この時代の未発達な裁判手続きに合致するやり方で、合法的に集団で裁判に出席することのできる、又は固有の、そして特別の代表者によって自分達の代理をさせることのできる、全体である。その代表者というのは、都市住民が国家と国家役人との公権力及び教会を相手に争っている係争事件においても、都市住民の代表者として公認されていたのである。最後に、それは、固有の、特別の、特徴的な、記録官——キーウィタースの記録官、さえもっている全体である。ピアチェンツァの掟を生み出した母胎は、この都市住民の全体なのである。[30]」“Non era il conte, non era il vescovo che aveva formato il praeceptum: era la civitas placentina: quella civitas che si distingueva egualmente dallo Stato e dalla Chiesa e que aveva anche il suo notaro — exceptor civitatis placentinae — distinto dal notaro del re e dal notaro della Chiesa ; e que si radunava a discutere e a risolvere, con un'energia giuridica che in qualche caso giungeva fino a tentare di sovrapporsi a quella regia, le questioni che più la interessavano. —— E ben a ragione Pipino parla di praeceptum, adoperando il termine che è usato per indicare l'espressione giuridica della volontà delle persone pubbliche in atti di grande importanza. Questo praeceptum in sostanza è una vera e propria concessione di cittadinanza con la quale i piacentini accolgono fra loro — recipiunt — gli aldî regi e illumina internamente quella consistenza del gruppo dei cives, che i documenti fin qui riportati lumeggiano esclusivamente nei ropporti con l'esterno. Esso dimostra, infatti, che per essere ammessi a farne parte non bastava un'accettazione tacita, ma occorreva una dichiarazione solenne la quale era fatta da tutti i cives e soltanto da loro e solennemente era consacrata in scritto e comprova così l'importanza del gruppo stesso. E quel che avveniva a Piacenza si può con grande verosimiglianza ritenere che sia avvenuto da per tutto. A Rieti, a

Verona, a Cremona ed in altre città i documenti esaminati nelle pagine precedenti provano tutti concordi e sicuri l' esistenza del gruppo ben determinato dei cives, degli urbani, i quali constituiscono una vera e propria universitas giuridicamente riconosciuta, così nei rispetti delle persone come del territorio ed alla quale inoltre sono perfino riconosciute in modo preciso delle terre e dei bene pertinenti con rapporti varî di diritto ; una universitas che può stare legumente in giudizio presentandosi collettivamente o facendosi rappresentare, in quel modo che consentiva la rudimentale procedura dei giudizî del tempo, da proprî e speciali delegati, i quali erano riconosciuti come tale anche in controversie nelle quali gli urbani stavano contro l'autorità pubblica dello Stato e dei suoi rappresentanti e contro la Chiesa; un'universitas, infine, che ha anche un proprio e speciale e caratteristico notaro — l'exceptor civitatis. È all'universitas degli urbani che è dovuto il praeceptum piacentino."

移行期の、この都市自治体の、最も重要な機関は、聖堂前で開かれる自治体集会であった[31]。五世紀以降、重要な問題については都市住民の全体の合意 communis consensus が必要であった。国王ロータリは聖堂前の集会 conventus ante ecclesiam にある程度の価値を認定している――この集会は、ロータリにとって、布告者を通じて所有者不明の、迷い動物の発見を触れまわらせることのできる場所なのである。ランゴバルド族の時代にこの集会は補足的機関の性格を喪失し、都市住民 urbani の内部行政の専用機関になる。例えば、ピアチェンツァの掟 praeceptum は都市自治体の存続を非常に印象的に私達に教えてくれるのであるが、そのピアチェンツァに関して、自治体集会の存在が早くから立証される――この集会は古くからあるサン・タントニオ大聖堂の前で開かれた。ということは、八七七年に新しい大聖堂サン・ジュスティーナが建立される前からだということである。自治体集会が開かれるということがその広場の名称の起源になることがあった――ミラーノでは広場の名称は集会者達の公共の広場 Forum publicum asamblatorium である。この聖堂前集会 conventus ante ecclesiam は、イタリアの古代末期の都市の統治制度と中世の都市の統治制度との間の、生き生きとした媒介物である。[32]

イタリアの都市の自治体生活は審判人制度の導入によって活性化を経験した。メンゴッツィによってイタリアに関して確定された審判人制度の完成[33]は、イタリアの自治体の、造形力と同化能力とを示している。ルッカでは、審判人 scabini、聖堂審判人 scabini ecclesie、都市区審判人 scabini comitatus、が区別される、メンゴッツィは、この三分制を周壁事業の任務についての都市の分割――絶対にゲルマン人の伝統ではない伝統 di tradizione sicura-mente non germanica――公共部分 pars publica、聖堂部分 pars ecclesiae 及び市民 cives への都市の分割、に対応させている。端的に都市審判人 scabini urbis について語る記録は、数えるほどしかない[34]。さらに、審判人の制度の導入によって、その地域の土地の利用 usus terrae の発達と、立法と行政とにおける名士の訓練とが促進され[35]、法学と俗人教育とにおいて既に現われていたイタリアの先進性が強められた。

連続性が――セーヌ川沿岸、ムーズ川沿岸、ライン川、ドーナウ川沿岸の諸都市については、それをめぐって論争が展開されている、頼りない、断片的な、懸命に努力してようやく知ることのできる、ずたずたにされた、細分された諸要素の形でしか存在しない、あの連続性が、アルプスの向かう側では、間違いなく北イタリアで直接であり、綿密であり、常態であると認定できるのである。そこでは、都市が独自の法の地区として、自治体として、公的生活の法的に承認され形成された特殊形態として、ずっと維持されたままであることができたということは、しかしながら、連続性の問題それ自体にとって重要である、というだけではない。そのことは、それを越えて、さしあたっては南ヨーロッパ空間での中世都市の構築――それは西北方とは全く異なる経過を辿った――にとって射程距離の長い諸結果をもたらしたのであり、最終的にはその諸結果は、西北方自体の都市形成経過にまで影響を及ぼしたのである。

北方では四苦八苦して初めて受胎されなければならなかった都市地区というものが、ここでは、最初から与えられていた。神聖にして犯すべからざる周壁は、その外的なしるしであった。末期ローマ起源の個別地区形成物、近隣地区、ヴィチナンティア vicinantia、市区、市門区、ポルタ porta[36]、はランゴバルド－カーロリンガ時代まで続いていた。そしてその機能の継続は、周壁の内側に閉じこめられた複合体を、一つの、生き生きとした、区分けされた、全体にしていた。

## 二　南ヨーロッパの解放された住民自治体

〔前節の記述を承けて続けるならば〕……複合体を、一つの、全体にしていた――何故ならば、都市が、集落的法的単一体として維持され続けたここでは、エルベ川、ドーナウ川、ロワール川に挟まれた空間にとってあれほど特徴的であった、地形図的‐法的二元構造は生まれるべくもなかったからである。無論このことは、ここでも、都市の成長と拡大が壁外市区の形成を通じて進行したことを排除するものではない。この壁外市区は、防備施設を欠いていたので、ブルグスと呼ばれることがしばしばであった。けれどもこの壁外市区は、単なる古い都市の新しい成長環に過ぎないものであって、はっきり古い都市と対立するものではない。イタリア的発展と「フランス‐ベルギー‐ゲルマン的」発展との間に見られるこの根本的対照については、驚嘆に価する炯眼を以て既にメンゴッツィが指摘している[37]。西北ヨーロッパにおける都市生成の過程が私達の眼に明瞭になっている今日、この対照を理解し、正確に叙述することを、私達は遥かにたやすくやってのけることができる。

　西北ヨーロッパの都市生成を、私達は、空間的に区分された、対照的な法秩序の中で生活している、集落形成体の浸透過程として、二つの形成体がいずれも与え且つ受け取る形で寄与している浸透過程として、認識した。前都市的集落核を私達はガンスホフほど受動的なものと、またプラーニッツほどゲルマン化されたものと、見ることができなかった。前都市的集落核は、むしろ、商品集散地の商人層を都市に定住するように導くという本質的な機能を持っていた、またそれと共に、地中海都市文化の一つの要素、都市に家を持つという慣習、を商人層に伝えるものであった。

その代りに、前都市的集落核は、自己を包み込むことになる新しい形成体の本質的特性が、この商人とこの商人に続く手工業者とによって規定されることを受け容れなければならなかった。商人が社会的に先頭を切って走り、政治的に指導者の役割を演ずるようになった。古いキーウィタースの城臣や聖職者が指導者の役割を演じたのではなかった。遍歴商業からもたらされた組織形態、ギルドにおける兄弟分団体的結合体は、たしかに、都市の統治制度的構築の直接の出発点にはならなかった。ギルドの中に生きて働いていた原理は、ギルドに先行する自治体形成を基礎とするコンユーラーティオーへの再編成を経験したのである。自治体形成には、地区の概念と領域支配権の概念が決定的であった。西北ヨーロッパの市民概念は、ギルドが体現しているような、純然たる人的団体の思想に依拠するものではない。そうではなくして、それは、兄弟分団体的結合という重要な理念を住民概念に浸透させることによって成立したものであった。

ギルドからコンユーラーティオーへ、商人 mercator から市民 burgensis への、この根本的な変化は、イタリアには欠如している。イタリアでの発展のはじめには住民が立っている。

イタリアは、保護ギルドから生まれる北方の商人ギルドに類似するものを提供していない(38)。ジルバーシュミットが「イタリアの都市の、自由の成立に対するギルド、とりわけ商業ギルドの意義(39)」に関するその論文の中で、ギルドとして引き合いに出しているものは、宣誓団体であるか、そうでなければツンフト類似の形成体である。これらのものについては後に立ち返って論ずる。

イタリアでは古代ローマ時代以来、同職仲間的団体が個別に存在して来た(40)。ドーレンは、過渡期の諸世紀にナポリ、ローマ、ラヴェンナで私達が見つける同職団体を列挙している――テオデリヒ時代のラヴェンナの、レストラン主人の団体、ワイン商人の団体、肉屋の団体、六世紀末のナポリの、石鹸製造職人の団体、一〇、一一世紀のラヴェンナの、漁業者の団体、商人の団体、肉屋の団体 schola、同じ時代のローマの、聖歌合唱者 canticatores の団体、金属細工師の団体、野菜商人と農民の団体、テヴェレ川の水運業者の団体、靴及びサンダル商人の団体、植木屋の団体。ローマの植木屋のゲノッセンシャフトの、ある下部組織の規約を、L・M・ハルトマンが伝えてくれている。(41) ハルトマンはラヴェンナの漁業者のツンフトの歴史を証書史料に基づいて中世後期まで跡づけている。古い時代に関して特徴的なことは、魚類の販売と肉類の販売とが特定の売り台に集中していたこと、その売り台が三代にわたって通例の永代借地の形式で賃貸されていたこと、職業とツンフト加入との、習慣としての世襲、役職への任命の存続、その役職の名称（金銭徴収者 capitularius、最上位者 primicerius）が明らかにローマ-ビザンツ起源を物語っていること、である。イタリアの、ローマ-ビザンツ的部分における手工業者団体の連続については、疑問の余地がないようである。レオ賢帝（八八六―九一二年）がビザンティウムに対して手工業に関する一般的な規則を公布している。このような国家的規定は、大抵の場合、帝国の辺境の諸部分でも広まるのが普通であった。イタリアに存在していたローマ時代の遺物がこの規定によって新しく編成されたということは、完全にあり得ることである。

以上の簡単な発言だけでも、私達が北方で出会うギルドに、このローマ-ビザンツ的団体からは橋を架けることができないことを示している。北方のギルドは、初め純然たる保護ギルドであって、職業身分的に閉鎖されたものでは全くなかった。ずっと後になって初めて、独占性を帯びた商人ギルドになったのである。血盟兄弟分団体と生けにえ団体とから生まれた北方のギルドは、広い余地が自力救済に残されている、完成度の低い国家生活を送っている諸民族に固有であるような、ジッペに類似する共同体形成物、国家的な制度が保護できるようになっていない、定住性の欠如した、航海者のジッペ代用物、であった。北方のギルドには、血の復讐の精神と、仲間に対する無条件の援助義務の精神とが、なお完全に満ち溢れていた。北方のギルドは、一度兄弟として承認し、兄弟であることを実績で示した仲間は、その仲間が苦境に陥っても、自分で招いて――例えば故殺によって――苦境に陥っても、無条件で保護したのである。それは、末期ローマ及びビザンツの、爛熟した都市文化と、全体的諸原則を体現して至るところに規則をはりめぐらす国家とでは、全く考えられないものである。イタリアのツンフト schola は、たしかに当該手工業に従事する者達の日常生活では大きな意味をもっていたが、都市の政治生活では全く重みのないものであった。それは、権力因子ではなかった。「相互援助、宗教的人道主義的諸義務の共同履行、国家の租税の徴収についての配慮、そして恐らくは何らかの共有財産の管理で、そのような『スコラ』の内部生命は使い果されたのであろう[42]。」

その規約が現存している、ローマのあの八人の植木屋は、一人の長を互選し、宣誓の上結成した彼等のツンフトの組織に関する規定を取り決める。植木屋間の紛争はまずこの長の許に持ち出される、第二審裁判所としては植木屋長の全員がこれに当るが、権限は明確に定められてはいない。八人の植木屋のツンフトの長は、個々のメンバーの資産の管理を監視する、すなわち賃貸借契約の正確な順守を監視する。植木屋ゲノッセンシャフトはまた、共同の園芸用地を利用することができ、メンバーはその共同用地を分割して賃借することができる。このツンフトには自前の金庫がある。すべての収入の一部分に対する長の権利が定められている。長は長の特別地の所有者で、メンバーは規約に定められた奉仕をそこでする義務を負うている。――植木屋の賃貸借関係は――ハルトマンも強調しているように[43]――他の手工業者組織には確実に適さない特別の特徴を、この規約に持ち込んでいる。しかし、それと同じだけ疑問の余地なく、この規約は次のことを教えてくれる——この規約からは、四方八方、北方の中世の、ツンフト文書へと橋を架けることができる、しかしギルドへは架けることができないということを。直接に文書によって国王から確認された慣習法を誇らかに守り通したティールの商人ギルド、自発的に、自分で定めた額だけ都市の防備施設に貢献した、そして貨幣製造権から生ずる収入、この時代にはよそでは高級支配者だけのものであった収入、を伯の贈与によって所有するようになった、そしてそのギルド会館が商人の観点からまた法の観点から都市の中心点であった、サン・トメールのギルド、これらのギルドは、政治的な意味と実力とをもった組織であった。ケルンのギルドのメンバー、ヘントのコムーネギルド commaneghulde のメンバー、は都市統治を担当することを運命づけられた人々であった。なお久しく国家によっては取り込まれていない人格の太古の自由の精神、自由な選択に基づいて加入するゲノッセンシャフトの保護に自己を託した人格の太古の自由の精神、この精神が、北方のギルド規約には息づいているのである。ギルドは、北方の、前都市的遍歴商業の組織であり、またそうであり続ける。都市において、それは、組織を狭めて独占ギルドになるか、あるいはヘントやケルンの場合のように、徐々に死んでいった。プラーニッツによって提供された材料は、スカンディナヴィア、北ドイツ、フランドル、そして北フランス、がギルドの主要分布地域であること、南ドイツでは散在する痕跡に出会うだけであること、アルプスの南側にはギルドは越えて来なかったこと、を明瞭に教えている。近代の専門用語でギルドなる語が西北ヨーロッパのギルドだけに使われるのは、そのためであろう。

　そのため、イタリアには、ギルドが政治的に指導権を握っている商人の商品集散地なるものは存在しなかった。イタリアでは、発展のはじめに立っているのは、ギルドという人的団体ではなくして、ヴィチナンティア〔近隣地区〕及びポルタ〔市門区〕に区分された住民団体である。

サン・トメールの初期の都市史の、最も重要な統治制度文書がギルド規約であるのに対して、ジェノヴァの都市統治制度の歴史は、住民団体それ自体に対する自由特許状で始まる。九五八年の〔共同統治の〕国王ベレンガーリォ〔二世〕及び国王アダルベルトの証書は[44]、ヨーロッパ中世の最古の都市特許状は、「都市ジェノヴァの、朕に忠誠を誓うすべての者達、すべての住民達」"omnibus nostris fidelibus et habitatoribus in civitate Januensi" に宛てられている。この特許状は、この住民に国家団体の枠の中での、特別待遇の地位を与えている。この法的地位の根拠は、都市に住所があるということである——個々のジェノヴァ人一人々々の住宅 domus が、イムニテートの下にあると宣言される——「朕は以下のことを命令する、公、辺境伯、伯、伯代理、公の下僚、警察担当の下級役人、あるいは朕の王国の大小の役人は、誰であれ、彼等の住宅に敢えて強引に入ってはならない、あるいは居住権を奪ってはならない、あるいは何らかの不正あるいは紛争を行うことを企ててはならない、而して彼等は平和に平穏に暮すことができる。」"iubemus, ut nullus dux, marchio, comes, vicecomes, sculdaxius, decanus vel quelibet regni nostri magna parvaque persona in eorum domibus potestative ingredi audeat aut mansionaticum tollat vel aliquam iniuriam vel molestationem facere conetur sed liceat eos pacifice et quiete vivere". それより前、国王ロターリォは、都市平和侵犯に、国王財庫の利益になる追加的刑罰を科していた。ロターリォの勅令が念頭においていたのは、保護されるべき地区だけであった。ジェノヴァに与えられた自由特許状はそれよりも遥かに先へ進んでいる。それは、都市住民自身に宛てられてい、特権は都市住民だけに利益をもたらす。この特許状によって都市住民は平和に平穏に生活できる、国家権力は広範に都市の市域から後退し、何よりも宿営権を放棄し、無償接待義務の免除特権を都市住民に与える。土地支配者のイムニテートが土地支配者の裁判権をもたらすように、都市にある居住地のイムニテートは、都市の自治行政を招来せずにはおかない。然り、特許状の授与は、行為能力のある全体、証書を受領し保管することのできる全体、を既に前提しているのである。ジェノヴァで採用されたやり方は完全に中世のものである――特許状授与とイムニテート授与。そこには、都市の存在しない国家で生活していたゲルマン諸民族の、イタリアへの侵入の諸結果が示されている。北イタリアの諸都市は、このゲルマン的国家の中にはめこまれなければならないのである。然り、私達は、連続性を論じた時に、古代文化と古代国家との都市的基本特徴は、公的-法的特殊形態としての都市が維持され得たとしても、全体としては存続しなかったことを見ておいた。この特殊な形成体を新しい枠組みにはめこむために利用されたのが、イムニテートなのである。それは、この場合に限らなかった。オットー三世がクレモーナの市民にだましとられた九九六年五月二二日付の、同年八月三日に無効を宣告された特許状[45]、この特許状については無論議論がないわけではないのであるが、この特許状は、共用地の利用についての――これに関しては後に触れる――譲歩を定め、国王役人に対する指示を付け加えていた。その指示は、直接の立入禁止は含んでいなかったけれども、効果においてはそれに極めて近いものであった――「それ故に朕は皇帝の権力を以て命令する、公、大司教、司教、辺境伯、伯、伯代理、所領管理官、公の下僚、警察担当の下級役人、あるいは朕の帝国のその他の大小の役人は、今後、前に記した自由なクレモーナの市民を、豊かなるも貧しきも、その手に入れたすべての物、あるいは手に入れられるべきすべての物について、苦しめたり、悩ませたり、あるいは奪ったりしてはならない、特に適法の判決なしに何かある物について意志に反することをしたりしてはならない。」“Quapropter iubemus imperiali potentia quatenus nullus dux, archiepiscopus, episcopus, marchio, comes, vicecomes, gastaldio, sculdasio, decanus seu aliqua imperii nostri regni magna parvaque persona dehinc prefata cives Cremonenses liberos divites et pauperes de omnibus suis rebus adquisitis seu acquirendis molestare inquietare sive disvestire presumant vel etiam in aliquo contraire sine legali iudicio.....” ブルク・サヴォーナの住民に与えられたハインリヒ二世の特許状もイムニテートの性格を帯びている。[46] この特許状は、ブルクに付属している地区全域における、城砦の建設、並びに住民を悩ませる恐れのある国王役人の職務執行を禁止している――「……朕は以下のことを命令する、予め書き記された境界の中で城が建設されないこと。そして又、何らかの負担が、辺境伯によって、あるいはその伯によって、あるいは伯代理によって、公示された人々に加えられないこと。すなわち、協約について、人間の間の理解について、あるいは支配者達の攻撃について。そのために、朕は命令し、永久にしっかりと確定する。公、辺境伯、司教、伯、伯代理、所領管理官、狩猟頭、あるいは誰であれ、わが帝国の大小の役人が、カストルム・サヴォーナに居住する公示された人々を、予め記されたことについて、悩ませたり苦しませたりすることを敢えてしないことを。」“……iubemus, ut in his prescriptis confiniis castella non hedificentur neque aliqua superinposita a marchionibus vel a suis comitibus vel vicecomitibus predictis hominibus fiat, scilicet de fodro, de adprehensione hominum vel saltu domorum. Quapropter comendamus et firmiter in perpetuum stabilimus, ut nullus dux, marchio, episcopus, comes, vicecomes, gastaldio, venator seu quelibet nostri imperii magna parvaque persona predictos homines habitantes in castello Saone de prescriptis rebus inquietare vel molestare presumat.” 一〇五九年、アレリア辺境伯グリエルモ三世は、サヴォーナの城砦には立ち入らない、都市は市民の紛争に際しては自分で裁判権を行使する、年一回だけ辺境伯の一般裁判集会が三日間の会期で開催されるものとする、立証方法としての決闘は廃止され、その代りに宣誓補助者による法的立証が提出されなければならない、すべては都市の慣習 consuetudines による、以上のことを宣誓する。一〇八一年にルッカの市民が皇帝に対して忠誠な態度をとったことへの感謝のしるしとして彼等に与えられた証書は、市壁、並びに市内と壁外市区内とに建てられたすべての住宅の保護、強引な宿泊の禁止、市内及び城内の帝宮の廃止、都市の慣習法の確認、市民の身体並びに財産の不可侵、土地所有に関する紛争に際しての決闘の廃止、皇帝裁判官の市内からの排除、周辺六マイルの範囲内での一切の防備施設の撤去、をめざしている。この証書の名宛てはルッカの市民 cives である。一〇八一年ピサに与えられた証書では、皇帝の裁判官は排除されてはいないがしかしピサの伯領の出身者に限られているし、裁判上の決闘は完全に廃止されることになり、辺境伯の任命に際しては都市は市民集会で選出された一二人の男性を通じてその同意を与えることが許される、となっている(47)。

このイタリアの事例に並行する事例を提供しているのがスペインの証書である(48)——既に九五五年に、ザドルニン、ベルベーハ、その他の集落の住民に、国王役人に対する入域禁止の形で、無償接待義務の免除特権が与えられる(49)。同じように、一〇二〇年に国王アルフォンソ五世がその首都レオンに与えた特許状では(50)、住民の家宅に対する入域禁止が宣言される——「そして朕は以下のことを命令する、国王裁判役人又は武装従者あるいは土地所有者又は何らかの有力者は、何らかの法律上の争いを理由として、レオンに居住する誰かの家宅に入ってはならない。またその者の家宅から門を奪い取ってはならない。」“Et mandamus, ut maiorinus vel sagio aut dominus soli, vel aliquis senior non intrent in domum alicuius hominis in Legione commorantis pro ulla calumnia nec portas auferant a domo illius.” 居住地の不可侵性は、一〇九九年にミランダに与えられた都市法もまた、広範な貢租からの解放並びに火と熱湯とによる神判の禁止と並んで、これを保障している(51)。

私達はここで北と南の間の相違を正確に把握することができる——北方の遍歴商人は、自分達の商人的慣習法の、西北ヨーロッパの都市法の母胎となった慣習法の、国家による承認を、国王保護への——初めは個別の、後には団体単位の——加入許可によって、つまり人格をまきこむ行為によって、獲得した。イタリア人、スペイン人は、その特別の都市的法的身分を、イムニテート授与を通じて、自分の人格の特権化よりはむしろ自分の居住地の特権化を通じて、獲得するのである。

このイムニテート授与は、聖界或いは俗界の都市支配者に対して行われるのではなくして、直接、住民に対して行われるのである。そこには、アルプスのこちら側の状態に比較した場合の南ヨーロッパの発展の大きな時間的優位が示されている。オットー朝の、シュパイヤ、ヴュルツブルク等々に対する特許状も地区形成的性格を帯びているものであるが、それは、専ら司教都市支配者に宛てられていた。[52] そこには、国王の特権授与の対象となることのできる、住民自治体がなお存在していなかったのである。それだけではない、他でもないシュパイヤに与えられた証書には、司教のイムニテートの下に置かれようとしている地区が単一のものではないことが表現されているのである——イムニテートが適用されるべきは「スピラ又はネメタと呼ばれるキーウィタース、あるいはこの同じキーウィタースの周壁の外側、すなわちこの同じ町に隣接している土地にして境界地スピラ」"in civitate Spira vel Nemeta vocata aut foris murum eiusdem civitatis, id est in villa Spira et marca, que eidem urbi adiacens est."である。[53] キーウィタース civitas とウィラ・ウルビ・アディアケンス〔町に隣接している土地〕villa urbi adiacens が区別されていることが、いかに深い対照を示唆しているかということを、またこの深い対照が克服されるまでには激しい対決が必要であったことを、私達は知っている。

初期の南ヨーロッパの都市法証書では、単一の都市地区と、都市的に生活する住民自治体とが、発展のスタート地点に存在することがくりかえして明らかになる。レオンに与えられた権利は、「周壁の内側のすべての住民」"omnes habitantes intra muros"[54] あるいは「都市のすべての住民」"omnis morator civitatis"[55] によって享受される。同じ趣旨の住民概念の明瞭な表現を、私達は数十年も早く、九八六年にバルセローナ伯ボレルによってカルドーナに対して発給された証書の中に見出す[56]——「予ボ……は掟を定め、カルドーナと呼ばれるカストルム、あるいはその付属地に、安全と解放とをつくり出す。そしてそのすべての住民のために。……その理由は、予の祖先、伯にして辺境伯、ウィフレドゥスが、そのカストルム・カルドーナを、その地区と共に、初めて、建設し、強化した時、その掟とその表現—簡単な記録とにおいて、次のように定めたことである。この同じ場所に居住しにやって来たすべての一族、すべての住民、あるいはその者達の財産と共にこの土地へ急いで来、この土地で生活することを希望したすべての一族、すべての住民、は平和な法によって居住し、永久に所有する、と。」"Ego B.....facio preceptum et securitatem adque liberationem in castro vocitato Cardona, vel suis agancenciis, et ad omnes abitatores eius.....Quia quando in primis construxit avius meus Wifredus comes et marchio b.m. et edificavit istum castrum Cardona cum suis terminibus, precepit in suo precepto et suo verbo — memorialem, ut omnes gentes, omnes abitatores qui ibidem stare veniebant, aut cum illorum bona ad hec currebant, et hic vivere volebant, iure quieto tenuissent et possedissent perpetualiter." 〔テクスト中の b. m. の意味未詳〕

ここで問題になっているのは、時間的にも空間的にも普遍的な、一つの現象である。空間的には——私達は北イタリアとスペインに南イタリアの例を付け加える。セルギウス公が一〇三〇年頃にナポリ人と締結した協定の中で、[57]公は与えられる諸特権を「すべてのナポリの貴族、すべての中流の人々、すべてのナポリに居住する人々と滞在する人々」"omnibus Novilibus Neapolitanis et omnibus hominibus medianis et omnibus hominibus Neapolihabitantibus et manentibus."に、誓約した。ここでは、住民は社会的に区分されて、その姿を私達に現わす。貴族 nobili 及び中流 mediani ということで理解すべきであるのは騎士 militi、補助役人 magistrati secondari、参事会員 curiali、技術者、医師等々であって、住民 habitantes というのは農村労働者、小手工業者、商人、である。[58]最も下の社会層は、住民という基礎概念で特徴づけられるだけである。彼等は端的な都市住民、無資格の都市住民である。しかし彼等は、貴族 nobiles と中流 mediani が享受するそれと基本的に同一の法的地位を享受し、全く同じように公の厳粛な保障が与えられる都市住民なのである。ナポリに居住し滞在する Neapoli habitare et manere ことが、そのための充分条件である。これに反して北方では、しばしば、市民権を完全に享受している市民と、権利の乏しい、単なる住民との区別が設けられる。(59)——ナポリの証書は、家宅の不可侵性さえ保証しているのである——「予は、諸君の家、あるいは諸君の内の誰かある人の家を、破壊又は打ち壊しに捧げることはない。」"Domos vestras vel alicui ex vobis non dirruynabo aud dirruinari faciam."

住民概念は、南ヨーロッパにおける発展の、はじめに立っているだけではない。その後も繰り返して、都市に居住地を持つことが市民層に属することの根拠になるのだと主張される。例えばジェノヴァ共和国に加入することを承認された貴族は、「市内居住」"habitaculum" を宣誓する。(60)すなわち、その貴族は、一年の内の少なくとも一定期間だけは、都市の住民になることを宣誓するのである——「私はこの都市、ジェノヴァの居住者になるつもりです……」"Ego ero habitator huius civitatis Ianue……"(61)

閉鎖された都市地区と、都市法の差別なき担い手としての住民団とが、南ヨーロッパにおける発展のはじめに立っていることは、広範囲な結果をもたらす。スペインの文書が、明確に一つの極めて重要な結果現象を示している。スペインでは、民族移動期の衝撃とサラセン人の大きな破壊とを蒙って、都市制度と都市とは、そのままでは済まなかった。(62)しかし、北方でノルマン人の危機が都市周壁の価値を最初に意識させたように、北イタリア沿海諸都市が、とりわけピサとジェノヴァが、サラセン人に対抗する戦いの中から立ち現われたように、スペインでは、サラセン人の危機がスペイン人支配者の精力的な都市政策を生み出した。強力に推進された国土回復運動が王領地にいくつもの自由な都市自治体を建設するという結果をもたらしたのである。(63)新しく獲得した国土を拓殖し、防備可能な状態に維持しようというのがその目的であった。建設証書は「植民証書」"carta de poblacion"という特徴的な名称をもっている。既存の集落の場合には、サラセン人の侵入によって住民がいなくなってしまった都市の復興を援助しなければならないために、特許状の授与が行われた(64)。例えば先に挙げておいたレオンの場合がそうである。従ってそこで問題になっているのは、ジェノヴァの場合のように既存の都市的共同社会に特権を与えることではなくして、住民のいなくなった都市に農村からの移民をつくり出すことであった。それと共に、都市に移住して来た隷属民をどう処遇すればよいかという問題が焦眉の急になる。北方で解決を迫られたのと同じ問題である。レオンについては妥協で解決された——未詳の農奴 servus incognitus は捨ておかれる。立証された農奴 servus probatus は、その支配者の許に、連れ戻されなければならない(65)。しかし前に引用しておいた、カルドーナに与えられた九八六年の証書は、もっと先へ進んでいる。その証書は、誰に対しても、犯罪者に対してさえ、自由を保障しているのである——「奴隷も、女奴隷も、その者達の間に来るべし、あるいは他人の妻あるいは婚約者を連れた誰かある者、追い剥ぎも、誰かある偽証者も、犯罪者も、他のすべての居住者の間に、安全にとどまるべし。」"servus aut ancilla venisset inter eos aut aliquis homo cum alienam uxorem aut sponsa aut latro inienuosus aut aliquis falsator vel criminosus, securus stetisset inter omnes alios abitatores." ミランダの特別法（一〇九九年）は、すべてのユダヤ教徒、ムーア人、キリスト教徒、の法の前における平等を承認する。年代不詳、一〇二〇年以後と推定されるヴィラヴィケンチオの特別法では、すべてのキリスト教徒の農奴が都市では自由になり、解放される servi ingenui et absoluti、と規定されている(66)。一一二九年、カセダの特別法は更に前進する(67)。カセダに来住する者は誰でも、不正行為者、殺人者、でさえ、自由に、妨げられることなく、そこで生活することを保証される——「カセダに来住する者は、死者のための九日間の祈禱を行う必要はなく、自由にここに滞在すべきである。そしてその自由な不動産によって……そしてもしその者が居住しなければならないにしても、あるいは何らかの訴訟の保証人であって、そしてカセダに来たにしても、解放されて滞在し、何かを納める必要はない。……もしその者が殺害者であって、正しくないことを行ってカセダに来たのであっても、解放されて滞在し、何かを納める必要はない。」〝……Qui venerit ad Casseda populare, non det novena et sedat ingenuo ibi, et sua heriditate franca ……Et si debuerit habere, vel fuerit fidiator de ulla causa, et venerit ad Casseda, sedeat solutus et non peitet aliquid……Si fuerit homicida et fecerit iniuriam veniat ad Casseda et sedat solutus et non peitet aliquid.〟スペインでは、このような程度にまで、都市の空気は、フライブルクの都市法がこの法原則の完全な承認まではなお行っていなかった時点で、自由にしたのである。都市地区の閉鎖性が初めから与えられていたために、ここでは、北方におけるよりも問題の解決が簡単だったのである。「都市の空気は自由にする」という原則の貫徹は、南方では、全く明らかに支配者側の政策の流れで進行する。破壊された都市の復興に関心を抱く支配者はこのようにして移住への刺戟を提供し、妨げられることのない成長を都市に保証しなければならないのである。都市住民のもっている自己決定権の程度については、この原則自体はなお何も語っていない。この原則の受胎は、閉鎖された都市地区と住民概念とを前提している。従ってこの原則の受胎は、南ヨーロッパで行われるのが理の当然である。事実またそのことを、実際に、スペインの事例の先行性が立証している。このスペインの先行性は既にブルンナーが、最近ではミッタイスも、これを指摘している。(68) ブルンナーはここでは避難者保護権の思想が基礎にあることを確認し、ミッタイスはイムニテートとの関連をそれ以上に強調し、シュトラームはこの原則を法として根拠づける力を国王保護に見ている。(68a) ブルンナーはスペインのモデルの、南フランスへの作用を信じていた。南フランスではこの自由原則が一〇八八年以前にベアルンのオロロンについて立証されている。ドイツの特許状、フランドルの特許状と、スペインのそれとの関連をブルンナーは信じていなかった[68b]。しかし私達は、スペインを出発して南フランスを経由したこの法原則を、ドイツ、フランドルの諸都市に伝えた仲介者をムーズ川沿岸諸都市に見出したと思っている。ディナンで私達は、都市の空気は自由にするの原則が取りあえずは支配者法の表現で立証されているのを発見した。そしてウイでは避難者保護権の思想が表現されている。私はスペインにおける発展との関連を前提することを控えようとは思わない。この関連は、ありそうにないことではない。ムーズ川沿岸諸都市の商業関係はスペインへも延びていた。ヴェルダンについてそのことは充分に証明されている[69]。スペインに旅行する商人が、国王の都市政策とスペインの都市の自由とを知るようになったこと、スペインで行われているやり方がその商人達の生活に現われる困難を克服するのに適していることを理解し、避難者保護権と、すべての都市住民を、新来者をも、一つの法の下に置くことを要求したこと、このことは、あり得ることである。恐らくは将来、この推定を、これ以外の諸関連——例えば南フランスの中間項——及びその他の諸関連の発見を通して、一層信頼できるものにすることが可能となるであろう。

　以上の想定を根拠づけるために、私達はさらにもう一つの併行する関連をここで説明しておく。商人の慣習法の主要原則の一つとして、裁判上の決闘からの解放がある。剣とはかりとを副葬品にした北方の遍歴商人、この誇り高い航海者、の性格を思い浮べるならば、彼等がこの特権にあれほどまで固執したことは確かに、いささか不思議に思われる。この特権にはヴァイキング精神を感じ取らせるところが全くないのである。この法原則もルートヴィヒ敬虔王がスペインの辺境伯領の商人にこれを認めたのが最初である[70]。イタリアでも非常に早くから見られる——一〇五六年と一〇五九年にジェノヴァとサヴォーナに与えられた特許状、そしてピサとルッカにハインリヒ四世の与えた証書[71]。ただし、こういったイタリアの事例は、この法原則が西北ヨーロッパでは最も早くティールの商人の間に出現したのに比べるならば、遅い[72]。すべてのことが言われた後で、どうしても、決闘免除特権は、北方の、遍歴商業の世界で発生したものとは思われない。そこに息づいているのは、異教的-ヴァイキング的精神ではなくして、キリスト教的精神なのである。決闘の禁止と避難所思想とは、私には二つとも、スペインから北フランク空間に前進して来たものに思われるのである。

「都市の空気は自由にする」の法原則の場合には、私達は、遍歴ルートの宿駅――スペイン、南フランス、ムーズ川、フランドル――をいわばつなぎあわせて、これを証拠とすることができる、決闘禁止の場合には、スペインの例とティールの例との直接の継起が間に合せ的に確認できるだけである。

どちらの場合にも何かある法原則の移動を確認することだけが問題なのではない。何と言っても、中世の商人法と都市法両者の、二つの基本的な原則が問題になっているのである。この二つの原則が南ヨーロッパに由来するということは、同時に、フランク空間における都市の成立の本質的推進力が、当のフランク空間よりも強い、古代の都市文化との結びつきを維持することのできた地域に発することを、立証するものであろう。そのことによって西北ヨーロッパの中世都市文化と古代地中海都市文化との接続が、新しいやり方で、正しいことに見えてくるのである。アルプスのこちら側に現存していた古代都市文化の残存物と西北ヨーロッパ都市成立へのそれの影響とは独立に、北方の発展と、スペイン、イタリアによって媒介されるところの古代との連続、いわば作用する力を後に残す連続、がここに現われ出て来るのである。――作用する力を後に残すとは、この受胎が、然り、中世初期になって初めて、生ずるからである。

「都市の空気は自由にする。」の原則と一緒に、領域支配権の思想、解放された単一の都市地区の思想、が同時に、南から北へと前進していった。都市地区の受胎へと導いていったいくつかの土着の根源が、先に私達の説明したように、立証されたけれども、あの場合はっきりしないことが一つ、残っていた。以上に述べた南-北間の前進の観察において、その残っていた一つの疑問が氷解し、そのことが、他ならぬムーズ川の沿岸で非常に早く都市が地区を受胎したことを理解できるものに思わせるのである。解放された都市自治体の原則の地中海地域における優位は極めて明白であるからして、私は、活発な交通関係を考慮して、ムーズ空間における自治体形成の際にイタリア−スペインのモデルが影響を及ぼしたことを、確実なものだと考えたいのである。ムーズ川沿岸諸都市の住民は、地中海地域の政治理念の仲介者として、彼等が言語的にはローマ世界に帰属しているところからして、適していた。彼等は、双方の、自分が暮している地方の、政治状態に立ち入る長い会話を、ジェノヴァ人やスペイン人と進めることができたのである。

南ヨーロッパの状態の観察に話を戻す。──八〇六年の王国分割令 divisio regnorum から、したがって中央の統制から、出発して、イタリアでは都市が、周辺農村の軍事的行政的中心点として存続したことを私達は確認した。中世初期の自由付与証書に基づいて、私達は詳細にこのことを跡づけることができる。ジェノヴァの住民には、市の内外の infra et extra civitatem 所有地の妨げられることのない利用が保障される。都市ナポリ civitas Neapolis には「周辺付属地区」"pertinentiae" が付属している。両者で一つの法単位を形成する──新しい諸法令はこの領域全体に妥当する。都市レオンにはその他に農村地区が付属している。農村地区の境界線は正確に設定されている。この地区の住民にとってレオンの市民とのすべての紛争の専管裁判籍はレオンの都市裁判所である。この地区の住民は戦時には周壁の警備と修復とに貢献しなければならない。その代りに彼等は、市場税の免除を享受する。[73]

過渡期の諸世紀を通じて維持され続けた軍事的政治的中心地としての都市の地位が公的に承認され、生きて働き続けているのを私達は見る。なおこれらの諸都市の、その周辺に対する諸機能は、北方においても時折私達が観察するものを、余りにもはるかに、越えているわけではない。ライン川中流域の周壁負担、トリーアの市外諸自治体と都市との関係、はレオンに与えられた自由付与状の規定を強く思い起こさせる。ここにその初期段階が理解される南ヨーロッパにおける発展が、北方とは全く異なる結果をもたらし、ずっと大きな成果を収め、少なくとも北イタリアでは後に都市国家が並立するようになったことは、よく知られている。都市国家形成が実現するかしないかは、都市と封建国家の対決の成行き如何にかかっていたことにも、疑問の余地はないのである。

## 三　南ヨーロッパ諸都市の社会構造

アルプスのこちら側では商人と手工業者とがコンユーラーティオーに結集して、都市の政治的な指導権を奪い取ってしまう。そうした都市は、全く新しい身分原則の封建国家への侵入を意味している。商業と輸出手工業との大中心地の都市貴族層は、依然として、非常に封建的な立居振舞いはしていたけれども、その素性と職業とからするならば、農村貴族とは根本的に異なるものであった。新しい原則の侵入は、更に奥深く進む。労働する社会層が政治的要求をつきつけるということは、世界史的に見て新しいことなのである。私達はそのことから、これで二度目になるのだが、北方の発展に現われる、私達にアジアと地中海地方とでよく知られていることとの、差異を確認する――一、北方の支配者層は都市的ではなかった。二、北方の商人は、都市化され、政治的要求をつきつける。

今までのところただ単に地区住民としてだけしか知らないで来た南ヨーロッパの都市住民の、社会的構成はどのようなものであったのだろうか。[73a]

この場合にも、ジェノヴァ宛ての自由付与証書が私達に情報を与えてくれる。ジェノヴァ――当時精力的に周壁築造を進めていたジェノヴァ、一〇一五年にはバレアル諸島沖の海戦の勝利に参加し、一〇六五年にはシリアの海岸に艦隊を派遣したこの航海都市が、九五八年の証書には、農業上の関心に支配される共同社会としてその姿を見せているのである。[74] この文書は、ジェノヴァの住民に都市の内外における自由な土地所有を承認している。ジェノヴァの住民の所有地が、その法的性質、その他の性質、に従って、詳細に記録されている——中心になっているのは長期の借地 proprietates libellarias と用益権を保証された借地 proprietates precarias、つまりいずれも小作地である。[75] 種々の取得権限の正当性を確認することが重要視されている。取得権限は慣習法（慣習によって secundum consuetudinem）、証書（権利証或いは書き物によって titulo vel modulo scriptionis）、相続財産（その人達に父方と母方とから分与された que illis ex parte patris et matris advenerunt）である。付属している型通りの文章は型通り過ぎてそこから立ち入った結論を引き出すことはできない。しかし、いずれも支柱の材料になる木材であるスタラレア stalarea とかサレクタ salecta のような非常に特殊な物や、牧草地の栽培のことがでてくるならば、そうした記載には、恐らくは更に進んで、ぶどう園 vineae、果樹園 silvae、牧場 pascuae、製粉場 molendina、漁獲 piscationes にまで及ぶ証言能力があると想定してもよい。そのように書き記されているこれらの土地を所有することが、ジェノヴァ人にとっての主要な関心事だったのであって、商業政策的な有利さが彼等の主要関心事だったのではない。だから、ここでは、商人 mercatores ではなくして都市の土地所有者が、都市の発展のスタート地点に立っているのである。この土地所有者とは誰であったのか。それは、伯代理 vicecomites、教会守護者 defensores ecclesie、それに所領管理人。この所領管理人の手に、司教の所有地と修道院の所有地との大きな部分が移っていたのである。彼等は都市に居住し、都市で、十分に数の多い、しっかりと組み込まれた社会層を構成していた。ロペツの推定では、恐らく既にその頃から、周辺の低い身分の出身で、ある程度の富を手に入れた小土地所有者が合流していたらしい。いずれにしても、一三世紀以降になると、そうした要素の都市への顕著な流入が観察される。彼等のすべてにとって、余剰を商工業への投資に振りむけることは可能であっただろう。しかし、私達の証書が示すところによるならば、さしあたっては、自分の所有地を抵当に入れることなく守り抜くことだけが、彼等にとって重要なことだったのである。

このジェノヴァの状態と、ヘントの都市貴族に関するブロックマンスの立言とを、まずは比較してみることにしよう。〔ヘントの場合〕他ならぬ最初のポルトゥス住民の財産は商業利潤を源泉とするものであり、それに後から市内の土地の地代が付け加わるのであって、ヘント人が市外に土地を所有するようになるのは、ずっと後になってのことである。そして極めてゆっくりと、である。(76)

ジェノヴァの例は孤立したものではない。クレモーナがせしめた特許状の具体的な内容は、それまでは都市支配者が利用してきた共用地を無料で利用することをオットー三世が許可する、というものである――「然るに牧草地と森林地――そして何であろうと公共社会に属することが知られているものは、一切の反対を受けることなくこれを占有するように、そして利用しながら所有するように。」pascua vero et silvas – et quicquid ad rem publicam pertinere noscitur, sine omnium contradictione teneant, fruantur et possideant. ここでは、それと並んで、既に商業利潤がほのめいている。――ポー川の商業がクレモーナを豊かにしていたのである。そのため、クレモーナ人は、商業旅行の安全をも、文書によって確認して貰っている――「どこへ出発しようとも彼等は安全に保護されてあるべし……あるいは、商売のために出かけ、陸であれ海であれ、彼等がどこに行くことを希望しようとも、彼等がすべての人の係争から離れてあることを朕は命令する。」“tuti et defensi permaneant, quocumque perrexerint.....sive ad negotium ierint absque molestatione omnium in terra et aqua illos ubicumque voluerint consistere precipimus.” サヴォーナの城砦の住民にも同じく明瞭に土地所有が保障される――「朕は……サヴォーナ辺境領の城砦に居住するすべての有力者達に、すべての物と土地と、そして……キーウィタースの内と外で豊かな所領、所領が持っているのが普通である漁獲と獲物、とを与え、保証する。」“concedimus et confirmamus.....omnibus hominibus maioribus habitantibus in marchia Saonensie in castello omnes res et proprietates.....tam infra civitates quam extra et villas libelarias piscationes venationes quae habere soliti sunt."

南ヨーロッパの都市が、中世にも、貴族的土地所有者の集住集落であることはすでにしばしば強調されたところである。ダヴィドゾーンはフィレンツェについてそのことを言っている――「市内に定住する農村貴族は上層市民と違うところがない。何故ならば、ウベルティ家或いはアディマーリ家のような有力な都市の家柄も、周壁の内側にある邸館から伯領内に所有する豊かな城砦及び農地を管理したし、莫大な教会所領を永代借地していたし、自分の耕地、葡萄園、オリーヴ園を、一部分は小作に出し、一部分は隷属民に耕作させていたからである。(77)」ダヴィドゾーンはさらに、九世紀にフィレンツェ人がしばしば生まれ故郷の外側、ただしその近くに、土地を所有し、取得し、或いは世襲借地として借り入れたことを確認している。(78) メロレスはこれと対応する確認をヴェネツィアについて行っている。(79) ただヴェネツィアでは商業への移行がジェノヴァの場合よりもはるかに早かった。「九世紀の土地支配者の世代に、既に一〇世紀には、商業に従事する新しい家族が続く。」ルツァットーは、そのようなヴェネツィアの大土地所有者を、アルプスのこちら側のフランクの大土地所有者と同じように考えてはならないことに、私達の注意を喚起している。(80) この主張を支える証拠をルッツァトーは一人の古い貴族の遺書から採っている――八二九年のジュスティニアーノ・パルテチパチオの遺書である。この大土地所有者の遺書には領主直営地の組織を示唆するものは何もなく、海上商業に投資された莫大な金額のことが語られている。ここで問題になっているのは田園で生活する支配者層などではない。イタリアの貴族は――ゲルマン系でない限りは――都市的だったのである。イタリア貴族は自分の所有地を都市から管理した。アルプスのこちら側ではこれに反して、土地支配者の組織の中で都市はいかなる役割をも演じていなかった。私達は――例えばカーロリンガ時代のマインツを例にして(81)――、古いキーウィタースの周壁はその内側に農地として利用される多くの土地を含んでいたが、多数の俗界土地所有者の中で市内に邸館をもっていたのは僅かに二人であったことを、明瞭に確認することができた。土地所有者が都市的に居住するという伝統は、地中海空間にあっては、全般的な伝統であると同時に地域的な伝統でもあった。新しい建設の場合にもこの伝統が認められる。このことはヴェネツィアが既に示している。しかしその本来の意味では七、八世紀の形成体であるガエタも、そのことを示している[82]。ここでも、特に初期には、住民の中で声望最も高く、財産最も多い層は、土地所有者であった。九、一〇世紀になると、一部分は不自由民、一部分は貢租納付義務のある農民、をその住民とする土地支配者制経営組織《グルントヘルシャフト》は、ガエタの市民の所有になっていた、それが支配的な形態である。土地所有者の居住地であり、土地耕作者の居住地でもあるという、この地中海都市の基本性格は、今日に至るまで続いている。シチリア、スペイン、では今日なお、この基本性格を目のあたりにすることができて印象が深い[83]。

この現象がもたらす経済的な諸結果は、中世にあっては――そのことは特にヴェネツィアの例が教えてくれるのであるがジェノヴァの例も教えている――イタリアでは、社会的、政治的な諸結果ほどには決定的なものではなかった。イタリアの諸都市は――最初は明瞭に農業的な利害につきまとわれる集落であったが――農耕市民都市にはならなかった、その正反対である――商業と手工業とがイタリアの諸都市では力強く花開いた。このことは詳細な説明を必要としない。その限りでは、一二、一三世紀には、――純粋に経済的機能の側から見るならば――ヴェネツィアとブルッヘ、ケルンとジェノヴァ、ヘントとフィレンツェの間には、その経済的発展の出発点は正反対であったとしても、基本的な相違はもはや存在しない。しかし、北と南との間には、一つの相違が残っている――南ヨーロッパでは貴族が都市定住的なのである。初めからそうであるか、或いは後で見るように、自由意志に基づく移住によるか、若しくは都市によって強制される移住によるかして、そうなのである。西北ヨーロッパでは貴族は農村に居住し続ける。そして都市と市民から距離をとる。彼等は自分の固有の支配領域と、市民の政治生活とは区別された自分の政治生活とを、もっている。

中世都市文化の内部におけるこの基本的対立を、とりわけ二人の研究者が明確に強調してみせた――ピレンヌとM・ヴェーバーである。[84]

ピレンヌは言う。[85]「他方では、市民が成長しその数によって実力を獲得していった間に、貴族は市民の台頭におされて少しずつ後退し、市民に地位を譲っていった。ブール或いはシテに居住していた騎士は、これらの古い城砦の軍事的重要性が消滅してしまってからは、最早、そこにとどまっていなければならない理由が全くなくなってしまった。少なくともヨーロッパの北部では、彼等は都市を捨てて農村に引退したことが極めて明瞭に認められる。ただイタリアとフランス南部では、彼等は引続いて都市に居住した。この事実の理由は、疑いもなく、この二つの地方ではローマ帝国の自治都市の諸伝統および或る程度までは自治都市の組織が存続していたことに、求めなければならない。イタリアおよびプロヴァンスのシテは、シテを行政の中心地とする領域と極めて密接な関連をもっていたから、八世紀および九世紀の経済的衰頽の時にも、他のどの地方におけるよりも密接な関係を、そうした領域との間に保っていた。イタリア、プロヴァンスでは、貴族の封土は農村一帯に散在していたが、彼等は、フランス、ドイツ或いはイングランドの貴族を性格づけるあの農村的性格は帯びていなかった。イタリア、プロヴァンスの貴族はシテに定住し、その所領からあがる収入に依存する生活をそこで営んだ。彼等は、中世前期以降今日に至るまで、数多くの古いトスカーナの諸都市に絵のように美しい眺めを与えている塔を、都市に造った。彼等は、古代社会を強く特徴づけていた都市的刻印を捨てなかったのである。イタリアでは、ヨーロッパのその他の地域におけるよりも、貴族と市民との間の対照が顕著でないように思われる。商業ルネサンスの時代に、そこでは、貴族が商人の事業に関心を抱き、彼等の収入の一部をそれに投ずることさえ見られる。イタリア諸都市の発達が北方諸都市のそれと恐らくは最も根本的に相違しているのは、このためである。」

そしてマックス・ヴェーバー――「……都市外の貴族との身分的つながりが、外に対して、相当純粋に切断されたのは、北ヨーロッパの都市団体だけに見られたことであった。他方、南方にあっては、とりわけイタリアにおいては、その反対で、都市の勢力の増大に伴って、ほとんどすべての貴族が都市に定住するようになった。それは、都市が元々貴族の居住地として成立した古代において、著しく強められた形で見られる現象である。従って、古代は、そして古代よりは劣る程度で、南ヨーロッパの中世都市は、この点で、アジアの都市から北ヨーロッパの都市への過渡的段階を形成するのである。[86]」古典的な例としてM・ヴェーバーはヴェネツィアを詳細に論ずる。[87]初期のドージェ支配は都市王的家産制的性格を帯びている。一〇三二年、そのドージェ支配が門閥支配に取って代られる。ドージェによる共同統治者の任命は禁止され、諸々の選挙協約がドージェを拘束する。ドージェは貴族団体の同等者中の筆頭者にすぎなくなる。ヴェネツィアの貴族は、広大な農村及び海外地域に対するその専制政治を維持することに成功する。メンバー同志の一切のフェーデを完全に抑圧したことが、この成功に少なからず貢献した。このようにヴェーバーは、ヴェネツィアの発展を、私達が古代のポリスで観察する統治制度の諸段階の繰り返しとして記述する。都市への貴族の移動、とりわけ下級の農村貴族の移動は、恐らくはイタリア都市を記述するすべての者が書き留めていることである。最近ではW・ゲッツ[88]がそうである。この南北の対照は、いつでも正しく理解されているとは限らない。例えばガッサーが次のように言う時、彼は西北ヨーロッパの都市を過小に評価している――「アルプス以北の封建貴族は、イタリアの封建貴族とは異なって、大抵の場合一七世紀まで、農村にある自分の持ち城にとどまった。恐らくその理由の一部分は、アルプス以北の都市が通例小さくて、経済的発展の可能性を極く僅かしか騎士に提供しなかったことであろう。[89]」問題状況にはるかに密着したドーレンの以下の発言は、さしあたってはイタリアにおける発展を、極めて精確に特徴づけている――「新しい文化状況と新しい文化状況によって発生した課題へのゲルマン的構成要素の適合過程の進行の、最も明瞭な徴候は、私には、支配階級がしばしば都市に定住し、そしてそこから農村を支配した事実にあると思われる。」しかしドーレンが続けて、「その結果、ここに初めて、ゲルマン人は広い範囲で都市的生活に親しむようになり、ゲルマン人の居住する世界で初めて商人と手工業者との非農業的活動が身分形成的分離をもたらすという、アルプスのこちら側とあちら側とでの根本的な相違を後に意味することになるあの都市化が始まった。[90]」と記す時、この発言は、実態の裏返しを意味している――商人と手工業者との身分形成的分離は、他ならぬ西北ヨーロッパで生じたことである。ここイタリアでは、市民と農村貴族は併存し続けるのである。

他ならぬ南ヨーロッパ諸国の有力貴族には多量のゲルマン人の血が生き続けていたからして、私達はそこにも有力貴族の農村定住の萌芽を見出す。それどころか、中世に入ると非常に数多くの、防備施設のある貴族居住地が農村に成立するのである。フィレンツェ－フィエソーレ伯区で、九〇〇年以前に、都市城フィエソーレの近くに一つの城砦があるのをダヴィドゾーンが確認している。一〇〇〇年以前には一二、一〇五〇年以前には五二、一一〇〇年以前には一三〇、一二〇〇年以前には二〇五。――しかし北イタリアでは都市が膨張力を増大させ、その膨張力が貴族の支配領を吸収し、貴族は屈服した。プレヴィテ－オートン[91]、ドーレン[92]、W・ゲッツ[93]が、貴族の都市化の経過を記述している――貴族居住地が破壊されるか、その居住地の所有者である貴族が都市の住民になるか、である。イタリアには西北ヨーロッパの市民概念の代りに住民概念があるということがいかに意味深いことであるか、ここでもう一度私達に明らかにされる。貴族にとって問題なのは居住地の移転と政治的独立の放棄だけであって、格下げだと感じてもおかしくない身分の変更は問題ではないのである。屈服した貴族とジェノヴァが締結した協定のいくつかを観察してみよう(94)。そうした協定は決まって居住 habitaculum の義務づけ、すなわち一年の内の一定期間をジェノヴァに居住することの宣誓、で始まっている。次に、貴族は、都市の出兵に際しては一定数の武装者を率いて、無給で参加しなければならないと規定されている。場合によっては、当該貴族の子女は、名誉を傷つけないで済む限り、その配偶者をジェノヴァで得なければならないとされた(95)。自分の城を貴族はジェノヴァの人々の管理下におき、ジェノヴァの人々の出入り自由の家にする(96)。軍事援助の他に貴族居住者は都市に助言の義務を負い、都市に滞在している期間は市民集会 parlamentum に参加する義務を負う(97)。ジェノヴァで実施されたことはよその都市でも実施された(98)。全く組織的に、北イタリアの諸都市はその都市区 comitatus を、連続性を論じた際に見ておいたように都市がその法的中心地であり続けた都市区を、このようにして、その中では各都市が唯一無二の存在であると言わなければならない、それぞれの都市の領域にしたのである。過程は都市毎に異なる、最終結果は同じである——一二世紀になると比較的大きな都市はその周辺領域 contado に対する監督権を獲得した。それと共に、そうした都市は都市国家になった。

居住協定と、ライン諸都市、とりわけケルンが、その周辺の貴族的支配者との間に締結した名誉市民協定とを比較して見ることは、教えるところが極めて大きい。名誉市民協定は、一三世紀のものであり、都市類型の相違を鋭く照し出している。アーレンフェルスの支配者であるイーゼンブルクのゲーアラハ(99)、マールベルクの支配者であるライファーシャイトのヨーハン(100)、フィルネブルクの伯ループレヒト(101)、とケルンが締結した協定、或いは都市オーバーヴェーゼルがカッツェネレンボーゲンの伯ディーターと締結した協定(102)は、それぞれ該当する支配者の、ケルン或いはオーバーヴェーゼルへの居住義務を全く条件としていない。都市の側ではこの協定によって、協定で決められている範囲での支配者の軍事援助を確保し、支配者の側ではその代価として貨幣を入手する。しかしそれ以外には、二つの支配領域――都市と貴族の支配領――は完全に別個のものとして併存し続ける。支配者は市民に自分の支配領域内での特別保護を保障し、都市での自分自身及び自分の領民に対する同様の保障を受け取る。問題になっている協定は同権的パートナー間の協定である。それに反して居住協定の方は降伏協定であり、それに基づいて当該貴族領が都市の監督の下におかれるものである。ライン諸都市には、そうした協定の助けを借りて領域的拡張政策を実現しようとする考えは全くない。ライン諸都市はただ、都市の財政力を以て軍事援助を確保しようとしたのである。ライン地方の貴族の方でも、この協定によって都市定住的になることも、都市的になることも、共になかった。市民の共同社会と貴族の支配領域とがここでは併存するのである。

都市国家の形成は南ヨーロッパの全域に見られたことではない。しかし貴族の都市定住は全南ヨーロッパ的現象である。

南フランスでは貴族居住地はさびれてしまう。住民が都市に移動するか、城それ自体が都市に発展したからである。例えばドニョン(104)は次のように記している――「一三三八年、かつてロートレック子の封臣であった騎士達が住んでいた家々が半ば廃墟となっているのを見ることができた。その家々は、塔と領主の住宅の主要部分とが聳えている『丘』の外側、しかし城の二重の周壁の内側にあった。この城はこの時以降見捨てられ、この城をのせている山の麓にひろがる都市が代って登場する。その他のものは残り、高地の都市となり、その貴族住民を守った。……要するに、貴族層は領主領の平地に分散して暮すことがなかったのである。大半の中心集落で多数の貴族が市民と隣りあって暮しているのが見られた。」

そしてスペイン――バルセローナには中世に貴族の邸宅が多数ある。(105) グラナダの旧城市区には騎士層の住宅があった――新しいブルクに保護されてはユダヤ人集落があった[106]。セビリャとサラマンカはピサと同じように、激しい貴族のフェーデを目撃した[107]。アビラは、戦士的‐騎士的市民の集落であった[108]。

トリエントも完全に南ヨーロッパ都市の範囲に入る。そのことは一一八二年のフリードリヒ一世の証書からも明らかである[109]。それによるならば、トリエントは、その郊外市区 suburbium で、この文書の用語で表現するならばコヘレンティア coherentia で、北イタリア諸都市がその周辺領域 contado で行っていたのと同じ政策を実施していた。フリードリヒ一世はそれを禁止している。フリードリヒ一世は、貴族を強制的にトリエントの住民にすることを禁止しているのである[110]。また、貴族、司教座聖堂のミニステリアーレ、以外の人間は、防備施設を建造する権利をもってはいけないとされている[111]。またスイスと南ドイツの都市国家形成は北イタリアの現象の末端部に当る。またスイスと南ドイツの場合には、市外市民の獲得が都市国家を強化するための手段であった[112]。

このように、南ヨーロッパの全域で、先の引用文でピレンヌが描いていた絵が、繰り返し現われるのである。その絵をシュターデルマンが――独自の考えからであることは確実であるが――以下のように、極めて雄弁に記している――「シエナから北へ一日の旅程のところ、トスカーナ山地の直中で、夢のような集落があるのに出くわす。草木の生えない赤茶けた粘土質の丘の上に一束の巨大な石塔群が突然、空中高く突き出る。狭い台地におしこめられて、ほとんど不気味なまでの幾何学的正確さを以て、鋭く縁どられた立方体の巨像群が向かいあって立っている。窓は開かれていず、狭間胸壁の環もなく、出入口も往来もなく、一つは他の一つを追い抜いて、途方もない高さをめざして、これらの巨像群を閉じ込めておく筈の、灰色の周壁を遥か下の方に残し、圧し潰しながら。この不気味なサン・ジミニャーノと同じようなものとして、私達は一三世紀フィレンツェの姿を思い浮かべなければならない――側近守備隊と共に騎士の一族がそこに立てこもってにらみあう都市ブルクと居住塔との陰うつで大規模な集積、路地の幅だけ残して向かいあう鐘楼と城砦の森。[113]」そのスペインの城巡行記の中で、エープハルトは、しばしば都市の直中に、例えばエル・カルピオの直中に、見られる、堂々とした居住塔を、何度も記述している。三層の素晴らしい丸天井の居室が重なり合った壮大な城のような居住塔である。[114]トゥールーズが「塔の多いトローサ」"Turrita Tolosa"と呼ばれたのは、この都市にある多数の、防備施設のある、大きな塔を一つ戴いた、貴族の家々による。[115]完全に感覚に訴えるようにして、南ヨーロッパ貴族の、北方との対照的な都市定住性が、私達に示されるのである。北方では、貴族の居住地は、高地ブルク及び水ブルク〔堀をめぐらした城砦〕として、大抵は都市の外にある。そこでは、南ヨーロッパ都市の影響の眼に見えるしるしである都市の居住塔も、ほとんどの場合、全く存在しない。ここでもう一度、すっきりとしたまとめをしてみることに意味があるであろう。私達の推定では、居住塔の空間的分布の中心はブルゴーニュ、スイス、南ドイツだったようである。またその北方への出現は北へ行けば行く程確認されることが希になっていくようである。ほんの少し気を配っただけで、リヨン、ブザンソン、[116]バーゼル、[117]シャッフハウゼン、[118]レーゲンスブルク、トリーア、[119]マインツ、[120]そしてフランクフルト[121]に居住塔のあることがわかった。ケルンに居住塔があったということには異論が出ている。[122]北フランスとフランドルに居住塔がないわけではない――ランに存在したことが証明されている。[123]最後にヘントの「石館」"Steene"もこの関連の中に入るものである。ただし、例えばトリーアの場合のように騎士的ミニステリアーレやミニステリアーレ層出身の大司教座聖堂参事会員がこの居住塔を建造したのではなく、商人出身の都市貴族がこれを建造したという特徴的な相違があった。[124]トリーアの居住塔のことは一〇〇〇年頃に大司教エクベルトのために書かれた記録簿が既にこれを示しているのに対して、ヘントの或る「石館」に関する最初の個別情報は、一二一二年のものである。これは、一一九一年に自分の住宅を防砦に改造する自由がヘント人に与えられた後のことである。もっとも一一七九年には既にランス大司教ギヨームが、「塔のある館のアーチ」“arces domorum cum turribus”をヘントの都市貴族の瀆神的高慢の最も強烈な表現であるとして激しくこれを攻撃したということはある。これもまた極めて特徴的なことである。支配者にふさわしいこの居住様式が都市貴族の場合には尊大だと感じられたのである。同じ大司教が貴族の高地ブルク或いは水ブルクを身分意識の不適切な表現だと評価することはないであろう。

複数の類型の、そのような混成と浸透とを確認する機会は、これからもまだ何回かあるであろう。しかしそれはいつでも、アルプスを越えて打ち寄せた孤立した波である。全体として見るならば、西北ヨーロッパの都市は、コンユーラーティオーの形で政治の運営者の座に上昇した商人及び手工業者の居住地として、政治的社会的経済的な独自の形成体であるという特色を主張している。この独自の形成体はこれらの諸分野のどの分野においても周辺農村の構造とは意識的に区別されている。他方でこの形成体は農村の支配者層には新奇なものと感じ取られ、身分的に区別された。リューベックでは、貴族と結婚することが市民の娘には禁じられた——ジェノヴァがヴェンティミーリャ伯との間に締結した居住協定で、伯の息子及び娘にそれぞれ配偶者をジェノヴァで探すことを義務づけていたのを、私達は思い出す。[125] ドルトムントの、貴族に対する防禦姿勢は極めて顕著である。[126] 私達はここで、もう少し正確に比較をしよう。ドルトムントは、北イタリアの発展とは正反対の方向の発展を特に明瞭に見せつけている。正反対の方向というわけけは、ドルトムントには、ラント会議及び帝国会議の開催場所として、多くの非市民的所有地と多数のミニステリアーレ的帝国家人とが存在していたからである。ところが、この帝国家人は零落してしまい、その家屋敷は市民の手に移った。L・v・ヴィンターフェルトは言う、[127]「私達はドルトムントの都市貴族の家柄の起源を、唯の一つも、古くから住みついていたドルトムントの帝国家人に求めることができない。他方で私達は、新たに来住した富裕な商人と市民とが帝国領を自分のものにするのを多くの場合に明瞭に見る。」フライブルクの建設に際しては次のように規定された――「市民全員の同意と好意とがある場合を除いては、公の封臣又はミニステリアーレ又は誰であれ騎士は、都市の中に居住しないこと。」“Nullus de hominibus vel ministerialibus ducis vel miles aliquis in civitate habitabit, nisi ex communi consensu omnium urbanorum et voluntate.” このことによって表明されているのは、単なる宿営の負担からの都市の解放以上のことなのである。[128] 建設者にも、建設者の勧誘に従った商人にも、商業-手工業都市に騎士のための空間は見えなかったのである。北フランスのコミュンヌ特許状もまた、騎士的に生活する諸要素の特別な地位を教えてくれる――ノワヨンの特許状は聖職者と騎士をコミュンヌから排除している。[129] ルアンに与えられた特許状は、支配者がフェーデを行う場合には、騎士は市内にそれ以上長くそのまま滞在してはならない、と規定している。[130] 大身の封主達は彼等封主達のはっきりとした同意を得ることなしに城臣及び封臣をコミュンヌに加入させることを禁止している。[131] コミュンヌ communia と封土 feodum とは、彼等の見解によるならば、二つの、そのままでは折りあいのつかない、制度なのである。これらの規定は、騎士的に生活している封臣がコミュンヌへの加入を時として認められたこと、この、それとして意識される、例外の場合には、特別の許可と規則とが必要であったこと、を教えている。[132] コルビーでは、聖職者と騎士 milites とがコミュンヌに参加している。[133] 騎士身分に対する防禦姿勢は、北ドイツでは、北フランスにおけるよりも無論のことはっきりしている。

イタリアにおける古代の伝統の持続は、ゆっくりと回復する都市的共同社会或いは新しく形成される都市的共同社会が土地所有貴族の都市的集合集落として現われるところまで、その発展の第一段階にあっては古代の都市形成過程のほとんど再現であるところまで、いった。貴族が市外にいて、農村居住で、場合によっては都市に敵意をもっていたとしても、その貴族は力づくで、或いは納得づくで、都市化され、そしてそれと共に、古代の考え方での発展が続けられた。都市国家が、この発展の理にかなった結末であった。ただし土地所有者の都市国家ではなくして、商人の都市国家である。都市定住の貴族はもはや単純に土地支配者として生活していたのではなかった。商業に乗り出したのである。非常に早くから、はっきりと、海上商業に乗り出したのである。

この貴族は、この活動に際して、アイストゥルフの法以降跡づけることのできる商人身分と出会った。[134] この商人層は、閉鎖された、内部で区分けされている身分として、私達の前に姿を現わす。その内部構造は、国家によって承認され、軍役に従事する際に考慮に入れられる。法令は次のように規定している――「同様に商人であって財産を所有する〔しない〕者達について――上層で勢力ある者は、甲冑と馬、盾と槍、を持たなければならない。それに次ぐ者は馬、盾と槍、を持たなければならない。そして下層の者は弓筒に矢と弓を持たなければならない。」"Item de illis hominibus, qui negotiantes sunt et pecunias〔non〕habent : qui sunt maiores et potentes habeant loricam et cavallos, scutum et lanceam; etqui sunt sequentes, habeant cavallos, scutum et lanceam; et qui sunt minores habeant cacorras cum sagittas et arcum."[135] アイストゥルフの規定では、一般に、所有に基づく社会的分化が表現されている。土地所有者の場合にも、所有に基づいて三つに階層分けされた階級を、それは区別している。このように、商人は、身分の構成の中に北方とは全く別の取り入れ方をされている。北方では、商人は例外現象だったのであり、商人の慣習的諸権利は、フランク時代には――メーロヴィンガ時代には事情が異なる――国王保護への個別参加の承認によって保障されるのである。富裕商人の騎乗軍役が、北方で見られる騎士と市民との身分的分離を、最初から阻止することに貢献した。八世紀のイタリアにその存在が証明される完全に自由な商人 negotiatores は、九世紀の法令にも出てくる。そしてその営業を保護されている。[136]

一般的に言って私達は、イタリアでは土地支配者制《グルントヘルシャフト》という経済様式がそれほど広くはひろまっていなかったこと、そしてそれがフランク帝国の北の部分よりもずっと早くに解体と分解にまきこまれたこと、を確認しておかなければならない。ビザンツ領として残った周辺部では、流通経済的‐貨幣経済的構造を失わなかった世界との接触が維持されていた。銀を基礎とするカーロリンガの通貨改革の導入はイタリアでは激しい抵抗に遭遇した。非常に多くの土地支配者《グルントヘル》が都市的生活様式を知り抜いていたことは土地支配者制の仕上げに大いに影響するところがあった。農業生産は早くから市場の需要に狙いを定めるようになった。一〇世紀に次第に進行した貨幣経済の出現は現物地代が貨幣地代に取って代られたことに示されている。ルッカ司教区の財産目録――この変化に関する卓越した史料の一つ[137]――によるならば、この交替は九世紀に始まり、九世紀の後半と一〇世紀には普通の現象になるという。ただし従来の現物地代が完全に姿を消すわけではない。この変化とからみあって、二番目の事象が進行する――一般に九世紀以降、自由小作制が土地支配者制的拘束に取って代り始める。その場合に最も重大な結果をもたらすのは、大リベルの、土地支配者の団体の存続と結合とにとっての直接の危険である大小作の、進展である。大小作人は、小作料の支払いと引換えに土地支配者制の経済組織から完全に離脱する、一切の監督、一切の土地支配者制的裁判から、逃れ出る。相続人にとって契約の更新はやがて普通のことになる、居住義務の欠如、一切の賦役義務の欠如、一切の裁判上の拘束の欠如、再小作が可能であること、これらのことが、すべての禁止にもかかわらず、小作地の自由な売却という結果を生み、小作地をその、以前の土地支配者の手から完全に遠ざけてしまう。――都市文化と小作制度の因果関係的な関連は、西北ヨーロッパ空間については、フッペルツが大いに強調したことである[138]。むろん、そこでは、後代の現象が問題なのであるが。――九五八年の、ジェノヴァに与えられた自由特許状を獲得するのに努力した貴族的土地支配者は、教会領の大小作人である。ジェノヴァ司教区の状況も、ルッカ司教区のそれと類似であったと考えてよい――司教の土地支配者制の、伯代理、所領管理人等々の利益のための解体。一〇五六年の、ジェノヴァ人の慣習法の確認状は、既に著しく明確になっている所有地の動産化を示している。この特許状の多数の規定は、「都市ジェノヴァの住民」"habitantes civitatem Janue"が行った所有地の売却の合法性を承認するためのものである。それは、都市に定住する貴族がその所有地を動産化し、その売上金を商業に投資し始めることの、明瞭なしるしである。[139]これは、西北ヨーロッパで進行した事態の展開とは逆のコースである――西北ヨーロッパでは、商業利潤で形成された最も古いポルトゥス居住者の大きな財産がまずあって、その上、時間の経過に伴って上昇する地代を生む自由世襲地 hereditas、ポルトゥス portus 自体にある都市の所有地、が発生するのであって、ためらいながら比較的大規模に都市外の所有地に資本を投下するようになるのは、一三世紀に入ってからのことである。イタリアにおける貨幣経済の早期の再普及は、間もなく土地所有者に圧力を加え始めた。貧しくなること、没落すること、を欲しない者は、この発展から逃れることができなかった。都市へ移住すること、そして都市が提供する経済的機会に参加すること、はそれ故に、貴族の土地所有者にとっても、強力になっていく都市国家がこの方向へと加える政治的圧力は別にしても、一つの経済的必然性になったのである。

私達はジェノヴァで、土地所有的戦士的貴族の集合集落からコンパーニャ〔誓約団体〕で頂点に達する商業的都市国家への大変革をはっきりと跡づけることができる。それは、極めてゆっくりと進行する。ジェノヴァはこの発展をリードする立場には決してない。この発展をリードしたのは、むしろ、その商業生活が早くから開花した、ビザンツの方に顔を向けた、集落である。干潟都市ヴェネツィア、岩と海の間にはさまれたアマルフィ、に対しては、その地形図的位置が既に海の富 fortuna di mare を、必然的に指し示していた。それに加えて、ビザンツのモデルという刺戟が決定的に作用した。既にピレンヌは、ヴェネツィア、アマルフィ、の早期の商業の開花の理由をビザンツとの結びつきに求めた。[140]そしてこの場合にも彼の鋭い把握は正しい筋道を掴んだように見える。コンスタンティノープルは一一世紀に至るまで地中海海域最大の都市であった。それは、純然たる消費者都市では決してなく、そこでは商工業が著しく繁栄していた。既に九世紀にヴェネツィアとアマルフィは航海都市、商業都市、である。アマルフィは既に八四〇年に商船隊とアマルフィ人のための聖堂を一つ、コンスタンティノープルに持っていた。(141) ヴェネツィアの商人は八二〇年以前にアレクサンドリアを訪れ、八二八年にはそこから聖マルコの骸骨を持ち帰った。私達はここで、都市文化の全体関連にとって極めて意味深い一つの結びつきを理解する。西北ヨーロッパが、文化持続の濃密度の高かった南ヨーロッパ諸国から推進力を受領したように、そのように、ビザンツはビザンツで、その南ヨーロッパ諸国を、ビザンツに受け継がれた文化の力で育てたのである。したがって、地中海の都市文化は、種々の水路を通って西北ヨーロッパの農民戦士文化の中に流れ込んだのである。

ヴェネツィアにとっても、アマルフィにとっても、特徴的であったのは、戦争と高級政治のあいまに商業を営んだ大貴族である。はるか北方の、自意識の強い、自由な戦士的航海者は、文明のレベルと政治的影響力の及ぶ範囲との違いで、この大貴族とは区別される。イタリア人の政治的影響力の範囲を、北方の航海者は持っていなかった。持続的な政治家的能力を発揮することを、西北ヨーロッパ諸国の構造はヴァイキング商人及びフリース人商人に禁じた。西北ヨーロッパ諸国では、農村で生活する土地所有貴族が支配し、国王もまず第一には土地支配者であった。航海者自身はなお都市に定住していなかった。北方のヴィークから商業的都市国家へは、はるかに遠い歩みである。前の章で私達はそれがどれほどのものであるかを測ってみた。完全に発達した都市文化の大地の上でのみ、アマルフィのマウルス・パンタレオーニの業績のような業績が、生れることができたのである。(142) 彼は遍歴商人ではなかった。アマルフィから四方八方へ代理人を派遣し、支店を設け、自分は多分野にわたる経営体の指導者にして組織者としての仕事に専念した。彼は独自の改革を展開する政治家であった。彼の、自分の住んでいる都市は、政治的な対立と影響圏が交差する十字路に位置していた——東ローマ、ノルマン人、ドイツ皇帝、教皇庁、がここで相会した。ここでマウルスは、政治的仲介者として登場した。自分の住んでいる都市に対する、しかしまたその他のイタリアの集落に対する、アンティオキアに対する、イェルサレムに対する、彼の莫大な寄付は、彼の財産について或る感銘を与える。これと比べるならば、フランドル商人の、これに対応する業績は色あせてしまう。

　ヴェネツィア、アマルフィ、が先がけし、他のイタリア諸都市が後に続いた。中世において、イタリアが占める位置の恩恵は比較を絶する。天与の仲介者として東西の文化勾配の端に位置していた。アルプスのこちら側には、この仲介者のために摂取する能力の増大していく後背地が生育した。全体的な人口増加、社会の上流諸階層とその特別の需要の広がり、土着の商人層とヴィークの増加、以上のことがそこに、容量の増大していく市場を創出した。イタリアに開けた可能性は商人をとらえただけではなく、貴族をもとらえた。ヴェネツィアについては私達は既に語った。早い時代にはドージェだけが商業業務に参加した。後の選挙協約はそのような活動をドージェに禁止した[143]。ヴェネツィアの貴族にとっては商業は身分に合致したものであり続けた[144]。一〇世紀の土地支配者にして大小作人であったジェノヴァのヴィスコンティ家は、一一世紀には商業に移行した。商業資本の源泉は所有地の売却代金だけではなく、サラセン人に対する遠征もその源泉になった。早くから発達した商業団体の形態、アコメンダティオー accomendatio とソキエタース societas とは、資本の急速な増加に貢献した。ヴィスコンティ家のメンバーの一人で大土地所有者であったインゴ・デ・ヴォルタは、そのような商業協定のおかげで二年の間（一一五六—一一一五八年）に当初の資本を三倍にすることができた。インゴと同じ商業団体の新人 homo novus、アンサルド・バヤラルドは、資本なしで出発して、同じ期間に相当の財産を手に入れる[145]。

　このようにして富裕な商人と商業を営む貴族との間の隔壁が崩れた[146]。両者は騎士 milites の階層で合流した[147]。出自よりは富が、この階層への帰属を決定する上で力があった。支配者が支配者であり続ける静的身分的秩序に代って変動的なグループ分けが登場したことは、中世後期におけるイタリア都市国家の発達を裏付けている。たしかにヴェネツィアは明瞭な境界線を下に向かっては引いていた。手仕事をすることは共和国の官職と位階との引き受けを不可能にした。一四二二年の法令は、とりわけ花嫁の祖先が手仕事をしていなかったことを条件として、貴族が平民と結婚することの合法性を承認した。(148) しかし内陸部の手工業都市——とりわけフィレンツェ——では、下層の、細民 populo minuto の諸階層も上へと上昇し、身分秩序全体が逆転し、その結果、時として貴族からの政治的権利剥奪《はく》ということにもなった。しかしこれは先へ行っての話である。さしあたっては、都市に定住することだけではなく、経済活動もまた、貴族と商人とを結びつけた。貴族はコムーネ形成の際の、封建的都市支配者に対抗する諸都市の自由闘争の際の、指導者を提供した。ミラーノのランツォだけを思い出しておく。貴族と富裕になった商人との同じような融合は、南フランスの諸都市もこれを示している——「富裕になった商人と手工業者は……都市の小貴族と結びつくことができた、ところでわが南フランスでは……この貴族層は他のところよりも民衆に近いのである。」トゥールーズについてラメがそう書いている。(149) アルル、アヴィニョン、とは対照的に、商業都市マルセイユのコンシュラ〔市参事会〕は独立の貴族代表団を知らない——「市民と商人とは富が与える影響力をもっている。」(150) 西北ヨーロッパでは、都市貴族は身分上の隔壁によって、居住様式及び職業様式によって、農村貴族とは区別されたままであった。無論それは、語の本来の意味での強力な市民層の台頭の条件となる区別であった。(150a) 中世後期の北ヨーロッパ諸都市と南ヨーロッパ諸都市の経済的機能は相互に極めて類似しているのに、南ヨーロッパ諸都市で貴族が果した政治的及び経済的役割は、中世都市文化のこの二つの基本型の間に、紛れのない対照を生み出しているのである。

## 四　自治体生活の南と北の基本形態

貴族の居住地であることは南ヨーロッパ都市の社会史的特色であり、住民概念と都市地区とに自己の基盤をもつことは南ヨーロッパ都市の統治制度法的特色である。それに加えて私達はそこで、私達が西北ヨーロッパにおいても出会うところの、自治体生活の基本的諸形態に早くから遭遇する。[151] 既に何度も引き合いに出されたレオンの王国会議 concilium Legionense は次のように決定している――「周壁の内部に居住しているすべての者、及び都市の有力者は、いつでも、一つの広場を所有し、これを維持しなければならない。そして四旬節の最初の日には、大聖堂聖マリア・デ・レグラに参って、パンと、ワインと、肉の、度量器を、そして働く人々の支払手段を、市民全員がその年の公正を保持できるようにと、供えなければならない。そしてもし、この規定に誰かが違反するならば、その者は、国王の貨幣五ソリドゥスを自分の国王代官に納めなければならない。」"Omnes habitantes intra muros et praeditae urbis semper habeant et teneant unum forum et veniant in prima die quadragesimae ad capitulum S. Mariae de Regula et constituant mensuras panis, et vini, et carnis et pretium laborantium qualiter omnis civitas teneat iustitiam in illo anno. Et si aliquis praeceptum illud praeterierit, quinque solidos monetae regiae suo maiorino det"[152] 一一〇五年の、ハルバーシュタットの証書が記憶の中から呼び戻されるような気になる。[153] その場合、直接の依存関係、直接の影響、を再構成して見ようという気になるわけではない。そのような直接の関係が存在しないことは確実である。ハルバーシュタット証書の諸規定は、ニーダーザクセン文化圏の法慣習の中に埋め込まれているものであり、その法慣習によって説明がつくものである。この場合に問題になるのは、一つの併行関係だけなのであるが、この併行関係がしかし、なかなかに多くのことを教えてくれるのである。この併行関係は、空間的には全く離れていてその他の点ではなかなかに相違している場合であっても、度量衡に関する規定が自治体生活の発展の出発点になり得ることを私達に示している。それ故、ハルバーシュタットの場合は、このことによって一切の特異性をはぎとられる。更にその際、スペインの事例が、ニーダーザクセンの事例よりもほぼ一世紀は古いということが特徴的である――始まりつつある自治体生活の、この単純な痕跡についても南方が時間的な優位を保っているわけであるが、この優位の根拠は結局のところいつの場合でも南方の文化持続である。

もう一つの南北〔共通〕の基本形態は司教都市支配者制である。司教都市支配者制が北イタリア諸都市に対してもっている意義は、プレヴィテ-オートン[154]、ミッタイス[155]、ゲッツ[156]、によって、立ち入って解明された。ただし、その際に、ミッタイスは、イタリアでは、ポルタ、ヴィチナンティアといった、市区自治体的形成体及び聖堂前の集会conventus ante ecclesiamのつつましい活動という素朴な形態においてではあるが、それでもなお独自の掟を発布するだけの力をもった自治体生活が、この司教都市支配者制の上部構造の下で生き続けていることを、見落としている。そうしたことは、ライン川沿岸、或いは北フランスの司教都市の住民にはさしあたりできないことであった。西北ヨーロッパの司教都市支配者制は地中海空間の伝統の移転を意味していること、何故ならばそれは、司教は都市だけに居住が許されるというカトリックの規定の結果であるからということ、を私達は明らかにした[157]。この規定は、教会組織が古い都市文化の領域に成立したからこそ生まれたものであり、ガリア及びゲルマーニアの古いローマ都市が司教座所在地になるという結果をそれはもたらした。イタリアでは司教都市支配者制と古代との関係は一層明白であり、著しく具体的であった。そこでは、司教都市支配者制は初期中世の現象、九世紀から一一世紀にかけての現象、であるばかりではない。その発端は既に古代末期に存在していたのである。社会全般の混乱の中にあって、司教はしばしばその土地の住民の最後の保護者として現われ[158]、貧者、周壁築造、その他の公共建造物の世話をした。ラインラントのかつてのローマの領域では非常に早い時期から司教の公共建造物の存在が証明されている。例えばマインツではシドニウスのライン川のダムの建設[159]、トリーアではニケティウスの城砦築造[160]。これらの課題に司教は初期中世にも専念した。司教都市支配者制のこの側面はヨーロッパに共通している。周壁の修理の動機となったのは、北ではノルマン人のもたらす危機、南ではハンガリー人‐サラセン人のもたらす危機であり、いたるところで司教が自発的にこれに取り組んだ。八九八年、国王ベレンガーリォはモデーナの司教に、都市に防備施設をつくることを許可した[161]。九〇四年、ベレンガーリォはベルガモの司教ヒルデガーリォと同市民concivesに都市の周壁並びに塔を再建することを認可した。この方式に既に示唆されているように、イタリアの司教はしばしば市民と共同で行動している。司教は時に市民集会conventus civiumを指導し、軍事部隊を指揮する。ピサでは大司教ダイベルトゥスがサラセン人に対する遠征を指揮し、コモでは司教が九六四年、コモ湖の島isola comacinaの征服の際に指揮をしている。司教の諸権利はコンタードにおける都市の支配権の強化に対して大きな意味をもっていた[162]。例えばピサで、またシエナで。都市と農村貴族との関係は、この貴族がその所有地を司教と都市に、或いは司教だけに、託するという方式を通じて、しばしば司教を介して樹立された。都市はコンタードにおいて司教の権力の座を継承したのである。

司教都市支配者制は、イタリアでは、統治制度組織が収縮し退化した時代に、そうした組織から中世の新しい築造物が発達して来るまで、橋を架けたのである。この新しい築造物は、二つの見出し語を以て特色づけることができる――コンソレ制とコンユーラーティオー。この二つの制度はヨーロッパに共通のものである市参事会と宣誓団体として私達にはよく知られているものである。南北の相互依存関係をはっきりと認識することにしよう。

## 五　コンソレ制とコンユーラーティオー

何よりも先に明らかにされなければならないのは、コーンスレースと、ボニ・ホミネス〔善い人々、有力者〕、或いはプロビ・ホミネス〔徳のある人々〕、すなわち都市だけではなく、いたるところで、裁判所の陪審員として、仲裁裁判官として、資格のある証人として、その姿が見られる有力者、との関係である。この有力者は、社会的にこれを見るならば、単一の閉鎖的身分ではない――全体的に見て自由な土地所有者が多数を占め、それに小貴族、法律知識人〔ユーディケス、以前のスカビニ〕が加わる。このボニ・ホミネスは、イタリア全域、南フランス、スペイン、ポルトガル[164]、それどころではない新世界の、スペインの影響が及んだ部分[165]、でも見られる。ブラティアヌはビザンツに見られる併行現象を一つ、付け加えた。エピルスのヤニーナの ἄνϑεωποι χαλοί〔ボニ・ホミネスと同義のギリシア語〕である[166]。

フランドルのレーギティミー・ウィリー〔特権的地位の人々〕、ウィリー・ヘーレーディターリイ等は、類似の制度なのであろうか。ヘントのウィリー・ヘーレーディターリイの別名がプロビ・ウィリーなのである[167]。フランドルのウィリー・ヘーレーディターリイは一二世紀に登場する。ポルトゥス建設者の子孫からウィリー・ヘーレーディターリイが発生するというのは、西北ヨーロッパにおける都市生成の過程と直接に関連することである。遍歴商人の都市定住大商人への変化は、自分の土地をポルトゥスに取得することに力強く表現される。自己所有地には、古くからの隣人団体権に基づく完全な市民権の享受が結びついている。ポルトゥスが都市生成の全体に対してもっている意義は、その次に、ポルトゥスに土地を所有している人々の、特権的地位に表現される。これは、モデルを必要としない発展、それ自体で説明がつく発展、であり、都市生成とは直接の関連をもたない南ヨーロッパにおける名望家形成の経過とは別の経過である。

ゲッツはボニ・ホミネスとコーンスレースとは極めて鋭く区別されたものであると見ようとしている[168]。ボニ・ホミネスが常設の委員であったことはない、それはその都度その都度選出される、或いは懇請される、代表に過ぎなかった。それは、その都度最も適任の者がそこから選出される母胎としての広範な住民層である。これに反して、コーンスレースというのは有給の役人である。ゲッツは正しくも以上のことを強調している。しかしゲッツは、コーンスレースがボニ・ホミネスの層から集められた者であることは容認する。ゲッツは、この移行を——プレヴィテ-オートンの記述に従うならば[169]ボニ・ホミネスが自治体集会の、臨時に任命された委員会としてまず構成され、それが後になって常設のものになる、というコースを辿って実現したのだということを、散発的な現象に過ぎないものと見たいのである。プレヴィテ-オートンは、ローマにおけるシエナの外交代表が一一二四年には一二人のボニ・ホミネスであること、その翌年になるとコーンスレースであること、を引き合いに出している。マルセイユでは、コンシュルははじめ伯代理の周囲の有資格の証人として、ボニ・ホミネスの機能を果す者としてその姿を現わす[170]。けれどもボニ・ホミネスからコーンスレースへの移行は、私には、ゲッツが想定したがっているよりも淀みのないものであったと思われる。この問題群は、南フランスとイベリア半島の状態を不可欠の対象として取り込んだ特殊研究を必要とするであろう。

コーンスレースという呼び方には、今日では諸家一致して、古代の伝統への復帰が想定されている[171]。プレヴィテ

-オートンはこの関連に、アルプスのこちら側の貴族と比較した場合のイタリア貴族の教養の優位があることを強調する。この優位も結局は、濃密な連続性と貴族の都市性との結果である。都市に定住する貴族はそれだけで農村に定住する貴族とは全く別の教養可能性をもっていた。教養、文書慣習、がアルプスのこちら側の状況とは違って、(172)聖職者の世界に限定されることがなかったのである。アルプスのこちら側では、範囲の広い世俗教養と全般的な文書慣習とは、都市を基盤とすることで初めて、成長しなおしたのである。レーリヒが繰り返して、文書慣習への移行が、事務室からの、営業所からの、事業の指揮が、いかに商人にとって重要なことであったかを指摘したのは、正しかった。それは、遍歴商人から都市の商人への変化の完成である。イタリアではそれが、全く新しく発生する必要が全然ないのである。短い期間だけ多少は生き埋めになるけれども再び前進が始まる。古代の文書作成者から中世の公証人への移行については、私達は既に指摘しておいた。法学の早期の開花にそれは表現されている。法律専門家がイタリアの都市史(173)及び南フランスの都市史では重要な役割を演じた。それに対して、西北ヨーロッパではそもそも幅広い法律顧問の層が存在しなかった。ジェノヴァのコンパーニャ〔誓約団体〕の規約書〔宣誓書式〕（一一五七年）は法律知識人の状態を最大限に詳細に統制している。(174)ブリリイ(175)はマルセイユにおける法律知識人の数の増加に言及し、法学者（iurisperiti）、弁護士（causidici）、公証人（notarii）、にこれを区分した。南フランスの諸都市法では公証人の制度と公証人の任命とに関する規定が非常に大きな部分を占めている。(176)南フランスは成文法の地方でもあったのである。貴族の都市定住の他に、知識人の、とりわけ法律知識人の、要素の、政治生活への参加と重要性とは、地中海都市の本質にとって、特徴的なことである。指導層の構成が、西北ヨーロッパとは全く異なるのである――ここでは、貴族、法律知識人――あちらでは商人、手工業者。幾つもの個別の特色にイタリアの都市住民の文筆の教養の早期の出現が示されている――ヴェネツィアの貴族の場合には既に九世紀には苗字が現われているのはその一つである。[177] 卓越した『ジェノヴァ編年誌』を執筆したコンソレ〔市参事会員〕のカファロという人物は、この点で、私達の眼に南の都市文化と北の都市文化との相違を徹底して明瞭にする力をもっている。一〇八〇年頃に生まれたカファロは、カエサレーア航海以来、数度にわたるジェノヴァの遠征に隊員及び指揮官として参加した後、コンソレとなり、使節としてカリクトゥス二世及びフリードリヒ・バルバロッサの許に派遣された。一一五二年、カファロは、書記のマクロビウスに筆記させた自著の編年誌をジェノヴァのコンソレ達に提出した。コンソレ達は、そこで、カファロの著作を公的書記グリエルモ・ダ・コルムバに書き写させ、コムーネの年代記に挿入させることを決定した。カファロは、自分は真実を書いている、自分は自分が体験したことか、都市の発展について他のコンソレ達から聞き知ったことを報告している、ことを強調している。すべて、同時代のフランドル、ライン地方の諸都市には匹敵するもののないことばかりである。そう言われて真先に思い浮かべられるであろうブルッヘのガルベルトゥスは、都市の書記ではなくして、伯の書記である。そうではあるけれども、私達はこの点に関して、フランドルで都市の書記の登場が早かったことに——サン・トメールのギルド員名簿は一一〇〇年の規約によるならば一人の書記、この規約がわれわれの書記と呼んでいる一人の書記によって作成される——気づくであろう。

　有力者 boni homines のグループの出身であり、イタリア都市の古代の遺産を象徴する名前を帯びているコーンスレースは——コンユーラーティオーネスもしばしばそうであるように——都市の市区と生きた関係をもっている。[178] 市区、ポルタ portae、は、昔から、租税上、軍事上、の目的のための地区形成であり、[179] 近隣者同志の用件を処理し、土地管理上の問題を処理するためのものであった。メンゴッツィは、この関連を説明するミラーノの記録を二つ、指摘している——一一五八年と、一一七五年に、次のように記録されているのである——「コーンスレースが、市区ヴェルチェリーナの自治団体によって、牧草地使用料について、この市区の、牧草地使用料を免除され、且つ取り戻すために、選出される。[180]」“Consules electi a communantia Porte Verceline de pascuis, pro desbrigandis et recuperandis pascuis ipsius portae.”ポルタの軍事的任務に対応して、コンソレの任務も、極めて強く軍事的性格を帯びていた。コンソレは、都市軍と都市艦隊との指揮官であった。都市のもっている軍事的意義は、南ヨーロッパでは西北ヨーロッパにおけるよりも直線的にこれを辿ることができる。西北ヨーロッパでは、商人のヴィークの出現によって軍事的に弱い要素が付け加わってしまう。キャペッリは、コムーネ〔自治都市〕形成の際の一つの主要な要素を、軍事組織に見ている。[181]

カファロが、コンソレの活動について極めて具体的な画像を私達に与えてくれている。一一五五年の条の報告を取りあげよう[182]——当時ジェノヴァのコンソレ統治制度は既に完成していた——行政と司法が分離していた。一一三三年に初めて、カファロは、コムーネのコンソレ consules de communi と裁判所のコンソレ consules de placitis とを区別している。それ以前は、カファロはいつでもコンソレをコムーネと裁判所とのコンソレ consules de communi et de placitis と記している。[183] 一一五〇年の直ぐ後に、大抵の都市では特別の裁判所のコンソレが登場する。この規定の進歩性をとりわけ強調する必要はほとんどないのである。——ジェノヴァでは一一五五年に四人のコムーネのコンソレと六人の裁判所のコンソレが在職している。裁判所のコンソレが三人ずつ、四つのコンパーニャ毎に、それぞれ、一つの大司教の邸館で、裁判集会を聞くのである。この時在任中であったコンソレは、全員が抵当に入れてあったブルク、権益、等々を請け出した。彼等はジェノヴァの二つの側面の、周壁と市門との築造を始めた。彼等は市内の平和だけではなく、周辺の平和をも回復した。かつてナボレンサのカストルム castrum Nabolense のことでジェノヴァと戦争をしたことのあるロレートの侯を力によって自分達の支配下においてしまったのである。[184] 彼等は、コンスタンティノープルの皇帝の使節との間で、ジェノヴァにとって有利な協定を締結した。そしてローマの王フリードリヒがロンバルディーアに来て、周囲に恐怖をひろめ、貢納を強制した時に、ジェノヴァのコンソレ達 consules Januenses は、動揺することがなかった――「しかし、ジェノヴァのコンソレ達は、国王に貨幣を贈るようにと、繰り返して、多くの人達から勧められ忠告されていたけれども、それでも、一オボルス相当のものさえ、贈ることも、約束することも、望まなかった。その上、多数の武器と勇敢な兵士とを、大体が都市の外にあったすべてのカストルムに、十分に送った。そして彼等の地区のすべての人々に、武器と、戦争に必要なすべてのものとを、迅速に執るようにと、宣誓を義務づけた上で、命令した――そしてコンソレ達の命令が下されると、すべての人々は、直ちに戦った。しかし国王は、ジェノヴァ人達がそれほどまでに充分に、そして男らしく準備されていることを聞いた時、その中からコンソレ達の許へ赴く者があるようにと、直ちに複数の使者を送った。そしてコンソレの一人、ヴィルヘルムス・ルシウスが、キーウィタースの有力者達の中の若干の者と一緒に、国王の許へと出発した、そしてそこで、王国と都市の名誉について、お互いに多くのことを論じた。そして国王は、キーウィタース・ジェノヴァに、イタリアのすべてのキーウィタース以上に、自分が名誉を与えることを誓約した。そしてコンソレ達の栄えある自由が遅滞なく旧に復することを容認した。」"Januenses vero consules, quamvis a pluribus sepe et sepe excitati et moniti ut pecuniam regi darent, tamen unius oboli valens dare nec promittere voluerunt. At quidem in omnibus castris que de comunis extra civitatem erant, arma multa et viros bellatores sufficienter miserunt, et omnibus hominibus eorum districtus ut arma et omnia que ad bella sunt necessaria festinanter haberent, sub debito sacramenti preceperunt : et ut preceptum consulum fuit, omnes homines sine mora fecerunt. Rex autem postquam audivit Januanses tam bene et viriliter preparatos esse, nuntios statim consulibus misit, ut de illis ad illos irent. Et unus de consulibus Wilhelmus Lusius cum quibusdam ex melioribus civitatis ad regem perrexit, ibique multa de honore regni et civitatis ad invicem tractaverunt, et ultra omnes civitates Italiae civitati Janue rex honorem se daturum promisit, et honestam licentiam revertendi sine dilatione consulum prebuit."

このように、ジェノヴァのコンソレ達は、一つの都市国家の、自己支配者的指導者として私達の眼前にある。彼等の行うことは、市民的自治行政の域をはるかに越えている。彼等は外交を行い、武装をし、戦争をする。彼等は包括的全権を委任された執行政庁である。自分達の都市に対して、都市の全域に対して、彼等は、当局として向かいあう（そしてコンソレ達の命令が出されると直ぐに、すべての者が遅滞なく実行した。et ut preceptum consulum fuit, omnes homines sine mora fecerunt.）。彼等の権力を制限するものは任期の短さである。

コンソレ制の設立に際して指導的な存在であったのは騎士 milites である。[185] コンソレ制の形成は一一世紀の末頃に始まる。コンソレが登場するのは、ルッカとピサでは一〇八一年頃、ミラーノでは一〇九四年、アスティでは一〇九五年、ジェノヴァでは一〇九九年、アレッツォでは一〇九八年、パヴィーアでは一一〇五年、ベルガモでは一一二二年以後、ボローニャでは一一二三年、シエナでは一一二五年、ブレシアでは一一二七年、モデーナとヴェローナでは一一三五／三六年、フィレンツェでは一一三八年であった。[186]

このコンソレに私達は、ドイツの市参事会員の輝かしいモデルを認める。制度の形成に見られる著しい時間的先行を考えるだけでも、イタリアに始まった発展であることがわかる。[187] イタリアではコーンスレースは、政治的に成年に達したコムーネの表現である。コーンスレースに先行する別種の永続的組織は何もない。あるのはただ、市民集会 conventus civium と有力者 boni homines の委員会とをもった都市自治体が、何とか活動しているといった未発達な統治制度の状態である。北フランク空間では市参事会は、古くからある諸々の制度の間に後から登場し、それらの諸制度を大幅に、又は小幅に、排除していったという事実からしても、継承された制度だということがわかる。そういった古い諸制度は、市参事会とは根本的に異なっている。そのことは、とりわけ、ライン、フランドル、北フランスの、諸都市の審判人についてあてはまる。審判人はまず第一に判決発見人、裁判所であり、またそうであり続ける。その審判人が、次第に行政業務をも、引き受けたのである。法の判告と行政との根本的な分離は、ここでは生じない。審判人は終身その任にある。審判人は起源の点でコンユーラーティオーとは関係がない。ドイツの市参事会員は何よりもまず純然たる行政官庁である。それは、イタリアでコムーネのコンソレ consules de communi と裁判所のコンソレ consules de placitis との分離が既に進行していた時点に初めて、イタリアから継承されたものであった。コンソレが審判人に対してよりも近い関係にあるのは、北フランスのコミュンヌの、誓約者 iurati、同等者 pares、等々である。コンソレは誓約団体との関連を誓約者、同等者、と共有している。しかし、誓約者が宣誓団体の平和裁判の陪審員であり、委員会の性格を帯びているのに対して、コンソレの方は非常に急速に委員会から当局に、宣誓団体の指導者に、昇格した。――ドイツ最古の市参事会は――偶然ではなく――バーゼルのそれである[188]。リューベックのような時代の新しい、新建設も早期に市参事会を継承する。そこでは、古い諸制度の邪魔がないからである[189]。

イタリアのコンソレは諸都市の身分構成を反映している。貴族だけがコンソレを供給しているわけではない。豊かさが幅広い層に実現したことが統治制度生活への幅広い層の参加に表現される。フォン・ヴィンターフェルトがこの観点を力説強調している。しかしコンソレ制成立の際の、騎士の指導的役割を忘れてはならない。ミラーノでは一一三〇年に、七人のコンソレがカピタネウス〔有力封臣〕、七人がウァルウァッソール〔下級封臣〕、ただの都市住民は六人であった。ルッカでは、聖職者と若干の貴族との支持をうけた民衆党が、司教アンセルムと女性伯マティルデの反対を押し切ってコンソレ統治制度を実現する。(190) ピサでは、そもそもコンソレ制設立の時から、貴族の私戦を、とりわけ居住塔の建築に関する詳細な規定によって抑制しようとする努力が見られる。(191)

同じ画像を南フランスのコンシュラ統治制度が示している――純然たる貴族支配ではない、しかしながら貴族の、通例は指導者としての、コンシュラ統治への参加が見られる。コンシュラ統治の貴族的性格はドニョンがこれを力説強調している。(192) 一三、一四世紀に作成された証書は、バスティード、つまり新しい建設都市、の証書も一般に一定数のコンシュルを貴族に割り当てている。(193) 南フランスの都市はしばしば非常に明瞭な身分的階層分化を示している。ここでも、既に述べたように、貴族と並んで法律知識人が大きな役割を演じている。一四八一年のノガロの慣習法によるならば、貴族 nobiles と聖職者 clerici の後に上級学者 graduati と下級学者 bachalaurei が来る。(194) ドニョンが記録している、南フランスのコンシュラ制に関する最も古い文書情報は、一二世紀前半のものである。

北フランク空間まで都市の居住塔の風習が広まったように、騎士的生活者層の都市統治への参加もアルプスのこちら側に見られないわけではなかった。しばしば両者〔居住塔と統治への騎士の参加〕が一つになっているのが見られるのは言うまでもない。南ヨーロッパ都市の一つの影響の、二つの表現なのである。シャッフハウゼンでは騎士の家柄の者が騎士の家柄でない市参事会員有資格者と市参事会員のポストを分けあっている。(195) ヴォルムスの市参事会は九人の市民と六人の騎士によって構成される。(196) ストラスブール第二都市法は、一二人の市参事会員 consules civitatis は、ミニステリアーレ ministeriales からも、市民 cives からも、選出されなければならない、と規定している。(197) 貴族乃至はミニステリアーレの市参事会へのこの参加は、全く正確に、南ヨーロッパの慣習に一致している。それを越えて更に、それ以外に、市参事会の成立以前に確認することができる都市統治への貴族の参加をもここに加えることが許される。つまり、トリーアにおけるミニステリアーレの意義、(198) 並びに以下に列挙するライン川中流域の比較的小さな諸都市における騎士milites の地位である――ザンクト・ゴアール[199]、バハラハ、オーバーヴェーゼル、ボッパルト、レンス、コーブレンツ、ジンツィヒ、レーマーゲン、アンダーナハ[200]。これらのところでは、都市の証書は、「シュルトハイス〔下級役人〕、騎士、審判人、市民」によって発行される。ボッパルトでは市参事会も五人の騎士会員と一二人の市民のメンバーと都市書記とで構成されていた[201]。ザンクト・ゴアールでは市参事会が設立された後もさしあたっては同地に居住する多数の貴族の家柄がその影響力を温存していた[202]。この場合にも作図による理解が、南ヨーロッパ都市の影響圏の境界設定の道具となるであろう。

コンソレ統治制度と密接に結びついているのが宣誓団体――ソキエタース societas、コムーニタース communitas、コンパーニア、compagnia、コンユーラーティオー coniuratio、等々である。まず最初に、私達は外的事件を列挙する。そして南イタリアから始める。早期の一つの証拠はベネヴェントのものである[203]。『ベネヴェント編年誌』は一〇一五年の条に「この年、最初の宣誓団体がつくられた」“Hoc anno facta est communitas prima”と報告している。自立へのベネヴェント人の努力は既に九八二年に示されている。その時彼等は支配者 princeps ランドルフを追放し、パンドルフを支配者として迎え入れた。これが統治制度の変更を目ざした行為ではなく、ただ支配者の、人間の、変更を目ざした行為であることは明らかで、例えば司教ベレンガール（九五六―九六二年）の時代にカンブレで起こった諸事件――私達はこれを「コミュンヌ的」革命と評価することはできない――と同列におかれるべきものである[204]。一〇二四年にコンユーラーティオーが再びつくられた。「第二の宣誓団体」“coniuratio secundo”を『ベネヴェント編年誌』は報告しているが、残念ながら一切の論評抜きである。一〇五〇年、ベネヴェント人はレオ九世に味方して、再び自分達の支配者 princeps をその役人ともども追放する。翌年、ベネヴェント人は使者を送って、教皇の来訪を要請する。教皇はアキレイアの總大司教と枢機卿司教フムベルトを派遣する。派遣された二人はベネヴェントの民衆の誓約を受け入れてローマに帰還する。二人は二〇人の貴族 nobiles と有力者 boni homines を人質として連れ帰る。経緯から見ると、貴族と有力者とをコンユーラーティオーの推進力と見て間違いないであろう。ナポリの例が私達の見方を強めてくれる。公セルギウスとナポリの貴族との間で締結された協定はナポリの貴族支配を明瞭に教えているものであるが、とりわけ、次のように規定している――「そして予は、諸子の間でつくられたこの宣誓団体が、設立を無効にされたり、誰かある人がそれを破壊し始めようとも、協議をしたり、行動をしたり、あるいは同意したり、することはない。」"Et non ero in consilio vel in facto seu consensu, ut hec societas que inter vos facta est seu facienda corrumpatur et si aliquis eam corrumpere inceperit."[205] ここでも政治的対立が事のきっかけであった。めざめつつあった都市の自己意識に、政治的対立が機会を提供したのである――カプア、ベネヴェント、サレルノ、ナポリ、ガエタ、アマルフィ、ソレント、の支配者相互間の対抗、彼等のビザンツに対する対立又は友好、侵入して来るノルマン人征服者の、土着の諸侯との関係、他方では東ローマとの関係。そのようなわけで、公セルギウスは、一〇二七年、都市住民の支持をとりつけたカプアのパンドゥルフによって追放され、ようやく大特許状の授与の後に市民によって再び迎え入れられたのである。――ガエタ、アマルフィ、バリ、トロヤ、は確かに宣誓団体の存在を示してはいないが、寡頭制的性格の早期の自治行政を示している――一〇〇〇年頃[206]。一一世紀の前半、南イタリアでは、諸侯の都市支配を排除すること、或いは少なくとも制限することをめざし、それに代って貴族の統治を実現しようとする勢力が、いたるところで活動する。ベネヴェントとナポリではその際に宣誓団体が利用されたのである。

北イタリアではこの運動は南イタリアにおけるよりも遥かに強力であり、成功も大きい。モデーナ、トリーノ、等々で一〇世紀に発生した司教都市支配者制に対する反乱は考慮の外におくことにする。それらの反乱の場合にはコンユーラーティオーの存在を確認することができないからである。[207] 一〇三六／三七年のイタリア人の諸コンユーラーティオー coniurationes Italorum の場合には、宣誓団体は、他のところの場合と同じく、政治的要求貫徹の手段として、政治的事業防衛の手段として、都市の自治努力の枠の中だけのものとしてではなく、現われる。ヴィポは、ミラーノのヴァルウァッソール〔下級騎士〕の諸コンユーラーティオーについて詳細に報告している。この諸コンユーラーティオーは、コムーネ的性格を帯びていないのである。[208] それは、貴族グループの、極めて有名な、しかし孤立しているわけでは決してない、宣誓団体である。[209] ミラーノのパターリアもコムーネ形成的なものではない。[210] 最も早い、確証されたコムーネ的宣誓団体は、ピサがこれを示している。一〇八〇年、司教自身が市民のコンユーラーティオーを結成させたのである。ここでは、司教、伯代理、コンソレ、が団結をしていた。そして短い内紛の後に、外からの重大な危険に直面して再び団結した。[211] 恐らくは『プラケンティア編年誌』の、教皇派本にみえる記事も宣誓団体の存在の証拠としてこれを利用することができるであろう。この編年誌は一〇九〇年の条でピアチェンツァの民衆 pupulus と騎士 milites の間の大規模な私戦を報告している。激しい戦闘の後に両派は天啓によって私戦の正しくないことを洞察し、「平和、平和」という高らかな叫び声をあげて和解した、と記されているのである。[212] 平和 pax は西北ヨーロッパの史料からコンユーラーティオーの同義語として私達に知られている。「平和」の合い言葉の下に都市の両派が和解したことが内部団結をかちとるために宣誓団体を結成したことを意味するものではあり得ない、とは私は思わない。そのようなコムーネ的宣誓団体、すなわち、コムーネ的諸目的——司教或いは辺境伯等による当局的干渉の排除であれ、内部平和の達成であれ——を達成するための都市住民の宣誓団体的な包括的結合体、の痕跡を求めて、もう一度史料を組織的にくまなく探す必要があるようである。ジルバーシュミットのまとめは、宣誓団体と、商業団体 mercantiae、海の組織 ordines maris、等々の職業身分的組織とを、あまりにも混同している。こうした職業身分的組織は、イタリアが同じく先頭を切っていた商業裁判の発達にとってはとりわけて重要な組織であったが、一般的性格のコムーネ的宣誓団体とは完全にこれを区別しなければならない。むろん、プラーニッツが北フランクの宣誓団体を明確な法学者の理解力を以て前面に押し出すまでは、この区別を立てることも容易ではなかった。――注目すべきことにヴェネツィアは宣誓団体なしでやっている。コムーネ、コンソレ制、宣誓団体、の関連はジェノヴァの場合に最も明瞭にこれを知ることができる。(213) ゲッツはこれに反対して、(214) ジェノヴァのコンパーニャは宣誓団体ではない、それは貴族の同族団体を母胎とするもので、都市支配者に戦いを挑むものではない、と主張している。ゲッツはその場合、宣誓団体がコムーネの独立のための戦闘手段であるだけではなく、それと同じ程度に、内部平和の確立という課題を担っていることを見落としているのである。貴族の同族団体のコムーネ的宣誓団体への発展は、充分に考えられることである。政治目的達成の際の宣誓は、中世にあっては、広く見られる手段であって、コムーネ政治に限られるものでは決してなかった。しかし私達は史料に語らせることにしよう――ジェノヴァのコンパーニャが私達の前にその姿を現わすのは、カファロが一一〇〇年の条で最初にこのコンパーニャについて報告する時であり、その時既にそれは制度として完成していた――「ジェノヴァ人の都市で三年〔任期〕で六人のコンソレのコンパーニャが発足した。」"in civitate Januensium compagna trium annorum et sex consulum incepta fuit" (215) この最初の記録に既に現われている、設立されたばかりのコンソレ制とコンパーニャとの関連は、後になって、コンソレがコンパーニャの強力な指導者であるのを見る時、私達の眼に一層はっきりと映るのである。期間の限定と繰り返し行われる更新は変わることのないコンパーニャの特徴である。コンパーニャは恐らく、集落的地区コンパーニャを母胎とするものであろう。コンソレ裁判集会の地域がそれに重なり合ったのである。コンソレ裁判の集会の地域は、伯の地区の、四つの、キーウィタースのコンパーニャと、司教の地区の、四つの、ブルグス正面の versus burgum コンパーニャで構成されたものである。[216] 一一三〇年には七つの地区コンパーニャが区別され、その一つ一つで、二人の、裁判のコンソレが任務に当っている。コンパーニャを異にする者の間で紛争が生じた場合には、原告が属するコンパーニャのコンソレが事件を担当する。[217] コンユーラーティオーの枠の中でのケルンの市区自治体の意義は、ここにその類似物を発見する。組織的完成はジェノヴァの方が進んでいる。地区と、全市コンパーニャとの重層関係はジェノヴァの方が簡潔である。ケルンの場合には市区自治体とコンユーラーティオーの間にギルドが介在するために事態が複雑になっているのである。一一五七年のジェノヴァのコンパーニャの規約書[218]は、この宣誓団体の細部を私達に明らかにしてくれる。ジェノヴァのコンパーニャはコムーネである。そのように表現することが許される。そうすることで私達は、北フランクの都市自治体のためにプラーニッツが用意した確定に、全く併行する確定を用意するのである――誓約団体が都市自治体である。このコンパーニャは、北フランクの誓約団体と同じように、軍事罰令権、裁判権、財政高権、を要求した。各地区の、一六歳から七〇歳までの武装能力あるすべての男性は、コンパーニャへの加入を義務づけられている、北フランスの宣誓団体がそう規定しているように。ただし北フランスの宣誓団体は、言うまでもなく、地区の代りに、都市全域を想定している点が違っている。コンパーニャの目標は、軍事的膨張[219]、都市領域における平和と正義の確保[220]、メンバーの商業政策上の独占的地位、である。[221] コンパーニャのメンバーは、アコメンダティオー accomendatio 及びソキエタース・マリス societas maris〔いずれも商業旅行の際の組合契約〕によって、また海上貸付によって、都市の商業に参加する。ジルバーシュミットは、「ジェノヴァの『公証人文書館』に残されている、そうした法律行為に関する膨大な量の証書が、海洋都市の商業に参加できるコンパーニャ仲間の権利が大きな意義をもつものであったことを示している[222]」ことに注意を喚起している。

目標には指導層の構成が合致している――同時に土地所有者、航海者、船舶所有者、商人、である伯代理の一族の者、商業によってのしあがってきた、その数の増加していく新しい人々 homines novi、法律知識人。小経営しか知らない手工業の演じている役割は全く取るに足りない。そのことは一オーヌの長さである場合は別として nisi ad canne mensuram 小売をするために繊維製品を購入することを禁止していることがこれを示唆している(223)。小売商人は場合によると特別の課税の対象となる(224)。これが手工業と関連のある唯一の、規約書の想定である。コンパーニャは手工業者に有利な立場を全く与えていない、何らの助力も手工業者からは期待していない。この都市の経済的性格を規定しているのは大きな海上事業である。個々のメンバーに可能な事柄は、軍艦の建造、或いは傭兵の募集、をコンパーニャのメンバーに禁止している規定(225)から、明らかである。但しこの禁止規定は過半数のコンソレの賛成がある場合は適用されない。

規約書に姿を見せている宣誓団体は支配者側権力に対抗するためのものには見えない――そのための動機はもはや存在しなかったのである――、むしろ内部の分裂と党派形成とを克服するためのものに見える。平和維持のための諸規定は、この平和を維持することがどれほど難しいか、武器の携帯は習慣であり武器の使用に容易につながるものであったこと(226)、内部の私戦が防備施設のある拠点を利用して徹底的に戦われたこと(227)、を詳細に示している。その上に、一切の特別誓約がはっきりと禁止されている、例えば、コンパーニャを一新させるべきかどうかということになりかねない、或いはある市民をコムーネの役職に就任させるための、或いは租税等々の徴収についての、誓約による協定が禁止されている(228)。ジェノヴァの内部政治生活ではそのような特別誓約が日常茶飯のことであったらしいのである。平和維持のための努力は北フランクの宣誓団体にとっても最も本質的な関心事として私達に知られている。ジッペ及び農村の固い緊縛を逃れて来た異質な諸要素、指導層である商人層が独立と冒険への意志によって鼓舞されている異質な諸要素、で構成されている〔北フランクの〕都市の構成が、平和の確保ということを、最優先の課題の一つ、都市支配者の管理からの解放がそうであるのと同じ様に宣誓団体の目標である課題の一つ、にしていたのである。北フランク空間においては、公的関係のひきしまった秩序の樹立を目ざす一切の努力は、当時なお生きていた自助の思想と対決しなければならなかった。アミアンの都市法では、争いで、或いはその他のことで、負傷した者が、「誇り高きがために」賠償金の受け取りを拒否することを都市平和の侵犯と見做して、そのようなことのないように規定するのを必要と見ている。(229) しかしながらジェノヴァのコンパーニャ規約書に見られる、一つのコムーネの中での大きな団結を脅やかすところの宣誓による誓約の、この危険な異常発達は、私達には新しいことである。ピサも同じ現象を示している。コムーネを設立しようとしていた〔大司教〕ダイベルトゥスによって、一定以上の大きさの塔を建造してはいけないという禁令が、(230) 繰り返し繰り返し出されている。(231) 特別誓約はコンソレによって解消されなければならない。(232) 強力な貴族のジッペが市内に居住して支配するということに伏在していた危険がここに表面化するのである。アルプスのこちら側では都市誓約団体とラント平和のための連合とによって分担される課題が、イタリアでは、都市の本来の地区と、都市に服属した領域とで、果されなければならないのである。ヴェネツィアでは貴族の私戦と党派結成を除去することに成功した。ジェノヴァ、ピサ、フィレンツェ、はそのために殆んど全力を出し尽くしてしまった。この有名な出来事をこれ以上詳細に論評する必要はない。

ジェノヴァのコンパーニャの指導者は、コンソレであった。そのことは規約書〔宣誓書式〕の初めと終りとで明瞭に言われている。「そして、何であれ、選出されたコンソレ達自身が称賛するであろうこと、又は決心するであろうこと、このことに基づいて、規約書の中で、神の名誉、ジェノヴァの母聖堂の名誉、ジェノヴァ市と大司教区のその他の諸聖堂の名誉、について、そしてコンソレ達の前に現われるであろう告訴について、決定されたことを、予は尊重するであろう。そしてそれらのことは、ポルトヴェネーレからモナコの港まで、ウルタビウスとモンタルトとサヴォーナから海まで、コンソレ達の賛辞の内に、そしてそれ以上に家々と共に、高い建物と共に、人々と共に、息子と共に、家族と共に、コンソレ達の賛辞の内に、ごまかしと策略なしに、実行されるであろう。以上に記されたすべてのことを予は尊重するであろう。そしてそれらのことは、最上の誠実を以て、ごまかしと邪悪な策略なしに、コンソレ達の賛辞の内に、実行されるであろう。」“Et quodcumque ipsi electi consules laudaverint aut statuerint, secundum quod in eorum brevibus determinatum est de honore Dei et Januensis matris ecclesie aliarumque ecclesiarum Januensis civitatis atque archiepiscopatus et de lamentationibus, que ante eos venerint, observabo et operabor in laude eorum a Portuveneris usque ad portum Monachi, et a Vultabio et a Montealto et a Savignone usque ad mare, et amplius in eorum laude cum domibus, turribus, personis, filiis, familiis, sine fraude et malo ingenio.— Hec omnia que superius scripta sunt observabo et operabor bona fide sine fraude et malo ingenio in laude consulum.” ほとんどすべての規定が、「コンソレ達の賛辞の内に」“in laude consulum” の補足をもっている。このコンソレ達はコンパーニャの最初の年には、総会で選出される。その後は、コンソレと助言者 Konsiliatoren の過半数の投票によって選出される。このように引きしまった運営は、北フランクの宣誓団体には完全に欠けている。サン・トメールの都市法によるならば、裁判拒否者に対してはコムーネが全体として行動する。その者の家屋をコムーネが破壊するのである。[233] アミアンの都市法は同じ典型的なゲノッセンシャフト的刑罰を設けて、「有力者、審判者及び警察吏つまりコムーネに使用される役人、によって集会に出席を命ぜられて、コムーネの法と判決とを逃れようとする」“qui a maioribus et judicibus et decanis, scilicet servientibus communie, summonitus, iusticiam et iudicium communie subterfugerit” 者を脅かしている。[234] フランドルではコンユーラーラーティオーは、一般に、その誓約者委員会によって都市の審判人を排除することができなかった。北フランスでは誓約者委員会が最も豊かに発達した。そこではマーヨル〔コミュンヌ代表〕が執行役人へと成長する。[235] 本来はマーヨルはコンソレと同等のものである。但し未発達な形のものではあるが。ジェノヴァでは全体がコンソレの指導の下でのみ行動する。家屋破壊に類似したものは見られない。その代りにここでは裁判が過度に発達した。

この発達に対応するものはコンパーニャへの法律知識人の、審判者 iudices と仲裁者 arbitri との、大幅な参加である。彼等の職業義務を規約書が正確に規定している。私達は既に何度かイタリア諸都市及び南フランス諸都市における、法律知識人的要素の、弁護士と公証人との、意義を指摘しておいた。[236] 西北ヨーロッパ空間にはそれに類似するものがない。同一の本質的特徴は、――コンパーニャがコンソレを通じて彼等の規約書〔宣誓書式〕を手に入れていくのに伴って――詳細な規約書を作成することに現われているイタリアのコムーネの、発達した文書慣習に表現されている。例えばピサでは複数の規約書が規模の大きな法典編纂になっていく。[237] ジェノヴァには特別の「規約書改訂員」“emendatores brevium”がいた。この改訂員は、その時々の法の状態と対外的協定とに規約書が合致するように配慮するためのものであった。[238] 大規模な法典化は南フランス諸都市にとっても特徴的なことである。北フランスのコミュンヌもそれなりに証書 Chartes をもっていたし、フランドルのコミュンヌは自己の証書 Keuren をもっていたが、ラインラントに入ると文書による固定化は少なくなっていく。フライブルクの建設許可状を除くならば、私達が宣誓団体について知る手がかりを与えてくれる証拠は、個々の短い記事だけである。ここでは南に遅れること遥かに多くの歳月を経た後にようやく、都市支配者のイニシアティーヴから独立した都市の法の記録が始まる。

南フランスの諸都市もまたその宣誓団体をもっていた。シモン・ドゥ・モンフォールが一二一一年、アルビジョワ、ベジエ、カルカソンヌ、ル・ラゼ、に公布した慣習法 coutûmes の中で宣誓団体が明文を以て禁止されている。[239]南フランスでは宣誓団体は少し遅れて出現したようである。一二一二年から一二二〇年まで、マルセイユには聖霊兄弟団 confraternitas de Spiritu Sancto が存在した。[240]これは、紛れもない誓約団体の諸特徴と、教会の兄弟団のそれとを結びつけたものである。一一八八年に聖霊施療院の建設と関連して成立した慈善的性質の兄弟団とは違って、一二一二年の結合体——全くの新設団体——は、政治組織、平和団体、である。そのメンバーは誓約によって相互に結びつけられている。規約はそのメンバーに、既存の政治諸権力の承認と防衛とを義務づけている。毎週納める拠出金は、援助を必要とするメンバーの支援と、死亡したメンバーの追悼とのための、積立金になる。毎年、死んだメンバーのために厳粛なミサが行われ、その際に聖霊施療院の貧者と病者とに施し物が分配される。メンバーは不幸な出来事が起こった場合と裁判の場合とには相互援助を義務づけられている。この兄弟団 confraternitas は平和裁判の権限を行使している。マルセイユの誓約団体は神の平和の組織と結びついた紛れもない関連を示しているのである。イタリアの諸都市の場合と同じように、都市統治制度の全体が、とりわけコンシュル制が、誓約団体と関連している。誓約団体を指導しているのは一二人の、毎年改選される指導者である。彼等はコンシュルの地位をもっている。規約の中のある条項が、「兄弟団の、指導者あるいはコンシュル」“rectores aut consules confratrie”と言っている。イタリアの諸都市の場合のように、コンシュル consules と並んで法律助言者団 consilium が存在する。マルセイユでは一二一八年以降諸ツンフトの長もまたこの法律助言者団に属している。その背後には市民集会、パルラメントゥム、がひかえている。この、南フランスの宣誓団体は、明らかにイタリアのモデルから影響を受けているのであって、北フランスのモデルの影響を受けているのではない。指導者 rectores の他に、兄弟団 Confraternitas の機関としては、審判者 judex が一人、代理人 vicarius が一人、そして書記が一人いる。さし当っては「マルセイユの市民、大市民と小市民」"cives Massilie, majores et minores" の全員が、パークス pax のメンバーになることができた。はじめの内は司教と役人も、メンバーとしてすべての集会に参加していた。この二人が参加することなしには規約の変更はできなかった。しかしその後、司教、司教座聖堂参事会、サン・ヴィクトワール大修道院、との紛争が発生した。兄弟団 confratria がこの政治闘争の、役に立つ道具であることが実地に証明された。誓約団体運動の推進力はどう見ても、下町から、伯代理権力の所在地から、出ていた。特別に有利な状況のおかげで、兄弟団 confraternitas は伯代理の諸権利を自分のものにすることに成功した。指導者 rectores が下町の共同統治権を取得した。それどころではない、彼等が下町の本来の支配者になったのである。本来の支配者として彼等は外部の権力とも協定を結んでいる。[241] 指導者は、鐘つきの権利をもち、印章（鉛印 bulla plumbea）をもち、旗 vexillum をもち、市外に土地をもっていた。市外では一人の代理人 bajulus が指導者の権利を代表していた。一二二〇年、指導者は司教と協定を結んだ。[242] その協定の中で二つの市域の区画が正確に定められ、彼等は山手の住民を兄弟団 confraternitas の誓約から解放した。指導者はどう見ても困難をコントロールすることが出来なくなってしまったらしい。その証拠に、一二二〇年に、一人のポデスタ Podesta〔よそから招いた行政長官〕が彼等に取って代っているのである。

アルルとアヴィニョンでもコンシュル制の設立乃至は改革は、一つの平和団体の手で促進されたもののようである。[243]

スペインでは、ヘルマンダード〔兄弟団〕とコムニダード〔市民団〕とが宣誓団体と都市団体との諸機能を果している——封建的干渉からの解放を獲得し、治安と秩序とを確保するという機能を。

西北ヨーロッパでは手間暇かけて立証しなければならなかったことが、イタリア、南フランス、スペイン、では明々白々のことなのである。イタリアでは、都市自治体が、ランゴバルドーフランク時代に、縮小した形においてではあれ、維持されていた。この都市自治体は、自治体集会を機関としていた。そして少なくとも、臨時につくられた諸委員会を自分のために動かしていたらしい。この委員会が、例えば初期の自由特許状——ジェノヴァ、クレモーナ、サヴォーナ——を獲得し、受領し、保管することができたのである。司教の、伯の、支配権力に対抗する自治の萌芽、組織された共同体の萌芽、がコンソレ制と宣誓団体の出現前から存在していたのである。南フランスとスペインでは、宣誓団体は、自治体的生活の標識が既に久しくそれとわかるようになってから後に、遅れて登場した。宣誓団体の共通の特徴は、以下の点にある——久しい以前に既にスタートが切られていた発展を一つのドラマティックな、革命的な、行為が終結させる。形式的な手段は宣誓を通じて達成する団結である。この団結は、すべての指導層を包含し、しばしば、自治体生活に積極的に参加するグループの拡大を意味する。宣誓団体は自治的な自治体を創出する。このことは、北フランク空間にあてはまるのと同じ様にイタリアにもあてはまる。宣誓団体はしかしながら——とりわけ北フランスとイタリアとでは——革命的行為以上のものである、それは、持続する制度であり、ここではコンソレ制の形で都市当局をつくり出し、かしこでは誓約者委員会の形で機関をつくり出す。宣誓団体は、自治体の内的団結を保証する。平和の維持は、封建的後見の打破が宣誓団体の内容であるのと全く同じだけ、宣誓団体の内容をなしている。宣誓団体が初めて都市地区をつくるのである。その都市地区は、西北ヨーロッパでは異質な諸形成体の融合によってでき上り、イタリアでは、時として複数の貴族のブルクに分解したように見えながら、単一の、領域化された、安定した法をもった、一つの地区をもたらしたのである。都市の外部でも、統一的な法地区が、宣誓団体を通じて、ラント平和同盟としてつくり出された。私達は、都市宣誓団体を、L・v・ヴィンターフェルトがやろうとしたように、こうした全体の枠組みの中で見なければならない。都市が神の平和或いはラント平和を模写したかのように、或いはその逆であるかのように、考えるのではない。都市でも、神の平和乃至はラント平和でも、同一の手段で、フェーデと自力救済とが排除されるか或いは少なくとも制限される、平和の維持が、全員の最高の関心事として宣言され、近代の刑事司法が始まる。こうした方面を目ざすザリア朝の政策については私はヒルシュの説明の参照を乞うことができる。[243a] 諸都市で平和攪乱者に対する処罰のこの強化が、宣誓団体の統治制度の下で観察される。同害報復制度が広まる。既に一一二七年のサン・トメールの都市法にそれは明瞭に宣言されている。[244] ゲノッセンシャフト的に組織されたそれであれ、ヘルシャフト的に組織されたそれであれ、上に戴いた共同体を通じてのみ権利を守るという理念は、自力救済思想及びフェーデとの戦いを通じて、宣誓団体の中に定着する。北フランクの諸都市についてプラーニッツは、宣誓団体と、血盟兄弟分団体的結合体のもっているゲルマン的理念との、関連を証明した。そこで問題になるのはイデオロギー的な関連である。ギルドは、直接、血盟兄弟分団体と祭祀酒宴とから生まれた、そこには制度的な関連が存在した。時代的に見てギルドより新しい誓約団体の場合には、そうではない。誓約団体は、ゲルマン的制度の継続物ではない。ギルドが、誓約団体に、血盟兄弟分団体的結合体の思想を仲介したのである、然り、ギルドと誓約団体との二つの団体で、同じグループの人間が指導者的な存在だったのである。イタリアへはランゴバルド族が誓約団体 associazione giurata の思想をもたらした。イタリア人の研究はそのようなゲルマン的影響の評価に非常に消極的であった。[245] しかしながらこのためらいの底にあったのは非学問的な敵意である。誓約結合体にとって最上の接点を見出すことができたのはランゴバルド法の中であった。それ故にどの宣誓団体も素性は同じなのである。

しかしながら都市史家にはなお以下の本質的な問いが提起される――都市の自由闘争―一体化闘争において宣誓団体の原則が真っ先に確立されたのはどこであったのか、という問いである。宣誓団体は、北においても南においても、自治的な自治体形成の過程において同じ位置を占めている。この過程で、それは、同一の機能をもっているのである。宣誓団体は、北イタリアと北フランク空間で、ほとんど時期を同じくして登場している。北イタリアからの継承ならば同時にコンソレ制も継承された筈である。何故ならば、北イタリアでは宣誓団体とコンソレ制の形成とは極めて密接な関係にあるからである。北フランクの諸都市は、その宣誓者委員会を自力でつくる、そしてそのことで宣誓団体の形成における独自性を立証している。都市宣誓団体の形成の場合に現われる経過は、ゲルマン法の影響と古代都市文化との接触帯の、全域で進行する経過である。この接触帯は、南イタリアから北フランスまで、ベネヴェントからカンブレ、ケルンまで、及んでいる。宣誓団体を生み出す諸契機も同じくいつも同じである――都市支配者が巻き込まれる政治的対立への都市住民の参加、都市支配者の空位、が宣誓団体設立のきっかけと機会とを提供する。そのことを私達は南イタリアでも、ケルン或いはサン・トメールでも、同じように観察している。誓約団体的結合体成立の前提条件は、都市生成過程の充分な成熟である、〔すなわち〕自治体が萌芽的に存在していなければならず、都市地区が受胎されていなければならないのである。

同じ素性、同じ機能、現実の形成の同じきっかけ――しかし、同じでない温床が一つあって、それが、北と南の宣誓団体が共通する特徴を多数もっているにもかかわらず、それでもなお見逃すことのできない相違を示すという事態の原因になるのである。イタリアのコンユーラーティオーにはギルド制という前段階がないのである。ギルドから、サン・トメールのギルド規約が非常に生き生きとした具体像を私達に示しているその社交生活から、北フランクの宣誓団体には、宣誓した兄弟達 fratres coniurati を非常に強く相互に結びつけるあの温い、兄弟的共同体意識が流れ込んだのである。イタリアのコンパーニャのメンバーは兄弟とは自称しない。イタリアではまた家屋破壊のような共同体的行為は知られていない。そのような「未開性」はここでは克服されている。イタリアでも宣誓団体はギルドの或る種の機能は継承している。しかしそのギルドとは、保護ギルドではなくして独占ギルドなのである。ジェノヴァのコンパーニャは、そのメンバーに、後の北フランクの独占ギルド、例えば後のサン・トメールのハンザ、が与える商業上の特典と同様の商業上の特典を与える宣誓団体である。宣誓団体の内部組織が北と南では非常に異なっている、私達は既に、コンソレによるイタリアのコンパーニャに対する厳しい指導に対応するものは北フランク空間には存在しなかったことを詳論しておいた。詳細な規約の存在又は欠如からわかる文書慣習の発達程度の相違も、私達は既に指摘しておいた。周壁の築造が地形図的に一体化を実現するように、市域内の相異なる法秩序の下で生活する二つの形成体を法的に溶接する課題を都市誓約団体が担ったのは、西北ヨーロッパ空間だけであった。そこでは、都市誓約団体は、強い共同体感情によって支えられていた。この共同体感情が、個々の都市にも、また都市同盟にも、魂を吹き込んでいた。これに反してイタリアでは、個々の都市の極端な都市個人主義的態度[246]と、都市内部の果てしない党派争いとを、――ジェノヴァの場合のように――宣誓団体が克服しようとするが根絶することのできない党派争いとを、私達は確認する。ローマとゲルマンの、一つの本質的な相違がここに表現されている。クルティウスはこの相違を現代イタリア人気質についての個人的体験に基づいて、次のように特色づけている――「生まれついての社交性と、個人性の自己意識との絡み合いから、広場の、都市のクラブの、政党と議会闘争の、イタリア風生活が発達する。そこでは、いたるところで、個性が、例えばドイツ或いはイギリスにおけるよりも遥かに大きなグループを、美辞麗句を並べる、陰謀を企てる、被保護者と従者を得ようと努める、そうした計画のために見出し、他方では、ドイツ或いはイギリスにおけるよりも遥かに複雑な拘束の下におかれている[247]。」中世イタリア最大の都市ヴェネツィアは宣誓団体なしでもやっていくことができた。私達は、南では、宣誓団体に生き続けるゲルマン的法財産に、都市と都市自治体の、北におけるよりも強力な、自己発展が合流しているのを繰り返して感じとるのである。そこでは、スタートラインに立っているのは、解放された都市地区であって、ギルドではない、貴族的土地所有者の集住集落であって自由な商人のゲノッセンシャフトではない。

# 結語

私達は読者を、もしその読者がここまで読み続ける忍耐を持ち続けてきたとしたならば、時間のかかる、長い長い道のりを、導いてきたことになる。中世都市の成立については、本質的なこと、的確なこと、が余りにも多く、既に言われてしまっているので、私達としては、それに批判的に対決するか、そうでなければ、賛意を表しつつそれを繰り返す他はなかったのである。私達独自のもの、と見做すことが許されるものは、極く僅かの部分に過ぎない。最後にもう一度、その僅かな部分に、光を当てるだけの厚かましさをもちたいと思う。

私達はこの課題に対して、これまでにテストされることの極めて少かった、二つの方法を適用してみた――文化圏的観察方式と、全ヨーロッパ規模での比較、とである。地理学的‐地図学的方法は、ある文化形態の、ある「文化要素」の――ある風習の、ある言語の特徴の、ある建築術の特性等々の、空間的分布像を描き出し、そしてこれまで覆われていた、埋没していた、諸関連について、精神‐文化生活のもつれあった道筋について、文化圏と文化層及び文化潮流について、新しい、驚くべき、情報を、地図像から手に入れる。これまでのところ、方言研究と民俗学とに適用されて豊かな成果を挙げてきたこの方法を、法生活、制度生活、経済生活の諸問題に、転用することは、図式化の弊害を避けようとするならば、それほど単純でもなければ、問題がないことでもない。すべては基準の正しい選択にかかっている。何故ならば、複雑な現象は、地図学的にこれを記録することができないからである。

あまりにも豊富な内容を盛り込もうとすると、私達の用意する地図の記号が少な過ぎるために、複雑な現象が入りきらなくなってしまうのである。大切なことは、それよりも、内的経過を表現するような特徴的細目、外的標識、を見つけ出すことである。

私達の関心事は、西北ヨーロッパの、最も早い都市成立の、空間上での確定であった。私達は、都市生成の過程から、非常に多様な姿を見せる都市生成の経過にもかかわらずいつでも変わることのない、輪郭のはっきりした細目、証言能力のある徴候、を取り出さなければならなかった。相当数の人が恐らくは最初に考えつかれるであろう都市法の付与は、都市形成の端緒を探り出すのにはほとんど適していない。都市法は、都市が、生活の、定住の、法の、経済の、特別の形態として既に受胎された時に初めて、付与され、授与されたのである。領邦支配者の建設都市は後代の現象である。拡張地域――大きな規模ではとりわけ東ヨーロッパ――でのみ、都市法付与が利用され得る。適切な目印だと私達に思われたのは、ヴィークの周壁建設、すなわち西北ヨーロッパの全域でキーウィタースとブルクの前面に形成される商人集落の周壁建設、である。ヴィークの周壁建設は、初めの内は出入りの自由な、一切の盗賊の襲撃にさらされたこの商人集落が、堅固な物体を手に入れたこと、集落としてキーウィタース及びブルクと等価値になったこと、キーウィタース及びブルクと共に単一体へと融合することができること、を意味した。それは、前都市時代の、遍歴商人の定住化の前提条件となるものであった。ヴィーク周壁は、商人を一時的に宿泊させ、商人に商品集積地及び商品積換地としてだけ役に立つ商人のたまり場、拠点を、定住する商人の、自分の住んでいる都市にした。この自分の住んでいる都市の周壁を商人は自分の負担において建造し、警備し、防衛した。ヴィークの周壁は、キーウィタース及びブルク、礼拝の中心地及び政治-軍事の中心地と、経済諸機能を営む市区、商工業の所在地である市区、そしてそれ故に他ならぬ中世都市の本質を最も強烈に規定する筈のものを中世都市に与えた市区、とを統合した。それ故にヴィークの周壁建設は中世都市生成の本質的な外的目印である。地形図的特徴としてのヴィークの周壁建設が表現していたもの、それは、用語の領域では、以前は商人 mercator と呼ばれていた商人壁外市区の住民を指すのに市民 burgensis という語が登場したことであった。この名称の変更には冒険的遍歴商人から定住商人への内的変化が照応している。この二枚目の地図については、北フランスの資料が完全ではないことを認めなければならない。この目印及びその後に続く目印の記録が充分でないことの理由の一つは、個々の目印の意義と有用性とが私に思い浮かんだのが作業の最中であったこと、すなわちそれらの目印の余す所ない記録を目ざして行われる収集作業がもはや不可能になった時点であったこと、である。それ故私は長い道のりの果てに来て、幾つもの点で、改めてスタートを切る立場に立っている。但し今度は協力者を見出すことができそうだという期待を抱いて。——都市生成のこの二つの個別展開——ヴィークの周壁建設とブルゲーンシス名称——についてのみ、私は地図を作成することができた。あと二つのものについては、私の資料が不足していて、地図の作成ができなかった——あと二つのものとは、リーベルタース〔自由〕と、週市との登場である。初期のリーベルタースはヴィーク周壁やブルゲーンシス名称ほどには一義的ではない。リーベルタースということで私達が理解するのは、後代に現われる種類の都市法の付与ではない、そうではなくして、解放された自治体地区の創出をその最も本質的な目印とするところの、法行為である。都市生成過程におけるリーベルタースの意義は、このリーベルタースの助けを借りることによって私達が自治体形成の核心問題に近づくこと、都市自治体の成立の経過を把握すること、にある。出入りの自由なヴィークと防備施設のあるキーウィタースの隣接併存に周壁のある都市がとって代ったように、両方の要素が一つに統合されたように、そのように、遍歴商人が定住商人に変化し、ヴィークのギルドという人的団体とキーウィタース支配者の当局的領域支配権の隣接併存乃至は対立併存が自治体というゲノッセンシャフト的に組織された領域支配権にとって代られたのである。都市の自由は有名な「都市の空気は自由にする」の原則で頂点に達する。この場合にも私達は最も早い出現を空間的に確定しようとし、この法原則の移動コースを追跡しようとした。都市生成の、地形図的、用語的、法的、目印に続いて、経済的基準が付け加わる——それは商業一般ではない、商業一般ならば前都市的時代も遍歴商業としてこれを知っていた。手工業一般でもない、手工業一般も前都市的形態で存在していた。経済的基準というのは、都市の、その後背地の積極的経済中心地としての機能である。都市と農村の、単に歳市的な商品交換ではなくして、週市的商品交換をも含む定期的な商品交換に表現される機能、つまり週市である。都市がその後背地と経済的に——ヴィークが農業的環境の中の異物であり続けるのに対して——癒着することの、都市が純然たる消極的商業地ではもはやなくして、それ自体で農業的、手工業的産物の消費者、商業取扱商品の消費者、として問題になることの、最も確実な目印は週市である。

以上のような分布像の場合重要であったのは、どこを、いつに、結びつけることであった。どこで最初に、ヴィークが周壁をもったのか、メルカートーレースがブルゲーンセースと呼ばれたのか、どこで最古の週市とリーベルタースが登場したのか、どこで最初に都市の空気が自由にしたのか、を探り出すことが肝要だったのである。それ故に私達にできたことは、都市という文化形態の、成立の群れの発見だけであった。

明らかになったのは以下のことである——最古のヴィーク周壁——一〇〇〇年以前——は、ケルン、レーゲンスブルク、ヴェルダン、ナミュール、がこれをもっていた。ドーナウ川沿岸都市が孤立した一例だけであるのに対して、西北部、とりわけムーズ川流域とフランドルには初期のヴィークの周壁建設の中核地域が成立した。この中核地域に対応するのが、南部の、後代の、力強さでは劣る、ブルゴーニューライン川上流域である。フランドル諸都市ではポルトゥスの防備施設の建設の際に商人の主導権が圧倒的であった。ブルゴーニューライン川上流域のブルグスの場合には都市支配者の主導権が圧倒的であった。ムーズ川沿岸では両者が均衡していた。ブルゲーンシス地図ではムーズ川流域とフランドルが明瞭に先頭を切っている。無論この場合、私達は、史料の伝承のある種の恣意性と史料刊行の非均質性とを考慮に入れておかなければならない。アルプスのこちら側の最も早いリーベルタースはムーズ川の沿岸に見られる――ウイが最古の例であった。最も早い週市を私達はフランドル、南ロートリンゲン、ブルゴーニュ、で確認した。

特定の地域――ムーズ川、フランドル、ライン川、ブルゴーニュ――が繰り返し、先頭を切っているのは紛れもない事実である。このことは偶然ではあり得ない。それは、そこで、都市生成が進行したことを意味しているのである。都市はそこから、北フランスとイングランドへ、ドイツ中央部、スカンディナヴィアと東ヨーロッパへと、広く移植されることになったのである。

何故都市生成の過程は、エスコー、ムーズ、ラインに挟まれた地域で、ローヌ-ソーヌの流域で、始まったのだろうか。経済的な諸因子――交通上の位置の有利さ、輸出手工業の早期の発達に適合した特別の事情――が、非常に強力に作用したことは確実である。それだけが決定的だったのであろうか。そうではないと私達には思われる。都市生成は、単に経済生活の過程であったのではなく、定住技術的経過でもあり、法創造的行為でもあったのだから。そこには経済的諸因子以外の何物かが関係している。最も早い都市生成はローマ的存在とゲルマン的存在との境界地域で進行した。その地域で、閉鎖された定住様式と解放された地域自治体という形態における地中海都市文化の流れが、ゲルマン的-北方的特徴を刻まれた出入りの自由なヴィークで生活する、ゲノッセンシャフト的に組織された商人に遭遇した。そこでは、地中海的伝統とゲルマン的北方の生活形態との実り豊かな対決が進行した。その所産が、中世の都市文化である。ケルトの基礎の上に、そしてローマの影響の下に、都市文化の前中世的時代を経験したフランス、ゲルマン諸属州のローマ都市よりも、根が深く、持続力の大きい都市文化の前中世的時代を経験したフランス、がゲルマン諸地方よりも恵まれた、都市化のための前提諸条件をもたらした。北方は航海者の故郷であった。その航海者の保護ギルドは、その北方で、最も豊かな発展を遂げた。けれども中世都市が成立したのは、フランスの中核地域や北海地方ではなくして、ギルドと宣誓団体の形に具体化されたゲルマン起源の諸力が、新しい西北ヨーロッパの中世都市文化をつくるためにロマンス的伝統と刺激とに融合するのに充分なだけの力をなおもっていたところ、それだけの起動力と生命力とをなおもっていたところ、他方ではこのロマンス的伝統がなお到達することが可能であり、理解されることが可能であったところ、である。ムーズ川の沿岸で最初の決定的歩みが踏み出された、点火するための火花が飛んだ、フランドルが賞をもらった。

以上の結論は、全ヨーロッパに視線を向け続ける時にのみ得られるものである。何よりもまず、地中海諸地方における発展と西北ヨーロッパの発展とを対決させることが、豊かな実りをもたらすことが明らかになった。アルプス以北の都市に与えられた最も早い自由付与状であるウイの都市の自由 libertas ville のモデル、「都市の空気は自由にする」という法原則の、ディナンにおける最初の適用のモデル、を私達は、北イタリア（ジェノヴァ）とスペインとで発見したと信じている。

これらの地中海諸地域では、都市は――これは新しい認識ではない――民族移動を乗り越えて生き延びた。生活-居住形態として、政治の中心地として、集落自治体として、都市は民族移動期を生き延びた。ただし、衝撃を受けなかったわけではない、相当の縮小、とりわけ政治上の優位と自治組織の面での相当の縮小がなかったわけではない。都市的生活形態の連続の問題に対して、私達は、イタリアについては肯定的に答えることができる。

アルプス以北では連続はやはり一つの問題である。この場合、答には二つの相が含まれる。――私達は、ローマの都市の痕跡の直接の持続と、都市的存在がよりはっきりと維持された地域からの流れを通じての間接の連続とを、確認した。ライン川沿岸、そしてガリアで、過渡期に都市文化は完全には死に絶えなかった。何よりもまずそこでは、キリスト教の橋わたし的意義を極めて強く考慮に入れなければならない。キリスト教の橋わたし的意義は、教会史の観点だけから重要な事実なのではない。キリスト教の信仰とキリスト教会の組織との連続が、過小評価してはならない都市形成因子を包蔵しているのである――礼拝所、中世初期に都市集落の空間的中心として極めて高度の吸引力をもっていた殉教者の墓、古代のローマ周壁に再び内容と支配者とを与えた政治的因子としての司教座。長々と詳述したリエージュとボンの例がこのことを充分に明らかにしたことを願っている。リエージュは、殉教者の墓と司教座との都市形成力がローマ周壁にすら依拠することなく、発揮されることを立証している。地中海都市の軍事機能もまた中世へと連続して作用した――ノルマン人の襲撃を受けて都市周壁の価値がはっきりした、司教都市支配者はその時至るところで崩れ落ちていたローマ周壁を再建した。それが、中世の都市的城砦築造の最初の発端であった。そこに古代の都市の残骸のゲルマン化を見ることは、私達にはできないことである、プラーニッツ説には反対である。何故ならば、この都市ブルクは、もはや単なるゲルマン的民衆ブルク、避難ブルクではなくして、支配者ブルクであったからである。地中海文化圏に起源のある支配者ブルクがフランク人によって受け継がれたのである。フランドルでは、この支配者ブルク、伯の都城 urbes comitis が、ほとんどそれに居住地としての性格が与えられるほどの装備を身につけた。フランドルではこの支配者ブルクが、古代のローマ都市と同格の、後の全市域の結晶点になったのである。地中海起源のこの二つの形成体、キーウィタースとブルクには、私達の見るところでは、都市生成の過程で、一つの重要な役割が振り当てられている。キーウィタースとブルクとは、受け身の集落核以上のもの、集落の舞台兼出発点以上のもの、である、その本質からは何ものかが中世の都市に入っていった、キーウィタースとブルクとは、中世初期の諸世紀に、一つの発展を、誰よりもまず司教都市支配者の政治的及び経済政策的イニシアティーヴの恩恵を蒙っている組織の拡張をも、体験しているのである。――ローマ都市の自治組織は何も残っていなかった。この分野は間接的な連続性の領域である。都市の本質の保持がより強力であり、またより多方面にわたっていたために、地中海諸地方は都市自治体の発展において著しい時間的優位を占めた。自治体の発展は、そこでは、解放された地区から出発した。地中海諸地方から、実り豊かな刺激が西北ヨーロッパの、ゲルマン-ローマの境界地方に放射していった。都市の水準が最も低かったのがカーロリンガ時代であったとしても、カーロリンガの中核地方が、新しい都市文化の出発点であり、そして同時に中世のヨーロッパ文化の出発点である。既に早く他のどこよりもまずムーズ川地方が果したこの重要な役割を認識していたのは、ルソーの功績である。

私達は結語として、中世の都市文化は絶対的に新しいものではない、それは、むしろ、アジアから地中海を越えて北海とバルト海の海岸まで流れて来た、大きな文化の流れの中に埋めこまれている、と言うことができる。ゲルマン人の都市は、自然法則的首尾一貫性によってではなく、また生物学的不可避の過程としてではなく、時期が熟した時に、成立したのである。否、アジアにおける最初の都市文化の成立は、もはや取り消すことのできない歴史的事件であり、人類史は一定の方向を知っていた。この事件の影響は、歴史の経過なのであって、自然法則的な、あるいは生物学的な、過程ではない。そこには自然の必然性はない、あるのは、私達人間に私達自身の行為から発生する拘束である。何故ならば、私達の自由に含まれているのは、する、しない、ということだけであって、一旦起こってしまったことを起こらなかったことにすることはできないからである。都市的生活形態は農民的生活形態よりも上であり、都市的生活形態に接触した者はそれを採用した。この接触は、都市文化が新しい土地を征服する時にはいつでも生じた。都市文化は移動した。――最初の、短時間の接触では、他ならぬゲルマン民族の例が示しているように、充分であるとは限らなかった。ゲルマン人は初め都市文化に不信の気持で接してい、彼等の都市恐怖は助走を繰り返しては克服されなければならなかった。

その移動の過程で都市文化は不変ではなかった。どの時代もどの民族も独自の自分の刻印を都市文化の上に捺す。中世都市文化の独自性はどこにあるのか。

ゲルマン系諸民族は中世に初めて都市化された。そして彼等は中世都市文化に、その特殊な性格を付与することになった。ゲルマン諸民族は農業を基盤とする戦士的支配者層と、ヴィークを拠点として利用する前都市的遍歴商業とを発展させた。この二つの前提が中世の都市に影響をもたらした――中世の西北ヨーロッパ都市は、貴族の居住地として成立することがなかった。アルプスのこちら側では貴族は都市を避け、都市から遠く離れたところに自分のブルクを建てた。このことが、中世の西北ヨーロッパの都市を、古代の都市、及び中世の南ヨーロッパの都市から、最も根底的に区別する。中世の西北ヨーロッパ都市の政治的指導層には、キーウィタースの影響の下に次第に都市定住的になり、自分達の住むヴィークをキーウィタースやブルクと統合した、あの遠隔地商人がなった。これは、世界史的新現象であった――働く者の層が担うこの社会的政治的意義。それまでと言うものいずこであれ勢威を誇ってきた、支配者身分的秩序にしかけられた爆発物の働きをそれはした(1)。直ちにではない――都市に暮す都市貴族へと発達していった商人はその政治的指導の要求を、初めの内は都市の中で主張したにとどまる。農村全体を包括する身分秩序の全体の中でそうしたのではない。農村には支配者層が配置されていたから農村は独自の政治的意義を保持していた。そして身分制国家では一般に、都市の代表よりは農村の代表の方が強力に自分を主張することができた。商業と手工業とは、身分制国家においては、力関係が極めて多様であった都市を通じては、直接にではなく、間接に、代表されているだけだったのである。しかし、長い眼で見るならば、支配者身分的秩序は、ゆつくりと都市の市民層によって掘りくずされ、遂にはフランス革命の噴火によって破砕されてしまったのである。身分制国家――何よりもまず、貴族の指導する農村と商人の指導する都市の併存の所産である――身分制国家は、都市国家を排除した。北イタリアに中世の都市国家が成立したことは、そこでは都市が、古代風に貴族の居住地であったからこそ可能だったのである。それにもかかわらず、中世のイタリア都市は、古代都市とは本質的に異なっている。ここでも、西北ヨーロッパの場合と同じ程度に都市の経済的機能が――古代にあっては政治-行政的及び宗教的機能の背後に潜んでいた経済的機能が、支配的になった。「ジェノヴァ人、故に商人!」„Genuensis, ergo mercator!" この商業には都市に定住する貴族が参加していた。その貴族は新富裕者と融合した。そのため、ここでは、支配者身分的秩序が、閉鎖的な新しい層の成立によって――完全な地位の承認を迫ってゆっくりと粘り強く戦わねばならなかった、そして長い間排他的な身分秩序の外側に立っていた、しかしながらそれ故に内的結束を増すことになった、あの西北ヨーロッパ型の市民層の成立によって、爆破されることがなかったのである。支配者身分的秩序は爆破されずに、流動的な移行と混合とによってゆるめられ、解消していった。社会秩序は、ここでは、今日に至るまで、貧富の格差を基礎にしている。市民的中産階級は、著しく欠如している。

都市の経済的機能の優越は中世都市文化の最も一般的な特徴であって、この特徴が北と南の深い対立をも橋渡ししている。南ヨーロッパの都市は古代の都市に近い。北ヨーロッパの都市は中世の精神をより純粋に体現している。ゲルマン人の遍歴商業のゲノッセンシャフト的制度、ハンザとギルドは、西北ヨーロッパの都市に生き続けた。宣誓団体という新しい形態は地中海地方にも見られる。民族移動期に地中海地方もゲルマン的本質に接触することになったのである。けれども宣誓団体の中心的な分布地域は北フランク空間であった。審判人というフランクの制度が、エスコー、ムーズ、モーゼル、そしてラインの諸河川沿岸の諸都市の統治制度生活にとっては特別に重要になった。

遠隔地商人の本質的参加は中世の北方ヨーロッパ都市の成立にとって特徴的であり、土地所有貴族のそれは、中世の南ヨーロッパ都市の成立にとって特徴的なことである。北ではギルドという人的団体が統治制度発達の出発点であり、南では解放された集落自治体、解放された自治体地区、が出発点である。この対立は、無媒介に、無関係に、併存しているのではない。両者の、種々の交錯と混合を私達はさまざまに指摘することができる。中世の都市は、大きな南北対立によって区分されている以外に、さまざまに区分される。この区分を詳細に示すことはこれを別に一つの固有の研究の対象にしなければならない。その場合には、時代の層が地域の対照と十字に交差し、私達は、同じ時代の内部、同じ地域の内部で、本質的な相違の条件となる都市の大きさによる等級によって決められる区分を発見することになる。

中世都市文化を最も純粋に体現する西北ヨーロッパ型は最も大きな発展力をも実現した。ヨーロッパの北部と東部は中世の都市文化をフランク空間から与えられたのである。レーリヒはリューベックの先導の下に中世の都市がバルト海空間へ広がったことを繰り返して述べた。ツィハ、シューバルトーフィケンチャー、シューネマン等々が東ヨーロッパのドイツ人の都市とドイツの都市法との、分布を示した。(2) イングランドへはノルマンディーから連結線が引かれる。(3) イングランドの都市は、ただし、西北ヨーロッパ型の枠の中で大陸の型とは明瞭に区別される独自の型を示している。北方都市のこの形態の独自性が生まれたのは、アングロサクソン時代のバラ boroughs の存在と、社会秩序と統治制度生活の島国的特殊性とのためである。イングランドから、中世の都市は、新世界へ、近代に入ってからの変化を伴いながら伝えられていった。

しかしながら私達の都市文化の基礎である中世の都市文化が、唯一の支配的都市文化であったわけでは決してない。ヨーロッパから出発して世界を包み込んだ植民運動は、たしかにヨーロッパの都市を広くひろめはしたけれども、しかしアフリカ大陸、アジア大陸では、西洋文化の、個々別々に孤立した状態の続く拠点、という形でひろまったにすぎない。中世の商人は、どこよりもまずスラヴ空間で閉鎖的地域に中世都市文化を浸透させるのに成功した。ポーランド、ボヘミア、モラヴィア、の諸地方は、完全にとらえられた。西洋の都市文化とアジアの都市文化の境界線が、中世以来、ハンガリーを通って走っているのが明瞭に確認できる。

北ハンガリー、トランスダヌビエン、ジーベンビュルゲン、の諸都市は完全に西ヨーロッパの関連に属している。(4) 例えばフュンフキルヘンはボンあるいはマインツと同じキリスト教の礼拝所の連続性を示している。現在の大聖堂の下聖堂は、恐らくはローマ時代の基礎周壁の上に建てられたものである。ローマ時代の墓地がその後も存在を続けてい、そこではアヴァール人の墓さえ発見されている。ハンガリー人が土地を占取した時にもエーレンにはなお古キリスト教の墓地があって、聖人王ステファンはそのことを理由にその場所にハンガリーで最も大きな大聖堂を建立させた。西北ヨーロッパの都市に極めて特徴的な、地形図的二元構造はハンガリーでも同じように見られる。ここでは外来者 hospites の、西ヨーロッパ商人の、集落が遠隔地商人集落に相当している。例えばグランのラテン人のウィークス vicus Latinorum はそのような東ヨーロッパの、商人集落であった。(5) ドイツとフランスの境界地方の出身であるその市民は、この都市の政治的経済的な指導的要素になっていた。グロースヴァルダインには一二世紀にワロン人地区が成立した。今日でも「ヴェレンチェ」と呼ばれている市区にはイタリア人の植民者が定着した。一三世紀のカシャウの証書は外来者について語っている。これらの諸都市は、商業と手工業との中心地となり、西北ヨーロッパの都市のように特許状によって確認された自治を行っていた。平地の諸都市は、ある程度まではスツェゲトが、とりわけナジケレースが、全く別の像を示している。それらは農業都市である。

ナジケレースを観察することにしよう。この町は広大な共同耕地をもった牧畜者集落から生まれた。三万八千ヘクタールの広大な地域に一一、一二世紀に幾つかの宿営地が成立した。そうした宿営地の一つがナジケレースで、聖堂があったところから他の宿営地の中心地になった。間違いなく牧畜者集落であった。農耕は自分の需要を満たすためだけに行われた。宿営地の構造は、中央に丸いパン焼がまが一つあって、間隔を広くとって建てられた小屋がその周囲にある、というものであった。小屋の間には家畜のための牧草地と家畜小屋とがあった。一二四一年のタタール人の襲撃が小さな諸宿営地の没落とナジケレースの聖堂周囲への集落集中という結果をもたらした。一五世紀になるとナジケレースは証書の中でオッピドゥムと呼ばれている。小屋は粘土の壁をもった住宅に発展している。その住宅はこの時になってもまだ一つ一つが孤立していて、道路というものがなく、また広場というものがない。家々はキャンプ場のように不規則に横に並んでいる。ゆるやかなまとまりを見せる家々は家畜のための牧草地と家畜小屋とによって、帯状に囲まれている。オスマン-トルコ人の支配時代にはその上に、五千人の住民が十万ヘクタールの土地を利用する区域が付け加えられた。都市は依然として自立していた。つまり、ケルト制度によって建設された、広大な地域付きの牧畜者集落である。住宅が、経済用の建物を付属させることなく、密集して隣接していい、そしてこの内側の住宅の帯が、「ケルト」と呼ばれる牧畜用の家畜小屋庭園によって囲まれているのである。広大な外の地域は、耕地園（耕地と牧草地）を包含している。近代に入ると農耕が拡大し、ターニャ制度を発達させた。この制度は、農業都市的組織の保持を意味していた。耕地園からターニャが成立したのである。これは、根菜類の栽培、家畜の飼育、飼料用植物の栽培、ぶどうの栽培、果樹の栽培、野草の栽培、に使用された。ターニャ農業に独自なものは二重の居住場所である。時代が降るにつれてますます多く大土地経営者が雇い入れる人間と小土地経営者の家の若者とはターニャに住んだ。都市の中心部には大土地所有者が住んでいる。そこは小土地経営者の、いわば「隠居後の生活場所」である。純然たるターニャ人種も成立した。しかし特徴的なのは二重の居住地である――都市のそれと、ターニャのそれ。商業-手工業に従事する市民層は、無論ここでは成立することができなかった。上の層の者は、貴族的な生活形態に適合していった。下の層の者は農民的に生活する。近代に入ると農業経営の資本主義化が生じたが、しかし住民の過半数は原生産で暮していた。この都市の像は、今日、以下のように描かれる――中央部に巨大な広場があり、そこで市場が開かれる。この広場の周囲に複数の聖堂がある――それ以外にはどこにも、市の内部にも、ターニャにも、聖堂はない。広場の周囲には、市庁舎、裁判所、郵便局、税務署等の公共建造物、娯楽施設、小売店、がある。この広場とその周囲は、大都市の中心地区と同じで、人家の密集した、田舎町風の道路が通じた、市民の住宅地区によって取り囲まれている。ここには少数の、手工業、商業、知性、の代表者と、比較的大きな農民とが住んでいる。この大農は、市外のターニャに農場館をもっている。ターニャの地域は――少し離れたところから見ると――不規則な分散集落のように見える。この集落は、雑然とした形で町の方に向かってい、ぶどう園の地区が間にあるために町とのつながりを全く失っているように見える。すべての道路は光線のように町へ向かって通じてい、どのメインストリートも小さな道路を次々に集め、このメインストリートがぶどう園の地帯を通り抜けて、ターニャの生活を町の中心部、巨大な市場広場、へとつなげている。この放射線状の道路網は、単一の統一的血管組織のように、中心の都市部とターニャ集落との紛れもない一体性を見せつけている。同じように、しかし恐らくはこれ程徹底的にではなく、スツェゲトも、農業都市である。ここでも、小さな都市的中心部が農民住宅地帯と広大な農業地区とによって囲まれている。スツェゲト市域の一四万ヨッホの内七万ヨッホは自治体の財産であり、自治体はその半ば以上、四万五千ヨッホを、時には全くの小地片に分割して、賃貸している。ターニャ住民の一部分は自治体職員、手工業者――彼等は小さな地片を大きな喜びを以て耕作し、そのようにして町の農業的性格を強めている——から構成されている。他方で、ターニャの農耕住民は切ることのできない糸で町へとつながれている、住民の内の大きな部分が、町にも住居をもっているか、少なくも晩年には町の中心部に住居か第二住宅を入手しようと努力する。一九三〇年の人口統計はなお原生産を首位に挙げている。冒頭に記しておいたスペインは北アンダルシーア地方の、都市的村落と村落的都市とが思い出される。そこにも、今日なお前中世的な都市類型が存在しているのである。

ロシアの都市もほとんど中世都市文化の影響を受けることがないままに終った。西洋と東洋の間の境界線は、宗教の領域におけると同じように、都市の領域においても、ポーランドとロシアの間にある。ロシアの都市は、(6) 防備と植民の目的で建設されたブルク（ゴロド）から発達した。次第に、その近くに、商人と手工業者とが定住した。彼等は壁外市区に、「ポサド」に、定住させられた。これは、私達の西北ヨーロッパの地形図的二元構造を思い出させるものではないだろうか。外観的にはそうである。しかし、ポサドとヴィークの間には根本的な相違がある。ポサドは、自由意志で定住した自由な商人の集落ではない。手工業者はここに呼び集められるのである。社会の最上層の者、諸侯とその武装従士とが特に、商業に携るのである。農業と手工業活動が——中世の西ヨーロッパの状況とは全く対照的に——分離されていなかった。村落も、商業と手工業との従事者によってその大きな部分が構成されていることがあったのである。一七世紀になって、国家財政の観点から農業と手工業の分離を図ろうとした。しかしその時同時に都市の住民はポサドに縛りつけられ、都市の住民の移動の自由が奪われた。従ってここでは都市自治体の成立が、その諸々の前段階のすべて、そして身分制的秩序にそれがもたらす諸々の結果と共に、全く欠けているのである。(7) このことが、ロシアの都市を、前ギリシアの都市、東洋の都市、と同格のものにする。西ヨーロッパ、そして中部ヨーロッパ、の中世都市文化の枠の中で有機的に発達した西ヨーロッパ流の市民層を、ついぞロシアは知ることがなかった。いわゆる外来者、ロシア商人層の特権的部分は、皇帝の委託をうけて商業を行った。この商人は、皇帝の一種のサラリーマンであった。――彼等は商品流通税収入を管理し、国家の漁業と国家の製塩業、黒貂《てん》の捕獲とその毛皮の十分の一税、を管理した。彼等は皇帝のために商品を購入し、皇帝の名において、そして皇帝の会計で、商業を行った。商人が地方で富裕になると直ぐに、政府はその商人をモスクヴァへ移送し、政府のために働かせた。モスクヴァの「外来者」の「忠実な奉仕」と、国王保護の下に身を置く西ヨーロッパの自由な商人、この対照よりも深刻な対照を思いつくことはまずできないであろう。地中海とロシア及びハンガリーの平原とが中世都市文化を取り囲む境界線である。地中海地方自体に既に前中世都市文化の遺物と特徴とが現われている。中世に成立したゲルマン系諸民族の都市文化には、ローマと、ローマの支配領域に成立した地中海諸民族とが、ヨーロッパの若い諸国民に伝えた人類最古の文化遺産が生き続けている。ゲルマン系諸民族は、この遺産を、国家の指導と教育とでそこなわれていない彼等の自由への意志によって、そして身分関係の独自の状況に基づいて、つくりかえた。彼等は、支配当局によって指導される領域国家の枠の中での自治体的自己管理の概念を初めて独自につくり出し、どのようにすれば都市国家なき領域国家の基礎の上に民主的国家構成を築くことができるのかという道を示した。言うまでもなく、この道は、諸民族にとって不幸なことに、いつでも終りまで歩まれるとは限らず、この過程が完全に成功したのは、ひとりイングランドだけのことであった。――その道は、古代の支配者市民層に、中世の、商業‐手工業に従事する、労働する、市民層を対置した。この市民層は、かつてヨーロッパが、現にその終焉を私達が体験している一つの短い期間、世界の経済的支配者になり、工場になったことに、本質的に貢献した。私達の近代的労働エートス、私達の市民的自己意識、政治及び経済の領域における私達の個人主義と自由への衝動は、古代のキーウィタースの前面に成立したヴィークに始まり、現代の大都会で終った、この発展に基づいているのである。

光には影が伴う。絶対的な進歩などと言うものはない。一人々の人間が、例外なく、都市に住まい暮すことの無数の日常的快適の、都市によってつくり出され都市の中でのみ可能な文化生活への徹底的な参加の、代償として、自然からの隔離、生活全体のある種の人工性という支払いをしている。諸民族は、生物学的な損失で――この損失は、その一部分が現代の医療で埋めあわされてはいるが――支払っている。大衆と、その抱えている問題とによって、都市の活気の不健全な周辺諸現象によって、支払っている。しかしながら、私達の立証したように、それらのことすべてにおいて問題になっているのは、自然界の出来事ではなくして、歴史上の関連、私達の協力の下に実現した事態、に他ならないのである。中世都市文化のもっている、公共の福祉に奉仕し、共同性を育てていく本質的諸特徴を、私達の時代に新しくよみがえらせ、都市市民的思想を本物の国家市民的自由に発展させることもまた、私達が達成することの可能な範囲に属することである。

# 訳者あとがき

この書物は、エーディト・エネン Edith Ennen の著書 Frühgeschichte der europäischen Stadt, Bonn 1953 を全訳したものである。原題は『ヨーロッパ都市の初期史』という淡々としたものであるが、訳書の書名には、この書物を読む人に著者が訴えかけようとしている主題を積極的に表現するものをと考え、『ヨーロッパ都市文化の創造』なる表題を造って、敢えてこれを選んだ。エネン自身は、Stadtwerdung、「都市生成」ないしは「都市成立」なる語を造り、一つの章の題目にその語を用いているのであるが、書物全体の標題としては「生成」や「成立」では是非とも読む者に伝えたいとエネンが思っている考えを表現するには、弱すぎる。「形成」でも恐らく足りないであろう。ヨーロッパ都市は、いつ、どこで、誰が、どのようにして、創造していったものであったのか。これが、この大著で、その青春の情熱のすべてを傾け尽くしてひたむきにエネンが追求したテーマだったのである。

そのエーディト・エネンなる人間は、地球という名のこの惑星の上のどこで、いつ生まれ、どのような生活を送りながらこの書物を書き、そして書いた後にはどのように生きて、長年つきあい慣れた人間と呼ばれる被造物の群に、いつ、どのように別れを告げて、立ち去っていったのか。ここにその生涯と学績のあらましを記して、この訳書を手にとって下さる方々の参考に供したいと思う。

ドイツ人エーディト・エネンが生まれたのは一九〇七（明治四〇）年一〇月二八日。その生まれ在所は、現在のドイツ連邦共和国のザールラント州（エネンが生まれた頃はプロイセン王国のライン州）の、フランスとの国境に近い、極く極く小さな町メルツィヒであった。エネンが生まれた頃の人口は八千人強。住民は圧倒的にカトリック信者で、エネンの生家もカトリックを信仰していた。

父親の職業は州立の精神障害者療育施設の所長を勤める医師。その家に三人姉妹の長女としてエネンは生まれた。飛び抜けて利発な少女であったらしい。父親とメルツィヒ女子高等中学校の複数の女性教師がそのことに気づき、小さな田舎町でその才能が埋もれてしまうのを惜しんで、エネンを大学に進学させることを考えた。女子高等中学校の教科には古典語がなかったので、古典語の個人レッスンを長期にわたって受け、難しい特別入学試験にも合格して、エネンは、ディリンゲンにある少年のためのレアルギムナジウムに通うことを特別に許可された。ディリンゲンはメルツィヒの東南東およそ一二キロのところにある、メルツィヒよりは少しだけ大きな町である。

ディリンゲンの実科高等中学校でもエネンは抜群の成績を収めた。高等学校卒業試験にして大学入学資格判定試験であるアビトゥールにもクラス一番の成績で合格した。

大学での学生生活の開始は一九二七（昭和二）年であった。籍を置いた大学は最初、生まれ故郷に近いフライブルク・イム・ブライスガウの大学であったが、その後でエネンはベルリーン大学に移っている。生まれて初めてこの時近代の大都会の生活をエネンは体験したのであった。その後またライン川流域に戻ってボンの大学に入った。諸大学で専攻した学問は歴史学、ゲルマン学Germanistik、それにラテン語であった。結局歴史家の卵としてエネンを世に送り出してくれたのはボンのライン・フリードリヒ・ヴィルヘルム大学であった。この大学でエネンは、ヘルマン・オバン、ヘルマン・ハイムペルの講義を聴き、フランツ・シュタインバハの研究指導を受けている。この三人の学問のエネンに対する影響が大きかったことはこの訳書に明らかである。エネンがどうして幼い日から衆目の一致して認めるところであったその抜群の才能を文系の学問に、その中でも歴史学に、集中する気になったのか、そのことについて、エネン本人が、あるいはエネンの周囲の人々が、何事かを語ったことがあるということを今のところ私は知らない。

一九三三（昭和八）年三月二五日、エネンは哲学博士の学位を取得した。時にエネン、満でかぞえて二六歳。ドクターファーターはシュタインバハであった。ほぼ一月後にはドイツの国会で全権委任法が成立する。時代が大きく変わろうとしていた。

エネンの学位論文は『中世末期からフランス革命に至るまでのザール諸都市の自治の組織』と題するもので、一九三三年の内に出版された。序文一六頁、本文二五七頁。今日では言うまでもなく稀覯本で、私は無論この書物を見ていない。書評が七点寄せられた由であるが、それらの書評を通して間接に推察されるところでは、エネンはシュタインバハの影響を受けてはいるけれども師に倚りかかることはなく、一人立ちして問題を追究しようとしていること、文書館史料を徹底して利用していること、観察の視野が広いこと、叙述の才能が光っていること、こうしたことがこの処女作の特色となっているようである。栴檀は双葉より芳し、というところか。

二六歳の女性が哲学博士の学位を取得したということは、その女性と大学との縁がそれで切れて、女性は街頭に放り出された、ということであった。当時のドイツの大学では、女性が大学教授資格請求論文を書いて、大学教授への道を歩み始めるなどということは、夢の、そのまた夢であったと言う。その上、国家社会主義ドイツ労働者党の指導する民族革命が始まり、大学革命が進められるようになると、大学での出世を望む多くの才能ある青年歴史家達は争うようにしてこの政党の党員手帳を手に入れようとした。エネンはそうした風潮に巻き込まれるのを避けたらしい。

ボンの教授達は博士論文を書く上での指導は懇切にしてくれたが、博士になった後の生活上の助言までは与えてくれなかった。そういう相談は正教授達にもちかけるものではないというのが、当時のドイツの大学を包む雰囲気であったようである。エネンはフライブルクで教わったことのあるアーノルト・ベルナイというユダヤ系の歴史家に相談してみた。ベルナイは親身になってエネンの話を聞いてくれた上で、勉強を続けたいのであれば、文書官におなりなさい、あなたにはそれが一番よい、と助言してくれた。

一九三四（昭和九）年、エネンは旧師ベルナイの勧めに従って再びベルリーンに上り、その郊外ダーレムにある文書官養成所（「文書学と歴史学再教育とのための講習所」という名称であった由）の試補見習課程というのに入り、一年間の研修を受けることになった。この年の八月二日、大統領ヒンデンブルクが死去し、国家社会主義ドイツ労働者党党首アードルフ・ヒトラーが総統兼首相という独裁者の地位に就いた。

文書官養成所の一年間の講習をエネンは無論のこと首席で（kursbeste）卒業した。しかし国立文書館に公務員として就職する道はエネンには開かれることがなかった。理由が二つあった。一つはエネンが国家社会主義ドイツ労働者党への入党を拒否したことであった。もう一つは、文書館も大学と同じように、あるいは大学以上に、男性中心の社会だったことである。

進退ここに谷《きわ》まったエネンに救いの手を差し伸べてきたのは旧師のシュタインバハであった。一九三六（昭和一一）年——ヒトラーがラインラント進駐の命令を下した年に、エネンはボン大学に付属するライン地方歴史地域学研究所に薄給の研究「補助員」として勤めることになった。そしてそのまま第二次世界大戦中ずっとその地位にあって、苦しい研究生活を彼女は送った。

シュタインバハは一八九五年の生まれ、ドイツ労働者党が政権を掌握した年には三八歳であった。一九二八年には早くもボン大学の教授であり、歴史地域学研究所の所長であった。事情の正確な詳細を私は知らないが、シュタインバハは一度もドイツ労働者党に入党していない。しかしながら研究所の管理者という立場もあったのであろうか、国家社会主義教員同盟なる団体には一九三四年に加盟してい、ヒトラーの始めた戦争に歴史家として、研究所を率いて協力した事実は、今日では公然と語られている。研究所は多忙であり、戦時動員で大学と研究所の人員は手薄になっていたのであろう。そのためかエネンは研究所の助手の仕事を大量にこなす一方で、一九四四年から四五年にかけては、大学で地域史の非常勤講師を務めた――二〇年前に私はそう書いた文章を公表したことがあるのであるが、その時には注記ができなかったので、今回この文章を書くに当って非常勤講師を務めたという二〇年前のその記事の典拠を探しまわってみたが見つけ出すことができなかった。とにかく戦争中エネンは忙しかったのである。

そうした生活を送りながら、一九四一（昭和一六）年――秋には独ソ戦争が始まり、初冬には日本の海軍航空隊と特殊潜航艇とが真珠湾に奇襲攻撃をかけた年に、エネンは「力と勇気」を振りしぼって書いた論文、「私達の時代の研究課題としての中世ヨーロッパ都市」を発表した。時にエネン、三四歳。

雑誌『ライン四季刊誌』の三〇頁足らずを占めるだけの余り長くはない論文であるが、この論文は、萌芽の形においてではあるけれども、エネンのヨーロッパ中世都市成立論の核心が既にそこで確立されていることを示す、極めて重要な論文である。

私がこの論文で注目することが二つある。その一つは、鮮明にして透徹した研究の問題意識である。明確な心構え、激しい気迫、と言い換えてもよい。そうしたものは、ハンス・プラーニッツには全く無い。アンリ・ピレンヌの場合ですら弱い。エネンにとっては、数ある歴史研究のテーマの中でヨーロッパ中世都市を自分の研究課題として選び取ることは、学界のリープリングステーマ、ファッション、の研究に、自分も仲間入りさせて貰うということではなかった。学者の知恵比べコンテストに自分もエントリーするということでは一層なかった。草深い田舎町メルツィヒに生まれ育って、青春の日々を静かな大学都市と世界にその名を知られた大都会とで暮らした瑞々しい感性に恵まれた若いドイツ人女性として、都市文化の光と影とを日常的に実感しながら、もともと都市文化を知ることがなかっただけではなくして、これを嫌ってさえいたゲルマン人が、いつ、どのようにして、地中海文化圏から伝来した都市文化を継承し、それをどのようにつくり変えて、地中海都市文化とは異なるヨーロッパ都市文化としての中世都市文化を創造していったのか。その創造主体となったのは誰か、いかなる社会層であったのか。ゲルマン人は何を、新たに地中海都市文化に付け加えることによって中世都市文化を創造したのか。これが、思想統制力として民族主義イデオロギーがドイツの社会と文化とを隅から隅まで覆い尽くしていた時代に若きエネンの研究の発条《ばね》となった切実な問題意識だったのである。一九世紀には法制がすべてであった中世都市成立論にジークフリート・リーチェルが法制の他に地理を発見した。ピレンヌがそれらの他に経済を発見した。プラーニッツがそれらの他に政治を発見した。そしてエネンはそれらの他に民族を発見したのであった。

そうなると当然に観察の視野はアルプスの北に限定されるわけにはいかなくなる。一九四一年のエネンの論文で私が注目する第二の点は、この視野の広さである。この視野の広さを端的に示しているのがマックス・ヴェーバーの一九二一年の論文「都市――一つの社会学的研究」に対して寄せているエネンの関心である。プラーニッツはヴェーバーのこの論文の存在を知ってはいたが格別にこれを利用することはなかった。初めの内こそライン川とセーヌ川の間の北フランク地方というやや広い空間を研究の視野の内に収めているが、直ぐにその研究対象をドイツに限定してしまったプラーニッツにとっては、ヴェーバー社会学は活用の余地がなかった。ピレンヌは、第一次大戦後はドイツの学者を嫌い、ドイツの学界とは縁を絶っていたので、ヴェーバーの一九二一年の論文は知らなかったと思う。しかしさすがはピレンヌである。その晩年に至って、アルプスから南の中世都市をもその観察の視野に入れたのであるが、アルプスの南と北で状況がどのように違うかということは的確にこれをつきとめていながら、その違いがどうして生じるのかという理由を追究する姿勢はこれをとることができなかった。ピレンヌには、ピレンヌの事情があって、彼にとっては経済が第一であり、民族はこれを重視する気になることが彼にはできなかったのである。

ピレンヌは次のように説く。「一〇世紀に入るとその足跡を見出すことのできる商人の仲間組織に特殊ゲルマン的な現象を見るのは全くの誤りであろう。……経済組織を支配しているものは、『民族精神』ではなく社会的必要である。」プラーニッツはピレンヌのこの商人ギルド観を指摘して、暗にこれに不賛成の意を表しているのであるが、それ以上に論を進めることはしなかった。エネンは、初期の西北ヨーロッパの商人ギルドがゲルマン人独自の保護ギルドであると見るプラーニッツの考えに同調しただけではなくそうした商人ギルドの有無こそが、アルプスを境として見た場合の中世都市の北方型と南方型の違いを生み出した最大の要因であったのだと、積極的に議論を進めていく。ゲルマン人独自の保護ギルドとしての商人ギルドという、プラーニッツとエネンに共通して見られるこのギルド観には、ピレンヌのそれとは違って、一九四〇年前後のドイツの社会と文化を覆っていた民族主義イデオロギーの影響がはっきりと認められるのではないだろうか。そしてこの民族主義イデオロギーの影響に警戒を怠らなかったのがわが国へのプラーニッツ学説の導入者であった私の恩師増田四郎である。増田先生とは違って、私は一九四〇年代の時代思潮の中でプラーニッツが、そしてプラーニッツを継承してエネンが、北方ヨーロッパと南方ヨーロッパで商人ギルドの性格に違いがあることが、南北ヨーロッパの中世都市の性格の違いを生み出した理由であることを見抜いた点に、プラーニッツを経由してのピレンヌからエネンへの中世都市成立論の前進を見ている。

しかしながら、それと同時に、この民族主義イデオロギーがその悪影響の影を一九四一年のエネンの論文に落としていることを見逃すわけにはいかない。何とも奇妙なことをエネンはそこで口ばしっているのである。「私有教会と同じように、独立の農村聖堂区と同じように、自由な領邦教会と同じように、神の平和もまた、キリスト教とゲルマン民族精神が接触することによって初めて可能になった、制度の一つだからである。神の平和に存在する同志結合的要素はゲルマン的なものである。――神の平和がフランスで最初に登場したのは、奇妙なことである。」

それだけではない。「他の誰よりも二人の歴史家に、過去数十年の都市史研究は、創造的で新しい認識を負うている――ピレンヌとレーリヒである。」プラーニッツの長篇三部作はその一番手の論文の公表が一九四〇年であるからして、この観察には無論、間違いはない。しかし、次のようにエネンが書いているのを読む時、私は言葉を失うのである。「中世の都市が歴史学に投げかける諸問題の解明に他の誰よりもドイツ人とフラマン人の歴史家が努力してきたのは、以上のこととかかわりがある。この分野でのフランス人の研究は、ドイツ人及びフラマン人の研究の刺激によるところが大きい。そのことは、例えばエスピナスについて言うことができる。」まさかエネンは、ピレンヌはフラマン人であると、思い込んでいたのではないと思うのではあるが……。

一九四五年五月、ドイツは連合国に無条件降伏し、国土は昨日までの敵国軍隊によって四分割され、それぞれの占領軍の統治に服するようになった。エネンは三七歳になっていた。荒廃した戦後の生活の中でエネンは都市、あるいは自治体一般がドイツ人の生活の中でもっている意味を改めて噛みしめる。後年、一般の読者層のために書いた書物の中で彼女は記している「一九四五年のドイツの大破局の際になお機能していた共同生活形態は、家族と自治体だけであった。」その頃の生活について、晩年エネンは弟子たちにこんなことを語って聞かせたと言う――あの頃何回か、故郷のザールラントまで食糧の買い出しにボンから出かけたのよ。それはそれは大変な冒険旅行でしたわよ。体調が良いというだけでは駄目なの。絶大なる勇気と、何よりも抜け目のないことが必要だったのよ。この苦労話は殺人的に混みあう列車に乗って、取り締りの警察官の眼を盗んで買い出しに行った焼け跡闇市派の残党である私にはわかりすぎるほどよくわかる。

そうした生活状況の中でエネンは一九四六年の夏、「中世における西北ヨーロッパ都市の歴史に関する新しい諸文献」と題する論文の稿を脱したが、雑誌に発表されたのは一九四九年であった。『社会経済史四季刊誌』という多くの人の目につきやすい中央誌に掲載されたためか、この論文は僅かではあるが学界の注目を惹いた。

この学界展望の中で「新しい諸文献」としてエネンが批判的検討の対象にしたのは主として、一九四〇年、四三年、四四年に発表されたプラーニッツのあの有名な長篇三部作——四〇年のものはエネンは既に四一年の論文で取り上げている——であった。エネンの研究成果がわが国へ、初めは密輸入に近い形で、紹介されるようになったのはこの頃からであった。そのためかわが国では、エネンのプラーニッツ批判者としての側面だけが殊更に強調されるという歪められた形の紹介がまかり通り、その後長くこの誤った解釈が尾を引くことになってしまった。

一九四七年、論文「新しい諸文献」の発表を待っている間に、エネンは「非正規社員」の地位を抜け出して「正社員」として就職することができた。時にエネン四〇歳。ポストはボンの市文書館の館長である。館長という訳語を充てておいたが原語はStadtarchivar、エネンの場合はStadtarchivarin。どの程度の組織の文書館であったのだろうか。館長一人、その他は事務職員一人、と言ったところか。とにかく、一九〇四年にボン市文書館が再出発してから最初の女性文書館長であった。そしてエネンは五七歳の年まで一七年の間、この地位に留まった。その間文書館長の他に、一九五三—五六年にはボンに事務所のある民間の研究団体、ニーダーライン歴史協会の書記の仕事を引き受けている。これまた同協会発足以来最初の女性書記であったと言う。

この文書館長時代の、一九五三年、四六歳の年に、エネンは、その生涯で最も大きな学問的著作を刊行した。彼女の主著となる野心的力作、『ヨーロッパ都市の初期史』、すなわちこの訳書の原著、を出版したのである。十年前の一九四三年の秋、大学教授資格請求論文として想を構えて執筆に着手した大作を、学問上の苦心は言うまでもないことであるが、さらにその上にひとり生きる女性の身にのしかかる戦中戦後のありとあらゆる生活上の難儀を乗り越えて完成し、ようやく一九五三年、その五月付の序文を付して公刊したのである。序論の冒頭にライナー・マリア・リルケの詩からの引用と、ハンス・カロッサの小説からの引用――エネンの中世都市研究の根底にある問題意識を美しく象徴している文学作品からの引用、今から半世紀前の昔、法律学者の無味乾燥な論文の文章にうんざりしていた私の心を強く惹きつけた文学作品からの引用、を掲げ、私を育て賜いし人々、私を教え賜いし人々として、亡き父と、母と、ディリンゲン高等学校一級教諭シュナイダー博士、ボン大学教授フランツ・シュタインバハ博士の名を高く掲げ、その書をこれらの人々に捧げている。

本文三〇八頁のこの新著はたちまちにして学界の注目を集め、無名の女性都市文書館長は一躍してドイツ史学界を代表する中世都市史家の地位をこの一書によって確立したのであった。ドイツ内外の学界でこの書物に寄せられた書評は、全部で二四篇に達するという。オットー・ブルンナー、カール・クレッシェル、テーオドーア・マイヤー、ヴァルター・シュレージンガー、ハインリヒ・シュプレームベルク、と言った面々が書評者のリストに顔を揃えている中にカール・ポランニーが一枚、加わっていることが注目される。シュレージンガーは自分の論文集の中にその書評を、自分の他の論文と同じ格で収録している。シュレージンガーはエネンより一歳だけ年少。この時に始まった二人の学問的交流はシュレージンガー死去の年まで微妙な形で続くことになる。

ここでこの訳書の読者にお断りをしておかなければならないことがある。この『ヨーロッパ都市の初期史』、日本名『ヨーロッパ都市文化の創造』は、間違いなくエネンの代表作であり、主著であり、野心的な力作なのであるが、未完の書であることは、著者自身、結語において語っているところである。それだけではない。この書物には技術的、形式的な瑕疵が少なからず見られるのである。もしそうしたきずが絶無であることが、名品、名作、名著、の条件であるとするならば、この書物は仮に与えられたとしても名著の表現はこれを返上しなければならないであろう。しかし言うまでもなくこの書物の価値はそうした誤植、誤記の類を超えたところにある。本書に見られる瑕疵は、敗戦直後の出版界の混乱、出版助成金を貰っての刊行に伴う時間的制約、大学教授ではない著者を校正の仕事で助けたのが後輩のウルズラ・レーヴァルト女史と歴史学とは恐らくは縁の無い令妹の二人だけであること。そうした悪条件が重なったための誤記、誤植だったのではあるまいか。註番号にａ、ｂを付けた追加の注が多過ぎるだけではなく、三個所で注の番号が飛んでしまって、注の欠落が生じている。その他引用されている史料や文献の表記に誤りが時折見られる。一つ、二つだけ具体例を指摘しておけば、Rousseau, E., Actes des comtes de Namur de la première race. 946–1196. Brüssel 1936 として示されている史料集を私は所蔵しないので直接両の眼で見たわけではないのであるが、どの文献を見ても、編者は Félix Rousseau、つまり Rousseau, F. であり、刊年は一九三七年である。またエネンの本書には付録として史料が八〇点列記されているが、その番号三一に刊本として G. Espinas, a. a. O. S. 105 とある。このエスピナス編の史料集というのは G. Espinas, Recueil de documents relatifs à l'histoire du droit municipal en France dès origines à la Révolution. T. I. 1934 であり、この史料集はたまたま私の書棚の片隅にあったので調べて見たところ、S. 105 というのは Nr. 105 の書き誤りであった。また、この訳書の原注五一頁、注192には H. Pirenne, Histoire de Belgique. T. 15. S. 189 という、驚くような、明々白々の誤記がある。調べて見ると、ここは、T. $1^{5}$、つまり第一巻の第五版、とあるべきところなのである。こうしたことを、引用されているすべての史料、すべての文献についてチェックすることは私にはできなかった。気がついた、明白で重要な誤記、誤植は、〔 〕をつけた上で説明するか、または断り無しに訂正しておいた。誤りではないかなと思いながらもそのままにしておいた個所もある。エネンのこの書物にはそういう問題があることを読者には予め御承知おき願いたいと思う。それにしても、この書物は、一九五三年に初版が出版された後、一九五八年と一九六四年に版を重ねた上で、一九八一年には後で記すように論文一篇を巻末に付録した増補版が公刊されているのに、そうした機会をとらえて何らかの形で誤りを訂正することを、どうしてエネンはしなかったのであろうか。誤記、誤植まで含めて、この書物は、エネンにとって愛着の余りに深い青春の形見だったのだと思う、と書いたならば、またまた思い入れが過ぎるとそしられることであろう。

ところで、エネンは『ヨーロッパ都市の初期史』を大学教授資格請求論文にするつもりで書き始めたのであったが、実際にこの著書によって大学教授資格を請求した形跡はないようである。それはともあれ、一九五三年以後も、エネンはボン市文書館長の地位に留り続けた。

一九六〇年、シュタインバハが定年退職することになった。自分の後任者についてシュタインバハが教授会に提示した原案には三人の内の第二位にエネンの名前が記されていた。エネン以外の二人もまたシュタインバハの門生であった。このシュタインバハの後任人事に外部から積極的に介入してボン大学に自分の弟子を入れようとしたのが、戦後日本の西洋中世史学界にも知られ過ぎる程によく知られたドイツ中世史学界の大御所テーオドーア・マイヤーであった。マイヤーは三人の候補者の内ではエネンに対して特に否定的であった。その理由としてマイヤーが挙げる事実は、エネンは一介の市文書館長であり、彼女には教歴が不足している、エネンはそもそも大学教授資格を取得していないではないか、ということであったらしい。結局紛糾したこの人事問題は、シュタインバハの原案で第一位につけられていたフランツ・ペートリがマイヤー一派の支持をも取りつけて正教授に就任することで落着した。ペートリは一九〇三年の生まれ。一九六一年にボン大学の正教授に就任した。

今日では詳細なことまでが公開されているこうした人事上の経緯を当時どれだけエネン本人が知っていたのか、私は無論知らない。また今記したような経緯の影響があったのかどうかも同じく私は知らないのであるが、ペートリがボン大学の正教授に就任したその年に、エネンはボン大学哲学部で Honorarprofessor というポストを与えられている。Honorarprofessor ――字義通りには名誉教授であるが、その実態は日本の大学で所定の年数を在職した後に定年退職した教授に贈られる称号とは全く違っている。ドイツのある辞典の説明では次のようになっている。Professor honorarius, nebenamtlicher Professor, Hochschullehrer, der auf Grund besonderer wissenschaftlicher Leistungen einen Lehrauftrag bekommen hat. 独和辞典の用意している訳語は客員教授、嘱託教授であるが、日本の大学の非常勤講師とどこが違うのか、金銭的報酬がどの程度のものなのか、私は知らないが、高額であるとは考えられない。従って一九六一年以後もエネンの主要な収入源は本務である市文書館長の給料であった。それはともあれ、その非常勤のプロフェッサーとしてエネンの担当した講義の題目がヨーロッパ都市を考慮に入れた地域史総論というものであったことを私は二〇年前に一度はつきとめて、公表した文章にそのことを書いておいたのであるが、注記ができなかったことが災いして、今回この文章を書くためにその事実を確認しておこうと思い、机辺を探しまわってみたのであるが、その時に典拠としたはずの文献が何であったのか、どうしてもわからなかった。ヨーロッパ都市を考慮に入れた云々という講義題目はいかにもありそうなことであり、まずあの時の記述に間違いはなかったと思うのであるが、今は断言することを控えなければなるまい。講義題目の原語もわからなくなってしまった。

非常勤教授になった翌年、一九六二年、三冊目の著書をエネンは出版した。『ボン市史』第二巻である。自分の勤務するボン市文書館の架蔵する史料を存分に活用して書いた、四七二頁もの分厚い一冊である。エネンが担当した第二巻がカヴァーする時代は中世ではなくして、一七、一八世紀であった。この市史の第一巻は、既に六年前の一九五六年にヨーゼフ・ニーセンという人の執筆で出版されていた。その後を引き継いだエネンの第二巻には、一七、一八世紀のボンの町の、精神、思想、政治、経済、社会、芸術——つまり生活のすべての分野を包括的、総合的に描き切った最高の個別都市史だという絶賛が、ボンやその隣り町であるケルンの都市史の研究を始めたばかりの若い歴史家達から寄せられたという。

その五年後の一九六七年、エネンはディートリヒ・ヘーロルトと共著の形で、『ボン市小史』という一般向けの通史を出版した。この書物の執筆は初めエネン一人がボン市当局の委嘱を受けて着手したものであったが、記述が一九世紀の初頭まで進んでいた一九六四年の秋に、エネンに一身上の異動が生じ、彼女がボンを去ることになったために、後任の文書館長ヘーロルトに続稿の執筆が委ねられることになったのである。このボン市史はよく売れたという。ボンの市民達に読み継がれたものらしく、版を重ねる毎に内容も増補されている。

一九六四年の秋にエネンに生じた一身上の異動とは、その年の冬学期から彼女がザールブリュッケン大学の正教授に就任し、経済史及び社会史——日本の慣用語を使えば社会経済史の講義を担当するために思い出多いボンの町を去って、ザールブリュッケンに移り住んだことである。この人事は前任者ヘクトール・アマンの定年退職に伴って生じた空席を埋めるためのものであったが、実はこの時の人事にも大御所マイヤーが横槍を入れて、ザールブリュッケン大学に別の人物を推薦して来たのであるが、マイヤーの影響力も国境の町までは及ばなかったものらしい。

それはともあれ、ザールブリュッケン大学は伝統のない、新設の、小さな田舎大学であった。エネンの生まれ故郷ザールラントは戦後フランス軍の占領統治下におかれ、フランス政府の支援の下に、元の兵舎を利用して大学がつくられたのであった。エネンの大学教授就任講義は「中世と現代の間に位置する都市」というものであった。縮めて言うならば「都市における中世と現代」と言うところであろうか。エネンは哲学部の教授であったがその担当する社会経済史の講義は法経学部の学生も聴講するという教務上の仕組みになっていたものらしく、そうした事情をも考慮して決めた演題であったことが推察される。自分の講義は、中世史やラント史に関心のある学生だけではなくして、経済学や経営学を専攻する学生達の心にも伝えるものがなければならないのだ——五七歳にして初めて大学正教授の地位につくことのできたエネンの、それは、心に秘めていた覚悟だったのではないだろうか。

エネンのザールブリュッケン時代は、しかし短かった。一九六七年、先にシュタインバハの後継者となったフランツ・ペートリが在任僅か六年で定年を迎えた。エネンはその後任として、一九六八年夏学期からボン大学教授として歴史学とライン地方歴史地域学とを担当し、ライン地方歴史地域学研究所の所長を兼任することになったのである。七年前のシュタインバハ定年の時にはマイヤーへの情報源として暗躍した当時の学部長ヘルムート・ボイマンがボンからマールブルクへ移っていたためにマイヤー一派も手の打ちようがなかったためか、エネンの教授就任に実効のある反対行動はとることができなかったものらしい。六〇歳の女性に何ができるというのか、伝統あるボン大学の歴史地域学研究所もこれでおしまいだ——こういった冷笑の口吻が感じられる書簡がマイヤーとハインリヒ・ビュートナーの間で取りかわされていた事実が今日では公表されている。

こうした学界の雰囲気がどの程度までエネン本人によって感じとられていたのか。無論私にわかるわけはないのであるが、ライン地方歴史地域学研究所所長としてのエネンの活動ぶりには学界の同業者の冷笑を物の見事にはねかえして見せせんという気迫が満ち溢れている。ボン大学教授就任講義のテーマは「ヘルマン・オバンとライン地方の歴史地域学」と題するものであった。オバンは、一九二〇年にこの研究所を創設した歴史家である。

定年までのエネンの任期は短い。獅子奮迅の活動が直ぐに始まった。就任した翌年、一九六九年には「ラント史の現況、諸問題、課題」をテーマに掲げた研究集会を企画し、フランツ・ペートリ、フレート・シュヴィント、マクス・ミラー、カール・ボーズル、ヴァルター・シュレージンガー、に参加を要請し、出席して貰うことに成功、翌年の『ライン四季刊誌』に参加者達の報告を掲載した。研究所のシリーズ刊行物『ライン叢書』の出版点数はエネンの所長就任後著増した。

研究所の外では地域別のドイツ都市史研究のための研究集団の活動を、シュレージンガーと共同で、盛りあげようと努力した。一九七〇年七月には近代初期の都市をテーマに掲げ、エアランゲンで研究集会を開き、自分で問題提起の報告を行った。

しかしながらライン地方歴史地域学研究所所長としてのエネンの最大の仕事は『ライン地方都市地図』の企画、作成、公刊、の大事業である。一九七二年にその第一分冊として六つの都市の地図を分冊の序文を自分で書いて、刊行した。刊行事業はエネンの退任後も続き、一九九九年現在で一三分冊、七二都市の地図が出版された。

歴史地図と言えば研究所所長時代にエネンが参画した歴史地図の編纂刊行事業がもう一つあった。『ライン地方歴史地図』である。これは大学の研究所の刊行物ではなくして、ライン地方歴史学協会という団体の事業であるが、一九七〇―七二年にその出版が企画された時にエネンはその編集会議を主宰していたという。第一分冊の出版は一九八二年。この歴史地図には各分冊毎に数十頁の付録がついている。一九八二年に刊行された第一分冊の第六部門の付録としてエネンの執筆した「一二五〇年までのライン地方の都市」なる解説論文がある由であるが、私はこれを見ていない。残念なことである。

ボンの正教授時代、エネンの個人的著述活動としては、三、四の注目すべき論文の発表がある他に多数の書評を書いているが、この期間の最大の成果は何と言ってもエネンのヨーロッパ中世都市研究の集大成、一九七二年の概説書『ヨーロッパの中世都市』であろう。一九五三年『ヨーロッパ都市の初期史』（この訳書の原著）が十年の歳月を投入してでき上がった労作であったのに対して、この概説書は出版社の依頼に応えて十週間で一気呵成に書きあげられたものだという。版を重ね、増補され、広く読まれた。五か国語に翻訳され、三〇点近い書評が寄せられた。

エネンはまた学生の教育にもエネルギーを投入した。在任期間が短かったので門生の数は多くなかったが、それでもマンフレート・フイスケス、マルグレート・ヴェンスキーを初めとして六人の学生のドクタームッターになり、フランツ・イルシーグラー、クラウス・フェーン、ヴァルター・ヤンセンの三人を大学教授資格取得者に育て上げた。ただしこの三人のうちエネンの学問を直接に継承したのはイルシーグラー一人である。

『ヨーロッパの中世都市』が出版された一九七二年、エネンは六五歳になった。その年、そのことを記念する論文集『ヨーロッパ史における都市』が論文四六篇を収めて出版された。エネンは一九六五年に設立された都市史研究国際委員会の創立メンバーの一人であったためであろう、寄稿者に外国人学者が多いことが目を惹く。ちなみに、私はこの都市史研究国際委員会なる組織の活動についてその詳細を知らないのであるが、エネンはこの委員会の事業として、ヨーロッパ規模での中世都市史に関する史料集、文献目録、都市地図、この三つを編纂して刊行することの提案者――の恐らくは一人――であった。編纂と出版の事業が国別で進められる他なかったために一様の進捗がみられていないのが遺憾である。

一九七四年の秋、エネンは大学を定年退職することになる。それまでの六年余りの間、研究所の運営、自分の著作活動、学生の教育、この三つの分野で懸命の努力を重ねて来た彼女は、自分の後任問題で一悶着がもち上がるとは恐らく予想もしていなかったであろう。この時のエネンの対決の相手は長年にわたって学問上の交流を維持して来たシュレージンガーであった。マイヤーも、ビュットナーも、一九七四年にはもうこの世の人ではなかったのである。

争いは、エネンが自分の後任者として当時デュッセルドルフ大学にいたエードゥアルト・フラヴィチュカを――ドイツ労働者党に入党しなかった数少ない中世史家の一人であるゲルト・テレンバハの流れを汲むフラヴィチュカを、推したことであった。ボン大学に自分の弟子を送り込もうとしていたシュレージンガーがこの人事案に立腹したのである。今その経緯の詳細に立ち入ることは避けるが、シュレージンガーの言い分は、フラヴィチュカが国史家であってラント史家ではないということであった。「フラヴィチュカ氏は今までに唯の一行も、ラント史を公表したことがない。」歴史地域学研究の名門たるボン大学ライン地方歴史地域学研究所所長のポストをそういう歴史家に委ねることは学界全体にとっての大きな損失である、とシュレージンガーはいうのであった。エネンの反論の核心は、自分はムーズ川とライン川の間の地域の研究に、テレンバハの創始した人物誌研究の手法を導入したいのだ、というものであった。

エネンとシュレージンガーの間で激しいやりとりのあったこの問題は呆気なく落着する。肝腎のフラヴィチュカがミュンヘン大学の中世史正教授への招聘を受け入れてしまったのである。エネンの後任は、シュタインバハ、ペートリ、二人の共通の弟子であるボン大学育ちのゲオルク・ドレーゲに決まった。文句なしのラント史家である。ちなみに、激しくやりあったエネンとシュレージンガーの学問的交流は、その後も十年の間、一九八四年にシュレージンガーが世を去るまで続いたらしい。

こうして一九七四年秋晴れてエメリトゥス――エネンの場合エメリタか――の生活に入ることのできたエネンには、読者三昧、執筆三昧、の黄金の日々が始まる。

エネンは故郷を離れて自分の稼ぎで暮らす一人立ちの生活を始めてからは、ザールブリュッケン時代を除いて、終生ボンで暮らした。ボンとエネンの関係はいろいろな点で間違いなく深い。ただ何と言ってもボンの文書館が所蔵する中世関係の史料は乏しいし、中世都市としてのボンの存在感もそれ程大きいとは言えない。エネンの関心がボンの北隣りの町ケルン、中世都市の中の中世都市、ケルンに向けられていったのは当然の成行というものであろう。二巻本の大著『ケルン経済の二千年』に「初期及び中期中世のケルンの経済」なる長大な論文を寄稿したのは、退職直後の一九七五年であった。実際に執筆したのは大学に未だ在職していた頃であろうか。

一九七七年にはエネンの生誕七〇年を記念してエネンの最初の論文集『ヨーロッパ都市及びライン地方史論文集』が出版された。その機会にエネンは、「ヨーロッパ都市の初期史――今日私はそれをどう見ているか――」と題する論文を書いてこの論文集に収めている。この訳書『ヨーロッパ都市文化の創造』の原著『ヨーロッパ都市の初期史』についての、二五年後の所感である。この論文は『初期史』の、一九八一年の増補版の巻末に付録されることになる。

エネンは若い頃からずっと、中世都市史の研究に専念してきた。研究のエネルギーのほとんどすべてを都市史に注ぎ込んだのは、彼女が置かれていた研究環境を考えるならば止むを得ないことであったと言えるであろう。しかし、社会全体の歴史の中で農村史と離れて都市史が一人歩きをすることができるわけがないことは、早くからエネンにはわかっていた。受け容れることができないのは、すべての都市自治体は農村自治体が発展したものであると主張する、視野の狭いゲオルク・フォン・ベーロウの学説だけであった。二〇世紀に入ってからの遠隔地商人重視説はこの偏狭な農村自治体説への正当なる反動であったに過ぎない。このことは『ヨーロッパ都市の初期史』の中でも明瞭に説かれているところであるが、ザールブリュッケン大学で工業経済文明までを視野の内に収める社会経済史の講義を担当してみると、都市史と農村史の相互関連がエネンにはますます強く意識されるようになっていった。今やいろいろの意味で余裕のできたエネンは、中世考古学を専門にする弟子のヴァルター・ヤンセンを共著者に選び、一九七八年、『ドイツ農業史。新石器時代から工業時代の入口まで』を公刊した。

その晩年にエネンが女性史に強い関心を抱くようになったのは、彼女の歩んで来た道に思いをいたすならば、至極当然のことであろう。在職中は大学の講壇で女性史について語ることは全くなかったと伝えられているが、退職後十年が経った一九八四年、『中世の女性』（阿部謹也・泉真樹子共訳『中世の女たち』人文書院）が刊行された。この本はよく売れ、広く読まれた。翻訳書まで含めると発行部数は十万に達したという。

このようにエネンは研究と著述のレパートリーを拡げていく一方では相変らず都市史の研究を続け、この分野でも論文、書評を書いている。一九八七年にはそれらを収録した第二論文集を発刊した。八〇歳の時である。建市二千年を迎えたボン市はその祝賀事業の一つとして四巻本の『ボン市史』を刊行することにした。一九八九年に出版されたその第三巻は、一五九七年を上限、一七七四年を下限としているが、その第三巻にエネンが通算して四〇〇頁の寄稿をしていると言う。八二歳の老女が、である。私はこの四巻本の『ボン市史』を見ていないので断言はできないのであるが、全くの新稿とは信じ難い。一九六二年刊行の『ボン市史』第二巻の記述の再録ではないにしても、少なくとも旧稿が新本の土台として大幅に使われたのではないかと、現在のところ私は想像している。

エネンはその生涯をアラインレーベンデとして生きた。それだけにその最後の日々は悲しみを誘う。弟子達は次のように記している。

一九九七年一一月三日と四日、二日連続の予定でエネンの生誕九〇年を祝賀するパーティーがボン大学のホールで開かれた。初日の二日、高弟イルシーグラーが立ってエネンの学績を讃える記念講演をしている最中に、何とユビラーリンのエネンが突然に卒倒してしまったのである。幸い重い病ではなく、脱力状態の発作であった。数週間後、場所を市内のホテルに変えて、内輪の誕生パーティーが開かれた。食事の後で立ち上ったエネンは謝辞の代りにと、ホラーティウスの頌歌を誦した。即席通訳を買って出たヴォルフガング・ヘルボルンが言葉につまると、エネンはすぐさま自分でラテン語をドイツ語になおして見せた。

この晩が、健康なその姿を人々にエネンが見せた最後であった。一か月後、エネンは多臓器不全のため生活の自由を奪われ、一年半の、ただ苦しいだけの時間に耐えて、一九九九年六月二八日、ボンで、多分リース通り二八番地の自宅で、奮励努力のその生涯を閉じた。享年九二年、になお半年が足りなかった。最後の数か月エネンは、Todessehnsucht をかくさなかった、という。

ここで凡例めいたことを記しておく。

原著はドイツ語で書かれているが、ラテン語、フランス語、イタリア語、オランダ語の文章の引用を相当の数含んでいる。ドイツ語以外の文章については訳文の後に原文を添えておいた。ただしフランス語の場合は原文の併記を省略してある。

〔 〕の中は二、三の例外を除いてすべて私の補筆である。

この翻訳はすべて独力で進めたものであるが、私はギリシア語については辞書を引く能力すらもっていないので、三一五頁に出て来るギリシア語の単語については仲手川良雄氏に教示を仰いだ。記して御高教に謝意を表する。その他書中に引用されている古今の作品については先行訳があるものは目につく限りそれらを参考にさせて頂いたが、泉井久之助氏訳のタキトゥス『ゲルマーニア』以外はすべて、先行訳をそのまま拝借することはしなかった。そうした先行文献名と訳者名とをここに列記して敬意と謝意を表する。

星野慎一訳『リルケ詩集』岩波文庫
金子正昭訳『リルケ全集』第二巻、河出書房
富士川英郎訳『リルケ詩集』角川書店
手塚富雄訳／ハンス・カロッサ『美しき惑いの年』岩波文庫
相良憲一・浜中春訳『ハンス・カロッサ全集』第四巻、臨川書店
鈴木一郎訳『ホラティウス全集』玉川大学出版会
泉井久之助訳／キケロー『義務について』岩波文庫
国原吉之助訳／タキトゥス『年代記』筑摩書房、世界古典文学全集、第二二巻
国原吉之助訳／カエサル『ガリア戦記』講談社学術文庫
近山金次訳／カエサル『ガリア戦記』岩波文庫
松平千秋訳／ホメロス『オデュッセイア』上・下、岩波文庫

年たけて又越ゆべしと思ひきや命なりけりさ夜の中山

命なりけりさ夜の中山。私はこの機会に榊原記念病院の諸先生――二十年来の主治医である阿部光樹先生、二〇〇二年暮れの危機をステント留置術を駆使することで乗り越えさせて下さった桃原哲也先生、今は別の病院で活躍されているはずの佐藤伸一先生、一年半にわたって楽しい心臓リハビリをご指導下さった長山雅俊先生と心臓リハビリ室のスタッフの皆さん、に心からのお礼を申し上げる次第である。

公表をあきらめかけていたこの訳書を出版企画の一つに加えて下さり、文字通り前世紀の遺物である手書きの原稿を立派な書物にまで仕立て上げる上で細心の高配を賜った知泉書館社長小山光夫氏、そして実際の作業を担当して下さった髙野文子氏をはじめとする皆さん、には感謝の念を充分に表現する言葉を見出すことができない程である。二〇世紀ヨーロッパ中世都市成立論史を最重要の諸文献――学説史の史料――の翻訳というスタイルで書くということは、長年の私の夢であった。今、その夢の実現に大きく近づくことができて私は嬉しい。残るのはハンス・プラーニッツの遺著の訳稿の出版だけである。

二〇〇九年晩夏

佐々木 克巳

**佐々木 克巳**（ささき・かつみ）

1931年東京に生まれる．1961年一橋大学大学院経済学研究科博士課程単位取得．南山大学助教授，青山学院大学教授を経て，1972年成蹊大学経済学部教授．1998年成蹊大学定年退職．現在成蹊大学名誉教授

〔著書〕『歴史家　アンリ・ピレンヌの生涯』（創文社）

〔訳書〕アンリ・ピレンヌ『ヨーロッパ世界の誕生』（共訳），同『中世都市』，同他『古代から中世へ』，同『中世都市論集』，同『ヨーロッパの歴史』（以上，創文社），エーディト・エネン『ヨーロッパの中世都市』（岩波書店）

〔論文〕「サンクトゥス・ゴドリクスのこと」（2007年），「『聖ゴドリクス伝』部分国訳嘗試」（2008年）

〔ヨーロッパ都市文化の創造〕　ISBN978-4-86285-066-9

2009年 9 月15日　第1刷印刷
2009年 9 月20日　第1刷発行

訳　者　佐々木克巳

発行者　小山光夫

印刷者　藤原愛子

発行所　〒113-0033 東京都文京区本郷1-13-2
電話03(3814)6161 振替00120-6-117170
http://www.chisen.co.jp
株式会社 知泉書館

Printed in Japan　印刷・製本／藤原印刷

引　図　録　料　献　注
索　地
名
地　　　　　略　付　史　文　原

# 地 名 索 引

(採録する項目はほぼ原著の地名索引を踏襲している。ただし本文に登場するものに限定される。片仮名表記はこの訳書で採用されたものである。)

Aachen/アーヘン　104,115-117
Abydos/アビュドス　31
Aguntum/アグントゥム　106
Ahrweiler/アールヴァイラー　227
Aire/エール　138,140
Akkon/アッコ　153
Alexandria/アレクサンドリア　98
Altenburg/アルテンブルク　58
Amalfi/アマルフィ　309-311
Amiens/アミアン　104,110,111,121,122,133,150,157,200,332,333
Anau b. Merv/アナウ（メルヴ近傍の）　24,25
Andernach/アンダーナハ　106,129,153,158,326
Annweiler/アンヴァイラー　246
Antwerpen/アントウェルペン　104,157
Aquileia/アキレイア　326
Aquincum/アキンクム　106
Arel/アレル　113
Arenfels/アーレンフェルス　301
Arezzo/アレッツォ　323
Arles/アルル　41,117,312
Arlon/アーロン　124　Arelをも見よ
Arras/アラス　106,110,111,130,133,138,140,150,162,189,212
Asti/アスティ　323
Athen/アテーナイ　36
Atrecht/アトレヒト　150　Arrasをも見よ
Aufkirchen/アウフキルヘン　149
Augsburg/アウクスブルク　112,181
Autun/オータン　119
Avaricum/アウァリクム　40
Avignon/アヴィニョン　312
Avignon（Orléansの一部分）/アヴィニョン　162
Avila/アビラ　303

Babylon/バビロン　26,27,31
Bacharach/バハラハ　326
Bamberg/バムベルク　157
Barcelona/バルセローナ　302
Bardowiek/バルドヴィーク　155
Bari/バリ　327
Basel/バーゼル　106,112,157,186,304,324
Basilica villa（Bonnの一部分）/ウィラ・バシリカ　124,159
Batavia, Batavis/バタウィア，バタウィス　57,106　Passauをも見よ
Batavorum（Nimwegen近傍の）/バタウォールム　58,71
Bavai/バヴェ　252
Beaumont/ボモン　250
Beauvais/ボヴェ　110-112,121,133,157,158
Benevent/ベネヴェント　326,327,339
Bensberg/ベンスベルク　58
Berbeja/ベルベーハ　283
Bergamo/ベルガモ　315,323
Bergen/ベルゲン　70,77
Bergen/ベルヘン　138　Monsに同じ。Monsをも見よ。
Bergentheim（Trierの一部分）/ベルゲントハイム　50
Bergneustadt/ベルクノイシュタット　222
Bergues-Saint-Winoc/ベルギュ-サン-ヴ

ィノク　140
Besançon/ブザンソン　144,158,165,186,304
Béziers/ベジエ　335
Bibracte/ビブラクテ　40
Bingen b. Sigmaringen/ビンゲン（ジークマーリンゲン近傍の）　149
Birka/ビルカ　72-74,76,79,80,97,171,177
Birten/ビルテン　72
Bitburg/ビトブルク　106,113,120,124
Bjälbo/ビャルボ　97
Blankenberg/ブランケンベルク　164
Bologna/ボローニャ　323
Bonn/ボン　105,120,123-125,128,129,138,159,164,255,349,354
Bonnburg/ボンブルク　120,124　Bonn に同じ
Bopfingen/ボプフィンゲン　149
Boppard/ボッパルト　326
Bouillon/ブーイヨン　128
Bourbourg/ブルブール　140
Braine s. Vesle/ブレーヌ・シュル・ヴェール　183
Braunschweig u. Braunschweig-Hagen/ブラウンシュヴァイク及びブラウンシュヴァイク-ハーゲン　151,158,163,164
Bray s. Somme/ブレ・シュル・ソンム　226
Brescia/ブレシア　323
Breisach（Brisach）/ブライザハ　149
Bremen/ブレーメン　140,179
Brixen/ブリクセン　158
Brogne/ブローニュ　138,182,246,249,251
Brügge/ブルッヘ　82,104,137-139,144,145,150,152,157,182,186,192,195,198,213,297,320
Brühl/ブリュール　127
Brüssel/ブリュッセル　137,138,157
Byzanz/ビザンティウム，ビザンツ　83,278,309,327　Konstantinopel をも見よ
Calleva/カレウァ　42　Silchester をも見よ
Cambrai/カンブレ　110-112,121,122,150,157,197,245,326,339
Carcassonne/カルカソンヌ　335
Cardona/カルドーナ　284,285,287
Caseda/カセダ　287,288
Cassel, Kassel/カッセル　138,150
Castil（Trier の一部分）/カスティル　50
Causostes/カウソステス　183　La Chaussée をも見よ
Châlons-sur-Marne/シャロン・シュル・マルヌ　110,111,121,161
Champbeau b. Langres/シャンボー（ラングル近傍の）　112
Chateau-Porcien/シャトー・ポルシアン　147
Chur/クール　144,158
Colnaburg/コルナブルク　148　Köln に同じ
Como/コモ　315
Confluentes/コンフルエンテス　106　Koblenz をも見よ
Corbie/コルビー　306
Corvey/コルファイ　62
Cremona/クレモーナ　269,270,281,295,337

Deventer/デーフェンター　72
Diedenhofen/ディーデンホーフェン　96
Dijon/ディジョン　162,183,187,255
Dimini/ディミニ　32
Dinant/ディナン　152,157,173-175,212,218,219,244,251-257,289,348
Dinkelsbühl/ディンケルスビュール　149
Dispargum castrum/ディスパルグムの砦　50
Doetinchen/デーティンヘン　161

Donnersberg/ドネルスベルク 59
Doornik/ドールニク 151,162,189,213
Tournai をも見よ
Dorestad/ドレスタット 69-72,75-78,80-82,104,112,152,171,176-178
Dortmund/ドルトムント 151,161,187,305 Tremonia をも見よ
Douai/ドゥエ 157,213
Drontheim/トロンハイム 69,70,77
Dublin/ダブリン 72,74
Dünsberg b. Gießen/デュンスベルク（ギーセン近傍の） 58
Düren/デューレン 115,116
Duisburg/ドゥイスブルク 72,158
Dünois（Orléans の一部分）/デュノワ 162

Eboracum/エボラクム 183 York をも見よ
El Amarna/エル・アマルナ 27
El Carpio/エル・カルピオ 304
Elten/エルテン 161
Emmerich/エメリヒ 161
Enns/エンス 181
Epidamnos/エピダムノス 36
Eppingen/エピンゲン 149
Erdenburg/エルデンブルク 58
Eresburg/エーレスブルク 62 Ober- u. Niedermarsberg を見よ
Erfurt/エアフルト 157,187
Etampes/エタンプ 157
Euskirchen/オイスキルヘン 227

Fauerbach/ファウエルバハ 223
Fiesole/フィエソーレ 300
Flavia Solva/フラウィア・ソルウァ 106
Flensburg/フレンスブルク 89
Fleurus/フルーリュ 249
Flochberg/フロホベルク 149
Floreffe/フロレフ 249
Florenz/フィレンツェ 296,297,300,312,323,332
Frankfurt/フランクフルト 304
Freiburg i. Br./フライブルク・イム・ブライスガウ 149,203-206,209,239,255,305,334
Freiburg i. Üchtland/フライブルク・イム・ユヒトラント 149
Freising/フライジング 157
Fridberg/フリートベルク 223,227
Fünfkirchen/フュンフキルヘン 354
Fulda/フルダ 130
Furnes/フュルヌ 140

Gaeta/ガエタ 297,327
Gandersheim/ガンダースハイム 159,164
Geerardsbergen/ヘーラルツベルヘン 150
Genf/ジュネーヴ 144,158
Gent/ヘント 104, 137, 140, 189, 203, 212-217,242,279,295,297,305,317
Genµa/ジェノヴァ 261, 280, 281, 286, 287, 289, 291, 293-297, 301, 308, 311, 319-323,329-334,337,340,348,352
Gesecke/ゲゼッケ 222
Geul/ゴイル 183
Giengen/ギーンゲン 149
Gießen/ギーセン 58
S. Gimigniano/サン・ジミニャーノ 303
Gmünd/グミュント 149
Goslar/ゴスラル 149,158,178,187
Gran/グラン 354
Granada/グラナダ 302
Griesberg/グリースベルク 61
Großwardein/グロースヴァルダイン 354

Haithabu/ハイタブー 67,69,72-83,100,177,178
Halberstadt/ハルバーシュタット 140,143,240,241,313
Hamburg/ハムブルク 140,151,163
Hannover/ハノーファー 158

Hardestein b. Geul/ハルデシュタイン（ゴイル近傍の） 183
Herbipolensis civitas/キーウィタース・ヘルビポレンシス 149 Würzburg をも見よ
Heristal, Herstal/エルスタル 96, 115, 128
Hildesheim/ヒルデスハイム 140
Huy/ウイ 127, 150, 182, 197, 212, 225, 243-253, 289, 347, 348

Janina/ヤニーナ 317
Janua civitas/Genua を見よ
Jomsburg/ヨームスボルグ 88
Jülich/ユーリヒ 120
Jünkerath/ユンケラート 112
Jumne-Vineta/ユムネ-フィネタ 73

Kahun/カフン 27
Kanis/カニス 27
Kapua/カプア 327
Kassel/Cassel を見よ
Katzenellenbogen/カッツェネレンボーゲン 301
Knossos/クノッソス 28, 31
Koblenz/コーブレンツ 106, 238-243, 253, 326
Köln/ケルン 42, 82, 104, 107, 108, 112, 116, 120, 123, 127, 129, 148, 151, 155, 158-160, 168, 169, 172, 180, 181, 185, 188, 192, 193-197, 211, 214, 228-236, 241, 242, 244, 252, 279, 297, 301, 304, 330, 339
Königslutter/ケーニヒスルター 227
Konstantinopel/コンスタンティノープル 309, 310
Konstanz/コンスタンツ 158
Kordel/コルデル 108, 109
Krems/クレムス 157, 181
Kreuznach/クロイツナハ 105

La Chaussée/ラ・ショセー 183 Causostes をも見よ
Ladenburg/ラーデンブルク 57
Langres/ラングル 112
Laon/ラン 110, 111, 118, 133, 150, 161, 183
Lauriacum/ラウリアクム 106 Enns をも見よ
Lausanne/ローザンヌ 144, 158, 189
Lautrec/ロートレック 302
Leibnitz/ライプニッツ 106
Le Mans/ル・マン 157
Leon/レオン 283, 284, 287, 291, 313
Leontii Pontii burgus/ブルグス，ポンティイ・レオンティイ 147
Le Razès/ル・ラゼ 335
Liège/リエージュ Lüttich を見よ
Lienz/リーンツ 106
Lille/リル 138, 140, 195
Limerick/リメリック 72
Lippstadt/リップシュタット 178
Löwen/ルーヴァン 137, 157
Lopodunum/ロポドゥヌム 57 Ladenburg をも見よ
Lorsch/ロルシュ 130
Lucca/ルッカ 273, 282, 289, 308, 323, 324
Lübeck/リューベック 16, 145, 151, 203, 205, 206, 215-218, 239, 305, 324, 353
Lünen/リューネン 222
Lüttich/リエージュ 104, 126-129, 161, 185, 187-189, 219, 243, 245, 249, 252, 254, 349
Lützel-Koblenz/リュッツェル-コーブレンツ 238
Lyon/リヨン 41, 144, 156, 158, 304

Maastricht/マーストリヒト 104, 126, 127, 150, 157, 187, 252
Maestricht/Maastricht を見よ
Magdeburg/マクデブルク 140, 141, 143, 163, 185, 188, 214
Mailand/ミラーノ 117, 148, 272, 312, 320, 323, 328
Mainz/マインツ 72, 104, 106, 123, 128,

130, 133, 155, 161, 180, 261, 296, 304, 315, 354
Malberg/マールベルグ　301
Mantva/マントヴァ　268
Marsberg Ober-, Nieder/オーバーマルスベルク，ニーダーマルスベルグ　62
Marseille/マルセイユ　40, 119, 312, 318, 319, 335
Marzabotto/マルツァボット　38
Mattium/マッティウム　59, 61
Mautern/マウテルン　106
Mayen/マイエン　109
Mecheln/メヘルン　157
Medebach/メーデバハ　199, 211
Merseburg/メルゼブルク　143, 161
Messsines/メッシーヌ　138
Metz/メッス　41, 104, 125, 154, 190
Middelburg/ミデルブルヒ　157
Milet/ミレトス　34
Minden/ミンデン　140, 159, 168
Miranda/ミランダ　283, 287
Modena/モデーナ　315, 323, 327
Mötsch/メッチュ　120
Monaco/モナコ　333
Mons/モンス　138　Bergenをも見よ
Montaigu/モンテーギュ　183
Montigny/モンティニ　183
Montreuil s. M./モントルイユ・シュル・メール　157, 183, 192
Moselweiß/モーゼルヴァイス　238
Moskau/モスクヴァ　358
Mouzon/ムゾン　184
Münster/ミュンスター　140, 168, 187
Musil（Trierの一部分）/ムジル　50
Mykene/ミュケーナイ　32

Nagykörös/ナジケレース　354, 355
Namur/ナミュール　104, 139, 157, 173, 181, 182, 184, 212, 249, 252, 346
Nantes/ナント　183
Naumburg/ナウムブルク　143
Neapel/ナポリ　277, 285, 327
Neckarels/ネッカレルス　149
Nemetum civitas/ネメトゥム　61, 284
Speyerをも見よ
Neuenburg a. Rh./ノイエンブルク・アム・ライン　149
Neuendorf/ノイエンドルフ　238
Neumagen/ノイマーゲン　112
Neuß/ノイス　152
Niedenstein/ニーデンシュタイン　58
Nimwegen/ナイメーヘン　58, 106, 116
Nivelles/ニヴェル　150
Nogaro/ノガロ　325
Noviomagus/ノウィオマグス　116
Nimwegenをも見よ
Noyon/ノワヨン　110-112, 121, 150, 306

Oberwesel/オーバーヴェーゼル　301, 326
Ochtendung/オホテンドゥング　61
Ockstadt/オックシュタット　223
Oloron/オロロン　288
Omont/オモン　183
Orléans/オルレアン　162
Oslo/オスロ　70, 153
Osnabrück/オスナブリュック　140, 161, 168, 187
Otzenhausen/オッツェンハウゼン　57
Oudwijk（Utrechtの一部分）/オウトヴェイク　157

Paderborn/パーダーボルン　140
Paris/パリ　71, 104, 152, 157, 165
Passau/パッサウ　57, 106, 159, 181
Pavia/パヴィーア　323
Piacenza/ピアチェンツァ　268-272, 328
Pisa/ピサ　283, 289, 315, 323, 325, 328, 332
Pistres/ピトル　136
Placentia/プラケンティア　268, 270, 328　Piacenzaをも見よ
Pompeji/ポムペイ　38
Portovenere/ポルトヴェネーレ　333
Pseira/プセイラ　28
Provins/プロヴァン　157, 162

Quedlinburg/クヴェードリンブルク　143
Quentowik/カントヴィク　112,176

Ravensburg/ラーヴェンスブルク　157
Ravenna/ラヴェンナ　277
Reatina civitas/レアーテ　269
Rees/レース　152,160,161,228
Regensburg/レーゲンスブルク　117,118,159,180-182,188,244,304,346
Reifferscheid/ライファーシャイト　301
Reims/ランス　110-112,129,161,183
Remagen/レーマーゲン　326
Reykjaholar/レイキャホラール　97
Rhens/レンス　326
Rieth/リート　149
Rieti/リエーティ　270　Reatina civitas をも見よ
Rom/ローマ　38,117,264,268,277,278
Rostock/ロストク　153
Rotenburg/ローテンブルク　149
Rouen/ルアン　104,306
Rüthen/リューテン　222

Saarbrücken/ザールブリュッケン　105
Salamanca/サラマンカ　303
Salerno/サレルノ　327
Salzburg/ザルツブルク　106
Salzkotten/ザルツコッテン　222
Savona/サヴォーナ　281,289,295,337
Schaffhausen/シャッフハウゼン　304,325
Schleswig/シュレスヴィヒ　72,73,82
Schmidthausen/シュミットハウゼン　161
Schönecken/シェーネケン　164
Senlis/サンリス　110,111,121,161,183
Sens/サンス　111
Seraing/スラン　127
Sevilla/セビリャ　303
Siena/シエナ　269,315,318,323
Sigtuna/シグトゥナ　95,97,99
Silchester（Calleva）/シルチェスター（カレウァ）　42
Sinzig/ジンツィヒ　326
Skiringssal/スキーリングスサル　67,70,104
Soest/ゾースト　159,187,199,246
Soissons/ソワソン　110,111,116,121,133,162,183
Sorrent/ソレント　327
Sparta/スパルタ　35-37
Speyer/シュパイヤ　161,186,249,284
St. Amand/サン・タマン　109,111
St. Denis/サン・ドゥニ　71
St. Gallen/ザンクト・ガレン　180
St. Goar/ザンクト・ゴアール　326
St. Johann（Konstanz の一部分）/ザンクト・ヨーハン　158
St. Omer/サン・トメール　137,150,164,188,192,195,196,198-200,209,212,218,245,248,250,254,255,279,320,333,338,339
St. Quentin/サン・カンタン　226
St. Trond/シント・トロイデン　150,249
Stade/シュターデ　149,159
Staveren/スターフォレン　202
Straßburg/ストラスブール　106,109,145,161,172,246,325
Straßheim/シュトラースハイム　223
Strigonium/ストリゴニウム　147
Szeged/スツェゲト　354,356

Tartessos/タルテッソス　39,84
Taucha/タウハ　227
Theole/テオーレ　153　Tiel をも見よ
Thérouanne/テルアンヌ　110
Thourout/トゥルー　138
Tiburnia/ティブルニア　106
Tiel/ティール　72,75,153-155,184,190,192,279,289,290
Tönsberg/テンスベルク　70,77,153,171
Tongern/トンゲルン　106,126,252
Tongres/Tongern を見よ
Tornacus/トルナクス　111　Tournai

をも見よ
Toul/トゥール　104, 173, 174, 197, 214, 225, 255
Toulouse/トゥールーズ　269, 312
Tournai/トゥルネ　110-112, 133, 150, 151, 195, 213　Doornik をも見よ
Tours/トゥール　183
Tremonia/トレモニア　151　Dortmund をも見よ
Trient/トリエント　303
Trier/トリーア　41, 50, 104, 106, 109, 119, 121-125, 129, 165, 172, 179, 235-238, 241, 242, 252, 255, 291, 304, 315
Troia/トロヤ　327
Troja/トロイエー　33
Troyes/トロワ　157
Truso/トゥルソ　104
Tulln/トゥルン　181
Tungronum civitas/キーウィタース・トゥングロールム　252　Tongern をも見よ
Turin/トリーノ　327

Ubiorum oppidum/オッピドゥム・ウビオーロム〔ウビィー族の〕　61　Köln をも見よ
Utrecht/ユトレヒト　154, 157

Valenciennes/ヴァランシエンヌ　150, 192, 201
Venedig/ヴェネツィア　296, 297, 299, 309-311, 332, 340
Venedig-Murano/ヴェネツィア-ムラーノ　108
Ventimiglia/ヴェンティミーリャ　305
Verden/フェルデン　140
Verdun/ヴェルダン　104, 156, 165-167, 181, 183, 184, 188, 191, 346
Verona/ヴェローナ　270, 323
Verona civitas（Bonn の一部分）/キーウィタース・ウェローナ　124
Vezelay/ヴェズレー　148
Viernsberg/フィエルンスベルク　149
Villavicencio/ヴィラヴィケンチオ　287
Virneburg/フィルネブルク　301
Virnum/ウィルヌム　106
Vultabio/ウルタビウス　333

Walberberg/ヴァルベルベルク　109
Waldhausen/ヴァルトハウゼン　149
Wallersheim/ヴァラスハイム　149
Wangionum civitas/ヴァンギオヌム/Worms をも見よ
Warrington/ウォリントン　108
Waterford/ウォーターフォード　72
Waulsort/ウォルソール　252
Weißenburg i. Nordgau/ヴァイセンブルク・イム・ノルトガウ　149
Wels/ヴェルス　181
Werla/ヴェルラ　62
Werne/ヴェルネ　222
Wesel/ヴェーゼル　161
Wien/ヴィーン　246
Wildberg/ヴィルトベルク　149
Wilderspool/ウィルダースプール　108
Witla/ヴィトラ　72
Worms/ヴォルムス　61, 72, 161, 180, 186, 249, 325
Würzburg/ヴュルツブルク　149, 185, 188, 284

Xanten/クサンテン　72, 105, 106, 123, 161

York/ヨーク　72, 183　Eboracum をも見よ
Ypern/イーペル　104, 138, 140, 157, 249
Ypres/Ypern を見よ
Yvois/イヴォワ　124

Zadornin/ザドルニン　283
Zülpich/ツュルピヒ　120

## 略地図 1

ブルゲーンシスという語が市民という意味で
使用された最も早期の事例の分布を示す地図

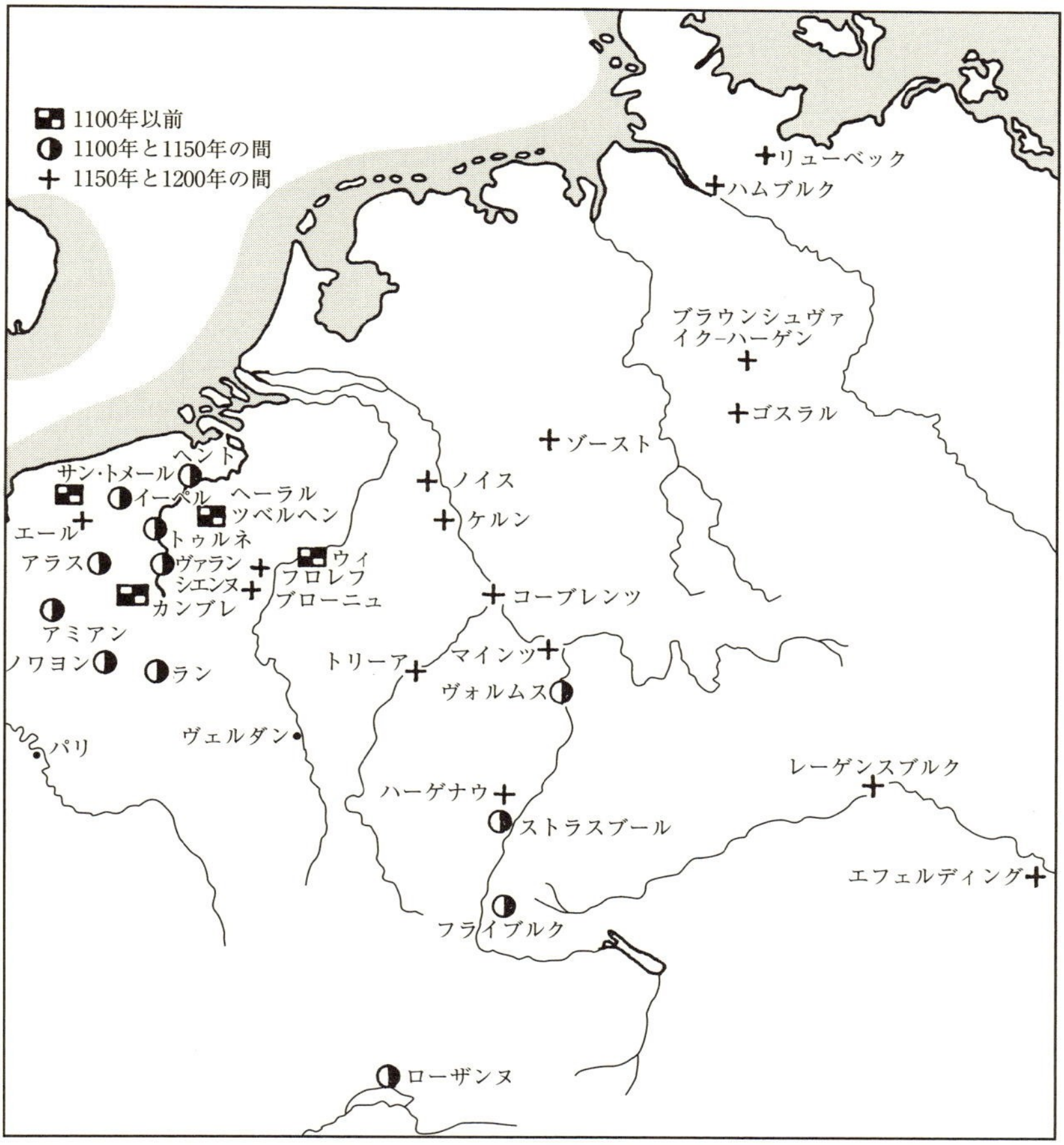

**1100年以前**

| | | |
|---|---|---|
| 1．サン・トメール | 1056年 | 本文150頁 |
| 2．ウイ | 1066年 | 本文150頁 |
| 3．ヘーラルツベルヘン | 1067/70年 | 本文150頁 |
| 4．カンブレ | 1083年 | 本文150頁 |

**1100年と1150年の間**

| | | |
|---|---|---|
| 5．ノワヨン | 1108/09年 | 本文150頁 |
| 6．ラン | 1110年 | 本文150頁 |
| 7．アラス | 1111年 | 本文150頁 |
| 8．アミアン | 1112年 | 本文150頁 |
| 9．ヴァランシエンヌ | 1114年 | 本文150頁 |
| 10. イーペル | 1116年 | 付録，番号16 |
| 11. フライブルク | 1120年 | 本文149頁 |
| 12. ヘント | 1127/28年 | 付録，番号24 |
| 13. トゥルネ | 1129年 | Planitz, Stadtgemeinde S. 7, Anm. 28 |
| 14. ストラスブール | 1143年 | Zeitschr, Sav. Stiftg. 53, S. 173, Anm. 6 |
| 15. ローザンヌ | 1144年 | Beyerle, Typenfrage S. 76 |
| 16. ヴォルムス | 1145年 | Zeitschr. Sav. Stiftg. 53, S. 173, Anm. 6 |

**1150年と1200年の間**

| | | |
|---|---|---|
| 17. ゾースト | 1150年頃 | Keutgen Nr. 139 |
| 18. フロレフ | 1151年 | Rousseau, Actes S. 17 |
| 19. ブローニュ | 1154年 | 付録，番号12 |
| 20. マインツ | 1155年 | Zeitschr. Sav. Stiftg. 53, S. 173, Anm. 6 |
| 21. レーゲンスブルク | 1156年 | 同上所 |
| 22. ブラウンシュヴァイク－ハーゲン | 1160年頃 | Keutgen Nr. 151 |
| 23. ケルン | 1160年頃 | 本文151頁 |
| 24. ハーゲナウ | 1164年 | Keutgen Nr. 135 |
| 25. エフェルディング | 1167年 | 〃 〃 93 |
| 26. コーブレンツ | 1182年 | Mittelrhein. Ub. II, 92 |
| 27. エール・s. L. | 1188年 | 付録，番号29 |
| 28. ゴスラル | 1188年 | 本文149頁 |
| 29. リューベック | 1188年 | Keutgen Nr. 153 |
| 30. ハムブルク | 1189年 | 〃 〃 104b |
| 31. ノイス | 1190年 | Neuß in Geschichte u. Gegenwart S. 33 u. 39 |
| 32. トリーア | 1200年頃 | Keutgen Nr. 131 |

# 略地図 2

**周壁による商業集落の囲い込み**

周壁によって囲い込まれた商業集落，又は
旧市区の周壁環に取り込まれた商業集落

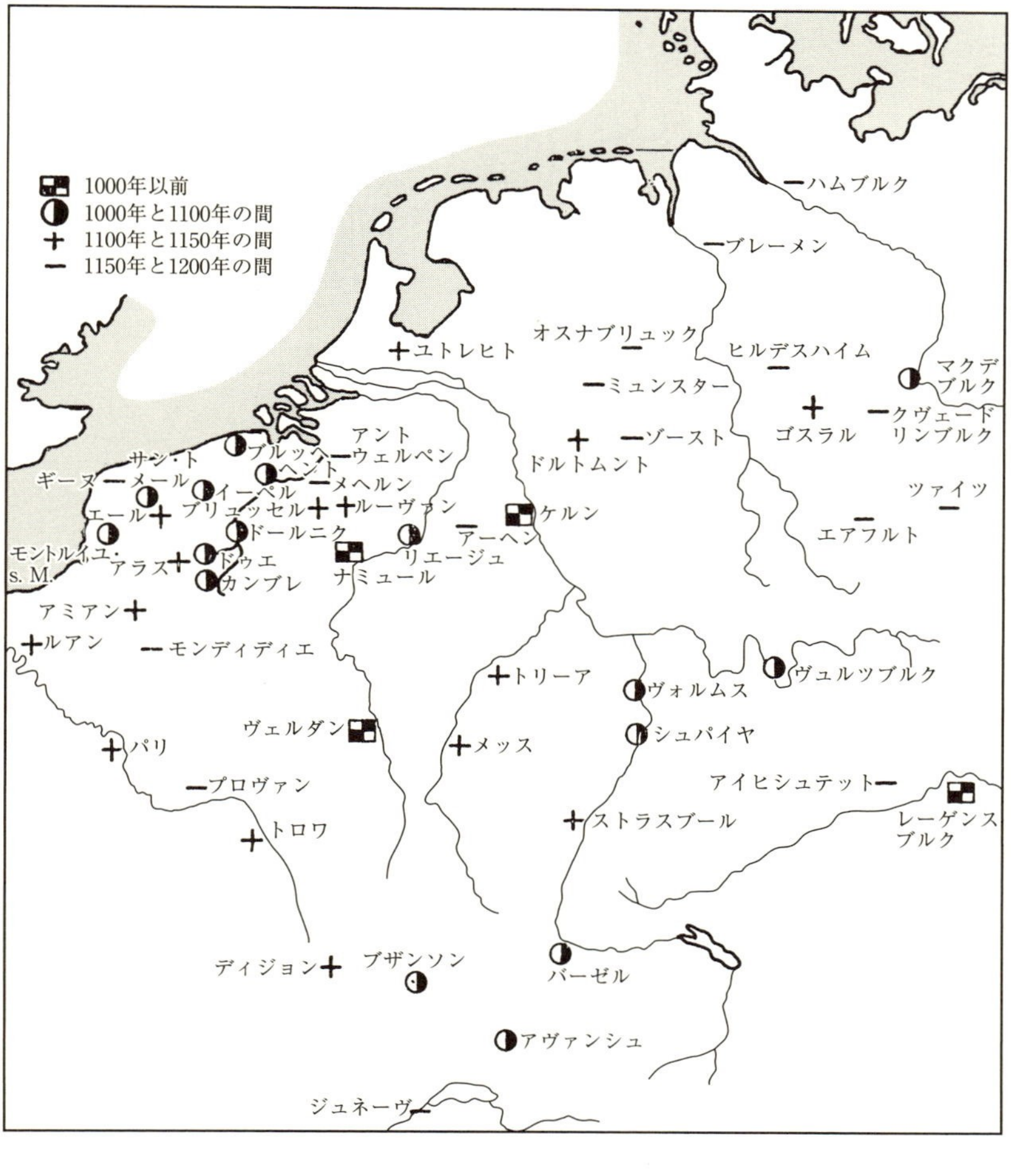

略地図 2

**10世紀に周壁によって囲い込まれた商業集落，又は旧市区の周壁環に取込まれた商業集落**

| | | |
|---|---|---|
| 1．レーゲンスブルク | 917年 | 本文180頁以下 |
| 2．ナミュール | 937年 | 本文181頁以下 |
| 3．ケルン | 948年以前 | 本文180頁以下 |
| 4．ヴェルダン | 985年 | 本文181頁以下。付録，番号 7 |

**11世紀に周壁によって囲い込まれた商業集落，又は旧市区の周壁環に取込まれた商業集落**

| | | |
|---|---|---|
| 5．リエージュ | 1000年頃 | 本文185頁以下 |
| 6．ヴェルツブルク | 1000年頃 | 本文185頁 |
| 7．マクデブルク | 1023年 | 本文185頁以下 |
| 8．モントルイユ・s. M. | 1042年 | Héliot, S. 176ff. |
| 9．ドールニク | 1054/90年 | Ganshof, Over stadsontwikkeling S. 36 |
| 10.ブザンソン | 1049年以前 | 本文186頁以下 |
| 11.アヴァンシュ | 1070年 | Strahm, Zschr. Schweiz. Gesch. 30, S. 391, Anm. 32 |
| 12.バーゼル | 1080年 | 本文186頁 |
| 13.ヴォルムス | 1080年 | 本文186頁 |
| 14.シュパイヤ | 1084年 | 本文186頁 |
| 15.ブルッヘ | 1089年以前 | 本文186頁 |
| 16.ヘント | | 〔原著の記事不完全—訳者〕 |
| 17.ドゥエ | 11世紀末頃 | |
| 18.イーペル | 11世紀末頃 | |
| 19.カンブレ | 1090年頃 | Reinecke S. 79 |
| 20.サン・トメール | 1100年以前 | 付録，番号17 |

**1100年と1150年の間に周壁によって囲い込まれた商業集落，又は旧市区の周壁環に取込まれた商業集落**

| | | |
|---|---|---|
| 21.トリーア | 1102/24年 | 本文187頁 |
| 22.ゴスラル | 1108年 | 本文187頁 |
| 23.アラス | 1110年以降 | Héliot, S. 176 |
| 24.ユトレヒト | 1122年 | Ganshof S. 37 |
| 25.トロワ | 1125年 | Ganshof S. 39 |
| 26.エール | 1127年 | Bertin S. 27 |
| 27.ブリュッセル | 1134年以前 | 本文187頁 |
| 28.アミアン | 1135年 | Ganshof S. 38 |
| 29.ディジョン | 1137年 | 本文187頁 |
| 30.ルーヴァン | 1149年以前 | Ganshof S. 38 |
| 31.ルアン | 1150年以前 | 〃 〃39 |
| 32.パリ | 1150年頃 | 〃 〃39 |
| 33.メッス | 1150年 | 〃 〃37 |
| 34.ストラスブール | 1150年 | 〃 〃37 |
| 35.ドルトムント | 1150年頃 | 本文187頁 |

**1150年と1200年の間に周壁によって囲い込まれた商業集落，又は旧市区の周壁環に取込まれた商業集落**

| | | |
|---|---|---|
| 36.ジュネーヴ | 1150年以後 | Beyerle S. 29 |
| 37.ツァイツ | 1154年 | Rietschel S. 229 |
| 38.エアフルト | 1163年頃 | Planitz, Frühgesch. S. 33, Anm. 190 |
| 39.ヒルデスハイム | 1167年 | Städtebuch III |
| 40.ミュンスター | 1169年以前 | 本文187頁 |
| 41.ゾースト | 1169年頃 | 本文187頁 |
| 42.オスナブリュック | 1170/90年 | 本文187頁 |
| 43.アーヘン | 1171年から | Planitz S. 32, Anm. 190 |
| 44.プロヴァン | 1176年以前 | Ganshof S. 38 |
| 45.クヴェードリンブルク | 1179年 | Städtebuch II |
| 46.アイヒシュテット | 1180年 | Rietschel S. 106 |
| 47.ギーヌ | 1181年 | Héliot S. 176 |
| 48.アントウェルペン | 1183/1201年 | Ganshof S. 38 |
| 49.ハムブルク | 1188年 | Rietschel S. 229 |
| 50.メヘルン | 1190年頃 | Ganshof S. 38 |
| 51.モンディディエ | 1195年頃 | Héliot S. 176 |
| 52.ブレーメン | 1200年頃 | Städtebuch III |

以上の暫定的なリストは研究の現況に基くものである。それだけではなく，周壁による囲い込みというのが既に商業集落の周壁による囲い込みであるのか，それとも単なる支配者居住地の周壁による囲い込みであるのかについて，疑問の生ずる場合があり得る。両者が混在している場合——例えばオスナブリュックの場合——には，周壁による司教座聖堂ブルクの囲い込みは考慮に入れなかった。

〔9．ドールニクと10．ブザンソンの順が誤っているが，原著の記述に従っておく。—訳者〕
〔以上の解説で本文の頁数として示されているのはこの訳書の頁数である。〕

# 付　録

## Ⅰ．ゲルマン人の遍歴商人とギルド

この付録に挙げられている史料を史料集の形で刊行する計画がある。

番号１．Reisebericht Ottars von Haalogaland an König Alfred d. Gr. (871-901).（アルフレッド大王（871-901）に宛てたホローガランのオウッタルの旅行報告）

刊本：J. Bosworth, King Alfreds Anglo-Saxon version of the compendious history of the world by Orosius. London 1859, §13, 14, 15, 18, 19. 近代英語訳が併せて掲載されている。

番号２．Lebensbeschreibung Godrics (um 1100).（ゴドリクの伝記，1100年頃）

刊本：J. Stevenson, Hrsg. Libellus de vita et miraculis S. Godrici, Heremitae de Finchale auct. Monacho Dunelmensi. (Public. of the Surties Society). London 1845. Cap. 1 §8 u. 9. Cap. 2 §10 u. 11, Cap. 3 §12, Cap. 4 §14 u. 15, Cap. 5 §16 u. 17.

番号３．Verbot der Gilden im Capitulare Haristallense 779 §16.（779年のエルスタル勅令第16条におけるギルド禁止令）

刊本：M G Cap. reg. franc, t. 1 S. 51.

番号４．Statuten des Erzbischofs Hinkmar von Reims über die Gilden 852.（852年のギルドに関するランス大司教ヒンクマールの規定）

刊本：G. Fagniez, Documents relatifs à l'histoire de l'industrie et du commerce en France. I, Paris 1898, S. 52f.

番号５．Das Bartholinische Schutzgildestatut.（バルトリンの保護ギルド規約）

刊本：M. Pappenheim, Ein altnorwegisches Schutzgildestatut. Nach seiner Bedeutung für die Geschichte des nordgermanischen Gildewesens erl. Breslau 1888, Anhang.

番号６．Statut der Knutsgilde zu Flensburg. ca. 1200.（フレンスブルクのクヌート・ギルドの規約。1200年頃）

刊本：M. Pappenheim, Die altdänischen Schutzgilden. Breslau 1885. S. 441ff.

## Ⅱ．西北ヨーロッパの都市及びそれに類似する諸類型

### 1．ムーズ川及びモーゼル川地域

番号７．Richers Beschreibung von Verdun im Jahre 985.（985年のヴェルダンに関するリシェールの記述）

刊本：MG SS i. us. schol. recognov. G. Waitz. Hannover 1877, S. 103. -R. Latouche の新

しい刊本，Paris 1937, は入手できなかった。

番号8．Handfeste für Huy. 1066.（ウイの自由付与状。1066年）

刊本：H. Planitz, Die Handfeste von Huy, der älteste städtische Freiheitsbrief im deutschen Reich. In: Rhein. Kulturgeschichte 3. Zwischen Rhein und Maas. Köln 1942 S. 66ff.

番号9．Das Stadtgrafenrecht von Dinant. (1047-1064).（ディナンの都市伯法。1047-1064年）

刊本：F. Rousseau, Actes des comtes de Namur de la première race 946-1196. Brüssel 1937, S. 87ff.

番号10．Der Brückenbau bei Dinant 1080.（ディナンにおける1080年の架橋）

刊本：Ib. S. 92ff.

番号11．Bischof Udo von Toul setzt die Rechte des Grafen von Toul fest. 1069.（トゥールの司教ウド，トゥール伯の諸権利を確定する。1069年）

刊本：G. Waitz, Urkunden zur deutschen Verfassungsgeschichte im 10., 11. und 12. Jhd. 2. Aufl. 1886. Nr. 8, S. 15ff.

番号12．Heinrich, Graf von Namur, gewährt den Einwohnern von Brogne Freiheiten. 1154.（ナミュール伯アンリがブローニュの住民に自由を与える。1154年）

刊本：F. Rousseau, a. a. O. S. 22ff.

## 2．フランドル

基礎に置かれている地域は中世の領邦である。

番号13．a) Arnulf, Graf von Flandern, bestätigt der Abtei St. Peter zu Gent ihre Rechte im portus. 941.（フランドル伯アルヌールがヘントのシント・ピーテル大修道院に同修道院がポルトゥスにもっている諸権利を安堵する。941年）

刊本：M. Gysseling u. A. C. F. Koch, Diplomata Belgica ante annum millesimum centesimum scripta. 1950, Nr. 53.

b) Lothar, König von Frankreich, bestätigt St. Bavo zu Gent die Rechte im portus. 966.（フランス王ロテールがヘントのシント・バーフに同修道院がポルトゥスにもっている諸権利を安堵する。966年。）

刊本：Ib. Nr. 135.

番号14．Die Karität von Valenciennes. 1050-1070. [XIV].（ヴァランシエンヌの商人ギルド。1050-1070年）

刊本：L. Cellier, Chartes communales de Valenciennes. Val. 1868, S. 19ff. 近代フランス語訳付き。-M. H. Caffiaux, Mémoires de la Soc. nat. des Antiquaires de France, 38, 1877, S. 1ff.

番号15．Die Pax von Valenciennes. 1114.（ヴァランシエンヌの誓約団体。1114年）

刊本：MG SS 21, S. 610.

番号16. Balduin VII., Graf von Flandern, ersetzt zugunsten der Bürger von Ypern das Gottesurteil durch Zweikampf, glühendes Eisen und Wasser durch den Eid mit 4 Eideshelfern. 1116.（フランドル伯ボードワンⅦ世がイーペルの市民の利益のために，4人の宣誓補助者を立てた宣誓を，決闘，灼熱の鉄，熱湯による神判に代置する。1116年）

刊本：F. Vercauteren, Actes des comtes de Flandre. 1071-1128. Brüssel 1938, 79, S. 178.

番号17. Gildestatuten von St. Omer.（サン・トメールのギルド規約）

刊本：G. Espinas und H. Pirenne, Les coutumes de la gilde marchande de St. Omer. In: Le moyen-âge. 14, 1901, S. 192ff. 再録：H. Pirenne, Les villes et les institutions urbaines II, S. 190ff.

番号18. Das Stadtrecht von St. Omer von 1127.（1127年のサン・トメールの都市法）

刊本：G. Espinas, Le privilège de St. Omer de 1127. Revue du Nord 29, 1947, S. 43ff.

番号19. Das Stadtrecht von St. Omer von 1168.（1168年のサン・トメールの都市法）

刊本：A. Giry, Histoire de la ville de St. Omer et de ses institutions jusqu'au XIVe siècle. Paris 1877. S. 387ff.

番号20. Balduin, Graf von Flandern bestätigt das Statutarrecht der Schöffen von St. Omer.（フランドル伯ボードワンがサン・トメールの審判人の規約改訂権を安堵する。）

刊本：Giry, a. a. O. S. 401.

番号21. Statuten der Hanse von St. Omer. 1244.（サン・トメールのハンザ規約。1244年）

刊本：Giry, a. a. O. S. 413.

番号22. Ernennung und Rechnungslegung der Schöffen von St. Omer. 1305.（サン・トメールの審判人の任命と会計報告。1305年）

刊本：Giry, a. a. O. S. 447ff.

番号23. Landesherrliche Verordnung für die fremden Kaufleute in St. Omer. 1320.（サン・トメールを訪れるよそ者商人の利益を図るために領邦支配者の出した命令。1320年。）

刊本：Giry, a. a. O. S. 456ff.

番号24. Auszüge aus dem Bericht Galberts von Brügge über die Ermordung des Grafen Karl von Flandern. 1127.（フランドル伯シャルル殺害に関するブルッヘのガルベルトゥスの記述の抜粋。1127年）

刊本：H. Pirenne, Histoire du meurtre de Charles le Bon. Paris 1891.

番号25. Balduin VII. Graf von Flandern, entscheidet im Rechtsstreit der Abtei von St. Vaast gegen die Bäcker zu Arras zugunsten der Abtei. 1115.（フランドル伯ボードワンⅦ世がアラスのパン焼き業者を相手にサン・ヴァースト大修道院が起した訴訟で修道院に有利な判決をする。1115年）

刊本：F. Vercauteren, a. a. O. 69, S. 161ff.

番号26. Philipp v. Elsaß, Graf von Flandern, gewährt Arras ein Strafrecht. ca. 1180.（フランドル伯アルザスのフィリップがアラスに刑法を与える。1180年頃）

刊本：G. Espinas, Recueil de documents relatifs à l'histoire du droit municipal en France des origines à la Révolution. T. 1, 1934, Nr. 107.

番号27. Rechte des mayeur in Arras. 1213.（アラスの市長の諸権利。1213年）

刊本：Ib. Nr. 112.

番号28. Rechte des mayeur in Arras. 1373.（アラスの市長の諸権利。1373年）

刊本：Ib. Nr. 169.

番号29. Philipp v. Elsaß, Graf von Flandern, bestätigt den Bürgern von Aire s. Lys ihre Privilegien und die "amicitia". 1188.（フランドル伯アルザスのフィリップがエール・シュル・リスの市民にその諸特権と「誓約団体」とを安堵する。1188年）

刊本：Ib. Nr. 20.

番号30. Philipp August, König von Frankreich, gewährt den Bürgern von Tournai das Recht der Kommune. 1188.（フランス王フィリップ・オーギュスト，トゥルネ市民にコミュンヌの権利を与える。1188年）

刊本：E. Berger-H. F. Delaborde, Recueil des actes de Philippe Auguste, roi de France. I. Paris 1916. Nr. 224.

番号31. Die Abtei St. Bertin zu St. Omer gibt ihren Leuten zu Arques eine Keure. 1232.（サン・トメールのサン・ベルタン大修道院がアルクの領民に証書を与える。1232年）

刊本：G. Espinas, a. a. O. Nr. 105.

## 3．北フランス

番号32. Urteil Ludwigs VI., König von Frankreich, betr. die Kommune von Soissons. 1136.（ソワソンのコミュンヌに関するフランス王ルイⅥ世の判決。1136年）

刊本：G. Bourgin, La commune de Soissons. Paris 1908. S. 420ff.

番号33. Philipp August, König von Frankreich, weist unter Zugrundelegung des Privilegs von Ludwig VI. die Übergriffe der Kommune von Soissons zurück. 1183.（フランス王フィリップ・オーギュスト，ルイⅥ世の特許状に基いてソワソンのコミュンヌの侵害された権利を元に戻す。1183年）

刊本：Berger-Delaborde, a. a. O. Nr. 91.

番号34. Graf Heinrich von Troyes genehmigt die Kommune von Meaux. 1179.（トロワ伯アンリがモーのコミュンヌを承認する。1179年）

刊本：Teulet, Trésor des chartes Nr. 299.

番号35. Philipp August, König von Frankreich, bestätigt das Gewohnheitsrecht der Kommune von Beauvais. 1182.（フランス王フィリップ・オーギュストがボヴェのコミュンヌの慣習法を安堵する。1182年）

刊本：Berger-Delaborde, a. a. O. Nr. 53.

番号36. Regelung des Verhältnisses von Bischof und Kommune in Beauvais nach heftigen Tumulten. 1306.（激しい騒乱の後でボヴェの司教とコミュンヌの関係を調整する。1306年）

刊本：A. Giry, Documents sur les relations de la royauté avec les villes en France de 1180 à 1314. Nr. 64, 69 u. 70.

番号37. Graf Johann von Pontivi gibt den Bürgern von Abbeville eine Charte. 1184.（ポンティヴィ伯ジャンがアブヴィルの市民に証書を与える。1184年）

刊本：Teulet, Nr. 326.

番号38. Verbot der Verbrüderungen durch das Provinzialkonzil von Rouen.（ルアンの地方教会会議による兄弟団結成の禁止。）

刊本：Fagniez, I, Nr. 119.

番号39. Philipp August, König von Frankreich, bestätigt die von Ludwig VI. den Bürgern von Laon gewährte Charte. 1189-90.（フランス王フィリップ・オーギュストがランの市民にルイⅥ世が与えた証書を安堵する。1189-90年）

刊本：Berger-Delaborde, a. a. O. Nr. 279.

番号40. Philipp August, König von Frankreich, gewährt den Bürgern von Amiens die Kommune. 1190.（フランス王フィリップ・オーギュストがアミアンの市民にコミュンヌを承認する。1190年）

刊本：Berger-Delaborde, a. a. O. Nr. 319.

番号41. Philipp August, König von Frankreich, regelt Streitigkeiten zwischen dem Bischof und den Bürgern von Noyon. 1190.（フランス王フィリップ・オーギュストがノワヨンの司教と市民の間の紛争を調停する。1190年）

刊本：Berger-Delaborde, a. a. O. Nr. 343.

番号42. Vereinbarung zwischen Philipp August und dem Kloster St. Mellon-Pontoise über die Gründung einer villa nova. 1195/96.（新集落の建設に関するフィリップ・オーギュストとサン・メロン・ポントワーズ修道院の協定。1195/96年）

刊本：Teulet, a. a. O. Nr. 445.

番号43. Johann ohne Land bestätigt den Bürgern von Rouen ihre Privilegien, die teilweise bereits Heinrich II. bestätigt hatte. 1199.（ジョン欠地王がルアンの市民に，既にヘンリーⅡ世が部分的には承認していた諸特権を安堵する。1199年）

刊本：Fagniez, I, Nr. 125.

番号44. Reginald, Graf von Boulogne, gewährt den Bürgern von Calais die Gilda mercatoria. 1212.（ブローニュ伯ルノーがカレの市民に商人ギルドを承認する。1212年）

刊本：Fagniez, I, Nr. 141.

番号45. Bericht über den Anteil der Kommunen an der Schlacht von Bouvines. 1214.（ブーヴィーヌの戦いへの諸コミュンヌの参加に関する記事。1214年）

刊本：Giry, Documents sur les relations, Nr. 16.

番号46. Liste der Kommunen des Königreichs Frankreich. Anf. 13. Jhd.（13世紀初頭フランス王国のコミュンヌ一覧表。）

刊本：Giry, Documents. Nr. 7, vgl. Nr. 58.

番号47. Ordonnanz Ludwigs IX. für die Kommunen der Normandie. ca. 1256.（ノルマンディーの諸コミュンヌに対するルイⅨ世の勅令。1256年頃）

刊本：Giry, Documents Nr. 33.

## 4．イングランド

番号48. Das Gewohnheitsrecht von Newcastle upon Tyne. 1100-35.（ニューカッスル・アポン・タインの慣習法。1100-35年）

刊本：W. Stubbs, Select charters of English constitutional history. 8. Aufl. Oxford 1905, S. 111 u. Ballard, British Borough Charters. Cambridge 1913, S. 95 u. a.**

番号49. Privileg des Erzbischofs Turstinus für Beverley. ca. 1130.（ビーヴァリに宛てた大司教トゥルスティヌスの特許状。1130年頃）

刊本：Stubbs S. 109ff. Ballard, S. 23, 99, 176, 191, 202f.

番号50. Carta civibus Londoniarum. 1131.（ロンドン市民憲章。1131年）

刊本：Stubbs, Select charters, Ballard, S. 220 u. a.

番号51. Privileg Heinrichs II. für Oxford. 1156.（オクスフォード宛てヘンリーⅡ世の特許状。1156年。）

刊本：Stubbs, S. 167, Ballard, S. 204 u. a.

番号52. Privileg Heinrichs II. für Lincoln. 1 57.（リンカーン宛てヘンリーⅡ世の特許状。1157年〔か〕）

刊本：Stubbs, S. 156.

## 5．北　欧

番号53. Das älteste Stadtrecht von Schleswig. ca. 1200.*（シュレスヴィヒ最古の都市法。1200 年頃）

刊本：P. J. Thorsen, Stadtrechte. 1855. S. 1ff.

番号54. Flensburg. Latein. Stadtrecht. 1284.（フレンスブルクのラテン語都市法。1284年）

刊本：P. J. Thorsen, S. 123ff.

番号55. Das Gildegesetz für Drontheim.（トロンハイムのギルド法。）

刊本：G. Storm, En gammel Gildeskraa fra Trondhjem. In: Sproglig-Historiske Studier. Tilegnede Prof. C. R. Unger. Kristiania 1896. S. 217ff.

* コイトゲンによって提供されている集成を補足するために，私達独自の問題設定の趣

旨に副って，ドイツ都市に関連する若干の史料も掲載する。

** バラードは諸証書を関連づけて提供していない。分野毎に分類した史料を提供している。

### 6．北方と南方の境界

番号56. Kaiser Friedrich I. bestätigt das Recht der bischöflichen Stadt Trient. 1182.（皇帝フリードリヒⅠ世が司教都市トリエントの権利を安堵する。1182年）
刊本：E. v. Schwind u. A. Dopsch, Ausgew. Urkk. z. Verfassungsgeschichte d. dt. -österr. Erblande im Ma. Innsbr. 1895, 11.

## Ⅲ．南ヨーロッパ都市

### 1．イタリア

番号57. Freiheitsbrief für Genua von 958.（958年のジェノヴァ宛て自由付与状。
刊本：L. Schiaparelli, I Diplomi di Ugo di Lotario di Berengario II e di Adalberto. Rom 1924, 1, S. 325ff. Nr. 11. -C. Imperiale, Codice Diplomatico della Repubblica di Genova. I Rom 1936, Nr. 1, S. 3f.
番号58. Bestätigung des Gewohnheitsrechtes der Einwohner Genuas. 1056.（ジェノヴァ住民の習慣法の安堵。1056年）
刊本：C. Imperiale, a. a. O. Nr. 3, S. 6ff.
番号59. Bericht über den AbschluB der Compagna in Genua. 1100.（ジェノヴァのコンパーニャ結成に関する記事。1100年）
刊本：C. Imperiale, Nr. 10, S. 14f.
番号60. Eidesformel für die Bürgeraufnahme zu Genua. 1138.（ジェノヴァの市民としての受入れ承認のための宣誓書式。1138年）
刊本：Historia Patriae Monumenta Liber iurium reipublicae Genuensis. II, Nr. 1.
番号61. Habitaculum-Vertrag der Konsuln von Genua mit den Grafen von Ventimiglia. 1146.（ジェノヴァのコンソレとヴェンティミーリア伯の居住協定。1146年）
刊本：C. Imperiale, 162, S. 201f.
番号62. Habitaculum-Vertrag der Stadt Genua mit dem Markgrafen Henricus Savonae. 1155.（都市ジェノヴァと辺境伯サヴォーナのヘンリクスの居住協定。1155年）
刊本：Hist. Patriae Mon. II, Nr. 4.
番号63. Bericht über das Konsulat von 1155 zu Genua.（1155年のジェノヴァのコンソレ制についての記事。）
刊本：C. Imperiale, 264, S. 314ff.
番号64. Das Breve der Compagna zu Genua. 1157.（ジェノヴァのコンパーニャの規約書

〔宣誓書式〕。1157年）

刊本：C. Imperiale, 285, S. 350ff.

番号65. Auszüge aus den Annales Beneventani.（ベネヴェント編年誌の抜粋。）

刊本：M G SS III S. 173ff.

番号66. Urkunde einer römischen Gärtnergenossenschaft.（ローマの植木屋仲間の証書。）

刊本：Hartmann, Urkunde einer römischen Gärtnergenossenschaft vom Jahre 1030. Freiburg i. Br. 1892.

番号67. Vertrag des Herzogs Sergius mit den Neapolitanern. ca. 1030.（ナポリ住民と公セルギウスの協定。1030年頃）

刊本：B. Capasso, Monumenta ad Neapolitani ducatus historiam pertinentia. 1892 II, 2 S. 157f.

番号68. Breve der Konsuln von Pisa. 1164.（ピサのコンソレの規約書〔宣誓書式〕。1164年）

刊本：F. Bonaini, Statuti inediti della città di Pisa dal XII al XIV secolo. Florenz 1845. S. 23ff.

番号69. Breve der Commune von Pisa. 1286.（ピサのコムーネの規約書〔宣誓書式〕。1286年）

刊本：Ib. S. 56ff.

番号70. Breve von populus und compagnae der Kommune zu Pisa. 1286.（ピサのコムーネの，住民及びコンパーニャの規約書〔宣誓書式〕。1286年）

刊本：Ib. S. 537ff.

## 2．スペイン

番号71. Privileg für Cardona von Borell, Graf von Barcelona. 986.（バルセローナ伯ボレルの カルドーナ宛て特許状。986年）

刊本：T. Munoz y Romero, Coll. de Fueros Municipales y cartas pueblas de las reinos de Castilla, Leon, Corona de Aragon y Navarra. Madrid 1847, S. 51ff.

番号72. Dekret des Königs Alfons für Leon. 1020.（レオン宛て国王アルフォンソの布告。1020年）

刊本：Ib. S. 60ff.

番号73. Stadtrecht von Villavicencio, nach 1020.（ヴィラヴィケンチオの都市法。1020年以後）

刊本：Ib. S. 197ff.

番号74. Stadtrecht von Caseda in Navarro. 1129.（ナヴァロのカセダの都市法。1129年）

刊本：Ib. S. 474ff.

## 3．南フランス

番号75. Freiheiten und Gewohnheiten der Stadt St. Antoine en Rouergue (arr. de Montauban, Tarn et Garonne). 1144.（サン・タントワーヌ・アン・ルエルギュ市——タルン・エ・ガロンヌ，モントーバン郡——の特権と慣習。1144年）

刊本：Teulet, a. a. O. Nr. 86, S. 56ff.

番号76. Vereinbarung zwischen den rectores der Commune von Marseille und dem Bischof von Marseille. 1220.（マルセイユのコミュンヌの指導者団とマルセイユ司教の協定。1220年）

刊本：V. L. Bourilly, Essai sur l'histoire politique de la Commune de Marseille des origines à la victoire de Charles d'Anjou (1264). Aix en Prov. 1925, Beil. XXIII, S. 315 ff.

番号77. Statuten der Konsuln von Montpellier. 1223.（モンペリエのコンシュルの規約。1223年）

刊本：Teulet, a. a. O. II, S. 4ff. Nr. 1593.

番号78. Statuten der Stadt Gaillac. 1271.（ガイヤック市の規約。1271年）

刊本：Cl. Compayré, Etudes hist. et documents inédits sur l'Albigeois et Castrais et l'ancien diocèse de Lavaur. Albi 1841, S. 379ff.

番号79. Das Gewohnheitsrecht von Pouy-Carréjelart 1303.（プイ-カレジュラールの慣習法　1303年）

刊本：Archives hist. du département de la Gironde. Bd. 17. Bordeaux 1877. S. 1ff.

番号80. Wahl der Konsuln und der Conseillers in Lavaur. 1357.（ラヴォールのコンシュルと法律助言者団の選出。1357年）

刊本：Compayré, a. a. O. S. 471ff.

# 史　料

Monumenta Germaniae Historica (M G SS usw. として引用されている) 及び Publikationen der Gesellschaft für rheinische Geschichtskunde の利用した巻については個別に挙げることをしていない。


Archives historiques du département de la Gironde. 17. Bordeaux 1847.

Ballard, A., British Borough Charters 1042-1216. Cambridge 1913.

Belgrano, L. T., u. C. Imperiale, [Hrsg.] Annali di Caffaro. Fonti per la storia d'Italia Scrittores sec. 12 u. 13. Rom 1901, 1923.

Berger, E., Recueil des actes de Henri II, roi d'Angleterre et duc de Normandie, concernant les provinces Françaises et les affaires de France. Paris 1916.

Berger, E., u. H. F. Delaborde, Recueil des actes de Philippe Auguste, roi de France. I Paris 1916. H. F. Delaborde の項目をも見よ！

Beyer-Eltester-Goerz, Mittelrheinisches Urkundenbuch. Bd. I-III., Koblenz 1860-74.

Beyerle, F., [Hrsg.] Die Gesetze der Langobarden. Weimar 1947.

Bladé, Coutumes municipales du département du Gers. 1864.

Bonaini, F., Statuti inediti della cíttà di Pisa dal XII al XIV secolo. Florenz 1854.

Boos. H, Urkundenbuch der Stadt Worms. Berlin 1886/90.

Bormans, S., et E. Schoolmeesters, Cartulaire de l'église de St. Lambert de Liège. Brüssel 1893 ff.

Bosworth, J., [Hrsg.] King Alfred's Anglo-Saxon version of the compendious history of the world by Orosius. London 1859.

Bouillet, A., [Hrsg.] Liber miraculorum S. Fidis. Paris 1897. Collection de texts 21.

Bourgin, G., La commune de Soissons et le groupe communal soissonais. Paris 1908. Bibl. d. l'Ec. d. Hautes Etudes 167.

Caffiaux, M. H., Mémoire sur la charte de la Frairie de la Halle Basse de Valenciennes (Xle et Xlle siècles). Mém. d. l. soc. nat. d. antiquaires de France t. 38, 4. Serie 8. Bd. Paris 1877.

Cantera Burgos, F., Fuero de Miranda de Ebro. Ed. critica versio y estudio. Madrid 1945.

Capasso, B., Monumenta ad Neapolitani ducatus historiam pertinentia. Neapel 1881/92.

Cellier, L., Chartes communales de Valenciennes. Valenciennes 1868.

Codex Diplomaticus Caietanus. Tabularium Casinense. T. I-II Monte Cassino 1888-91.

Compayré, Cl., Etudes historiques et documents inédits sur l'Albigeois, le Castrais et l'ancien diocèse de Lavaur. Albi 1841.

Delaborde, H. Fr., Ch. Petit-Dutaillis et J. Monicat, Recueil des actes de Philippe Auguste, roi de France. T. II: Années du règne 16 à 27… 1194-… 1206. Paris 1943.

Demandt, K. E., Regesten der Grafen von Katzenellenbogen 1060-1486. Bd. I 1060-1418. Wiesbaden 1953.

Ennen, L., u. G. Eckertz, Quellen zur Geschichte von Köln. Köln 1860-79.

Espinas, G., Recueil de documents relatifs à l'histoire du droit municipal en France des origines à la révolution. Paris 1934 ff.

-Le privilège de St. Omer de 1127. Rev. d. Nord 29, 1947, S. 43ff.

Fagniez, G., Documents relatifs à l'histoire de l'industrie et du commerce en France. T. I. Paris 1898.

Fahne, A., Codex diplomaticus Salmo-Reifferscheidanus. Köln 1858.

Fairon, E., Chartes confisquées aux bonnes villes du pays de Liège et du comté de Looz après la bataille d'Othée (1408). Brüssel 1932.

-Régestes de la cité de Liège. Lüttich 1933 ff.

Giry, A., Documents sur les relations de la royauté avec les villes en France de 1180 à 1314. Paris 1885.

-Histoire de la ville de St. Omer et de ses institutions jusqu'au XIVe siècle. Paris 1877.

Glöckner, K., Codex Laureshamensis. Darmstadt 1929, 1934.

Goerz, A., Mittelrheinische Regesten. Koblenz 1876-1886 (M R R として引用).

Gysseling, M. u. Koch A. C. F., Diplomata Belgica ante annum millesimum centesimum scripta I. o. O. 1950.

Halkin-Roland, Recueil des chartes de l'abbaye de Stavelot-Malmédy. T. I. Brüssel 1909.

Hartmann, L. M., Urkunde einer römischen Gärtnergenossenschaft vom Jahre 1030. Freib. i. Br. 1892.

Historia Patriae Monumenta. Chartae T. I. Turin 1836.

Imperiale, C., Codice diplomatico della Repubblica di Genova. I. Rom 1936.

Keutgen, F., Urkunden zur städtischen Verfassungsgeschichte. Berlin 1899.

Koch, A. C. F. Gysseling を見よ。

Kurth, G., Chartes de l'abbaye de St. Hubert en Ardenne. Brüssel 1903 ff.

Lacomblet, Th., Die zwölf Almosenbrüder des h. Lupus zu Köln. Arch. f. d. Geschichte des Niederrheins 2, 1857, S. 57-64.

-Urkundenbuch für die Geschichte des Niederrheins. Düsseldorf 1840 ff. (N R U B. として引用)

Levison, W., Die Bonner Urkunden des frühen Mittelalters. Bonner Jbb. 136/37, 1932, S. 217-270.

-Das Testament des Diakons Adalgisel-Grimo vom Jahre 634. Trierer Zschr. 7 1932, S. 69-85.

Manaresi, C, Gli Atti del Commune di Milano fino all' anno MCCXVI. Mailand 1919.

Mounès, G., Inventaire des archives communales antérieures à 1790. Ville de Narbonne. Narbonne 1872.

Munoz, Romero D. Tomas, Coleccion de Fueros municipales y cartas pueblas de las reinos de Castilla, Leon, Corona de Aragon y Navarra; coordinada y anotada. T. I. Madrid 1847.

Pappenheim, M., Die altdänischen Schutzgilden. Breslau 1885.

-Ein altnorwegisches Schutzgildestatut. Breslau 1888.

Quellen zur älteren Geschichte des Städtewesens in Mitteldeutschland. Bd. I. 1949.

Rousseau, F., Actes des comtes de Namur de la première race. 946-1196. Brüssel 1937.

Rübel, K., Dortmunder Urkundenbuch. Dortmund 1881ff.

Schiaparelli, L., I Diplomi di Ugo e di Lotario di Berengarii II e di Adalberto. Rom 1924.

Schoolmeesters. Bormans を見よ。

Schwind-Dopsch, Ausgewählte Urkunden zur Verfassungsgeschichte der Deutsch-Österreichischen Erblande im Mittelalter. Innsbruck 1895.

Stevenson, J., Libellus de vita et miraculis S. Godrici, Heremitae de Finchale auct. Monacho Dunelmensi. London 1845.

Storm, G., En gammel Gildeskraa fra Trondhem. Sproglig-Historiske Studier. Tilegnede C. R. Unger. Kristiania 1896.

Stubbs, W., Select charters... of English Constitutional history. 8. Aufl. Oxford 1905.

Teulet, A., Layettes du Trésor des chartes. T. I-III. Paris 1863-1875.

Thorsen, P. G., Die dem Jütischen Low verwandten Stadtrechte für Schleswig, Apenrade und Hadersleben. Kopenhagen 1855.

Vercauteren. F., Actes des comtes de Flandre 1071-1128. Brüssel 1938.

Waitz, G., Urkunden zur deutschen Verfassungsgeschichte im 10., 11. und 12. Jahrhundert. 2. Aufl. Berlin 1886.

Wampach, C, Geschichte der Grundherrschaft Echternach im Frühmittelalter. Bd. I, 2. Luxemburg 1930.

# 文　献


Ahlhaus, J., Civitas und Diözese. Aus Politik und Geschichte. Gedächtnissdirift f. G. v. Below. Berlin 1928, S. 1-16.

Albornoz, Cl., Sanchez, Ruina y extincion del Municipio Romano en Espana e Instituciones que le remplazan. Buenos Aires, Fac. de Filosofia y Letras 1943.

Altheim, F., Epochen der römischen Geschichte. Frankfurt/M. (1934).

—Karthago und Rom. Die Welt als Geschichte 1, 1935, S. 123-141.

—Altrömisches Königtum. Ebenda S. 413-434.

Ammann, H., Die Anfänge der Leinenindustrie des Bodenseegebietes und die Ostschweiz. Zschr. f. Schweiz. Gesch. 23, 1942, S. 329-370.

—Die Froburger und ihre Städtegründungen. Festschr. H. Nabholz. Zürich 1934, S. 89-123.

—Huy an der Maas in der mittelalterlichen Wirtschaft. Rörig-Gedächtnisschrift. Lübeck 1953, S. 377-399.

—Die schweizerische Kleinstadt in der mittelalterlichen Wirtschaft. Festschr. f. W. Merz. Aarau 1928, S. 158-215.

—Die Friedberger Messen. Rhein. Vjbll. 15/16, 1950/51, S. 192-225.

—Die Zurzacher Messen im Mittelalter. Taschenbuch der Aargauischen Gesellschaft 1923 und 1929, und Argovia 48, 1936.

—Städtegeschichte. Zschr. f. Schweiz. Gesch. 30, 1950, S. 92-99.

—Die Talschaftshauptorte der Innerschweiz in der mittelalterlichen Wirtschaft. Geschichtsfreund 102, 1949, S. 105-144.

—Untersuchungen zur Geschichte der Deutschen im mittelalterlichen Frankreich. Dt. Arch. f. Landes-und Volksforschg. 3, 1939, S. 306-333.

—Untersuchungen über die Wirtschaftsstellung Zürichs im ausgehenden Mittelalter. Zschr. f. Schweiz. Gesch. 1949, S. 305-356, 1950, S. 530-567, 1952, S. 335-362.

—Konstanzer Wirtschaft nach dem Konzil. Schriften d. Ver. f. Gesch. d. Bodensees u. seiner Umgebung 69, 1950, S. 1-112.

—Die Bevölkerung von Stadt und Landschaft Basel am Ausgang des Mittelalters. Basler Zschr. f. Gesch. u. Altertumskunde 49, 1950, S. 25-52.

—Wirtschaft und Lebensraum der mittelalterlichen Kleinstadt. 1. Rheinfelden. Frick o. J.

—Wirtschaft und Lebensraum einer aargauischen Kleinstadt [Brugg] im Mittelalter. Beitrage zur Kulturgesch. Festschr. R. Bosch. Aargau, S. 173-199.

Angelis, C. N. de, Le origini del comune meridionale. Saggio storico di diritto publico. Neapel 1940.

Arbman, H., Birka. Sveriges äldsta handelsstad. Stockholm 1939.

—Schweden und das karolingische Reich. Stockholm 1937.

Aubin, H., Vom Absterben antiken Lebens im Frühmittelalter. Antike und Abendland 3, 1948, S. 88-119. Auch: Vom Altertum zum Mittelalter. München 1949, S. 74-107.

—Vom Altertum zum Mittelalter. München 1949.

—Zwischen Altertum und Neuzeit. Einheit und Vielfalt im Aufbau des mittelalterlichen Abendlandes. Schicksalswege deutscher Vergangenheit. Düsseldorf 1950, S. 15-42.

—Die Entstehung der Landeshoheit nach niederrheinischen Quellen. Histor. Stud. 143, Berlin 1920.

—Zur Frage der historischen Kontinuität im Allgemeinen. Hist. Zschr. 168, 1943, S. 229-262. Auch: Vom Altertum zum Mittelalter, S. 33-73.

—Die Frage nach der Scheide zwischen Altertum und Mittelalter. Hist. Zschr. 172, 1951, S. 245-263.

—Geschichtliche Landeskunde. Rhein. Neujahrsbll. 4, Bonn 1925.

—Maß und Bedeutung der römisch-germanischen Kulturzusammenhänge im Rheinland. Von Raum und Grenzen des deutschen Volkes. Breslau 1938, S. 35-56. Auch: Vom Altertum zum Mittelalter. S. 1-32.

—Von Raum und Grenzen des deutschen Volkes. Breslau 1938.

—Die Rheinbrücken im Altertum und Mittelalter. Rhein. Vjbll. 7, 1937, S. 111-126.

—Das deutsche Städtebuch. Vjsch. f. Soz. u. Wirtschaftsgesch. 43, 1941, S. 324-335.

—Zum Übergang von der Römerzeit zum Mittelalter auf deutschem Boden. Siedlungsgeschchtliche Erörterungen über das Städteproblem. Histor. Aufsätze A. Schulte zum 70. Geburtstag gewidmet. Düsseldorf 1927, S. 30-43.

Aubin, H. und Niessen, J., Geschichtlicher Handatlas der Rheinprovinz. Bonn 1926. Siehe auch unter Niessen !

Bader, K. S., Entstehung und Bedeutung der oberdeutschen Dorfgemeinde. Zschr. f. württ. Landesgesch. 1, 1937, S. 265-295.

—Über die Entstehung mittelalterlicher Burgen in Südwestdeutschland. Alamann. Heimat 3, 1936.

—Das Freiamt im Breisgau und die freien Bauern am Oberrhein. Freiburg 1936, Beitr. z. oberrhein. Rechts-und Verfassungsgesch. 2.

—Der deutsche Südwesten in seiner territorialstaatlidien Entwicklung. Stuttgart (1950).

Bader, W., Die christliche Archäologie in Deutschland nach den jüngsten Entdeckungen an Rhein und Mosel. Ann. hist. Ver. Niederrhein 144/145, 1947, S. 5-38.

—Zur Kritik des Bonner Märtyrergrabes. Bonner Jbb. 148, 1948, S. 452/3.

Bär, M., Zur Entstehung der deutschen Stadtgemeinde. Zschr. Sav. Stiftg. Rechtsgesch. Germ. Abt. 12, 1891, S. 1ff.

Bechtel, H., Ursprung und Zustrom. Stilkritische Beiträge zum Kontinuitätsproblem in der Wirtschaftsgeschichte Deutschlands. Schmollers Jahrbuch 71, 1951, S. 85-109,

201–222.
Becker, E., siehe Steinbach, F. !
Behrend, G., Das frühchristliche und merowingische Mainz. Mainz 1950.
Below, G. v., Die Bedeutung der Gilden für die Entstehung der deutschen Stadtverfassung. Jbb. f. Nat. Ök. u. Stat. 58, 1892, S. 56–68.
—Zur Bedeutung des ältesten Freiburger Stadtrechts. Zschr. d. Ges. f. Geschichtskde. in Freiburg 36, 1920, S. 1ff.
—Zur Entstehung der deutschen Stadtverfassung. 1 u. 2. München 1887/88.
—Probleme der Wirtschaftsgeschichte. Tübingen 1926.
Bemmel, E. van, La Belgique illustrée. Brüssel o. J.
Bertin, P., Une commune flamande-artésienne Aire-sur-la Lys des origines au XVIe siècle. Arras 1946.
Beucker, I., Die sechs kurkölnischen Städte im Regierungsbezirk Düsseldorf. Eine städtebauliche Arbeit. Düss. Jahrbuch 37, 1932/33, S. 1–93.
Beyerle, F. Zur Typenfrage in der Stadtverfassung. Weimar 1930.
—Untersuchungen zur Geschichte des älteren Stadtrechts von Freiburg. Deutschrechtl. Beitr. 5. Heidelberg 1910.
—Zur Wehrverfassung des Hochmittelalters. Festschr. E. Mayer. Weimar 1932, S. 31–91.
Beyerle, K., Die Anfänge des Kölner Schreinswesens. Zschr. Sav. Stiftg. Rechtsgesch. Germ. Abt. 51, 1931, S. 318–500.
—Die Entstehung der Stadtgemeinde Köln. Zschr. Sav. Stiftg. Rechtsgesch. Germ. Abt. 31, 1910, S. 1–67.
Blecher, G., Wie und wann entstanden Burg und Stadt Friedberg? Oberhess. Anz. Nr. 205–211, 1936.
Blockmans, Fr., De oudste privileges der groote Vlaamsche steden. Nederl. Historiebladen 1, 1938, S. 421–446.
—De zoogenaamde stadskeure van Gerardsbergen van tusschen 1067–1070. Handelingen van de Koninkl. Comm. v. Gesch. 106, 1941, S. 1–93.
—Het Gentsche stadspatriciaat tot omstreeks 1302. Antwerpen, 's Gravenhage 1938.
Blommaert, W., Les chatelains de Flandre. Etude d'histoire constitutionelle. Gent 1915.
Bo, Adriana, y Maria del Carmen Carlé; Cuando empieza a reservarse a los caballeros el gobierno de las ciudades Castellanas. Cuadernos de Historia de Espana 4, 1946, S. 114–124.
Böhner, K., Die Frage der Kontinuität zwischen Altertum und Mittelalter im Spiegel der fränkischen Funde des Rheinlandes. Trier. Zschr. 19, 1950, S. 82–106.
Bognetti, G. P., Sulle origini dei comuni rurali del medievo. Pavia 1927.
Bollnow, H., Burg und Stadt in Pommern bis zum Beginn der Kolonisationszeit. Baltische Studien N. F. 38, 1936, S. 48–96.

Bonvalot, E., Le tiers état d'après la charte de Beaumont et ses filiales. Paris-Nancy-Metz 1884.

Borchling, C. und Muuss, H., [Hrsg.] Die Friesen. Breslau 1931.

Bourilly, V. L., Essai sur l'histoire politique de la commune de Marseille des origines à la victoire de Charles d' Anjou (1264). Aix en Prov. 1925.

Brackmann, A., Magdeburg als Hauptstadt des deutschen Ostens im frühen Mittelalter. Leipzig 1937.

Brandi, K., Die Renaissance in Florenz und Rom.[3] Leipzig 1909.

—Werla, Königspfalz, Volksburgen und Städte. Dt. Arch. f. Gesch. d. Mittelalters 4, 1941, S. 53-75.

Brandts, R., Die Trierer Domimmunität im Wandel der Baukunst vom 11. bis 18. Jhd. Rhein. Vjbll. 12, 1942, S. 89-121.

Bratianu, G. J., Privilèges et franchises municipales dans l'empire byzantin. Paris 1936.

Brodnitz, G., Englische Wirtschaftsgeschichte. Jena 1918.

Broglie, L. de, Licht und Materie. Ergebnisse der neuen Physik. Dt. Ausg.[3] Hamburg 1940.

Brosche, K. F., Die Geschichte des Frauenklosters und späteren Kanonissenstiftes Dietkirchen bei Bonn von den Anfängen bis zum Jahre 1550. Phil. Diss. Bonn 1951. Maschschr.

Brun, A., Linguistique et peuplement. Essai sur la limite entre les parlers d'oil et les parlers d'oc. Rev. de linguistique romane, 1938, S. 165-251.

Brunner, H., Luft macht eigen. Festgabe der Berliner juristisdien Fakultät f. O. Gierke. Breslau 1910, 1, S. 1-46.

—Zur Rechtsgeschichte der römischen und germanischen Urkunde. Berlin 1880.

Brunner, B. C. G., Probleme der Entwicklung Lüttichs. Hans. Geschichtsbll. 60, 1935, S. 379-382.

Brunner, O., Das Wiener Bürgertum in Jans Enikels Fürstenbuch. Mitt. d. Inst. f. österr. Geschichtsforschg. 58, 1950, S. 550-574.

—Land und Herrscfaaft.[2] Brünn-München-Wien 1942.

Büttner, H., Frühes fränkisches Christentum am Mittelrhein. Arch. f. mittelrhein. Kirchengesch. 3, 1951, S. 9-55.

—Zur Geschichte des Reichsgutes in der Wetterau. Friedberger Geschichtsbll., 17, 1950, S. 20-27.

Bugge, A., Altschwedische Gilden. Vjschr. f. Soz. u. Wirtschaftsgesch. 11, 1913, S. 129-156.

—Die nordeuropäischen Verkehrswege im frühen Mittelalter und die Bedeutung der Wikinger für die Entwicklung des europäischen Handels und der europäischen Schiffahrt. Vjschr. f. Soz. u. Wirtschaftsgesch. 4, 1906, S. 227-277.

Busley, J., H. Neu, Die Kunstdenkmäler des Kreises Mayen. Düsseldorf 1941.

Buttler, W., Die Erdenburg bei Bensberg, Bz. Köln, eine germanische Festung der

Spätlatènezeit. Germania 20, 1936, S. 173-184.
—u. Schleif, H., Die Erdenburg bei Bensberg. Praehistor. Zschr. 28/29, 1937, 38, S. 184-232.
—Forschungsbericht, zugleich Jahresbericht des staatlichen Vertrauensmannes für kulturgeschichtliche Bodenaltertümer vom 1. 4. 1935 bis 31. 3. 1936. Bonner Jbb. 142, 1937, S. 256-260.
Buyken, Th. u. Conrad, H., [Hrsg.] J Die Amtleutebücher der kölnischen Sondergemeinden. Weimar 1936. Publ. d. Ges. f. Rhein. Geschichtskde. 45.
Carossa, H., Das Jahr der schönen Täuschungen. Leipzig 1924.
Castan, H., Origines de la commune de Besançon. Mém. d. 1. soc. d'émulation du département du Doubs. 3 Sér. 3. Bd. 1858. Besançon 1859.
Chiapelli, L., La formazione storica del commune cittadino in Italia. Arch. stor. italiano 84, 1926, S. 3-59; 85, 1927, S. 177-229; 86, 1928, S. 3-89; 88, 1930, Vol. 13, S. 3-59, Vol. 14, S. 3-56.
Clemen, P., Die Kunstdenkmäler der Rheinprovinz. Düsseldorf 1891 ff.
Conrad, H., Geschichte der deutschenWehrverfassung. Bd. 1. München 1939.
—Stadtgemeinde und Stadtfrieden in Koblenz während des 13. u. 14. Jhds. Zschr. Sav. Stiftg. Rechtsgesch. Germ. Abt. 58, 1938, S. 337-366.
—s. unter Th. Buyken.
Coornaert, E., Les ghildes médievales. Rev. Hist. 199, 1948, S. 22-55, 208-243.
Cornelius, F., Gedanken zu O. Menghins „Weltgeschichte der Steinzeit“. Klio 28, 1935, S. 317-323.
Coulin, A., Befestigungshoheit und Befestigungsrecht. Leipzig 1911.
Curtius, L., Deutsche und antike Welt. Stuttg. 1950.
Dannenbauer, H., Adel, Burg und Herrschaft bei den Germanen. Hist. Jahrbuch 61, 1941, S. 18-50.
—Adelsherrschaft bei den germanischen Völkern. Forschungen und Fortschritte 20, 1944, Nr. 19/20/21, S. 149f.
Davidsohn, R., Geschichte von Florenz. Berlin 1896-1927.
Dawson, Chr., Gestaltung des Abendlandes. Eine Einführung in die Geschichte der abendländischen Einheit. Leipzig 1935.
Deck, S., Une commune normande au moyen-age. La ville d' Eu. Son histoire, ses institutions (1151-1475). Paris 1924.
Dehn, W., Katalog Kreuznach. Teil 1 u. 2. Berlin 1941. Kataloge West-und Süddeutscher Altertumssammlungen 7.
—Der Ring von Otzenhausen. Germania 21, 1937, S. 78-82 u. S. 229-232.
—Die gallischen „Oppida“ bei Cäsar. Saalburg Jahrbuch 10, 1951, S. 36-49.
Dhondt, J., Développement urbain et initiative comtale en Flandre au XIe siècle. Rev. du Nord, 30, 1948, S. 133-156.
Diepenbach, W., Das Stadtbild von Mainz imWandel der Zeiten. Mainzer Zschr. 34, 1939, S.

46-52.
Dittgen, W., Dinslaken. Ein Streifzug durch seine Geschichte von den Anfängen bis zur Gegenwart. Duisburg 1948.
Dörries, H., Der gegenwärtige Stand der Stadtgeographie. H. Wagners Gedächtnisschrift, Petermanns Mitt. Erg. 209, 1930, S. 310-325.
—Entstehung und Formenbildung der niedersächsischen Stadt. Eine vergleichende Städtegeographie. Forscfa. z. deutschen Landes-u. Volkskde. XXVII. 2. Stuttg. 1929.
Dognon, P., Les institutions politiques et administratives du pays de Languedoc. Toulouse 1895.
Dopsch, A., Vom Altertum zum Mittelalter. Zum Kontinuitätsproblem. Arch. f. Kulturgesch. 16, 1926, S. 159-182.
—Wirtschaftliche und soziale Grundlagen der europäischen Kulturentwicklung von Cäsar bis auf Karl d. Gr.[2] Wien 1923/24.
—Beiträge zur Sozial-und Wirtschaftsgesch. Ges. Aufs. 2. Reihe. Wien 1938.
—Der Kulturzusammenhang zwischen spätrömischer u. frühgermanischer Zeit in Südwestdeutschland. Korrbl. d. Gesamtvereins d. deutschen Gesch. -u. Altertumsvereine 75, 1927, S. 180-196.
—Naturalwirtschaft und Geldwirtschaft in der Weltgeschichte. Wien 1930.
—Wirtschaft und Gesellschaft im frühen Mittelalter. Tijdschr. v. Rechtsgeschiedenis ll, 1932, S. 359-434.
Doren, A., Italienische Wirtschaftsgeschichte. Jena 1934.
Driout, G., [Chronique, France. Critique des théories de Pirenne.] Rev. d'hist. eccl. 43, 1948, S. 322f.
Düffel, J., Bilder aus der Vergangenheit der Stadt und Festung Rees. Rees 1939.
Dümmler, E., Geschichte des ostfränkischen Reiches.[2, 3] Leipzig 1880.
Dupont, A., Les cités de la Narbonnaise première depuis les invasions germaniques jusqu'à l'apparition du consulat. Nimes 1942.
Ebeling, E. u. Meissner, B., Reallexikon der Assyriologie. 2. Bd. 1938.
Ebert. M., Reallexikon der Vorgeschichte. 15 Bde. Berlin 1924/32.
—Truso. Schriften der Königsberger Gelehrten Ges. 3, Geisteswissenschaftl. Klasse, 3, 1926, S. 1-40.
Ebhardt, B., Spanische Burgenfahrt. Marksburg ob Braubach 1934.
Eckhardt, K. A., Präfekt und Burggraf. Zschr. Sav. Stiftg. Rechtsgesch. Germ. Abt. 146, 1926, S. 163-205.
Eiden, H., Spätromisches Figurenmosaik am Kornmarkt in Trier. Trier. Zschr. 19, 1950, S. 52-71.
—Die spätrömische Kaiserresidenz Trier im Lichte neuer Ausgrabungen. Rhein. Ver. f. Denkmalpflege u. Heimatschutz 1952, S. 7-46.

Eisenträger, M. u. Krug, E., Territorialgeschichte der Kasseler Landschaft. Marburg 1935. Schriften des Instituts f. geschichtl. Landeskde. v. Hessen u. Nassau 10.

Endres, R., Das Kirchengut im Bistum Lucca vom 8. bis 10. Jhd. Vjschr. f. Soz. u. Wirtschaftsgesch. 14, 1918, S. 240-292.

Engel, F., Stadtgeschiditsforschung mit archäologischen Methoden, ihre Probleme und Möglichkeiten. Bll. f. dt. Landesgesch. 88, 1951, S. 205-209.

Engelbert, G., Zur Quariereinteilung der Stadt Düsseldorf. Düsseldorfer Jahrbuch 45, 1951, S. 289-298.

Ennen, E., Neuere Arbeiten zur Geschichte des nordwesteuropäischen Städtewesens im Mittelalter. Vjschr. f. Soz. u. Wirtschaftsgesch. 38, 1949, S. 48-69.

—Die Bedeutung der Kirche fur den Wiederaufbau der in der Völkerwanderungszeit zerstörten Städte. Die Kunstdenkmäler im Landesteil Nordrhein. Beih. 2. Kölner Untersuchungen. 1950, S. 54-68.

—Einige Bemerkungen zur frühmittelalterlichen Geschichte Bonns. Rhein. Vjbll. 15/16, 1950/51, S. 184-191.

—Burg, Stadt und Territorialstaat in ihren wechselseitigen Beziehungen. Rhein. Vjbll. 12, 1942, S. 48-88.

—Die europäische Stadt des Mittelalters als Forschungsaufgabe unserer Zeit. Rhein. Vjbll. 11, 1941, S. 119-146.

—Ottweilers Stadterhebung im Rahmen der allgemeinen Stadtgeschichte. Festschr. z. 400. Jahrestag der Stadtwerdung Ottweilers 1950, S. 10-32.

—Zur niederrheinischen Stadtgeschichte. Rhein. Vjbll. 11, 1941, S. 312-316.

—Die Stadtwerdung Bonns im Spiegel der Terminologie. Bonner Geschichtsbll. 4, 1950, S. 14-26.

—Neues Schrifttum zur Stadtgeschichte des Mittelalters. Rhein. Vjbll. 17, 1952, S. 233-242.

Erdmann, C, Die Burgenordnung Heinrich I. Dt. Arch. f. Gesch. d. Mittelalters 6, 1943, S. 59-101.

Espinas, G., Histoire urbaine: directions de recherches et résultats. Ann. d'hist. écon. et soc. 1, 1929, S. 108; 5, 1933, S. 256 u. 348; 6, 1934, S. 365; 7, 1935, S. 353-390.

—Note sur l'horaire du „Capitulum“ et de la „Potatio“ de la Gilde de St. Omer. Rev. du Nord 38, 1948, S. 197-198.

—Les origines du capitalisme. Ⅲ. Deux fondations de villes dans l'Artonis et la Flandre Française. Saint Omer. Lannoy-du-Nord. Lille 1946. Bibl. d. 1. Soc. d'hist. d. droit des pays flamands, picards et wallons 16.

—La vie urbaine de Douai au moyen-âge. Paris 1913.

—Villes du Midi et villes du Nord. Mélanges d'hist. sociale 6, 1944, S. 85-93.

Ewig, E., Civitas, Gau und Territorium in den Trierischen Mosellanden. Rhein. Vjbll. 17, 1952, S. 120-137.

Fabricius, F., Erläuterungen zum Geschichtlichen Atlas der Rheinprovinz. 7. Die Herrschaften des Mayengaues. Bonn u. Leipzig 1923.

Federle, A., Die Huteneinteilung im alten Ahrweiler. Rhein. Vjbll. 13, 1948, S. 219-227.

Fein, H., Die staufischen Städtegründungen im Elsaß. Schriften d. Wiss. Inst. d. Elsaß-Lothringer i. Reich a. d. Univ. Frankfurt. N. F. 23, Frankf. 1939.

Feuchère, P., La question de l' „Aria Monasterio" et les origines d'Aire sur la Lys. Rev. belge de philol. et d'hist. 28, 1950, S. 1068-1077.

Fimmen, D., Die kretisch-mykenische Kultur. Leipzig 1921.

Flach, J., Les origines de l'ancienne France. (Xe-Xle siècle).[2] Paris 1893.

FontRius, J. Ma, Origines del regimen municipale de Cataluna. An. hist. derecho esp. 16, 1945, S. 399-529; 17, 1946, S. 229-585.

Frahm, F., Schleswig als Gründung niederrheinischer Kaufleute. Forschungen u. Fortschritte 1936, 12, S. 284-286.

Fremersdorf, F., Neue Beiträge zur Topographie des römischen Köln. Berlin 1950. Röm. -Germ. Forschungen 18.

—Das neugefundene Kölner Dionysos-Mosaik. Germania 25, 1941, S. 233-238 m. Tafel A u. 37-62.

—Zur Geschichte des fränkischen Rüsselbechers. Wallraf-Richartz Jahrb. N. F. 1933/34, S. 7-30.

Frensdorff, F., Das Stadtrecht von Wisby. Hans. Geschichtsbll. 22, 1916, S. 1-85.

Friedrich, H., Die Anfänge des Christentums und die ersten Kirchengründungen in römischen Niederlassungen im Gebiet des Nieder-und Mittelrheins und der Mosel. Bonner Jbb. 131, 1926, S. 10-113.

Frings, Th., Wik. Beiträge zur Geschichte der deutschen Sprache und Literatur, begr. v. Braune-Paul-Sievers, hrsg. v. Th. Frings, 65, 1942, S. 221-226.

Frölich, K., Kaufmannsgilde und Stadtverfassung im Mittelalter. Festschr. A. Schultze. Weimar 1934.

—Das verfassungstopographische Bild der mittelalterlichen Stadt im Lichte der neueren Forschung. Rörig-Gedächtnisschrift. Lübeck 1953, S. 61-94.

—Kirche und städtisches Verfassungsleben im Mittelalter. Zschr. Sav. Stiftg. Rechtsgesch. Kan. Abt. 22, 1933, S. 188-287.

—Rechtsgeschichte und Wüstungskunde. Zschr. Sav. Stiftg. Rechtsgesch. Germ. Abt. 64, 1944, S. 277-318.

—Das Stadtbild von Goslar im Mittelalter. Gießen 1949. Beiträge z. Gesch. d. Stadt Goslar 11.

—Städte und Wüstungen. Vjschr. f. Soz. u. Wirtschaftsgesch. 15, 1919, S. 546-558.

—Stand und Aufgaben der Goslarschen Geschichtsforschung. Zschr. d. Harzver. f. Gesch. u. Altertumskde. 64, 1931, S. 15-45.

—Zur Verfassungstopographie der deutschen Städte des Mittelalters. Zschr. Sav. Stiftg. Rechtsgesch. Germ. Abt. 58, 1938, S. 275-310.

—[Rez. v. H. Krüger, Höxter und Corvey] Zschr. Sav. Stiftg. Rechtsgesch. Germ. Abt. 53, 1933, S. 363-375.

Gamillscheg, E., Romania Germanica. I-III. Berlin und Leipzig 1934-1936.

Ganahl, K. H., Studien zur Verfassungsgeschichte der Klosterherrschaft St. Gallen. Innsbruck 1931.

Ganshof, F. L., Le domaine gantois de l'abbaye de St. Pierre-au-Mont-Blandin à l'époque carolingienne. Rev. belge de philol. et d'hist. 26, 1948, S. 1021-1041.

—Le droit urbain en Flandre au debut de la première phase de son histoire (1127). Rev. d'hist. du droit 19, 1951, S. 387-416.

—Jets over Brugge gedurende de preconstitutioneele periode van haar geschiedenis. Nederl. Historiebladen 1, 1938, S. 281-303.

—Les origines du concept de souveraineté nationale en Flandre. Tijdschr. voor Rechtsgeschiedenis 18 (1950), S. 135-158.

—Over stadsontwikkeling tusschen Loire en Rijn gedurende de middeleeuwen. Antwerpen u. a. 1941.

Gasser. A., Gemeindefreiheit als Rettung Europas.[2] Basel (1947).

—Geschichte der Volksfreiheit und der Demokratie. Aarau 1947/49.

—Landständische Verfassungen in der Schweiz. Zschr. f. Schweiz. Gesch. 17, 1937, S. 96-108.

Geppert, Fr., Die Burgen und Städte bei Thietmar von Merseburg. Thür. Sächs. Zschr. Gesch. 16, 1927, S. 162-244.

Gerhard, D., Regionalismus und ständisches Wesen als ein Grundthema europäischer Geschichte. Hist. Zschr. 174, 1952, S. 307-337.

Gerlach, W., Entstehungszeit der Stadtbefestigungen in Deutschland. Leipzig 1913.

—Über den Marktflecken und Stadtbegriff im späten Mittelalter und in neuerer Zeit. Festgabe f. G. Seeliger. Leipzig 1920, S. 141-159.

—Alte und neue Wege in der Stadtplanforschung. Hans. Geschichtsbll. 60, 1936, S. 208-221.

Gerster, E., Das Dionysos-Mosaik in Köln. Bonn 1948.

Geyer, R., Die mittelalterlichen Stadtrechte Wiens. Mitt. d. Inst. f. österr. Geschichtsforschung 58, 1950, S. 559-613.

Giese, W., [Hrsg.] s. unter O. Jürgens !

Gladel, N., Die trierischen Erzbischöfe in der Zeit des Investiturstreites. Diss. Köln 1931. Bonn 1932.

Gley, W., Mainz. Eine stadtgeographische Skizze. Geogr. Wochenschr. 2, 1934, S. 485-495.

Glotz, G., Le travail dans la Grèce ancienne. Paris 1920.

Gönnenwein, O., Marktrecht und Städtewesen im alemannischen Gebiet. Zschr. Gesch. d.

Oberrheins 98, 1950, S. 345-376.
Görich, W., Der Stadtgrundriß als Geschichtsquelle. Zschr. d. Ver. f. hess. Gesch. u. Landeskde. 63, 1952, S. 55-65.
—Straße, Burg und Stadt in Oberhessen. Hessenland, Heimatzschr. f. Kurhessen, 49, 1938, S. 145-150.
Goetting, H., Die Anfänge der Stadt Gandersheim. Wik, mercatus und forum als Stufen der frühmittelalterlichen Entwicklung. Bll. f. dt. Landesgesch. 89, 1952, S. 39-55.
Goetz, W., Die Entstehung der italienischen Kommunen im frühen Mittelalter. Sitz. Ber. d. Bayer. Ak. d. Wiss. Jg. 1944, München 1944.
Götze, A., Die Steinsburg bei Römhild nach den neuesten Untersuchungen. Praehist. Zschr. 13/14, 1921/22, S. 10-83.
Gradmann, R., Markgenossenschaft und Gewanndorf. Berichte z. Deutschen Landeskunde 5, 1948, S. 108-114.
—Die städtischen Siedlungen des Königreichs Württemberg. Stuttg. 1914.
—Schwäbische Städte. Zschr. d. Ges. f. Erdkde. 1916, S. 425-457.
—Süddeutschland. 2 Bde. Stuttg. 1931.
Grand, R., De l'etymologie et de l'acceptation première du mot communia = commune au moyen-âge. Rev. droit francais et étr. 1948, S. 144-149.
—Les „Paix" d'Aurillac. Paris 1945.
Grebel, A., Geschichte der Stadt St. Goar. St. Goar 1848.
Grönbech, W., Kultur und Religion der Germanen.[3]. Hamburg 1942.
Grotelüschen, W., Die Städte am Nordostrande der Eifel. Bonn u. Köln 1933.
Haan, I. C. de, De wording van de italiaansche stadscommune in de middeleeuwen. Tijdschr. v. Geschied. 51, 1936, S. 225-253.
—De Italiaansche stadscommune van consulat tot signorie. Tijdschr. voor Geschiedenis, 54, 1939, S. 407-427.
Hamm, E., Die Städtegründungen der Herzöge von Zähringen in Südwestdeutschland. Freiburg i. Br. 1932.
Hankiss, J., Ungarische Städtebilder. Mit einem Vorwort von-. hrsg. v. St. Gal. Budapest o. J.
Hansay, A., La villa et l'oppidum de Saint-Trond. Rev. belge de philol. et d'hist. 1, 1922, S. 87-90.
Hansen, J., Stadterweiterung, Stadtbefestigung, Stadtfreiheit im Mittelalter. Mitt. d. Rhein. Ver. f. Denkmalpflege u. Heimatschutz 5, 1911, S. 7-32.
Hasebroek, J., Griechische Wirtschafts-und Gesellschaftsgeschichte bis zur Perserzeit. Tübingen 1931.
Haushofer, K., Großstadtprobleme der Monsunländer. 4. Beitrag zum Großstadtsammelwerk. Arch. f. Bevölkwiss. und Bevölk. -politik 12, 1942, S. 257-273.

Hegel, E., Zur Entstehung der Kultstätte und Pfarre St. Kolumba in Köln. Colonia Sacra I, Festgabe f. W. Neuss. Köln 1947, S. 19-47.

—Die Entstehung des mittelalterlichen Pfarrsystems der Stadt Köln. Die Kunstdenkmäler im Landesteil Nordrhein. Beih. 2. Kölner Untersuchungen 1950, S. 69-89.

Heichelheim. F., Wirtschaftsgeschichte des Altertums. Leiden 1938.

Heimpel, H., Deutsches Mittelalter. Leipzig [1941].

—Nürnberg und das Reich des Mittelalters. München 1951.

—Auf neuen Wegen der Wirtschaftsgeschichte. Vergangenheit und Gegenwart 32, 1933, S. 495-515.

Heinemann, L. v., Zur Entstehung der Stadtverfassung in Italien. Leipzig 1896.

Helbok, A., Grundlagen der Volksgeschichte Deutschlands und Frankreichs. Vergleichende Studien zur deutschen Rassen-, Kultur-und Staatsgeschichte. Berlin 1935/37.

Héliot, P., Les fortifications de Montreuil-sur-Mer. Rev. d. Nord 30, 1948 S. 157-183.

Hellpach, W., Mensch und Volk der Großstadt. Stuttg. 1939. u. 2. neubearb. Aufl. 1952.

Hellwig, F., Zur Geschichte des Koblenzer Moselzolls. Trier. Arch. 26/27, 1916, S. 66-144.

Hennig. R., Zur Asciburgium-Frage. Rhein. Vjbll. 11, 1941, S. 237-253.

—Der nordeuropäische Pelzhandel in den ältesten Perioden der Geschichte. Vjschr. f. Soz. u. Wirtschaftsgesch. 23, 1930, S. 1-25.

Heyck, E., Genua und seine Marine im Zeitalter der Kreuzziige. Innsbruck 1886.

Hildebrand, R., Der sächsische „Staat“ Heinrichs des Löwen. Berlin 1937.

Hirsch, R., Die hohe Gerichtsbarkeit im deutschen Mittelalter. Prag 1922.

Hirschfeld, B., s. unterE. Kaeber!

His, R., Das Strafrecht des deutschen Mittelalters. I. Leipzig 1920.

Höfler, O., Kultische Geheimbünde der Germanen. I. Frankf. 1934.

Höhn, H., Die Entwicklung des Mainzer Stadtrechts im Mittelalter. Diss. Phil. Gießen 1935. Gießen 1936.

Hömberg, A., Höxter und Corvey. Westfalen 25, 1940, S. 41-51.

—Siedlungsgesdhichte des oberen Sauerlandes. Münster 1938. Veröffentl. d. Hist. Komm. d. Provinzialinstituts f. westf. Landes-u. Volkskde. 22. Gesch. Arbeiten zur westf. Landesforschung 3.

Hoffmann, O., Weidibild. Indogerman. Forsch. 56, 1938, S. 1-20.

Hofmann, H. H., Nürnberg. Gröndung und Frühgeschichte. Jahrbuch f. fränk. Landesforschung 10, 1950, S. 1-35.

Hofmeister, H., Die Chatten. I. Mattium. Die Altenburg bei Niedenstein. Denkmäler der Frühzeit hrsg. v. d. Röm. -Germ. Komm. d. Dt. Archäol. Instituts II. Frankf. 1930.

Holwerda, I. H., Dorestad en onse vroegste middeleeuwen. Leiden 1929.

—Aus Holland. II. Dorestad. Ber. d. Röm. -Germ. Komm. 16, 1925/26, S. 141-163.

Horstmann, H., Das Trierer Stadtsiegel und die Anfänge der Trierer Selbstverwaltung. Rhein. Ver. f. Denkmalpflege u. Heimatschutz 1952, S. 79-92.
Hübener, W., Zur Ausbreitung einiger fränkischer Keramikgruppen nach Nord-und Mitteleuropa im 9. bis 12. Jhd. Archäologia Geogr. 2, 1951, S. 1-7.
—Zur Topographie von Haithabu. Gennania 30, 1952, S. 76-88.
Hübinger, P. E., Geburt des Abendlandes. [Dt. Ausg. von H. Pirenne, Mahomet et Charlemagne], o. O. 1939.
—Spätantike und frühes Mittelalter. Dt. Vjschr. f. Litwiss. u. Geistesgesch. 26, 1952, S. 1-48.
Huppertz, B., Räume und Schichten bäuerlicher Kulturformen in Deutschland. Bonn 1939.
—Zur Wüstungsforschung im Rheinlande. Rhein. Vjbll. 7, 1937, S. 373-377.
Hussong, L., Archäologische Spuren der Frankenzeit in Trier. Trierer Zschr. 10, 1935, S. 169-172.
—Schweden und das karolingische Reich. Germania 23, 1939, S. 174-186.
Ilgen, Th., Quellen zur inneren Geschichte der rheinischen Territorien. Herzogtum Kleve I. Ämter und Geridite. 1. Bd. Bonn 1921. Publ. d. Ges. f. Rhein. Geschichtskde 37.
—Die Entstehung der Städte des Erzstifts Köln am Niederrhein. Ann. Hist. Ver. Niederrhein 74, 1902, S. 1-26.
Jankuhn, H., Der deutsche Beitrag zur Erforschung der Wikingerzeit. Forschungen u. Fortschritte 17, 1941, S. 181-186.
— Birka und Haithabu. Germanien 1941, S. 175-180.
—Ergebnisse und Probleme der Haithabugrabungen 1930-1939. Zsch. d. Ges. f. Schleswig-Holsteinsche Geschichte 73, 1949, S. I-86.
—Haithabu. Eine germanische Stadt der Frühzeit. Neumünster 1938.
— Probleme des rheinischen Handels nach Skandinavien im frühen Mittelalter. Rhein. Vjbll. 15/16, 1950/51, S. 495-499.
—Zur Topographie frühmittelalterlicher Stadtanlagen im Norden und zur Soziologie ihrer Bewohner. Schmieder Festschrift 1953, S. 81-104.
Janton, G., Enquète sur les limites des influences septentrionales et méditeranéennes en France. Mém. d. 1. Soc. p. l'hist. d. droit et des institutions des anciens pays bourguignons, comtois et romans 4, 1937, S. 168-184.
Jecht, W., Neue Untersuchungen zur Gründungsgeschichte der Stadt Görlitz und zur Entstehung des Städtewesens in der Oberlausitz. Neues Laus. Magazin 95, 1919, S. 1-62.
—Studien zur gesellschaftlichen Struktur der mittelalterlichen Städte. Vjschr. f. Soz. u. Wirtschaftsgesch. 19, 1926, S. 48-85.
Joachim, H., Ursprung und Wesen der Gilde. Historische Arbeiten aus seinem Nachlaß. Hamburg 1937, S. 1-99.
Johnsen, O. A., Der deutsche Kaufmann in der Wiek in Norwegen im späteren Mittelalter. Hans. Geschichtsbll. 33, 1928, S. 66-77.

—Norwegische Wirtschaftsgeschichte. Jena 1939.

Joris, A., Les origines commerciales du patriciat hutois de la charte de 1066. La Nouvelle Clio, 3, 1951, S. 172-193.

Jürgens, O., Spanische Städte. Hrsg. v. W. Giese. Hamburg 1926.

Kaiser, K. W., Die Heidenlöcher bei Deidesheim, eine frühmittelalterliche befestigte Bergsiedlung. Pfälzer Heimat 2, 1951, S. 10-14.

Kaeber, E., u. B. Hirschfeld, Quellen zur Rechts-und Wirtschaftsgeschichte der rheinischen Städte. Berg. Städte II. Blankenberg-Deutz. Bonn 1911. Publ. d. Ges. f. Rhein. Geschichtskde.

Kaphahn, F., Zwischen Antike und Mittelalter. München [1947].

Keller, R. v., Freiheitsgarantien für Person und Eigentum im Mittelalter. Heidelberg 1933. Deutschrechtliche Beiträge hrsg. von K. Beyerle 14.

Kempf, Th. K., Die altchristliche Bischofskirche Triers. Ergänzter Sonderdruck aus Trierer Theol. Zschr. (Pastor bonus) 56, Trier 1948.

—Die altchristliche Bischofstadt Trier. Rhein. Ver. f. Denkmalpflege u. Heimatschutz 1952, S. 47-64.

—Konstantinische Deckenmalereien aus dem Trierer Dom. Trier. Zschr. 19, 1950, S. 45-51.

—Die vorläufigen Ergebnisse der Ausgrabungen auf dem Gelände des Trierer Domes. Germania 29, 1951, S. 47-58.

Kentenich, G., Die Entstehung der bürgerlichen Selbstverwaltung in Trier im Mittelalter. Trier. Archiv 11, 1907, S. 56-70.

—Geschichte der Stadt Trier. Trier 1915.

—Ein fränkischer Königshof bei Bitburg. Trier. Heimatbll. 6, 1922, S. 99 ff.

—Zur Stadt-und Gauverfassung im frühen Mittelalter. Rhein. Vjbll. 2, 1932, S. 312-316.

Kern, F., Die Anfänge der Weltgeschichte. Leipzig-Berlin 1933.

Keussen, H., Das Kölner Wohnhaus im Mittelalter. Mitt. Rhein. Ver. f. Denkmalpflege u. Heimatschutz 5, 1911, S. 108-120.

Keutgen, F., Der deutsche Staat des Mittelalters. Jena 1918.

Keyser, E., Bevölkerungsgeschichte Deutschlands.$^2$ Leipzig 1941.

—Neue Forschungen zur Geschichte der deutschen Städte. Bll. f. dt. Landesgeschichte 83, 1937, S. 46-53.

—Deutsches Städtebuch. Stuttg. -Berlin, Stuttg. 1939, 1941, 1952.

Kienast, W., [Bespr. v. H. Pirenne, Les villes et les institutions urbaines 1939]. Hist. Zschr. 163, 1941, S. 132-138.

Kienle, R. v., Germanische Gemeinschaftsformen. Stuttg. 1939.

Kivikoski, E., Studien zu Birkas Handel im östlichen Ostseegebiet. Acta Archäologica 8, 1937, S. 229-250.

Klauser, Th., Bemerkungen zur Geschichte der Bonner Märtyrergräber. Bonn u. sein

Münster. Bonner Geschichtsbll. 3, 1947, S. 35-39.
Klebel, H., Die Städte und Märkte des altbaierischen Stammesgebietes in der Siedlungsgeschichte. Zschr. f. bayer. Landesgesch 12, 1939/40, S. 37-93.
Klein, Geschichte von Boppard. Boppard 1909.
Kleinclausz. A., Histoire de Lyon. I. Des origines à 1595. Lyon 1939.
Kletler, P., Nordwesteuropas Verkehr, Handel und Gewerbe im frühen Mittelalter. Wien 1924.
Knorringa. H., Emporos. Data on trade and trader in Greek literature from Homer to Aristotle. Amsterdam 1926.
Koch, A. C. F., De ouderdom van de stad Brugge. Handelingen van het genootschap „Societé d'Emulation" te Brugge 86, 1949, S. 145-150.
Koebner, R., Die Anfänge des Gemeinwesens der Stadt Köln. Bonn 1922.
—Zur ältesten Geschichte des nordholländischen Städtewesens. Vjschr. f. Soz. und Wirtschaftsgesch. 18, 1925, S. 168-183.
—Dans les terres de colonisation: Marchés slaves et villes allemandes. Ann. d'hist. écon. et soc. 9, 1937, S. 547-569.
Koehne, C., Burgen, Burgmannen und Städte. Hist. Zschr. 133, 1925, S. 1-19.
—Der Ursprung der Stadtverfassung in Worms, Speier u. Mainz. Untersuchungen zur deutschen Staats-und Rechtsgeschichte hrsg. v. Gierke 31. Breslau 1890.
Koethe, H., Das Trevererproblem im Licht der Archäologie. Rhein. Vjbll. 9, 1939, S. 1-22.
Kötzschke, R., Markgraf Dietrich von Meissen als Förderer des Städtebaus. Neues Arch. f. Sächs. Gesch. u. Altertumskde. 45, 1924, S. 7-46.
—Allgemeine Wirtschaftsgeschichte des Mittelalters. Jena 1924.
Kohler, J., Studien über die künstliche Verwandtschaft. Zschr. d. vgl. Rechtswissenschaft 5, 1884, S. 434 ff.
Koof, P., Die Entstehung der altjülichschen Städte. Bonn 1926.
Konetzke, R., Geschichte des spanischen und portugiesischen Volkes. Leipzig [1939].
Koschaker, P., Keilschriftrecht. Zschr. d. Deutschen Morgenländischen Gesellschaft. N. F. 14, 1935, S. 1-39.
—Neue keilschriftliche Rechtsurkunden aus der El-Amarna-Zeit. Abh. d. Sächs. Gesellsch. d. Wiss. phil. hist. Kl. 39, 5, 1928.
Kranzhoff, M., Aachen als Mittelpunkt bedeutender Straßenzüge zwischen Rhein, Maas und Mosel in Mittelalter und Neuzeit. Zschr. Aachener Gesch. Ver. 51, 1929, S. 1-63.
Krebs, N., Atlas des deutschen Lebensraumes in Mitteleuropa. Leipzig 1937.
Krüger, H., Höxter und Corvey. Ein Beitrag zur Stadtgeographie. Westf. Zschr. 87, 1930, 2. Abt. S. 1-108; 88, 1931, S. 1-93.
Kulischer, J., Russische Wirtschaftsgeschichte. Jena 1925.
Kunkel, W., Verwaltungsakten aus spät-ptolemaischer Zeit. Arch. f. Papyrusforschung 8,

1927, S. 169-215.

Kurth, G., La cité de Liège au moyen-âge. Brüssel 1910.

—Les origines de la commune de Liège. Bull. Inst. Arch, liégeois 35, 1905, S. 239-240.

Kuske, B., Die wirtschaftlichen Leistungen des Maasraumes im 12. u. 13. Jhd. Rhein. Kulturgeschichte 3, S. 39-61.

Kutsch, F., Die Germanen im Rhein-Maingebiet und die germanisch-römischen Kämpfe um die Zeitenwende. Korrbll. d. Gesamtver. d. dt. Geschichts-u. Altertumsvereine 82, 1934, Sp. 274-285.

v. Kutzbach, Über die Trierer Baugruppe der Propugnacula. Trier. Chronik 3, 1907, S. 123-127.

Lacarra, J. M., El desarrollo de las ciudades de Navarra y Aragon en la Edad Media. Pireos 6, 1950, S. 5-34.

—Para el estudio del Municipio Navarro de medieval. Principe de Viana 2, 1941, S. 50-65.

Lappe, J., Die Entstehung und Feldmarkverfassung der Stadt Werne. Westf. Zschr. f. vaterländ. Gesch. u. Altertumskde. 76, 1918, S. 56-211.

—Die Huden in Gesecke. Leipzig 1907.

—Die Sondergemeinden der Stadt Lünen. Dortmund 1909.

—Wirtschaftsgeschichte der Städte des Kreises Lippstadt. 1. Bd. Zur Geschichte der Sondergemeinden in den westfälischen Städten. Vjsdir. f. Soz. u. Wirtschaftsgescn. 10, 1912, S. 438-441.

—Die Wüstungen der Provinz Westfalen. Einl. Die Rechtsgeschichte der wüsten Marken. Veröff. d. Hist. Komm. f. d. Prov. West. 15, Münster 1916.

Lastig, Entwicklungswege und Quellen des Handelsrechts. Stuttg. 1897.

Largiader, A., Die Anfänge des zürcherischen Stadtstaates. Festschr. f. P. Schweizer. Zürich 1922, S. 1-92.

Latouche, R., La commune de Mans (1070). Mélanges d. Hist, du moyen âge dédiées à la mémoire de Louis Halphen. Paris 1951, S. 377-382.

Laufner, R., Triers Ringen um die Stadtherrschaft vom Anfang des 12. bis zum ausgehenden 16. Jahrhundert. Rhein. Ver. f. Denkmalpflege u. Heimatschutz 1952, S. 151-174.

Lavedan, P., Histoire de l'architecture urbaine. Antiquité-Moyen-âge. Paris1926.

Lehe, E. v., Stade als Wikort der Frühzeit. Stader Jahrbuch 1948, S. 19-47.

Lehmann. K., Altnordische und hanseatische Handelsgesellschaften. Zschr. f. d. gesamte Handelsrecht 62, 1908, S. 289-327.

Lehmann-Hartleben, K., Die antiken Hafenanlagen des Mittelmeeres. Klio, Beih. 14, Leipzig 1923.

Lehner, H., Ausgrabungs-und Fundberichte des Provinzialmuseums in Bonn. Bonner Jbb., 114/115, 1906, S. 206-339.

Lestocquoy, J., Abbayes et origines des villes. Rev. d'hist. de l'Eglise de France 1947, S. 108-112.
—Des marchands constructeurs d'eglises? Ann. d'hist. soc. 1945, S. 136 f.
—Les origines de Montreuil-sur-Mer. Rev. du Nord, 30, 1948, S. 184-196.
—Patriciens du moyen-âge. Les dynasties bourgeoises d'Arras du Xle au XVe siecle. Mém. d. 1. Comm. dép. d. Mon. hist, du Pas-de-Calais 5, 1. Arras 1945.
—Les villes de Flandre et d'ltalie sous le gouvernement des patriciens. XI-XV. siècles. Paris 1952.
Lewald, U., [Bespr. v. H. E. Feine, Kirchliche Rechtsgeschichte] Ann. hist. Ver. Niederrhein 149/50, 1950/51, S. 280-285.
Leyden, F., Die Städte des flämischen Landes. Stuttg. 1924. Forschungen z. dt. Landes-und Volkskunde 23, 2.
Liesegang, E., Recht und Verfassung von Rees. Ein Beitrag zur Städtegeschichte des Niederrheins. Westdt. Zschr. Ergh. 6, 1890.
Lehner, H., u. W. Bader, Baugeschichtliche Untersuchungen am Bonner Münster. Bonner Jbb., 136/37, 1932, S. 1-216.
Linke, F., siehe Rudder, B. de !
Loesch, H., v. Die Grundlagen der ältesten Kölner Gemeindeverfassung. Zschr. Sav. Stiftg. Rechtsgesch. 53, Germ. Abt. S. 89-207.
— Die Kölner Kaufmannsgilde im 12. Jhd. Westdt. Zschr. Ergh. 12, 1904.
Lognon, A., Atlas historique de la France. Paris 1912.
Lopez, R., Aux origines du capitalisme Génois. Ann. d'hist. écon. et soc. 9, 1937, S. 429-454.
Lot, F., L'histoire urbaine du Nord de la France. Journal des Savants 1935, S. 1-10; S. 63-80.
—Recherches sur la population et la superficie des cités remontant à la période gallo-romaine. I, 1 u. 2. II Paris 1945/46, 1950. Bibliothèque de l'Ecole des Hautes Etudes 287.
Luchaire, A., Les communes françaises a l'époque des Capétiens directs. Paris, 2. Aufl.
Ludat, H., Die Slaven und das Mittelalter. Die Welt als Geschichte 12, 1952, S. 71-84.
Luzatto, G., Les activités economiques du patriciat vénétien. (Xe-XlVe siècles). Ann. d'hist. écon. et soc. 9, 1937, S. 25-57.
Lyna, J., Apercu historique sur les origines urbaines dans le comté de Looz et subsidiairement dans la vallée de la Meuse. Tongern 1931.
Maleczynski, K., Die ältesten Märkte in Polen und ihr Verhältnis zu der Kolonisierung nach deutschem Recht. Breslau 1930.
Malynsz, E., Geschichte des Bürgertums in Ungarn. Vjschr. f. Soz. u. Wirtschaftsgesch. 20, 1928, S. 356-407.
Des Marez, G., Etudes inédites. Brüssel 1936.
Marx, J., Geschichte des Erzstifts Trier. Trier 1858-1864.

Massiet du Biest, J., Le chef cens et la demi libertédans dans les villes du nord avant le développement des institutions urbaines. (Xe-XIIe siècles). Rev. hist. de droit français et étranger, 4. Ser. 6. Ann. 1927, S. 467-511 u. S. 651-714.

—Les origines de la population et du patriciat urbain à Amiens (1109-XIVe. siècle). Rev. du Nord 30, 1948, S. 113-132.

Maurer, L. v., Geschichte der Städteverfassung in Deutschland. Erlangen 1869ff.

Mayer, E., Deutsche und französische Verfassungsgeschichte vom 9. bis zum 14. Jahrhundert. Leipzig 1899.

Mayer, Th., Die Entstehung des „modernen" Staates im Mittelalter und die freien Bauern. Zschr. d. Sav. Stiftg. Rechtsgesch. Germ. Abt. 57, 1937, S. 210-288.

—Der Staat der Herzoge von Zähringen. Freiburg 1935.

—Die Zähringer und Freiburg i. Br. Schau-ins-Land 65/66, 1938/39, S. 133-146.

Meier, P. J., Die Entstehung der Stadt Königslutter. Göttinger Nachrichten 1920, S. I-27.

—Die Anfänge der Stadt Magdeburg und der deutsche Marktort des frühen Mittelalters. Geschichtsbll. f. Magdeburg 55, 1920, S. 60-81.

—Die Ausgrabung einer karolingischen Marktansiedlung (Dorstat). Braunschweig. Magazin 32, 1926, S. 28-30.

—Die Münz-und Städtepolitik Heinrichs d. L. Niedersächs. Jahrbuch 2, 1925, S. 125ff.

Meissner, B., siehe Ebeling, E.

Menghin, O., Die Ergebnisse der urgeschichtlichen Kulturkreislehre. Neue Jbb. f. Wiss. u. Jugendbildung 11, 1935, S. 71-81.

—Weltgeschichte der Steinzeit. Wien 1931.

Mengozzi, G., La città italiana nell' alto medio evo. II periodo langobardo-franco.[2] Florenz 1931.

Merores, M., Der venezianische Adel. Vjschr. f. Soz. u. Wirtschaftsgesch. 19, 1926, S. 193-237.

—Gaeta im frühen Mittelalter. (8. -12. Jhd.) Gotha 1911.

—Der groBe Rat von Venedig und die sog. Serrata. 1297. Vjschr. f. Soz. u. Wirtschaftsgesch. 21, 1928, S. 33-113.

Meurer, F., Der mittelalterliche Stadtgrundriß im nördlichen Deutschland. Berlin1915.

Mews, S. Gotlands Handel und Verkehr bis zum Auftreten der Hansen. Phil. Diss. Berlin 1937.

Meyer, H., Bürgerfreiheit und Herrschergewalt unter Heinrich d. Löwen. Hist. Zschr. 147, 1933, S. 277ff.

Michel, F., Der Koblenzer Stadtadel im Mittelalter. Mitt. Westd. Ges. f. Famkde. 16, 1952, S. I-20.

Mickwitz, G., Die Kartellfunktion der Zünfte und ihre Bedeutung bei der Entstehung des Zunftwesens. Helsingfors 1936.

Miljukoff, P., Die Entstehung des russischen Städtewesens. Vjschr. f. Soz. u. Wirtschaftsgesch. 14, 1918, S. 130-146.

Mitteis, H., Lehnrecht und Staatsgewalt. Weimar 1933.

—Der Staat des hohen Mittelalters.[3] Weimar 1948.

—Die Rechtsgeschichte und das Problem der historischen Kontinuität. Abhdl. d. Dt. Akadem. d. Wiss. zu Berlin, 1947.

—Über den Rechtsgrund des Satzes „Stadtluft macht frei". Festschr. Ed. E. Stengel. Münster-Köln 1952, S. 342-358.

Monier, R., Les institutions iudiciaires des villes de Flandre des origines à la rédaction des coutûmes. Lille 1924.

Moreau, E. de, Histoire de l'église en Belgique.[2] T. I u. II. Brüssel [1945].

Morré, F., Ratsverfassung und Patriziat in Regensburg bis 1400. Phil. Diss. Berlin 1934. Hist. Ver. Regensburg 85, 1935, S. 1-147.

Müller, W., Hessisches Ortsnamenbuch. Darmstadt 1937.

Müller-Wille, W., Langstreifenflur und Drubbel. Dt. Arch. f. Landes-und Volksforschung 8, 1944, S. 9-45.

Nabholz, H., Die Anfänge der hochmittelalterlichen Stadt und ihrer Verfassung als Frage der Forschungsmethode betrachtet. Bericht über die konstituierende Versammlung d. Verbandes d. österr. Geschichtsver. Vom 21. -24. Sept. 1949. Wien 1950, S. 1-33.

Nahrgang, K., Die Frankfurter Altstadt. Eine historisch- geographische Studie. Frkf. M. 1949. = Rhein-Mainische Forschungen 27.

Neu, H., siehe Busley, J. !

Neuss, W., Die Anfänge des Christentums im Rheinland.[2] Rhein. Neujahrsbll. 2 Bonn 1933.

—Die Kirche des Mittelalters. Bonn 1946.

Nielsen, A., Dänische Wirtschaftsgeschichte. Jena 1933.

Niemeier, G., Siedlungsgeographische Untersuchungen in Niederandalusien. Hamburg 1933. -Hamburgische Universitätsabh. a. d. Gebiet d. Auslandkde. 42, Reihe B. Völkerkunde, Kulturgesch. u. Sprachen 22.

Niessen, J., Geschichtlicher Handatlas der Deutschen Länder am Rhein. Köln u. Lörrach [1950].

Noack, U., Nordische Frühgeschichte und Wikingerzeit. München-Berlin1941.

Norlund, P., Trelleborg. Kopenhagen 1948.

Oelmann, F., Gallo-römische Straßensiedlungen und Kleinhausbauten. Bonner Jbb. 128, 1923, S. 77-97.

Oertel. F., [Bespr. v. Hasebroek „Staat und Handel im alten Griedienlandl-"] Deutsche Literaturzeitung 1928, Sp. 1618-1629.

Oppermann, O., Die älteren Urkunden des Klosters Blandinium und die Anfänge der Stadt Gent. Utrecht, Leipzig, München 1928.

—Rheinische Urkundenstudien. Bonn 1922. Publ. d. Ges. f. Rhein. Geschichtskde. 39.
Oppermann, A., Schuchhardt, C., Atlas vorgeschichtlicher Befestigungen in Niedersachsen. Hann. 1888-1916.
Oursel-Quarré, M., Les origines de la commune de Dijon. Dijon [1947].
Pappenheim, M., Altnordische Handelsgesellschaften. Zschr. f. d. ges. Handelsrecht. 36, 1889, S. 85-123.
—Über künstliche Verwandtschaft im germanischen Recht. Zschr. Sav, Stiftg. Rechtsgesch. Germ. Abt. 29, 1908, S. 304-333.
—Die Speisegemeinschaft im älteren westnordischen Recht. Festschr. d. Dt. Juristentag i. Lübeck v. Ver. f. Lüb. Gesch. u. Altertumskde. dargebracht. 1931, S. 1-20.
Passarge, S., [Hrsg.] Stadtlandschaften der Erde. Hamburg 1930.
Paulsen, P., Der Stand der Forschung über die Kultur der Wikingerzeit. Ber. d. röm. germ. Komm. 22, 1932/33, S. 182-254.
Perroy, E., Les origines urbaines en Flandre d'après un ouvrage récent. Rev. d. Nord, 29, 1947, S. 49-63.
Peschel, O., Geschichte des Zeitalters der Entdeckungen. Stuttg. 1877.
Petit-Dutaillis, Ch., Les communes, caracteres et evolutions, des origines au XVIIIe siècle. Paris 1947.
—Les communes françaises au XIIe siècle. Charte de Commune et chartes de franchises. Rev. hist, de droit français et étranger 23, 1944, S. 115-142; 1945, S. 8-24.
Petri, F., Germanisches Volkserbe in Wallonien und Nordfrankreich. Bonn 1937.
—Die Feste Neustadt und ihr Platz in der rheinisch-westfälischen Stadtgeschichte. Festbuch z. 650-Jahrfeier von Bergneustadt. Bergneustadt 1951, S. 64-72.
—s. auch unter F. Steinbach !
Petrikovits, H. v., Birten. Niederrhein. Jb. 3, 1951, S. 37-46.
—Das Fortleben römischer Städte an Rhein und Donau. Trierer Zschr. 19, 1950, S. 72-81.
Pfeil, E., Großstadtforschung. Veröffentlichungen d. Ak. f. Raumforschung u. Landesplanung 19. Bremen-Horn 1950.
Philippi, F., Lübeck und Soest. Zschr. Ver. lüb. Gesch. u. Altertumskde. 23, 1926, S. 87-102.
Philippson, A., Antike Stadtanlagen an der Westküste Kleinasiens. Bonner Jbb. 123, 1916, S. 109-131.
Pirenne. H., Histoire de Belgique. Brüssel 1922-33.
—Mahomet et Charlemagne. Paris 1937. Siehe auch unter Hübinger !
—Les villes et les institutions urbaines. Brüssel-Paris 1939.
Planitz, H., Frühgeschichte der deutschen Stadt. Zschr, Sav. Stiftg, Rechtsgesch. 63, 1943, S. 1-91.
—Zur Geschichte des städtisdien Meliorats. Zschr. Sav. Stiftg, Rechtsgesch. Germ. Abt. 67, 1950, S. 141-175.

—Handelsverkehr und Kaufmannsrecht im fränkischen Reich. Festschr. E. Heymann z. 70. Geb. Weimar 1940, S. 175-190.
—Die Handfeste von Huy von 1066, der älteste städtische Freiheitsbrief im deutschen Reich. Zwischen Rhein und Maas. Rheinische Kulturgeschichte 3, 1942, S. 63-68.
—Kaufmannsgilde und städtische Eidgenossenschaft in niederfränkischen Städten im 11. und 12. Jahrhundert. Zschr. Sav. Stiftg. Rechtsgesch. Germ. Abt. 60, 1940, S. 1-116.
—Römerstädte an Rhein und Donau. Anz. d. Akad. d. Wiss. Wien phil. hist. Kl. 1946, S. 53-79.
—Die deutsche Stadtgemeinde. Zschr. Sav. Stiftg. Rechtsgesch. Germ. Abt. 64, 1944, S. 1-85.
—Studien zur Rechtsgeschichte des städtischen Patriziats. Mitt. d. Inst. f. österr. Geschichtsforschung 58, 1950, S. 317-335.
Prévité-Orton, C. W., The Italian cities till c. 1200. The Cambridge Medieval History V, 1926.
Poux, J., La Cité de Carcassonne. Toulouse 1922.
Rademacher. F., Die deutschen Gläser des Mittelalters. Bonner Jbb., 147, 1942, S. 285-344.
Ramackers, J., Die rheinischen Aufmarschstraßen in den Sachsenkriegen Karls d. Gr. Ann. hist. Ver. Niederrhein 142/43, 1943, S. 1-27.
—[Bespr. von E. Hegel, Zur Entstehung der Kultstätte und Pfarre St. Kolumba in Köln.] Ann. hist. Ver. Niederrhein 148, 1949, S. 164 f.
Ramet, H., Histoire de Toulouse, o. J.
Rassow, P., Der Prinzgemahl. Ein Pactum matrimoniale aus dem Jahre 1188. Weimar 1950.
Reicke, S., Das deutsche Spital und sein Recht. Stuttg. 1932.
Reincke, H., Forschungen und Skizzen zur Geschichte Hamburgs. Hamburg1951.
—Kölner, Soester, Lübecker und Hamburger Recht in ihren gegenseitigen Beziehungen. Hans. Geschichtsbll. 69, 1950, S. 14-45.
Reinecke, P., Grabungen auf dem Altstadthügel in Passau. Germania 3, 1919, S. 57-61.
Reinecke, W., Geschichte der Stadt Cambrai bis zur Erteilung der Lex Godefridi (1227). Marburg 1896.
Renkhoff, O., Die Siegel und Wappen von Herborn und Haiger. Naussauische Annalen 62, 1951, S. 104-120.
Renouard, Y., Les hommes d'affaires italiens au moyen-âge. Paris 1949.
Ribbeck, K., Gilde, Lichtmeß und Fastnacht im Stifte Essen. Ann. hist. Ver. Niederrhein 115, 1929, S. 98-110.
Rietschel, S., Die civitas auf deutschem Boden bis zum Ausgang der Karolingerzeit. Leipzig 1894.
—Markt und Stadt in ihrem rechtlichen Verhältnis. Leipzig 1897.
—Die Städtepolitik Heinrichs d. Löwen. Hist. Zschr. 22, 1909, S. 237-276.

—Das Burggrafenamt u. d. hohe Gerichtsbarkeit in den deutschen Bischofstädten während des frühen Mittelalters. Leipzig 1905.

Rilke, R. M., Das Stundenbuch. Leipzig 1936.

Rörig, F., Hansische Aufbauarbeit im Ostseeraurm. Dt. Monatsh, i. Polen, 4, 1937/38, S. 444-451.

—Hansische Beiträge zur deutschen Wirtschaftsgeschichte. Breslau 1928.

—Magdeburgs Entstehung und die ältere Handelsgeschichte. Misc. Acad. Berol II, 1, 1950, S. 103-132.

—Die Gestaltung des Ostseeraumes durch das deutsche Bürgertum. Dt. Arch. f. Landes- und Volksforschung 2, 1938/39, S. 765-783.

—Heinrich d. Löwe und die Gründung Lübecks. Grundsätzliche Erörterung zur städtischen Ostseesiedlung. Dt. Arch. f. Gesch. d. Mittelalters 1, 1937, S. 408-456.

—Lübeck. Hans. Geschichtsbll. 67/68, 1942/43, S. 25-50.

—Das Meer und das europäische Mittelalter. Zschr. d, Ver. f. Hamb. Gesch. 41, 1951, S. I-19.

—Die europäische Stadt. Propyläen Weltgeschichte IV, 1932.

—Territorialwirtschaft und Stadtwirtschaft. Hist. Zschr. 150, 1934, S. 457-484.

—Unternehmerkräfte im fiandrisch-hansischen Raum. Hist. Zschr. 159, 1939, S. 265-286.

—Mittelalterliche Weltwirtschaft. Blüte und Ende einer Weltwirtschaftsperiode. Kieler Vorträge hrsg. v. B. Harms 40, Jena 1933.

—Wirtschaftsgeschichte und Wirtschaftsstil. Hist. Zschr. 144, 1931, S. 457-471.

Rohwer, B., Der friesische Handel im frühen Mittelalter. Phil. Diss. Kiel 1937.

Rothert, H., Westfälisdie Geschichte. I. Gütersloh 1949.

—Die Stadt Osnabrück im Mittelalter. Hans. Geschichtsbll. 65/66, 1940/41, S. 56-78.

Roupnel, G., Histoire de la campagne française. Paris 1933.

Rousseau, F., La Meuse et le pays mosan en Belgique. Namur 1930.

Rudder, B. de, u, F. Linke, [Hrsg.] Biologie der Großstadt. 4. Frankf. Konferenz f. medizinisch-naturwissenschaftl. Zusammenarbeit. Dresden u. Leipzig 1940.

Rudolph, H., Stadt und Staat im römischen Italien, Untersuchungen über die Entwicklung des Munizipalwesens in der republikanischen Zeit. Leipzig 1935.

Rüssow, A., Entstehung und Lebensbedingungen der Hochkulturen. Synopsis [Festgabe f. A. Weber] Heidelberg (1948), S. 399-433.

Sabbe, E., Quelques types des marchands des IXe et Xe siècles. Rev. belge de philol. et d'hist. 13, 1934, S. 176-187.

Sander, P., Geschichte des deutschen Städtewesens. Bonn. Leipzig 1922.

—Stadtfestungen und Burggrafenamt im frühen Mittelalter. Historische Vjschr. 13, 1910, S. 70-82.

Sawicki, W., Gallo-frankonski comes civitatis. Warschau 1933.

Schaffran, E., Über einige langobardische Herzog-Städte in Italien. Arch. f. Kulturgesch.

28, 1938, S. 263-315.

Schaus, E., Stadtrechtsorte und Flecken im Regierungsbezirk Koblenz. Rhein. Heimatpflege 7, 1935, S. 484-498; 8, 1936, S. 561-590; 9, 1937, S. 388-423.

—Die Stadtrechtsverleihungen im Sammelprivileg für das Erzstift Trier von 1332. Trier. Zschr. 6, 1931, S. 8-18.

—Die Freiheitsbriefe für Grumbach von 1330-1708. Trier. Zschr. 2, 1927, S. 42-46.

—Stadt Königsfeld. Rhein. Vjbll. 4, 1934, S. 83-85.

Scheel, O., Die Wikinger. Stuttgart 1938.

Schib, K., Der Schaffhauser Adel im Mittelalter. Zschr. f. schweiz. Gesch. 18, 1938, S. 380-404.

—Geschichte der Stadt Schaffhausen. Schaffhausen 1945.

Schleif, H., siehe Buttler, W.

Schlesinger, W., Die Anfänge der Stadt Chemnitz. Untersuchungen über Königtum und Städte während des 12. Jahrhunderts. Weimar 1952.

—Egerland. Vogtland. Pleissenland. Zur Geschichte des Reichsgutes im mitteldeutschen Osten. Forsch. z. Gesch. Sachsens u. Böhmens hrsg. v. R. Kötzschke. Dresden 1937, S. 61-91.

Schmitthenner, H., Die chinesische Stadt. S. Passarge [Hrsg.], Stadtlandschaften der Erde. Hamburg 1930, S. 85-108.

Schmoller, G. ., Die älteren deutschen Kaufgilden und die der Nachbarländer. Schmollers Jahrbuch 42, 1918, S. 47-92.

—Deutsches Städtewesen in älterer Zeit. Bonn u. Leipzig 1922.

Schneider, A., Die sumerische Tempelstadt. Staatswissenschaftl. Beiträge 4. Essen 1920.

Schnellenkamp, W., Die Entstehungsgeschichte der Städte und Marktsiedlungen in Mittelthüringen. Mainzer Zschr. 27, 1932, S. 16-26.

Schnittger. B., Die vorgeschichtlichen Burgwälle in Schweden. Montelius-Festschr. 1913, S. 335-349.

Schrader, E., Das Befestigungsrecht in Deutschland von den Anfängen bis zum Beginn des 14. Jahrhunderts. Göttingen 1909.

Schrader, E., Ursprünge und Wirkungen der Reichsgesetze Friedrichs II. von 1220, 1231/32 und 1235. Zschr. Sav. Stiftg. Rechtsgesch. Germ. Abt. 68, 1951, S. 354-396.

Schreiber, G., Mittelalterliche Segnungen und Abgaben. Brotweihe, Eulogie und Brotdenar. Zschr. Sav. Stiftg. Rechtsgesch. Kanon. Abt. 32, 1943, S. 191-299.

Schröder, E., Nordische Lehnwörter und Wanderwörter in der deutschen Sprache. Nachrichten der Ak. d. Wiss. in Göttingen, phil. -hist. Kl. 1941, S. 293ff.

—„Stadt“ und „Dorf“ in der deutschen Sprache des Mittelalters. Nachr. Gesellsch. d. Wiss. Göttingen 1906.

Schubart-Fikentscher, G., Die Verbreitung der deutschen Stadtrechte in Osteuropa.

Weimar 1942. Forsch. z. dt. Recht IV, 3.
Schuchhardt. C., Die Burg im Wandel der Weltgeschichte. Potsdam [1931].
—Hof, Burg und Stadt bei Germanen und Griechen. Neue Jahrb. f. klass. Altertum, Gesch. und dt. Lit. 1, 1908, S. 305-321.
—Ursprung und Wanderung des Wohnturms. Sitzungsber. d. preuß. Akad. d. Wiss. 1929, S. 437-469.
—Vineta. Sitzungsber. d. Preuß. Akad. d. Wiss. phil. -hist. Kl. 1924, S. 176-217.
—siehe auch unter A. Oppermann !
Schück, A., Die deutsche Einwanderung in das mittelalterliche Schweden und ihre kommerziellen und sozialen Folgen. Hans. Geschichtsbll. 55, 1930, 1931, S. 67-89.
Schünemann, K., Die Entstehung des Städtewesens in Südosteuropa. Breslau u. Oppeln [1928?] Südosteuropäische Bibliothek 1.
Schulte, A., Der hohe Adel im Leben des mittelalterlichen Köln. Sitzungsber. d. bayr. Akad. d. Wiss. phil. -hist. Kl. 1919.
—Über Reichenauer Städtegründungen im 10. und 11. Jahrhundert. Zschr. Gesch. Oberrheins N. F. 2, 1890, S. 137-169.
—Anläufe zu einer festeren Residenz der deutschen Könige im Hochmittelalter. Hist. Jahrbuch d. Görres-Gesellsch. 55, S. 131-142.
—Pavia und Regensburg. Hist. Jahrbuch d. Görres-Gesellsch. 52, 1932, S. 465-476.
—Regensburg und seine Eigenart in der deutschen Geschichte. Festschr. G. Schreiber (Volkstum u. Kulturpolitik) 1932, S. 201-207.
Schulten, A., Tartessos. Ein Beitrag zur Geschichte des Westens. Hamburg 1922. Hamburger Universitätsabh. aus d. Gebiet d. Auslandskde. 8.
Schumacher, K., Beiträge zur Topographie und Geschichte der Rheinlande. Mainzer Zschr. 5, 1910, S. 8-22; 6, 1911, S. 8-19.
—Siedlungs-und Kulturgeschichte der Rheinlande von der Urzeit bis in das Mittelalter. Mainz 1921-25.
Schultze, A., Zur Rechtsgeschichte der germanischen Brüdergemeinschaft. Zschr. Sav. Stiftg. Rechtsgesch. Germ. Abt. 56, 1936, S. 264-348.
Schwab, J., Überblick über die Geschichte der Stadt Andernach. Sonderwerk über Handel und Wandel im Kreise Mayen. Düsseldorf [1927], S. 48-62.
Schwer, W., Stand und Ständeordnung im Weltbild des Mittelalters. Die geistes-und gesellschaftsgeschichtlichen Grundlagen der berufsständischen Idee. Paderborn 1934, 2. Aufl. hrsg. v. St. Monzel. Paderborn 1952.
Schwerin, C. v., Der Geist des altgermanischen Rechts. Germanische Wiedererstehung, hrsg. v. H. Nollau. Heidelberg 1926.
Seeger, H. I., Westfalens Handel und Gewerbe vom 9. bis 14. Jahrhundert. Berlin 1926.
Seiler, K., Die seelische Seite der Verstädterung. 3. Beitrag z. Großstadtsammelwerk.

Arch. f. Bevölkerungswissenschaft und Bevölkerungspolitik 12, 1942, S. 129–154.
Seyn, E. de., Dictionnaire historique et géographique des communes belges. Brüssel 1924/25.
Sieber, S., Nachbarschaften, Gilden, Zünfte und ihre Feste. Arch. f. Kulturgesch. 11, 1914, S. 455–482; 12, 1915, S. 56–78.
Sieveking, H., Genueser Finanzwesen mit besonderer Berücksichtigung der Casa di S. Giorgio. Freiburg 1898, Tübingen 1900.
—Der Kaufmann im Mittelalter. Schmollers Jahrbuch 52, 1928, S. 71–86. bzw. 1031–1046.
—Vom Sklavenhandel zur Arbeitsvermittlung. Festschr. Zycha. Weimar 1941.
Silberschmidt, W., Die Bedeutung der Gilde, insbesondere der Handelsgilde für die Entstehung der italienischen Städtefreiheit. Zschr. Sav. Stiftg. Rechtsgesch. Germ. Abt. 51, 1931, S. 132–174.
Sombart, W., Die Ordnung des Wirtschaftslebens. Berlin 1920.
Sommer, R., Westfälisches Gildewesen. Arch. f. Kulturgesch. 7, 1909, S. 393–476.
Souza Soares, T. de, Apontamentos para o estudo da origem das instituiceos municipais portuguesas. Lissabon 1936.
Spiess, W., Das Marktprivileg. Heidelberg 1916. Deutschrechtl. Beitr. 11, 3.
Spiethoff, A., Anschauliche und reine volkswirtschaftliche Theorie und ihr Verhältnis zueinander. Synopsis [Festgabe f. A. Weber]. Heidelberg (1948), S. 569–664.
Sprockhoff, E., Zur Handelsgeschichte der germanischen Bronzezeit. Berlin 1930. Vorgeschichtl. Forsch. 7.
Sproemberg, H., Residenz und Territorium im niederländischen Raum. Rhein. Vjbll. 6, 1936, S. 113–139.
Stadelmann, R., Persönlichkeit und Staat in der Renaissance. Die Welt als Geschichte 5, 1939, S. 137–155.
Stähelin, F., Die Schweiz in römischer Zeit.[3] Basel 1948.
Steeger. A., Bild und Bau der Burg Linn im Wechsel der Jahrhunderte. Die Heimat [Krefeld] 21, 1950, S. 65–75.
—Burg und Stadt am Niederrhein im Altertum und im frühen Mittelalter. Die Heimat [Krefeld] 17, 1938, S. 92–95.
Steinbach, F., Rheinische Anfänge des deutschen Städtewesens. Jahrbuch d. Köln. Geschichtsver. 25, 1950, S. 1–12.
—Das Bauernhaus der westdeutschen Grenzlande. Rhein. Vjbll. 1, 1931, S. 26–47.
—Bemerkungen zum Städteproblem. Rhein. Vjbll. 7, 1937, S. 127–132.
—Geburtsstand, Berufsstand und Leistungsgemeinschaft. Rhein. Vjbll. 14, 1949, S. 35–96.
—Zur ältesten Geschichte von Bonn. Rhein. Heimatbll. 2, 1925, S. 293–296.
—Grundzüge der politischen Entwicklung an der oberen und mittleren Mosel im Mittelalter. Jahrbuch d. Arbeitsgemeinschaft d. Rhein. Geschichtsver. 2, 1936, S. 10–18.

—Historische Ortsbilder an der Saar. Zschr. d. Rhein. Ver. f. Denkmalpflege u. Heimatschutz 22, 1929, S. 188-206.
—Das Ständeproblem des frühen Mittelalters. Rhein. Vjbll. 7, 1937, S. 313-327.
—Stadtgemeinde und Landgemeinde. Studien zur Geschichte des Bürgerturms 1. Rhein. Vjbll. 13, 1948, S. 11-50.
—Ursprungsbedingungen der Stadt Euskirchen. 650 Jahre Stadt Euskirchen. Euskirchen 1952. S. 33-40.
—[Rezension von] Pirenne, Mahomet et Charlemagne. Rhein. Vjbll. 9, 1939, S. 299-302.
—u. E. Becker, Geschichtliche Grundlagen der kommunalen Selbstverwaltung in Deutschland. Bonn. 1932. Rhein. Archiv 20.
—u. F. Petri, Zur Grundlegung der europäischen Einheit durch die Franken. Leipzig 1939.
Steinhausen, J., Die Hochschulen im römischen Trier. Rhein. Ver. f. Denkmalpflege u. Heimatschutz 1952, S. 27-46.
—Frühmittelalterliche Glashütten im Trierer Land. Trier. Zschr. 14, 1939, S. 29-57.
—Ortskunde Trier-Mettendorf. Textblatt z. Halbblatt d. Archäol. Karte der Rheinprovinz. Publ. Ges. f. Rhein. Geschichtskde. 12, 3, Bonn 1932.
—Archäaologische Siedlungskunde des Trierer Landes. Trier 1936.
Stephenson, C., Borough and town. A study of urban origins in England. Cambridge Massachusetts 1933.
Stimming, M., Die Entstehung des weltlichen Territoriums des Erzbistums Mainz. Darmstadt 1915.
—Die Stadt Mainz in karolingischer Zeit. Westdt. Zschr. 31, 1912, S. 133-161.
Storm, C, Burgen und Städte im mittelalterlichen Friaul. Leipzig 1940. Dt. Schriften z. Landes-u. Volksforschg. 5.
Strahm, H., Mittelalterliche Stadtfreiheit. Schweizer Beitr. z. allgemeinen Gesch. 5, 1947, S. 77-113.
—Zur Verfassungstopographie der mittelalterlidien Stadt mit besonderer Berücksichtigung des Gründungsplanes der Stadt Bern. Zsch. f. Schweiz. Gesch. 30, 1950, S. 372-410.
—Die Area in den Städten. Schweizer Beitr. z. allgemeinen Gesch. 3, 1945, S. 22-61.
Strohecker, K. F., Der senatorische Adel im spätantiken Gallien. Tübingen 1948.
—Um die Grenze zwischen antikem und abendländischem Mittelalter. Saeculum 1, 1950, S. 433-465.
Sturler, J. de, Les relations politiques et les échanges commerciaux entre le duché de Brabant et l'Angleterre au moyen-âge. Paris 1936.
Stutz, U., Die Grundlagen der mittelalterlichen Verfassung Deutschlands und Frankreichs. Eine Literaturstudie. Zsch. Sav. Stiftg. Rechtsgesch. Germ. Abt. 21, 1900, S. 115-172.
Szabó, A., Altmediterranes Königtum in seiner Bedeutung für die Anfänge des

griechischen Staates. Die Welt als Geschichte 6, 1940, S. 293-312.
Tait, J., The medieval English borough. Studies and constitutional history. Manchester 1936.
Thieme, H., Staufische Stadtrechte im Elsaß. Zschr. Sav. Stiftg. Rechtsgesch. 58, 1938, S. 65-73.
Thurnwald, R., Die menschlidie Gesellsdaaft. 2. u. 3. Bd. Berlin u. Leipzig 1932. 4. Bd. Berlin u. Leipzig 1935.
Timme, F., Andernach am Rhein und die topographischen Anfänge der älteren Fluß uferstädte. Gedächtnisschrift f. F. Rörig. Lüb. 1952, S. 401-421.
—Die erste Bebauung der Altstadt von Braunschweig. Braunschweig. Heimat 35, 1949, S. 5-16.
—Das Problem der Wike. Pädagogische Beiträge 4, 1952, S. 2-8.
—Ostsachsens früher Verkehr und die Entstehung alter Handelsplätze. Braunschweig. Heimat 36, 1950, S. 107-136.
—Die wirtschafts-und verfassungsgeschichtlichen Anfänge der Stadt Braunschweig. Borna-Leipzig 1931.
—Ein alter Handelsplatz in Braunschweig. Niedersächs. Jahrb. f. Landesgesch. 22, 1950, S. 33-86.
—Alte Wehrbefestigungen? Untersuchungen zur älteren Geschichte Braunschweigs, Freundeskreis des Gr. Waisenhauses 1953, H. 7.
Tischler, F., Zur Frühgeschichte der Stadt Duisburg. Forschungen u. Fortschritte 25, 1949, S. 255-258.
—Die Rheinuferlage von Asberg und Werthausen, Kreis Mörs. Rhein. Vjbll. 18, 1953, S. 427-436.
Toynbee, A. J., Studie zur Weltgeschichte. Wachstum und Zerfall der Zivilisation. Nach der von D. C. Somervel bes. Ausg. übersetzt u. hrsg. v. F. W. Pick. Hamburg (1949).
Trier. Ein Zentrum abendländischer Kultur. Rhein. Ver. f. Denkmalpflege u. Heimatschutz. 1952.
Tritsch, F., Die Stadtbildungen des Altertums und der griechischen Polis. Klio 22, 1929, S. 1-83.
Uhlemann, W., Stand und Aufgaben der Stadtplanforschung für die Geschichte des Städtewesens. Vjschr. Soz. u. Wirtschaftsgesch. 24, 1931, S. 185-212.
—Taucha. Das Werden einer Kleinstadt auf flurgeschichtlicher Grundlage. Crimmitschau 1924. Obersachs. Heimatstudien hrsg. v. R. Kötzschke 2.
Unger, E., Babylon. Berlin-Leipzig 1931.
Uslar, R. v., Der Ringwall der älteren Hunsrück-Eifelkultur auf dem Hummelsberg über Linz, Krs. Neuwied. Bonner Jbb. 145, 1940, S. 267-277.
—Stadt, Burg, Markt und Temenos in der Urgeschichte. Beispiele zu ihrer

Begriffsbestimmung. Festschr. G. Schwantes, Neumünster 1951, S. 33-44.

Valjavec, Fr. Hrsg., Historia mundi. 1. Bd. Frühe Menschheit. München (1952).

Vannérus, J., Trois villes d'origine romaine dans l'ancien Pays de Luxembourg-Chiny: Arlon, Bitbourg et Yvois. Bull. Ac. Roy. Belg. Cl. d. lettres 5. Ser. T. 21, 1935, S. 150-175; S. 226-256.

Verbruggen, J. F., Note sur le sens des mots castrum, castellum, et quelques autres expressions, qui désignent des fortifications. Rev. belg. de philol. et d'hist. 28, 1950, S. 147-155.

Vercauteren, F., Etude sur les civitates de la Belgique seconde. Brüssel 1943.

—Etude sur les chatelains comteaux de Flandre du XIe au début du XIIIe siécle, Etudes d'histoire dédiées à la mémoire de H. Pirenne. Brüssel 1937. S. 425-449.

—Note sur la survivance de la Hanse des XVII villes du XVe au XVIIe siécle. Rev. belge d. philol. et d'hist. 28, 1950, S. 1078-1091.

Vergottini, G. de, Origini e sviluppo storico della comitinanza I. Siena. 1929.

Verlinden, Ch., Le Franc Samo. Rev. belg. d. philol. et d'hist. 12, 1933, S. 1090-95.

—Le balfart. Corvée-redevance pour l'entretien des fortifications au moyen-âge. Tijdschr. voor Rechtsgeschied. 12, 1933, S. 107-136.

—L'esclavage dans de monde ibérique médieval. An. d. hist, del derecho espanol 11, 1934, S. 283-448; 12, 1935, S. 361-424.

—Note sur l'esclavage à Monpellier du bas moyen-âge (XIIIe-XVe siècles). Etudes d'hist. dédiées à la mémoire d. H. Pirenne. Brüssel 1937, S. 451-469.

—siehe unter A. van de Vyver!

Vogel, W., Handelsverkehr, Städtewesen und Staatenbildung in Nordeuropa im frühen Mittelalter. Zschr. Ges. Erdkunde, 1931, S. 257-275.

—Ein seefahrender Kaufmann um 1100. Hans. Geschichtsbll. 18, 1912, S. 239-248.

—Stand und Aufgaben der historisch-geographischen Forschung in Deutschland. Petermanns Mitt. Ergh. 209, 1930, S. 346-360.

—Wik-Orte und Wikinger. Hans. Geschichtsbll. 60, 1935, S. 29.

Vogts, H., Das Bürgerhaus in der Rheinprovinz. Düsseldorf 1928.

Vollmer, G., Die Stadtentstehung am unteren Niederrhein. Bonn 1952. Rhein. Arch. 41.

Volxem, J. van., Die Ardennen als Grenzland des Reiches im 18. Jahrhundert. Bonn. 1941. Rhein. Arch. 38.

Vyver, A. van de, et Ch. Verlinden, L'auteur et la portée du conflictus ovis et lini. Rev. belg. d. philol. et d'hist. 12, 1933, S. 59-81.

Waas, A., Königtum, Bistum und Stadtgrafschaft in den mittelrheinischen Bistümern. Hist. Vjschr. 1921, S. 398-425.

—Die alte deutsche Freiheit. München-Berlin 1939.

Wackenroder, E., Die Kunstdenkmäler des Kreises Bitburg. Düsseldorf 1927.

Wackernagel, R., Geschichite der Stadt Basel. I. Basel 1906.
Wagner, F, Die adligen Geschlechter des Viertälergebietes von Bacharach. Mitt. Westdt. Ges. f. Famkde. 16, 1952, S. 19-30.
Wahle, E., Frühgeschichte als Landesgeschichte. Stuttgart 1943.
Wais, G. J., Geweihte Stätten im Wandel der Zeiten. Zur Kontinuität des locus sacer im deutschen Südwesten. Zschr. f. Kirchengesch. 61, 1942, S. 75-82.
Waitz, G., Deutsche Verfassungsgeschichte. Berlin 1880-1896.
Wartburg, W. v., Die Entstehung der Sprachgrenzen im Innern der Romania. Beitr. f. Gesch. d. dt. Spracbe u. Lit. 58, 1934.
Wattenbach, W., Deutschlands Geschichtsquellen im Mittelalter. Deutsche Kaiserzeit. Hrsg. von R. Holtzmann I, 1 Berlin 1936, I, 2 Berlin 1939.
Weerd, H. van de, Enceinte et vieux murs de Tongres. Rev. belg. d. philol. et d'hist. 9, 1930, S. 95-119.
—L'origine de la ville de Tongres. Musée belg. 33, 1929, S. 17-26.
Wefelscheid, K., Pfalz und Reichsburg am Niederrhein. Ann. hist. Ver. Niederrhein 140, 1942, S. 1-20.
Weirich, H., Germanische Staatsbildung außerhalb Deutschlands. Mitt. d. Universitätsbundes Marburg. 21, 1942, S. 12-29.
Weis, D., Die Großstadt Essen. Die Siedlungs-, Verkehrs-und wirtschaftliche Entwicklung des heutigen Stadtgebietes von der Stiftsgründung bis zur Gegenwart. Bonn 1951. Bonner Geogr. Abh. 7.
Weller, K., Die freien Bauern in Schwaben. Zschr. Sav. Stiftg. Rechtsgesch. Germ. Abt. 54, 1934, S. 178-226.
—Die freien Bauern des Spätmittelalters im heutigen Württemberg. Zschr. f. württ. Landesgesch. 1, 1937, S. 47-67.
—Die staufischen Städtegriindungen in Schwaben. Württ. Vjschr. N. F. 36, 1930, S. I45-268.
Werner, J., Die Bedeutung des Städtewesens für die Kulturentwicklung des frühen Keltentums. Die Welt als Geschichte 5, 1939, S. 380-390.
Werveke, H. van., La banlieue primitive des villes flamandes. Etudes d'hist. dédiées à la mémoire de H. Pirenne. Brüssel 1937, S. 389-401.
—Gand. Esquisse d'histoire sociale. Brüssel 1946.
—Kritische Studien betr. de oudste geschiedenis van de stad Gent. Paris-Antwerpen 1933. Uni. te Gant. Werken uitg. d. d. Faculteid d. wijssbegerten en letteren 69.
Wieruszowski, H., Die Zusammensetzung des gallischen und fränkischen Episkopats bis zum Vertrag von Verdun (843) mit besonderer Berücksichtigung der Nationalität und des Standes. Bonner Jbb. 127, 1922, S. 1-33.
Wilkens, H., Zur Geschichte des niederländischen Handels im Mittelalter. Hans. Geschichtsbll. 14, 1908, S. 295-356.

Winterfeld, L. v., Der Begriff Erbsasse und die Entstehung des Erbsassenstandes in Dortmund. Beitr. z. Gesch. Dortmunds und der Grafschaft Mark. 29/30, 1922, (Beil. 3 zu: Die Dortmunder Wandschneider-Gesellschaft) S. 331-338.

—Die Entstehung der Stadt Dortmund. Beitr. z. Gesch. Dortmunds u. d. Grafschaft Mark 48, 1950, S. 1-97.

—Geschichte der freien Reichs- und Hansestadt Dortmund. Dortmund 1934.

—Gottesfrieden und deutsche Stadtverfassung. Hans. Gesehichtsbll. 32, 1927, S. 8-56.

—Nochmals Gottesfrieden und deutsche Stadtverfassung. Zschr. Sav. Stiftg. Rechtsgesch. Germ. Abt. 54, 1934, S. 234-240.

—Handel, Kapital und Patriziat in Koln bis 1400. Liibeck 1925 Pfingstbll. d. Hans. Geschver. 16.

—Das Dortmunder Patriziat bis 1400. Mitt. Westdt. Ges. f. Famkde. 4, 1925, S. 102-108, 145-153, 215-225.

—Neue Untersuchungen über die Anfänge des Gemeinwesens der Stadt Koln. Vjschr. f. Soz. u. Wirtschaftsgesch. 18, 1925, S. 1-25.

—Versuch über die Entstehung des Marktes und den Ursprung der Ratsverfassung in Liibeck. Zschr. Ver. f. Lüb. Gesch. u. Altertumskde. 25. Lübeck 1929, S. 265-488.

Wittek, P., Die Zenturienordnung als Quelle zur ältesten römischen Sozial-und Verfassungsgeschichte. Vjschr. f. Soz. u. Wirtschaftsgesch. 16, 1922, S. I-38.

Wohltmann, H., Die Anfänge der Stadt Stade. Hans. Geschichtsbll. 69, 1950, S. 47-63.

Zeiss, H., Kontinuitätsproblem und Denkmälerforschung. VIII$^{e}$ Congrès Internat. des Sciences hist. Zürich 1938. Commun. S. 188 ff.

—Die germanischen Grabfunde des früheren Mittelalters zwischen Seine und Loiremündung. 31. Ber. d. Röm. Germ. Komm. 1941. Frankf. /M. 1942.

Ziebarth, E., Beiträge zur Geschichte des Seeraubs und Seehandels im alten Griechenland. Hamburg 1929. Hamburgsche Abh. aus d. Gebiet der Auslandkde. 30.

—Der griechische Kaufmann im Altertum. München 1934.

Zimmermann, K., Die Wiek in Andernach. Erzähler der Heimat. Beil. z. Rhein-Zeitung Koblenz vom 9. Juli 1952.

Zycha, A., Über den Ursprung der Städte in Böhmen und die Städtepolitik der Premysliden. Mitt. d. Ver. d. Deutschen i. Böhmen 52, 1914 S. 2-76, S. 263-307, S. 559-605; 53, 1915, S. 124-170.

—Prag. Prag 1912.

# 原　注

## 序　論

1） K. Seiler. Die seelische Seite der Verstädterung. 3. Beitrag zum Großstadtsammelwerk, Arch. f. Bevölkerungswissenschaft und Bevölkerungspolitik 12, 1942, S. 151.

2） Seiler a. a. O. S. 136. K. Haushofer, Großstadtprobleme der Monsunländer. 4. Beitrag zum Großstadtsammelwerk. Arch. f. Bevökerungswissenschaft u. Bevölkerungspolitik 12, 1942, S. 257-273; 特に S. 258, S. 273 を見よ。H. Schmitthenner, Die chinesische Stadt. In: S. Passarge, Hrsg. Stadtlandschaften der Erde. Hamburg 1930, S. 85-108.

3） この考え方については，F. Rörig, Die Gestaltung d. Ostseeaumes durch das deutsche Bürgertum. Dt. Arch. f. Landes-u. Volksforschung 2. 1938, S. 780 をも参照せよ。

4） Vorbemerkung der Schriftleitung über den Plan eines Sammelwerkes zur Erforschung der Großstadtfrage. Arch. f. Bevölkerungswissensch. u. Bevölkerungspolitik 11, 1941, S. 23f. Seiler a. a. O. S. 152. W. Hellpach, Mensch u. Volk der Großstadt. Stuttgart 1939, 2. neubearb. Aufl. Stuttgart 1952, S. 133.

5） A. a. O. S. 123.

6） A. a. O. S. 152.

7） A. a. O.

7 a） Hellpach a. a. O. 2. Aufl. S. 135 に挙げられている文献を参照せよ。

8） A. a. O. S. 139:「今では，どうして商業の支配が民族の存続にとってそれほどまでに危険になるのかも，明らかである。商業の支配は，利潤追求と貨幣思想とに自由な道を開くために，伝統的な共同社会の一切のきずなを解いて，変動する搾取共同社会と賭博共同社会とをそれに代置する。後二者は，そのメンバーである個人の，加入脱退の自由と無関心の故に，本当の，民族秩序保証的，道徳維持的共同社会ではないのである。そして，商業は，商業にブレーキをかける共同社会とともに，民族の健康と能力との基礎をも破壊する。そしてそれ故に，そのような民族は，よく知られている個人主義的な能力の復活の後に，死へと向かう。……」後に展開される私達の議論は，ザイラーの描くこの画像が，西北ヨーロッパの都市の，歴史的現実によって訂正されることを示すであろう。

9） A. a. O. S. 138:「ドイツ中世にあっては都市化は，血縁共同社会，防衛共同社会，居住共同社会，仕事共同社会の，完全な衰弱をもたらすことがなかった。それがもたらしたものは，諸々の共同社会の間で，重心を仕事共同社会の方向へ移動させることだけであった。都市とその諸々のツンフトは，労働の秩序を都市住民の生活の中央においた。家族形成，家族結合，はツンフトの法規の下におかれた。都市を防衛する際には各ツン

フトは団結して参加した，都市においては同じツンフトのメンバーは同じ小路に集団で居住した。アッシジのフランシスコのような人間の精神運動が，俗人兄弟分団体の思想と俗人兄弟分団体による職業思想の新しい評価とを通じて，公認され信仰された宗教との深い関係を，自己形成的な労働エートスに与えた。今や，手工業者は，例外なく，騎士，そして聖職者と修道士の，上層二つの身分と全く同じように，神の戦士であり，手工業者の労働は，上層二つの身分の活動と全く同じように，神への奉仕である。」ザイラーの歴史像は，これまでにその一面的であることの知られてきた見解に基づくものである。その見解は，ツンフト都市，手工業都市，は中世都市の中の一つの型に過ぎないのに，それだけが中世都市だと見ようとするものである。

10） A. a. O. S. 130.

11） Zschr. f. Rassenkunde. 12, 1941, S. 218-230; 引用箇所は220ページ。

12） G. v. Below, Über Theorien der wirtschftlichen Entwicklung der Völker, mit besonderer Rücksicht auf die Stadtwirtschaft des deutschen Mittelalters. Probleme der Wirtschaftsgeschichte. Tübingen 1926. 初出は Hist. Zschr. 1901 である。

13） W. Sombart, Die Ordnung des Wirtschaftslebens. Berlin 1920. A. Spiethoff, Anschauliche und reine volkswirtschaftliche Theorie und ihr Verhältnis zueinander. In: Synopsis (Festgabe f. Alfred Weber). Heidelberg 1948. 特に577ページと643ページを見よ。

14） F. Kern, Die Anfänge der Weltgeschichte. Leipzig-Berlin 1933. S. 13.

15） 上掲５ページ以下〔本訳書９ページ〕。

16） この考え方を表明したものとして，R. Thurnwald, Die menschliche Gesellschaft. 4. Bd. =Werden, Wandel und Gestaltung im Lichte der Völkerforschung. Berlin-Leipzlg 1935, S. 269ff. S. 308ff.

16a） トインビーの「挑戦と応答」という対概念は，私達の考え方に完全に対応するものではない。それに又，今議論している都市文化の継承という問題は，トインビーの場合には簡単に触れられているにすぎない。

17） 基本的な点については，H. Aubin, Zur Frage der historischen Kontinuität im allgemeinen. Hist. Zschr. 168, 1943, S. 229-262 を参照せよ。

18） 昔の論争について要約して教えてくれるものに，H. Pirenne, Les villes et les institutions urbaines. Brüssel-Paris 1939. I. S. 2ff. G. Schmoller, Die deutschen Städtehistoriker des 19. Jahrhunderts. Deutsches Städtewesen in älterer Zeit. Bonn-Leipzig 1922; ders. Die älteren deutschen Kaufgilden und die der Nachbarländer. Schmollers Jahrb. 42, 1918, S. 47-92. がある。それ以後に公表された最重要の都市文献については以下の拙稿を参照せよ。Die europäische Stadt des Mittelalters als Forschungsaufgabe unserer Zeit. Rhein. Vjbll. 11, 1941, S. 119-146; Neuere Arbeiten zur Geschichte des nordwesteuropäischen Städtewesens im Mittelalter. Vierteljahrschr. f. Soz. u. Wirtschaftsgesch. 38. 1949. S. 48-69. Neues Schrifttum zur Stadtgeschichte des Mittelalters. Rhein. Vjbll. 17, 1952, S. 233-242.

19）　Das deutsche Städtebuch. Vierteljahrschr. f. Soz. u. Wirtschaftsgesch, 34, 1941, S. 324-335.

20）　これらの方法については H. Aubin, Geschichtliche Landeskunde. Bonn 1925, S. 36ff. B. Huppertz, Räume und Schichten bäuerlicher Kulturformen in Deutschland. Bonn 1939, S. 14ff. を参照せよ。

21）　Rhein. Vjbll. 11, 1941, S. 122.

22）　例えば，E. Perroy, Les origines urbaines en Flandre d'après un ouvrage recent. Rev. du Nord 29, 1947, S. 49-63; R. Grand, Les "Paix" d'Aurillac. Paris 1945, S. XLIV Anm. 1.

23）　Berlin 1899.

23a）　私達の研究が諸都市史の集成として，あるいはヨーロッパ都市の歴史の事典として，見られることがないようにと，切に願っている。

## 第１部　中世都市文化の諸前提

1）　O. Menghin, Weltgeschichte der Steinzeit. Wien 1931.

2）　F. Kern, Die Anfänge der Weltgeschichte. Leipzig 1933.

2 a)　今では，これまたケルンが始めた Historia mundi の中で提示されている。この『世界史』の第一巻，“Frühe Menschheit” は1952年に刊行された。

3）　A. a. O. S. 608. これについて，F. Cornelius, Gedanken zu O. Menghins “Weltgeschichte der Steinzeit”. Klio 28, 1935, S. 322 が，以下のように批評している。「初期の諸都市文化の間に見られる類似性は，この共通分母の下に諸村落文化に対してもち出すことができる類似性よりも，はるかに小さいものだと私には思われる。」しかしこの批判は確実に行き過ぎている。

4）　A. a. O. S. 142.

5）　メソポタミア都市の，充分に証拠のある起源は，ウル，キシュ，ウルク，で〔前〕五千年紀の末までさかのぼる。アナウの方がもっと古いであろう。エジプト，西北スーダン，では都市的文化の，いわゆる前王朝時代の起源は，少なくとも，〔前〕五千年紀の末までさかのぼる。詳細な文献の調査に基づいて，F. Heichelheim, Wirtschaftsgeschichte des Altertums I. u. II., Leiden 1938. S. 107 はそのように記す。

5 a)　この問題全体については，現在では，次の文献を見よ。R. v. Uslar, Stadt, Burg, Markt und Temenos in der Urgeschichte. In: Festschrift Gustav Schwantes. Neumüster 1951, S. 33–44 包括的な文献リストが付けられている。

6）　A. a. O. S. 302.

7）　E. Ebeling u. B. Meissner, Reallexikon der Assyriologie, 2. Bd. 1938, Artikel China und Babylonien, S. 92. これに加えて Heichelheim a. a. O. II, S. 952.

8）　Menghin a. a. O. S. 305.

9）　Kern a. a. O. S. 113ff.

10）　そうした評価をしているのが，P. Sander, Geschichte des deutschen Städtewesens. Bonn–Leipzig 1922. ザンダーは，経済的観点及び自治の思想から出発して，アジアの古代都市を消費者都市とだけ評価するのに余りに急であって，その政治的‐組織的功績を見落としている。

11）　Menghin a. a. O. S. 608.

12）　ハイヘルハイム，前掲書，114ページ以下は，都市の成立理由を利子に見ている。彼の立証は私達を説得しなかった。

13）　S. Lavedan, Histoire de l’architecture urbaine. Antiquité–Moyen–âge. Paris 1926, S. 55, S. 73 u. a.

14）　E. Unger, Babylon. Berlin–Leipzig 1931. 25ページ，201ページに地名の由来についての記述在り。

15) F. Tritsch, Die Stadtbildungen des Altertums und der griechischen Polis. Klio 22, 1929, S. 1-83.

16) A. Schneider, Die sumerische Tempelstadt. Staatswissenschaftliche Beiträge H. 4. Essen 1920.

17) Lavedan a. a. O. S. 55.

18) M. Ebert, Reallexikon der Vorgeschichte XII, S. 375.

19) P. Koschaker, Keilschriftrecht. Zschr. d. Deutschen Morgenländischen Gesellschaft N. F. 14, 1935, S. 5.

20) A. a. O. S. 36.

21) P. Lavedan a. a. O. S. 21. ――ラヴダンは，クレタの集落の特徴として，次の二つを挙げている――地形図上の規則正しさの欠如と，密集度の高さ。

22) D. Fimmen, Die Kretisch-mykenische Kultur. Leipzig 1921, S. 30.

23) この点については F. Steinbach, Bemerkungen zum Städteproblem. Rhein. Vjbll. 7. 1937. S. 131. を見よ。

24) G. Niemeier, Siedlungsgeographische Untersuchungen in Niederandalusien. Hamburg 1935. =Hamburgische Universitäts-Abhandlungen a. d. Gebiete d. Auslandkunde. Bd. 42. Reihe B. Völkerkunde, Kulturgesch. u. Sprachen. Bd. 22.

25) Niemeier a. a. O. S. 88.

26) Stadtvolk a. a. O. S. 221ff.

27) F. Steinbach, Das Bauernhaus der westdeutschen Grenzlande. Rhein. Vjbll. 1, 1931, S. 37ff.

28) Ebenda S. 40.

29) この点については B. Huppertz a. a. O. S. 129ff を見よ。

30) C. Schuchhardt, Die Burg im Wandel der Weltgeschichte. Potsdam. 1931, S. 66. 最古のブルクの問題については，次の文献をも参照せよ。R. v. Uslar a. a. O.

31) Ursprung und Wanderung des Wohnturms. Sitz. Ber. d. Preuß. Akad. d. Wissensch. 1929, phil. hist. Klasse. S. 437-469.

32) A. Szabó, Altmediterranes Königtum in seiner Bedeutung für die Anfänge des griechischen Staates. Die Welt als Geschichte 6, 1940, S. 293-312.

33) A. a. O. S. 37.

34) Die Burg a. a. O. S. 95.

35) Ebendort S. 77ff

36) J. Hasebroek, Griechische Wirtschafts-u. Gesellschaftsgeschichte bis zur Perserzeit. Tübingen 1931.

37) A. a. O. S. VII.

38) Klio 26, 1933, S. 121f の F. Schachermeyr の書評を見よ。

39) 何よりもまず，“Staat und Handel im alten Griechenland” に関する，これより前の Hasebroek の文献に対する，F. Oertel の立ち入った論評（Deutsche Literaturzeitung

1928, Sp. 1618-1629 に載っている）を見よ。エルテルには，H. E. Ziebarth, Beitr. z. Gesch. d. Seeraubs u. Seehandels im alten Griechenland. Hamburg 1929, S. 6f. が極めて鋭く反論している。

40） A. a. O. S. 28f.

41） Hasebroek a. a. O. S. 29.

42） Schuchhardt, Die Burg a. a. O. S. 99.

43） Odyssee 6, 9ff.

44） Odyssee 7, 46.

45） Odyssee 7, 43ff.

46） A. a. O. S. 62ff.

47） 市民の労働敵視についてのハーゼブレックの過大評価を，Oertel a. a. O. Sp. 1620ff は，重要な反対論拠に基づいて，正しい限度に押し戻した。G. Glotz, Le travail dans la Grèce Ancienne. Paris 1920, S. 191ff に見られる充分に考え抜かれた叙述，“Les idées sur le travail” をも参照せよ。

48） Hasebroek a. a. O. S. 216f.

49） Heichelheim a. a. O. S. 240f.

50） Heichelheim a. a. O. S. 409.

51） Ebenda S. 342.

52） H. Sieveking, Vom Sklavenhandel zur Arbeitsvermittlung. Festschrift Zycha 1941, S. 619f.

53） これについては Hasebroek a. a. O. S. 202f. を見よ。

54） Hasebroek a. a. O. S. 201.

55） A. a. O. S. 19.

56） Tritsch a. a. O. S. 17.

57） P. Witteck, Die Zenturienordnung als Quelle zur ältesten römischen Sozial-und Verfassungsgeschichte. Vierteljahrsschr. f. Soz. -u. Wirtschaftsgesch. 16, 1922, S. 1-38.

58） A. Schulten, Tartessos. Hamburg 1922.

59） K. Lehmann-Hartleben, Die antiken Hafenanlagen des Mittelmeeres. Klio. Beiheft 14, 1923.

60） A. Helbok, Grundlagen der Volksgeschichte Deutschlands u. Frankreichs. Berlin 1935/37, S. 136.

61） これについては，J. Werner. Die Bedeutung des Städtewesens für die Kulturentwicklung des frühen Keltentums. Die Welt als Geschichte 5, 1939, S. 380-390. を見よ。

62） これに加えて，F. Oelmann, Gallorömische Straßensiedlungen und Kleinhausbauten. Bonner Jbb. 128, 1923, S. 77-97, besonders S. 93.

62a） 次の諸文献を参照せよ。Th. K. Kempf, Konstantinische Deckenmalereien aus dem Trierer Dom. H. Eiden, Spätrömisches Figurenmosaik am Kornmarkt in Trier. この二論文は，Aus der Schatzkammer des antiken Trier. Trier 1951, S. 45-71. に収められている。

H. Eiden, Die spätrömische Kaiserresidenz Trier im Lichte neuer Ausgrabungen. J. Steinhausen, Die Hochschulen im römischen Trier. この二論文は，Trier. Ein Zentrum abendländischer Kultur. Rhein. Ver. f. Denkmalpflege u. Heimatschutz 1952. S. 7-46. に収められている。

63） K. F. Strohecker, Der senatorische Adel im spätantiken Gallien. Tübingen 1948.

64） F. Fremersdorf, Das neugefundene Kölner Dionysos-Mosaik. Germania 25, 1941, S. 233-238 m. Tafel A u. 37-62. E. Gerster, Das Dionysos-Mosaik in Köln. Bonn 1948.

65） F. Vercauteren, Etude sur les civitates de la Belgique seconde. Brüssel 1943, 375ff.

66） A. a. O.

67） A. a. O. S. 90ff.

68） この概念を私は，L. de Broglie, Licht und Materie. Ergebnisse der neuen Physik. Dt. Ausgabe, Hamburg 1940, 3. Aufl. S. 274. に負うている。

69） Ebenda S. 273.

70） Germania, cap. 16.〔訳文は岩波文庫に収められた泉井久之助訳に拠る。〕

71） Geschichten, XVI, 2, 12.

72） Schnittger, Die vorgeschichtlichen Burgwälle in Schweden. Montelius Festschrift 1913. A. Oppermann, C. Schuchhardt, Atlas vorgeschichtlicher Befestigungen in Niedersachsen. Hannover 1888-1916, S. 4.

73） Schuchhardt, Die Burg a. a. O. S. 182. Ders., Burg und Stadt bei Germanen und Griechen. Neue Jahrbb. f. klass. Altertum, Geschichte u. deutsche Literatur 1, 1908, S. 305-321. H. Dannenbauer, Adel, Burg u. Herrschaft bei den Germanen. Hist. Jahrb. 61, 1941. S. 1-50. は，避難ブルクが支配者層の指導の下に建設されたことが容認される場合にもなお，避難ブルクと中世の支配者ブルクの間には切れ目が残ることを見逃している。いずれにせよ，問題なのは，貴族の居住様式の根本的変化なのである。

74） K. Wefelscheid, Pfalz u. Reichsburg am Niederrhein. Ann. hist. Ver. Ndrhn. 140, 1942, S. 14f.

75） L. Hussong, Archäologische Spuren der Frankenzeit in Trier (Vortragsbericht). Trierer Zschr. 10, 1935, S. 169-172.

76） Huppertz a. a. O. S. 148ff. O. Hoffmann, Weichbild, Indogerman. Forsch. 56, 1938, S. 1-20. W. Müller-Wille, Langstreifenflur und Drubbel. Deutsches Arch. f. Landes-u. Volksforsch. 8, 1944.

77） F. Keutgen, Der deutsche Staat des Mittelalters. Jena 1918.

78） A. a. O. S. 26, S. 81ff.

79） 既に引用しておいた彼の論文 Adel, Burg und Herrschaft a. a. O. の中で。問題全体については，彼の以下の論文をも参照せよ。Adelsherrschaft bei den germanischen Völkern. Forsch. u. Fortschritte 20, 1944, S. 149f.

80） A. Waas, Die alte deutsche Freiheit. Mü. Berlin 1939, S. 52ff.

81） A. a. O. S. 136 Anm.

82） とりわけ次の文献を参照せよ。Petri, Germanisches Volkserbe in Wallonien und Nordfrankreich. Bonn 1937, S. 850ff., S. 926.

83） Das Ständeproblem des frühen Mittelalters. Rhein. Vjbll. 7, 1937, S. 313ff.

84） この点の詳細については Huppertz a. a. O. S. 276ff. を見よ。

85） A. a. O. S. 917ff.

86） O. Brunner, Land u. Herrschaft. 2. Aufl. Brünn, München, Wien 1942. Ver. d. Inst. f. Geschichtsforschg. u. Archivwiss. in Wien, Bd. 1. S. 148ff. その他の関連文献の提示あり。――ただし，ブルンナーは，立法する神というキリスト教の概念がゲルマン的法律観の中へと溶け込んだ，中世の考え方について語っているのである。

87） C. V. Schwerin, Der Geist d. altgerm. Rechts. Germ. Wiedererstehung hrsg. v. H. Nollau. 1926. S. 520ff.

88） A. Szabó a. a. O. 神聖で，しかも宇宙的な王権については，次の文献をも見よ。F. Altheim, Altrömisches Königtum. Die Welt als Geschichte 1, 1935, S. 423ff.

89） オッピドゥムと中世におけるその存続の問題群については，E. Wahle, Frühgeschichte als Landesgeschichte. Stuttgart 1943, S. 19ff. をも見よ。

90） W. Dehn, Der Ring von Otzenhausen. Germania 21, 1937, S. 78-82 und S. 229-232

91） H. Koethe, Das Trevererproblem im Licht der Archäologie. Rhein. Vjbll. 9, 1939, S. 1-22.

92） W. Dehn, Katalog Kreuznach. Teil 2. Berlin 1941=Kataloge West-u. Süddeutscher Altertumssammlungen VII, S. 79ff.

93） S. Rietschel, Die civitas auf deutschem Boden bis zum Ausgang der Karolingerzeit. Leipzig 1894, S. 99. に集められている。

94） Bell. Gall. IV, 19.

95） A. a. O. S. 93ff.

96） H. Hofmeister, Die Chatten. 1. Bd. Mattium. Die Altenbug bei Niedenstein. German. Denkmäler der Frühzeit, hrsg. v. d. Röm. Germ. Komm. d. Dt. Archäolog. Instituts. II. Frankfurt/M. 1930. Schumacher a. a. O. S. I. S. 154. これに批判的な R. v. Uslar a. a. O. S. 36. を見よ。M. Eisenträger-E. Krug. Territorialgeschichte der Kasseler Landschaft. Schriften d. Instituts f. gesch. Lahdeskunde v. Hessen u. Nassau, 10. Marburg 1935, S. 6f., S. 12.

97） F. Kutsch, Die Germanen im Rhein-Maingebiet und die germanisch-römischen Kämpfe um die Zeitwende. Korrespondenzbl. d. Gesamtvereins d. dt. Geschichts-und Altertumsvereine 82, 1934. Sp. 279.

98） W. Buttler, Die Erdenburg bei Bensberg, Bez. Köln, eine germanische Festung der Spätlatènezeit. Germania 20, 1936, S. 173-84; ders. Praehist. Zschr. 28/29. 1937/38, S. 184ff.

98a） R. v. Uslar a. a. O. S. 41ff. を参照せよ。

99） Schumacher a. a. O. S. 152.

100） Schumacher, ebenda S. 147.

101） Wirtschaftliche und soziale Grundlagen der europäischen Kulturentwicklung von Cäsar bis auf Karl d. Gr.[2] 1923/24, II., S. 370ff.

102） A. a. O. S. 375f.

103） 以下の諸文献を参照せよ。A. Longnon, Atlas hist. de la France. Paris 1912. Pl. V. Carte de l'Empire de Charlemagne. N. Krebs, Atlas des deutschen Lebensraumes in Mitteleuropa. N. 41. Die deutschen Gaue, Marken und Herzogtümer i. 10. Jahrhundert, bearb. v. K. Horstmann in Verbindung m. W. Vogel.

104） Dopsch a. a. O. S. 371.

105） W. Fabricius, Erl. z. geschichtl. Atlas der Rheinprovinz VII. Die Herrschaften des Mayengaues. Bonn-Leipzig 1923, S. 175.

106） H. Aubin, Hrsg., Die Weistümer des Kurfürstentums Köln. Bd. 1. Amt Hülchrath. Bonn 1913, S. 39ff., S. 42f., S. 62ff.

107） H. Planitz, Frühgeschichte der deutschen Stadt. Zschr. Sav. Stiftg. Rechtsgesch. Germ. Abt. 63, 1943, S. 23.

108） C. Erdmann, Die Burgenordnung Heinrichs I. Dt. Arch. f. Gesch. d. Mittelalters, 6, 1943, S. 59-101.

108a） A. Hömberg, Höxter und Corvey. Westfalen 25, 1940, S. 41-51.

109） 詳細については次の諸文献を見よ。H. Krüger, Höxter und Corvey. Ein Beitrag zur Stadtgeographie. Westfäl. Zschr. Zschr. f. vaterländ. Gesch. u. Altertumskde. 87, 1930, 2. Abt., S. 1-108, とりわけて S. 54ff.; 88, 1931, 2. Abt., S. 1-93, とりわけて S. 24ff. これに付け加えて，問題の検討を深める書評 K. Frölich, Zschr. Sav. Stiftg. Rechtsgesch., Germ. Abt. 53, 1933, S. 363-375 及び Hömberg a. a. O. の有益な批判。

110） Erdmann a. a. O. S. 87ff.

111） MGDA 32, S. 47f. a. 888, アルヌルフは，そのミニステリアーレ，ハイモに，オストマルクのグリュンツガウにあるハイモの自有地に対する世襲の裁判権を与えている。「すなわち朕は熟考の末に次のことを決定する。この人物の配下は，そのために，辺境の伯と共に，この人物自身が選定する土地に城壁を建設すること，そしてもし必要が生じたならば，その時には自分自身と自分の財産とを守るために，そこを避難所とすること，彼等の防備施設又は濠という共有財産のために，敵の奸計に対して，普通の様式の軽便な革盾を携えて，注意深く保護を提供する守備隊を〔配置すること〕。」"eo videlicet rationis tenore ut homines eius inde cum terminali comite, ubi ipse elegerit, urbem aedificent et, si quando necesse eveniat, ad semetipsos defendendos cum rebus suis illuc confugium faciant, custodias cum caeteris more solito ad communem suae salvationis vel circumspectionis contra inimicorum insidias tutelam vigilanter exhibentes".

112） F. Beyerle, Zur Wehrverfassung des Hochmittelalters. Festschr. E. Mayer. 1932, S. 31-91.

113） P. Kletler, Nordwesteuropas Verkehr, Handel und Gewerbe im frühen Mittelalter.

Wien 1924. -E. Sprockhoff, Zur Handelsgeschichte der germanischen Bronzezeit. Berlin 1930=Vorgeschichtliche Forschungen H. 7. 特に図45を参照せよ. -R. Hennig, Der nordeuropäische Pelzhandel in den älteren Perioden der Geschichte. Vjschr. Soz. u. Wirtschaftsgesch. 23. 1930, S. 1-25（地図あり）. -W. Vogel, Handelsverkehr, Städtewesen und Staatenbildung in Nordeuropa im früen Mittelalter. Zschr. Ges. Erdkunde, 1931. S. 257-275. Ders., Wik-Orte und Wikinger. Hans. Geschbll. 60, 1935, S. 29. -S. Mews, Gotlands Handel und Verkehr bis zum Auftreten der Hansen. Phil. Diss. Berlin 1937. -B. Rohwer. Der friesische Handel im frühen Mittelalter. Phil. Diss. Kiel. 1937. -H. Arbman, Schweden und das karolingische Reich. Stockholm 1937. =Kungl. Vitterhets Historie och antikvitets Akad. Handelinger Del 43. これについては書評 L. Hussong, Schweden und das karolingische Reich. Germania 23. 1939, S. 174-186. -H. Jankuhn, Haithabu. Eine germanische Stadt der Frühzeit. Neumünster in Holstein 1938. -F. Timme, Das Problem der Wike. Pädag. Beiträge 4, 1952, S. 2-7.

114） H. Weirich, Germanische Staatsbildung außerhalb Deutschlands. Mitt. d. Universitätsbundes Marburg 21, 1941, S. 12-29.

115） Jankuhn a. a. O. S. 31, S. 175.

116） O. Scheel, Die Wikinger. [2] Stuttgart 1938, S. 101, S. 253, Abb. 20 u. 21.

117） Rohwer a. a. O. S. 35ff.

118） Scheel a. a. O. S. 255f.

119） Paulsen, Der Stand der Forschung über die Kultur der Wikingerzeit. Ber. d. röm. germ. Komm. 22, 1933. S. 202. をも見よ。ヴァイキングの遠征に際しては社会層が決定的な役割を演じた。

120） Scheel a. a. 0. S. 92ff. 移住の動機として土地不足のあったことを否認している点でシェールは恐らく行き過ぎている。この点については Jankuhn a. a. 0. S. 37f. を見よ。

121） H. Mitteis, Lehnrecht und Staatsgewalt. Weimar 1933, S. 348.

122） Mews a. a. O. S. 76.

123） Rohwer a. a. O. S. 24ff.

124） W. Vogel a. a. O. S. 258ff. 及びそこに挙げられている一層の検討のための文献を参照せよ。E. Sprockhoff a. a. O. 及び Scheel a. a. O. S. 93f. 後者にノールウェーについての Brögger の研究に関する指摘あり。

125） Pirenne, Les villes a. a. O. S. 365ff. F. Rörig, Die europäische Stadt. Propyläen-Weltgeschichte Bd. 4, 1932. -W. Vogel a. a. O; ders., Ein seefahrender Kaufmann um 1100. Hans Geschichtsbll. 18, 1912, S. 239-248; ders., Wik. -Orte a. a. O. S. 7, S. 47f.

126） Liber miraculorum Sancte Fidis, hrsg. v. A. Bouillet, S. 63.

127） 付録，番号 2

128） 付録，番号 1

129） U. Noack, Nordische Frühgeschichte und Wikingerzeit. München-Berlin 1941, S. 123.

130) 40ページ以下〔本訳書51ページ以下〕を参照せよ。

131) オウッタルはビャルマールラント航海から豊富なセイウチをも獲物として持ち帰っている。この点についてはR. Hennig, Der nordeuropäische Pelzhandel a. a. O. S. 13. をも見よ。

132) オウッタルの旅の地図が次の文献の巻末にある。J. Bosworth, Hrsg. King Alfreds Anglo-Saxon version of the compendious history of the world by Orosius. London 1859.

133) R. Hennig, Der nordeurop. Pelzhandel a. a. O. S. 13.

134) Paulsen a. a. O. S. 212.

135) O. A. Johnsen, Norwegische Wirtschaftsgeschichte. Jena 1939, S. 100f.

136) 農民からヴァイキングへ，そして再び農民へ，の移行がいかに「驚くほどの円滑な自然さ」で行われるか，ということについての一例を，Scheel a. a. O. S. 252. で見よ。

137) Scheel a. a. O. S. 97. 次の文献は，ヴァイキング航海者とヴァイキング戦士を区別している。Vogel a. a. O. S. 258，Paulsen a. a. O. S. 212. 確かに，場合々々によってどちらかの要因が優越している。けれども，この二つの「職業」は当時は容易にこれを一つに結びつけることがきたのである。

138) Noack a. a. O. S. 123.

139) Johnsen a. a. O. S. 109ff.

140) Rohwer a. a. O. S. 71, Anm. 168.

141) 今までに挙げておいたVogel, Rohwer, Jankuhnの諸文献の他に，次の諸文献を見よ。P. Paulsen, Der Stand der Forschung über die Kultur der Wikingerzeit a. a. O. S. 202ff. H. Jankuhn, Der deutsche Beitrag zur Erforschung der Wikingerzeit. Forsch. u. Fortschr. 17, 1941, S. 181-186. 特に184ページとそこに挙げられている一層の検討のために必要な諸文献。

142) Vogel, Handelsverkehr, Städtewesen a. a. O. S. 261ff. u. Fig. 16.

143) J. H. Holwerda, Dorestad en onse vroegste middeleeuwen. Leiden 1929. Ders., Ber. d. röm. -germ. Komm. 16, 1927. S. 141ff.

144) Rohwer a. a. O. S. 76ff. Scheel a. a. O. S. 149ff. シェールは，破壊的な洪水がドレスタットの運命を決定したという――Holwerda, Ber. d. röm. -germ. Komm. 16. 1925/26, 1927, S. 161f. で表明されている――見解を，根拠を示して否定している。

145) P. J. Meier, Braunschweigisches Magazin 1926, 2, S. 28-30. Ders., Geschichtsblätter f. Magdeburg 55, 1920, S. 60-81. F. Meurer, Der mittelalterliche Stadtgrundriß im nördlichen Deutschland. Berlin 1915, S. 7ff. -F. Beyerle, Zur Typenfrage in der Stadtverfassung. Weimar 1930.

146) E. Hamm, Die Städtegründungen der Herzöge von Zähringen in Südwestdeutschland. Freiburg i. B. 1932.

147) Vogel, Handelsverkehr, Städtewesen a. a. O. S. 271f., S. 263 Fig. 16. Scheel a. a. O. S. 139, S. 162ff.

148) Scheel a. a. O. S. 217ff. Paulsen a. a. O. S. 206f.

149) Vogel, Handelsverkehr, Städtewesen a. a. O. S. 266. は，ゴットラント島には他にも半円状塁壁施設があったようだとしている。

150) ビルカの商業地としての意義については，まず第一に，H. Arbman a. a. O. を見よ。-E. Kivikoski, Studien zu Birkas Handel im östlichen Ostseegebiet. Acta Archaeologica 8, 1937, S. 229-250. Jankuhn a. a. O. Abb. 27. のビルカの航空写真をも参照せよ。ビルカについてはさらに次の文献をも参照せよ。A. Schück, Die deutsche Einwanderung in das mittelalterliche Schweden und ihre kommerziellen und sozialen Folgen. Hans. Geschichtsbll. 55. 1930/31, S. 67-89.

151) C. Schuchhardt, Vineta. Sitz. -Ber. d. preuß. Akad. 1924, phil. hist. Kl. S. 176-217.

152) さらに次の諸文献を見よ。H. Jankuhn, Ergebnisse u. Probleme der Haithabuforschungen 1930-1939. 1949. (Aus: Zschr. d. Ges. f. Schlesw. -Holst. Gesch. 73, 1949, S. 1-86.) Ders. Probleme des rheinischen Handels nach Skandinavien im frühen Mittelalter. Rhein. Vjbll. 15/16. 1950/51, S. 495-499. -W. Hübener, Zur Ausbreitung einiger fränkischer Keramikgruppen nach Nord-und Mitteleuropa im 9. bis 12. Jhd. Archaeologica geographica 2, 1951, S. 1-7. Ders. Zur Topographie von Haithabu. Germania 30, 1952, S. 76-88.

153) Jankuhn, Haithabu a. a. O. S. 53.

154) Jankuhn, Haithabu a. a. O. S. 51f. Scheel a. a. O. S. 122f.

155) この塁壁の位置については Jankuhn, Haithabu a. a. O. S. 53. を見よ。

156) Jankuhn, Haithabu a. a. O. S. 56.

157) Jankuhn, Haithabu a. a. O. S. 60ff., Scheel a. a. O. S. 268ff.

158) Handelsverkehr, Städtewesen a. a. O. S. 269.

159) Rohwer a. a. O. S. 57ff.

160) A. Schück, Sitz-Ber. der preuß. Akad. 1924, phil. -hist. Klasse 25, S. 214ff.

161) M. Ebert, Truso. Schriften der Königsberger Gelehrten Gesellsdhaft. 3. Geisteswissenschaftl. Klasse, 1926, S. 25.

162) P. Paulsen a. a. O. S. 212.

163) Jankuhn, Ergebnisse a. a. O. -Hübener, Zur Topographie a. a. O.

164) MG SS. IV. S. 704:「……大海のいろいろの島から莫大な数の船に乗った海賊が出現し，メルヴェーデ川によって極めて迅速に運ばれると，ポルトゥス・ティールまで到達した。然るにヴァール川の河岸周辺に居住していた人々は，大軍の到着したことを聞き知ると，救いの希望は一切これを逃亡に託して，貨幣を除くほとんどすべての物は全く縁のない物として後に残した。何故かならば，彼等は商人であったから。……ティールまでやって来た敵は，船を捨て，全く抵抗しないポルトゥスに入り，莫大な食料品を手に入れた。それを迅速に運び出すと，彼等は火を放って，ウィークスを破壊した。」pyratae ex diversis insulis oceani cum magna multitudine navium emersi, per flumen Meriwido magna celeritate vecti, usque ad portum Tylae pervenerunt. Populus vero qui circa littora Wal fluminis habitaverunt, comperto tantae multitudinis adventu, spem

omnem salutis in fuga ponentes, sua pene omnia praeter pecuniam, quia mercatores erant alienissimis reliquerunt.... Hostes usque Tylae venientes, vela deposuerunt, et portum nullo resistente ingressi, copiam victus magnam receperunt. Qua celeriter exportata, vicum incendio vastaverunt.

165) Jankuhn, Haithabu a. a. O. S. 110.

166) Vogel, Handelsverkehr, Städtewesen a. a. O. S. 262.

167) Arbman a. a. O. S. 24.

168) Ebert a. a. O. S. 16.

169) Scheel a. a. O. S. 166.

170) この点については次の文献を見よ。Vogel, Handelsverkehr a. a. O. S. 273. Scheel a. a. O. S. 241ff.

171) ハイタブーに後背地がないことについては65ページ〔本訳書79ページ〕を参照せよ。

172) Jankuhn, Ergebnisse a. a. O. S. 41.

173) Jankuhn, Hsithabu a. a. O. S. 76f.

174) Jankuhn, Haithabu a. a. O. S. 150ff. Ergebnisse a. a. O. S. 38 u. S. 61ff.

175) Ebenda S. 151. Rohwer a. a. O. S. 53 がドレスタットについて，「商人のほかには職業というものの存在が立証されない」というのは，従って，この限りで，訂正されなければならない。

176) Jankuhn, Haithabu a. a. O. S. 176f.

177) H. Jankuhn, Birka und Haithabu. Germanien 1941, S. 175-180.

178) Rohwer, a. a. O. S. 53.

179) Rohwer, a. a. 0. S. 95; I. H. Gosses, Friesische Geschichte (Die Friesen, hrsg. v. C. Borchling u. H. Muuss. Breslau 1931) S. 84.

180) R. Muuss, Nordfriesische Stammesart (Die Friesen, a. a. O.) S. 136.

181) H. Reimers, Ostfriesland (Die Friesen, a. a. O.) S. 154.

182) D. Kalma, Westfriesland (Die Friesen, a. a. O.) S. 172f.

183) A. a. O. S. 101f.

184) H. Aubin, Zur Frage der historischen Kontinuität a. a. O. S. 252.

185) Ebenda.

186) とりわけ Paulsen a. a. O. S. 198ff. を参照せよ。

187) Scheel a. a. O. S. 221ff. Paulsen a. a. O. S. 203ff.

188) Haithabu a. a. O. S. 113.

189) E. Ziebarth, Beiträge zur Geschichte des Seeraubs und Seehandels im alten Griechenland. Hamburg 1929 (Hambg. Univ. -Abhdl. aus d. Gebiet d. Auslandskde. Bd. 30). -G. Glotz, Le Travail a. a. O. S. 61ff.

190) A. a. O. S. 31.

191) A. a. O. S. 243. しかし，A. Schulten, Tartessos. Ein Beitrag zur ältesten Geschichte des Westens. Hambg. 1922. (Hamb. Univ. -Abhdl. aus d. Gebiet d. Auslandskde. Bd. 8) に

よるならば，タルテッソスは，アンダルシア王国に匹敵する広大な土地を自分の支配下においていたという。タルテッソスの臣民は，支配者階層と奉仕者階層に，貴族制的に区分されていた。支配者階層の者には全員，世俗の労働が禁止され，奉仕者階層は七つの階級に区分された労働大衆であった。これは，タルテッソスと北方の商品集散地との差異をたちどころに教えてくれる特徴である。

192） 注192）は原著に欠落している。本文にも注番号がない。

193） 極めて一般的な諸問題については次の文献を見よ。W. Grönbech, Kultur u. Religion der Germanen. Hambg., 3. Aufl. 1942. -R. v. Kienle, Germanische Gemeinschaftsformen, Stuttg. 1939.

194） J. Kohler, Stud. üb. die künstl. Verwandtschaft. Zschr. d. vergl. Rechtswiss. 5, 1884, S. 434ff. によるならば，血盟兄弟分団体はマダガスカルのファトドラにも見られるという。そこでも，血盟兄弟分団体は，財産共有と女性共有へと発展する。この制度は，東アフリカの全域で完成された形で見られる。ポリネシア人も名前の交換と女性の交換を伴う血盟友情団体をもっている。この血盟友情団体は，とりわけユーゴスラヴィアで，セルビア人，モンテネグロ人，アルバニア人の間で，広まっている。そこでは，血の復讐が，この制度の法的な主要内容である。血の復讐は，ビザンツ-ギリシア法にも存在し，ギリシア人の自由のためのたたかいでも，一定の役割を果している。439ページではコーラーは，ゲルマン的北方における血盟兄弟分団体を論じている。

195） R. Thurnwald, Die menschliche Gesellschaft. 2. Bd. Berlin u. Leipzig 1932, S. 183ff, 特に S. 190.

196） P. Koschaker, Neue keilschriftliche Rechtsurkunden aus der El-Amarna-Zeit. Abh. d. sächs. Gesell. d. Wiss. phil. -hist. Klasse 39, 5 (Leipzig 1928), S. 88ff.

197） 例えばコシャカーの172ページに，抜粋で引用されている文書，第87号―― A が B を兄弟分にする。A が，畑……A の相続分を，A の相続分として B に与えるならば，B は穀物を B の贈り物として A に与えた。

198） A. Schultze, Zur Rechtsgeschichte der germanischen Brüdergemeinschaft. Zschr. Sav. Stiftg. Rechtsgesch. Germ. Abt. 56, 1936, S. 264-348, 特に S. 332.

199） その際に観察されるあの世行きその他の儀式については，M. Pappenheim, Die altdänischen Schutzgilden, Breslau 1885. S. 21ff. を見よ。さらに同じパッペンハイムの Über künstliche Verwandtschaft im germanischen Recht. Zschr. Sav. Stiftg. Rechtsgesch. Germ. Abt. 29, 1908, S. 326 を参照せよ。

200） M. Pappenheim, Altnordische Handelsgesellschaften. Zschr. f. d. ges. Handelsrecht 36, 1889, S. 115ff.

201） M. Pappenheim, Altnord. Handelsgesellschaften a. a. O. S. 108. さらに K. Lehmann, Altnordische u. hanseatische Handelsgesellsch. Zschr. f. d. ges. Handelsrecht 62, 1908, S. 289-327. を参照せよ。

202） O. Höfler, Kultische Geheimbünde der Germanen. I. Bd. Frankfurt 1934.

203） Kienle a. a. O. S. 186ff. をも見よ。

204） Kern, Anfänge der Weltgeschichte, a. a. O. S. 117f.
205） Menghin a. a. O. S. 512.
206） Pappenheim, Die altdänischen Schutzgilden, a. a. O. S. 68ff.
207） 付録，番号５及び番号６
208） Pappenheim, Die altdänischen Schutzgilden, a. a. O. S. 70. の段落11。
209） Pappenheim, Die altdänischen Schutzgilden, a. a. O. S. 72.
210） Ein altnorwegisches Schutzgildestatut. Nach seiner Bedeutung für die Geschichte des nordgermanischen Gildewesens erläutert. Breslau 1888.
211） Pappenheim, Die altdänischen Schutzgilden, a. a. O. S. 212ff.
212） 付録，番号５，第36条及び第40条。
213） この点については，Pappenheim, Die altdänischen Schutzgilden, a. a. O. S. 322ff. を見よ。
214） 付録，番号３，番号６，第５条及び第６条。
215） Pappenheim, Die altdänischen Schutzgilden, a. a. O. S. 357ff.
216） 付録，番号５，第33条。
217） 付録，番号６，第20条及び第24条。
218） 付録，番号５，第13条。
219） 付録，番号５，第17条。
220） 付録，番号５，第32条，付録，番号６，第１条。
221） 付録，番号５，第34条及び第45条，付録，番号６，第45，46，47条。
222） 付録，番号６，第７条。
223） 付録，番号６，第17条，付録，番号５，第30条。
224） 付録，番号６，第18条，付録，番号５，第31条。
225） 付録，番号５，第30条，付録，番号６，第19条。
226） 付録，番号６，第９条。
227） 付録，番号５，第27条。
228） 付録，番号５，第28条。
229） 付録，番号６，第15条。
230） 付録，番号５，第29条。
231） 付録，番号５，第30条。
232） A. a. O. S. 332.
233） M. Pappenheim, Die Speisegemeinschaft im älteren westnordischen Recht. Festschrift, dem Deutschen Juristentag in Lübeck von dem Verein für Lüb, Geschichts-und Altertumskunde dargebracht. をも参照せよ。
234） 付録，番号５，第23条，第22条。Pappenheim, Die altdänischen Schutzgilden, a. a. O. S. 205ff. をも見よ。
235） 付録，番号５，第45条，付録，番号６，第47条。
236） Höfler a. a. O. S. 219ff., S. 253ff. を見よ。

237) 付録，番号5，第22条。

238) Pappenheim, Ein altnorwegisches Schutzgildestatut, a. a. O. S. 13, S. 17ff.

239) 付録，番号4。

240) G. Schreiber, Mittelalterliche Segnungen und Abgaben. Brotweihe, Eulogie und Brotdenar. Zschr. Sav. Stiftg. Rechtsgesch. Kan. Abt. 32, 1943, S. 191-299.

241) 既に引用しておいた個所の他に付録，番号3を見よ。――「しかし，火災に関する又は難破に関するあの施しの第二のやり方として，たとえ彼等が協定を結んであっても，誰もこのことで，進んで誓約することがあってはならない。」„Alio vero modo de illorum elemosinis aut de incendio aut de naufragio, quamvis convenentias faciant, nemo in hoc iurare praesumat."

242) これについて詳しくはHöfler a. a. O. S. 331. を見よ。

243) A. Bugge, Altschwedische Gilden. Vjschr. f. Soz. u. Wirtschaftsgesch. 11, 1913, S. 144. に引用されている。

244) Ebenda S. 131.

245) A. Bugge a. a. O. S. 151ff. にある。

246) R. Sommer, Westfälisches Gildewesen, Archiv für Kulturgeschichte 1909, S. 393ff.

247) Noack a. a. O. S. 129.

248) Sommer a. a. O. S. 395. の一覧表を見よ。

249) ディーデンホーフェン勅令にそのように記されている。「……誰であれ他人に対して，宣誓によって忠誠の誓約をすることは許されない。ただし，朕に対して，又その者自身の唯一人の父親に対して，朕の利益及びその者の父親の利益のためである場合にはこの限りではない。」„... ut nulli alteri per sacramentum fidelitas permittatur, nisi nobis et unicuique proprio seniori ad nostram utilitatem et sui senioris."

250) H. Planitz, Handelsverkehr und Kaufmannsrecht im fränkischen Reich. Festschrift Ernst Heymann zum 70. Geburtstag überreicht. Weimar 1940, 特に S. 186ff.

251) A. a. O. S. 153.

252) A. a. O. S. 155.

253) Pappenheim, Ein altnorwegisches Schutzgildestatut, a. a. O. S. 45.

254) A. a. O. S. 155.

255) H. Knorringa, Emporos. Data on trade and trader in Greek literature from Homer to Aristotle, Amsterdam 1926.

256) W. Kunkel, Verwaltungsakten aus spät-ptolemäischer Zeit. Archiv für Papyrusforschung 8, 1927.

257) A. Schück a. a. O. S. 67ff.

258) Frühgeschichte der deutschen Stadt a. a. O. S. 50ff.

259) Pappenheim, Ein altnorwegisches Statut, a. a. O. S. 134ff.

260) Jankuhn, Ergebnisse, a. a. O. S. 55.

# 第2部　中世都市文化の初期段階

## 第1章　フランク空間

1）　何よりもまず F. Steinbach u. F. Petri, Zur Grundlegung der europäischen Einheit durch die Franken. Leipzig 1939. を見よ。

2）　この点については G. Schmoller, Die älteren deutschen Städtehistoriker, a. a. O. S. 2ff. を見よ。その他 H. Aubin, Zum Übergang von der Römerzeit zum Mittelalter auf deutschem Boden. Siedlungsgeschichtliche Erörterungen über das Städteproblem. Historische Aufsätze, Aloys Schulte zum 70. Geburtstag gewidmet. Düsseldorf 1927, S. 31. H. Pirenne, Les villes et les instit. urb. a. a. O. I S. 3f.

3）　A. Dopsch, Wirtschaftliche und soziale Grundlagen der europäischen Kulturentwicklung aus der Zeit von Cäsar bis auf Karl d. Gr. 初版は1919-20 年，2. Aufl. 1924. -Ders., Vom Altertum zum Mittelalter. Zum Kontinüitätsproblem. Arch. f. Kulturgesch. 16, 1926, S. 159-182. -Ders., Der Kulturzusammenhang zwischen spätrömischer und frühgermanischer Zeit in Südwestdeutschland. Korrespondenzbl. des Gesamtvereins der dt. Geschichts-und Altertumsvereine, 75, 1927, S. 180-196. -Ders., Naturalwirtschaft und Geldwirtschaft in der Weltgeschichte. Wien 1930. -Ders., Wirtschaft und Gesellschaft im frühen Mittelalter. Tijdschr. voor Rechtsgeschiedenis. 11, 1932. -Ders., Beiträge zur Sozial-und Wirtschaftsgeschichte. Ges. Aufsätze 2. Reihe. Wien 1938, S. 253-276. 都市については，261ff.

3a）　最近の総括として K. F. Strohecker, Um die Grenze zwischen antikem und abendländischem Mittelalter. Saeculum 1, 1950, S. 433ff.

4）　Maß u. Bedeutung d. römisch. -germ. Kulturzusammenhänge im Rheinland 1921. 現在収めて Von Raum u. Grenzen d. deutsch. Volkes. Breslau 1938 にあり。最近のものとしては Vom Absterben antiken Lebens im Frühmittelalter. Antike u. Abendland 3, 1948, S. 88-119. 現在収めて Vom Altertum zum Mittelalter. München 1949 にあり。さらに次の文献を参照せよ。Die Frage nach der Scheide zwischen Altertum und Mittelalter. Hist. Zschr. 172, 1951, S. 245-263.

5）　Zum Übergang v. d. Römerzeit z. Mittelalter auf deutschem Boden. a. a. O.

6）　J. Niessen, Geschichtlicher Handatlas der deutchen Länder am Rhein. Köln (1950), Nr. 42 c. を見よ。さらに F. Steinbach, Zur ältesten Geschichte v. Bonn. Rhein. Heimatbll. 2, 1925, S. 293-296.

7）　Niessen a. a. O. Nr. 42 b の都市図を見よ。

8）　さらに F. Rütten u. A. Steeger, Das fränk. Xanten. Rhein. Vjbll. 3, 1933, S. 281-320, bes. S. 314ff. を見よ。-A. Steeger, Burg u. Stadt am Niederrhein im Altertum u. frühen Mittelalter. Die Heimat, 17, 1938, S. 92-95 及び同書注10に挙げられている諸文献。それ

に加えて，W. Bader, Die christliche Archäologie in Deutschland nach den jüngsten Entdeckungen an Rhein und Mosel. Ann. hist. Ver. Ndrhn. 144/45, 1947, S. 506. -H. v. Petrikovits, Birten. Niederrhein. Jahrbuch 3, 1951, S. 37ff.

9）さらに F. Steinbaich, Historische Ortsbilder an der Saar. Zschr. der Rhein. Ver. für Denkmalpflege u. Heimatschutz 22, 1929, S. 188-206, besonders S. 198f. を見よ。

10）最後の二つについては次の諸文献を見よ。F. Steinbach, Bemerkungen zum Städteproblem. Rhein. Vjbll. 7, 1937, S. 128f.-J. Niessen, Bonna-Verona. Bonner Geschichtsbll. 3, 1947, S. 23-33.

11）Steinbach, Bemerkungen a. a. o. S. 128 を見よ。さらに H. Wefelscheid, Pfalz und Reichsburg am Niederrhein. Ann. hist. Ver. Ndrhn. 140, 1942, S. 10f. メーロヴィンガ王朝の王宮所在地として選択の対象となったのは，ローマ時代の城砦所在地だけであった。しかし，ライン川下流域の本来の中心部の城砦所在地，ノイス，クサンテン，ナイメーヘン，ユトレヒト，はメーロリンガ王朝時代にはほとんど姿を現わしていない。

12）F. Kaphahn, Zwischen Antike und Mittelalter. München (1947) S. 21.

12a）H. Strahm, Zur Verfassungstopographie der mittelalterlichen Stadt mit besonderer Berücksichtigung des Gründungsplanes der Stadt Bern. Zschr. Schweiz. Gesch. 30, 1950, S. 379ff. 研究を進める上で参考になる文献が挙げられている。

13）H. v. Petrikovits, Das Fortleben römischer Städte an Rhein u. Donau im frühen Mittelalter. Trier. Zschr. 19, 1950, S. 79f. 研究を進める上で参考になる文献が挙げられている。

14）K. Schumacher, Beiträge zur Topographie und Geschichte der Rheinlande. Mainzer Zschr. 6, 1911, S. 12f. M. Stimming, Die Stadt Mainz in der Karolingerzeit. Westdeutsche Zschr. 31, 1912, S. 133-161. 特に136ページを見よ。G. Behrend, Das frühchristliche und merowingische Mainz. Mainz 1950.

15）P. Reinecke, Grabungen auf dem Altstadthügel in Passau. Germania 3, 1919, S. 57-61 バイエルン諸都市における連続性については次の文献をも参照せよ。H. Klebel, Die Städte und Märkte des altbayrischen Stammesgebietes in der Siedlungsgeschichte. Zschr. für bayr. Landesgeschichte, 12, 1939/40, S. 37-93, 特に54ページ以後を見よ。

16）Von Raum und Grenzen des deutschen Volkes, a. a. O. S. 220. 根拠は H. van de Weerd, Enceintes et vieux murs de Tongres. Rev. belge de philol. et d'hist. 9, 1930, S. 95ff. である。F. Rousseau, La Meuse et le pays mosan en Belgique. Namur 1930 S. 193. を見よ。ルソーによるならば，トンゲルンにおける古代の建築物の減少は，ハスペンガウで採石される適当な建築用石材の不足に関連があるという。

17）J. Niessen a. a. O. Nr. 42d. の都市図を見よ。

18）J. Busley u. H. Neu, Die Kunstdenkmäler des Kreises Mayen, Düsseldorf 1941, S. 166.

19）E. Wackenroder, Die Kunstdenkmäler des Kreises Bitburg, Düsseldorf 1927, S. 45-69, Pläne auf S. 46, (Fig. 18), S. 60 (Fig. 29), S. 61 (Fig. 30). J. Steinhausen, Ortskunde Trier-Mettendorf, Textblatt zum 1. Halbblatt der Archäol. Karte der Rheinprovinz.

Publ. Gesellsch. Rhein. Geschichtskunde XII, 3. Abt. 1932, S. 26-43.

20） H. v. Petrikovits a. a. O. S. 77ff. -K. Böhner, Die Frage der Kontinuität zwischen Altertum und Mittelalter im Spiegel der fränkischen Funde des Rheinlandes. Trier. Zschr. 19, 1950, S. 82-106.

21） R. Koebner, Die Anfänge des Gemeinwesens der Stadt Köln. Bonn 1922, S. 84ff.

22） F. Fremersdorf, Neue Beiträge zur Topographie des römischen Köln. Röm. -Germ. Forschungen 18, 1950. J. Hansen がその論文 Stadterweiterung, Stadtbefestigung, Stadtfreiheit im Mittelalter. Mitt. d. Rhein. Ver. f. Denkmalppfege u. Heimatschutz 5. 1911, S. 7-32 において提出した，ローマ時代の都市拡張は西方だけにむけられたという確定は，それ故に，今日では時代遅れである。

23） F. Rademacher, Die deutschen Gläser des Mittelalters. 1933. Fränkische Gläser a. d. Rheinland, Bonner Jbb. 147, 1942, S. 285-344.

24） J. Steinhausen, Frühmittelalterliche Glashütten im Trierer Land. Trierer Zschr. 14, 1939, S. 29-57.

25） Petrikovits, a. a. O. S. 78.

26） 最終の著作は H. Pirenne, Mahomet et Charlemagne. Paris, 1937. 序文にピレンヌの先行する関連個別諸研究が挙げられている。F. Steinbach の書評 Rhein. Vjbll. 9, 1939, S. 299-302. ドイツ語版の標題は Geburt des Abendlandes で，訳者は P. E. Hübinger (1939年)。

27） F. Vercauteren, Etude sur les civitates de la Belgique seconde. Contribution à l'histoire urbaine du nord de la France de la fin du III$^{e}$ à la fin du XI$^{e}$ siècle. Brüssel 1934. 本書については F. Steinbach, Bemerkg. a. a. O. F. Lot, L'histoire urbaine du nord de la France. Journal des Savants, 1935, S. 1-10; S. 63-80.

28） 38ページ〔本訳書50ページ〕を見よ。

29） G. Kentenich, Geschichte der Stadt Trier. Trier 1915. S. 73f.「私達が聖堂建立資金寄付者から推してその建立が古い時代に遡ると考えている多数の古い聖堂区聖堂と礼拝堂を都市の市門の前に見出すという奇妙な状況と，この種の定住様式とは関連がある。そのため私達は，トリーアと向かいあって，古い聖堂区聖堂ザンクト・ヴィクトールとザンクト・イシドール，市の北には古いヨハネス聖堂，ザンクト・ジンフォリアン礼拝堂，ザンクト・レミギウス礼拝堂，市の東には今日のペータースベルクの上にマルティン聖堂があるのを見出すのである。」

30） Vercauteren a. a. O. S. 62 u. S. 384.

31） H. Lehner, Ausgrabungs-und Fundberichte des Provinzialmuseums in Bonn. Bonner Jbb. 114/115, 1906, S. 204-339, besonders S. 243——「いくつかの手がかりが，ここでは（レーマーゲンでは）ローマ時代の防砦施設がフランク人によって利用されなかったことを暗示している。」

32） Carmina, Vita S. Amandi, III, 2. Poetae latini, 3. S. 589. v. 37; Vercauteren a. a. O. S. 241.

33） FlodoardII, 19, MG SS XIII, S. 469, 「この仕事のために，またそこで暮す神の僕達に

必要なその他の物の一つ一つをつくるために，朕は，キーウィタース自体の周壁全体を，諸門と共に与える……」„concedimus ad hoc opus et ad cetera quaeque pro servorum Dei ibidem degentium necessitatibus aedificanda murum omnem cum portis ipsius civitatis...“ Vercauteren a. a. O. S. 63f.

34） MG Cap. II, 452:「しかし先にその名前を挙げた人々へ送られた同じ証書の中で，彼は，私の兄弟フドウィクス・ヴェニルムの命令を受け取った。その命令の趣旨は，国王権力の所有物であるメランの城砦の城壁から石を採る許可を彼等は所有するものとするというのである。」„Sed in eisdem litteris ad praefatos missos jussionem fratris mei Hludovici Wenilo obtinuit, ut de muro castelli Meleduni, quod ius regiae est potestatis, petras haberent licentiam prendere.“ Vercauteren a. a. O. S. 37.

35） A. a. O. S. 370.

36） Vercauteren. a. a. O. S. 371, S. 170f., S. 189f., S. 214, S. 247, S. 271ff., S. 309f., S. 320f.

37） Vercauteren a. a. O. S. 371f., S. 123, S. 257, S. 331.

38） Ann. Fuld. MG SS. us. schol. S. 97:「マインツ市の周壁は修復され始めた，そしてキーウィタースの外側の周壁を取りまく濠がつくられた。」„murus Mogontiae urbis restaurari coeptus et fossa murum ambiens extra civitatem facta. Schumacher a. a. O. S. 12f.

39） Ann. Fuld. S. 100:「周壁が，門，かんぬき，かけがねと一緒に，つくりかえられた。」„muri cum portis et vectibus et seris instaurati.“ Hansen a. a. O. S. 7, Keussen a. a. O. S. 6. 次の文献も参照せよ。W. Gerlach, Entstehungszeit der Stadtbefestigungen in Deutschland. Leipzig 1913.

40） Vercauteren a. a. O. S. 372.

41） MG DKIII 152, S. 245「彼は明らかに神から彼に託されたもののように，ラングルのキーウィタースを，非常に大きな迫害又は異教徒の敵意に備えて，避難場所又はキリスト教徒の救済のために，そして教会の神聖な神の防衛のために，誰かある伯の，又は裁判官の，協力もなしに，ほとんど直ぐさま，再建した。そして築き上げた。そして完成させるためにそれを継続することができるようにと，あらゆる方法で努力したのである……彼は伯達又は裁判官達の非常に大きな妨害にさからって……市の周壁そのもの，内側へ15歩，外側へ60歩〔の土地〕，あるいは同じ市の中にある朕の財産から伯の財産に属していたすべてのものを……与えることを朕が許すようにと懇願した。」... qualiter Lingonis civitatem sibi videlicet a deo commissam ob nimiam persecutionem sive infestationem paganorum et refugium sive salvationem cristianorum et sanctae dei ecclesiae defensionem prope iam reaedificatam sine alicuius comitis vel iudicis iuvamine atque constructam haberet et ut ad perfectionem illam perducere posset, modis omnibus satageret... deprecatus est, quatinus ob nimias comitum seu iudicum inquietudines... ipsum civitatis murum et 15 pedes de intus et LX foris sive omnia ex fisco nostro infra eandem civitatem ad causam comitis pertinentia... perdonare dignaremini. E. Dümmler, Geschichte des ostfränkischen Reiches. 2. Aufl. III, Leipzig 1888, S. 275 も参照せよ。

42) Klebel a. a. O. S. 54ff.

43) H. Planitz, Frühgeschichte der deutschen Stadt, a. a. 0. S. 8, 史料及び文献の列挙あり。

44) 上掲34ページ〔本訳書42ページ〕を見よ。

45) J. Steinhausen, Archäologische Siedlungskunde des Trierer Landes. Trier 1936, S. 408ff. 多数の文献が列挙されている。F. Rousseau a. a. O. S. 24ff.

46) Steinhausen, Ortskunde a. a. 0. S. 30. Arch. Siedlungskunde a. a. O. S. 419, S. 415――アルルの，末期ローマ時代の周壁環は，その土台の中から，古代ガリアの他のどの都市よりも多くのローマ時代の彫刻品を出土している。

47) Steinhausen, Siedlungskunde, S. 411f., Rousseau S. 24ff.

48) Kaufmannsgilde und städtische Eidgenossenschaft in niederfränkischen Städten im 11. u. 12. Jahrhundert. Zschr. Sav. Stiftg. Rechtsgesch. Germ. Abt. 60, 1940, S. 1-116. Frügeschichte der deutschen Stadt. Ebenda 63, 1943, S. 1-91. Die deutsche Stadtgemeinde. Ebenda 64, 1944, S. 1-85.

49) Frühgeschichte a. a. O. S. 4ff. Römerstädte an Rhein und Donau. Anzeiger der Akademie der Wissenschaften in Wien. Phil. Hist. Kl. Jg. 1946, Nr. 6, S. 53-79.

50) Frühgeschichte a. a. O. S. 6, S. 3f.

51) 上掲24ページ以後〔本訳書32ページ以後〕を見よ。

52) H. Sproemberg, Residenz und Territorium im niederländischen Raum. Rhein. Vjbll. 6, 1936, S. 113-139.

53) A. a. O. S. 114f.

54) A. a. O.

55) A. a. O. S. 14.

56) Wefelscheid a. a. O. S. 13.

57) Vercauteren a. a. O. S. 118.

58) A. a. O. S. 115ff.

59) この点については以下の諸文献を参照せよ。M. Kranzhoff, Aachen als Mittelpunkt bedeutender Straßenzüge zwischen Rhein, Maas und Mosel in Mittelalter und Neuzeit. Zschr. Aachener Gesch. Ver. 51, 1929, S. 1-63, Kartenskizze auf S. 63. J. Ramackers, Die rhein. Aufmarschstraßen in den Sachsenkriegen Karls d. Gr. Ann. hist. Ver. Ndrhn. 142/43, 1943, S. 1-27.

60) H. Heimpel, Deutsches Mittelalter. Leipzig 1941, S. 150ff.

61) A. a. O. S. 152.

62) A. a. O. S. 335.

63) シュプレムベルクはこの相違を強調している-a. a. O. S. 135, Anm. 100.

64) この問題群全体については，E. Ewig, Civitas, Gau u. Territorium in den Trierischen Mosellanden. Rhein. Vjbll. 17, 1952, S. 120-137. を参照せよ。

65) Frühgeschichte a. a. O. S. 6.

66) Vercauteren a. a. O. S. 407f.

67） A. a. O. S. 400f.

68） H. Pirenne, Les villes et les institutions urbaines a. a. O. I. S. 337.

69） H. Aubin, Die Entstehung der Landeshoheit nach niederrhein. Quellen. Histor. Studien 143. Berlin 1920, S. 29.

70） Steinbach, Zur ältesten Geschichte von Bonn a. a. O. S. 294.

71） チュルピヒ及びユーリヒについては Aubin a. a. O. S. 21 u. 25. を見よ。ビトブルクについては Steinhausen, Ortskunde a. a. O. S. 42. を見よ。

72） G. Kentenich, Ein fränkischer Königshof bei Bitburg. Trierer Heimatbll. 1, 1922, S. 99ff.

73） Ebenda S. 100f.

74） Zur Stadt-und Gauverfassung im frühen Mittelalter. Rhein. Vjbll. 2, 1932, S. 312-316. これに批判的な Ewig a. a. O. S. 130ff. を参照せよ。

75） A. a. O. S. 132f.

76） A. a. O. S. 124ff., S. 143ff., 169, 217ff., 257f., 270f., 276ff., 307ff., 301ff.

77） 現在では W. Bader, Die christliche Archäologie in Deutschland a. a. O. u. Th. K. Kempf, Die altchristliche Bischofstadt Trier. Rhein. Ver. f. Denkmalpflege u. Heimatschutz 1952, S. 47-64. を見よ。

78） W. Neuss, Die Anfänge des Christentums im Rheinland. 2. verm. Aufl. 1933. Rhein. Njbll. H. 2, S. 61.

78a） G. J. Wais, Geweihte Stätten im Wandel der Zeiten. Zur Kontinuität des locus sacer im deutschen Südwesten. Zschr. f. Kirchengesch. 61, 1942, S. 75-82. をも参照せよ。

79） H. Friedrich, Die Anfänge des Christentums und die ersten Kirchengründungen in römischen Niederlassungen im Gebiet des Nieder-und Mittelrheins und der Mosel. Bonner Jbb. 131, 1926, S. 83. Bader a. a. O. S. 11f.

80） ボンについてはその他に以下の諸文献を見よ。-Th. Klauser, Bemerkungen zur Geschichte der Bonner Märtyrergräber. Bonn und sein Münster, 1947, S. 35-39. W. Bader, Zur Kritik des Bonner Märtyrergrabes. Bonner Jbb. 148. 1948, S. 452/3. -K. F. Brosche, Die Geschichte des Frauenklosters und späteren Kanonissenstiftes Dietkirchen bei Bonn von den Anfängen bis zum Jahre 1550. Phil. Diss. Bonn 1951. Masch. -Schr.

81） Die christliche Archäologie a. a. O. S. 11ff.

82） Frühgeschichte a. a. O. S. 11.

83） Steinbach, Zur ältesten Geschichte von Bonn a. a. O. S. 294. を見よ。

84） J. Vannérus, Trois villes d'origine romaine dans l'ancien Pays de Luxembourg-Chiny: Arlon, Bitbourg et Yvois. Bull. Ac. Roy. Belg. Classe d. lettres 5. Ser. T. 21, 1935, S. 150-175 u. S. 226-256. 特に171ページ，226，254ページを見よ。

85） Steinhausen, Ortskunde a. a. O. S. 42.

86） A. a. O. S. 108. Bader a. a. O. S. 27.

87） 上掲38ページ，及び91ページ〔本訳書50ページ及び111ページ〕を見よ。

88） Bader a. a. O. S. 27ff. ――トリーアについては次の文献をも見よ―― Th. K. Kempf, Die altchristliche Bischofskirche Triers. Ergänzter Sonderdruck aus Trierer Theol. Zeitschrift (=Pastor bonus 56). Trier 1948 u. ders., Die altchristliche Bischofstadt Trier a. a. O.

89） Die altchristliche Bischofstadt S. 53.

90） W. Neuss, Die Kirche des Mittelalters. Bonn 1946, S. 39, S. 43.

91） Ewig a. a. O. S. 132. 修道院については E. Ennen, Die Bedeutung der Kirche für den Wiederaufbau der in der Völkerwanderungszeit zerstörten Städte. Kölner Untersuchungen S. 59. 聖堂区聖堂については U. Lewald, Bespr. von H. E. Feine, Kirchliche Rechtsgeschichte. Ann. hist. Ver. Ndrhn. 149/50, 1950/51, S. 283.

92） J. Ahlhaus, Civitas und Diözese. Aus Politik und Geschichte. Gedächtnisschrift f. G. v. Below. Berlin 1928, S. 1-16.

93） Sproemberg, Residenz und Territorium a. a. O. S. 119f. F. Steinbach, Grundzüge der politischen Entwicklung an der oberen und mittleren Mosel im Mittelalter. Jahrb. d. Arbeitsgemeinschaft der Rhein. Geschichtsvereine. 2, 1936, S. 16f.

94） G. Kurth, La cité de Liège au moyen-âge. Brüssel 1910, S. 18ff. E. de Moreau, Histoire de l'église en Belgique. 2. Aufl., T. 1. Brüssel (1945), S. 105.

95） Kurth a. a. O. S. 19, Anm. 1. を見よ。

96） A. a. O. S. 55f. その際，ルソーはラムベルト崇拝の重みを見落としていない。

97） E. C. G. Brunner, Probleme der Entwicklung Lüttichs. Hans. Geschbll. 60, 1935, S. 379-382.

98） MG SS XX, S. 497-511, S. 583-592. Rousseau a. a. O. S. 136f. をも見よ。

99） M. Stimming a. a. O. S. 139.

100） Vercauteren a. a. O. S. 65, S. 90.

101） Kurth a. a. O. S. 37f. Rousseaus a. a. O. S. 181. に挙げられているムーズ地方における10世紀から12世紀までのキリスト教建築物のリストも見よ。

102） A. a. O. S. 38.

103） Flodoard, Hist Rem. Eccl. II, 19, ――「エボ……は教会に多くの便益，とりわけ手工業者，を調達することに配慮した。手工業者は，どこからでもよい，これを集めて，住宅を与え恩給地を贈った。」„Ebo... qui multis ecclesiam curavit instruere commodis et praecipue artificibus, quibus undecumque collectis, sedes dedit et beneficiis muneravit." Vercauteren a. a. 0. S. 75 を見よ。

104） ランスについては Vercauteren a. a. O. S. 78f. を見よ。

105） A. a. O.

106） 問題全体については S. Reicke, Das deutsche Spital und sein Recht. Stuttg. 1932 に見られる網羅的な文献列挙を見よ。

107） Th. Lacomblet, Die zwölf Almosenbrüder des h. Lupus zu Köln. Arch. f. d.

Geschichte des Niederrheins 2, 1857, S. 57-64.

108) W. Levison, Das Testament des Diakons Adalgisel-Grimo vom Jahre 634. Trierer Zschr. 7, 1932, S. 76. Anm. 49.

108a) Planitz, Römerstädte a. a. O. S. 60. を参照せよ。ルングスについては，E. Ennen, Einige Bemerkungen zur frühmittelalterlichen Geschichte Bonns. Rhein. Vjbll. 15/16/1950/51, S. 186.

109) Perroy a. a. O. S. 52.

110) Bemerkungen a. a. O. S. 131f.

111) ボンについてはカッシウス参事会教会施設の寄進帳が相当数の証拠を提供している。次の編集を参照せよ。W. Levison, Die Bonner Urkunden des frühen Mittelalters. Bonner Jbb. 136/137, 1932, S. 217-270.

112) A. a. O.

113) Cod. Laur. (ed. K. Glöckner, II 1934, Reg. Nr. 1938)「都市マインツにある，その中に塔をもっている一マンススを。」„unum mansum, in civitate Moguntia, habentem in se turrim.“

114) H. Bronner, Wohntürme im Volksstaat Hessen. Mainzer Zschr. 28, 1933, S. 27-40; 29, 1934, S. 14-25.

115) 以下については Aubin, Vom Altertum a. a. O. S. 80ff. を参照せよ。

116) S. 438, S. 314f., S. 342ff., S. 283, S. 250.

117) Ebenda S. 132f., S. 201f. 次の文献をも参照せよ。J. Massiet du Biest, Le chef cens et la demi liberté dans les villes du nord avant le développement des institutions urbaines. (Xe-XIIe siècles) Rev. hist. de droit français et étranger, 4. Serie, 6. Jg. 1927, S. 467-511 u. S. 651-714.

118) S. 437, Anm. 2 を見よ。

119) L. v. Winterfeld, Hans. Geschichtsbll. 60, 1935, S. 359.

120) Steinbach, Bemerkungen a. a. O. S. 131. Aubin, Von Raum und Grenzen a. a. O. S. 54.

121) 既に挙げておいた文献の他に，Ursprung und Wanderung des Wohnturms. Sitzungsber. preuß. Akad. Wiss. 1929, S. 437-469. を見よ。A. Steeger, Bild und Bau der Burg Linn im Wechsel der Jahrhunderte. Die Heimat 21, 1950, 特に70ページをも参照せよ。

122) このことを，ダネンバウアーに反対して，もう一度強調しておきたい。上掲36ページ〔本訳書原注29ページ〕注73を見よ。

123) Planitz, Frühgeschichte a. a. O. S. 18. E. Schrader, Das Befestigungsrecht in Deutschland von den Anfängen bis zu Beginn des 14. Jhds. Göttingen 1909. A. Coulin, Befestigungshoheit und Befestigungsrecht. Leipzig 1911.

124) Sproemberg a. a. O. S. 134f.

125) 私はこの問題を次の論文で立ち入って検討しておいた。Burg, Stadt und Territorialstaat in ihren wechselseitigen Beziehungen. Rhein. Vjbll., 12, 1942, S. 58ff.

126） Sproemberg a. a. O. S. 123.

127） E. van Bemmel, La Belgique Illustrée. 1. Bd. Brüssel, o. J. Abb. Auf S. 464. Pirenne, Les villes a. a. O. I. S. 129.

128） W. Wattenbach, Deutschlands Geschichtsquellen im Mittelalter. Deutsche Kaiserzeit. Hrsg. v. R. Holtzmann, I, 1. Berlin 1936, S. 112. E. de Moreau a. a. O. T. 2, S. 147ff.

129） W. Wattenbach, Deutschlands Geschichtsquellen im Mittelalter. Deutsche Kaiserzeit. a. a. O. S. 108f. G. Espinas, Les origines du capitalisme. III. Deux fondations de villes dans l'Artois et la Flandre Française. Saint-Omer. Lannoy du Nord. Lille 1946. =Bibl. d. l. soc. d. droit des pays flamands, picards et wallons 16.

129a） J. Dhondt, Développement urbain et initiative comtale en Flandre au XI. siècle. Rev. d. Nord 30, 1948, S. 133-156.

130） Les villes a. a. O. I, S. 128, S. 146.

131） 付録，番号24。

132） Les villes a. a. O. I, S. 129ff.

133） Ebenda S. 132.

134） Ebenda S. 130.

135） Les villes a. a. O. I, S. 148. フランドルのシャテルニー制度については W. Blommaert, Les chatelains de Flandre. Etude d'histoire constitutionelle. Gent 1915. も参照せよ。ブロメールトが取りあげているのは特にブルッヘ，ヘント，ドゥエ，リル，サン・メートル，のシャテルニーである。F. Vercauteren, Etude sur les chatelains comteaux de Flandre du XIe au debut du XIIIe siècle は，エール，アラス，ベルギュ-サン-ヴィノック，ブルブール，カッセル，クルトレー，ディクスミューデ，フュルヌ，イーペル，を取りあげている。Etudes d'histoire dédiées à la mémoire de Henri Pirenne. Brüssel 1937, S. 425-449. 問題全体については，さし当たっては J. Dhondt a. a. O. を参照せよ。

136） F. Vercauteren, Actes des comtes de Flandre 1071-1128. Brüssel 1938, S. LXXXIV. 取りあげられているのは1071年から1128年にかけての証書，合計88点である。発給地別に見ると，エール７点，アラス13点，ベルギュ-サン-ヴィノック７点，ブルッヘ12点，ブルブール４点，リル１点，ヘント５点，サン・トメール６点，イーペル５点，フュルヌ６点，である。その他の証書は精々３回登場する発給地のものである。

137） F. L. Ganshof, Jets over Brugge gedurende de preconstitutioneele periode van haar geschiedenis. Nederl. Historiebladen l, 1938, S. 295. Anm. 14.

138） Planitz, Frühgeschichte a. a. O. S. 10.

139） Ebenda.

140） A. Brackmann, Magdeburg als Hauptstadt des deutschen Ostens im frühen Mittelalter. Leipzig 1937. F. Rörig, Magdeburgs Entstehung und die ältere Handelsgeschichte. Misc. Acad. Berol. II, 1, 1950, S. 103-132.

141） 前掲24ページ以下〔本訳書31ページ以下〕を見よ。

141a） 研究の現状については次の文献をも見よ。H. Nabholz, Die Anfänge der hochmit-

telalterlichen Stadt und ihrer Verfassung als Frage der Forschungsmethode betrachtet. Bericht über die konstituierende Versammlung d. Verbandes österreich. Geschichtsvereine in Wien vom 21. bis 24. Sept. 1949. Wien 1950, S. 11-31.

142） Planitz, Frühgeschichte a. a. O. S. 2. に挙げられている，リーチェルの追随者のリストを見よ。それらの文献の他に，地形図重視の点で非常に進んでいる研究として，W. Grotelüschen, Die Städte am Nordostrande der Eifel. Bonn u. Köln 1933. 及び先に引用しておいた，ヘクスターとコルファイに関するクリューガーの労作を私は指摘しておきたい。

143） Zur Typenfrage in der Stadtverfassung. Weimar 1930.

144） Les villes et les institutions urbaines. Paris-Brüssel 1939. 都市史に関する著書，論文，書評を集めたピレンヌのこの新著作は，残念ながら〔編集〕技術的欠陥を免れていない。その点については Kienast, Hist. Zschr. 163. 1941. S. 132-138. の書評を見よ。

145） Jets over Brugge a. a. O. 現在ではこれを発展させた A. C. F. Koch, De ouderdom van de stad Brugge. Handelingen van het genootschap „Société d'Emulation" te Brugge 86, 1949. S. 145-150. を見よ。

146） 若干の小さい増補を加えたフランス語版の形で1943年に再度出版された。Vjschr. f. Soz. u. Wirtschaftsgesch. 38, S. 49f. の私の書評を見よ。

147） J. Lestoquoy, Abbayes et origines des villes. Revue d'hist. de l'Eglise de France 1947, S. 108-112. E. Perroy a. a. O.

148） この問題については次の諸文献を見よ。Pirenne, Les villes a. a. O. I., S. 382f., S. 120f., S. 136f. Ganshof, Over stadsontwikkeling a. a. O. S. 20ff., Planitz, Frühgeschichte a. a. O. S. 20ff. 多くの材料を提供しているものに次の諸文献がある。Vercauteren passim, Pirenne passim, G. Waitz, Deutsche Verfassungsgeschichte $V^2$. Berlin 1893, S. 406ff.

149） ウィラ villa，ロークス locus と言った希にしか見られない，また特有でない名前や，パーグス・メルカートールム pagus mercatorum のように全く例外的にしか現われない表現は無視する。パーグス・メルカートールムと言うのは，レーゲンスブルクの商人集落を指す語である。（このことについては，Planitz, Frühgeschichte a. a. O. S. 29, Anm. 171. と挙げられている典拠を見よ。）

150） Gasnshof, Over stadsontwikkeling a. a. O. S. 27.

151） E. Gamillschegg, Romania Germanica I. Berlin u. Leipzig 1934, S. 35, Anm. 1. ブルグスについては， Petri, Germanisches Volkserbe a. a. O. I, S. 666f.

152） Gamillscheg, a. a. O. Petri, a. a. O.

153） MG Auct. ant. VIII, Carm. XXII, S. 244f.

154） Wik-Orte a. a. O. S. 10.

155） MG SS i. us. Schol. Liutprandi opera hrsg. v. J. Becker. Hann. -Leipz. 1915, Liutprandi Antapodosis Lib. III, S. 98/5.

156） MG SS. XXXI Register S. 771（イタリアの関係史料）を参照せよ。MG SS III S. 181: a）教皇アレキサンデル昇天する。グレゴリウス，教皇位に即く，８月ベネヴェントを

訪れる。そして9月，スブウルビウム，放火される。—b）そして8月，ルフィナ門のところにブルグムがつくられた。教皇グレゴリウス7世がベネヴェントを訪れる。a) Alexander papa obiit; Gregorius consecratur, Beneventum venit mense Augusto; et suburbium incenditur mense Septembris. -b) Et burgum a porta Rufina crematum est mense Augusti. Gregorius VII papa venit Beneventum.

157） MG DO III ad 1001 レーノ修道院宛，Nr. 405, S. 839 z. 7.

158） G. Kurth, Chartes de l'abbaye de Saint-Hubert en Ardenne. Brüssel 1903 ff. Nr. 306, S. 384/24 zu 1269.

159） C. Storm, Burgen und Städte im mittelalterlichen Friaul. Leipzig 1940, S. 24.

160） MG SS XXXII, Register S. 747: ブルグス，周壁をもたない，都市のようにつくられた，人口密度の高い場所 burgus, locus frequentior, non munitus, ad similitudinem urbis aedificatus. -MG SS VI, S. 502: 周壁の外に位置するブルグスを焼きつくした burgum extra muros positum combuxit. -MG SS XXVI, S. 63/55: フィリッポリスは，周壁の外側に，ラティーニー人の立派なブルグスを持つべきである。Philipolis extra muros nobilem burgum Latinorum habeat.

161） MG SS XXVI, S. 257/25.

162） MG SS XXII, S. 505; XXVI, S. 445/5.

163） MG SS rer. Merov. VII, S. 172/5.

164） MG SS XXIV, S. 584/30: 「ブルグス・オメールの城代。」„Audomarensis burgi castellanus." id. S. 592/10: 「ブルグス・ヘントの城代。」„Gandavensis burgi castellaria." S. 641/5: 「カステルム又はブルグム，インスラス（＝リル）。」„castellum sive burgum Insulas" (= Lille). S. 616/35: 「司教座聖堂参事会員聖堂サン・トメール内のブルグス・サン・トメールで。」„in burgo Sancti Audomari in ecclesia sancti Audomari canonicum." サン・トメールについては次の文献を参照せよ。G. Espinas, Les origines du capitalisme, III. a. a. O. S. 54f.

165） MG SS XXV, S. 768/35-40: 「同じようにバルドゥイヌス自身が都市ブルッヘに着手した，そして都市をデーン人及び海賊の侵入から守るために，ブルグス，すなわちカステルムを防壁を以て取り囲んだ……ブルグスと呼ばれる城」（伯の居住塔）。„quam villam Burgensem ipse Balduinus incepit, et contra Danorum ac pyratarum incursio nes municione burgum id est castellum cinxit ... turrem que burgus dicitur" (Wohnturm des Grafen). これについては次の論文を参照せよ。J. F. Verbruggen, Note sur le sens des mots castrum, castellum et quelques autres expressions qui désignent des fortifications. Rev. belge de philol. et d'hist, 28, 1950, S. 147-155. フェルブルッヘンはブルグスについて次のように言っている——「……一般に，フランドルその他の地域では，必ずしも防備施設をもっているとは限らない都市を指して呼ぶのに用いられている。しかしこの場合も，この規則は絶対的なものではない。何故ならば，アルドルのランベールが，例えばリルを，カステルム又はブルグス castellum sive burgum と呼んでいるからである。」

166） E. Schröder, „Stadt" und „Dorf" in der deutschen Sprache des Mittelalters. Nachr.

Gesellsch. d. Wiss. Göttingen 1906, S. 101.

167) A. a. O. S. 32ff.

167a) H. Wohltmann, Die Anfänge der Stadt Stade. Hans. Geschichtsbll. 69, 1950, S. 53.

168) MG LL sectio IV, Const. I., Nr. 319, S. 453f. 次の文献に新たに印刷されている。P. Rassow, Der Prinzgemahl. Ein Pactum matrimoniale aus dem Jahre 1188. Weimar 1950.

169) MG SS II, S. 177ff:「同じようにオッピドゥム・ウィロにカストルム・ドッケンブルクを付けて修道院に譲渡するであろう „qualiter oppidum Wilo cum castro Dockenburg coenobio cesserit"; ... S. 178:「それだけ益々容易にブルグス・ウィルスと共にカストルムを保持することができるように（1226年頃）„quo levius castrum potuisset obtinere cum burgo Wile" (ad. 1226).

170) MG LL sectio IV, Const. I. Nr. 320, S. 458.

171) A. a. O. S. 38.

172) A. a. O. I, S. 120f., S. 386f.

173) 例外は例えばサンリスである。ここではキーウィタースは，囲まれたブルグムと呼ばれ，騎士 milites と市民 burgenses は同義語として使われている。Vercauteren a. a. O. S. 262.

174) Pirenne a. a. O. I, S. 120, Anm. 3. 1056年にサン・トメールでブルゲーンセースの記載があるというピレンヌの指摘は，議論の余地のある証書に関するものである。次の2文献を参照せよ。E. Perroy a. a. O. S. 59 と G. Espinas a. a. O. S. 196f.

175) 付録，番号8。

176) Planitz, Die deutsche Stadtgemeinde a. a. O. S. 5, Anm. 16.

177) Vercauteren a. a. O. S. 179.

178) Planitz, Die deutsche Stadtgemeinde a. a. O. S. 5. Anm. 17.

179) Vercauteren, Actes des comtes de Flandre a. a. O. Nr. 52, Urkunde Balduins VII.

180) Planitz, Die deutsche Stadtgemeinde a. a. O. S. 5, Anm. 17.

181) Ebenda.

182) Pirenne a. a. O. I., S. 121, Anm. 1.

183) MG DHIII 52, S. 67: ハインリヒは，女子修道院ニヴェルに，この名前の集落を返還している。「すべての必要なものと共に，市場及び商品流通税と共に，貨幣製造所及び塁壁と共に，同じブルグス又はウィラを」„ipsum burgum vel villam Nivellam cum omnibus utensilibus, cum mercato ac theloneo, cum moneta et maceria..." Dsg. MG DHIII 80, S. 105. MG DL III 79, S. 123.

184) Vercauteren, Actes des comtes de Flandre: Robert I. für Kassel 6, S. 18:「カッセルのすべての地租とブルグスの賦課租2リブラを」„et totum censum terrarium de Cassel et duas libras census de burgo."

185) S. Bormans et E. Schoolmeesters Cartulaire de l'église St. Lambert de Liège. I., Brüssel 1893, S. 56, S. 93f.「ムーズ川の向こうの防砦又はブルグスに私達がもっていた……私達の所有地。……他方で，私達は，ブルグスとウィラを，このことに関係のある

証拠として，固有の名称によって特色が表現されたものと見なした——マーストリヒトのブルグス……シント・トロイデンのブルグス」: „bona nostra quae in prediis vel burgis ultra Mosam... habebamus ... Burgos autem et villas ad pignus hoc pertinent propriis duximus vocabulis exprimendas: burgus Trajecti.. burgus sancti Trudonis."

186） Ganshof, Jets over Brugge a. a. O., Anm. 35.

187） R. Hoeniger, Kölner Schreinsurkunden des 12. Jahrhunderts. 2. Bd., 2. H. Bonn 1894, S. 300. キーウェスの項。

188） Wik-Orte a. a. O. S. 36.

189） K. Rübel, Dortmunder Urkundenbuch I. Dortmund 1881, Nr. 51, S. 12.

190） 上掲125ページ〔本訳書147ページ〕を参照せよ。

191） ブルゲーンシスの概念に関するプラーニッツの説明（Frühgeschichte S. 26, Die deutsche Stadtgemeinde S. 6f.）には反論の余地がないわけではない。バイヤレの——引用されている——記述及びピレンヌの提出しているデータとの対決が見られないのは，残念なことである。

192） Vercauteren a. a. O. S. 252, Anm. 1. ブルッヘについては H. Pirenne, Histoire de Belgique. T. 15, S. 189 を見よ。〔T. 1 の誤記〕

193） Les villes a. a. O. I., S. 50, Anm. 2.

194） Rousseau, La Meuse a. a. O. S. 70.

195） Vita Meinverci cap. 139 (MG SS i. us. Schol. Vita Meinverci ep. Path. hrsg. v. F. Tenckhoff, Hannov. 1921, S. 71): レースのエムポリウム emporium in Resse.

196） Pirenne, Les villes I. a. a. O. S. 51 und Anm. 3, S. 137. をも見よ。

197） F. Lau, Nueß (Quellen zur Rechts-u. Wirtschaftsgeschichte der rhein. Städte, Kurköln. Städte I, 1911), S. 2.

197a） Wohltmann a. a. O.

198） ロルシュ寄進帳の中ではウィークスは時として純然たる農村集落を指すものとして登場する，例えば，Nr. 140, Z. 2 (Glöckner a. a. O. I, S. 413):「ウィークス・コルムバハ（＝コルムバハ，オーストリア・ベンスハイム）には，XI フーフェがある。」„In vico Columbach (=Kolmbach, ö. Bensheim) sunt XI hube." Nr. 161, S. 445, 6 に：「ウィークス・フレンケンウェルトには，ウィラ・ゲルネスハイムの境界内に，わが教会の所領が存在する……」„In vico Frenkenvelt in termino ville Gernesheim situm fundum ecclesie nostre..." とあるのは，今日では荒廃してしまった宮廷領フランケンフェルト（ゲルンスハイム近傍）を指している。このことについては，W. Müller, Hessisches Ortsnamensbuch. Darmstadt 1937, I, S. 217ff. を見よ。——Nr. 65, Z. 9 (I, S. 348) ある森の境界を記述するに際して——「ゲルベルティと呼ばれるウィークス」„vicus qui dicitur Gerberti", とあるのは，後の，ケッフェルタール近くのヴィーラーのことである。これに反して，C. Wampach が編纂した Echternacher Urkundenbuch=Geschichte der Grundherrschaft Echternach im Frühmittelalter. I. 2. Luxemburg 1930, ではウィークスが見られるのは１度だけである（Nr. 167, S. 259 zu 926/27 oder 930/31）：「エヒテルナハ

のウィークスの中，そして境界の中」„in vico et in confinio Epternacensi“, というのである。従って，この場合はエヒテルナハという，とにかく村落的存在は越えている集落を指すのに用いられていることになる。

199） Planitz, Frühgeschichte a. a. O. S. 22. を見よ。

200） Wik-Orte a. a. O. S. 17ff.

201） Göttinger Nachrichten 1941, S. 293ff.

202） Beiträge zur Geschichte der deutschen Sprache 65, 1941, S. 221ff.

203） Frühgeschichte a. a. O. S. 37.

204） H. Goetting, Die Anfänge der Stadt Gandersheim. Blätter f. deutsche Landesgeschichte. 89, 1952. S. 41ff.

205） K. Zimmermann, Die Wiek in Andernach. Erzähler der Heimat, Beilage zur Rhein-Zeitung Koblenz vom 9. Juli 1952.

206） O. A. Johnsen, Der deutsche Kaufmann in der Wiek in Norwegen im späteren Mittelalter. Hans. Geschbll. 33, 1928, S. 66-77.

207） F. Rörig, Magdeburgs Entstehung und ältere Handelsgeschichte. misc. Acad. Berol. II, 1, 1950.

208） 上掲63ページ以下〔本訳書77ページ以下〕を参照せよ。

209） H. Wilkens, Zur Geschichte des niederländischen Handels im Mittelalter. Hans. Geschichtsbll. 14. 1908, S. 295-356, besonders S. 347ff. J. de Sturler, Les relations politiques et les échanges commerciaux entre le duché de Brabant et l'Angleterre au moyen-âge. Paris 1936, S. 137.

210） MG DOI 124, S. 206, Z. 15/16.

211） 上掲61ページ注164〔本訳書原注34ページ注164〕の史料記述を参照せよ。

212） メッスのアルペルトにあり。Keutgen a. a. O. Nr. 75, S. 44. を参照せよ。Miracula S. Walburgae Tielensia, MG SS XV, S. 765 cap. 2:「ブリタニアから，その船の中で道中の安全を商人によって保証されている人があった。この商人はティールへ赴くので……Erat quidam ex Britannia conductus a mercatore in navim suam; hic veniens ad Tiele...

213） Ebenda, cap. 3:「その上，マルティヌスという名前のもう1人の男が，マインツ領の都市ヴィースバーデンから，哀れな姿で，聖マリア修道院にやって来た……」Alius etiam de villa Wisebadon in finibus Magontiae nomine Martinus miserabili aspectu venit ad sanctae virginis monasterium..; cap. 4:「ガリア人とアキタニア人の境界地帯を巡礼してまわる相当数の者の1人が，私共のところにやって来た。」In confinio Gallorum et Aquitanorum... Talium peregrinorum unus ad nos venit. ――この奇蹟録の作成は1022年頃である。

214） Frühgeschichte a. a. O. S. 32.

215） Les villes a. a. O. I, S. 347.

216） G. Des Marez, Etudes inédites. Brüssel 1936, S. 56f.

216a） Quelques réflexions sur l'economie medievale.

217） Huppertz a. a. O. S. 271ff. にまとめられている関連業績を見よ。

218） F. Steinbach, Das Ständeproblem des frühen Mittelalters. Rhein. Vjbll. 7, 1937, S. 325.

219） Planitz, Frühgeschichte a. a. O. S. 45ff. をも見よ。

220） A. a. O. S. 67.

221） A. a. O. S. 50.

222） Planitz, Frühgeschichte a. a. O. S. 41f. 列挙されているヴィークを参照せよ。ディナンが見落とされているのに気づく。

223） Beyerle a. a. O. S. 24 u. 29.

224） 付録，番号７。

225） Ganshof a. a. O. S. 29, Plan Nr. 30.

226） Ganshof a. a. O. S. 31, Plan Nr. 24 und S. 31.

227） Planitz, Frühgeschichte a. a. O. S. 27, Ganshof, Plan Nr. 37.

228） Planitz, Frühgeschichte a. a. O. S. 31, Ganshof, Plan Nr. 22.

229） Planitz, Frühgeschichte a. a. O. S. 31.

230） Planitz, Frühgeschichte a. a. O. S. 32.

231） Planitz, Frühgeschichte a. a. O. S. 29, Ganshof, Plan Nr. 5, S. 28.

232） Planitz, Frühgeschichte a. a. O. S. 32.

233） Ganshof a. a. O. S. 28, Plan Nr. 27.

234） Planitz, Frühgeschichte a. a. O. S. 32.

235） Ganshof a. a. O. S. 28, Pläne Nr. 8, 15/16, 13, 17, 10, 20, 4.

236） Ganshof a. a. O. S. 28f., Plan Nr. 26.

237） Planitz, Frühgeschichte a. a. O. S. 27, Ganshof S. 21, Plan Nr. 37.

237a） J. Lestocquoy, Les origines de Montreuil-sur-Mer. Rev. d. Nord 30, 1948, S. 184-196. P. Héliot, Les fortifications de Montreuil-sur-Mer. Rev. d. Nord 30, 1948, S. 157-183.

238） Ganshof a. a. O. S. 32, Plan Nr. 14.

239） Ganshof a. a. O. Plan Nr. 3, S. 30, bei Vercauteren Plan auf S. 317.

240） Ganshof a. a. O. S. 30, Pläne Nr. 36 und 31.

241） Ganshof a. a. O. S. 40, Plan Nr. 19.

242） Vercauteren a. a. O. S. 229f.

243） Vercauteren a. a. O. S. 285ff.

244） Beyerle a. a. O. S. 22ff., S. 31ff.

245） Planitz, Frühgeschichte a. a. O. S. 27.

246） Ebenda S. 30.

247） J. Schwab, Überblick über die Geschichte der Stadt Andernach. In: Sonderwerk über Handel und Wandel im Kreise Mayen. Düsseldorf 1927, S. 54. J. Busley, H. Neu, Die Kunstdenkmäler des Kreises Mayen. Düsseldorf 1941, S. 166. K. Zimmermann a. a. O.

248) Planitz Frühgeschichte a. a. O. S. 25f. ドゥイスブルクについては F. Tischler, Zur Frühgeschichte der Stadt Duisburg. Forsch. u. Fortschr. 25, 1949, S. 255 bis 258. ブラウンシュヴァイクについては F. Timme, Ein alter Handelsplatz in Braunschwelg. Niedersächs. Jahrbuch 22, 1950, S. 33-86. Ders., Ostsachsens früher Verkehr und die Entstehung alter Handelsplätze. Braunschweig, Heimat 36, 1950, S. 107 bis 130. ゴスラルについては K. Fröich, Das Stadtbild von Goslar im Mittelalter. Beitr. z. Geschichte der Stadt Goslar. H. 11, 1949. シュターデについては H. Wohltmann, a. a. O. 及び E. von Lehe, Stade als Wikort der Frühzeit. Stader Jahrbuch 1948.

249) Planitz, Fruhgeschichte a. a. O. S. 32.

250) Planitz, Frühgeschichte a. a. O. S. 29. Plan bei Hansen a. a. O. Tafel II nach S. 6. -F. Morré, Ratsverfassung und Patriziat in Regensburg bis 1400. Verh. d. Hist. Ver. f. Regensburg u. Oberpfalz 85, 1935, S. 12ff.

251) Planitz, Frühgeschichte a. a. O. S. 30.

252) Ebenda S. 27f. Ganshof a. a. O. S. 27, J. Niessen a. a. O. の地図。

253) Pirenne, Les villes a. a. O. I, S. 52 の，モンスのポルタ・フォーリに関する注４をも参照せよ。

254) 既に私の論評 „Neuere Arbeiten zur Geschichte des nordwesteuropäischen Städtewesens im Mittelalter a. a. O. S. 51. で説明しておいたように，プラーニッツは，ボンの状況をやや誤って描いている。800年頃になって史料に初出する，恐らくはノルマン人の襲撃によって没落したと思われるボンのウィークス vicus Bonnensis は，ほぼ今日のレミギウス通りのはずれにあったに違いない。いずれにせよ，後の，ボンの主要聖堂区聖堂であるレミギウス聖堂は，レミギウス通りに接する今日のいわゆるローマ広場に位置していて，ボンのウィークスに in vico Bonnense 位置している，と記録されている。このウィークスが，シュタインバハの想定したように農村的農家の一群ではなかったことは，早くからボンの遠隔地商人，フレオスバルドゥスのことが史料に現われていることが，これを示している，と私には思われる。「ボンに生まれたフレオスバルドゥスという名の男は，貨幣が増加していく間に，より多くの貨幣を，つまり利潤を，投資することに努力した。」„Freosbaldus, nomine de Bunna, pluribus inter suos auctus pecuniis, nam instituendis mercibus operam dabat“. フレオスバルドゥスについては，E. Sabbe, Quelques types des marchands des IX$^{e}$ et X$^{e}$ siècles. Rev. belge de philol. et d'hist. 13, 1934, S. 178. を見よ。今日の市場広場を中心とする，後の市場集落については，Ganshof a. a. O. S. 28. を参照せよ。

255) J. Düffel, Bilder aus der Vergangenheit der Stadt und Festung Rees. Rees 1939. これに加えて E. Ennen, Zur niederrheinischen Stadtgeschichte. Rhein. Vjbll. 11. 1941, S. 312ff. を参照せよ。特に Düffel S. 39 の図８，レースの都市図を見よ。

256) A. a. O. S. 40.

257) E. Liesegang, Recht und Verfassung von Rees. Westdeutsche Zeitschr. Ergh. 1890, Urkunde Nr. 3, S. 101.

258） MG SS XI, S. 135. これに加えて O. Oppermann, Rhein. Urkundenstudien, Bonn 1922, S. 334, 及び G. Vollmer, Die Stadtentstehung am unteren Niederrhein. Bonn 1952. S. 33ff. を参照せよ。フォルマーは，参事会教会施設都市の外側の市場広場に最古の商人集落を見ている。

259） A. a. O. S. 340.

260） G. Vollmer a. a. O. S. 10ff.

261） Liesegang a. a. O. Nr. 1. S. 99:「レースに居住する商人が商取引のために，ヴェーゼル，クサンテン，エメリヒ，エルテン，デーティンヘン，シュミットハウゼン，を訪れた時には，彼等からは，みだりに何も徴収することがない，又は商品流通税を納めることがない，ものとする。そして反対に，上に名前を挙げた諸都市の商人もまた，同じ目的でレースを訪れた時には，自由に販売し，買い入れ，商品流通税は納めないものとする。」„mercatores in Ressa manentes si Wiselam, Xanctum, Embricam, Elthenam, Duthenkheim, Smithusen mercandi causa venerint, liberi nullo ab eis exacto vel dato theloneo recederent. E converso quoque si supra nominatarum villarum mercatores Ressam propter eandem causam venerint, venderent libere et emerent et nullum theloneum darent.“

262） Planitz, Frühgeschichte a. a. O. S. 29.

263） Ganshof a. a. O. S. 23ff. Pläne Nr. 23, 38, 34.

264） Ganshof a. a. O. S. 25, Pläne Nr. 32. Vercauteren a. a. 0. S. 163, Plan auf S. 164.

265） Vercauteren a. a. O. S. 345.

266） Vercauteren a. a. O. S. 262.

267） Ganshof a. a. O. S. 28, Plan Nr. 21.

268） Planitz, Frühgeschichte a. a. O. S. 31.

269） Vercauteren a. a. O. S. 91ff. Steinbach, Bemerkungen a. a. O. S. 129.

270） Ganshof a. a. O. S. 31, さらに Anm. 51, Plan Nr. 32.

271） Ganshof a. a. O. S. 31f., Plan Nr. 11. さらに M. Oursel-Quarré, Les origines de la commune de Dijon. Dijon (1947), S. 67ff, S. 78. を見よ。

272） Ganshof a. a. O. S. 32, Plan Nr. 31.

273） Vercauteren a. a. O. S. 251f. Plan bei Ganshof a. a. O. Nr. 12.

274） Ganshof a. a. O. S. 40, Plan Nr. 29.

275） 上掲86ページ〔本訳書106ページ〕を見よ。

276） Vercauteren a. a. O. S. 129ff., Plan auf S. 134.

277） Vercauteren, S. 129ff., Plan auf S. 134.

278） 比較的大きな都市に例外なく見られる多層性については，一般的には，Strahm a. a. O. S. 388f. を見よ。

278a） F. Rörig, Magdeburgs Entstehung a. a. O.

279） A. a. O.

280） H. Reincke, Forschungen und Skizzen zur Geschichte Hamburgs. Hamburg 1951.

281) E. Ennen, Einige Bemerkungen zur frühmittelalterlichen Geschichte Bonns. Rhein. Vjbll. 15/16, 1950/51, S. 187f.

282) H. van Werveke, Kritische studien betr. de oudste geschiedenis van de stad Gent. Paris-Antwerpen 1933

283) G. Espinas, Les origines du capitalisme a. a. O. S. 162.

284) Goetting a. a. O. S. 48.

285) シェーネケンについては，E. Ennen, Burg, Stadt und Territorialstaat a. a. O. S. 70. を参照せよ。

286) これについては Quellen zur Rechts-und Wirtschaftsgeschiche der rheinischen Städte. Bergische Städte II, Blankenberg-Deutz, bearb. von E. Kaeber u. B. Hirschfeld, Bonn 1911. を見よ。

287) MG SS VII, S 171:「この周壁は，聖ペトルス聖堂と修道士達の住居を取り巻くものであった。そしてその狙いは，内部にある住居を聖職者の使用に委ねることである……，この限りで，このようにして，それ故に，宗教上の建物と民衆の住宅とを分離しようとするものである。」„Hic muris ecclesiam s. Petri ac fratrum habitacula circumcinxit, et ut ea, que infra sunt, usui canonicarum cedant..., quatenus quomodo religione ita et mansione a plebe sequestentur."

288) H. Planitz, Handelsverkehr und Kaufmannsrecht a. a. O. S. 188.

289) J. Lyna, Aperçu hist. sur les origines urbaines dans la conté de Looz et subsidiairement dans la vallée de la Meuse. Tongern 1931.

290) H. Pirenne, Les villes a. a. O. I, S. 45. を参照せよ。

291) 奴隷商業は中世を通じて存在した。中世末期には地中海の諸地方に集中していた。次の 2 文献を参照せよ。Ch. Verlinden, L'esclavage dans le monde ibérique médieval. Anuario de historia del derecho espagnol 11, 1934, S. 283-488 u. 12., 1935, S. 361-424. Ders. Note sur l'esclavage à Montpellier au bas moyen-age (XIII-XV siècle). Etudes d'histoire dédiés à la mémoire de Henri Pirenne. Brüssel 1937, S. 451-469. 当時奴隷の供給源は，一部分は依然として極東（ロシア民族，タタール人）であったが，彼等は黒海からこの商業に入り込んでいる。

292) Sabbe a. a. O. S. 182ff. Rousseau a. a. O. S. 72: ヴェルダンのスペイン貿易に関する証拠は 1 世紀にわたっている。既に861-79年に，サン・ベルタンの修道士達がローマを訪れる旅行の途中，ラングルの近くで，スペインに赴くヴェルダンの商人に会っている。奴隷貿易についての主要な証拠はクレモーナのリウトプランドが提供している。「奴隷，フワーリズム人……ヴェルダンの商人が莫大な利益を挙げるためにスペインに連れていく習慣があるからである。」„mancipla, carzimasia... quod Verdunenses mercatores ob immensum lucrum facere et in Hispaniam ducere solent" (a. a. O. S. 155f). サブも指摘していることであるが，習慣である solent こと，莫大な利益 immensum lucrum のことが記録されていること，が重要なのである。953年には，オットー 1 世がコルドバのカリフの許に派遣したゴルツェの大修道院長ヨハネスの道案内を，スペインの事情に通じ

た者として，ヴェルダンの一住民が勤めている。955年には，エルフィラの司教レケムンドゥスが一人のヴェルダン人を伴って，スペインからドイツへ来ている。聖人伝文献は，聖遺物の売却に関して，ヴェルダン商人の隊商が荷獣に荷物を積んで，スペインから帰って来る様子を伝えている。

292a) Die älteren Urkunden des Klosters Blandinium und die Anfänge der Stadt Gent. Utrecht, Leipzig, München 1928.

293) H. v. Werveke a. a. O. F. Blockmans, De Gentsche stadspatriciaat tot omstrecks 1302, Antwerpen, 'sGravenhage 1938, S. 60f.

294) Blockmans a. a. O. S. 60f.

295) A. s. O. S. 197ff.

296) 上掲101ページ〔本訳書120ページ〕を参照せよ。

297) Koebner a. a. O. S. 202.

298) Rev. d'hist. ecclesiastique 43, 1948, S. 322f.

298a) F. L. ガンスホフは，最も古いフランドル諸都市の特許状の綿密な分析に基づいて，論文 „Le droit urbain en Flandre au debut de la première phase de son histoire (1127). Revue d'histoire du droit 19, 1951, S. 416. で次の結論に到達している。「この商業的土台を考慮に入れないことは，12世紀前半のフランドル諸都市の法のことが全く理解できないことに通ずる，と私達は考える。」

299) Frühgeschichte a. a. O. S. 31.

300) Keutgen, Urkunden a. a. O. Nr. 126, S. 93ff.

301) S. 134ff.

302) A. a. O. S. 124ff.

303) 付録，番号９。

304) 付録，番号11。

305) K. A. Eckhardt, Präfekt und Burggraf. Zschr. Sav. Stiftg. Rechtsgesch Germ. Abt. 146, 1926, S. 163-205.

306) Frühgeschichte a. a. O. S. 33f.

307) 上掲61ページ〔本訳書75ページ〕を見よ。

308) 上掲68ページ〔本訳書83ページ〕を見よ。

309) Planitz, Frühgeschichte a. a. O. S. 34f. ――同じくプラーニッツによって引用されている，塁壁によって防備されたブレーメンのオッピドゥム Bremense oppidum が果してヴィークであったのか，私には疑問である。アーダムの問題の個所―― MG SS VII, S. 322/30u. 331/10 B. Schmeidler の版では S. 108/15 u. 131/18――を典拠に決定する気に私はなれない。アーダムは，キーウィタースのこともオッピドゥムと呼んでいるからである。キーウィタースの外側に市場があったことは，アーダムの記述から明らかである。

310) P. Kletler, Nordwesteuropas Verkehr, Handel und Gewerbe im frühen Mittelalter. Wien 1924, S. 121ff.

311） MG SS VII, S. 331/10 in der Ausgabe von B. Schmeidler S. 131:「彼は防備施設に技術を適用した。もし初め木造であったならば，石でそれを造った……。次いで，前任者のヘリマンヌス以来塁壁を以て始められていた都市の周壁を建造することによって，若干の場所で，防衛のために，周壁を建造した。他の部分では，5乃至7エレの厚みで半完成のまま放置した。この周壁には，西側に，広場に面して大きな門が付いた。そして門の他に，イタリア式建築で造られた極めて堅牢な塔があった。そしてその塔は，オッピドゥムの全く別の必要のために，7つのアーチで飾られていた。„manum vertit ad claustrum, quod ipse, dum Prius ligneum esset, lapideum fecit ... Deinde murum civitatis ab Herimanno decessore orsum in giro construens, in aliquibus eum locis ad propugnacula erexit, alias quinque aut septem cubitorum altitudine semiperfectum dimisit. Cui ab occasu contra forum porta grandis inhaesit, superque portam firmissima turris, opere Italico munita, et septem ornata cameris ad diversam oppidi necessitatem.

312） Frühgeschichte a. a. O. S. 28.

313） MG SS II, S. 83.

314） K. Schumacher, Beiträge zur Topographie und Geschichte der Rheinlande. Mainzer Zeitschrift 6, 1911, S. 12f. Stimming a. a. O. S. 137f.

315） Frühgeschichte a. a. O. S. 28.

316） F. Beyerle, Zur Wehrverfassung des Hochmittelalters, Festschr. E. Mayer. Weimar 1932.

317） このことは既に Hansen, Stadterweiterung S. 11. が強調している

318） Planitz, Frühgeschichte a. a. O. S. 30.

319） Ebenda S. 32 und Anm. 188.

320） Hansen, Tafel II, nach S. 6. のレーゲンスブルクの地図を見よ。次の2つの記述を比較せよ。MG SS IV, S. 552, cap. 7:「以前は外にあった，最も祝福される殉教者エメラムスの修道院が，レーゲンスブルク人のキーウィタースの，アルヌルフ公が有力者達に作業を配分して割当て，迅速に建設した周壁の，内側に存在するようになって以後は」Postquam monasterium beatissimi martiris Emmerammi, quod prius extra fuerat, coepit esse intra muros Ratisbonensium civitatis quos Arnulfus dux inter optimates opere diviso, cito construxerat...“ MG SS XI, S. 354:「その時，都市の民衆と参事会とは，彼等の守護聖人と教える人達とに対する敬虔なる献身に燃え立って，西の側面で都市の周壁を取り壊した。その上で，指示された通りに，修道院をこの周壁で包み込むようにして，その中に閉じ込めた。そのため，この都市を新都市と呼んだ。この都市は，どこからでも商品を船着場に運搬するラーテス，つまり船，によって利用されるところから，ラティスポナと呼ばれる。この都市は，周遊の後に聖エメラヌスの側面をしばしば訪れる国王の商人達によって居住される。この集落は，商人居住区と呼ばれるのが最も適切である。」„Tunc plebs urbis et senatus, pia erga patronum et doctorem suum devotione fervens, muros urbis occedentali parte deposuit, ac veluti monstratum est, monasterium hoc muro cingens, inibi inclusit, hocque urbem appelavit novam. Haec, quod rates

undecunque mercimonia portantes hic in portu ponuntur, Ratispona vocatur, haec postambitum Sancti Emmerani latum frequens regio mercatoribus incolitur, quae opum ditissima pagus mercatorum exprimitur.

321） A. a. O. S. 36.

322） A. a. O. S. 72ff. MG SS XV, 2, S. 652, Z. 27-31.

323） Rousseau a. a. O. S. 72.

324） その証書というのは次の２点である。Halkin-Roland, Recueil des chartes de l'abbaye de Stavelot-Malmedy, I. Bd. Brüssel 1909. Nr. 45, S. 113, Nr. 46, S. 114.

325） 付録，番号７。

326） Lib. I, cap. 37, S. 24:「ベルガエ人は，野原では，ジルベールと共に抵抗することが全くできず，オッピドゥムと都市とに閉じこもった。」„Belgae non in aperto cum Gisleberto resistere nisi sunt, sed oppidis ac municipiis sese recludunt."

327） I, 38, S. 25:「オッピドゥム・ハルデシュタインで。」„in oppido Harburc."

328） I, 49, S. 32:「海に沿って位置していて，その名もアウガエと呼ばれたオッピドゥム……彼等の首領ロロは，充分な軍勢を以てオッピドゥムを一杯にし，明らかに戦争の準備をした。国王はそこから離れていたが，挑発を受けて，直ちに，軍勢に命令をして進撃させた。オッピドゥムは攻撃された。そして包囲が完了すると，オッピドゥムを取り巻いて守っている防壁を襲撃した。」„oppidum secus mare situm cui etiam Augae nomen erat... Quorum princeps Rollo sufficientibus copiis oppidum implens, bello sese manifeste paravit. Rex inde digressus, exercitum provocanti infert, congredi non differens. Oppidum agressus est. Et obsidione disposita, vallum quo cingebatur, irrumpit." ウーはカストルムから発生した。; S. Deck, Une commune normande au moyen-âge. La ville d'Eu. Son histoire, ses institutions (1151-1475). Paris 1924. を見よ。これに加えて H. Pirenne. Les villes a. a. O. II, S. 288ff.

329） I, 58, S. 35:「その上，彼は，ヴェールの急流に沿って位置するブレーナと呼ばれるユーグのオッピドゥムを，襲撃し，占領し，破壊した。」„Insuper et Hugonis oppidum, quod secus torrentem Vitulam situm Braina dicitur, occupat, capit ac diruit."

330） II, 8, S. 43f.:「国王は軍勢によってオッピドゥム・モンティニを攻略した。」„oppidum Montiniacum rex per cohortem expugnat..."

331） II, 11, S. 45:「オッピドゥム・モントルイユの占領」„Oppidi Monasterioli captio." オッピドゥムの周壁 Murus oppidi が記録されている。

332） II, 21, S. 50:「城砦ラ・ショセーを……その上オッピドゥムを徹底的に破壊した。」„... Causostem munitionem.. oppidum etiam funditus subruit." これに加えて 8, S. 44 を参照せよ。:「マルヌ川に沿って位置するラ・ショセーという名前の，ランスの聖堂が所有するカストルム……」„castrum Remensis ecclesiae nomine Causostem secus fluvium Matronam situm..."

333） II, 26, S. 52:「高い山と呼ばれるオッピドゥム」„oppidum quod Altus mons dicitur."

334） II, 84, S. 81:「先の尖った山と呼ばれるカストルム」„castrum quod dicitur Mons

acutus...“ その住民はオッピドゥムの人々 oppidani と呼ばれる。モンテーギュについてはさらに以下のように語られる。「何故なら，このカストルムは，依然として，周壁の強さで充分に取り囲まれてはいず，また十分に多数の軍勢が気持ちよくそこに共住することもできなかったからである。オッピドゥムの住民達は，圧迫する包囲攻撃のために，より長く抵抗することには耐えられない。それ故に，彼等は打ち負かされて屈服し，抵抗を中止する。」„Et quia non satis adhuc murorum firmamento claudebatur, nec multitudo militum sufficiens commode ibi cohabitare poterat, urgenti obsidioni diutius resistere oppidani non patiuntur. Victi ergo cedunt ac resistere quiescunt.“

335） III, 8, S. 89:「モンス・カストラティーロキと呼ばれる……オッピドゥム」„oppidum... quod dicitur Mons Castrati-loci.“ 門 porta と周壁 muri のことが記録されている。

336） S. 90f.「ディジョンと呼ばれる国王の城……オッピドゥム。」: „Castrum regium quod Divon dicitur...oppidum.“

337） 例えばオッピドゥム・アウガエ（ウー）については次のように記されている――「そして包囲が完了すると，オッピドゥムを取り巻いて守っている防壁を襲撃した。」„Et obsidione disposita, vallum quo cingebatur irrumpit.“ モントルイユ，モンテーギュ，モンス，の場合，門 porta と周壁 muri のことが記録されている。

338） ラ・ショセー，モンテーギュ，ディジョン，は，ある時にはカストルム，ムニティオ，ある時にはオッピドゥムと呼ばれている。IV, 90, S. 170 をも参照せよ。「ウルプス・トゥロニカ〔トゥール〕から遠からぬところに，オッピドゥムを建設し，そして防備設備をつくった。……しかしカストルムを包囲する。」„...non procul ab urbe Turonica oppidum exstruit atque munit... Castro tamen obsidionem adhibet... “

339） Rousseau a. a. O. S. 73.

340） Ebenda S. 66.

341） Ebenda S. 72.

342） A. a. O. S. 36

343） Frühgeschichte a. a. O. S. 36.

344） Planitz, Frühgeschichte a. a. O. S. 36f. MG SS XVI, S. 168 1023年の条：「それにもかかわらず，敬虔なる皇帝オットーが完成させることなくのこした市の周壁を，私は完成した。」„Muros nichilominus urbis, quos Otto pius imperator inperfectos reliquit, hic consummavit.

345） A. a. O. S. 28.

346） A. a. O. S. 31f.

347） Ganshof, Jets over Brugge a. a. O. S. 286f. MG LL Constitutiones I, Nr. 432, S. 617:「フランドル伯ロベール1世の平和令……もし彼の支配領域内で城が，相続財産として残されるか，又は平時及び戦時に彼の許可なしにつくられるならば，彼はその城を，受納するか，取りこわすか，すべきである。」„Pax Roberti I comitis Flandriae.. si castellum in regno suo tradatur vel absque permissu eius construatur in pace et guerra, illud armis

recipiat vel destruat.“

348) Ganshof, Jets over Brugge a. a. O. S. 286.

349) Ann. des Prudentius von Troyes S. 452 885年の条を見よ。「５月のこと，聖ランベルトゥスの遺体が眠っているウィークス・リエージュで，全く突然に，雨による洪水が発生した。その結果，洪水は，人間達と，その同じ所で見出した物ことごとくと共に，石造の家々，壁々を，果ては聖ランベルトゥスを記念する聖堂自体まで，ムーズ川へと，突き落とした。」Mense maio in vico Leudico, in quo corpus sancti Lamberti quiescit, tanta subito pluviarum inundatio effusa est, ut domos et muros lapideos seu quecumque aedificia cum hominibus et omnibus quecunque illic invenit usque ad ipsam ecclesiam memoriae sancti Lantberti violenta irruptione in Mosam fluvium praecipitaverit. Kletler a. a. O. S. 122 をも参照せよ。クレトラーがこの記事を根拠に市壁の存在を推定しいる（100ページ）のは，もちろん，誤っている。

350) 付録，番号10。-H. Aubin, Die Rheinbrücken im Altertum und Mittelalter. Rhein. Vjbll. 7. 1937. S. 120.

351) L. v. Winterfeld, Die Entstehung der Stadt Doftmund. Beitr. z. Gesch. Dortmunds u. d. Grschft. Mark 48, 1950, S. 73.

352) F. Timme, Alte Wehrbefestigungen? Untersuchungen zur älteren Geschichte Braunschweigs. Freundeskreis des Gr. Waisenhauses 1953, H. 7.

353) K. Frölich, Das Stadtbild a. a. O. S. 9.

354) Oursel-Quarré a. a. O. S. 73ff.

355) Ganshof a. a. O. S. 41.

355a) Planitz, Frühgeschichte Anm. 190, S. 33.

356) Planitz, Frügeschichte a. a. O. S. 36.

357) C. Verlinden, Le balfart. Corvée-redevance pour l'entretien des fortifications au moyen-âge. Tijdschr. voor Rechtsgeschiedenis l2, 1933, S. 107ff.

358) 付録，番号２，cap. 14.

359) 注269を参照せよ。

360) Koebner S. 104ff. を参照せよ。

361) Blockmans a. a. O. S. 167.

362) Giry, Histoire de la ville de St. Omer et de ses institutions jusqu'au XIVe siècle. Paris 1877, S. 369-370:「自分の費用で前述の聖堂を建立したランベールの印章」„Signum Landberti, qui suis sumptibus prefatam ecclesiam construxit.“ 私は，エスピナスと共に，ピレンヌの解釈を支持したいと思う。次の２文献を参照せよ。J. Lestocquoy, Des marchands constructeurs d'eglises ? Ann. d'hist. sociale 1945, S. 136f. G. Espinas, La fondation en 1043 d'une église par Lambert. In: Les origines du capitalisme III a. a. 0. App. 15, S. 210ff.

363) J. Lestocquoy, Patriciens du moyen-âge. Les dynasties bourgeoises d'Arras du XIe au XVe siècle. Mém. d. 1. Comm. dép. d. Mon. hist. du Pas-de-Calais, t. V. fasc. 1, 1945 を

参照せよ。

364） Blockmans a. a. O. S. 289.

365） 付録，番号17，第27条。

366） Ganshof a. a. O. S. 41ff. の，都市以前の核と，防備施設のある商品集散地との関係についての，綿密な概観を参照せよ。

367） Edw. Schröder, Stadt und Dorf a. a. O. S. 102ff.

368） MG SS XXIV. S. 75/35.

369） H. Pirenne, Les villes a. a. O. II, S. 199f. Planitz, Frühgeschichte a. a. O. S. 81ff. Handelsverkehr und Kaufmannsrecht a. a. O.

370） Keutgen, Nr. 75, S. 44ff. Planitz, Kaufmannsgilde und städtische Eidgenossenschaft a. a. O. S. 26, S. 112.

371） ギルド仲間は貨幣を出しあう。その貨幣は――恐らくはギルド長〔の手で〕商業貸付金として，個人に配分される。ギルド仲間は，儲けの一部分をギルド宴会の費用に充てる。(H. v. Loesch, Die Kölner Kaufmannsgilde im 12. Jhd. Westdeutsche Zeitschr. Ergh. 12. 1904. S. 5f.)

372） A. a. O. 及び H. Heimpel, Auf neuen Wegen der Wirtschaftsgeschichte. Vergangenheit und Gegenwart 32, 1933, S. 495ff.

373） H. Reincke, Kölner, Soester, Lübecker und Hamburger Recht in ihren gegenseitigen Beziehungen. Hans. Geschichtsbll. 69, 1950. S. 21, Anm. 23 が，1200年までのケルンのシュラインスカルテ，市民名簿，ギルド員名簿を材料にして，この国際的遠隔地商人の出身地について算定した，意味深いパーセンテージを参照せよ。

374） Planitz, Frühgeschichte a. a. O. S. 47ff.

375） 現在では次の文献も参照せよ。E. Coornaert, Les ghildes médiévales (Ve-XIVe siècles) Revue hist. 72e A. T. CXCIX. C. 1. 2. 1948, S. 22-55, 208-243.

376） とりわけ Kaufmannsgilde und städtische Eidgenossenschaft a. a. O. S. 19ff. Frühgeschichte a. a. O. S. 58ff. を見よ。

376a） J. Lestocquoy, Les origines de Montreuil s. M. a. a. O.

376b） Planitz, Frühgeschichte a. a. O. S. 50ff.

377） 上掲73ページ以下〔本訳書88ページ以下〕を参照せよ。

378） Frühgeschichte a. a. O. S. 70f.

379） A. a. O. S. 39, S. 44f.

380） 付録，番号17，第24条。

381） A. a. O. S. 226f., Anm. 3.

382） A. a. O. S. 225.

383） 付録，番号17，第27条。Pirenne, Les villes a. a. O. I, S. 60 u. S. 406.

384） 付録，番号17，第26条。

385） 付録，番号18，第14条。Planitz, Kaufmannsgilde und städtische Eidgngssehsaft a. a. O. S. 28.

386） Pirenne, Les villes a. a. O. I, S. 406.

387） Pirenne, Les villes a. a. O. I, S. 406. は，1072/83年に城代ウルフリク・ラベルとサン・トメールのギルドの間で取り決められた協定がこのギルドに，市民的自治を認めたと言っているが，この解釈は行き過ぎている。この点については Planitz, Kaufmannsgilde S. 25, Anm. 7 を見よ。この協定――付録，番号18，第15条――で問題になっているのは，ギルドの仲裁裁判権だけである。

388） Pirenne, Les villes a. a. O. I, S. 60.

389） 付録，番号17，第１条。

390） 付録，番号17，第６条。

391） Brodnitz, Englische Wirtschaftsgeschichte. Jena 1918, S. 148f.

392） Les villes a. a. O. I, S. 65.

393） Frühgeschichte a. a. O. S. 90.

394） 付録，番号24。次の文献も参照せよ。F. L. Ganshof, Le droit urbain en Flandre au debut de la première phase de son histoire (1127) a. a. O. S. 387–416.

395） 付録，番号18，第12及び第21条。

396） Les villes a. a. O. I, S. 82.

397） 1165, §10. Keutgen a. a. O. Nr. 141, S. 146.

398） ca. 1150, §32. Keutgen a. a. O. Nr. 139, S. 142.

399） 付録，番号40，第２及び第３条。

400） Planitz, Kaufmannsgilde a. a. O. S. 46 を見よ。

401） MG SS XXI, S. 609.

402） Planitz, Kaufmannsgilde a. a. O. S. 78ff.

403） Planitz, Kaufmannsgilde a. a. O. S. 81ff. Pirenne, Les villes I, S. 78.

404） 付録，番号18。

405） Kaufmannsgilde a. a. O. S. 44ff. Stadtgemeinde a. a. o. S. 42ff.

406） Planitz, Kaufmannsgilde a. a. O. S. 45.

407） Pirenne, Les villes a. a. O. I, S. 78.

408） F, Beyerle, Untersuchungen zur Geschichte des älteren Stadtrechts von Freiburg. Deutschrechtliche Beiträge 5. Heidelberg 1910.

409） Die Städtegründungen der Herzöge von Zähringen in Südwestdeutschland. Freiburg i. Br. 1932

410） レーリヒの諸労作の他に以下の諸文献を見よ。L. v. Winterfeld, Versuch über die Entstehung des Marktes und den Ursprung der Ratsverfassung in Lübeck. Zschr. d. Vereins f. Lü. Geschichts-undAltertumskunde. 25, 1929. S. Rietschel, Die Städtepolitik Heinrichs d. L. Hist. Zschr. 22, 1909, S. 237–276. P. J. Meier, Die Münz-u. Städtepolitik Heinr. d. L. Niedersächs. Jahrb. 2, 1925, S. 125ff. H. Meyer, Bürgerfreiheit u. Herrschergewalt unter Heinr. d. L. Hist. Zschr. 147, 1933. S. 277ff. R. Hildebrand, Der sächsische „Staat“ Heinr. d. L. Berlin 1937. F. Rörig, Heinr. d. L. u. d. Gündg. Lübecks.

Grundsätzl. Erörterg. z. städt. Ostsiedl. Dt. Archiv Gesch. Mittelalters 1, 1937, S. 408ff.

411） Hans. Beiträge, S. 115 参照せよ。

412） Ebenda S. 88.

413） 付録，番号64を参照せよ。

414） 次の2文献に紹介されているデータを参照せよ。L. v. Heinemann, Zur Entstehung der Stadtverfassung in Italien. Leipzig 1896. I. C. de Haan, De wording van de italiaansche stadscommune in de middeleeuwen. Tijdschr. v. Geschiedenis, 51, 1936, S. 225-253.

415） Die deutsche Stadtgemeinde a. a. O. S. 7.

416） Verfassungsgeschichte, V, 2 a. a. O. S. 405ff.

417） Les villes a. a. O. I, S. 38.

418） 例えば，885年に，カールⅢ世がシャロン・シュル・ソーヌの聖堂に，教会法上の司教選出の権利を与えた際に，次のように述べられている時である。「シャロン聖堂の敬うべき，そして尊敬すべき長であるギルボドゥスが――キーウェースと彼等の聖堂の息子達とに苦痛を与えたので……」：„quoniam Gilbodus Cavillonesis ecclesiae venerabilis antistes et reverendus-civibus et filiis ecclesiae suae inferret dolorem...“ (MG DKIII 119, S. 189). キーウェースと教会の息子達 Cives et filii ecclesiae とは聖職者と民衆 clerus et populus を意味している。

419） 例えば，オットーⅠ世がフルダに宛てた証書の中で次のように言う時である。：「ウィラ・アキズウィラの方へ広がっている森には，以前はすべてのキーウェースの共同の狩猟権があった」„foresta quae ad villam Achiizuuila pertinet, in qua prius erat communis omnium civium venatio“ (MG DOI 131, S. 211/35). Pirenne. Les villes a. a. 0. I. S. 38. Anm. 2 を参照せよ。

420） Waitz a. a. O. S. 406, Anm. 1.

421） 上掲127ページ以下〔本訳書149ページ以下〕を見よ。

422） Planitz. Frühgeschichte a. a. O. S. 26: 629年にカンドヴィクの住民がウィカリイ wicarii と呼ばれ，ブレーメンでは13世紀になっても「ヴィヒマン」„wichman“ の名称が見られる。

423） 付録，番号17。

424） 付録，番号17，第15及び第17条。

425） 付録，番号18，第14条。

426） Pirenne, Les villes a. a. O. I, S. 50, Anm. 5.

427） Keutgen, Nr. 141, §15: 「次の段階でデンマーク或いはロシア或いはその他の諸地方で，双方の利益のために商業が営まれるようにと，自分の町の誰かある市民に貨幣を渡す者は，誠実な自分の同市民を採用しなければならない。貨幣を渡された者の行為を観察して，その証人にするためである。もし後になって，貨幣を受け取った者が，詐欺の手段を用いて自分の物とし，偽誓によって手放そうとしないならば，貨幣を授けた者は，居あわせた人々の法廷証言を頼りに，長老の裁判を仰がなければならない。この裁決に，

原告は異議を唱えることはできるが，裁決はこれを，正義であるかのように仰がなければならない。そしてもし，その場に居あわせた人々が，利得のためか，羨望のためか，不誠実のためかで，真実を否定しようとするならば，一人々々が，聖人にかけて，二度と再び姿を現わさないと，誓わなければならない。」„Qui pecuniam suam dat alicui concivi suo, ut inde negocietur in Datia vel Rucia vel in alia regione ad utilitatem utriusque, assumere debet concives suos fideles, ut videant et sint testes huius rei. Si postea ille qui pecuniam accipit fraudulenter egerit et falso iuramento optinere voluerit, ille qui pecuniam prestitit testimonio illorum qui aderant maiori iusticia debet optinere, sicut iustum est, quam ille possit contradicere. Et si illi qui presentes fuerunt vel pro mercede vel pro invidia vel pro perfidia veritatem negare voluerint, singuli iurent super sanctos, quod nunquam advenerint. 1165.“

428） A. a. O. S. 219f.

429） Blockmans, Het Gentsche stadspatriciaat a. a. O. S. 238.

430） A. van de Vyver et Ch. Verlinden, L'auteur et la portée du conflictus ovis et lini. Rev. belge de phil. et d'hist. 12, 1933, S. 59-81.

431） 付録，番号18，第2条。

432） Blockmans a. a. O. S. 73ff. 典拠の提示あり。

433） van Werveke a. a. O. S. 31ff. をも見よ。

434） 付録，番号13。

435） Koebner a. a. O. S. 104ff.

436） Planitz, Die deutsche Stadtgemeinde a. a. O. S. 8f., S. 69ff. Dsb., Zur Geschichte des städtischen Meliorats. Zschr. Sav. Stiftg. Rechtsgesch. Germ. Abt. 67, 1950, S. 141-175.

437） A. a. O. S. 394.

438） Versuch über die Entstehung des Marktes u. d. Ursprung der Ratsverfassung in Lübeck a. a. O. S. 421ff.

439） A. a. O. S. 423f.

440） Planitz, Kaufmannsgilde a. a. O. S. 98.

441） Ebeda S. 97.

442） 付録，番号9，第20条。

442a） すぐ近くの周辺部からの流入を，次の文献がアミアンについて確認した。J. Massiet du Biest Les origines de la population et du patriciat urbain à Amiens (1109-XIVe siècle) Rev. d. Nord 30, 1948, S. 113ff.

443） K. H. Ganahl, Studien zur Verfassungsgeschichte der Klosterherrschft St. Gallen. Innsbruck 1931, S. 38ff. を参照せよ。

444） Ganahl a. a. O. S. 93.

445） これに加えて次の諸文献を見よ。：K. Weller, Die freien Bauern in Schwaben. Zschr. Sav. Stiftg. Rechtsgesch. Germ. Abt. 54, 1934, S. 178ff. Ders., Die freien Bauern des Spätmittelalters im heutigen Württemberg. Zschr. Württ. Landesgesch. 1, 1937, S. 47-67.

K. Bader, Das Freiamt im Breisgau. Beiträge z. oberrhein. Rechts-u. Verfassungsgesch. II, 1936. Ders., Der deutsch Südwesten. Stuttgart 1950, S. 31. Th. Mayer, Die Entstehung des „modernen" Staates im Mittelalter und die freien Bauern. Zschr. Sav. Stiftg. Rechtsgesch. Germ. Abt. 1937, S. 210ff.

446） Les villes a. a. O. I, S. 21ff.

447） Ebenda II, S. 201.

448） J. Lappe, Die Wüstungen der Prov. Westfalen. Einltg. Die Rechtsgesch. d. wüsten Marken. Veröffentl. d. Hist. Komm. f. d. Prov. Westf. 15, Münster 1916. これに加えて以下の諸文献。K. Frölich, Städte u. Wüstungen. Vierteljahrsschr. f. Soz. u. Wirtschgesch. 15, 1919, S. 546-558. J. Lappe, Die Sondergemeinden d. Stadt Lünen, Dortmund 1909. Die Huden in Gesecke. Leipzig 1907. Wirtschaftsgesch. d. Städte des Kreises Lippstadt. 1. Bd. Zur Geschichte d. Sondergemeinden in den westfälischen Städten. Vierteljahrschr. f. Soz. u. Wirtschgesch. 10, 1912, S. 438-441. Ders., Die Entstehung u. Feldmarkverfassg. d. Stadt Werne. Westf. Ztschr. f. vaterländ. Gesch. u. Altertumskde. 76, 1918, S. 56-211. 批判としては次の文献を参照せよ。A. Hömberg, Siedlungsgesch. des oberen Sauerlandes. Münster 1938. Veröff. d. Hist. Komm. d. Provinzialinstituts f. westf. Landes-u. Volkskde. XXII, Geschichtl. Arbeiten z. west f. Landesforschg. Bd. 3, S. 153ff. S. 177ff. 両者に加えて，包括的に，且つ詳細な文献の提示をしているものとして，K. Frölich, Rechtsgeschichte u. Wüstungskunde. Zschr. Sav. Stiftg. Rechtsgesch. Germ. Abt. 64, 1944, S. 277-318. がある。

449） 例えば以下の諸文献を参照せよ。R. Gradmann, Schwäbische Städte. Zschr. d. Ges. f. Erdkunde, 1916, S. 455ff. W. Grotelüschen, Die Städte am Nordostrande der Eifel. 1933, S. 26ff. A. Hömberg a. a. O. S. 142ff.

449a） F. Petri, Die Feste Neustadt und ihr Platz in der rheinisch-westfälischen Stadtgeschichte. In: Festbuch zur 650-Jahrfeier von Bergneustadt Hrsg. v. Heimatverein „Feste Neustadt". Bergneustadt 1951.

449b） H. Büttner. Zur Geschichte des Reichsgutes in der Wetterau. Friedberger Geschichtsbll. 17, 1950, S. 20ff.

450） Die Entstehung u. Feldmarkverfassung d. Stadt Werne a. a. O. S. 76.

451） とりわけ次の文献を見よ。Frölich, Rechtsgesch. u. Wüstungskde. a. a. O. S. 299ff. B. Huppertz, Zur Wüstungsforschg. im Rheinlande. Rhein. Vjbll. 7, 1937, S. 376.

452） この見解は，Hömberg. Siedlungsgeschichte des oberen Sauerlandes a. a. O. S. 158 も新しい諸研究によって，極めて強力に主張している。

453） A. a. O. S. 154.

454） Rhein. Arch. 20.

455） Stadtgemeinde u. Landgemeinde, Studien zur Geschichte d. Bürgertums 1. Rhein. Vjbll. 13. 1948. S. 11-50.

456） A. a. O. S. 30ff.

457）K. S. Bader, Entstehung u. Bedeutung der oberdeutschen Dorfgemeinde. Zschr. f. württemberg. Landesgesch. 1. 1937, S. 265–295.

458）Les communes françaises au XIIe siècle. Charte de commune et chartes de franchises. Revue hist. de droit franç. et étranger. 23, 1944, S. 115–142, 24, 1945, S. 8–27. これに加えて Rev. d'hist. eccl. 41, 1946, S. 581 をも参照せよ。

459）A. a. O. S. 45.

460）W. Uhlemann, Taucha. Das Werden einer Kleinstadt auf flurgeschichtlicher Grundlage aufgebaut. Obersä. Heimatstudien 2, 1924.

461）G. Blecher, Wie u. wann entstanden Burg u. Stadt Friedberg a. a. O. 1936.

462）P. J. Meier, Die Entstehg d. Stadt Königslutter. Götting. Nachr. 1920, S. 1–27.

463）Franz Steinbach, Ursprungsbedingungen der Stadt Euskirchen. In: 650 Jahre Stadt Euskirchen 1302–1952. Euskirchen 1952, S. 35.

464）A. Federle, Die Huteneinteilung im alten Ahrweiler. Rhein. Vjb11. 13, 1948, S. 219–227.

465）E. Liesegang, Recht u. Verfassung von Rees a. a. O. Urkunde Nr. 3, S. 100. それに加えて原文中の証人のリスト。S. 11ff., S. 59.

466）上掲138ページ以下〔本訳書159ページ以下〕を見よ。

467）Liesegang a. a. O. S. 12.

468）Ebenda S. 11f. なお S. 59ff. をも参照せよ。

469）Liesegang a. a. O. S. 60ff.

470）Liesegang a. a. O. Anhang Nr. 3, S. 101:「わが教会から，ある条件で，住宅建設地を所有するすべての者，又は将来所有するであろうその者達の後継者は，上に述べられた大司教の特許状において明瞭に述べられている自由を，永久に享受するものとする。」„omnes, qui areas ab ecclesia nostra absque ulla conditione possident vel in futurum possidebunt eorumque successores, expressa in privilegio predicti archiepiscopi perpetua gaudeant libertate."

471）上掲168ページ以下〔本訳書195ページ以下〕を見よ。

472）この問題については以下の諸文献を見よ。：K. Beyerle, Die Anfänge des Kölner Schreinswesens. Zschr. Sav. Stiftg. Rechtsgesch. Germ. Abt. 51, 1931, S. 318–501. H. v. Loesch, Die Grundlagen der ältesten Kölner Gemeindeverfassg. Zschr. Sav. Stiftg. Rechtsgesch. Germ. Abt. 53, 1933, S. 89–207. Th. Buykenu. H. Conrad, Hrsg. Die Amtleutebücher d. kölnischen Sondergemeinden. Weimar 1936=Publ. Ges. Rhein. Geschkde. XLV.

473）A. a. O. S. 334ff.

474）Th. Ilgen, Quellen z. inneren Gesch. d. rhein. Territorien. Herzogtum Kleve I. Ämter u. Gerichte. 1. Bd. 1921. Publ. Ges. Rhein. Geschkde. XXXVII. S. 560ff.

475）E. Hegel, Zur Entstehg. d. Kultstätte u. Pfarre St. Kolumba in Köln. Colonia Sacra I=Festgabe f. W. Neuss. Köln 1947, S. 36ff. これに対して批判的な次の発言を見よ。J.

Ramackers in Ann. hist. Ver. Ndrhn. 148, 1949, S. 164f.; さし当り確定的には，：E. Hegel, Die Entstehung des mittelalterlichen Pfarrsystems der Stadt Köln. Die Kunstdenkmäler im Landesteil Nordrhein. Beih. 2 Kölner Utersuchungen 1950, S. 69-89.

476） 注 476）は原著に欠落。本文にも注番号欠落。

477） Th. Buyken und H. Conrad, Die Amtleutebücher a. a. O. S. 4ff.

478） v. Loesch a. a. O. S. 171.

479） A. a. O. S. 344ff.

480） v. Loesch a. a. O. S. 170 を見よ。

481） サン・トメールは複数の長（デカヌス〔複数デカニ〕と呼ばれる）をもっている。

482） Beyerle a. a. O., とりわけ S. 346ff. Koebner a. a. O. S. 494. Buyken-Conrad a. a. O., とりわけ S. 27.

483） Buyken-Conrad a. a. O. S. 20.

484） A. a. O. S. 8.

485） Beyerle a. a. O. S. 340.

486） Sommer a. a. O. S. 413ff.

487） v. Loesch a. a. O. S. 128.

488） A. a. O. S. 147, Anm. 6.

489） Kaufmannsgilde, S. 62ff. ここでプラーニッツは，フォン・レシュとも対決している。

490） v. Loesch a. a. O. S. 180.

491） Ebenda S. 182.

492） トリーアの都市自治体の初期段階については，詳しくは，次の 2 文献を見よ。Steinbach, Stadtgemeinde u. Landgemeinde a. a. O. S. 33ff. R. Laufner, Triers Ringen um die Stadtherrschaft vom Anfang des 12. bis zum ausgehenden 16. Jhd. Trier. Rhein. Ver. f. Denkmalpflege u. Heimatschutz, 1952, S. 151ff.

493） F. Rudolph-G. Kentenich, Quellen z. Rechts-u. Wirtsch. Gesch. d. Rhein. Städte. Kurtrier. Städte I. Trier 1915 (Publ. d. Ges. f. Rhein. Geschkde. XXIX), S. 273, Abt. Urkunden u. Aktenstücke Nr. 4.

494） H. Horstmann, Das Trierer Stadtsiegel und die Anfänge der Trierer Selbstverwaltung. Trier. Rhein. Ver. f. Denkmalpflege u. Heimatschutz, 1951, S. 79ff.

495） F. Rudolph-G. Kentenich, Quellen a. a. O. S. 34.

496） Ebenda S. 275, Urkunden und Aktenstücke Nr. 5:「トリーア市民の，コンユーラーティオーとも呼ばれる，コムーニオーもまた，朕（皇帝フリードリヒⅠ世）が現地にあった間に，当のキーウィタースの中で，これを無きものにした。そして朕の権威を以て徹底的に禁止した。その上，このコムーニオーは，その後も朕が聞き及んだように，繰り返された。無効にされるように，撤回されるように，求められる。朕は皇帝の命令を以て，今後は，大司教の勤勉或いは宮中伯の努力によって，繰り返されることがないようにすることを，そして双方が，即ち大司教と宮中伯とがキーウィタース内の，義務による裁判権と，慣習による裁判権とを，持つものとすることを，定めた。」„Communio

quoque civium Treverensium, que et coniuratio dicitur, quam nos in ipsa civitate destruximus, dum presentes fuimus (Kaiser Friedr. I.) et auctoritate nostra prorsus interdicimus, que etiam postea, sicut audivimus reiterata est, cassetur et in irritum revocetur, imperiali edicto statuentes, ne deinceps studio archiepiscopi vel industria comitis palatini reiteretur, sed uterque, archiepiscopus videlicet et comes palatinus, debitam iustitiam in civitate habeat et consuetam.“ 言い添えるならば，私はトリーアのコンユーラーティオーについては，ケンテニヒの古い解釈に賛成するものである。ケンテニヒは，その解釈を次の論文の中に書き記している。：Die Entstehung der bürgerlichen Selbstverwaltung in Trier im Mittelalter. Trier. Archiv. 11, 1907, S. 56-70. 次の文献をも参照せよ。Horstmann a. a. O. S. 91.

497） Laufner a. a. O. S. 154. を参照せよ。

498） Kentenich, Stadtgeschichte a. a. O. S. 125ff. N. Gladel, Die trierischen Erzbischöfe in der Zeit des Investiturstreites. Diss. Köln 1931, 1932.

499） Kutzbach, Über die Trierer Baugruppe der Propugnacula. Trier, Chronik 3, 1907, S. 123. Kentenich, Stadtgeschichte a. a. O. S. 133, 192f. R. Brandts, Die Trierer Domimmunität im Wandel der Baukunst vom 11. bis 18. Jahrhundert. Rhein. Vjbll. 12, S. 94ff. H. Vogts, Das Bürgerhaus in der Rheinprovinz. Düsseldorf 1928. S. 45, Abb. 36.

500） M. Bär, Urkunden u. Akten z. Gesch. d. Verfassg. u. Verwaltg. der Stadt Koblenz bis zum Jahre 1500. Publ. d. Gesellschaft f. Rhein. Geschichtskunde XVII, 1898. Ders., Zur Entstehung der deutschen Stadtgemeinde. Zschr. Sav. Stiftg. Rechtsgesch. Germ. Abt. 12, 1891, S. 1ff. E. Schaus, Stadtrechtsorte u. Flecken im Regierungsbezirk Koblenz. Rhein. Heimatpflege 8, 1936, S. 574. H. Conrad, Stadtgemeinde u. Stadtfrieden in Koblenz während des 13. u. 14. Jahrhunderts. Zschr. Sav. Stiftg. Rechtsgesch. Germ. Abt. 58, S. 337-366.

501） Bar, Urkunden und Akten a. a. O., besonders S. 8f.

502） H. Hellwig, Zur Geschichte des Koblenzer Moselzolls. Trier. Arch 26/27, 1916, S. 130.

503） Conrad a. a. O. S. 343.

504） Keutgen a. a. O. Nr. 77d, S. 46. これに加えて Koebner a. a. O. S. 237 をも見よ。

505） Blockmans a. a. O. S. 164ff. を見よ。

505a） この点については，説得力豊かなガンスホフの詳論を参照せよ。Le droit urbain en Flandre a. a. O. S. 397ff. サン・トメールについて，以下のように，ガンスホフは確認している。「……裁判権の所有者として証書が認めているのは，審判人である。審判人だけである。」確かにエール・シュル・ロワールには，12人の選出された裁判人 duodecim selecti iudices が見られる。彼らについてガンスホフは同じ所で言う。「『誓約団体』の裁判人の判決が本当の刑罰を構成するのは，少数の場合，厳格に限定された場合，である。……その他の種類のことについては，すべてのことに権限があったのは，審判人であった——どう見ても，都市の審判人であった。」

506） Stadtgemeinde und Landgemeinde a. a. O. S. 42.

507） Ebenda S. 44.

508） 付録，番号 8。次の 2 文献を参照せよ。H. Planitz, Die Handfeste von Huy von 1066, der älteste städtische Freiheitsbrief im deutschen Reich. Zwischen Rhein und Maas. Rheinische Kulturgeschichte Bd. 3, S. 63ff. および A. Joris, Les origines commerciales du patriciat hutois de la charte de 1066. La Nouvelle Clio 3, 1951, S. 172-193.

509）「まこと前にその名を挙げた都市は，自分の自由のために，是非とも必要な聖堂の費用に充てるため，最初に，自分のすべての動産の 3 分の 1 を予に寄進した，その自由がより多く享受できるようにと，やがて 2 分の 1 の寄進をした。……聖職者並びに俗人の承認と証言とを得て……まことに俗人は――ロートリンゲン有髭公ゴトフロク……」„Prenominata vero villa pro libertate sua ad sumptus ecclesie necessarios omnia mobilia sua mihi primo terciavit qua libertate, ut amplius frueretur, postmodum dimidiavit... sub assensu et testimonio tam clericorum quam laicorum... Laici vero: dux Lotharingie Godofridus barbatus..."

510） 次の 2 文献を見よ。R. His, Das Strafrecht des deutschen Mittelalters I. Leipzig 1920, S. 406. L. v. Maurer, Geschichte der Städteverfassung in Deutschland. Erlangen 1869ff. I S. 371. 次の文献も参照せよ。H. Mitteis, Über den Rechtsgrund des Satzes „Stadtluft macht frei". Festschrift Ed. E. Stengel. Münster-Köln 1952, S. 342-358.

511） Keutgen, Urkunden a. a. O. Nr. 126, §2, S. 93:「もし誰かがこの都市の外で罪を犯し，罪を恐れる気持ちに駆られて，この都市（アルゲンティーナ）に逃げ込んで来るならば，その者は，この都市に，安全に滞在するものとする。何人もこの者に暴力を振るってはならない。しかしその者は，従順に，覚悟を決めて，裁判に出頭しなければならない。」„Si quis foris peccaverit et ob culpe metum in eam fugerit (Argentina), securus in ea maneat. Nullus violenter in eum manum mittat, obediens tamen et paratus ad iusticiam existat."

512） Ebenda Nr. 139, §21, S. 141:「しかしもし，略奪者又は賊或いはいつかある時に罪を犯した者が，オッピドゥムの周壁の中に入り込んだならば，その者は，確実な平和を自分のものにするものとする。ただし，もし誰かが，この者を裁判権の所有者の許に連れて行き，罰せられるべきことを立証するために行動する場合には，この限りではない。しかし，もし，被告人が発見された時に，原告が触れ役の便宜を所有するだけの能力がないのであれば，被告人を引き渡さないでおくことが許される。そして叫びながら自分の正当性を明示することが許される。」„Si autem predo sive latro vel quandocunque facinorosus muros oppidi intraverit, pacem firmam habebit, nisi quis eum auctoritate iudicii conveniat et convictum puniri faciat. Actor vero si invento reo copiam preconis habere nequiverit, detinere reum licebit et proclamando suam causam manifestare."

513） Ebenda Nr. 137, §4. S. 138:「その上，もし誰かが，自分を追いまわす敵を逃れて，この都市に避難して来るならば，その者は，安全に静かな平和を享受するものとする。」„Si quis etiam ad hanc villam fugantibus eum inimicis confugerit, pacis tranquillitate

securus gaudebit."

514) Ebenda Nr. 164, S. 207. §9:「又朕は定める，市民１人々々にとって，又その同居人にとって，又誰であれその市民の家に逃げ込む者及び入り込む者にとって，その家が城砦の役を果たすべきことを……」„Volumus quoque, ut unicuique civium domus sit pro munitione et commansionariis suis et cuilibet fugienti vel intranti domum..." §11:「朕は更に以下のことを定める，もし誰かが，自分の敵から保護されることを願って，キーウィタースに入るならば，もしその者の敵達がその者をキーウィタースの中で捕えたり殺害しようとしても，その者をその敵達から自由にした市民達は，そのことのために，裁判官の許に出頭することはない。その者を守る際に，そうした騒ぎの中ではよく起こるように，市民達自身の無思慮が発生したとしても，その故に何らかの罰金が市民に科されるということはないものとする。同様に，もし誰かが，市民になるためにキーウィタースに入るならば，市民達はその者を，あらゆる暴力から，又朕の存在に対して，保護しなければならない。」„Volumus etiam, quod, si aliquis intret civitatem, ut defendatur ab inimicis suis, si inimici sui eum velint capere vel occidere in civitate, cives qui eum ab inimicis suis liberaverint non respondebunt iudici pro hoc facto, etiamsi in defendendo illum propter importunitatem ipsorum, ut in tali strepitu fieri solet, a burgensibus aliquod dampnum acciderit. Item si aliquis intret civitatem, ut civis efficiatur, burgenses debent tueri illum ab omni violentia usque ad presentiam nostram."

515) 付録，番号12，第28条。

516) 下掲245ページ以下〔本訳書287ページ以下〕を見よ。

517) F. Rousseau, La Meuse a. a. O. S. 66 及び H. Ammann, Huy an der Maas in der mittelalterlichen Wirtschaft. Gedächtnisschrift F. Rörig. Lübeck 1953, S. 377ff.

518) A. a. O. S. 124ff.

519) E. Fairon, Régestes de la cité de Liége. Lüttich 1933 ff. I Nr. 5, S. 5.

520) E. Rousseau, Actes des comtes de Namur de la première race. 946-1196. Brüssel 1936 (R P B Namur として引用), 6, S. 17f.:「そして簡単に要約しようとするならば，ナミュールの市民のように，そしてすべての人の場合，将来とも領外結婚料と死亡料から解放されるであろう。」„et ut breviter concludam sicut burgenses Namucenses et a coniugiis et mortua manu in omnibus liberi permanebunt..."

521) 付録，番号12。

522) R P B, Namur, Nr. 10, S. 31ff.

523) De Seyn, Dictionnaire historique et géographique des communes belges. Brüssel 1924/25, I, S. 351f.

524) Ebenda S. 352.

525) これに加えて次の諸文献を参照せよ。Fr. Blockmans, De oudstep privileges der groote Vlaamsche steden. Nederl. Historiebladen I, 1938, S. 421-446. Ders., De zoogenaamde stadskeure van Geerardsbergen van tusschen 1067 en 1070. Handelingen van de Koninkl. Commissie voor Geschiedenis 106, 1941. これに加えて F. L. Ganshof, Le

droit urbain en Flandre a. a. O. を参照せよ。

526) F. Vercauteren, Actes a. a. O. 79, S. 178.

527) Keutgen a. a. O. Nr. 21 u. Nr. 23

528) 当面 Mitteis a. a. O. を見よ。

529) 「同様に，人頭税を負担する農奴について，あるいは何かの神の施設の農奴について，さらには又，すべての種類の農奴について，ナミュールで守られている法が，ブローニュでも守られるものとする。その結果，そうした農奴が，都市の法令の適用対象に付け加えられ，保護の対象として市民の中に受け容れられ，そして１年と１日，同地に滞在した時には，彼等の以前の主人，又はその代理人の許で慣習であったもの，あるいは不当に要求されていたものから，それらのものについて，そしてそのものの要求から，完全に解放されることになる。――又，ブローニュの自由地域の境界の内側に逃げ込んだ農奴は，いかなる罪科を負う者であっても，彼等の主人の許には絶対に連れ戻されないものとする。Simili modo et de servis capitagiariis, sive de aliqua casa Dei, aut etiam omnimodo servis, que lex in Namuco servatur in Bronio reservetur, ut cum appositi fuerint constitutionibus ville suscepti in burgenses, et per annum et diem ibidem demorati, ab hiis que in antea domini sui vel advocati consueverant vel exegerant, in eos et ab impetione ipsorum penitus absolvantur. -Sed et infra Bronniensis allodii terminos servi fugientes, et rei cuiuslibet noxe et culpe a quibuslibet dominis suis minime retrahantur.“

530) 付録，番号９。

531) Pirenne Les villes a. a. O. II, besonders S. 3ff. G. Des Marez, La Ville dans la période préconstitutionelle. Dinant. Etudes inédites a. a. O. S. 69ff. F. Rousseau, La Meuse a. a. O. S. 127f.

532) A. a. O. S. 79 u. 81. Steinbach, Stadtgemeinde a. a. O. S. 38 もディナンを農村自治体と呼んでいる。

533) A. a. O. S. 5, S. 7.

534) A. a. O. S. 128 u. Anm. 1.

535) これを加えて，特に J. van Volxem, Die Ardennen als Grenzland des Reiches im 18. Jhd. Rhein. Archiv 38, 1941, とりわけ138ページの地図12，戦略的に重要な複数の道路の中心点としてのディナンを見よ。

536) Rousseau, La Meuse a. a. O. S. 41f.

537) 付録，番号10。

538) Rousseau a. a. O. S. 99.

539) Rousseau a. a. O. S. 94.

540) 次の論文をも見よ。B. Kuske, Die wirtschaftlichen Leistungen des Maasraumes im 12. und 13. Jahrhundert. Rhein. Kulturgesch. Bd. 3, S. 39ff.

541) E. Perroy, Les origines urbaines en Flandre d’après un ouvrage récent a. a. O. S. 52. G. Espinas, Les origines du capitalisme. III. a. a. O. S. 30ff., S. 159ff.

542） Oursel-Quarré a. a. O. S. 70.

543） MG DH I, 16. S. 52. 次の文献をも見よ。G. Schmoller, Die äußeren Tatsachen der deutschen Städteentwicklung im Mittelalter. Dt. Städtewesen in älterer Zeit a. a. O. S. 47.

544） 私の解釈は，拙稿執筆後随分の時間が経ってからその存在を知るようになったミッタイスの見解に合致するものである。「だから，自由は，都市支配者の支配要求として現われるものである。……」ミッタイスはディナンに立ち入ることはしていないが，しかしこれまた，印刷が進行段階になって初めて，コッペ教授の親切な仲介によって利用できるようになった，H. シュトラームの論文，Mittelalterliche Stadtfreiheit. Schweizer Beiträge z. Allgem. Geschichte 5, 1948, S. 87 Anm. 24 は，ディナンに関説している。

545） Steinbach, Stadtgemeinde a. a. O. S. 38. も同じ考え方をしている。

546） 付録，番号10。

547） これについては Steinbach a. a. O. S. 38 を見よ。

548） Luft macht eigen. Breslau 1910, S. 1ff. Mitteis a. a. O.

## 第２章　地中海の魅力の及ぶ世界で

1） G. Mengozzi, La città italiana nell'alto medio evo. Il periodo langobardo-franco. Rom 1914. A. ソルミが校訂した第二版，フィレンツェ1931年は，残念ながら入手することができなかった。

2） A. a. O. S 235, 次の箇所も参照せよ。S. 135.

3） MG LL IV, S. 19 及び Die Gesetze der Langobarden. Hrsg. v. F. Beyerle, Weimar 1947, S. 18.

4） S. 297 をも参照せよ。

5） A. a. O. S. 236, Anm. 3 u. S. 237, Anm. 2, S. 298.

6） MG LL IV, S. 60. Die Gesetze der Langobarden a. a. O. S. 100.

7） L. Chiapelli, La formazione storica del comune citadino in Italia. Archivio storico italiano. 1928, S. 17.

8） W. Goetz, Die Entstehg. d. ital. Kommunen im frühen Mittelalter. Sitzber. d. Bayer. Ak. d. Wiss. Jg. 1944, München 1944. S. 93.

9） A. Doren. Italienische Wirtschaftsgeschichte. Jena 1934. S. 169, Forchielli. La Pieve rurale. Ricerche sulla storia della Chiesa in Italia epartic. nel Veronese. Rom 1931, Neudr. 1938.

10） A. a. O. S. 247ff.

11） MG LL II, Cap. I, 1, Nr. 45, S. 128.

12） Doren a. a. O. S. 53 をも参照せよ。：「……イタリアでは全行政制度の中心地としてのキーウィタースの存続ということのためだけでも，北方の状態とは全く異なる性格を取得してしまったフランクのガウ区分及びグラーフ行政……」。

13） A. a. O. Les villes, I, S. 337, Anm. 1.

14） A. a. O. S. 84ff.

15） A. a. O. S. 104:「それ故に，私は，大部分のイタリア都市の周囲には，古いローマ時代の壁外市区が存続し，ほとんど全く変わらないままで残存する古い習慣がその壁外市区では支配していたものと考えている。」„E perciò io credo che intorno alla massima parte della città italiane continuasse l'antico suburbio romano e su di esso prevalessero le antiche consuetudini rimaste quasi completamente inalterate.".

16） A. a. O. S. 96:「フランキアでは，極めて古い時代からずっと，諸都市で，この地区が，同じ境界線の中に収まってい，そしてイタリアでは，ベルガモ，ヴェローナだけではなく，ロディでも，またその他の旧ガリアのイタリアの諸都市でも，郊外市区の地区が他の地方よりも広い面積を以て現われるのを考えると，私は次のように結論したい気持になる。すなわち，特別の地形図的諸条件があるのでないならば，私達が見ているのは，時代と民族とが変る中でも変ることなく残っている，極めて古い領域的分割である，と。」„Considerando che in Francia, sino da antichissimi tempi, questo territorio apparteneva alle città entro gli stessi confini e che in Italia oltre che a Bergamo e a Verona, anche a Lodi e nelle altre città italiane dell'antica Gallia il territorio suburbano

appare di un'estensione maggiore che altrove, inclino a concludere che, dove non si hanno speciali condizioni topografiche, ci si trovi dinanzi ad un'antichissimi divisione territoriale rimasta inalterata nel passare dei secoli e dei popoli."

17) A. a. O. S 387ff.

18) A. a. O. S. 390: アラスとの関連ではヴィトリ，ラングルとの関連ではムーズとトネーレ，トリーアとの関連ではオーバーヴェーゼル。リモージュとの関連ではソリニャック。

19) MG SS rer. Merov. IV, S. 129. Anm. ──「スブウルバヌスの地区という名称で，都市の地区，又は都市に隣接する地区，を理解せよ。この地区は，別称パーグスである。従って，都市周辺の地区である。」„Loci suburbani nomine intellege urbis territorium seu tractum urbis subiectum, quem alias pagum vocant, unde suburbicariae regiones."

20) A. a. O. S. 391f.

21) Mengozzi a. a. O. S. 91f. に挙げられている諸例を見よ。その中には10世紀のものもある。メンゴッツィの挙げているフェラーラに対するオットー3世の証書の代りに，その直前の原型 DO II 238 を指摘する方がよいであろう。MG DO II, S. 267, Z 20:「フェラーラの周辺地域に。」„in suburbano territorio Ferrarie."

22) Mengozzi a. a. O. S. 133. この問題については，H. Brunner, Zur Rechtsgeschichte d. röm. u. germ. Urkunde I, Berlin 1880. H. Steinacker, Die antiken Grundlagen der frühmittelalterlichen Privaturkunde. Leipzig 1927 をも参照せよ。

23) A. a. O. S. 68.

24) Mengozzi a. a. O. S. 134ff. C. W. Prévité-Orton, The Italien Cities till c. 1200. The Cambridge Medieval History Bd. V. 1926, S. 211.

25) H. Ramet, Histoire de Toulouse. o. J., S. 38, vgl. S. 72.

26) Mengozzi a. a. A. S. 246.

27) Mengozzi a. a. O. S. 239.

28) Mengozzi a. a. O. S. 143f.

29) MG LL II, Capit. I, S. 201, §15.

30) A. a. O. S. 254f.

31) Mengozzi a. a. O. S. 249ff. Prévité-Orton a. a. O. S. 211.

32) W. Götz a. a. O. S. 71ff. もこれに「中心的意義」を認めている。

33) A. a. O. S. 267f.

34) Mengozzi a. a. O. S. 268 u. Anm. 4 ad a. 853:「都市フィレンツェの審判人 A」„A. scabinus florentinae urbis.

35) Prévité-Orton a. a. O. S. 212.

36) Chiapelli a. a. O. S. 26. Prévité-Orton a. a. O. S. 211. Davidsohn, Geschichte von Florenz I, Berlin 1896 S. 328.

37) A. a. O. S. 230ff. 特に Anm. 1 zu S. 230 を見よ。

38) Doren a. a. O. S. 144. W. Goetz a. a. O. S. 99ff. をも参照せよ。

39) Zschr. Sav. Stiftg. Rechtsgesch. Germ. Abt. 51, 1931, S. 132-174.

40) Doren a. a. O. S. 96ff.
41) 付録，番号66。
42) Doren a. a. O. S. 99.
43) A. a. O. S. 17.
44) 付録，番号57を見よ。
45) この経過についてはDoren a. a. O. S. 172 を見よ。
46) MG DH II, S. 377 a. 1014.
47) W. Goetz a. a. O. S. 61f.
48) R. v. Keller, Freiheitsgarantien für Person u. Eigentum im Mittelalter. Heidelberg 1933. Deutschrechtl. Beiträge, hrsg. v. K. Beyerle, 14. Bd., S. 157 を参照せよ。Kötzschke, Allgemeine Wirtschaftsgeschichte des Mittelalters. Jena 1924. S. 419 も。
49) 「……そして国王の役人は入ってはならない……」„... et non sayonis de rege ingresio...“「ベルベーハで，バリオで，サン・サトゥルノで」„in Berbeia et in Barrio et in Sancti Saturnini.“ D. Tomas Munoz y Romero, Coleccion de Fueros Municipales y cartas pueblas de las reinos de Castilla, Leon, Corona de Aragon y Navarra. Madrid 1847, S. 31f.
50) 付録，番号72。
51) 残念ながら F. Cantera Burgos, Fuero de Miranda de Ebro Ed. critica version y estudio, Madrid 1945 の新版は入手することができなかった。
52) Keutgen a. a. O. S. 1ff. の一覧表を参照せよ。
53) Keutgen a. a. O. Nr. 1, S. 1ff.
54) 付録，番号72，第XXIX条
55) 同第XXIII条
56) 付録，番号71。
57) 付録，番号67を参照せよ。
58) Doren a. a. O. S. 166, Anm. 1.
59) L. v. ヴィンターフェルトは，住民概念についての私の説明に対する短い論評（Rhein. Vjbll. 11, S. 137）の中で，オットーⅢ世がガンダースハイムに与えた証書（DO III 66, Keutgen, S. 4f.）に関して私の注意を喚起している。テーマは市場の開設である。証書は次のように結ばれている：「……朕は同じ土地の商人と居住者はドルトムント及びその他の購入者が享受しているのと同じ法を享受することを命ずる。」„...iubemus, ut negotiatores et habitatores eiusdem loci eadem lege utantur qua caeteri emptores Trotmannie aliorumque locorum utuntur.“ と言うことは，商人の慣習法は，すべての市場来訪者，外部からやって来る商人，ネゴーティアートーレス，及び市場の住民，に適用さるべし，と言うことなのである。従って，この証書は私達の意味ではこれを利用することができないものである。
60) 付録，番号61，62。
61) 付録，番号61。
62) Cl. Sanchez Albornoz, Ruina y extincion del municipio Romano en Espana e

institutiones que le remplazan. Buenos Aires, Fac. de Filosofia y Letras 1943 を参照せよ。

63) J, Ma. Font Rius, Origines del regimen municipale de Cataluna. Anuario hist. derecho esp. 16, 1945. S. 399-529. 17, 1946. S. 229-585.

64) 付録，番号72，第XX条。:「……朕の父，国王ベルムードの時代にサラセン人によって人口を失ったキーウィタース・レオンが人口を回復するように」„... ut Legionensis civitas quae depopulata fuit a Sarracenis in diebus patris mei Veremudi regis, repopuletur."

65) 同所，第XX条。:「それ故に，朕は，滞在するためにレオンに到り着いた若者，樽屋，白リンネルの織布工，がその後で引き離されることのないようにと，命ずる。」„ Mandamus igitur ut nullus junior, cuparius, alvendarius adveniens Legionem ad morandum non inde abstrahatur. XXI 条。「同様に，朕は，未詳の農奴が，同じくその後で引き離されることのないように，又誰かに引き渡されることのないように，指示する。」Item praecipimus ut servus incognitus similiter inde non abstrahatur, nec alicui detur. 第 XXII 条。「しかし，真実を語る者によって農奴身分であることが証明された農奴は，キリスト教徒であれ回教徒であれ，何の争いもなく，その者の主人に引き渡される。」Servus vero qui per veridicos hominess servus probatus fuerit, tam de christianis quam de agarensis sine aliqua contentione detur domino suo. Mitteis, Über den Rechtsgrund a. a. 0. をも参照せよ。

66) 付録，番号73:「居住するために来るであろう人々の中で主要なものとして，白リンネルの織布工，樽屋，農奴，は自由となり，解放さるべし。しかしその者がムーア人であるならば，連れ戻さるべし。而してムーア人の息子はその父親と行動を共にすべし。」„ In primis de illis qui ad abitandum venerint, alvendarii, cuparii, servi sint ingenui et absoluti sedsi fuerit Mauros comparatos, aut flius Mauri vadat cum suo seniore."

67) 付録，番号74。

68) Luft macht frei. Festgabe d. Berl. Jurist. Fakultät f. 0. Gierke. Breslau 1910, I. Bd., S. 29ff. Mitteis, Über den Rechtsgrund a. a. 0.

68a) Mittelalterliche Stadtfreiheit a. a. O. S. 98ff.

68b) R. v. Keller, Mitteis, Strahm は，南北の関連がありそうだ，乃至はありうる，と見ている。

69) 上掲145ページ〔本訳書166ページ〕を見よ。

70) Pirenne, Les villes a. a. O. II. S. 199.

71) Koebner a. a. O. S. 424f. 上掲239ページ以下〔本訳書279ページ以下〕を見よ。

72) 上掲166ページ〔本訳書190ページ〕を見よ。

73) 付録，番号72，第 XXVIII 条。:„「下に記される境界の内側に住むすべての人は……彼等がレオンの人々を相手に起すであろう紛争のためには，レオンに来て，裁判を受けなければならない。そして戦闘及び戦争の時にはレオンに来て市壁を守り，レオンの市民と同じく市壁を修復しなければならない。そして，ここで販売したすべての物品についての，市門税を納める義務はない。」„Omnes homines habitantes infra subscritos

terninos per... propter contentiones quas habuerunt contra Legionenses ad Legionem veniant accipere, et facere iudicium et in tempore belli et guerrae veniant ad Legionem vigliare illos muros civitatis, et restaurare illos sicut cives Legionis et non dent portalicum de omnibus causis quas ibi vendiderint.

73a) J. Lestocquoy, Aux origines de la bourgeoisie: Les villes de Flandre et d'Italie sous le gouvernement des patriciens (XI$^{e}$-XV$^{e}$ siècles). Paris 1952 を私が入手したのは，本書が校正の段階に入ってからであった。有益で詳細な文献列挙を提供している総合的概説である。

74) 同じ解釈をしているものに次のものがある。R. Lopez, Aux origines du capitalisme Génois. Ann. d'hist. écon. et sociale. 9. 1937, S. 429-454.

75) 永代小作契約と定期小作契約についてはDoren a. a. O. S. 92 を見よ。

76) Blockmans a. a. O. は付録Ｉとして（399ページ以下）市外に土地を所有しているヘント住民のリストを掲げている。このリストには，これに関して土地取引が103件含まれている。その内，11世紀のものが１件，12世紀前半のものも１件，そして12世紀後半のものが５件，である。従って，1200年以前については，市外に土地を所有するヘント住民として７人の存在が証明されているわけである。残りの96例は，１例を除いて，13世紀に属する。

77) Geschichte von Florenz I, S. 343f.

78) Ebenda S. 92.

79) M. Merores, Der venezianische Adel. Vjschr. f. Soz. u. Wirtschaftsgesch. 19. 1926, S. 193ff.

80) G. Luzatto, Les activités économiques du patriciat vénétien (X. -XIV. siècles). Ann. d'hist. écon. et sociale 9, 1937, S. 25-57.

81) 上掲111ページ〔本訳書130-131 ページ〕を見よ。

82) この点については詳細な研究 M. Merores, Gaeta im frühen Mittelalter (8. -12. Jhd.). Gotha 1911, besonders S. 91, S. 117f を見よ。

83) スペインの諸都市については，G. Niemeier, Siedlungsgeographische Untersuchungen in Niederandalusien a. a. O. S. 34f. を見よ。ローマ支配時代に今日の集落像の基本性格が既にでき上がっていた，というのは完全に正しいようである――比較的大きな閉鎖的な場所への住民の集中と，まばらに散在する農場集落のの併存……88ページ。少数の例外を除くならば，すべての自治体で第一次生産に従事する者が相対的にも絶対的にも最大の職業グループを占めていた。次の諸文献をも参照せよ。―― O. Jessen, Spanische Stadtlandschaften in S. Passarge, Stadtlandschaften der Erde. Hamburg 1930. Adriana Boy Maria del Carmen Carlé, Cuando empieza a reservarse a los caballeros el goberno de las cuidades Castellanas. Cuadernos de Historia de Espana IV, 1946, S. 114-124.

84) トインビーは――少なくとも前掲所で引用したドイツ語版247ページ以下では――この関係を完全に間違って書いている。

85) Les villes I a. a. O. S. 393f.

86) Die Stadt a. a. O. S. 649ff.

87) Ebenda S. 676ff.

88) A. a. O. S. 96ff.

89) Landständische Verfassungen in der Schweiz. Zschr. f. schweizer. Gesch. 17, 1937, S. 96-108.

90) A. a. O. S. 51.

91) A. a. O. S. 223ff. ピサ，フィレンツェ，シエナにおける発展についての詳細な記述あり。

92) A. a. O. S. 76.

93) A. a. O. S. 96ff.

94) 付録，番号61：ジェノヴァとヴェンティミリア伯の居住協定。付録，番号62：ジェノヴァとサヴォーナ辺境伯の居住協定。1135年，ジェノヴァは同様の協定を複数，ポンツォーネの侯アレラーモと結んでいる。Codice Diplomatica della Repubblica di Genova a cura di Cesare Imperiale. Vol. I. Rom 1936 / XIV, Nr. 73, S. 90ff., Nr. 74, S. 92ff., 1138年，ラヴァーニャ伯との協定 ebendort 87, S. 107ff. 次の協定をも参照せよ。88, S. 108, 1150年，モンテフェラト侯との協定，ebendort 212, S. 263f.

95) 付録，番号61：「その者の息子達は妻を，そしてその者の娘は夫を，彼等の面目の点で適切に振舞うことができるのであれば，ジェノヴァで迎えなければならない。」„.... filii eius debent in Janua accipere uxores et filia eius virum si convenienter secundum illorum honestatem facere potuerunt."

96) Ebenda：「そして彼等はカストルム・ポディイ・ピニをジェノヴァの人々の管理に委ねなければならない。カストルム自体への入城権と共に。」„.... et debent dare castrum Podii Pini in custodia hominum Janue cum introitu ipsius castri."

97) モンテフェラト侯ギレルムスとの協定の中で，a. a. O...,「……そして現在又は将来のジェノヴァのコムーネのコンソレ達の会議が開かれている期間は，私は引き留められるであろう。最上の誠実を以て……私はジェノヴァにいる時には彼等の市民集会に赴くであろう。」„ ....tenebor et de dandis consiliis consulibus comunis Janue qui sunt vel qui fuerint, bona fide... et in parlamentis eorum ibo cum Janue fuero."

98) MG SS XXXI, S. 449:「レギヌム（レッジオ）の公証人アルベルトゥス・ミリオルスの，時代の書——1169年の条——支配者ゲラルドゥス・デ・カルピネートと，文書の下の方に出て来るコムーネ・レグ．の市民であることを誓約したその他の者達について……１年に２月間，戦時には４月間，レグ．市の市民であることを彼等は誓約した。」„Alberti Milioli notarii Regini (Reggio) liber de temporibus: ad a. 1169: De domno Gerardo de Carpineto et aliis infra scriptis qui iuraverunt esse cives communis Reg.... iuraverunt esse cives civitatis Reg. et habitatores per duos menses anni et per guerram quatuor menses."

99) MRR III, 2009, L. Ennen, Quellen zur Geschichte von Köln II, Nr. 471, S. 510 a. 1264.

100） MRR IV, 2177. A. Fahne, Codex dipl. Salmo-Reifferscheidanus. Köln 1858, Nr. 99, S. 63f. a. 1293.

101） MRR IV, 2439, NRUB II, 956, S. 565f. a. 1295.

102） MRR III, 1985 a. 1264. 現在収めて K. E. Demandt, Regesten der Grafen von Katzenelnbogen, I, Wiesb. 1953. Nr. 150.

103） 注103）は原著で欠落。本文にも注番号なし。

104） Les institutions politiques et administratives du pays de Languedoc. Toulouse 1895, S. 39f.

105） O. Jürgens, Spanische Städte, hrsg. v. W. Giese. Hamburg 1926, S. 27ff.

106） Ebenda S. 54ff.

107） Ebenda S. 58ff., S. 83ff.

108） Ebenda S. 124ff.

109） 付録，番号56。

110） 「その上に，朕は，トリエントの市民達が，重要な，又は人望のある，貴族の人物に，トリエント人の都市への居住を強制することを，禁令を以て禁止する。又，トリエントの市民達が，主人又は法をごまかして自分の属していた所領から解放され都市に出て交易をする者達を受け入れることを，禁止する。その上に朕は，もし誰かが，約束と前以て定められたトリエント人の誓約とによって都市に居住することを強制されたならば，その者達は，完全に自分自身から解放され，トリエント人から遠ざかる自由な許可を与えられることを，命令する。……その上，朕は，トリエント人が，ムニキピウム又はカステルムの外部に住む者を，トリエント人の地区又は権力に服従するように強制することのないように，強く禁止する。又トリエント人に，自発的に，又は，強制されて，自分自身を服従させた者達を，完全に解放するように命令する。」„Quin etiam interdicto vetamus, ne cives Tridentini nobilem aliquam personam seu popularem ad inhabitationem civitatis Tridentine compellant, nec quosque qui loca sua subterfugio domini vel iuris solvendi permutant in civitatem recipiant. Iubemus etiam, ut si qui coacti sunt civitatem inhabitare a fide et iuramento Tridentinis prestito, ab ipsis omnino absolvantur et libera eis recedendi facultas concedatur... Inhibemus preterea, ne forte Tridentini eos qui foris in municipiis vel castellis habitant, suo districto vel potestati subiacere compellant, et eos qui semet ipsos illis sponte subiecerunt vel coacti, omnino absolvant.“

111） 「……誰か人望のある人物，又は誰であれ自由でない市民，又はあの教会の，信頼すべき，合法的なミニステリアーリスが，都市の内部に，又は外部のスブウルビウム又はその付属地に，何らかの塔，あるいは城砦，又は防護施設を，司教の指示と認可及び代官の同意なしに建造することを敢てすることを，朕は厳禁する。然るに，もし又，上述の指令に反して，そのような人物達による塔，城砦又は防護施設の建造の行われたことが，正しくその時に発見されたならば，司教の指示に基いて，それらの建造物は，取りこわされるものとする。そして，朕の命令に反し，司教の指示に反抗を企てる者は，

誰であれ，皇帝の禁令を破る危険を冒すものとする，そして追放の刑罰を科されるものとする。しかし，貴族，そして教会の信頼すべきミニステリアーレスには，もし彼等がそのことについて，1人でもよい，司教の同意と認可を手に入れることができるならば，塔を建造し，自分の居住地を城砦で囲むことが許されるものとする。」„... firmissime inhibemus, ne qua popularis persona seu quicumque civis qui non est liber vel certus et legitimus ecclesiae illius ministerialis, presumat infra civitatem vel extra in suburbio vel coherentiis eius turrem aliquam aut munitionem seu propugnacula attolere sine mandato et licentia episcopi et consensu advocati. Si que vero turres munitiones seu propugnacularum structurae a talibus personis contra iam dictum ordinem reperiantur ibidem recte, ad mandatum episcopi destruantur, et quicumque contra hanc nostram iussionem episcopi mandato obviare attemptaverit, imperialis banni periculo subiaceat et proscriptorum penam subeat. Nobilibus vero et certis ministerialibus ecclesie liceat turres erigere et loca propria munire, si ad hec solius episcopi assensum et licentiam mereri poterint."

112) チューリヒだけについては，：A. Largiadèr, Die Anfänge des züricherischen Stadtstaates. Festschr. f. P. Schweizer. 1922 を参照せよ。

113) R. Stadelmann, Persönlichkeit und Staat in der Renaissance. Die Welt als Geschichte, 5, 1939, S. 141.

114) B. Ebhardt, Spanische Burgenfahrt. Marksburg ob Braubach 1934, S. 99.

115) Ramet a. a. O. S. 98.

116) ブザンソンでは F. Beyerle, Zur Typenfrage a. a. O. が大司教が酒類管理人 buticularius (S. 46) と騎士の家柄サン・カンタンの居住塔（S. 23）のことを記している。

117) バーゼルの複数の居住塔のことに R. Wackernagel, Geschichte der Stadt Basel. I Basel 1906. S. 56 が言及している。

118) K. Schib, Der Schaffhauser Adel im Mittelalter. Zschr. f. schweiz. Gesch. 18, 1938. S. 380-404.

119) R. Brandts, Die Trierer Domimmunität im Wandel der Baukunst vom ll. bis 18. Jhd. Rhein. Vjbll. 12, 1942, S. 95. トリーアに関するその他の文献が列挙されている。

120) K. Bronner. Wohntürme im Volksstaat Hessen. Mainzer Zeitschr. 28, 1933, S. 27-40.

121) K. Nahrgang, Die Frankfurter Altstadt. Eine historisch-geographische Studie. Frankfurt 1949, S. 43f., S. 65f.

122) H. Keussen, Das Kölner Wohnhaus im Mittelalter. Mitt. Rhein. Ver. f. Denkmalpflege u. Heimatschutz 5, 1911, S. 113f.:「居住目的に転用された防備施設の塔を別にするならば，ケルンでは，居住塔は確認することができない。早い時期にたびたびその記録が現われる塔というのは，恐らく，16世紀の初頭に登場する騎士塔と同じように，階段塔及びらせん階段であっただろう。」

123) Vercauteren a. a. O. S. 345.

124) ヘントの石館については Blockmans a. a. O. S. 242, S. 341 を見よ。

125) もちろん高級貴族もケルンの市民と婚姻関係を結んだ。A. Schulte, Der hohe Adel im Leben des ma. Köln. Sitzber. bayr. Ak. d. Wiss. phil. hist. Kl. 1919, S. 64ff.

126) L. v. Winterfeld, Das Dortmunder Patriziat bis 1400. Mitt. d. westdt. Gesellschaft f. Familienkunde 4, 1925, Sp. 102-108, 145-153, 215-225.

127) Geschichte d. freien Reichs-u. Hansestadt Dortmund. Dortmund 1934, S. 41.

128) F. Beyerle, Untersuchungen zur Geschichte des älteren Stadtrechts v. Freiburg. Deutschrechtl. Beiträge, 5. Bd., 1910 を参照せよ。

129) Teulet, S. 130, Nr. 307, 1181:「キーウィタースの中に住宅をもつ者は，聖職者と騎士を除いて，全員，キーウィタースの警備と援助金，及び共同組織の法慣習を義務づけられている。」"Omnes qui in civitate domos habent preter clericos ac milites, debent excubias et adiutorium civitatis et consuetudines communionis."

130) Fagniez I, S. 97ff., Nr. 125: „Johann ohne Land für Rouen":「その上に朕は，騎士は，朕が戦争をしている間は，キーウィタース・ルアンで一晩より長く休息してはならないことを決定し，断固として指示する。但し，朕の指示による場合，又はその者の身体上の無能力のためである場合は，この限りではない。」„Volumus etiam et firmiter precipimus, quod nullus miles dum guerram nostram habemus, moram faciat in civitate Rothomagi magis quam per unam noctem nisi per preceptum nostrum vel pro corporis sui infirmitate."

131) 付録，番号34：「その上予は，モーの周辺に滞在する城の守備者は，誰も，コミュンヌに加入しないものと決定する。但し，予の許しを得た場合はこの限りではない。」„Statuimus etiam quod nullus de castellanis circa Meldis commorantibus nisi per me in communam se ponet."

132) 付録，番号37：「その上，以下のことが決定された。アブヴィルの市民は，封臣又は予の領土の中に自由封土をもっている者は誰であれ，予及びその者の主人の同意がない限り，これを，彼等のコムーニアに受け入れることができない。……しかしながら，3年の期間が経過してしまったならば，呼び戻すことができない。しかし，予と封土の主人との同意がない限り，その者は，両者を，すなわちコムーニアと封土とを，確保することはないであろう。けれども，主人の権利を損なうことがなければ，封土を譲渡しようとする者は譲渡するであろう。それでも，もし，自由な封土が，相続権によって，若しくは相続財産によって，誓約者の内の誰かのものになるならば，その誓約者は，主人の権利と貢租収入とを損なうことがなければ，その封土とコムーニアとを手離さないことができるであろう。それでも，もし，封土が，購入によって，抵当によって，交換によって，又はその他の方法によって，誓約者のものになるのであれば，その誓約者は，予と封土の主人の同意がない限り，封土とコムーニアとを，確保することはないであろう。ところが，もし，その誓約者が，封土とコムーニアの両者を確保することを望むのであれば，主人は，彼の封土は与えずにおくことができるであろう。但し，その誓約者自身が，封土を，主人の権利はこれを損なうことなく，誰かに贈与するか，その他の名目で譲渡する場合は，この限りではない。」„Statutum est eciam, quod nullum vavassor-

em vel liberum feodum in terra mea habentem burgenses de Abbatisvilla in suam communiam recipere poterunt, nisi de assensu meo et domini sui... Elapso autem trium annorum spacio reclamare non poterit, sed utrumque, et communiam et feodum non retinebit, nisi de meo assensu et domini feodi; tamen, salvo iure domini, assignabit feodum, cui assignare voluerit. Si vero alicui iuratorum, iure successionis vel per matrimonium, liberum feodum obvenerit, ipsum feodum et communiam, salvo iure et servicio domini, retinere poterit. Si vero emptione, pignore, permutacione vel alio modo feodum obvenerit iurato, feodum et communiam retinere non poterit nisi de mea voluntate et domini feodi. Quod si retinere voluerit utrumque, dominus feodum suum poterit detinere, nisi ipse iuratus feodum alicui, salvo iure domini, donaverit vel alio titulo assignaverit.

133） Teulet, Nr. 300. S. 127:「コルビーの，聖職者，騎士，市民，の，コミュンヌを自分達のものにしたいという請願に基いて」„... ad petitionem clericorum, militum et burgensium Corbiensium communiam ab eis tenendam.“

134） Doren a. a. O. S. 122f.

135） MG LL IV, S. 196f. Aistulfi Leges de Anno Primo p. Christum 750. Die Gesetze der Langobarden a. a. O. S. 360.

136） MG LL IV Siccardi Pactio a. 836:「周辺の諸地方の商人については以下のことが確定された。わがベネヴェント領の支配領域の中では，彼等は彼等の商業を営むことができる。そしてどのような形で何が出現しようとも，彼等が侮辱を受けたり，不法に拘留されたり，差押さえを受けたりすることがあってはならない。しかし法律に違反した者は，何らの罰金を支払うことなく，故郷に送還されるべきである。もし彼等が，実際に何らかの理由で，差押さえを受けることになったならば，担保そのものは，その人々に元の権利状態で返還されんことを。そしてそのことを予測する者は，不当なことをしようとしている者に，24ソリドゥスを支払わなければならない。」„De negociantibus vero ambarum partium stetit, ut liceat per fines nostros principatus nostri Beneventani negotium suum peragere, et per quovis accessu quod inter partes provenerit, non debeantur laedi vel detineri aut pignerari, sed inlesi absque aliquo dampno ad propria revertantur. Si enim et pro qualibet occasione pignerati fuerint ut ipsum pignus in integrum restituatur eis, et componat, qui hoc facere praesumpserit, cui iniuriam fecerit, solidos 24.

137） R. Endres, Das Kirchengut im Bistum Lucca vom 8. bis 10. Jhd. Vjschr. f. Soz. -u. Wirtschaftsgesch. 14. 1918, S. 240-292. Doren a. a. O. S. 64ff., S. 135f.

138） A. a. O. S. 93ff.

139） Lopez a. a. O. S. 443. 付録，番号58。

140） Les villes a. a. O. I, S. 348ff.

141） O. Peschel, Geschichte des Zeitalters der Entdeckungen. Stuttg. 1877. S. 14.

142） Doren a. a. O. S. 116f., S. 145.

143) Merores, Der venezianische Adel a. a. O. S. 229.

144) 同じ著者の次の論文をも見よ。Der große Rat von Venedig und die sog. Serrata vom Jahre 1297. Der venezianische Adel, 2. Teil. Vjschr. f. Soz, -u. Wirtschaftsgesch. 21, 1928, S. 95.

145) Lopez a. a. O. S. 448f.

146) Merores, Der venezianische Adel a. a. O. S. 231.

147) Prévité-Orton a. a. O. S. 235f.

148) Merores, Der groBe Rat a. a. O. S. 96, S. 101.

149) A. a. O. S. 66.

150) V. L. Bourilly, Essai sur l'histoire politique de la commune de Marseille des origines à la victoire de Charles d'Anjou. (1264) Aix-en-Provence, 1925, S. 25, S. 45.

150a) F. Steinbach, Geburtsstand, Berufsstand und Leistungsgemeinschaft. Rhein. Vierteljahrsbll. 14. 1949, besonders S. 63ff.

151) 農村の自治体の，起源と構造に見られる一致がいかに大きいかは，労作 G. P. Bognetti, Sulle origini dei comuni rurali del medievo. Pavia 1927（Zschr. Schweiz. Gesch. 14, 1934, S. 94ff.に詳細な書評がある）とドイツ人の研究との比較が教えてくれる。

152) 付録，番号72，第XXIX条。

153) 上掲208ページ〔本訳書240ページ〕を見よ。

154) A. a. O. S. 212ff.

155) Staat des hohen Mittelalters, S. 252ff.

156) A. a. O. S. 10ff.

157) 上掲106ページ以下〔本訳書125ページ以下〕を見よ。

158) Ewig a. a. O. S. 123 を参照せよ。同所注14に参考文献の列挙あり。

159) Ewig a. a. O. S, 123, Anm. 15.

160) Ebenda S. 133.

161) Chiapelli a. a. O. S. 47f.

162) Prévité-Orton a. a. O. S. 223.

163) Dognon a. a. O. S. 41.

164) T. De Souza Soares, Apontamentos para o estudo da origem das instituiceos municipais portuguesas. Lissabon, Bespr. Revue belge, XV, 1936, S. 1152-1158.

165) シールスフィールド Sealsfield は，自作の『船室名簿』の中の独立した物語「ヤキントの草原」で，サン・フェリペ・デ・オースティン（テキサス，1821/36年）の町役場の役員を，「自治体の長 corregidoren，収入役 procurator，そして善い人々 buenos hombres――つまり地域有力者と同格の人々」と記している。

166) G. J. Bratianu, Privilèges et franchises municipales dans l'empire byzantin. Paris 1936. S. 106. ヤニーナでは，一人の首長 *χεψαλή* がその行政に当っていた。この首長を，善い人々 *άγθρωποι χαλοί* が補佐していた。これは間違いなく一種の有力者達 boni homines，かつてのヴェネツィアにおけると同じように貴族出身の人々あるいは富裕な

人々といった存在である。この有力者達の間から χριταί 裁判官が選ばれた。この裁判官が，教会関係事項以外の一切の事項について，統治者と共同で権限をもっていた。

167) Blockmans a. a. O. S. 69f.

168) A. a. O. S. 34ff.

169) A. a. O. S. 221.

170) Bourilly a. a. O. S. 34f. 1178年の証書：「そして，この贈与証書の，代官の証人は――フルコ，マルセイユ司教。ギレルムス・イテリ，及びポンチウス・イスナルディ，及びギレルムス・アンセルミ，及びギレルムス・ウィヴァルディ，及びギレルムス・カタラヌス，及びマリヌス・デ・サラ，現在のコンソレ達……」„Huius autem donacionis sunt testes advocati: Fulco, Massiliensis episcopus. Guillelmus Iteri et Poncius Isnardi et Guillelmus Anselmi et Guillelmus Vivaldi et Guillelmus Catalanus et Marinus de Sala, tunc consules...“

171) Prévité-Orton a. a. O. S. 222. Mengozzi a. a. O. S. 258. I. C. de Haan, De wording van de italiaansche stadscomnune in de middeleeuwen. Tijdschr. voor Geschiedenis 51, 1936, S. 244f. Goetz a. a. O. S. 87.

172) 次の文献も参照せよ。W. Holtzmann: Italien. In: Wattenbach-Holtzmann, Deutschlands Geschichtsquellen im Ma. Berlin 1938 ff. I, 2, S. 314f.

173) 次の2つの文献も参照せよ。Chiapelli a. a. O. S. 62ff. Goetz a. a. O. S. 96f.

174) 付録，番号64。

175) A. a. O. S. 25.

176) 付録，番号77：「同様に，都市の必要又は利益がそのことを要求する時には，コンシュル達は，推挙されるべき，又は選任されるべき，公証人の職のために，1人，又は2人，又はそれ以上を，提案することができるものとする。そして地方長官又はその代行者は，しかしながら，公証人の職のために仕事が充分にあることが予想される時にのみ，この公証人を選任し，推挙するものとする。このようにして推挙された公証人，及び都市のその他の公証人は，コンシュル達の合法的な審理のために作成された，又は作成されるべき，文書に準拠して，聴き入れなければならないものとする。――同様に，前記地方長官又はその代行者は，前記の都市のコンシュル達の同意なくしては，1人の公証人も任命又は推挙することができないものとする。――同様に，前記した都市で誰か或る公証人が死亡した時，又は職を退いた時には，コンシュル達は，書類と証書原本台帳とを確保するものとする。そして国王の裁判官同席の下で，前記都市の誰か或る公証人に，充分な量を手渡すものとする。前記裁判官は，規定と決定とに基いて前記コンシュル達によって行われるべきことには，同意するものとする。」„Item quod consules possint unum, vel duos, vel pluros, cum necessitas vel utilitas ville hoc requiret, presentare ad officium notarii publici creandum seu faciendum, et quod senescallus seu eius locumtenens faciat, creet eos notarios dum tamen sufficientes fuerint ad officium notarii peragendum, qui notarii sic creati et alii dicte ville debeant recipere de instrumentis confectis seu conficiendis ad cognitionem legitimam consulum. -Item quod

dictus senescallus seu eius locumtenens nullum publicum notarium in dicta villa possit ponere, seu creare sine consensu consulum dicte ville. -Item quod quando aliquis notarius publicus in dicta villa moriatur vel ab officio deponatur, quod consules papiros et protocolla capiant et alicui notario dicte ville sufficienti tradant in presentia iudicis domini regis quod dictus iudex consentiat in traditione et ordinatione per dictos consules facienda.“ 付録，番号78。第2条。

177) M. Merores, Der venetianische Adel a. a. O. S. 196.

178) Mitteis a. a. O. S. 255.

179) Mengozzi a. a. O. S. 276.

180) A. a. O. S. 277.

181) A. a. O. S. 57.

182) 付録，番号63。

183) Prévité-Orton a. a. O. S. 233.

184) 「……侯は……カストルムに関して，また他のすべてのものに関して，現在のコンソレ達の，そして将来のコンソレ達の，命令書において，味方に立つことを誓約した。」„… marchiones.. et de castro et omnibus aliis rebus in praecepto istorum et futurorum consulum stare iuraverunt.“

185) Doren a. a. O. S. 122ff. Haan a. a. O. S. 241f.

186) Haan a. a. O. S. 245ff. Prévité-Orton a. a. O. S. 220.

187) この見解はこれまでにもL. v. ヴィンターフェルトが繰り返して主張している。とりわけ Zschr. Ver. Lüb. Geschichte u. Altertumskunde 25, S. 432.

188) L. v. Winterfeld, Neue Untersuchungen über die Anfänge des Gemeinwesens der Stadt Köin. Vjschr. f. Soz. u. Wirtschaftsgesch. 18, 1925, S. 19.

189) 上掲178ページ〔本訳書205ページ〕を見よ。

190) Prévité-Orton a. a. O. S. 220.

191) F. Bonaini, Statuti inediti della citta di Pisa dal XII al XIV secolo. Florenz 1854. S. 16f. 付録，番号68をも参照せよ。

192) A. a. O. S. 69.

193) Ebenda S. 68. 次の文献に挙げられている，1282年にフィリップ端麗王がコルデスに与えた特許状に記されている，コンシュルの選出に関する規定をも参照せよ。Cl. Compayré, Etudes historiques et documents inédits sur l'Albigeois, le Castrais et l'ancien diocèse de Lavaur. Albi 1841, S. 400.

194) Bladé, Coutûmes municipals du département du Gers. 1864, S. 191-198.

195) K. Schib, Der Schaffhauser Adel im Mittelalter. Zschr. f. schwweiz. Gesch. 18, 1938, S. 380-404.

196) H. Boos, Urkundenbuch der Stadt Worms. Berlin 1886/90. Bd. I, S. 122, Urkunde v. 27. II. 1233.

197) F. Keutgen a. a. O. S. 102.

198） Kentenich a. a. O. S. 133ff.

199） A. Grebel, Geschichte der Stadt St. Goar, St. Goar 1848, S. 157ff.

200） Fr. Wagner, Die adligen Geschlechter des Viertälergebietes von Bacharach. Mitt. west. Ges. f. Famkde. 16, 1952. 例えば以下のような例を参照せよ。A. Goerz. Mittelrheinische Regesten IV, 2876, S. 640: オーバーヴェーゼルとボッパルトに与えられた1299年の証書，III, 1048, S. 243: ボッパルトに与えられた1253年の証書。J. Marx, Geschichte des Erzstifts Trier, T. 2, Trier 1859, S. 340 レンスに与えられたもの。Goerz a. a. O. IV. 787, S. 178 ジンツィヒに与えられたもの。Ⅲ，2336レーマンゲンに与えられた1268年の証書，Ⅲ，1903アンダーナハに与えられた1263年の証書。こうした事例は，当然のことながら，その数をふやすことができた。コーブレンツについては H. Conrad, Stadtgemeinde a. a. O. S. 343f. を参照せよ。例えば1254年にはシュルトハイス，騎士，審判人，及び市民団が証書に登場する。Goerz III, 1134, S. 26lf. 1264, ebenda, 1916, S. 437. トリーア大司教アーノルトは，都市防備のための間接税徴収権貸与の際に，コーブレンツの騎士及び市民と協議している。Mittelrh. Urkd. Buch. III, 1475, S. 1067f.

201） Klein, Geschichte von Boppard, Boppard 1909, S. 147.

202） Grebel a. a. O. S. 157ff.

203） 付録，番号65。

204） W. Reinecke, Geschichte der Stadt Cambrai bis zur Erteilung der Lex Godefridi. 1227 に対するピレンヌの書評を見よ。Les villes a. a. O. II, S. 275f. に収められている。

205） 付録，番号67。

206） Prévité-Orton a. a. O. S. 216.

207） Chiapelli, Le formazione storica del commune cittadino. Arch stor. It. 1930.

208） Vita Chuonradi, cap. 34 u. 35. 1035/36 年の条。MG SS i. us. schol. Wiponis opera hrsg. v. H. Bresslau, Hannov. u. Leipzig 1915, S. 54:「さらに又，同じ頃，大きな，そして近年は諸侯に対して民衆が行ったコンユーラーティオーを除くならば発生していない，混乱が，イタリアに起った。すなわち，イタリアのすべての中級の騎士と仲間の騎士が，自分達の主人に反抗するために，すべての下級者が上級者に対抗して，誓約したのである。そのため，彼等の主人達によっては，主人達自身の意志に反して罰せられることのない何事かが自分達に発生したことが理解されなかったのである。」Item eodem tempore magna et modernis temporibus inedita confusio facta est Italiae, propter coniurationes quas fecerat populus contra principes. Coniuraverant enim omnes valvassores Italiae et gregarii milites adversus dominos suos, et omnes minores contra maiores, ut non paterentur aliquid sibi inultum accidere a dominis suis supra voluntatem ipsorum...“ 1037年の条：「……皇帝コンラート……ミラーノに来りて，聖アンブロシウス聖堂にて大司教ヘリベルトゥスに華々しく迎えられた。その同じ日，誰の助言によるものか，われわれは知らぬが，もし皇帝がその者達のコンユーラーティオーを後援しようと欲するのであれば皇帝を味方につけようとする，ミラーノの貴族の，重大な，と言ってもよい騒動が起った。」... imperator Chuonradus... ad Mediolanum veniens, ab

Heriberto archiepiscopo magnifice receptus est in ecclesia sancti Ambrosii. In ipsa die, nescimus cuius consilio, pene gravis tumultus factus est populi Mediolanensis, quaerentis ab imperatore, si vellet favere coniurationi eorum.“

209) 例えば次の史料を参照せよ。MG SS XIX, S. 318 1204年の条：「……伯グアルテリウスは，タラチナとサレルノを獲得した。そしてその地で，ディオプルドゥスのために，相当の日数，自分の部下と共に，馬の肉を食べ尽すことを余儀なくされるところまで追いつめられたけれども，仲間誓約をしていた伯達及び騎士達の援助によって，解放された。」„... comes Gualterius cepit Terracinam et Salerno et licet aliquantis diebus ibi a Diopuldo fuerit adeo coarctatus, ut carnes equorum cum suis compulsis est comedere, auxilio tamen comitum et baronum cum quibus iuraverat compagniam, liberatus est.“

210) Doren a. a. O. S. 175.

211) Silberschmidt a. a. O. S. 164. 付録，番号65：「司教ゲルラドゥスと大司教ダイベルトゥスがこの世に生み出した非暴力宣言書が，予がコンソレ職に在るこの時期に効力を失うことがないように，予は努力し，工夫する，その宣言書を予は聖マリア聖堂で２度，読み聴かせるであろう。」„Securitas quas fieri fecit episcopus Gerradus et archiepiscopus Daibertus, ne tempore huius mei consulatus rumpantur, studium et operam dabo, quas in ecclesia sanctae Mariae publice bis legere faciam“, 1162年になってもコンソレ達はこのように誓約している。

212) MG SS XVIII, S. 411f.: 1090年の条：「ピアチェンツァの民衆と騎士の間に大きな騒動が発生した……そしてこれらのことが起った時に，神のお告げの裁きの力によって以下のことが生じた……同情と敬虔によって刺激され，これらの人々の軽率と無分別とを認識し，嘆息し，泣きわめき，涙をさそう声で，平和，平和！と叫ぶ騎士。同様に，声高に嘆き，これらの人々の勇敢な行為によって心を痛める，これらの人々の軽率と愚昧とを認識する民衆が高い声で叫んだ――平和，平和！そして町を立ち去る騎士が声高に嘆き，嘆息しながら民衆に向って歩み寄ると，彼等の間では，一斉に，お互いに，相手側の相対する者を抱きしめるということが起った。もしこの時，涙をこらえることができるまでに粗雑で非情な性格の人間がいたとしても，騎士と，泣きながら，自分の心を痛めながら，そのようにして都市に入って来る歩兵とを，識別することはできなかった。声によって和解と平和が，彼等の間を，ピアチェンツァの都市と地域の全体を，領したのである。」„sedicio magna orta est inter populum et milites Placentiae... Cumque acta hec fuissent, accidit divino iudicio... milites comoti misericordia et pietate, cognoscentes nequitiam et dementiam eorum, gementes et plorantes et lacrimabili voce dicentes: Pax, pax! similiter populares plangentes et pectora eorum manibus percucientes, cognoscentes nequitiam et stultitiam eorum alta voce dicebant: Pax. pax! Et exientes milites de civitate euntes versus populum plangendo et gemendo, inter se ad invicem cepit alter alium osculari. Si tunc esset aliquis tam fere et crudelis nature qui potuisset lacrimas continere, quis videat milites et pedites plorantes et pectora sua percucientes, et sic intrantes in civitatem, concordia et pax voce fuit inter eos per universam civitatem et

districtum Placentiae."

213) Silberschmidt a. a. O. S. 144ff. を参照せよ。多数の文献紹介あり。その他以下の諸文献を参照せよ。E. Heyck, Genua u. seine Marine im Zeitalter d. Kreuzzüge. 1886, S. 22ff. H. Sieveking, Genueser Finanzwesen mit besonderer Berücksichtigung der Casa di S. Giorgio. I Freiburg 1898. Volkswirtschaftl. Abhdl. d. Bad. Hochschulen, 1. Bd., 3. H., S. 14ff. G. Lastig, Entwicklungswege u. Quellen des Handelsrechts. Stuttgart 1897, S. 16ff.

214) A. a. O. S. 101.

215) 付録，番号59。

216) Silberschmidt a. a. O. S. 148.

217) Cafari Annales 1130年の条：「……コムーネのコンソレが３人と，裁判のコンソレが14人いた。……この，前記のコンソレ達の手で，以下のようなやり方で裁判をした，１つのコンパーニャで２人が，別のコンパーニャで２人が，そしてそれ以外でも同様にして，すなわち……（名前の挙っている７つのコンパーニャ毎に２人ずつの名前が続いている）そしてこの人々が裁判をした。そのやり方は，もしコンパーニャの誰かが，別のコンパーニャの誰かに対して訴訟を起したならば，原告の属するコンソレ達の許に出頭して裁判に参加する，というやり方であった。そしてその頃ジェノヴァには，コンパーニャは７つしかなかった。」„... fuerunt consules tres de communi... et 14 de placitis... de quibus predictis consulibus taliter placitabant, duo in unam compagniam, et duo in alteram et sic per ceteras compagnias, scilicet...（名前の挙っている７つのコンパーニャ毎に２人ずつの名前が続いている）Et isti placitabant, ut si aliquis de compagnia una faciebat lamentationes super aliquam aliarum, veniebat ad consules actoris ad placitandum. Et in illo tempore in Janua non erant nisi compagniae septem."

218) 付録，番号64。

219) そしてもし，ジェノヴァのコンソレ達の内の誰かに，最上の誠実を以てする彼の判断そのものに基くならば，神の名誉のために，あるいはジェノヴァ大司教職の名誉のために，あるいは教会又は都市の名誉のために，あるいは復讐又は正義のために，賞賛すべき，あるいは遂行すべき戦争が，予の知るところで出現したならば，予はそのコンソレを，最上の誠実を以て，悪しき意図なしに，戦争の終結するまで，支援するであろう。Et si alicui consulum Janue pro honore Dei aut pro honore Januensis archiepiscopatus, aut ecclesie vel civitatis, aut pro vindicta vel pro iustitia, quam ipse secundum suum arbitrium bona fide laudet aut faciat guerram, me sciente apparuerit, adiuvabo eum bona fide, sine malo ingenio usque ad finem guerrae.

220) 公然と行われた殺人，及び，秘密裏に行われた殺人について，罰を決める義務を有するあのコンソレ達の判決に，予は依存するであろう。……予は，ジェノヴァの都市の名誉のためでなければ，聖堂を，又何かの鐘塔を，又他の塔を，又市壁を，又市の門を，又この市壁の塔を，又ジェノヴァ司教領の聖堂を，戦争をするために，築造することはないであろう。又築造させることもないであろう。予は，ジェノヴァの港で，又市内で，又ブルグスで，又カストルムで，又サンクトゥス・トマス修道院からサンクトゥス・ス

テファヌスとサルツァヌス等々までの海岸線で，このコンパーニャの誰かある人に，特別の，そして計画的な，攻撃をしかけることはないであろう，又しかけさせることもないであろう。後略。De homicidiis palam factis et occultis stabo in laude illorum consulum, qui vindictam facere debuerint... Ego non capiam neque capere faciam ecclesias, neque campanile aliquod neque turrem alienam neque murum, neque portam civitatis, neque turres eiusdem muri, neque domum infra episcopatum Janue ad faciendam guerram, nisi pro honore huius civitatis. Ego non faciam neque facere faciam specialem et meditativum assaltum alicui homini istius Compagne in Januensi portu, neque in civitate neque in burgo, neque in castro, neque in littore maris a monasterio Sancti Thome usque ad sanctum Stephanum et usque Sarzanum usw.

221） もし誰かが，特別に，公式の名指しで，コンソレ達によって，コンパーニャの誓約をするために２度又は３度呼び出されて，呼ばれてから後40日以内にそれらの人々の命令通りにそのことをしなかったならば，予は，予の知る限り，その者の商品を，海路いずこの市場へも，輸送することをしないであろう。又，ポルトヴェネーレを越えて，又モナコを越えて，彼と共に航海することをしないであろう。但し，コムーネ・ジェノヴァのために，全権を与えられた船によるのであれば，この限りではない。……予は，ウルタビウス及びサヴォーナ及びモンタルトの彼方，及びウァラギネスの彼方に居住する誰かと，金銭のための仲間をつくることはしないであろう。又，よそ者であるある人の商品を，その人の都市で，何らかの詐欺手段を用いて買入れることをしないであろう。又，裁判上の決闘によって受け取ることをしないであろう。それは，自分が，後日，どこかでそれと同じ物を弁償しなければならなくなるのを避けるためである。あるいはその後で貨幣あるいはその他の若干の物を受け取らなければならなくなるのを避けるためである。……予は，予の知る限り，よそ者の商人達を海路引き寄せることをしないであろう。又，アルノ川からジェノヴァまでの間で，よそ者の商人の，われわれの商品と競争関係にある商品を，引き寄せることをしないであろう。但し，ピサ人と彼等の商品はこの限りではない。又，予は，予の知る限り，リベルム岬からジェノヴァまでの間で，われわれの商品と競争関係にあるかもしれないサラセン諸国産の商品を引き寄せる者達を引き寄せることをしないであろう。但し，ポルトヴェネーレからヴィギンティミリウムまでに居住している人々の商品はこの限りではない。又，予は，ジェノヴァでそれの代価を支払わなければならないよそ者商人の商品を，よそ者の土地で受け取ることはしないであろう。但し，われわれと競争関係のない，衣料品と木材と錫と鉄とさんご及びさんごに類似する品はこれを除く。又，予は，よそ者商人の商品を海路輸送することをしないであろう。又，予は，ジェノヴァで海の利益ということで受取ることをしないであろう。予は，市外の商人達が他の市外の商人達と，都市ジェノヴァで，ブルグスであれ，カストルムであれ，商取引をするように助言もしないであろうし，行動もしないであろう。但し，肌着，衣服，武器のような個人財産，食料品，馬又は他の動物は，これを除く。もし彼等の商取引が行われたことを予が知ったならば，予は，予を通じて，又はコムーネの他のコンソレ達を通じて，もし可能であるならば，その日一日中，公示す

るであろう。但し忘却のために商取引が続いている場合は，この限りではない。又，予は，ジェノヴァで，市外の商人達と，他の市外の商人達の代理人として商取引をすることをしないであろう。但し，肌着，衣服，武器のような個人財産，食料品，馬は，これを除く。又，予は，予又はわが町の人々を通じて予が行うであろう取引を除く取引に，この市外人達の物を持ち出すことはないであろう。この土地の人々の物を取引して，しかる後によそ者の商人達に売るのが習慣であるように。Quod si aliquis bis vel ter ad faciendum sacramentum Compagne specialiter et nominatim publice a consulibus vocatus fuerit et non fecerit illud in eorum ordinatione infra XL dies postquam appellatus fuerit, suam pecuniam, me sciente, per mare ad mercatum nullomodo portabo neque navigabo secum ultra Portum Veneris neque ultra Monachum nisi in ligno ordinato pro communi Janue... Compagniam de pecunia non faciam cum aliquo habitante ultra Vultabium et Savignonem et Montem Altum, neque ultra Varaginem, nec ullo modo fraudulenter emam vel campio accipiam in civitate ista merces alicuius extranei ut ipse vel easdem postea alicubi recuperare, vel aurum vel aliquod alium inde accipere debeat... Ego, me sciente, non adducam extraneos mercatores per mare, neque res eorum, que sunt contrarie nostris mercibus ab Arno usque Januam, nisi sint Pisani et res illorum, neque a Capite Libero usque Januam, qui adducant res ex terris Sarracenorum, que nostris mercibus sint contrarie, et nisi sint res illorum hominum, qui habitent a Portu Veneris usque Vigintimilium, neque accipiam de rebus eorum extraneorum mercatorum in extraneis terris pro eo quod debeam ei dare Janue precium, exceptis pannis et ramo et stagno et ferro et coralio et his similia, que non sunt nostris contraria, neque portabo per mare de rebus eorum, neque in Janua accipiam ad proficuum de mari. Ego non ero in consilio neque in facto, ut forici mercatores faciant mercatum cum aliis foricis mercatoribus in civitate Janua neque in burgo, neque in castro, exceptis guarnimentis et vianda et equitaturis, vel aliis animalibus; quod si cognovero esse factum manifestabo per me vel per alium consulibus communis per totum illum diem si potero, nisi oblivione remanserit, neque faciam cum foricis mercatoribus mercatum pro aliis foricis mercatoribus in Janua, exceptis guarnimentis et vianda et equitaturis. Neque de rebus eorum foricorum in illo mercato dabo, excepto mercato, quod per me aut per nostratem faciam, sicut est consuetudo de rebus hominum huius terre facere mercatum, et postea vendere alienis mercatoribus.

222） Silberschmidt a. a. O. S. 147.

223） この町にあっては，予は，１オーヌの長さである場合は別として，小売するために毛織物を買うことはないであろう。In civitate ista, causa revendendi non emam pannos laneos nisi ad canne mensuram.

224） 予は，小売商人及びその他同類の者達から租税を徴収しようとしているコンソレ達に反対しないであろう。Ego non ero contrarius consulibus volentibus facere collectam super reverendolis et ceteris similibus.

225）予は，バルセローナからピサに至るまでの，共通の利益のためでなければ，ガレー船も，急航船も，カラク船も，そして最後に，いかなる海賊船も，つくることはないであろうし，又つくらせることもないであろう。又ガレー船を艤装させることもないであろうし，武器庫をつくることもないであろう。又これをつくろうとする意図のある誰かに資金を提供することもないであろうし，そのために誰かに助言も助力も与えることはないであろう。但し，その時在任しているコムーネのコンソレの多数派の同意に基く場合はこの限りではない。……もし予が，ジェノヴァのコンパーニャの人々との間に紛争の種をもってしまったとしても，予は，部隊を指揮することはないであろうし，又指揮させることもないであろう。又，傭兵を指揮することもないであろう。但し，コムーネのコンソレの多数派の同意に基く場合はこの限りではない。Ego non faciam neque facere faciam galeam neque sagitteam neque carracam et postremo nullum lignum cursale nisi pro communi utilitate a Barchillona usque Pisas, nec armabo galeam neque armari faciam, nec ulli hoc facere volenti pecuniam prestabo, neque consilium neque auxilium ex hoc alicui dabo, excepto per licentiam maioris partis consulum de Communi qui tunc fuerint... Si discordiam habuero cum homine de Januensi compagna ego non ducam neque ducere faciam nec tenebo soldaderios nisi licentia maioris partis consulum de Communi.

226）予は，ビナニー川からファリス岬まで，カルボナリア及びマラクシから海まで，の地域で，槍と仮面と矢を，身に帯びないであろう，又コンパーニャの人に，槍で襲いかかることをしないであろう，又何らかの鉄の武器で，又は先の太い棒で，コンパーニャの人を，特定して，意識的に，殺傷することをしないであろう。但し，キーウィタースの共同の利益のためであれば，この限りではない。予は，キーウィタース内のどこでも，カストルム内のどこでも，ブルグス内のどこでも，海岸でも，ポルトゥス内のどこでも，武器を携帯しないであろうし，又携帯させることもしないであろう。又携帯すべきでない尖った先端の付いた小刀についても同じである。但し，次の場合にはこの限りではない。共同の利益のためである場合，又はコンソレ達の許可が得られた場合，予が，キーウィタース，又はブルグス，又はカストルムの外に赴こうとする場合，暴力行為が予，又はその時予と一緒にいた者又は者達に，加えられ，その暴力行為の襲撃の下では予が順守すること，及び順守させること，のできない誓約の束縛から脱け出す場合。Lanceas et musceracos et sagittas non detraham neque lanceabo super hominem Compagne et non percutiam eum specialiter et meditative ullo ferro neque macia a flumine Bisanii usque ad Caput Faris et a Carbonaria et a Maraxi usque ad mare nisi pro communi utilitate civitatis. Ego per civitatem neque per castrum, neque per burgum, neque pro littore maris, neque per portum, non portabo arma neque portare faciam nec cultellum cum puncta qui non sit portandum, excepto pro communi utilitate aut licentia consulum, aut ut exeam foras civitatem aut burgum seu castrum et excepto si assaltus in me factus fuerit aut in eum vel in eos cum quo vel cum quibus fuero tunc non tenebor sacramento quin levare et portare facere possim infra illum assalti impetum.

227） 285ページ〔本訳書330ページ〕の注231に引用してある，塔と防備施設のある家屋とを拠点とするフェーデの解決策に関する個所を参照せよ。

228） 予は，このコンパーニャ全体に誓って，共謀組織をつくらないであろう。又共同誓約組織をつくらないであろう。又宣誓による，又は誠実な約束による，又は何らかの義務による，陰謀組織もつくらないであろう。又何をなすべきかということの助言又は助力を，コムーネすなわちコンパーニャをつくるべきか否かということについての，又複数のコンソレをもつべきか単数のコンソレをもつべきかということについての，又ある市民がコムーネの何らかの役職につくべきか否かということについての，又租税を徴収すべきか否かについての，あるいは，特にわれわれの都市の種々の仕事についての，助言又は助力を，誰かに与えることはないであろう。但し，その時に在任するであろうコンソレの多数派が助言者の多数派と意見を同じくしたことに基く場合はこの限りではない。Ego per totam istam Compagnam non faciam ullam conspirationem, neque coniurationem, neque rassam per sacramentum, vel per fidem promissam, nec per obligationem ullam, nec dabo alicui consilium vel auxilium quod faciat, de communi videlicet Compagna facienda aut non, neque de habendis consulibus vel consule aut non, nec quod aliquis civis habeat aliquod commune officium vel non, neque de collecta facienda aut non, sive, specialiter de aliis communibus negociis nostre civitatis, nisi secundum quod maior pars consulum, qui tunc fuerint cum maiori parte consiliatorum in numero personarum se concordata fuerit.

229） 付録，番号40，第８条。Rhein. Vjbll. 11, S. 127, Anm. 29 を参照せよ。

230） Bonaini a. a. O. I, S. 16f.

231） 付録，番号68：「もし，市民の間で，塔あるいは住宅が修理されるようなことがあるならば，武器を使用する戦闘が始まるのではないか，と予は疑うであろう。どちらかの側の弁明に不利益が残らないようにと，予は錯覚なしに調査するであろう……４月以前に，予は，ピサの塔の内のどれかを，昔から決められている高さ以上に入念に建築することのないようにと，又は建築させることのないようにと，ピサの都市の城壁の有力な監督達に誓約させることを，城壁の監督の有力者の内の２人に，誓約させるであろう……もし誰かが，隣人の塔を，高い所から占拠したならば，又は石を以て，或いはその他の手段で，塔の内になお存在しているものを破壊したならば，もしそのことで，事件が確定されると早速に抗議が発せられるならば，予は，もし予にできるのであれば，200ソリドゥス，又はそれと等価の物を，その者から徴収するであろう，その半分を予は公の金庫に，半分を不正の被害者に，与えるであろう。」„Si inter cives turrium vel domorum praeparatione, armorum bellum fieri dubitabo, ut sine utriusque rationis detrimento remaneat, sine fraude studebo... Ante kalendas aprilis, duos de capitaneis murorum magistris iurare faciam, ut Pisanae civitatis murorum magistros capitaneos iurare faciant, ne turrium Pisanorum aliquam supra mensuram antiquitus constitutam studiose aedificent, vel aedificare faciant... Si quis turrim alterius desuper ceperit, aut cum lapidibus, vel vi aliqua super existentes de illa deiecerit, ab eo, si reclamatio inde, ut

dictum est, facta fuerit, ducentos solidos, aut valens, si potero, tollam, quorum medietatem publico, medietatem iniuriam patienti dabo.“ その２年後には次のように記されている。：「塔の占拠について，一つの塔から別の塔への投石について，予は，先任のコンソレ達によって制定されたこと，誓約されたこと，を記されたように，定められたように，固く守られるであろう。そしてもし，誰かが隣人の住宅を複数又は１つ，司教ゲラルドゥス，大司教ダイベルトゥス，の非暴力宣言に反して，又は都市の善き利益に反して，自分のために，又は他人のために，破城槌を以て，又は別のやり方で，破壊するならば，又は打ちこわすならば，予は，その者から1,000ソリドゥスを徴収するであろう……」後略。„Ordinamenta a praecedentibus Consulibus de captione turrium, et de proiectione lapidum de una turri in aliam, iurata, sicut scripta et facta sunt, firma tenebo. Et si quis domos vel domum alterius, cum bolcione vel alio modo, contra securitates episcopi Gerardi et archiepiscopi Daiberti, vel bonum usum civitatis, per se vel per alium ruperit vel destruxerit aut ceperit, mille solidos ei tollam...“ usw.

232） 付録，番号68：「予は，共同の名誉に反して結成されたことを予が知らない，市民及び農民のコンパーニャを解散するであろう。」„Compagnias civium et villanorum, quas contra communem honorem facta cognovero, destruam.“ その２年後に：「予は，予が知らない内に共同の名誉に反して結成された市民又は農民の，及び石工又は瓦製造人の親方の，コンパーニャを，解散するか，又は命令を発して解散させるであろう……」„Compagnias civium sive villanorum, atque magistrorum lapidum seu tegularum, quas contra communem honorem factas esse cognovero, destruam vel destruere faciam...“

233） 付録，番号18，第20条。

234） 付録，番号40，第15条。

235） 付録，番号40：「もしコミュンヌの誰かが，何事か愚かなことをしでかして，コミュンヌの掟の違反者が発生するならば，マーヨルは，その違反者を，マーヨルと誓約者達とに正義があると判断される限りで，裁判に召喚することができるであろう。……更に，マーヨル以外には，コミュンヌの人間を逮捕できるであろう者はいないことを，知っておかなければならない。……朕がコミュンヌの誰かについて，又はコミュンヌ全体そのものについて，苦情の叫びをあげたとしても，マーヨルは，そのために，朕がどこへ赴こうとも，キーウィタースの城内では，朕に対して誠実を失うことはないであろう。」„Si quis de communia aliquid insipienter agens, preceptorum communie transgressor extiterit, major eum bannire poterit quamdiu sibi et juratis justum esse videbitur. -Sciendum est eciam, quod nullus, preter majorem, hominem de communia capere poterit... Si ego de aliquo de communia, vel de ipsa tota communia, clamorem fecero major mihi inde rectitudinem tenebit ubi voluero, infra ambitum civitatis.“ アラスでは審判人はマーヨルに宣誓し，マーヨルは度量衡に対する監督権，手工業に対する監督権をもっている（Espinas Nr. 169, S. 384/85 zum Jh. 1373）。1213年にはマーヨルは審判人に従属する執行役人として姿を現している（ib. Nr. 112, S. 284f.）。執行役人として

のマーヨルの特殊な地位は，既にアミアンの都市法の中にはっきりと現われている。付録，番号40。第27条，第31条。マーヨルの名誉の保護（第37条）と平和裁判におけるマーヨルの裁判長の地位（第39条）は，この特殊な地位から生じたものである。

236）　上掲229ページ及び272ページ〔本訳書267ページ及び319ページ〕を見よ。

237）　1162年の都市ピサのコンソレの規約書〔宣誓書式〕，1164年のそれ，1275年のコムーネ・ピサの規約書，1286年コムーネ・ピサの規約書の断片，コムーネ・ピサの民衆と諸コンパーニャの規約書，がボナイニ版で４つ折り版640ページを占めている。

238）　付録，番号64：「予は，コンソレ達が皇帝特使デメトリウス・マクロポリタと共に制定したように，皇帝との協定を順守する。そして規約書〔宣誓書式〕の改訂者になってもコンパーニャの規約書からこの章を削除することはしない。」„Ego observabo conventum imperatoris sicuti consules fecerunt cum Demetrio Macropolita legato imperatoris, et si fuero emendator brevium non auferam istud capitulum de brevi Compagne."

239）　Compayré a. a. O. S. 505.

240）　Bourilly a. a. O. S. 45ff.

241）　Bourilly a. a. O. Beilage XX, S. 301ff.: 1218年８月27日のニースとの協定――„「参事会員たちと役人の長達の総会が開かれると，鐘の音で，マルセイユの指導者達が召集され……われわれと，すべての仲間と，われわれの後継者達と，マルセイユの全員全体のために，以下の者達と，すなわち都市ニースの裁判官と代表者……ニースの参事会とコミュンとによって任命され特に指名された使者達と，コミュンヌ・ニースと，ニース及びその周辺地区のすべての市民と住民の名において，且つそれらのために……以上のことは，マルセイユで，マルセイユの指導者達の執務室で，予の列席の下に，行われた――マルセイユの公証人達。」habito nostro comuni consilio consiliariorum et capitum ministrorum ad sonitum campane congregato nos rectores Massilie... per nos et omnes socios et successores nostros et totam universitatem Massilie cum―― iudice et vicario civitatis Nicie... nunciis ordinatis et specialiter constitutis a consilio et comuni Nicie, nomine et vice comunis Nicie et omnium civium et habitatorum Nicie et de eius districtu... Acta sunt hec apud Massiliam in capitulo rectorum Massilie, in presentia mei―― publici Massiliensis notarii."

242）　Ebenda, Beilage XXII, S. 315ff. 1220年１月23日の，指導者と司教の協定。「……われわれ――伯代理の都市マルセイユの，全員の指導者は，われわれとわれわれの後継者のために，そしてわれわれの全員の現在及び将来のその他のすべての者のために，そしてすべての全員，又は伯代理のマルセイユ全員の全民衆のために，現在の同じ全員を以て，そして明確に同意している同じ民衆を以て……そして上述した境界の中にあるものは何であれ……われわれは，全部の，そして個々の，住民と共に，彼等自身のすべての財産を貴殿に委ねる――そしてこのすべての住民を，彼等がかつてマルセイユの全員に対して行ったすべての忠誠と宣誓から，そしてこの全員の使者及び役人から，そして特に，兄弟団を尊重し，又は維持して行くという，兄弟団に対して行った誓約から，解放

する……」“... quod nos—— rectores universitatis Massilie civitatis vicecomitalis, per nos et successores nostros et per omnes alios de universitate nostra presentes et futuros et per totam universitatem seu totum populum universitatis vicecomitalis Massilie, presente ipsa universitate et ipso populo et expressim consentiente... Et quicquid est infra terminos supradictos... totum vobis desamparamus, cum omnibus et singulis habitatoribus ipsarum possessionem—— et eos omnes habitatores absolvimus ab omnibus fidelitatibus et sacramentis quas et que fecerant universitati Massilie et nunciis et officialibus eiusdem universitatis et specialiter a sacramento quod de confratria observanda seu tenenda fecerant confratrie...”

243） Bourilly a. a. O. S. 54, Anm. 1.

243a） H. Hirsch, Die hohe Gerichtsbarkeit im deutschen Mittelalter. Prag 1922.

244） 付録，番号18，第20条。上掲174ページ〔本訳書201ページ〕を参照せよ。

245） Silberschmidt a. a. O. S. 134ff. の詳細な説明を見よ。

246） F. Rörig, Das Meer und das europäische Mittelalter. Zschr. d. Ver. f. Hamburg. Gesch. 41, 1951, S. 5ff.

247） L. Curtius, Deutsche und antike Welt. Stuttgart 1950, S. 476.

**結　語**

1）　次の２つの文献を参照せよ。W. Schwer, Stand und Ständeordnung im Weltbild des Mittelalters. Die geistes-und gesellschaftswissenschftlichen Grundlagen der berufsständischen Idee. 2. Aufl. Paderborn 1952. F. Steinbach, Geburtsstand a. a. O.

2）　A. Zycha, Über den Ursprung der Städte in Böhmen und die Städtepolitik der Przemysliden. Mitt. d. Ver. f. Gesch. d. Deutschen in Böhmen 52, 1914, S. 2-76, S. 263-307, S. 559-605; 53, 1915, S. 124-170. Schubart-Fikentscher, Die Verbreitung der deutschen Stadtrechte in Osteuropa. Weimar 1942. K. Schünemann, Die Entstehung des Städtewesens in Südosteuropa. o. J.

3）　C. Stephenson, Borough and town. A study of urban origins in England. Cambridge Massachusetts 1933.

4）　次の２つの文献を参照せよ。Ungarische Städtebilder. Mit einem Vorwort von Johann Hankis, i. A. des ungar. Städteverbandes hrsg. von Stefan Gál. Budapest o. J. E. Málynsz, Geschichte des Bürgertums in Ungarn. Vjschr. f. Soz. u. Wirtschaftsgesch. 20, 1928, S. 356-407.

5）　Schünemann a. a. O. S. 116ff.

6）　J. Kulischer, Russische Wirtschaftsgeschichte. Jena 1925. P. Miljukoff, Die Entwicklung des russischen Städtewesens. Vjschr. f. Soz. u. Wirtschaftsgesch. 14, 1918, S. 130-146.

7）　D. Gerhard, Regionalismus und ständisches Wesen als ein Grundthema europäischer Geschichte. Hist. Zschr. 174, 1952, S. 332f. に次のように記されているのを参照せよ。「ヨーロッパの都市の，自治的性格と，複雑な構造をもった身分制的組織とに合致する制度が出現したのは，ロシアでは境界地帯だけであった――事実ロシアでは，都市のツンフトはこれを目にすることができない。ツンフトがその中に含まれるべき都市の有機体が存在しなかったのである。ツンフトに類似するものを発見したと思うと，それは，村落の集団的な労働共同組織を転用したものであった。そもそもピョートル大帝が，ヨーロッパのお手本を真似た都市の統治諸制度を導入すための努力をどのように払っても，所詮その努力は，徒労に終ったではないか，その目的のために大帝が都市の内部につくり出した諸グループは，いかにも人工的なものではないか！」発表されたばかりの論文 O. Brunner, Europäisches u. russisches Bürgertum, Vjschr. f. Soz. u. Wirtschaftsgesch. 40, 1953, S. 1ff. については，その出現を指摘しておく以上のことができない。